B4A en Español

Desarrollo Rápido de App utilizando BASIC

Por Wyken Seagrave

Traducción de Javier Párraga González

B4A en Español

Desarrollo Rápido de App utilizando BASIC

Por Wyken Seagrave
Traducción de Javier Párraga González
Publicado por
Penny Press,
176 Greendale Road,
Coventry,
CV5 8AY,
United Kingdom
sales@pennypress.co.uk

Derechos de autor

Marcas regsitradas

Aviso de derechos

Aviso de responsabilidad

Resumen de las Revisiones

Mayo 2015 Primera edición para la versión 4.3
Varias revisions para el nuevo B4A Versiones
Febrero 2019 Revisión para la versión 8.80

ISBN

9781871281453 (ebook)
9781719029940 (tapa blanda)
9781871281699 (tapa dura)

Tabla de Contenido

Prólogo de Erel Uziel

En 2005 comencé a desarrollar Basic4ppc, una herramienta de desarrollo para dispositivos de Pocket PC de Microsoft (más tarde renombrada a Windows Mobile). Para mi fue un verdadero desafío crear un nuevo entorno de desarrollo y lenguaje de programación. Cinco años más tarde, cuando Microsoft decidió detener de desarrollo de Windows Mobile a favor de una plataforma diferente, y con las primeras señales del nuevo sistema operativo Android, decidí que era el momento de cambiar de dirección y nació B4A. Tuve la rara oportunidad de replantear las cosas desde el principio y, a continuación, con las muchas lecciones aprendidas del proyecto anterior, crear una herramienta de desarrollo sencilla y poderosa para construir aplicaciones nativas de Android.

Desde su primera versión, B4A ha mejorado drasticamente. Hoy, B4A admite el 99% de las características avanzadas de Android. Son compatibles características tales como NFC, Wifi-Direct, puertos serie, gráficos y muchos más, y todas las funciones están diseñadas para ser fáciles de usar pero lo suficientemente potentes como para cumplir con los requisitos del mundo real.

B4A se usa en empresas, organizaciones, institutos educativos y personas de todo el mundo. Sinceramente, creo que B4A es la mejor herramienta de desarrollo para aplicaciones nativas de Android disponible en la actualidad. B4A junto con B4i y B4J permite a los desarrolladores construir fácilmente soluciones multiplataforma nativas.

Con los años, una comunidad en línea muy activa ha evolucionado en torno a B4A. Esta comunidad es el corazón de B4A. En nuestros foros, hay cientos de miles de mensajes con preguntas, respuestas, ejemplos, errores, tutoriales, clases y Librerías. El ecosistema alrededor de B4A es enorme.

Muchos clientes han pedido un libro completo y exhaustivo que les sirva de ayuda para su propio desarrollo. Me emocioné al saber que Wyken asumió la difícil tarea de mapear este ecosistema. Me complace decir que Wyken, un desarrollador de software con experiencia y autor, ha hecho un gran trabajo.

Estoy seguro que este libro te ayudará a comenzar rápidamente con el desarrollo de tus propias aplicaciones de Android.

¡Espero verte pronto pasar a formar parte de nuestra comunidad!

Erel Uziel
Director General, Anywhere Software

Prólogo

Introducción

Este libro describe las características y cómo desarrollar aplicaciones de Android utilizando la versión 8.80 de B4A.
B4A es ampliamente reconocido como la herramienta de desarrollo rápido de aplicaciones (RAD en inglés) más simple y potente disponible para Android. Se utiliza por decenas de miles de desarrolladores entusiastas. Una lista completa de sus características y beneficios se puede encontrar aquí (http://bit.ly/1IjKiZB).

Para quien es este libro

Este libro sirve a dos tipos de desarrolladores:

Para el Principiante

Para los nuevos usuarios en B4A, nuevos en el lenguaje BASIC, o incluso nuevos en programación, este libro contiene tutoriales paso a paso para el principiante. Explica todo lo que necesita saber para utilizar este sencillo y emocionante entorno de diseño y desarrollo de aplicaciones[1], para crear su aplicación en dispositivos Android y venderla en el menor tiempo posible sin tener que pasar por la ardua curva de aprendizaje de Java.

Para el Profesional

Para los desarrolladores experimentados de B4A, este libro reúne una amplia gama de material de referencia nunca antes reunido en un solo lugar y lo organiza en una forma de fácil acceso.
Contiene todos los términos clave utilizados por el núcleo del lenguaje y sus librerías oficiales. Incluye ejemplos para mostrar cómo se utiliza el código y enlaces a más información en línea.

Cómo está organizado este libro

Parte 1 (p.46) – **Conceptos Básicos**
Comenzamos con un tutorial que le guía paso a paso en el proceso de instalación de B4A, conectándola a su dispositivo, luego diseñando, escribiendo, ejecutando y depurando su primera aplicación de Android. Explicamos todas las características del Entorno de Desarrollo Integrado.

Parte 2 (p.119) – **Creando su App**
Aquí entramos en detalle a través del proceso de creación de una aplicación real, incluidos los principios de diseño, la forma en que su aplicación puede comunicarse con el usuario, cómo puede usar secuencias de comandos de diseño (Scripts) o anclajes (Anchors) para modificar automáticamente el diseño de su aplicación para adaptarse a diferentes dispositivos, y cómo compilar, depurar y probar su aplicación utilizando dispositivos ya sean reales o virtuales.
Hablamos sobre la creación de gráficos y bases de datos. Examinamos cómo los procesos, servicios y activities[2] funcionan y finalizan en Android (ciclo de vida de Activity y Servicios). Analizamos los

---

[1] Nota del Traductor: Utilizaremos App y aplicación indistintamente (o Apps / aplicaciones)
[2] NT: Una Activity es un componente de la aplicación que contiene una pantalla con la que los usuarios pueden interactuar para realizar una acción. Se traducirá por Actividad más adelante, así el lector se habitúa a este término.

diferentes tipos de módulos que pueden crearse, examinamos las formas en que puede ganar dinero con su aplicación y finalmente exploramos como puede obtener más ayuda en el uso de B4A.

Parte 3 (p.287) – **Lenguaje y Objetos básicos de B4A**
Las partes 3 y 4 forman las secciones de referencia de este libro.
La Parte 3 incluye dos capítulos de material de referencia que cubren cada parte del lenguaje y los objetos del núcleo de B4A (es decir, aquellos Objetos que van a ser accesibles desde todas las aplicaciones). También realizamos comparaciones del lenguaje de B4A con Visual Basic de Microsoft.

Parte 4 (p.494) – **Librerías**
En esta sección de referencia discutiremos sobre las Librrías y explicaremos cómo crear sus propias Librerías y compartirlas con otros (si así lo desea). Proporcionamos detalles completos de las Librerías estándar y se explican algunas de las muchas Librerías y módulos adicionales, incluidos todos los "oficiales" creados por Anywhere Software, que se puede descargar desde el sitio web de B4A. También presentamos las Librerías B4X, que normalmente contienen componentes que pueden ser reutilizables en distintas plataformas.

Convenciones usadas en este libro

Código

Ejemplos de código B4A se mostrarán con sangría, como esta:

```
Sub Activity_Create(FirstTime As Boolean)
  Msgbox("¡Bienvenido a B4A!", "")
End Sub
```

El código dentro de otro texto, generalmente se muestra con esta fuente: `Sub Activity_Create`. Sin embargo, esto no siempre es posible, ya que las versiones digitales de este libro incluyen muchos enlaces (para facilitar la búsqueda de partes relacionadas del libro), donde el código no puede tener una fuente diferente.
También usamos la misma fuente para resaltar las opciones en los cuadros de diálogo en pantalla.

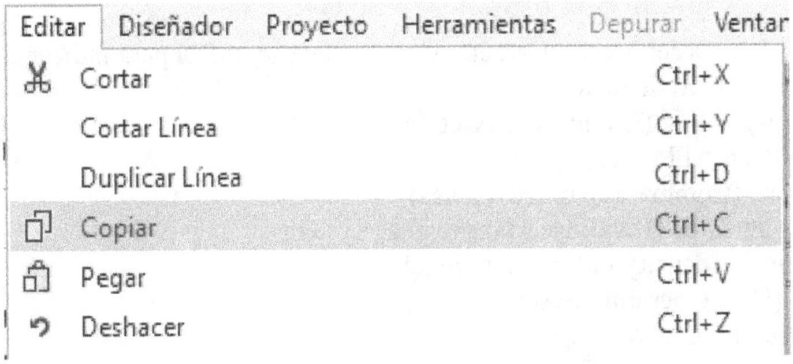

Editar Diseñador Proyecto Herramientas Depurar Ventar
Cortar Ctrl+X
Cortar Línea Ctrl+Y
Duplicar Línea Ctrl+D
Copiar Ctrl+C
Pegar Ctrl+V
Deshacer Ctrl+Z

Descripción de los Menús

En este libro especificamos los menús B4A rodeándolos con corchetes [] y separando las partes con el símbolo >. Por ejemplo, lo siguiente se mostraría como [Editar > Copiar]:

Especificando Argumentos de Funciones

Cuando especificamos los tipos de argumentos que se utilizan en las llamadas a las funciones, adoptaremos una convención diferente a la utilizada en la documentación en línea de B4A, que incluye la ruta completa a los tipos de argumentos, por ejemplo:

DrawBitmap (Bitmap1 As android.graphics.Bitmap, SrcRect As android.graphics.Rect, DestRect As android.graphics.Rect)

Nos resulta difícil de leer, por lo que en este libro simplemente escribiremos:

DrawBitmap (Bitmap1 As Bitmap, SrcRect As Rect, DestRect As Rect)

La razón por la que se especifican las rutas completas en la documentación en línea, es que los tipos B4A, como Bitmap, son en realidad "envolturas" (wrappers[3]) para la clase completa de Java. Esto permite mayor flexibilidad para extender el lenguaje B4A en el futuro. Pero en la mayoría de los casos no necesitarás preocuparte por esto cuando desarrolles tus aplicaciones.

Acrónimos

Usamos los siguientes acrónimos en este libro:

ADB	Puente de Depuración de Android (Android Debug Bridge)
AES-256	Estándar de cifrado avanzado (Advanced Encryption Standard)
ANSI	Instituto Estadounidense de Normas Nacionales (American National Standards Institute)
API	Interfaz de Programación de Aplicaciones (Application Program Interface)
APK	Nombre de la extension de aplicación para Android (Filename extension for Android Package)
.APK	Extensión de Archivo[4] para aplicación de Android. Android Package (filename extension)
ARGB	Especificación de color: Transparencia, Rojo, Verde y Azul (**A**lpha,**R**ed,**G**reen,**B**lue)
ASCII	Sistemas de Codificación Estándar de EEUU para Intercambio de Información (**A**merican **S**tandard **C**ode for **I**nformation **I**nterchange)
AVD	Dispositivo virtual Android (**A**ndroid **V**irtual **D**evice)
BA	Un objeto B4A que los desarrolladores de Librerías pueden utilizar para la generación de eventos y obtener acceso a la actividad del usuario, el contexto de la aplicación y otros recursos.
.BAS	Nombre de la extensión de los archivos BASic donde se almacena el código (BASic files)
BASIC	Código de instrucciones simbólico (Lenguaje de programación) para principiantes y para todos los usos.
BOM	marca de orden de octetos (Byte Order Mark). Carácter Unicode que se utiliza para indicar el orden de los octetos de un archivo de texto.
C2DM	Mensajes desde la nube al dispositivo (Cloud To Device Messaging).
CPU	Unidad Central de Proceso (Central Processing Unit)
CSV	Valores Separados por Comas (Comma-Separated Values)
DBMS	Sistema de gestión de bases de datos (DataBase Management System)
dip	píxel de densidad independiente (density independent pixel)
DOS	Sistema operativo de disco (Disk Operating System)
dp	píxel de densidad independiente. Igual que *dip*
dpi	Puntos por pulgada (**d**ots **p**er **i**nch)
dps	píxeles de densidad independiente. Igual que *dip*

---

[3] NT: No disponemos de una traducción técnica adecuada al término wrapper, siendo el concepto más claro el de *envoltura* o *envoltorio*.

[4] NT: En castellano no hay diferencia entre *Fichero* y *Archivo*, pero en adelante utilizaremos *Archivo* al ser un termino algo más usado en la terminología de las traduciones de Microsoft por ser más neutral su uso en el castellano de España y Latinoamérica.

DSA	Algoritmo de firma digital (Digital Signature Algorithm)
DTMF	Tonos duales de multifrecuencia. Marcación por tonos. (Dual-tone multi-frequency)
EAS	Sintetizador de audio integrado (Embedded Audio Synthesizer)
.EXE	Nombre de la extensión de archivos ejecutables (EXEcutable file)
FTP	Protocolo de transferencia de archivos (File Transfer Protocol)
GMT	Meridiano de Greenwich (Greenwich Mean Time)
GPS	Sistema de Posicionamiento Global (Global Positioning System)
GPU	Unidad de procesamiento gráfico (Graphics Processing Unit)
HD	Alta Definición (High Definition)
HDPI	Puntos por pulgada en alta densidad (High-density Dots Per Inch)
HSV	Tono, saturación y valor (luminosidad). Especificación de color (Hue, Saturation and Value)
HTML	Lenguaje de Marcado de Hipertexto (HyperText Markup Language)
HTTP	Protocolo de transferencia de hipertexto (HyperText Transfer Protocol)
IDE	Entorno Integrado de Desarrollo (Integrated Development Environment)
IME	editor de métodos de entrada (Input Method Editor)
IP	Protocolo de Internet (Internet Protocol) como en "Dirección IP"
.JAR	Extensión de archivos compilados Java (File extension for Java ARchive)
JDK	kit de desarrollo de Java (Java Development Kit)
JET	El motor de música interactiva SONiVOX.
JSON (p.560)	Notación de objetos JavaScript (JavaScript Object Notation)
LDPI	Puntos por pulgada en baja densidad (Low-density Dots Per Inch)
MAC	Dirección de control de acceso de medios de un dispositivo (Media Access Control address of a device). Comunicaciones
MDPI	Puntos por pulgada en media densidad (Medium-density Dots Per Inch)
MIDI	Interfase Digital de Instrumentos Musicales (Musical Instrument Digital Interface)
MIME	Extensiones multipropósito de correo de Internet (Multi-Purpose Internet Mail Extensions)
NDEF	Formato de intercambio de datos NFC (NFC Data Exchange Format)
NFC	Comunicaciones de datos a muy corta distancia (Near-Field Communication)
NMEA	Asociación nacional de electrónica marina de EEUU (National Marine Electronics Association). Protocolo de datos que se utiliza para la mayoría de los receptores GPS
OEM	Fabricante Original de Equipo (Original Equipment Manufacturer)
OS	Sistema Operativo (Operating System)
PC	Ordenador Personal (Personal Computer)
.PNG	Extensión de archivos codificación o estándar PNG (Portable Network Graphic)
POP3	Protocolo (version 3) utilizado por aplicaciones cliente de correo electrónico (Post Office Protocol 3)
PPC	Ordenador de bolsillo (Pocket Personal Computer)
PRN	Número pseudoaleatorio (Pseudo-Random Number)
px	pixels (p.178)
RAM	Memoria de acceso aleatorio (Random Access Memory)
RFCOMM	Comunicación de radiofrecuencia (Radio Frequency COMMunication)
RGB	Especificación de color en Rojo, Verde y Azul (Red,Green,Blue)
SAX	API simple para XML (**S**imple **A**PI for **X**ML)
SD	Seguro Digital
SDK	Kit de desarrollo de software (Software Development Kit)
SFTP	Protocolo de transferencia de archivos SSH o protocolo de transferencia segura de archivos
SIM	Módulo de Identidad del Suscriptor (Subscriber Identity Module)
SIP	protocolo de Inicio de Sesion (Session Initiation Protocol)

SKU	Número de referencia (Stock Keeping Unit)
SMS	Servicio de mensajes cortos (Short Message Service)
SQL	Lenguaje de consulta estructurado (Structured Query Language)
SSH	Intérprete de órdenes seguro (Secure Shell Protocol). Intérprete de comandos seguro
SSL	Capa de conexión Segura (Secure Sockets Layer). Comunicaciones cifradas.
TCP/IP	Protocolo de Control de Transmisión / Protocolo de Internet (Transmission Control Protocol/Internet Protocol)
TTS	Texto a voz (Text To Speech)
UDP	Protocolo de datagrama de usuario (User Datagram Protocol). Protocolo de Comunicaciones.
UI	Interfaz de usuario: las imágenes, sonidos, teclados definidos y otros objetos que permiten al usuario comunicarse con el dispositivo.
URI	identificador de recursos uniforme (Uniform Resource Identifier)
URL	Localizador Uniforme de Recursos (Uniform Resource Locator)
USB	Bus Serie Universal (Universal Serial Bus)
UTC	Horario Universal Coordinado (Equivalente a la hora de Greenwich)
UTF-16	Formato de transformación de conjunto de caracteres universal de 16 bits (16-bit Universal Character Set Transformation Format). Sistema de codificacíon.
UTF-8	Formato de transformación de conjunto de caracteres universal de 8 bits (8-bit Universal Character Set Transformation Format). Sistema de codificacíon.
UUID	Identificador Único Universal (Universal Unique Identifier)
VB6	Visual Basic 6.0
VM	Memoria Virtual (Virtual Memory)
VOIP	Voz sobre Protocolo de Internet (Voice Over Internet Protocol)
WYSIWYG	Lo que ves es lo que obtienes (What You See Is What You Get)
XHDPI	Puntos por pulgada en muy alta densidad (Extra-High-density Dots Per Inch)
XLS	Extensión de archivos de hoja de cálculo Excel de Microsoft
XML	Lenguaje de marcas extensible (eXtensible Markup Language)

Recursos

Los recursos para apoyar este libro se pueden encontrar aquí (http://bit.ly/17ERE9C).
La principal fuente de apoyo es la comunidad activa de desarrolladores entusiastas de todo el mundo que ya usan B4A y están muy contentos de ayudar a otros que tienen problemas.
Consulte el capítulo obtener más ayuda (p.284) para más detalles.

Actualizaciones gratuitas

Los clientes que compran una versión digital de este libro en la tienda de Penny Press tienen derecho a actualizaciones gratuitas cuando presentamos nuevas ediciones para que coincidan con los cambios y actualizaciones en B4A. Lamentablemente no podemos proporcionar actualizaciones gratuitas a la versión física en papel. El sitio web de actualización está aquí (http://bit.ly/1d5XjHo).

Boletín Informativo

Para recibir avisos sobre estas actualizaciones de la versión digital y otras noticias sobre este libro, suscríbase (http://bit.ly/1IBc9lF) al boletín (newsletter).

Quisiéramos conocer tu opinión

Esperamos que disfrute de este libro y lo encuentre útil. A pesar de nuestros mejores esfuerzos, todavía puede haber errores en este libro. El editor estaría agradecido si los lectores envían informes de errores, junto con cualquier sugerencia de mejora para futuras ediciones, a
b4a@pennypress.co.uk
Gracias.
También le estaríamos muy agradecidos si se tomara el tiempo para evaluarlo en el sitio web principal de Amazon: USA Amazon site (`http://amzn.to/1Fm50Qr`)

Sobre el Autor

Wyken Seagrave es un desarrollador profesional de aplicaciones y sitios web que utilizan Visual Basic, Visual Basic para Aplicaciones, PHP y MySQL, entre otros lenguajes. Ha enseñado programación en la universidad y ha escrito muchos manuales de usuario para las aplicaciones que ha desarrollado.

Su gran pasión en la vida es llevar el conocimiento de la historia del universo a un público más amplio. Con este fin, ha escrito libros y sitios web relacionados con el tema, tanto de ficción como no ficción, incluido el sitio web (`http://bit.ly/Qfdt36`) Historia del Universo (también disponible como libro electrónico en Amazon (`http://amzn.to/1446HTw`)) y la serie Time Crystal (`http://bit.ly/OGsSuC`).

Agradecimientos

Gracias a Erel Uziel y Anywhere Software por crear y dar soporte a B4A, a Klaus Christl por su excelente documentación, a Bob Paehr por corregir toda la primera edición, a Bob y Kevin y por hacer valiosas sugerencias, a Dave, Paul Holthuizen, Kevin y Peter Sobol por señalar numerosos errores tipográficos, a Javier Párraga González por su trabajo en la traducción al español y Roer García por su minuciosa revisión, a Johann Stock por plantear una serie de cuestiones, así como por su trabajo en la traducción del libro al alemán, y a Vladimir Shirkina por su traducción al ruso y a toda la comunidad de usuarios de B4A por crear Librerías y muchos otros recursos de valor incalculable.

Wyken Seagrave

Parte 1: Conceptos Básicos

Comenzamos con un tutorial que le guiará paso a paso en el proceso de instalación de B4A, conectándola a su dispositivo, luego diseñando, escribiendo, ejecutando, y depurando su primera aplicación de Android.

Explicamos todas las características del Entorno de Desarrollo Integrado.

1.1 Pasos para instalar B4A

Nota: B4A se ejecuta en PC con Windows 2000 y superior, tanto en sistemas de 32 bits como de 64 bits. Lo siguiente es una explicación ampliada de las instrucciones de instalación descritas en la web de B4A.

Que se necesita para ejecutar B4A

Necesitará un PC con Windows y al menos 512Mb de RAM.
B4A necesita que se instale Java, Java JDK y Android SDK en el PC. Para más detalles vea a continuación.
Puede probar su App (aplicación de Android) en un emulador (un dispositivo virtual que se ejecuta en su PC) o en un dispositivo real. Recomendamos disponer de un dispositivo real disponible ya que generalmente lleva menos tiempo instalar su aplicación en este que en un emulador y las aplicaciones que se ejecutan allí generalmente lo harán más rápido.
Si usa un dispositivo real, debería ejecutar Android 1.6 o superior (es decir, Android 2.x, 3.x, etc.).

Cómo manejar los problemas

Si tiene problemas con cualquiera de los pasos de instalación que se detallan a continuación, debe consultar aquí (http://bit.ly/2CZZlIk) la versión de Internet de las instrucciones de instalación.

Instalación de Java

Ahora visitaremos el oscuro mundo de Java. Por fortuna, ha elegido B4A así que ¡nuestra visita será relativamente breve!

Instalar o actualizar Java

Tenga en cuenta que Java oficialmente se llama Java SE Runtime Environment, donde SE significa Standard Edition.

Versión de Java Requerida

Debe tener al menos Java 8 instalado en su PC. Se recomienda instalar la última versión de Java, especialmente si está actualizando a una nueva versión de B4A.

Instalar, verificar o actualizar Java

Si no tiene Java instalado en su PC, visite https://www.java.com/en/ y siga los enlaces para obtener una descarga gratuita.
Si no está seguro si ya tiene Java en su máquina, o si desea verificar que tiene la última versión de prueba, visite https://www.java.com/en/download/installed.jsp y comprobará si su versión de Java está desactualizada y le ofrecerá actualizarla.
Se recomienda hacerlo cada vez que instale una nueva versión de B4A.

Instalar Java JDK

Comprobar si Java JDK ya está instalado

Java JDK es el kit de desarrollo de Java, que incluye herramientas útiles para desarrollar y probar programas escritos en Java y que se ejecutan en la plataforma Java.
Es posible que desee verificar si Java JDK ya está instalado en su PC.
Abra la Ventana [Panel de Control > Aplicaciones y Característiucas] y busque un archive llamado "Java SE Development Kit..."seguido por algo como"... 8 Update 25".

Si ya tienes JDK 64 Bit

En algunos casos, el instalador del Android SDK (que se describe más adelante) no encuentra JDK 64bit. Por lo tanto, se recomienda instalar la versión de 32 bits del JDK. Sin embargo, si el SDK ya está instalado, debería funcionar. Omita el siguiente paso y proceda a instalar el SDK de Android. Si encuentra el JDK entonces está bien. Si falla, vuelva al paso siguiente e instale la versión de 32 bits de JDK.

Instalar el Java JDK de 32 bit

Para todas las máquinas, incluso de 64 bits, se recomienda seleccionar "Windows x86" de 32 bits en la lista de plataformas. Esto se debe a que en algunos casos el instalador del Android SDK no encuentra JDK 64bit. Vea la nota anterior si ya tiene el JDK de 64 bits.

Instalación

El primer paso debe ser instalar el Java JDK, también conocido como Java SE Development Kit, donde SE significa Standard Edition. Los pasos son:

- Ir a la página web de descarga de Java SE Development Kit 8 aquí (http://bit.ly/2CXBGsd).
  Hay una gran cantidad de Kits de Desarrollo, pero normalmente el primero de arriba es suficiente. No elija una descarga de *Demostraciones y Muestras*.
- Marque el botón de opción de Aceptar Contrato de Licencia.
- Seleccione “Windows x86 (32-bit)” en la lista de plataformas.
- Haga clic en el enlace para descargar el JDK
- Descargue el exe correspondiente y ejecútelo.

Esto normalmente instalará el JDK de Java en C:\Program Files\Java\jdk1.8.x_xx donde x son números.

Instalar Android SDK Manager

Instalar el SDK de Android y una plataforma

El kit de desarrollo de software de Android (SDK) es un conjunto completo de herramientas de desarrollo que incluye un depurador, librerías, un emulador (p.203) de dispositivos, documentación, código de ejemplo y tutoriales. Proporciona las librerías API y herramientas de desarrollo para crear, probar y depurar aplicaciones para Android, y es necesario para poder utilizar B4A.

Gestores de Android SDK

Para instalar y gestionar los elementos del SDK de Android se utilizará un Android SDK Manager. Hay dos tipos.

El nuevo gestor es una herramienta de línea de comandos a la que el propio SDK Manager de B4A le asigna un interfaz GUI[5].

La mayoría de los usuarios nuevos de B4A utilizarán este gestor que se encuentra bien integrado en B4A. Su uso es más conveniente que el gestor anterior porque normalmente podrá ejecutarlo directamente desde dentro de B4A haciendo clic en [Herramientas > SDK Manager] o [Herramientas > Configurar rutas > Abrir SDK Manager]. Esto debería abrir el B4A Sdk Manager.

El gestor más antiguo es una herramienta de interfaz gráfica de usuario (GUI) que originalmente formaba parte de Android Studio. Ahora se ha eliminado de Android Studio. En el momento de escribir este apartado, todavía podía descargarse el instalador desde aquí (`https://dl.google.com/android/installer_r24.4.1-windows.exe`). Los desarrolladores que ya tienen el administrador más antiguo pueden continuar utilizándolo.

---

[5] NT: **G**raphic **U**ser **I**nteface. Interfaz gráfico de usuario.

Instalación de Android SDK Manager

Descargar la Herramienta de Línea de Comandos de Android SDK

Haga clic aquí (http://bit.ly/2S0WVU7) y descargará el fichero sdk-tools-windows-4333796.zip.
O también puede encontrar la última versión en la página web de Android Studio.
https://developer.android.com/studio/index.html#command-tools
Descargue el paquete de herramientas de Windows SDK. En el momento de escribir esto, se corresponde con el fichero zip de más arriba.
Note que no se requiere Android Studio completo.

Descomprima el fichero de Android SDK

Arrastre con el botón derecho del ratón el archivo zip a la unidad C. En la ventana emergente seleccione Extraer. Introduzca o busque un destino como C:\android-sdk y extraiga los archivos.

Instalación de los Componentes de Android SDK

Hasta el momento no ha instalado todavía ningún componente de Android SDK.
Esto se realizará más tarde, después de haber instalado B4A, utilizando el B4A SKD Manager.
El proceso se describe aquí.

Antiguo Manager: Instale el Android SDK y una plataforma

Necesita instalar el SDK pero no necesita el paquete ADT (que incluye una versión del Eclipse IDE, ¡ya que usará el (muy superior) B4A!.).

Instalar B4A

Versión de Evaluación de B4A

Hay dos versiones de B4A: la versión de evaluación y la versión completa. Las principales diferencias son:
Precio: la versión de evaluación es GRATUITA! El precio de la versión completa depende del producto que usted compre.
Tamaño del proyecto: es limitado para la versión gratuita.
Duración: la versión gratuita sólo funciona durante 30 días. La versión completa funcionará por tiempo indefinido, aunque el tiempo durante el cual reciba actualizaciones gratuitas dependerá de la licencia que haya adquirido.
El proceso de instalación es parecido en ambas versiones.

Versión Completa de B4A

Soporta librerías (una parte importante de B4A) y te dan acceso completo al foro B4A. Las aplicaciones desarrolladas con B4A son libres de derechos de autor. Puede vender cualquier número de aplicaciones desarrolladas. La versión completa solo es compatible con la compilación local, no con el modo de compilación remota. Las licencias son por desarrollador. Cada desarrollador requiere una licencia.

Versión Estándar de B4A

Una única licencia de desarrollador con 2 meses de actualizaciones gratuitas y acceso completo al foro B4A. Comprar ahora (http://bit.ly/14uTuGS)

Versión Empresarial de B4A

2 años de actualizaciones gratuitas con una única licencia de desarrollador. Comprar ahora (http://bit.ly/1e4kAZD)

Licencia de grupo de B4A

2 años de actualizaciones gratuitas para hasta 30 desarrolladores en un solo sitio, cada uno con acceso completo al foro B4A. Comprar ahora (http://bit.ly/1e4kHV5)

Licencias Académicas

Las licencias académicas (para estudiantes, profesores e investigadores) están disponibles a mitad de precio. Contacta con support@basic4ppc.com e incluye tus datos académicos.

Compra

Puedes usar Paypal para comprar cualquiera de las versiones anteriores aquí (http://bit.ly/1IjMUqn). Después de la compra, recibirás un correo electrónico con un archivo de licencia adjunto y un enlace para descargar el programa. **Anota la dirección de correo electrónico en la que recibiste este correo electrónico**. La necesitarás para registrar el programa.

Registrando B4A

Cuando instale la versión completa, se le solicitará que introduzca la dirección de correo electrónico que utilizó al comprar B4A. Esta es la dirección de correo electrónico a la que se envió el correo electrónico anterior.

A continuación, se le pedirá que busque el archivo de licencia, que se llama b4a-license. txt.

Instala y configura B4A

Instalación del Framework .NET

B4A necesita el framework .NET que se encuentra pre-instalado en todos los ordenadores con Windows. Si el Framework requerido no se encuentra presente, se le pedirá que lo descargue y lo instale.

Descargar B4A

Descargue la versión de evaluación o la versión completa desde aquí (http://bit.ly/1IjMa4t).

Instalar B4A

Cuando compre la versión completa, recibirá un correo electrónico que contiene un enlace a la descarga, con un nombre de usuario y contraseña, además de un archivo de texto que contiene su licencia. Cuando instala una versión completa, **NO** necesita desinstalar la versión de prueba. La versión completa la sobrescribe.

Abrir B4A

La primera vez que ejecute B4A, comprobará si está instalado .Net Framework y, sino lo estuviera mostraría el cuadro de diálogo anterior. Debe descargar e instalar .Net Framework o no podrá ejecutar B4A.

Licencia

El correo electrónico que recibe contiene un archivo de licencia (b4a-license.txt) que debe almacenar en su ordenador. En la primera ejecución, B4A le pedirá que localice primero el archivo de licencia y después le pedirá la dirección de correo electrónico que utilizó cuando compró B4A.

Notas

Aunque su extension pudiera parecer, la licencia no es un archivo de texto, por lo que no debería abrirla con un editor de texto.

Es una buena idea guardar una copia en una carpeta diferente, ya que el archivo de la licencia se borrará después de autenticarse. La copia le permitirá por ejemplo reinstalar si se mueve a una versión diferente de Windows.

Configurar las Rutas

Una vez que B4A se ha instalado y se está ejecutando, es necesario configurar varias opciones de ruta para que el sistema funcione correctamente.
Seleccione el menú [Herramientas > Configurar rutas] y aparecerá el siguiente cuadro de diálogo:

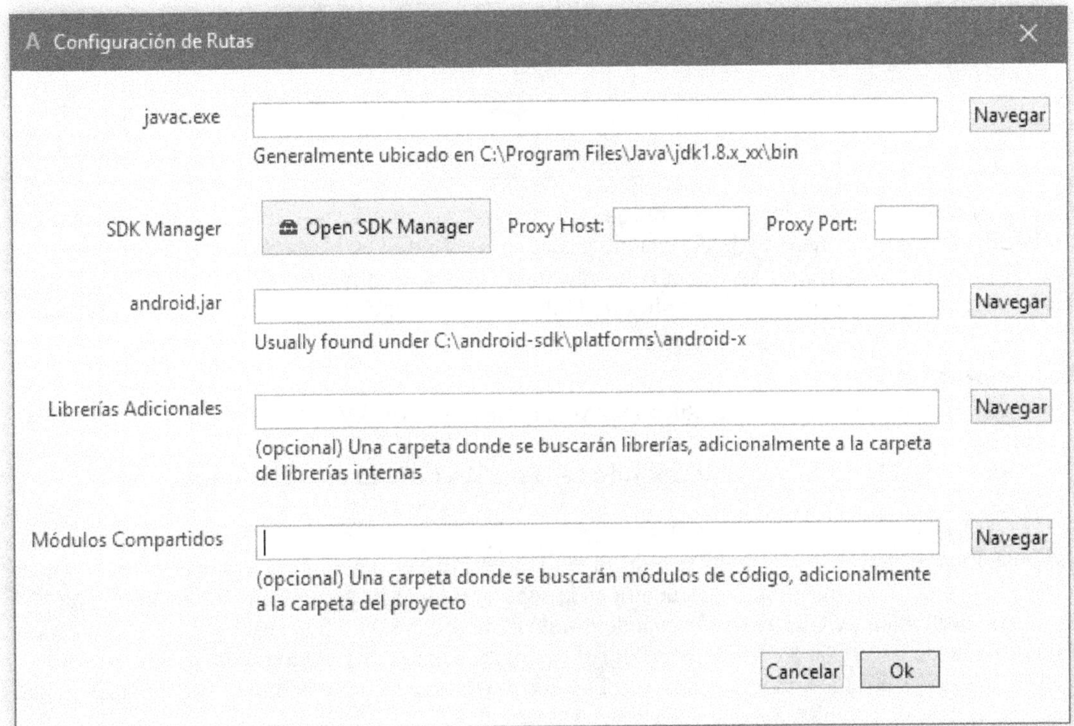

Javac.exe

Utiliza el botón Navegar para localizer "javac.exe". Normalmente se encuentra en C:\Program Files\Java\jdkN.N.N_NN\bin\javac.exe donde N variará.

Ejecutar el B4A SDK Manager

Ahora necesita instalar los SDKs de Android utilizando el Android SDK Manager (p.48) que se ha comentado anteriormente.
Haga Clic en **Open SDK Manager** y se debería abrir el B4A SDK Manager. Sin embargo, si no se abre, consulte la siguiente indicación.

Como ejecutar manualmente el B4A SKD Manager

Observe que algunos desarrolladores que están actualizando a un nueva versión de B4A se encuentran que no pueden ejecutar el nuevo gestor desde dentro de B4A. Este apartado de ejecución manual normalmente no es necesario, ya que debería ajecutarse desde B4A en el menu [Herramientas > SDK Manager]. Pero a veces la integración no funciona. En este caso, puede ejecutar el B4A SDK Manager manualmente, como se indica a continuación:

- Descargue desde aquí (http://www.b4x.com/android/files/B4ASdkManager.jar) el B4A SDK Manager. Descarga un archivo llamado B4ASdkManager.jar
- Debe guardarlo en algún luger donde después pueda localizarlo.

- Ejecútelo con doble-clic.

Abre la interfaz GUI de B4A SDK Manager. Fíjese que requiere Java 8u40+ para su instalación.

Uso del B4A SDK Manager

Como se ha indicado anteriormente, al hacer clic en Open SKD Manager se abrirá el B4A SKD Manager:

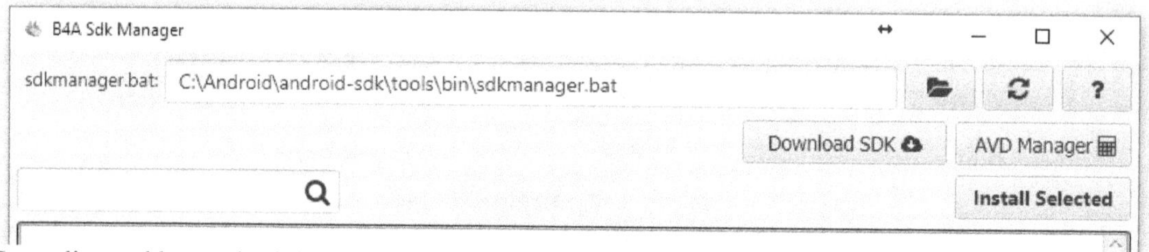

Haga clic en el botón de abrir la carpeta y busque sdkmanager.bat en la subcarpeta \tools\bin de la carpeta android-sdk que creó previamente (p.49) cuando instaló el Android SDK Manager.

La ventana mostrará una lista de los SDKs recomendados. Haga clic en Instalar seleccionado para instalar todos los elementos recomendados. Puede llevar algún tiempo. En algunos casos, se mostrarán los acuerdos de licencia. Léelos y apruebalos.

AVD Manager

Observe que el B4A SDK Manager también incluye un enlace al B4A AVDManager que le permite crear emuladores.

Ahora puede cerrar el B4A SDK Manager y volver a la ventana Configuración de rutas.

Android.jar

Debe especificar la ubicación del archivo android.jar. Este archivo es una librería a la que se hace referencia durante la compilación. Se encuentra en la subcarpeta \platforms\android-NN de la carpeta android-sdk que creó previamente (p.49) cuando instaló el Android SDK Manager.

El NN depende de la versión Android. No afecta el comportamiento de ejecución de su aplicación y no impedirá que se ejecute en versiones anteriores. Por lo tanto, utilice siempre la última versión disponible para evitar errores de compilación.

Librerías Adicionales

La Versión Completa de B4A le permite descargar Librerías Adicionales que proporcionan funcionalidades extras. Por ejemplo, hay librerías para OpenGL, acceso a cámaras, lectores de códigos de barras, FTP y funciones HTTP, por nombrar sólo algunas. Más detalles en el Capítulo Librerías Adicionales (p.668).

Se recomienda utilizar una carpeta específica para librerías adicionales. Utilice la opción [Herramientas > Configurar rutas > Librerías Adicionales] para indicar a B4A donde se almacenan los archivos de librería descargados en el equipo.

Si tiene la versión de prueba o no tiene ninguna librería adicional, puede dejar en blanco la opción "Librerías Adicionales" para la prueba inicial.

Tenga en cuenta que cuando B4A se actualiza a una nueva versión, a veces se agrega una Librería Adicional a las Librerías Estándar (p.501) incluidas con la Versión Completa de B4A

Carpeta de Módulos Compartidos

Se trata de una carpeta en la que se guardan módulos que se comparten entre varios proyectos y, por lo tanto, no se guardan en la carpeta principal del proyecto. Consulte Módulos Compartidos (p.245) para obtener más detalles.

Este campo puede dejarse en blanco, pero es recomendable crear una carpeta separada para futuros módulos compartidos.

Cuando haya identificado sus rutas, pulse en **OK**.

Con esto completamos la instalación de los archivos necesarios para que B4A funcione. Mucho de lo que sigue a continuación funcionará con la versión de prueba.

Actualización a una nueva versión

Cuando se publica una nueva versión, recibe un correo electrónico con el asunto "B4A vNNNN is released" que contiene un enlace a la descarga. Por lo tanto, es recomendable crear un filtro que marque este mensaje como importante.

Este podría ser un buen momento para actualizar los Android SDKs (p.48) y las Librerías Adicionales (p.668).

Nota: Cuando se publica una nueva versión de B4A, también vale la pena comprobar si existe una nueva versión de B4A-Bridge.

1.2 Primeros pasos con B4A

Lo que se puede ver

B4A le presenta un Entorno de Desarrollo Integrado que consta de varias áreas:

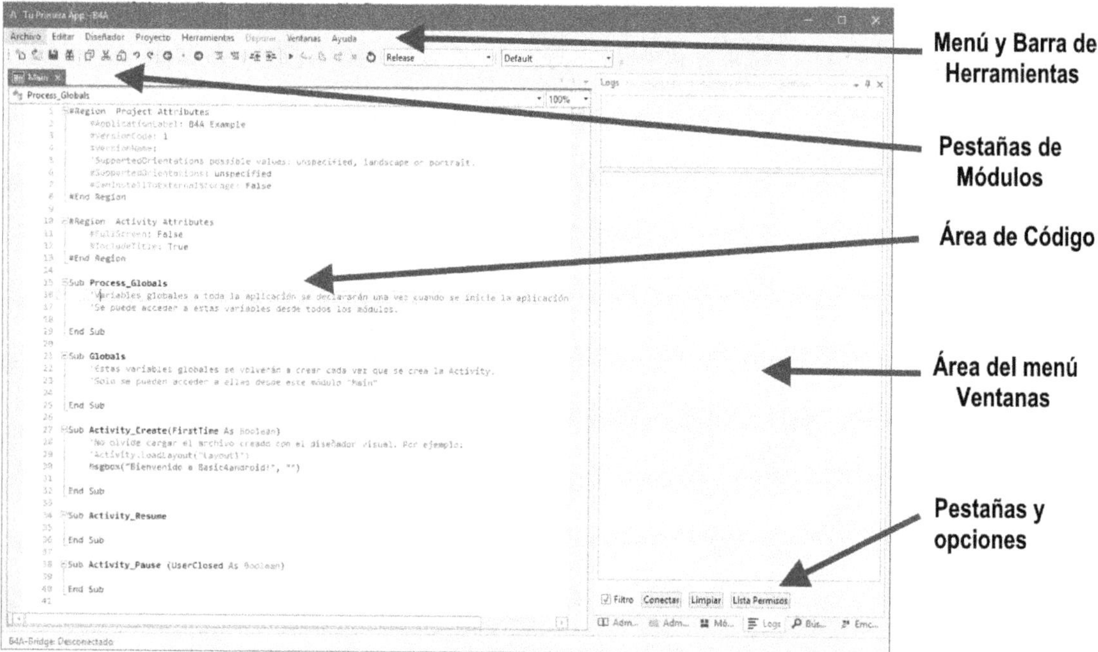

Aquí es donde creas, pruebas y compilas tus aplicaciones. Para comenzar, editarás código en el Área de código. Trataremos todas las demás áreas con más detalle a continuación, en la sección de Entorno de Desarrollo Integrado (p.76) (IDE por sus siglas en ingles. Integrated Development Environment).

Tenga en cuenta que normalmente las aplicaciones se desarrollan dentro de proyectos (p.120) y estos se almacenan en carpetas.

Tu primera App

Cuando crea una nueva aplicación B4A, se carga un proyecto de ejemplo en el Área de código, lo que le permite crear una aplicación simple con muy poco código adicional.
El proyecto de ejemplo consiste en dos Módulos (p.244) de código: un módulo de Activity (p.354) llamado Main y un módulo de Servicio (p.421) llamado Starter.

Hablaremos del servicio Starter (p.120) más adelante, y en estos tutoriales podemos ignorarlo y concentrarnos en la activity Main.
Todos los tipos de código B4A se dividen en bloques llamados Regiones (p.94).

Una región es un área de su código que puede expandirse o contraerse rápidamente, y por defecto las dos primeras regiones se contraen:

```
1  [+]#Region  Project Attributes
9
10 [+]#Region  Activity Attributes
```

Puede expandir una Región pinchando con el ratón en el signo +.

Cómo agregar tu primer comando

Ahora va a agregar una línea de código a su aplicación para que haga algo simple.
Desplácese hacia abajo a la sección que comienza

```
Sub Activity_Create(FirstTime As Boolean)
```

y escribe en la línea

```
Msgbox("¡Bienvenido a B4A!", "")
```

El código que ve ahora debería ser similar al siguiente. Si su código por defecto es diferente, puede editar el código para que sea el mismo, copiar lo siguiente o descargar "Su primera aplicación" ("Your First App") de la página de recursos (http://bit.ly/1IjLiwC) de este libro y descomprimirlo en una nueva carpeta dentro de su carpeta de proyectos.

```
#Region  Project Attributes
 #ApplicationLabel: B4A Example
 #VersionCode: 1
 #VersionName:
 'SupportedOrientations possible values: unspecified, landscape or
portrait.
 #SupportedOrientations: unspecified
 #CanInstallToExternalStorage: False
#End Region

#Region  Activity Attributes
 #FullScreen: False
 #IncludeTitle: True
#End Region

Sub Process_Globals
 'Variables globales a toda la aplicación se declararán una vez cuando
se inicie la aplicación.
 'Se puede acceder a estas variables desde todos los módulos.
End Sub
```

```
Sub Globals
  'Estas variables globales se volverán a crear cada vez que se crea la
Activity.
  'Solo se pueden acceder a ellas desde este módulo "Main"
End Sub

Sub Activity_Create(FirstTime As Boolean)
  ' No olvide cargar el archivo creado con el diseñador visual. Por
ejemplo:
  Msgbox("¡Bienvenido a B4A!", "")
End Sub

Sub Activity_Resume

End Sub

Sub Activity_Pause (UserClosed As Boolean)

End Sub
```

Esto es casi el código mínimo requerido para crear una aplicación.

Depuración

La depuración es el proceso de eliminar errores (bugs) en su código. Vamos a utilizar esta sencilla aplicación para aprender un poco sobre cómo depurar en B4A.
B4A tiene dos modos de depuración, el Depurador Legado[6] y el Depurador Rápido. Por defecto, B4A utilizará el Depurador Rápido. Es posible que haya ocasiones en las que desee utilizar el Depurador Legado
Para usar la depuración Legada, primero debe habilitarla estableciendo la opción
[Herramientas > opciones del IDE > Usar Depurador heredado]
Trataremos aquí (p.191) con más detalle cómo funciona el Depurador Rápido.

Puntos de interrupción (Breakpoints)

Una forma importante de depurar errores es establecer un punto en el que se pausará la ejecución de la aplicación, de tal modo que pueda examinarse los valores de las variables.
Tenga en cuenta también que el proyecto predeterminado tiene un punto de interrupción ya agregado:

```
29 Sub Activity_Create(FirstTime As Boolean)
```

Trataremos con puntos de interrupción (breakpoints (p.193)) con detalle más adelante. Por ahora puede agregar o eliminar puntos de interrupción haciendo clic en el punto rojo, pero necesitará este punto de interrupción si desea seguir este tutorial.

Salvar el programa

Antes de poder ejecutar la aplicación, primero debe salvar el código en una carpeta de proyecto.

[6] NT: También se puede traducir como "Heredado" tal y como se ha optado en la versión 8.80 actual de B4A

Le recomendamos que cree una sola carpeta para salvar todos sus proyectos B4A, y dentro de esta carpeta, cree carpetas separadas, una para cada proyecto.
Cuando crea un nuevo programa, B4A creará subcarpetas llamadas **Files** y **Objects** (Archivos y Objetos) en la carpeta seleccionada. Este es el motivo por el debe colocar cada programa en una subcarpeta separada en su carpeta de proyectos.
Use la opción de menú [Archivo > Salvar] para guardar el programa, o pulse Ctrl+S.

B4A-Bridge

Antes de poder ejecutar el programa, debe conectar B4A a un dispositivo o un emulador (p.203). Hay varias opciones (ver Opciones de prueba (p.197)), pero como primer paso, recomendamos usar B4A-Bridge para conectarse a su dispositivo. B4A-Bridge es una aplicación gratuita que se ejecuta en un móvil o una tablet Android. ¡Fué programado utilizando B4A! y el código fuente está disponible aquí (`http://bit.ly/141A2MC`). Es recomendable conectar el dispositivo a un cargador mientras se ejecuta B4A-Bridge.
B4A-Bridge está formado por dos componentes. Un componente se ejecuta en el dispositivo y permite que el segundo componente (que es parte del IDE) se conecte y se comunique con el dispositivo. La conexión se realiza a través de la Wifi (red inalámbrica) local. (Véase la nota a continuación sobre Bluetooth).
Una vez conectado, B4A-Bridge es compatible con todas las características del IDE, que incluyen: instalación de aplicaciones, visualización de registros, depuración y el diseñador visual (no es posible tomar capturas de pantalla).

Android no permite que las aplicaciones instalen silenciosamente otras aplicaciones. Por lo tanto, cuando ejecute su aplicación usando B4A-Bridge, verá un cuadro de diálogo que le pedirá que apruebe la instalación.

Instalar B4A-Bridge en tu dispositivo

B4A-Bridge está disponible gratis en Google Play y Amazon Market. Buscar: B4A Bridge. Instale la aplicación en su dispositivo (teléfono móvil o tableta Android).
Nota: Cuando se lanza una nueva versión de B4A, vale la pena comprobar si existe también una nueva versión de B4A-Bridge.

Ejecutar B4A-Bridge en tu dispositivo

Mostrará una pantalla similar a:

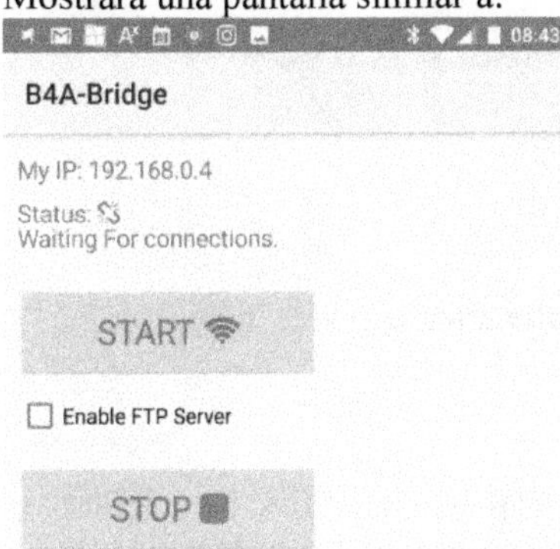

Servidor FTP

Si activa el servidor FTP, [Herramientas > B4A Bridge > Explorador de archivos] abrirá el Explorador de Archivos de Windows y mostrará una lista de archivos en un dispositivo conectado utilizando una dirección como ftp://192.168.0.12:6781/.

Notas sobre la conexión inalámbrica

Para conectarse, su ordenador de desarrollo y su dispositivo móvil deben estar conectados en la misma red. En algunos casos, la dirección IP que se muestra en B4A-Bridge puede ser la dirección de red móvil. En ese caso, puede encontrar la dirección IP de la Wifi local en la página de configuración avanzada.

B4A-Bridge Código fuente

El código Fuentes está disponible aquí (http://bit.ly/2rXleVv).

Conecta el IDE al dispositivo o al Emulador

Cambio de Conexión

Su IDE se puede conectar al mismo tiempo a varios dispositivos y/o emuladores. Si ya se ha conectado a uno de ellos y desea cambiar y conectarse a otro, debe ejecutar [Herramientas> Limpiar proyecto] antes de ejecutar el compilador. Luego se le preguntará en qué dispositivo o emulador desea ejecutar la aplicación.

Conectar vía [Herramientas > B4A-Bridge]

Vuelva al IDE de B4A que se ejecuta en su PC y seleccione la opción de menú [Herramientas> B4A-Bridge> Conectar].
Debería ver una lista de todos los dispositivos que ejecutan B4A-Bridge, con una indicación de si no se han iniciado.

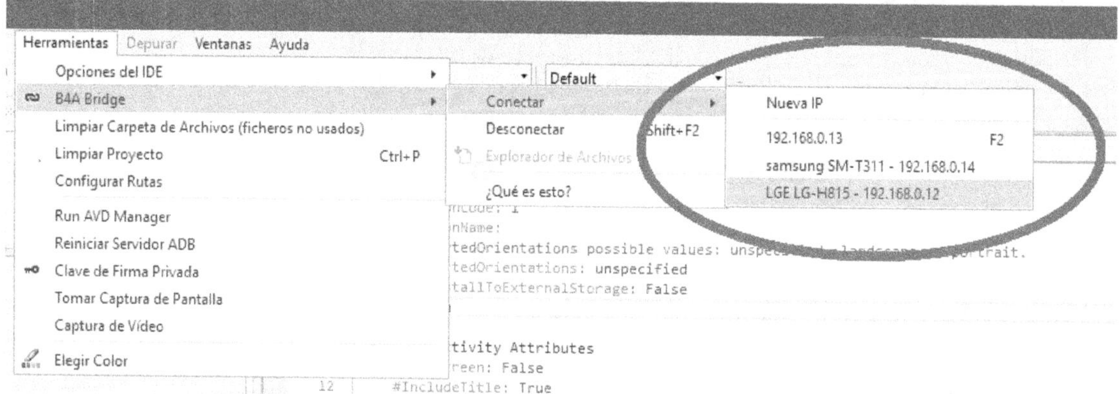

Puede conectarse rápidamente a la última dirección IP usando F2. Alternativamente, puede ingresar la dirección IP que muestra B4A-Bridge en el dispositivo.

Barra de estado de B4A-Bridge

O puede hacer clic en B4A-Bridge: barra de estado en la parte inferior de la pantalla del IDE para volver a conectarse al dispositivo más reciente o desconectarse de él. Su mensaje cambiará de: Desconectado a: Intentando conectarse y luego a: Conectado o de nuevo a Desconectado.

Diseñador B4A

Cuando B4A-Bridge se conecta, primero verifica si Diseñador B4A, necesita ser actualizada. El Diseñador B4A le permite diseñar su aplicación directamente en su dispositivo. Si el Diseñador B4A no se ha instalado, B4A-Bridge preguntará si instalarlo. Es posible que vea una pantalla como esta:

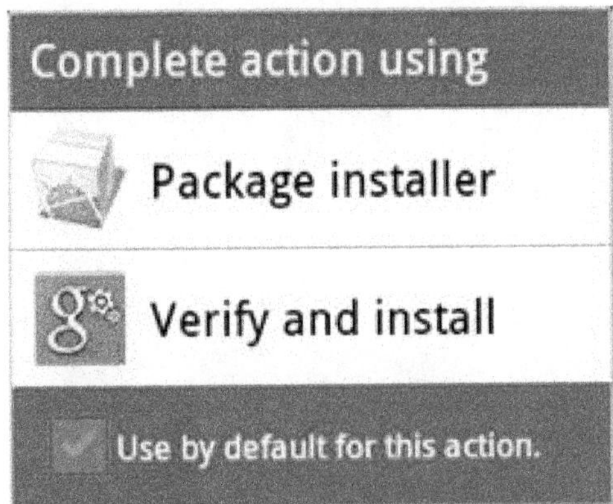

Seleccione **Verify and install** (Verificar e instalar), para que Google pueda verificar la aplicación en busca de virus. A continuación, verá lo siguiente:

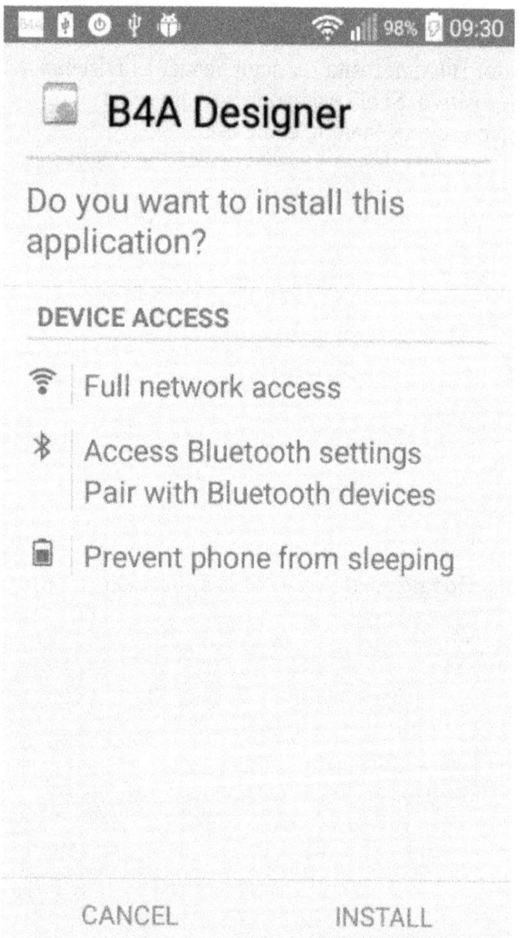

Haga clic en **Install** (instalar). La aplicación se instalará y verá una página de confirmación que se lo indica.

En este punto, no necesita abrir el diseñador, pero puede hacerlo, ya que será útil en breve.

Detener B4A-Bridge

B4A-Bridge sigue funcionando como un servicio (p.421) hasta que presionas el botón "Stop". Siempre puede volver a B4A-Bridge pulsando la notificación en la parte superior de la pantalla del dispositivo.

Al pulsar sobre la notificación del B4A-Bridge se abrirá la pantalla principal.

Compilar tu nueva App

Ahora puede compilar su aplicación (es decir, convertirla en Java) y ejecutarla en su dispositivo. hay muchas maneras de hacer esto. En la barra de herramientas del IDE en su PC, primero asegúrese de seleccionar **Debug** en la lista desplegable de opciones de compilación (como se muestra a continuación). A continuación, seleccione [Proyecto> Compilar y ejecutar] o presione F5 o haga clic en el triángulo negro en la barra de herramientas:

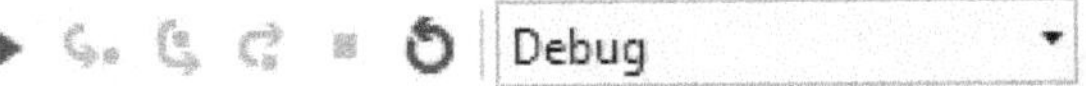

(Si aún no ha guardado su proyecto, se le pedirá que lo haga ahora. Consulte arriba para más detalles).
Nota: B4A incluye una carcaterística de Depurador Rápido (p.191), pero para usarla necesita instalar Java JDK. Para simplificar las cosas para esta introducción, explicamos la forma más antigua del depurador. Tenga en cuenta también que Depurador Rápido reduce significativamente la cantidad de pasos que se muestran a continuación y, por lo tanto, reduce el tiempo necesario para instalar en el dispositivo.

Durante la compilación, verá un cuadro de diálogo:

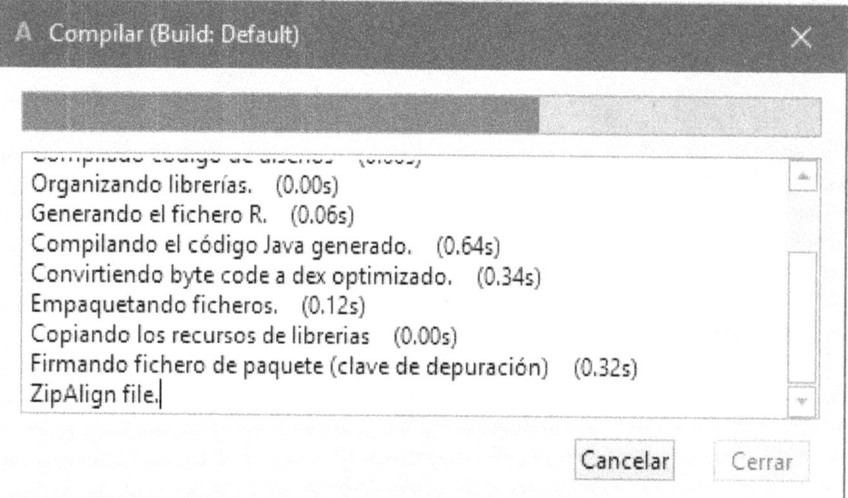

Esto es para información solamente. Se cerrará automáticamente si su código se compila e instala sin error.

Aprobar la App en su dispositivo

Es posible que deba aprobar la instalación de la aplicación, en cuyo caso debe aprobarla, instalarla y abrirla.

Punto de interrupción (Breakpoint)

Suponiendo que dejó el punto de interrupción en su aplicación en la línea 27, verá una alerta en su dispositivo:

Dentro del IDE, el programa se pausará y la línea con el punto de interrupción se resaltará en amarillo:

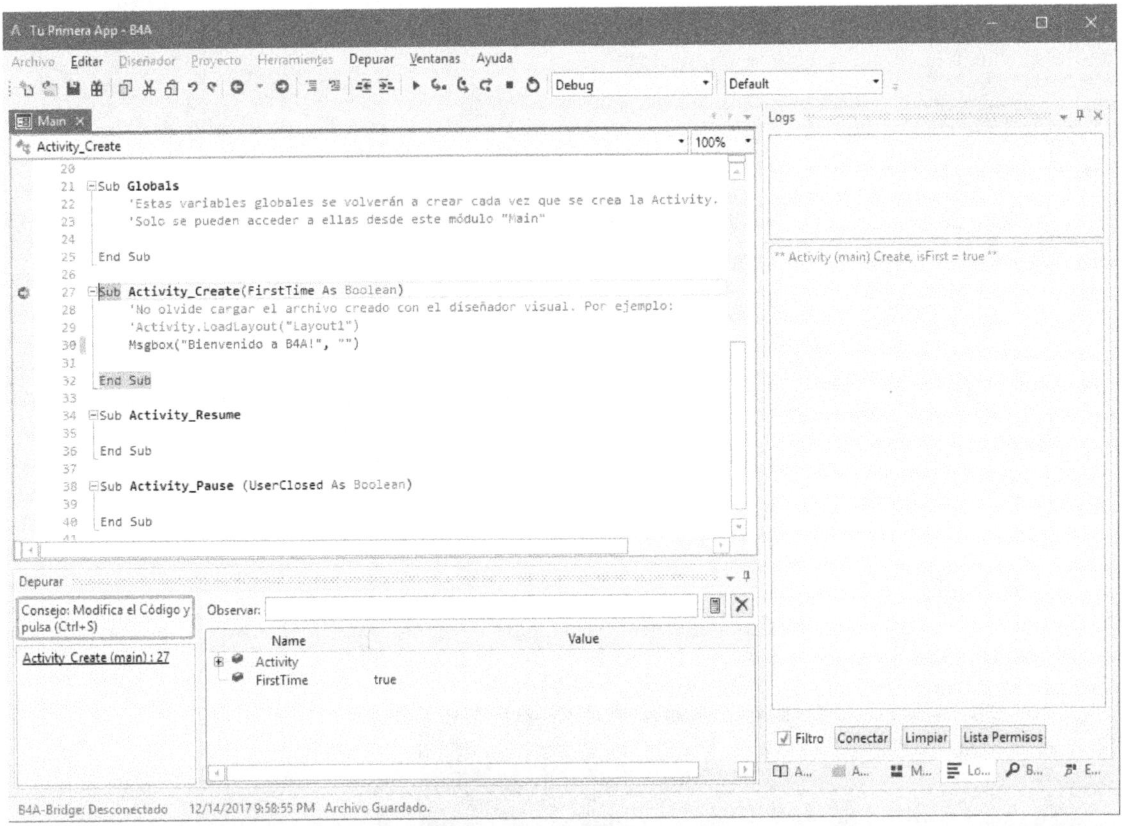

```
20
21 Sub Globals
22     'Estas variables globales se volverán a crear cada vez que se crea la Activity.
23     'Solo se pueden acceder a ellas desde este módulo "Main"
24
25 End Sub
26
27 Sub Activity_Create(FirstTime As Boolean)
28     'No olvide cargar el archivo creado con el diseñador visual. Por ejemplo:
29     'Activity.LoadLayout("Layout1")
30     Msgbox("Bienvenido a B4A!", "")
31
32 End Sub
33
34 Sub Activity_Resume
35
36 End Sub
37
38 Sub Activity_Pause (UserClosed As Boolean)
39
40 End Sub
```

Ventana de Depuración

Otra característica útil para depurar su programa se muestra en la mitad inferior del IDE (su posición por defecto). Esta es la ventana de depuración. A la izquierda se muestra la ubicación del punto de interrupción (breakpoint, en la línea 27 en el sub Activity_Create de la Activity Main).
A la derecha hay una lista de las variables definidas por tu código. El único significativo es FirstTime, que es el parámetro del sub Activity_Create. Tiene el valor `true` (verdadero).

Evaluación emergente de Variables

También puede ver el valor de las variables colocando el cursor del ratón sobre un nombre de variable o expresión, entonces aparecerá una ventana emergente que muestra el valor del elemento, por ejemplo FirstTime:

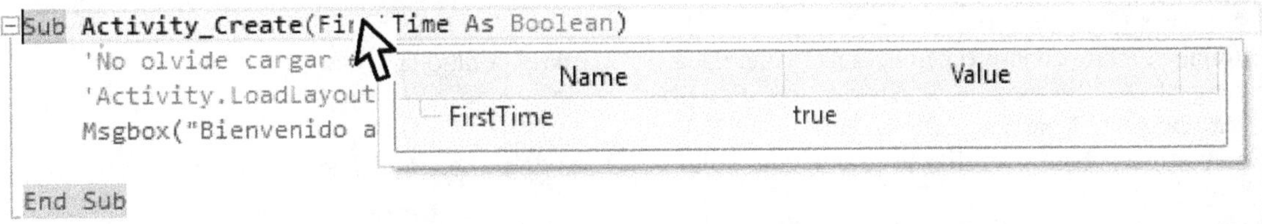

Continuando con la ejecución

Ahora puedes continuar ejecutando tu programa a partir del punto de interrupción. Lo puedes hacer haciendo clic en el triángulo situado en la barra de herramientas de depuración:

O seleccionando Continuar en el menú Depurar:

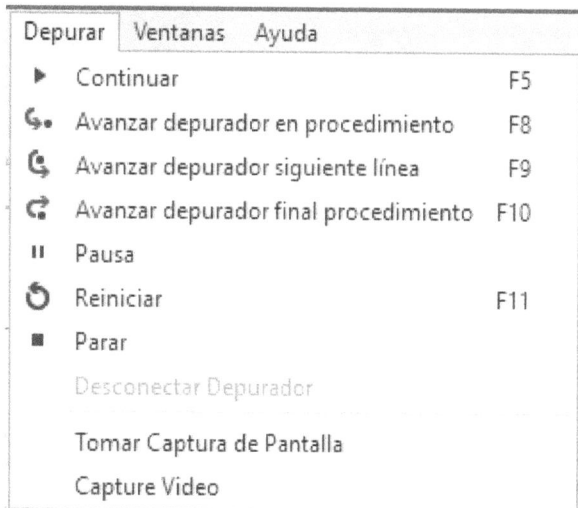

Depurar Ventanas Ayuda

▶	Continuar	F5
	Avanzar depurador en procedimiento	F8
	Avanzar depurador siguiente línea	F9
	Avanzar depurador final procedimiento	F10
॥	Pausa	
	Reiniciar	F11
■	Parar	
	Desconectar Depurador	
	Tomar Captura de Pantalla	
	Capture Video	

O presionando F5. Hay otras maneras de avanzar paso a paso en su programa, como explicamos en la sección del Menú de depuración (p.89).

Ahora debería ver el resultado del programa en su dispositivo:

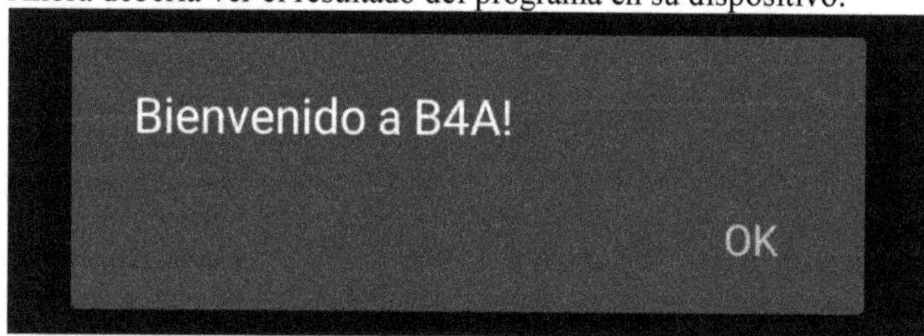

Si lo deseas, puedes reiniciar el programa haciendo clic en el icono de reinicio en la barra de herramientas, o usando [Depurar> Reiniciar] o presionando F11.

Eventos de Logs

Otra característica de depuración útil es escribir datos en la ventana Logs del IDE. Vamos a intentarlo. Para hacer eso, necesitamos agregar código. Detenga el depurador haciendo clic en el icono Detener o usando [Depurar> Detener] o presionando F11.

Desplácese hacia abajo a la línea

```
Msgbox("¡Bienvenido a B4A!", "")
```

Elimine el punto de interrupción y añada una línea por lo que el código de ahora será:

```
Log ("Altura = " & Activity.Height)
Msgbox("¡Bienvenido a B4A!", "")
```

Aparecerá una barra amarilla en el lado izquierdo de la línea de código, indicando que el área se ha editado recientemente.

Ahora reinicie la aplicación, como se ha descrito anteriormente. El mensaje debería aparecer en la pantalla del dispositivo.

Ahora (si fuera necesario) haga clic en la ventana Logs en el lado derecho del IDE

Advertencia
Si la ventana de Logs está vacía, haga clic en el botón **Conectar** para conectar el Logs al depurador. Debería ver al menos una línea de texto (como en la imagen de arriba) seguida por el log como:

```
Altura = nnn
```

Esto te dice la altura de tu pantalla en píxeles.

Rotando el dispositivo

Ahora, mientras la aplicación todavía se está ejecutando, rote el dispositivo. Debería ver más líneas aparecer en la ventana **Logs** del IDE, algo como esto:

```
** Activity (main) Pause, UserClosed = false **
** Activity (main) Create, isFirst = false **
Height = 1151
```

El IDE está registrando más información que solo la altura de su dispositivo.
También le indica que Activity_Pause y Activity_Create subs se han ejecutado automáticamente cuando giró el dispositivo. Aprenderá cuándo se ejecutan automáticamente estos y otros subs en la sección Concepto de Activity (p.252).

Así puede ver que el Log es una forma muy útil de comprobar datos mientras se esta ejecutando la aplicación, lo que le ayuda a depurarla.

Más sobre la Depuración

Para obtener más información acerca de las funciones que ofrece B4A, consulte la sección Depuración (p.191) .

Tu segunda App: Usando el Diseñador

Ahora intentaremos cambiar la apariencia de la aplicación. Este será el primer paso para diseñar una interfaz de usuario. Vamos agregar un botón para hacer esta aplicación más interesante.

Conceptos sobre View (Vistas) y Layout (Diseños)

Primero algunos conceptos clave. En B4A, una página que se muestra a un usuario se denomina `Activity`[7] y un control que se puede agregar a la Activity se llama `View` (Vista). Los detalles de Views (Vistas) se recopilan en un archivo llamado `Layout` (Diseño).
El código que controla el Layout se denomina Módulo Activity. En nuestra aplicación actual, el Módulo de Activity es el único módulo de la aplicación y se llama Main (Principal). Cada aplicación siempre tiene un módulo Main Activity. Puede ver una pestaña correspondiente a este módulo en la parte superior del área de código, justo debajo de la barra de herramientas:

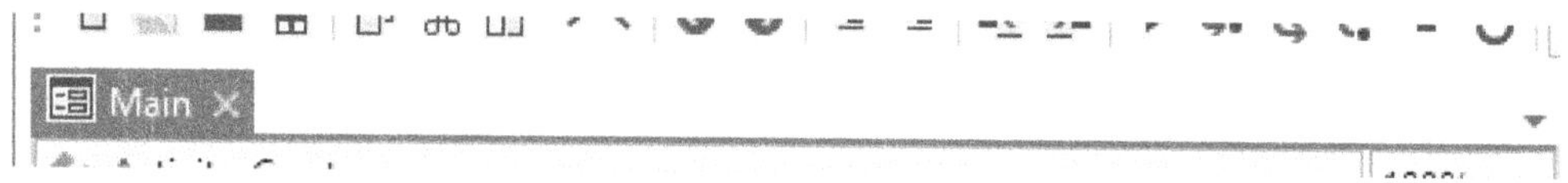

Para ser visible para el usuario, el Layout debe cargarse en la Activity. Esto normalmente ocurre dentro de la función

```
Activity_Create
```

La herramienta que utilizamos para crear un diseño (Layout) es el **Diseñador**. A continuación, aprenderemos a utilizar el Diseñador.

Ejecutando el Diseñador

Si su aplicación todavía se está ejecutando, primero deténgala, luego seleccione [Diseñador> Abrir Diseñador] en el menú principal.

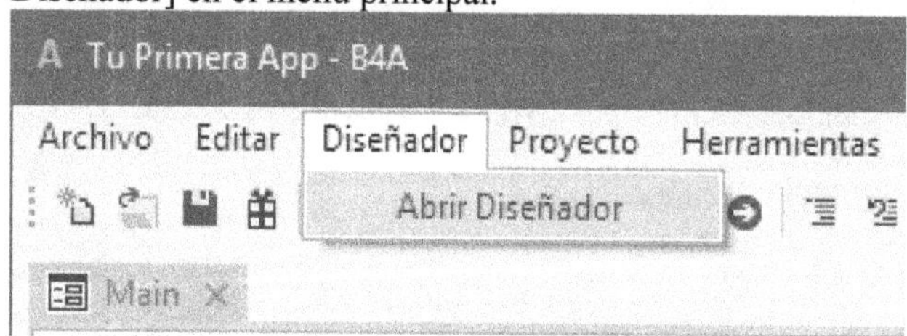

La ventana del Diseñador Visual aparece:

[7] NT: En el mundo hispano de la programación, hay muchos conceptos que son usados directamente en inglés, hasta el punto que su traducción puede resultar confusa, por lo que al principio mantendremos la palabra en inglés y progresivamente la traducimos cuando ya tenemos el contexto establecido.

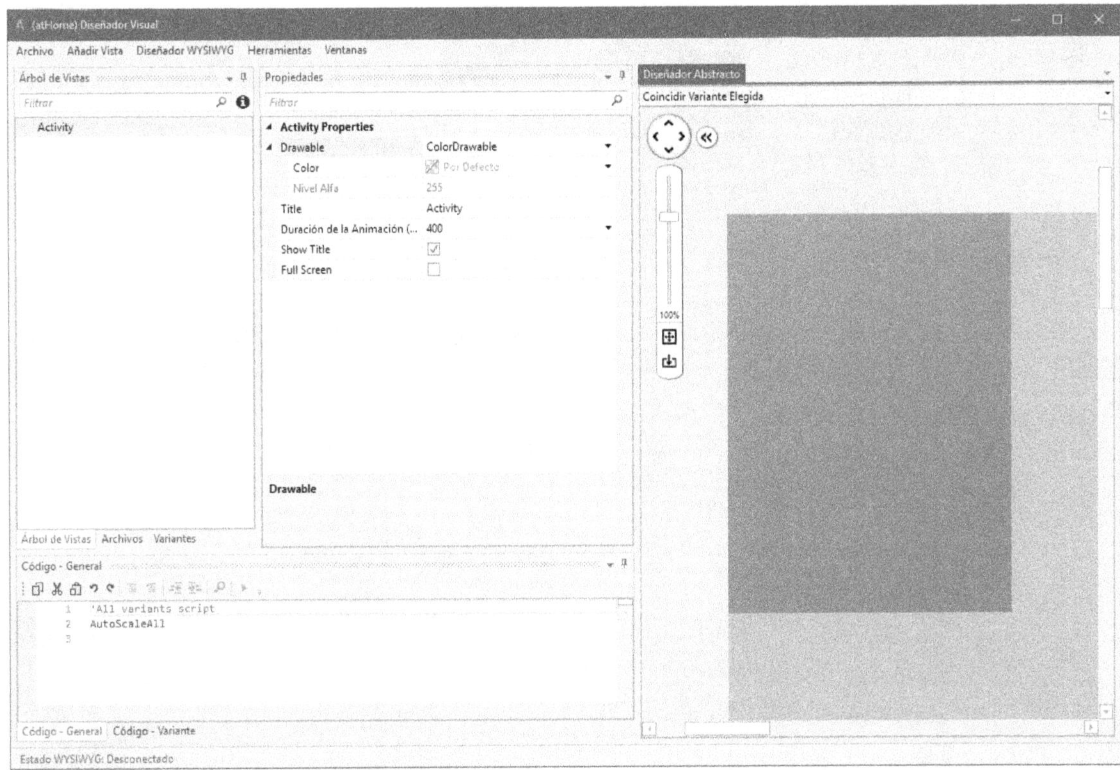

A la derecha está el Diseñador Abstracto. Aquí es donde agrega views (controles) y configura sus propiedades.

Aquí verá los Views del Layout (las vistas del diseño), pero tenga en cuenta que el Diseñador Abstracto (p.172) NO es "Lo que ve es lo que obtiene" (WYSIWYG). Entonces, ¿cómo sabe cómo verá su usuario el diseño?

Conecte el Diseñador a su dispositivo.

Para ver el diseño en WYSIWYG, debe conectar B4A a un dispositivo o emulador (p.203). En este tutorial, utilizaremos su dispositivo y B4A-Bridge. (Describimos cómo usar el emulador en Probando tu aplicación (p.197))
Si aún no se está ejecutando, inicie B4A-Bridge en su dispositivo. Luego, si aún no está conectado, conecte B4A a su dispositivo desde el IDE como se describió anteriormente (p.58).
Ahora conecte el Diseñador visual a su dispositivo dentro del menú Diseñador:
[Diseñador WYSIWYG> Conectar] o presionando F2.

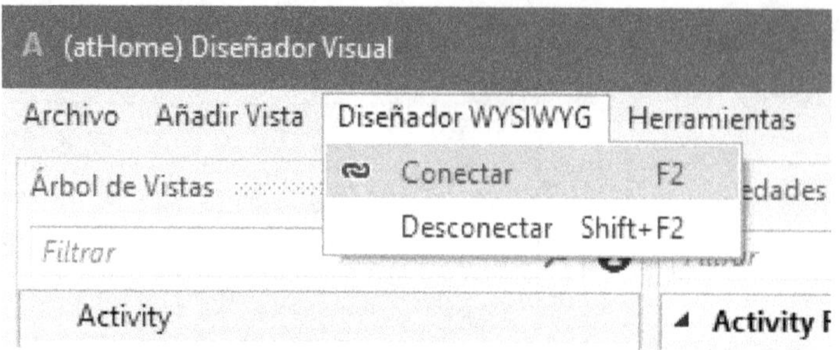

La aplicación Diseñador de B4A se iniciará en su dispositivo y aparecerá el título **Activity** en su dispositivo con una pantalla en blanco debajo, ya que el diseño no tiene views (vistas) hasta el momento.

Agregar un botón

En la ventana del Diseñador pulsa [Añadir vista > Button]

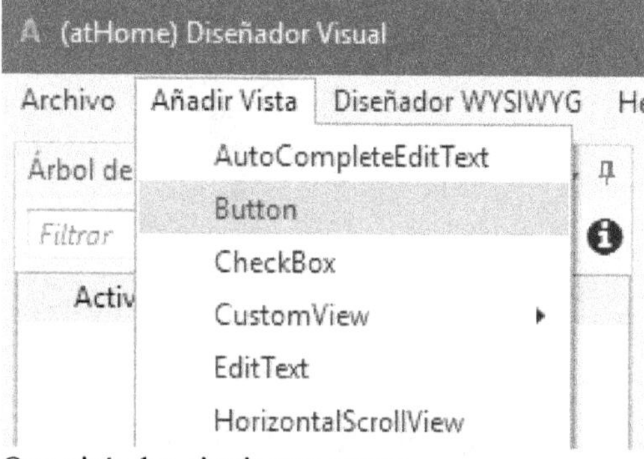

Ocurrirán las siguientes cosas:
Se agrega un botón al Árbol de Vistas:

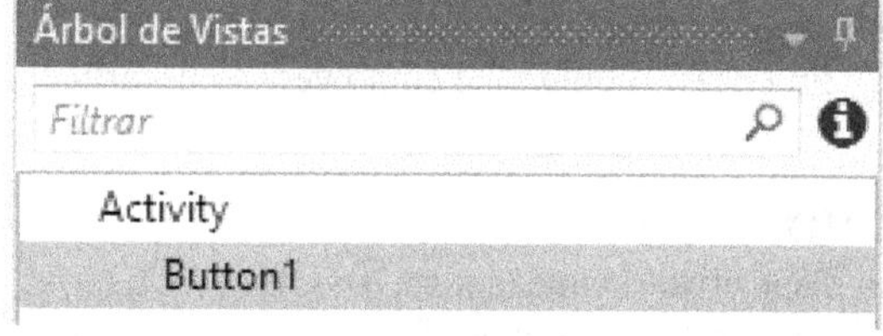

En el Diseñador verá algunos de los parámetros de su botón:

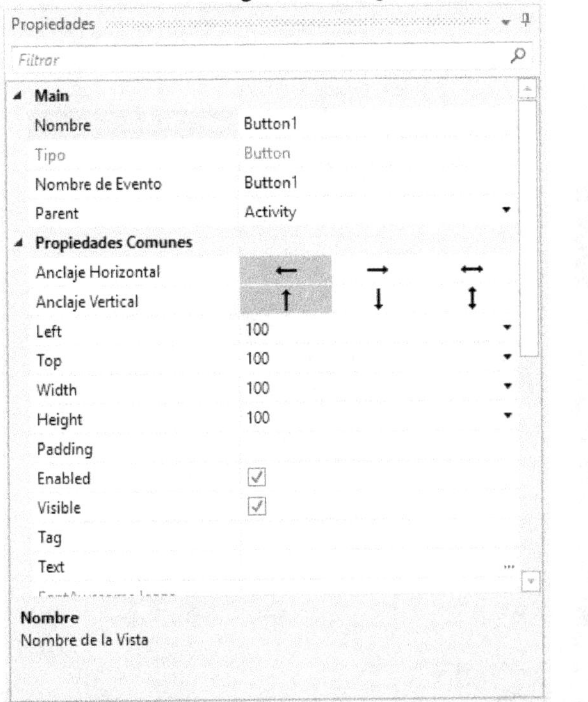

En el Diseñador Abstracto verá el botón

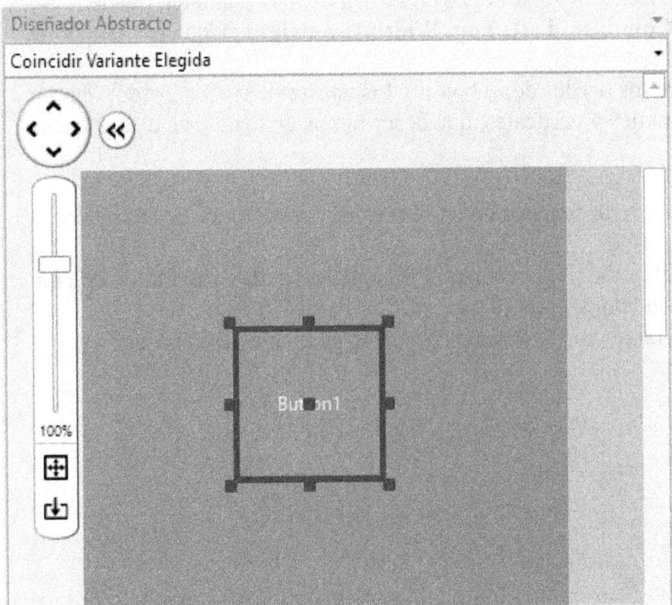

Y lo verá en su dispositivo como WYSIWYG (lo que ve es lo que obtiene).

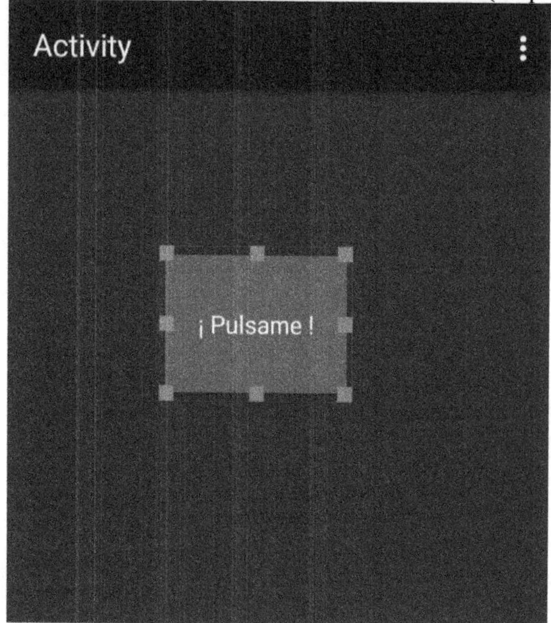

Configurar su botón

Probablemente quiere cambiar el color y el texto de su botón.
Puede cambiar su posición o tamaño en el Diseñador Abstracto o en su dispositivo. También puede establecer su posición en las **Propiedades Comunes**: **Left**, **Top**, **Width** and **Height** (Izquierda, Superior, Ancho y Alto) del Diseñador visual.
También puede establecer una relación entre los bordes de su botón y los bordes de su contenedor, en este caso toda la pantalla, usando Anclas horizontales y verticales, que describimos en detalle en otra parte (p.163).

Nota: B4A permite otra potente forma de controlar la posición de Vistas usando Código[8] de Diseñador. Describimos esto en un capítulo separado (p.177).
Le recomendamos que cambie el nombre del botón (en la ventana Propiedades) a algo similar a `btnTest`. (Este tipo de nombre usa la llamada Notación Húngara (p.297)).
Utilice el Diseñador para cambiar el campo de texto a "¡ Púlsame !". (Esto es lo que verá el usuario)

8 NT: Traducimos *Script* por *código*, aunque la palabra en inglés está ya admitida en la jerga informática de los desarrolladores hispanos.

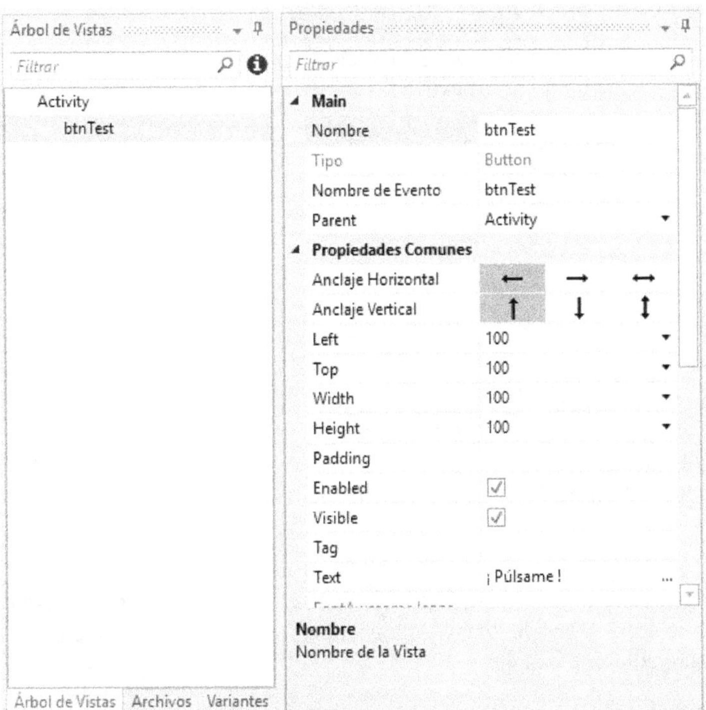

Guarde su diseño haciendo clic en [Archivo> Salvar] o pulsando Ctrl + S en el Diseñador. Puede elegir cualquier nombre, pero tiene sentido usar el mismo nombre que el **Módulo Activity**, en este caso "main".

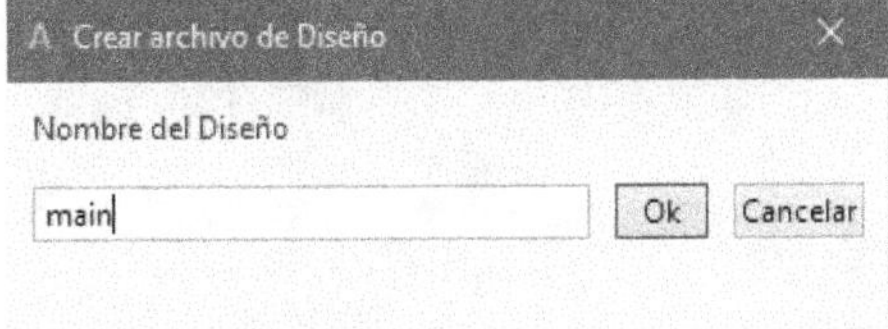

Nota: Esto crea un archivo llamado "main.bal" dentro de la carpeta Files de su proyecto.

Generar Miembros

Para controlar el botón en el código, debemos declararlo en el **Módulo de Activity**. La mejor manera de asegurarse de hacer esto correctamente es pedirle al Designer Visual que genere este código por ti.
Primero asegúrese de que el módulo de **Activity** correcto esté seleccionado en el área de código del IDE, ya que cualquier código que genere se agregará a la Activity seleccionada actualmente. En este proyecto, solo tenemos una Activity.
Hay dos formas de generar el código: usar el menú de herramientas del Diseñador Visual o usar una ventana emergente.

Usar el menú de herramientas del Diseñador Visual

Seleccione su nuevo botón y use la opción Diseñador [Herramientas> Generar miembros]. Esto mostrará lo siguiente (es posible que deba expandir la lista btnTest haciendo clic en el triángulo:

Generar Miembros

Las Vistas seleccionadas se declararán en el Sub Globals
Los eventos seleccionados se añadirán como subs.

Activity
btnTest
Click
LongClick

Seleccionar Todas las Vistas | Limpiar Seleccionado | Generar Miembros

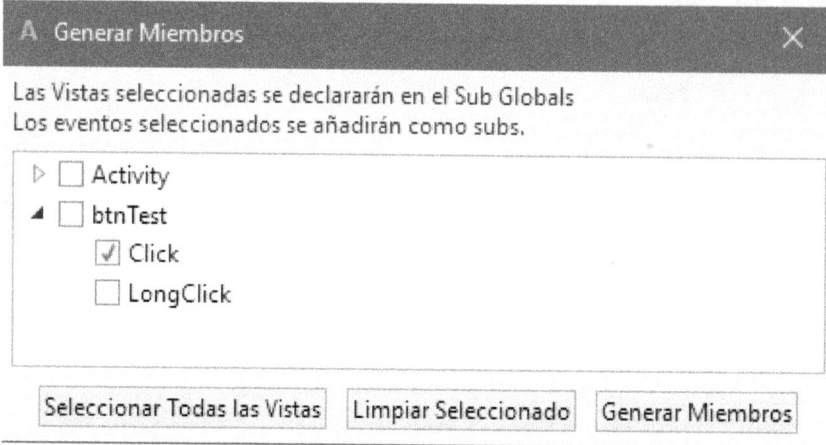

Selecciona **btnTest** y **Click**, como se muestra.
Luego Clic en el botón **Generar Miembros** y después cierra la ventana de diálogo.

Usar el Menú Emergente

De forma alternativa, puede generar código haciendo clic con el botón derecho en una vista en el Diseñador Abstracto (que se muestra a continuación) o en el Árbol de vistas. Aparecerá un menu emergente que le permite agregar elementos a su código, pero solo uno a la vez.

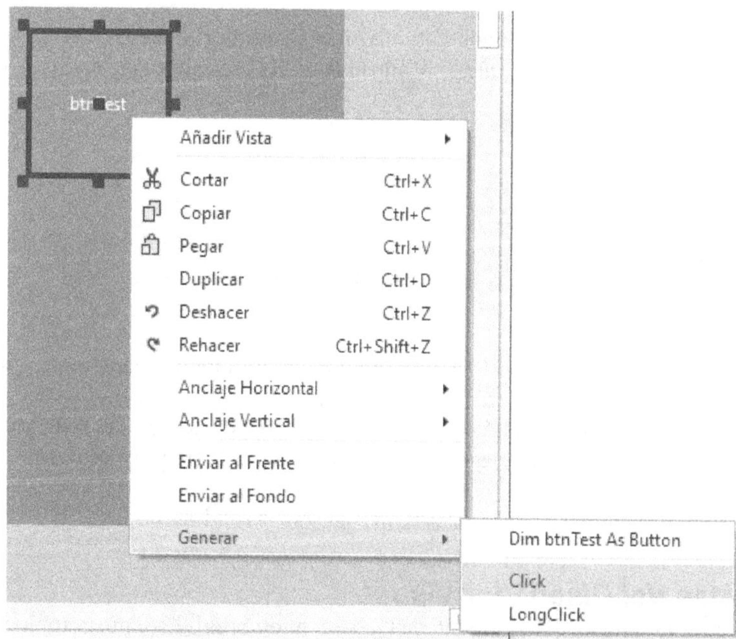

Primero, seleccione [Dim btnTest as Button], luego repita el proceso y seleccione [Click]. Esto logrará el mismo resultado que antes, aunque tomará más tiempo.
Nota: no hay peligro al pedirle al Diseñador o al Diseñador Abstracto que generen el código dos veces, la solicitud se ignora si el código ya existe en su actividad.
Ahora puede salvar su trabajo si es necesario y cerrar el Diseñador Visual.

Añadir el Código para el Botón

Se han generado dos entradas dentro de su código. La primera es una nueva línea dentro de `Sub Globals`:

```
Sub Globals
  'Estas variables globales se volverán a crear cada vez que se crea la
Activity.
  ' Solo se pueden acceder a ellas desde este módulo "Main".
  Private btnTest As Button
End Sub
```

Esto le dice a su código qué tipo de objeto es btnTest. La razón por la cual las variables view **deben** declararse en `Sub Globals` y no en `Sub Process_Globals` se explica aquí (p.249).

Además, el cuadro de diálogo **Generar Miembros** también generará una function nueva Sub vacía:

```
Sub btnTest_click
End Sub
```

Explicación del nombre de Sub

Quizás se pregunte por qué este sub debe llamarse `btnTest_Click`. Este código es un ejemplo de un **controlador de eventos**. Explicamos cómo funcionan los eventos aquí (p.316) Esencialmente, algunos objetos pueden generar eventos, por ejemplo, cuando un usuario hace algo, y su código tiene que manejar ese evento. La primera parte del nombre del controlador de eventos "`btnTest`" le dice a B4A qué objeto generó el evento. La parte "`Click` " del nombre especifica a qué evento estamos respondiendo. Estas dos partes deben estar unidas por un guión bajo para crear el nombre del sub controlador de eventos.

Agregar código al botón

Ahora vamos a escribir el código para manejar este evento. Mueva el código `Msgbox` del `Sub Activity_Create` dentro del nuevo sub. Debería quedar así:

```
Sub btnTest_Click
  Msgbox("¡Bienvenido a B4A!", "")
End Sub
```

Carga del Layout (Diseño)

Para que esto funcione, debemos cargar este nuevo layout cuando se inicie la aplicación.
`Eliminar la marca de comentario (un solo apóstrofe) de la línea Activity.LoadLayout dentro del Sub Activity_Create y edítalo para dejarlo así:`

```
Sub Activity_Create(FirstTime As Boolean)
  Activity.LoadLayout("Main")
End Sub
```

Nota: debe usar el mismo nombre que se usó para guardar el Layout en el Diseñador. No importa que empiece por mayúscula y el Layout guardado por minúscula.

Ejecuta tu App

Esta vez deberías ver tu botón ¡Púlsame! y cuando haga clic en él, debería ver el mensaje ¡Bienvenido a B4A!:

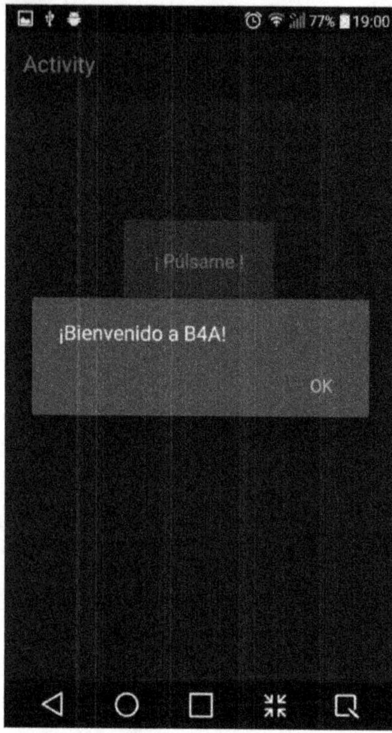

Tu tercera App

¡Ahora veamos si puedes crear una aplicación por ti mismo! Vas a crear una aplicación que mostrará la hora en la que el usuario hace clic en un botón. Para hacer esto, debe agregar una etiqueta a su layout (diseño). Una etiqueta es un objeto (una "view" en la jerga de Android) que puede mostrar texto. Llámalo **`Label1`**.

Use el diseñador para generar código para la etiqueta (es decir, agregue una declaración **`Dim`** a su código). Ahora cambie su App para que su **`btnText`** ejecute el siguiente código cuando el usuario haga clic en él:

```
Label1.Text = "La Hora es " & DateTime.Time(DateTime.Now)
```

Esto define el mensaje que **`Label1`** mostrará. **`DateTime`** es un objeto B4A que proporciona una amplia gama de funciones relacionadas con fecha y hora. Por ejemplo: **`DateTime.Now`** devuelve el número de milisegundos desde 1/1/1970, y **`DateTime.Time`** convierte este número a la hora actual.

Puede sonar un poco complejo, pero no es necesario que entiendas los detalles en este momento. Es solo un ejemplo de programa, así que intente que funcione. Si te quedas atascado, puedes descargar la solución (tu tercera aplicación) desde la página de recursos (http://bit.ly/1IjLiwC) de este libro.

Detener B4A-Bridge

Después de terminar el desarrollo, debe seleccionar [Herramientas> B4A Bridge> Desconectar] en el IDE y en su dispositivo, vaya a B4A-Bridge y presione el botón Detener para reducir el consumo de su batería.

Más sobre el Diseñador

Para obtener más detalles sobre el Diseñador, consulte el Capítulo de Diseñador (p.155).

Copias de Seguridad Automáticas (Auto-Backups)

El *Autobackup* varía la frecuencia de las copias de seguridad para adaptarse a la cantidad de trabajo que realiza en un proyecto específico. Comienza con una copia de seguridad cada 10 minutos cuando se realizan cambios. Reduce la frecuencia de creación cuando se trabaja menos.
Elimina automáticamente las copias de seguridad más antiguas basándose en un conjunto de reglas internas.
Puede activarse o desactivarse mediante [Herramientas > Opciones IDE > Backup automático].
De manera predeterminada, B4A realizará de forma automática una copia de seguridad de su trabajo. Coloca los archivos zip que crea en una carpeta llamada AutoBackups dentro del proyecto. Cada archivo incluye la fecha y la hora en su nombre.

1.3 Entorno de Desarrollo Integrado

Vamos a ver más de cerca los componentes del Entorno de Desarrollo Integrado (IDE). Es lo que se utiliza para desarrollar tu App y consiste en las siguientes áreas:

Menú y Barra de Herramientas (p.91)
Pestañas de Módulos (p.92)
Área de Código (p.93)
Área del Menú de Ventanas (p.102)
Pestañas de Opciones (p.102)

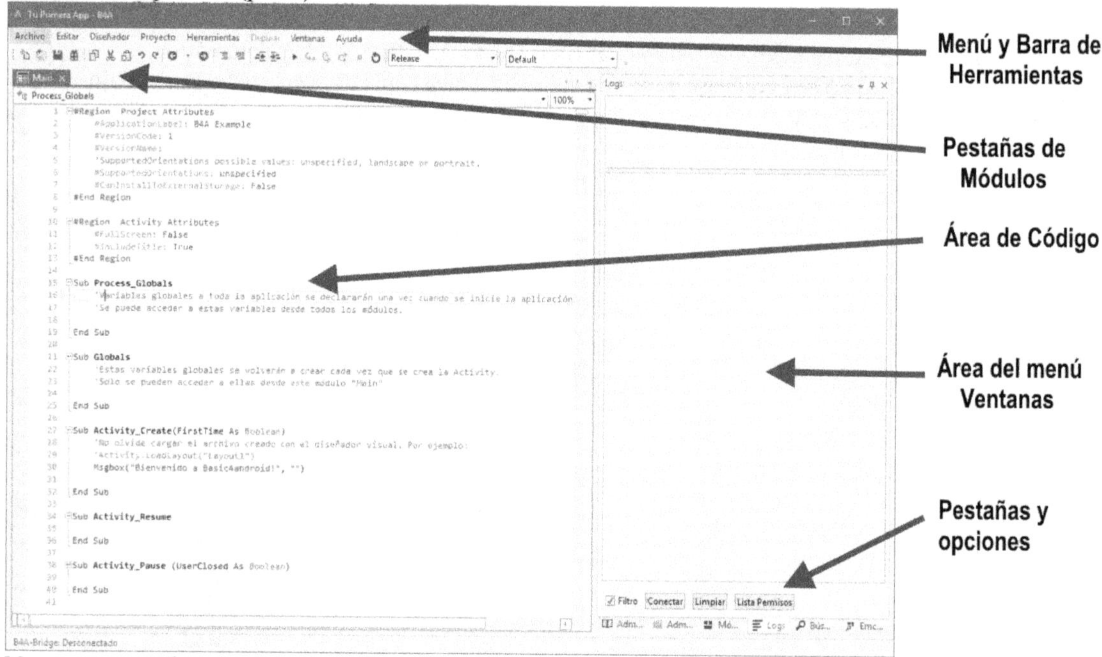

Nos ocupamos de estas áreas a continuación.

Iconos

En el IDE se usan ampliamente los siguientes iconos

Campos y Variables
Subrutinas definidas en tu código
Propiedades
Palabras Clave
Objetos básicos
Módulo Activity (Actividad)
Módulo de Clase
Módulo de Código
Módulo de Servicio

Además de otros iconos utilizados en la Barra de Herramientas (p.91).

Selector de Iconos

Con el IDE podemos accede a las Fuentes FontAwesome (`http://fontawesome.io/`) y Material Icons (`https://material.io/icons/`) con más de 1500 iconos libres. Funcionan como archivos de fuente normales, lo que significa que cada icono es un carácter, exactamente como cualquier otro carácter Unicode.
Ambas Fuentes se pueden utilizar de forma gratuita sin pagar ninguna licencia.
Solo las vistas que usen los tipos de letra FontAwesome o Material Icons mostrarán los caracteres del icono correctamente.

Interfaz Selector de Icono

El selector de icono se puede invocar desde el Menu Contextual del Área de Código (p.100) o dentro del Diseñador visual, y aparece como la siguiente imagen:

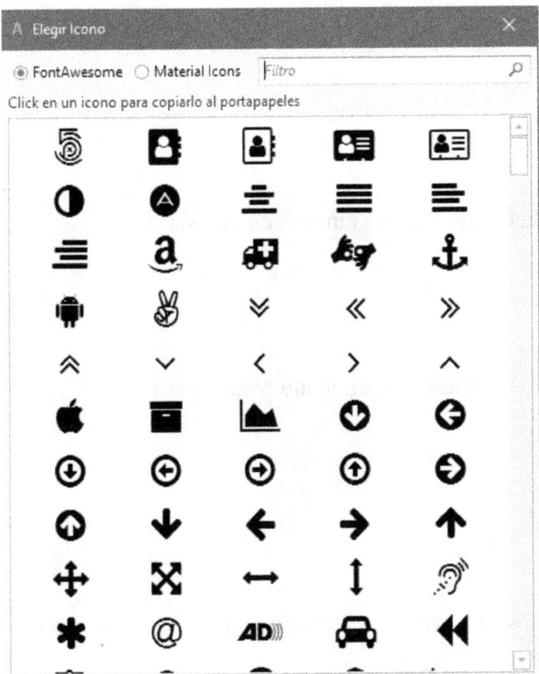

Seleccione FontAwesome o iconos de material. Si es necesario, introduzca un término de búsqueda en el cuadro de texto “Filtro” para buscar un ícono. Luego para encontrar el ícono requerido puede desplazarse por la lista.
También puede introducir ingresar el código hexadecimal de un solo icono en el cuadro de texto “Filtro”, como por ejemplo 0xF17B.
Al pasar el cursor sobre un ícono, se muestra su nombre y código hexadecimal.
Finalmente haga clic en el ícono deseado. Esto copiará su código en el portapapeles.

Usar el Selector de Icono en el área de código

Si usa el menú contextual para llamar al Selector de Icono dentro del Área de Código y pega el resultado en su código, el resultado será la representación Caracter (p.328) del icono, por ejemplo, el icono de Android saldrá con `Chr(0xF17B)` para poder usarlo por ejemplo en:

```
Button1.Text = Chr(0xF17B) & " Púlsame"
```

Pero tendría que establecer correctamente la Tipografía de la view (vista) para mostrar el ícono. La forma más sencilla de hacerlo sería en el Diseñador Visual.

Usar el Selector de Icono dentro del diseñador

Para usar el Selector de Iconos dentro del Diseñador visual, debe seleccionar una de las opciones FontAwesome o Material, dentro de Propiedades del texto> Tipo de letra:

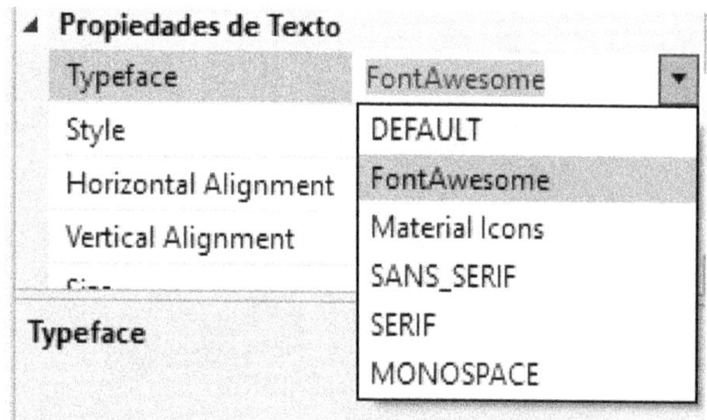

Ahora el campo correspondiente estará activo dentro de las Propiedades comunes de la vista:

Text ...
FontAwesome Icons ...
Material Icons ...

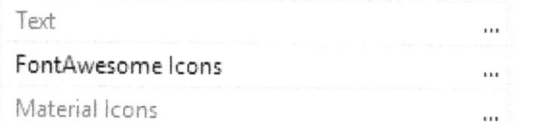

Active el Selector de Icono haciendo clic en los tres puntos y seleccione un ícono para copiarlo. Cuando lo pegue en el campo, verá el icono real.

Nota: también puede escribir texto en este campo:

Tenga en cuenta también que FontAwesome incluye todos los caracteres latinos estándar, Material Icons solo incluyen caracteres en mayúscula.

Menú Archivo

Nuevo

Genera un projecto (p.120) Nuevo.

Abrir

Carga un proyecto existente.

Salvar (Ctrl+S)

Salvar el proyecto actual. Tenga en cuenta que no hay menú "Salvar como". Si desea crear un nuevo proyecto basado en uno existente, la manera más fácil es copiar y pegar la carpeta del proyecto. También puede usar Exportar como Zip y luego importar el archivo comprimido en una nueva carpeta después de renombrar su carpeta.

Nota: Le recomendamos que siempre cambie el nombre del archivo b4a cada vez que clone un proyecto, para evitar confusiones más adelante.

Exportar como Zip
Exporta el proyecto en un archivo zip.Ttiene la opción de incluir o excluir Módulos Compartidoss (p.245).

Vista Previa de Impresión
Mostrar una vista previa de impresión.

Imprimir
Imprime el código. Tenga en cuenta que puede abrir e imprimir su código con cualquier editor de texto. El modulo Main activity se almacena en un archivo con la extensión b4a en la raíz de la carpeta del proyecto, y el código para otros módulos se almacena en la carpeta "files" con una extensión bas.

Salir
Salir del IDE.

Debajo hay una lista de los últimos programas cargados.

Menú Editar

Cortar (Ctrl + X)
Corta el texto seleccionado y lo copia en el portapapeles.

Cortar Línea (Ctrl + Y)
Corta la línea en la posición del cursor. **Nota**: en otros programas, Ctrl + Y a menudo rehace la acción anterior, que es Ctrl + Shift + Z en B4A.
Tenga en cuenta también que si el ajuste de línea está activo, el texto que está en la otra línea no se cortará.

Duplicar Línea (Ctrl + D)
Duplica la línea donde está el cursor.

Copiar (Ctrl + C)
Copia el texto seleccionado al portapapeles.

Pegar (Ctrl + V)
Pega el texto del portapapeles en la posición del cursor.

Deshacer (Ctrl + Z)
Deshacer la última operación y anular secuencialmente las operaciones anteriores.

Rehacer (Ctrl + Shift + Z)
Rehacer la operación anterior y vuelva a realizar operaciones anteriores de forma secuencial.

Mover Línea(s) Arriba (Alt + arriba)
Mueva la línea donde está el cursor o las líneas seleccionadas arriba de la línea anterior

Mover Línea(s) Abajo (Alt + Abajo)
Mueva la línea donde está el cursor o las líneas seleccionadas debajo de la línea siguiente

Buscar / Reemplazar (F3)
Activa la función **Buscar y Reemplazar**.

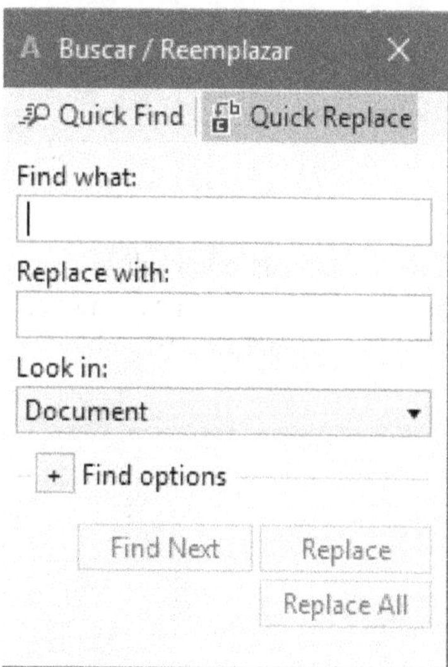

Puede buscar en el documento completo o en el código seleccionado.
Las opciones de búsqueda son: (*No se han traducido en el IDE de B4A*)

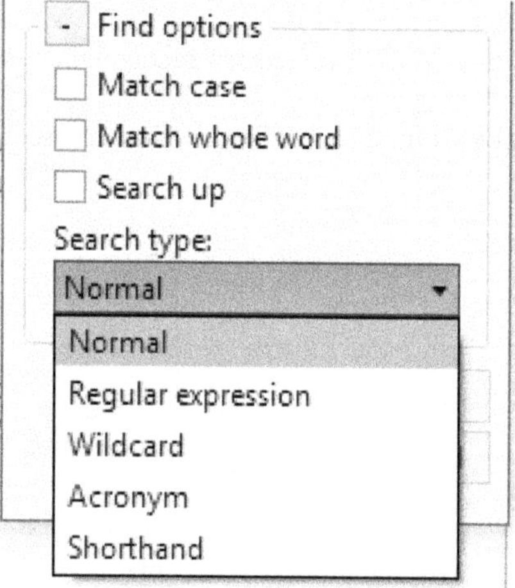

Expresiones Regulares se explican aquí (p.303). Son cadenas de texto especial para describir un patrón de búsqueda.
Caracteres Comodín Puede usar los siguientes caracteres especiales en su búsqueda:
* coincide con cero o más instancias de cualquier carácter excepto un salto de línea. Tenga en cuenta que las búsquedas con * encuentran la mayor coincidencia posible. Por lo tanto, "a*b" coincidirá con los dos primeros caracteres y con la cadena completa
? coincide con cualquier carácter individual, excepto un salto de línea
coincide con cualquier dígito
[abcde] coincide con cualquier carácter en el conjunto
[! abcde] coincide con cualquier carácter excepto aquellos en el conjunto o salto de línea.
Tenga en cuenta que las búsquedas con caracteres comodines nunca encuentran coincidencias en más de una línea.
Acronym inicia la busqueda de coincidencias en el primer carácter de la cadena de búsqueda que está al comienzo de una palabra, luego identifica los caracteres subsiguientes en la cadena de búsqueda con letras mayúsculas. Por lo tanto, por ejemplo "so" coincidiría con SupportedOrientations.

Shorthand coincide con los caracteres de búsqueda y cualquier otras caracteres en el medio. Entonces "be" coincidirá con a**bcde**fghi y "beg" coincidirá con a**bcdefg**hi. Si incluye espacios en la cadena de búsqueda, Shorthand lo relacionará con cualquier carácter de espacio en blanco, incluidos los finales de línea. Por lo tanto, Shorthand busca coincidencias en más de una línea consecutiva (a diferencia de los caracteres comodín).

Búsqueda rápida (Ctrl + F)

Si el texto está resaltado, esto lleva la ventana Búsqueda Rápida al frente en el Área de Menú Ventanas (p.102) y muestra el resultado de buscar ese texto. Si no hay texto resaltado, muestra el resultado de la búsqueda más reciente (si la hay).

Encontrar todas las Referencias (F7)

Activa la ventana Encontrar todas las referencias. Mira aquí para más detalles (p.106).

Encontrar Sub/Módulo/Número de Línea (Ctrl + E)

Trae la ventana de Módulos al frente del Área de Ventanas (p.102). Inicialmente muestra una lista de Módulos seguida de una lista de Subs en el módulo actual. Si escribe en el campo de búsqueda, muestra Subs y Regiones en todos los módulos que coinciden con el término de búsqueda.

Si escribe un número y presiona Enter, saltará a esa línea en el código.

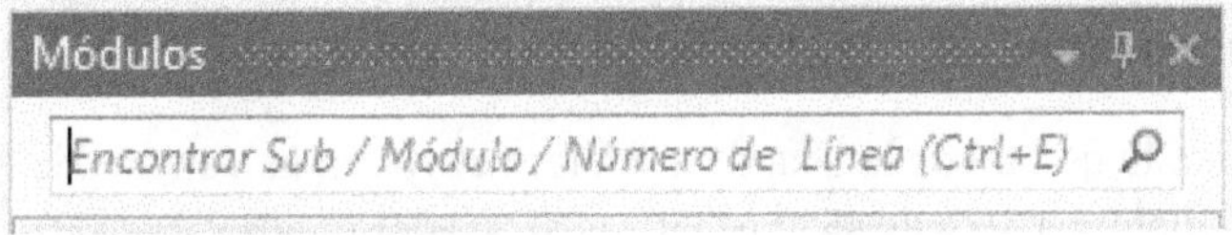

Comentar Bloque (Ctrl+Q)

Establecer las líneas seleccionadas como comentarios (p.95)

Descomentar Bloque (Ctrl+W)

Descomentar las líneas seleccionadas (p.95)

Auto Formateado (Alt+F)

Si no se resalta ningún texto, se sangrará la línea donde se encuentra el cursor. Si se selecciona texto, formateará todo el código resaltado.

Eliminar todos los Puntos de interrupción (Breakpoints)

Puntos de Interrupción (p.193).

Esquema

Abre un submenu que contiene tres funciones para expander o contraer código.

- **Alternar Todos** (Ctrl-Shift-O) – Expande el código contraido y contrae el expandido.
- **Expandir Todo** – Expande todo el código.
- **Contraer Todo** – Contrae todo el código.

Tenga en cuenta que el IDE recuerda (p.109) el estado del contorno cuando guarda el proyecto.

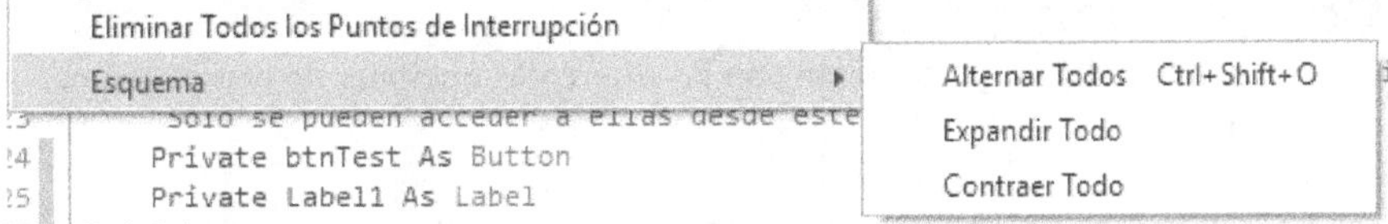

Diseñador

Este menú solo tiene una opción que lanza el Diseñador Visual (p.155).

Menú Proyecto

Módulos

Las primera cuatro opciones se encargan de los Módulos (p.244):

Añadir Nuevo Módulo

Permite seleccionar que tipo de modulo crear:

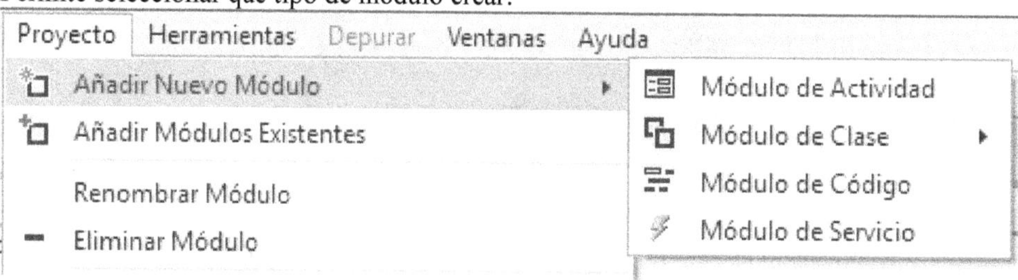

Lo describimos en el capítulo de Módulos (p.244).

Añadir Módulos Existentes

Le permite seleccionar un módulo (ya sea de otro proyecto o de la carpeta Módulos compartidos (p.245)) que luego se copiará en este proyecto. Se añadirá a la lista de módulos en la Ventana de Módulos y se mostrará como el módulo activo.

Renombrar Módulo

Cambia el nombre usado en el IDE. Solo es posible si el módulo activo no es el Main.

Eliminar Módulo

No eliminaremos el módulo, simplemente lo quitará de la lista de módulos activos en la Ventana de Módulos (p.104). Solo funcionará si el módulo activo no es el Main.

Nota: Para eliminar permanentemente un módulo

Primero use Eliminar Módulo, Salve y cierre el proyecto, luego elimine físicamente el archivo .bas correspondiente de la carpeta del proyecto.

Opciones de Paquete (Package)

Las siguientes 3 opciones en el menú Proyecto tratan sobre configuración del programa general:

Elegir Icono

Elegir un icono (p.273) para el programa.

Configuración de Compilación (Ctrl+B)

Esto se explica con más detalle aquí (p.186) en el capítulo 2. Entre otras cosas, le permite cambiar el nombre del paquete (p.125).

Editor de Manifest[9]

Ejecuta el Editor de Manifest (p.126).

Opciones de Compilación

Las últimas 3 opciones en el menú del proyecto tratan con las diferentes opciones de compilación.

Compilar & Ejecutar (F5)

Funciona igual que presionar el ícono ▶ de ejecución. Si hay más de un dispositivo conectado, podrá seleccionar a cuál desea conectarse:[10]

---

[9] NT: En algunas documentaciones técnicas de Android en castellano se traduce como "manifiesto", pero se puede mantener en inglés y en el IDE de B4A no se ha traducido, por lo que seguiremos este criterio.

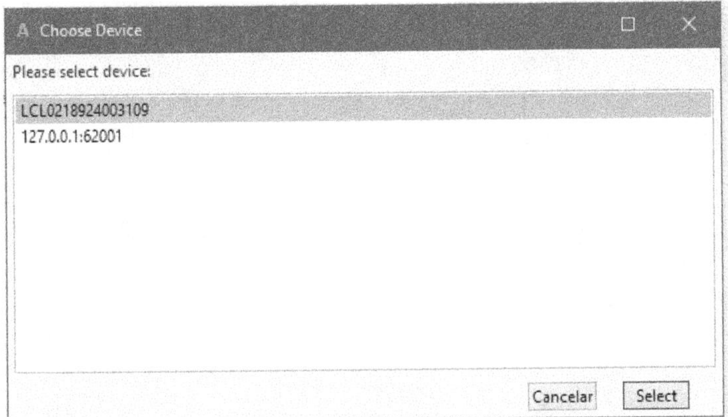

El resultado de Compilar & Ejecutar dependerá del modo de compilación (p.188) seleccionado en el IDE.

Por ejemplo, producirá estos archivos en la carpeta Objetos si se selecciona uno de los modos de depuración:

- bin
- gen
- res
- src
- AndroidManifest.xml
- classes.dex
- Sample2_DEBUG.apk

Si desea crear un apk pero no ejecutarlo, seleccione esta opción sin tener un dispositivo o emulador conectado. El apk se coloca en la carpeta Objects.

Tenga en cuenta que el nombre de la aplicación será el mismo que el nombre del archivo b4a a menos que el nombre del archivo b4a contenga espacios, en cuyo caso la aplicación se llamará **result.apk**

Compilar & Ejecutar (Segundo plano) (Alt+3)

Lo mismo que Compilar & Ejecutar, excepto que no se muestra cuadro de diálogo de progreso.

Compilar a Librería (Alt+5)

Compilar su proyecto en una Librería que puede usar en otros proyectos y compartir con otros usuarios. Se pueden encontrar más detalles en Cómo compilar una librería (p.499).

---

[10] NT: en la versión 8.30 de B4A no se ha traducido este diálogo. Sería "Elegir Dispositivo"

Menú Harramientas

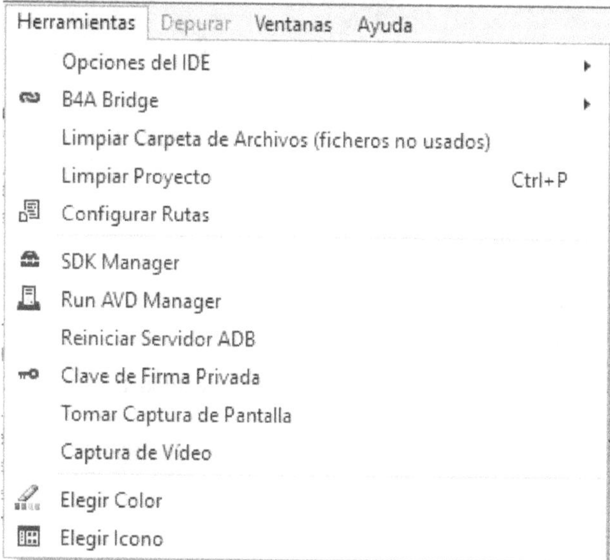

Opciones del IDE

Se explican a continuación (p.87).

B4A Bridge

Muestra un submenu.

Conectar – ver una lista de dispositivos que ejecutan B4A y conectarse a uno de ellos. B4A-Bridge debe estar ejecutándose en el dispositivo antes de poder conectarse. Puede conectarse de forma Inalámbrica o desconectar el dispositivo. (Bluetooth todavía no es compatible).

Desconectar – desconectarse de un dispositivo conectado.

Explorador de Archivos – Abre el Explorador de archivos de Windows para mostrar una lista de archivos en un dispositivo conectado. Hay que tener en cuenta que el servidor FTP debe estar habilitado dentro de B4A Bridge en el dispositivo.

¿Qué es esto? – le lleva a esta página web. (http://bit.ly/2D9Zgls)

Consulte la sección B4A-Bridge (p.57) para obtener detalles sobre este método de diseño y depuración de su App en un dispositivo Android real.

Limpiar Carpeta de Archivos (Archivos no usados)

Elimina los archivos que están en la carpeta **Files** pero que no se utilizan en el proyecto. No elimina ningún archivo referenciado por los layouts (diseños) del proyecto. Se mostrará una lista de archivos no utilizados antes de la eliminación, para confirmar o cancelar la operación.

Tenga cuidado: ¡NO se guardan copias de los archivos eliminados en la Papelera de reciclaje!

Limpiar Proyecto (Ctrl+P)

Eliminar todos los archivos que se generan durante la compilación. Si ya se ha conectado a un dispositivo o emulador y desea conectarse con otro, debe ejecutar [Herramientas> Limpiar proyecto] antes de ejecutar el compilador.

Configurar Rutas

Las rutas de localización de javac.exe, android.jar y (opcionalmente) tus librerías adicionales. Vea la sección Configurar Rutas (p.51) para más detalles.

SDK Manager

Abre el SDK Manager (p.48).

Ejecutar AVD Manager (Android Virtual Device)

Vea Utilizando el AVD Manager (p.203) para más detalles.

Reiniciar Servidor ADB

En algunos casos, el emulador (p.203) o dispositivo conectado no responde y es posible que deba finalizar el enlace y reiniciarlo. El enlace se gestiona mediante el proceso del servidor ADB (Android Debug Bridge (p.202)), de ahí el nombre de esta opción de menú. Consulte aquí (http://bit.ly/1C6khq8) para obtener detalles sobre el servidor ADB de la web para desarrolladores de Android.

Clave de Firma Privada

Le permite crear y firmar su aplicación para que esté lista para su publicación. Vea el capítulo Publicando su App (p.273) para más detalles.

Tomar Captura de Pantalla

Puede capturar pantallas desde el emulador (p.203) y desde dispositivos conectados a través de USB, pero no desde dispositivos conectados a través de B4A-Bridge. Para conexiones USB a dispositivos, vea Depuración USB (p.199) .

A esta opción se le puede llamar desde:

- Menú de herramientas cuando el IDE está en modo de edición
- Menú de depuración cuando el IDE está en modo de depuración

Estas opciones abren la siguiente ventana:

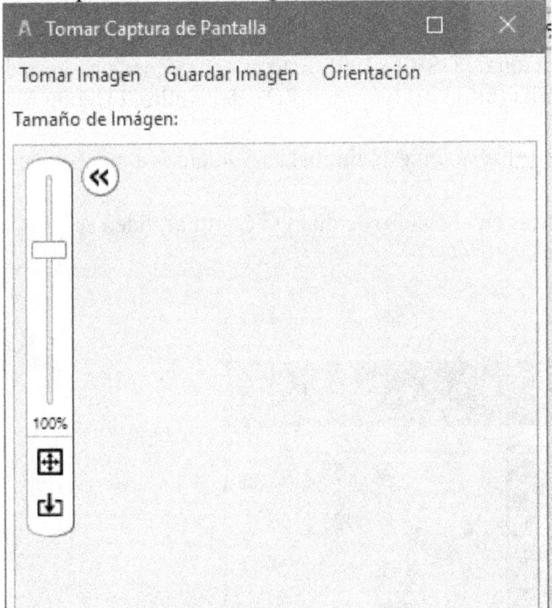

Haga clic en **Tomar Imagen** para tomar la captura de pantalla del dispositivo o del emulador. Si hay varios dispositivos conectados, se le pedirá que seleccione cuál de ellos utilizar para la captura de pantalla.

Puede usar el control deslizante de la izquierda para cambiar el tamaño de la imagen, acercar o alejar para adaptar la imagen al visor, usar el menú Orientación para rotar la imagen, guardarla como un archivo PNG o copiarla al portapapeles haciendo clic con el botón derecho en la imagen. Aparecerá un botón **Copiar al portapapeles**.

Nota: También puede tomar capturas de pantalla en muchos dispositivos, aunque el procedimiento varía. Presione y mantenga presionados los botones de Encendido y Bajar volumen simultáneamente, o si eso no funciona, mantenga presionado el botón de Encendido solo durante varios segundos y use la opción "Tomar captura de pantalla". Si eso no funciona, es probable que su dispositivo no admita capturas de pantalla, pero realice búsquedas en la Web para asegurarse.

Captura de Video

Esta opción (que también está disponible en el Menú de Depurar) le permite grabar un video de la pantalla del dispositivo en formato mp4. Esto puede ser muy útil para demostraciones de su App. Muestra lo siguiente:

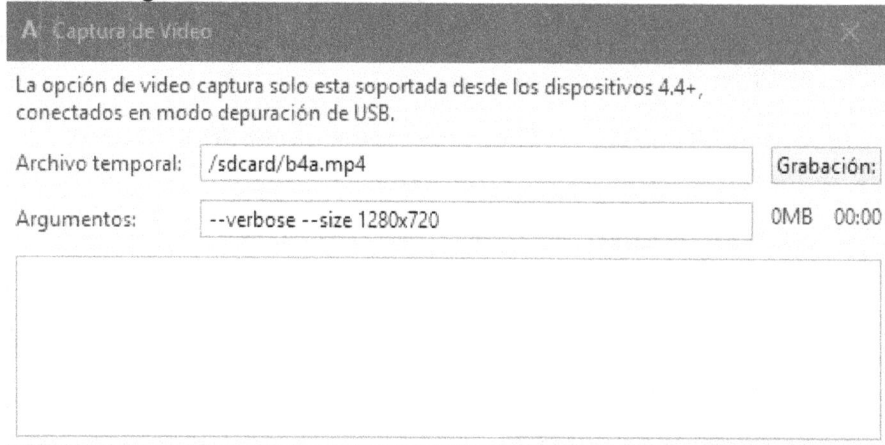

Captura de Video

La opción de video captura solo esta soportada desde los dispositivos 4.4+, conectados en modo depuración de USB.

Archivo temporal: /sdcard/b4a.mp4 Grabación:

Argumentos: --verbose --size 1280x720 0MB 00:00

Tenga en cuenta que la captura solo está disponible si su App se ejecuta en un dispositivo conectado a su ordenador de desarrollo en el modo de depuración de USB (p.199). Esto es así ya que la captura de video se realiza llamando a la grabación de pantalla (http://bit.ly/1zAamEO) del Android Debug Bridge (p.202).
Tenga en cuenta también que no captura audio. La grabación está limitada a 3 minutos a menos que cambie el argumento `--time-limit`
Argumentos: los argumentos que puede especificar en el cuadro de diálogo Capturar video se describen aquí (http://bit.ly/1zAamEO).

Elegir Color

Muestra la siguiente ventana:

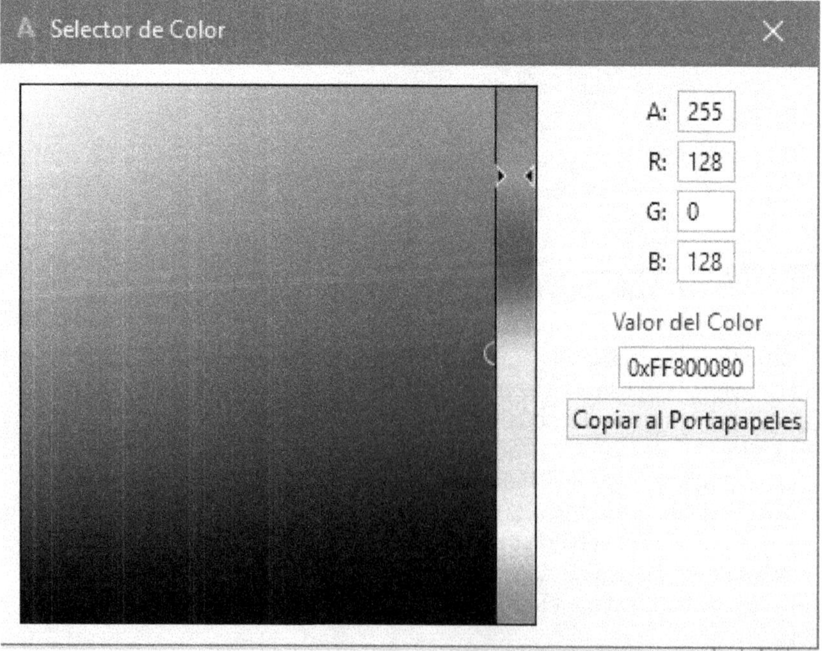

Esto le permite seleccionar un color y copiar su valor al portapapeles como 4 duplas de números en hexadecimal, es decir, un literal hexadecimal (p.290) con cuatro bytes u ocho dígitos. El formato es el mismo que el de la función Colors.ARGB (p.364), es decir, los valores de canal Alpha, Red, Green y Blue.

Por ejemplo:
0xFFFFFFFF = blanco completamente opaco
0xFF000000 = negro completamente opaco
0xFFFF0000 = rojo completamente opaco

Elegir Icono

Ver Selector de Iconos (p.77) para más detalles.

Submenú opciones del IDE

[Herramientas > Opciones del IDE] abre el siguiente submenú:

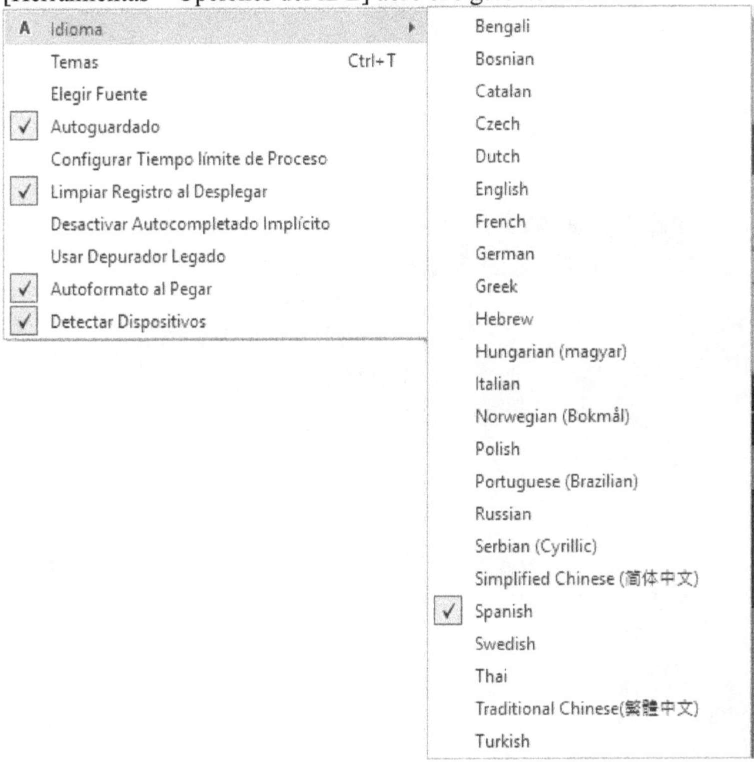

Idioma

Muestra una lista de los idiomas en los que se puede establecer el IDE. El idioma actual está marcado.

Temas (Ctrl+T)

Esto muestra la ventana Administrador de temas:

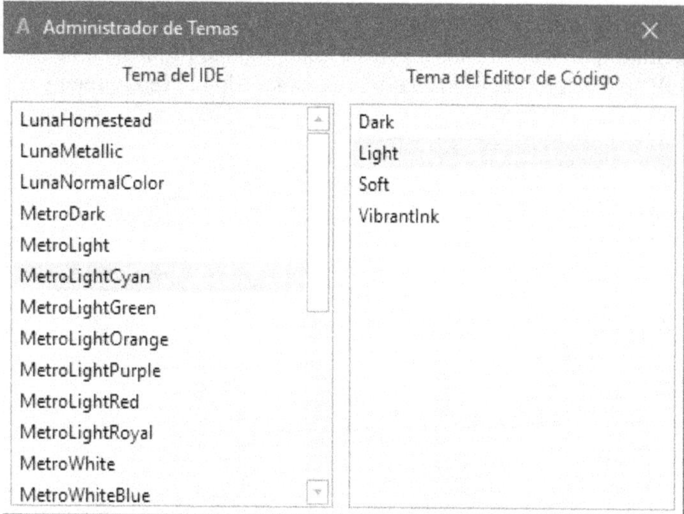

Permite establecer las opciones de colores del IDE.

Elegir Fuente

Muestra el siguiente diálogo:

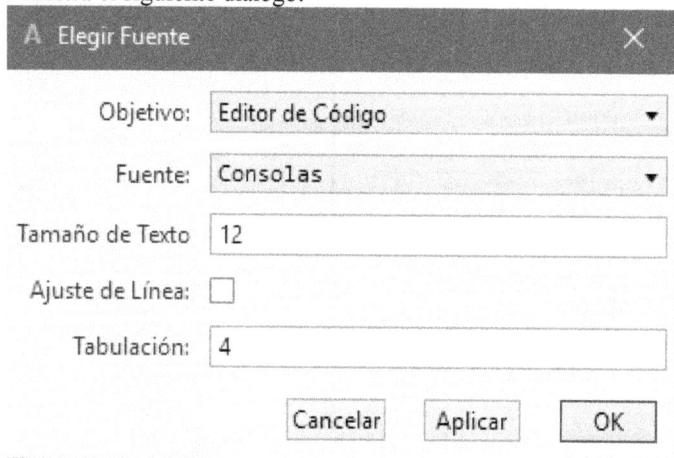

Elegir Fuente
Objetivo: Editor de Código
Fuente: Consolas
Tamaño de Texto 12
Ajuste de Línea:
Tabulación: 4
Cancelar Aplicar OK

Objetivo
Permite elegir entre Editor de Código y Logs.

Fuente
Permite seleccionar la fuente entre las instaladas en el ordenador.

Tamaño del Texto
El tamaño en puntos del tipo de fuente seleccionada.

Ajuste de Línea
Sin el ajuste de línea, las líneas largas pueden extenderse más allá de la ventana visible. Con el ajuste de palabras, dichas líneas continúan en la siguiente línea.

Tabulación
Establece el tamaño de la sangría cuando presiona la tecla de tabulación en el editor. El valor predeterminado es 4 (aunque 2 es probablemente mejor valor).

Autoguardado
Guarda el programa y el layout del Diseñador cada vez que ejecuta la aplicación en un dispositivo o emulador conectado.

Backup Automático
Activa o desactiva la copia de seguridad automatic.

Configurar Tiempo Límite de Proceso
Especifique cuántos segundos debe esperar el IDE mientras intenta conectarse al emulador. Después de este número de segundos, el IDE mostrará un mensaje de error en el cuadro de diálogo **Compilar & depurar**. Esto se conoce como Tiempo límite de proceso.

Limpiar Registro al Desplegar
Si marca esta opción, cada vez que instale la aplicación en un dispositivo en modo de depuración, la ventana de Logs (Registros) se borrará automáticamente.

Desactivar Autocompletado Implicito
Autocompletado y autocompletado implícito se explican aquí (p.96).

Usar Depurador heredado
El depurador Heredado o también denominado Legado se explica aquí (p.192).

Autoformato al Pegar
Sangra automáticamente el código pegado.

Detectar Dispositivos
Si esta opción está activada, los dispositivos que ejecutan B4A-Bridge se detectarán automáticamente y se enumerarán con sus nombres en la lista de dispositivos que se muestra en [Herramientas > B4A Bridge > Conectar].

Menú Depurar

El menú Depurar solo está disponible cuando se ejecuta la aplicación en modo de depuración.

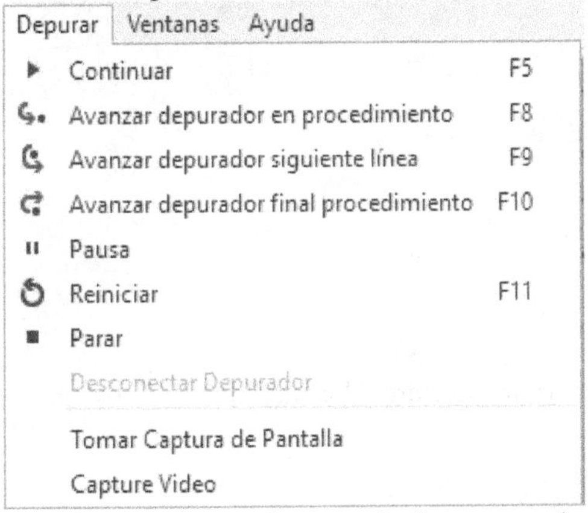

Depurar | Ventanas | Ayuda

- Continuar F5
- Avanzar depurador en procedimiento F8
- Avanzar depurador siguiente línea F9
- Avanzar depurador final procedimiento F10
- Pausa
- Reiniciar F11
- Parar
- Desconectar Depurador
- Tomar Captura de Pantalla
- Capture Video

Tenga en cuenta que la mayoría de estas opciones también están disponibles en la barra de herramientas de depuración. Este menú también ofrece la opción Pausa.

Continuar (F5)
La aplicación continúa ejecutándose hasta el próximo punto de interrupción.

Avanzar Depurador en Procedimiento (F8)
Ejecuta la línea de código actual y salta a la siguiente línea de código. Si la línea actual llama a una función, se ejecutará la primera línea de la función.

Avanzar Depurador Siguiente Línea (F9)
Ejecuta una funióon completa. Así, si la línea actual llama a una función, se ejecutará completa sin

pasar por cada línea, y el código se detendrá en la línea siguiente de la llamada a esa función. Si la línea actual no llama a ua función, el resultado será el mismo que el Paso (F8).

Avanzar Depurador final procedimiento (F10)

Sale de la función actual. El código se ejecutará hasta que la ejecución haya salido de la función actual.

Pausa

Pausa la ejecución del código en cuanto sea possible.

Reiniciar (F11)

Recompila y ejecuta la App de Nuevo.

Parar[11]

Detiene el programa actual. También detiene el programa en el emulador. **Nota**: detener el programa en el emulador o en un dispositivo no lo detiene en el IDE.

Desconectar Depurador[12]

Esta opción solo está disponible cuando se depura usando el depurador legado (p.192). Dejará la aplicación ejecutándose en el dispositivo o emulador, pero ya no estará disponible para la depuración.

Tomar Captura de Pantalla

Lanzará el diálogo Tomar Captura de Pantalla (p.85).

Captura de Vídeo

Lanzará el diálogo Captura de Vídeo (p.85).

Menú Ventanas

Esto lista todas las ventanas disponibles, con sus accesos directos.

Administrador de Archivos

Ver aquí para más detalles (p.103)

Buscar todas las Referencias (F7)

Ver aquí para más detalles (p.106)

Administrador de Librerías

Ver aquí para más detalles (p.102)

Logs (F6)

Ver aquí para más detalles (p.105)

Módulos (Ctrl+E)

Ver aquí para más detalles (p.104)

Búsqueda Rápida (Ctrl+F)

Ver aquí para más detalles (p.106).

Reiniciar

Esto moverá las ventanas a su grupo de pestañas original, pero no afectará a los módulos.

---

[11] NT: En el menú Depurar del IDE se ha traducido por Parar, pero en el mensaje del botón de la barra de herramientas se ha traducido por Detener, que evidentemente significan lo mismo.

[12] IMPORTANTE: en las verisones de B4A superiores a la 7, este tipo de depuración está obsoleto

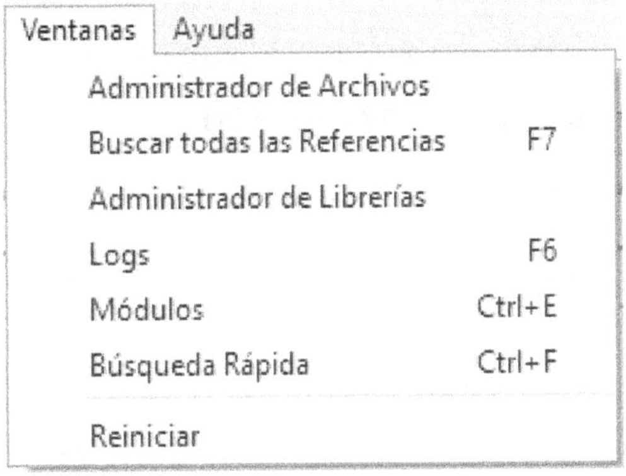

Ventanas | Ayuda

Administrador de Archivos
Buscar todas las Referencias F7
Administrador de Librerías
Logs F6
Módulos Ctrl+E
Búsqueda Rápida Ctrl+F
Reiniciar

Menú Ayuda

Este menú contiene un enlace a la Ayuda en Línea y tutoriales (http://bit.ly/1CMZ6xz), y una opción **Acerca de** que muestra el número de versión, derechos de autor y otra información sobre Anywhere Software.

Barra de Herramientas (Toolbar)

(Ctrl+N) Genera un Nuevo proyecto (p.120) vacio.
Carga un proyecto.
(Ctrl+S) Salva el proyecto actual.
Exporta el proyecto como un archivo ZIP.
(Ctrl+C) Copia el texto seleccionado en el portapapeles.
(Ctrl+X) Corta el texto seleccionado y lo copia al portapapeles.
(Ctrl+V) Pega el texto del portapapeles en la posición del cursor.
(Ctrl+Z) Deshace la última edición.
(Ctrl+Shift+Z) Rehace el "Deshacer" anterior.
(Alt+Left) Navegue hacia atrás a la línea de código anterior en la que estuvo.
(Alt+N) Historial de navegación: muestra una lista de las líneas de código anteriores visitadas
(Alt+Right) Navega hacia adelante a la siguiente línea de código que hayas visitado.
(Ctrl+Q) Comentar líneas de código seleccionadas (p.95).
(Ctrl+W) Descomentar líneas de código seleccionadas (p.95).
(Shift+Tab) Disminuir la sangría de las líneas seleccionadas (p.95).
(Tab) Aumentar la sangría de las líneas seleccionadas (p.95).
(F5) Ejecuta el compilador utilizando el modo seleccionado en la lista de opciones del compilador
(F8) Pasa a la siguiente línea o función. Solo disponible en modo depuración.
(F9) Pasa a la siguiente línea o función. Solo disponible en modo depuración.
(F10) Pasa hasta el final de la función. Solo disponible en modo depuración.
Detiene la ejecución del código. Solo disponible en modo depuración.
(F11) Recompilar la App (si fuera necesario) y ejecutar de Nuevo.

Debug ▾ Lista de opciones del compilador. Ver Modos de Compilación (p.188).

Default ▾ Seleccionar la Configuración de Compilación (p.186) requerida.

Pestañas de Módulos

Debajo de la Barra de Herramientas hay una fila de pestañas, una para cada módulo (p.244) del proyecto, por ejemplo:

Main × ClassExample CodeExample ServiceExample

Se usan los siguientes iconos:

Módulo Activity

Módulo de Clase

Módulo Código

Módulo de Servicio

Al hacer clic en una pestaña, se muestra el módulo correspondiente.
Puede volver a ordenar estas pestañas arrastrándolas hacia la izquierda y hacia la derecha. También puede arrastrar la pestaña para desacoplar (p.110) el módulo.

Tenga en cuenta que el IDE recuerda (p.109) el orden de las pestañas cuando salva el proyecto, a excepción del módulo Main, cuya pestaña siempre se encuentra a la izquierda cuando vuelve a abrir el proyecto.

Cerrando un Módulo

Cada pestaña del módulo tiene una X que le permite "cerrar" esa pestaña, es decir, eliminarla de la lista.
También puede realizarlo haciendo clic con el botón derecho en la pestaña (ver a continuación).
Tenga en cuenta que el módulo sigue siendo parte del proyecto y que aún estará en la lista de la ventana Módulos a la derecha del IDE. Se puede volver a abrir haciendo clic en su nombre en esa lista.

Menú Emergente en Pestaña del Módulo

Al hacer clic con el botón derecho en la pestaña de un módulo en la parte superior del área de código, aparece un menú emergente.

Cerrar
Vea Cerrando un Módulo justo arriba.

Cerrar Otros
Cierra todos los módulos excepto el actual.

Cerrar módulos a la derecha
Cierra todas las pestañas de módulos a la derecha. Estará seleccionable solo si hay pestaña a la derecha.

Cerrar todos los Documentos
Cierra TODAS las pestañas de módulos.

Flotante
Hacer la ventana del Módulo Flotante (p.111), separada del IDE.

Acoplar (no está en la 8.30)
Fijar el módulo dentro del IDE. Ver acoplamiento (p.110). Solo disponible si el módulo está flotando.

Nuevo Grupo de Pestañas Horizontal (no está en la 8.30)
Ver Grupo de Pestañas Horizontal Tab Group (p.111)

Nuevo Grupo de Pestañas Vertical (no está en la 8.30)
Ver Grupo de Pestañas Vertical (p.112)

Área de Código

Lista Desplegable de Subrutina (función)

En la parte superior del área de código hay un cuadro de lista desplegable que le permite pasar rápidamente a una subrutina en el módulo actual.

Activity_Create

La lista que muestra es la misma que la lista en la Ventana de Módulos (p.104).

Control de Zoom

A la derecha de la lista anterior, hay un control de zoom que le permite aumentar o reducer el tamaño del código.

100%
20%
50%
70%
100%
150%
200%

Divisor del Editor de Código

Debajo del control del zoom hay una barra que se puede arrastrar para dividir el código en 2 paneles.

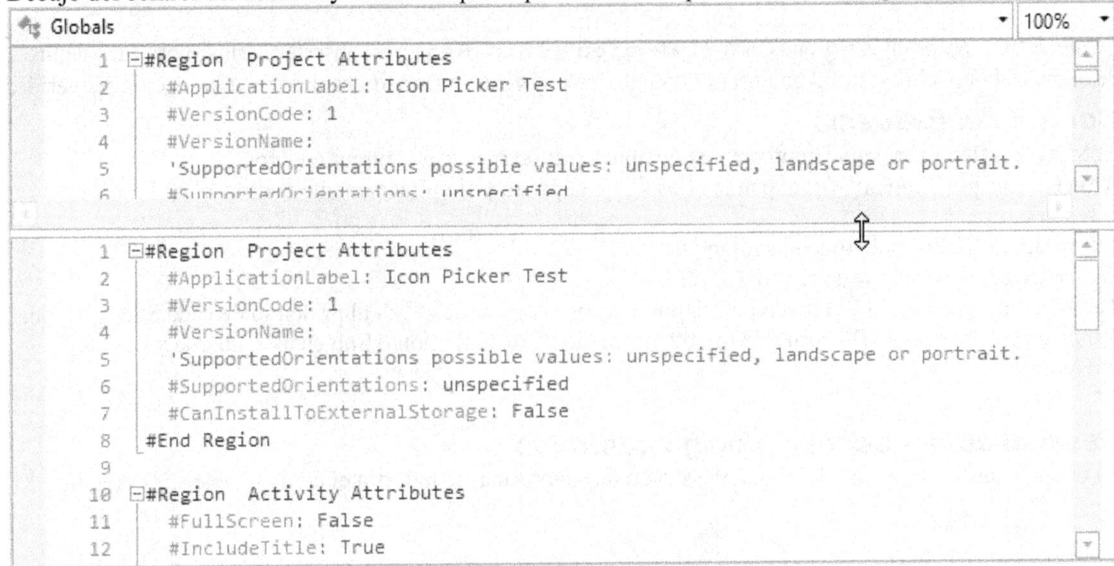

Globals
100%
#Region Project Attributes
#ApplicationLabel: Icon Picker Test
#VersionCode: 1
#VersionName:
'SupportedOrientations possible values: unspecified, landscape or portrait.
#Region Project Attributes
#ApplicationLabel: Icon Picker Test
#VersionCode: 1
#VersionName:
'SupportedOrientations possible values: unspecified, landscape or portrait.
#SupportedOrientations: unspecified
#CanInstallToExternalStorage: False
#End Region
#Region Activity Attributes
#FullScreen: False
#IncludeTitle: True

Puede cerrar rápidamente un panel haciendo doble clic en la barra dividida.

Código

Cada Pestaña de Módulo está enlazada al área donde puede editar el código del módulo. Aquí es donde editas tu código. El código consiste en cierta información de encabezado, como `Project Attributes` y `Activity Attributes`. Luego contiene una serie de **Subrutinas** (abreviadas a Sub). Esto es típico de los programas BASIC.

Cada Sub tiene un nombre, por ejemplo Sub **Globals**, y el nombre se muestra en negrita.

Revisión Codificación de Color

Cuando edita su código, las últimas modificaciones están marcadas con una barra amarilla en el margen izquierdo:

```
btnTest1.Initialize("btnTest1")

Dim myAge, yourAge As Int
myAge = 16

```

Cuando salva o compila y ejecuta el código, la barra amarilla se pondrá verde.
Cuando cierre el proyecto, las barras de color no se guardarán.

Regiones

Para su comodidad durante la edición, su código se divide en bloques llamados Regiones. Una región es un área de tu código que puedes expandir o colapsar rápidamente. Puedes hacer lo mismo con las subrutinas. Puede expandir o colapsar regiones y Subrutinas haciendo clic en los signos "+" y "-" a la izquierda del área Código:

```
⊞#Region  Activity Attributes

⊞Sub Process_Globals

⊟Sub Globals
    'These global variables will be redeclared each time the activity is
```

Puede definir sus propias regiones usando **`#Region`** y **`#End Region`** e insertar varias subrutinas dentro de ellas. El beneficio es que al colapsar el código, hace que sea más fácil desplazarse a la sección requerida.

Control del Esquema

El Menú [Editar > Esquema] contiene tres opciones para expandir o contraer código:
Alternar todos (Ctrl-Shift-O): expande el código colapsado y simultáneamente contrae el código extendido.
Expandir todo: Expande todo el código
Contraer todo: contrae todo el código.
También puede controlar el esquema haciendo clic en los controles + y - al principio de cada Sub o región. Tenga en cuenta que el IDE recuerda (p.109) el estado de cada Region o Sub cuando guarda y sale del proyecto.

Pasar el cursor sobre el código contraido

Al pasar el mouse sobre una Región colapsada o una subrutina, se muestra el comienzo de su contenido.

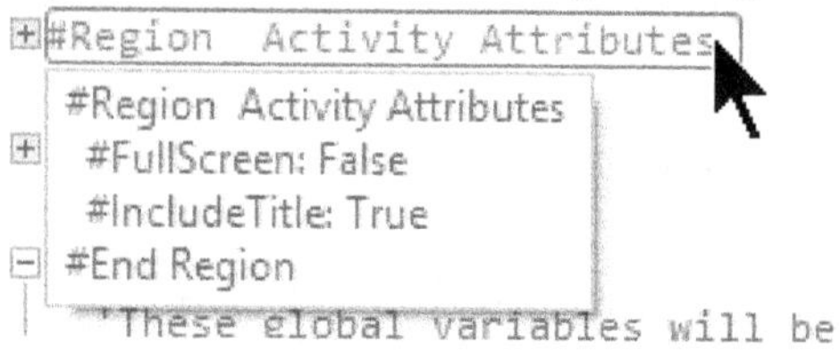

```
⊞#Region  Activity Attributes
   #Region Activity Attributes
⊞   #FullScreen: False
    #IncludeTitle: True
⊟  #End Region
     'These global variables will be
```

Encabezado del código

Hay dos Regiones predefinidas en el Módulo Main: `Project Attributes` y `Activity Attributes`, que describiremos a continuación. Recuerde que las Regiones las define el desarrollador a su conveniencia, y los Atributos pueden definirse en cualquier lugar.

Región de atributos del Proyecto

Esta región normalmente contiene atributos válidos para todo el proyecto. Estos solo se pueden definir en el módulo Main.

```
#Region  Project Attributes
  #ApplicationLabel: B4A Example
  #VersionCode: 1
  #VersionName:
 'SupportedOrientations possible values: unspecified, landscape or
portrait.
  #SupportedOrientations: unspecified
  #CanInstallToExternalStorage: False
#End Region
```

Para más detalles, consulte la Sección Atributos del Proyecto (p.121).

Atributos de la Region Activity

Esta región normalmente contiene atributos que determinan las características de la activity actual.

```
#Region  Activity Attributes
  #FullScreen: False
  #IncludeTitle: True
#End Region
```

Para más detalles consulte Atributos de la Activity (p.253)

Atributos de los Servicios

Cuando agrega un nuevo Servicio, encontrará el encabezado `Service Attributes`:

```
#Region  Service Attributes
  #StartAtBoot: False
#End Region
```

Para más detalles consulte Atributos de los Servicios (p.269)

Comentar y Descomentar código

Una parte seleccionada del código se puede comentar completa utilizando el ícono de Comentar Bloque de la Barra de herramientas, o establecer el código en normal usando el ícono de Descomentar Bloque .

Sangría

Es una buena práctica sangrar su código y hacer que su estructura (de subrutinas, bucles, etc.) sea más sencilla de leer y de comprobar el código. Por ejemplo, considere lo siguiente:

```
Sub getSystemDirectory As String
Dim systemDirectory As String
If File.ExternalWritable Then
systemDirectory = File.DirDefaultExternal
Else
' have to use internal folder
systemDirectory = File.DirInternal
End If
Log ("systemDirectory = " & systemDirectory)
Return systemDirectory
End Sub
```

Resultará más claro el código si está con la sangría correcta, mostrando una estructura lógica:

```
Sub getSystemDirectory As String
  Dim systemDirectory As String
  If File.ExternalWritable Then
    systemDirectory = File.DirDefaultExternal
  Else
    ' have to use internal folder
    systemDirectory = File.DirInternal
  End If
  Log ("systemDirectory = " & systemDirectory)
  Return systemDirectory
End Sub
```

Los bloques completos de código se pueden sangrar adelante y atrás a la vez seleccionando el bloque de código y haciendo clic en o . También se puede realizar seleccionando el bloque y presionando la tecla Tab para sangrar o Mayús + Tab para anular el sangrado.

Una vez que haya sangrado una línea de código, las líneas subsiguientes que vaya introduciendo también se sangrarán en la misma posición hasta que cambie la sangría.

Puede establecer el tamaño de la sangría seleccionando [Herramientas> Opciones de IDE> Elegir fuente> Tabulación]

Autocompletado

La función de autocompletar te ayuda a escribir tu código. Cuando escriba en el área de código, se mostrará una lista de palabras clave coincidentes. La pantalla es automática o manual según el estado de [Herramientas> Opciones de IDE> Desactivar Autocompletado Implicito].

La visualización manual requiere que presione Ctrl + Espacio.

Por ejemplo, si escribe "b", la función de autocompletar muestra:

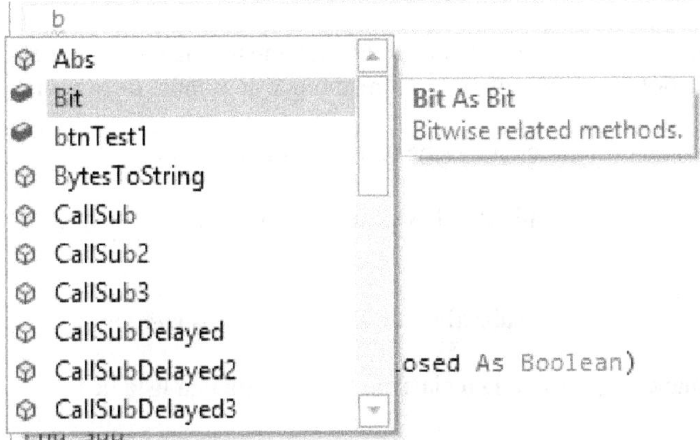

El menú emergente muestra todas las variables, vistas (views) y nombres de propiedades más la ayuda en línea para la palabra resaltada.
Nota: Si el autocompletado implícito está habilitado, la lista solo muestra las palabras clave que contienen las letras que escribió, como se muestra arriba.
Si el autocompletado implícito está desactivado, la función de autocompletar manual (invocada escribiendo y presionando Ctrl + Espacio) muestra la lista completa de palabras clave.
Seleccione la palabra requerida usando el mouse o las teclas de flecha, luego presione Enter o Return.

Autocompletar de Propiedades y Métodos

Una vez que se ha seleccionado una variable o un objeto, escriba un punto. Todas sus propiedades y métodos se muestran en un menú emergente:

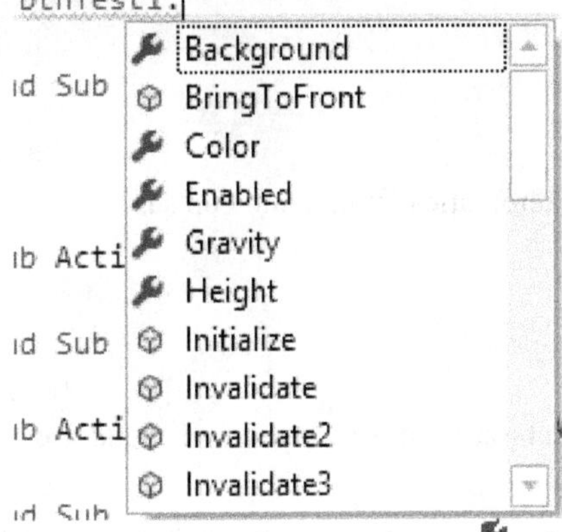

Las propiedades tienen un icono y los métodos tienen este otro.

Autocompletado de Bloques

Si el autocompletado está habilitado, el editor de códigos agregará automáticamente el final de un bloque, como los que comienzan `#Region, Sub, If, Do While`, etc.

Autocompletado de subrutinas de eventos

Antes de que una vista pueda generar eventos, debe inicializarse y debe especificarse un nombre de evento. Normalmente, el nombre del evento es el mismo que el nombre de la vista. Si está creando la vista en código, entonces necesita inicializarla:

```
btnTest1.Initialize("btnTest1")
```

Nota: cualquier vista creada dentro del Diseñador Visual se inicializará automáticamente cuando cargue el diseño, y no se debe inicializar nuevamente. Su nombre de evento será el mismo que el nombre de la vista.

Necesita un Sub para definir el controlador para un evento de clic. Debe tener un nombre como

```
Sub bntTest1_Click
```

Donde `bntTest1` es el nombre del evento definido al inicializar. `Click` es el nombre del evento que de gestionará por esta Sub.

En B4A hay una función Autocompletar que le permite crear subrutinas de Event (p.316)os **con los argumentos correctos**.
Introduzca la palabra Sub más un carácter en blanco y presione la tecla Tab. Se mostrará una lista de tipos disponibles:

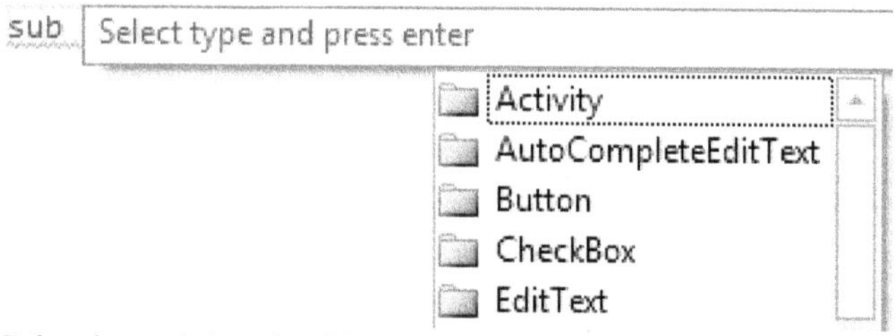

sub Select type and press enter

Activity
AutoCompleteEditText
Button
CheckBox
EditText

Seleccione el tipo de objeto que generá el evento y presione Entrar.
Se muestra una lista de posibles eventos. Por ejemplo, para un botón:

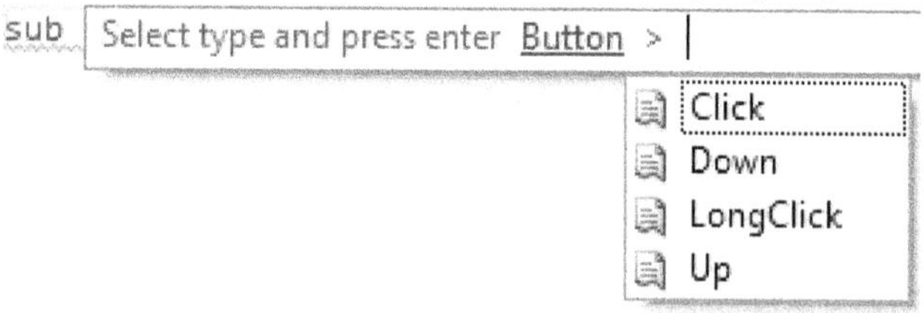

sub Select type and press enter Button >

Click
Down
LongClick
Up

Selecciona el tipo de evento y presiona Enter. El Subnombre se crea automáticamente junto con sus argumentos:

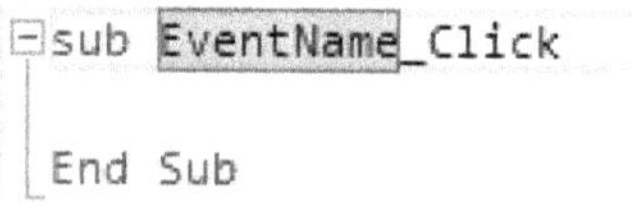

```
sub EventName_Click

End Sub
```

Ahora edite el Nombre del Evento para que coincida con el nombre del evento que se especificó cuando se inicializó el objeto: `("btnTest1")`.

Comentarios como Documentación

B4A incorpora una función para crear documentación que resulta muy útil. Los Comentarios (p.288) justo encima de los subs se mostrarán como información y sugerencias. Por ejemplo:

```
' Split strCurrent into substrings using strDelimiter
'  and return a list
' <b>strCurrent</b> - the string to split
' <b>strDelimiter</b> - the character(s) to use to split strCurrent
' <i>Example:</i>: <code>
' lst = splitString("Abcdefcghi", "c")
' </code>
Sub splitString(strCurrent As String, strDelimiter As String) As List
    Dim components() As String
    components = Regex.Split(strDelimiter, strCurrent)
    Dim splitResult As List
    splitResult.Initialize2(components)
    Return splitResult
End Sub
```

Ahora, si la función autocompletar está activa y escribe **sp**, el comentario aparecerá automáticamente en una ventana emergente. Tambiés en posible escribir **sp** y presionar Ctrl + Espacio. Aparecerá lo siguiente:

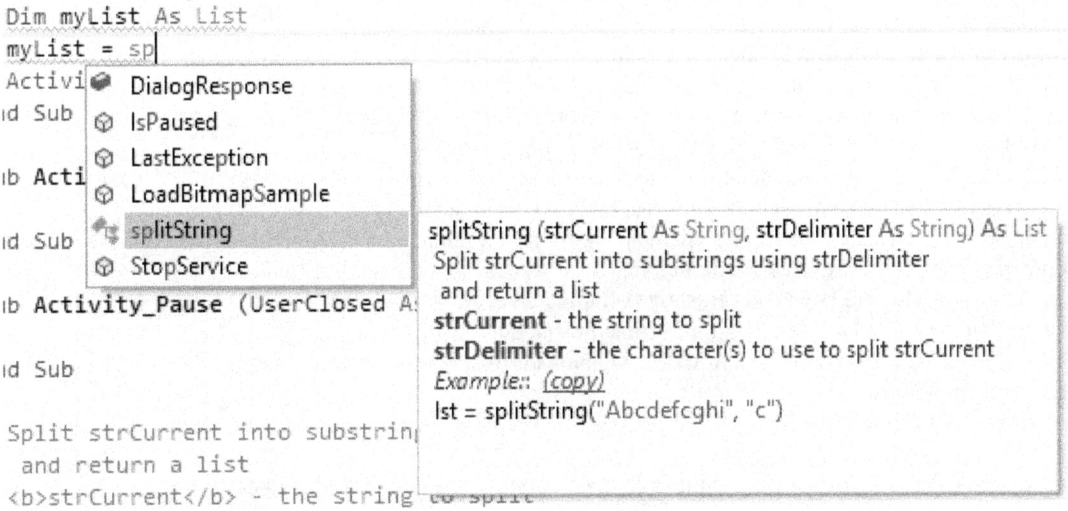

```
Dim myList As List
myList = sp
```

```
DialogResponse
IsPaused
LastException
LoadBitmapSample
splitString
StopService
```

```
splitString (strCurrent As String, strDelimiter As String) As List
Split strCurrent into substrings using strDelimiter
 and return a list
strCurrent - the string to split
strDelimiter - the character(s) to use to split strCurrent
Example:: (copy)
lst = splitString("Abcdefcghi", "c")
```

Puede usar etiquetas como <code> </code>, <i> </i> y <b> </b> para mejorar la legibilidad de su información. Podrá utilizar la función de copia para copiar rápidamente cualquier texto que incluya en las etiquetas <code> </code>.

Nota: las etiquetas incorrectamente utilizadas harán que la información sobre herramientas no se muestre.

Además, verá la información si pasa el mouse sobre un elemento de su código:

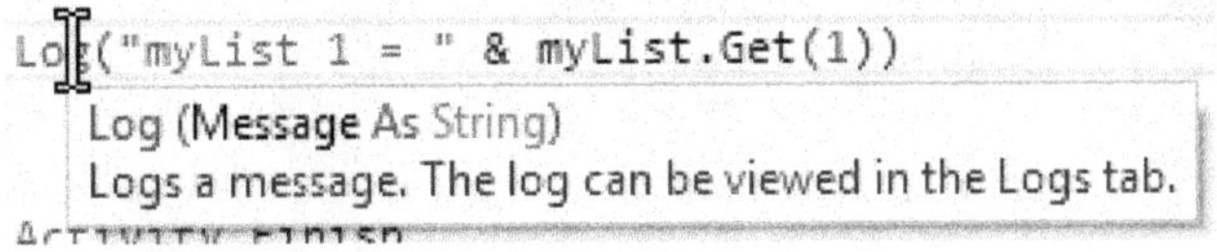

```
Log("myList 1 = " & myList.Get(1))
Log (Message As String)
Logs a message. The log can be viewed in the Logs tab.
```

Comentarios en Process_Globals

Cualquier comentario inmediatamente anterior a **`Sub Process_Globals`** se tratará como el comentario principal del módulo.

Completado de Bloques

Cuando escribe una línea de código que requiere otra línea para completar un bloque, B4A generará automáticamente la segunda línea y también agregará una línea intercalada donde puede agregar su código Las siguientes palabras clave generarán automáticamente un bloque:

```
Sub, For…To, If…Then, For Each, Do While, Do Until, Select, Try
```

Menú Contextual

Al hacer clic con el botón derecho en el Área del Código se genera el Menú Contextual.
La mayoría de estos se describen en el menú Editar (p.79).
Nota: Cortar y Copiar se aplican a cualquier texto que esté seleccionado bajo el cursor cuando haga clic con el botón derecho. Si no se selecciona texto, toda la línea del cursor se cortará o se copiará, pero si esta activo un ajuste de línea[13], los textos incluidos enlas otras líneas no se cortarán ni copiarán.
Los elementos en el menú contextual son:

Añadir Expresión para Observar - Solo está disponible cuando el programa está en pausa en un punto de interrupción.
Cortar (Ctrl+X) - cortar el texto resaltado en el buffer del editor
Cortar Línea (Ctrl+Y) - Corta la línea en la posición del cursor. **Nota**: en otros programas, Ctrl + Y a menudo rehace la acción anterior, que es Ctrl + Shift + Z en B4A. Tenga en cuenta también que si el ajuste de línea está activo, el texto que está en la otra línea no se cortará.
Duplicar Línea (Ctrl+D) – Duplica la línea donde se encuentra el cursor.
Copiar (Ctrl+C) – Copia el texto seleccionado al portapapeles.
Pegar (Ctrl+V) – Pega el texto del portapepeles en la posición del cursor.
Deshacer (Ctrl+Z) – Deshace la última operación, y de forma secuencial las anteriores.
Rehacer (Ctrl+Shift+Z) – Rehace la operación previa, y secuencialmente las previas.
Buscar (Ctrl+F) - Muestra la ventana Búsqueda Rápida en el Área del menú Ventanas y, si se selecciona cualquier texto en el Área de código, realiza la búsqueda.
Buscar todas las Referencias (F7) – Activa la ventana de Busca Todas las Referencias. Mira aquí para más detalles (p.106).
Mover Línea(s) Arriba (Alt+Up) - Mueva la línea donde está el cursor (o las líneas seleccionadas) arriba de la línea anterior
Mover Línea(s) Abajo (Alt+Down) - Mueva la línea donde está el cursor (o las líneas seleccionadas) hacia abajo debajo de la línea siguiente
Alternar Perfilado (Ctrl+O) - Expandir o colapsar el Sub o Región actual
Comentar Bloque (Ctrl+Q) - Agregar marcas de comentario a la línea o bloque seleccionado actualmente.
Descomentar Bloque (Ctrl+W) - Eliminar marcas de comentario de la línea o bloque seleccionado actualmente.
Autoformato (Alt+F) - Si no se resalta ningún texto, se sangran las líneas dentro del bloque que encierra o sobre la línea donde se invocó el Menú Contextual. Si se selecciona texto, formateará todo el código resaltado si se llama con la combinación de teclas. Más información sobre el autoformato a continuación.
Ir al Identificador (Ctrl+Click or F12) - Salta a la definición de una subrutina o la declaración de una variable o un tipo o abrir un módulo de clase.
Alternar Marcador (Alt+B) - Crear o eliminar marcador Más información debajo
Siguiente Marcador (Alt+PageDown) – Saltar al marcador siguiente

---

[13] NT: " _" hace que una línea continue en la siguiente, es un espacio seguido de un guión bajo

Anterior Marcador (Alt+PageUp) - Saltar al marcador anterior
Limpiar Marcadores - Eliminar todos los marcadores
Selector de Color - Al seleccionar esta opción del menú contextual se muestra el mismo diálogo que [Herramientas > Elegir Color (p.86)]
Elegir Icono – Ver Selector de Iconos (p.77) para más detalles.

Autoformato al pegar

Puede habilitar esta opción en [Herramientas> Opciones de IDE> Autoformato al pegar].

Marcadores

Los marcadores le permiten saltar rápidamente entre los lugares de su código, incluso entre los módulos. Para controlar los marcadores, puede usar el menú emergente del código o los accesos directos descritos anteriormente. No puedes crear marcadores de ninguna otra manera.
Una vez creado, un marcador se muestra como un icono negro a la izquierda del área de código y una línea negra a la derecha para indicar su posición relativa dentro del código:

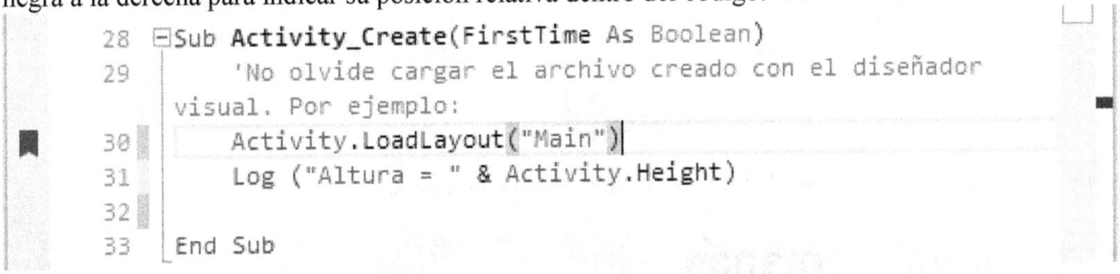

```
Sub Activity_Create(FirstTime As Boolean)
    'No olvide cargar el archivo creado con el diseñador
visual. Por ejemplo:
    Activity.LoadLayout("Main")
    Log ("Altura = " & Activity.Height)

End Sub
```

Destacando las apariciones de palabras

Al seleccionar una palabra (doble clic con el ratón en la palabra es la forma más sencilla), la palabra se resalta en azul (A en la siguiente imagen) y todas las demás ocurrencias en el código se resaltan en azul claro (B) mientras que la barra de desplazamiento en el lado derecho indica en azul claro otras ocurrencias de la palabra en el código (C).

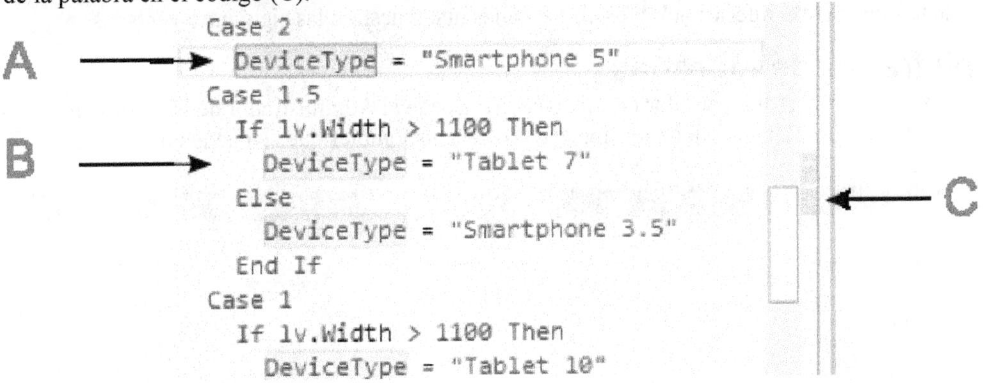

```
Case 2
  DeviceType = "Smartphone 5"
Case 1.5
  If lv.Width > 1100 Then
    DeviceType = "Tablet 7"
  Else
    DeviceType = "Smartphone 3.5"
  End If
Case 1
  If lv.Width > 1100 Then
    DeviceType = "Tablet 10"
```

A
B
C

Enfatizar la estructura del código

Cuando se selecciona una palabra clave que define una estructura como Sub o If o Select, el editor resalta automáticamente las otras palabras clave que completan la estructura:

```
Case 1
  If lv.Width > 1100 Then
    DeviceType = "Tablet 10"
  Else If lv.Width < 600 Then
    DeviceType = "Smartphone 3.5"
  Else
    DeviceType = "Tablet 7"
  End If
End Select
```

URLs que permiten Clic

Una URL en un comentario o cadena dentro del área de código se puede activar manteniendo presionada la tecla Ctrl mientras se desplaza sobre la URL:

```
  #IncludeTitle: True
#End Region

' This is an example of a URL: http://pennypress.co.uk/
```

Si hace clic en el enlace activado, se abrirá una nueva pestaña en un navegador y con la URL.

Área del menú Ventanas

El contenido del Área del menú Ventanas (a la derecha del IDE por defecto) depende de cuál de las pestañas de ventana se haya seleccionado.

Pestañas de las Ventanas

Hay hasta 6 pestañas en la parte inferior del Área de Ventanas que muestran las siguientes ventanas.

Administrador de Librerías

Al hacer clic en la pestaña del Administrador de Librerías, se accede al Administrador de Librerías en el Área de Ventanas. Esto muestra una lista de las librerías (p.495) disponibles que se pueden usar en el proyecto.

Se mostrará un mensaje para las librerías obsoletas.

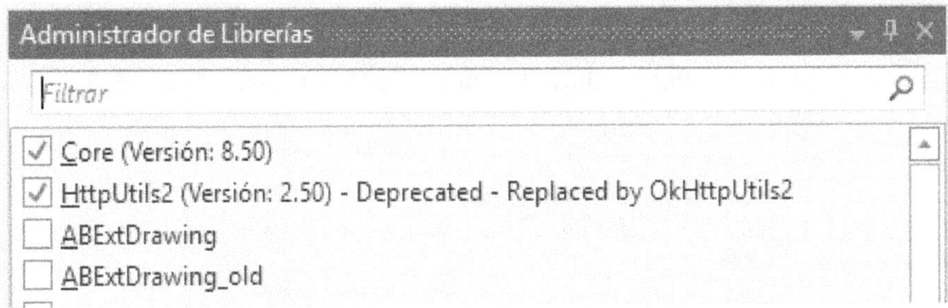

El *Filtrar* le permite buscar una librería específica.
Verifique las librerías a las que necesita hacer referencia en su proyecto. Se muestran en la parte superior de la lista. Todos los proyectos hacen referencia a la Librería Core (p.495). Algunas librerías (las Librerías Estándar (p.501)) se incluyen con la instalación. Otras son Librerías Adicionales (p.668), generadas tanto por Anywhere Software (los fabricantes de B4A) como por los usuarios.
Si necesita descargar una Librería adicional, encontrará una lista parcial de ellas aquí (`http://bit.ly/16H9C7s`), aunque no las incluya todas. Puede encontrar más información sobre librerías aquí (p.495).

Administrador de Archivos

El Administrador de archivos tiene la lista de los archivos que se han agregado al proyecto.

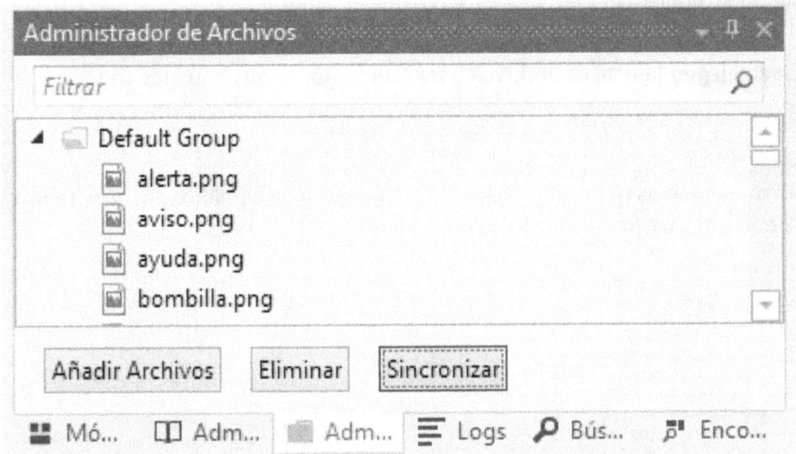

Grupos

El Gestor de Archivos le permite organizar sus archivos en "Grupos". Observe que éstas no corresponden a las carpetas dentro de la carpeta Archivos. Son simplemente para ayudarle a organizar sus archivos más fácilmente.
Para crear un grupo, haga clic con el botón derecho en el área Administrador de Archivos.

Añadir Archivos

Para agregar archivos al Administrador de Archivos, arrastre y suelte archivos desde el Explorador de Archivos de Windows o haga clic en **Añadir Archivos** en la parte inferior del Administrador o haga clic con el botón derecho del ratón en el Administrador. Se puede añadir cualquier tipo de archivos: layouts (diseños), imágenes, textos, etc. En su PC, los archivos seleccionados se copiarán en la carpeta **Files** de su proyecto. En el dispositivo, estos archivos se guardarán en la carpeta Files.DirAssets (p.394). Tenga en cuenta que, como se menciona en Ubicaciones de Carpetas (p.389), DirAssets es una carpeta de solo lectura, por lo que si tiene una base de datos u otro archivo que desee editar en el dispositivo, deberá copiarlo en otra carpeta antes de poder usarlo. Puede utilizar la función DBUtils.CopyDBFromAssets (p.233) para hacerlo.

Eliminar

Al marcar uno o más archivos en la lista, se habilita el botón **Eliminar**.
Al hacer clic en el botón **Eliminar**, se muestra el cuadro de diálogo para confirmar el borrado:

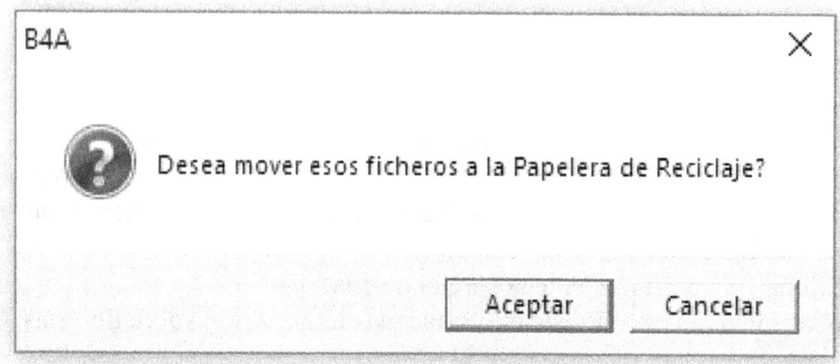

Aceptar: elimina los archivos seleccionados de la lista y de la carpeta **Files** del proyecto. Los archivos borrados se pueden recuperar de la papelera de reciclaje.
Cancelar: Cancela el borrado del archivo.
Ver Archivos (p.389) para el manejo de archivos.

Sincronizar

Al hacer clic en **Sincronizar**, se actualizará la lista de archivos para reflejar los archivos reales en la carpeta Files del proyecto.

Ventana de Módulos

Una aplicación puede contener varios módulos (p.244). Al hacer clic en la pestaña Módulos se muestra una lista de todos los módulos en la parte superior del Área del Meníú Ventanas, y una lista de subrutinas debajo de ella.

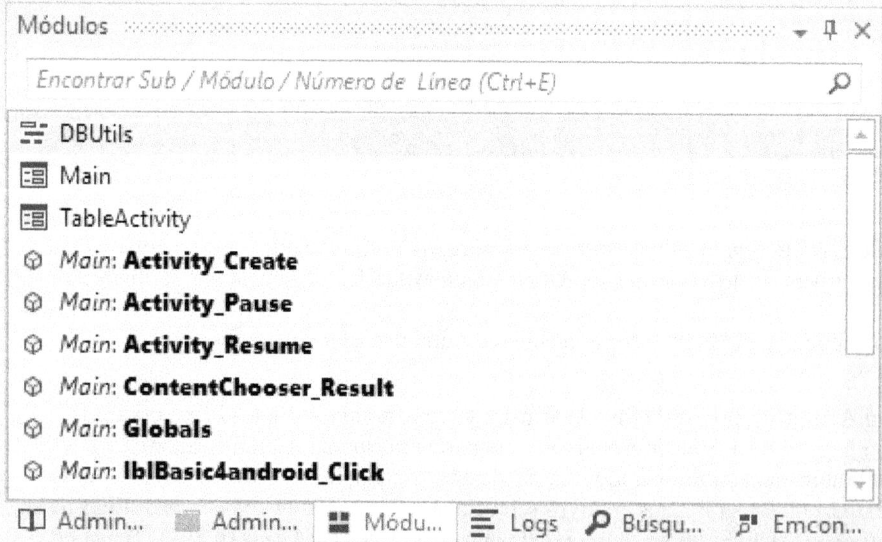

Los iconos utilizados para los módulos son:
Módulo Activity
Módulo Clase
Módulo Código
Módulo Servicio

Al pulsar sobre uno de los nombres de los módulos, el módulo se coloca en la parte superior del área de código y muestra una lista de todas sus subrutinas. Al pulsar sobre una de las subrutinas de la lista, el cursor se desplaza directamente a la rutina seleccionada. Puede escribir en el campo *Encontrar Sub / Módulo / número de Línea (Ctrl+E)* para localizar rápidamente el Sub que desee.

Ventana Logs

Al hacer clic en la pestaña Logs, aparece la ventana Logs:

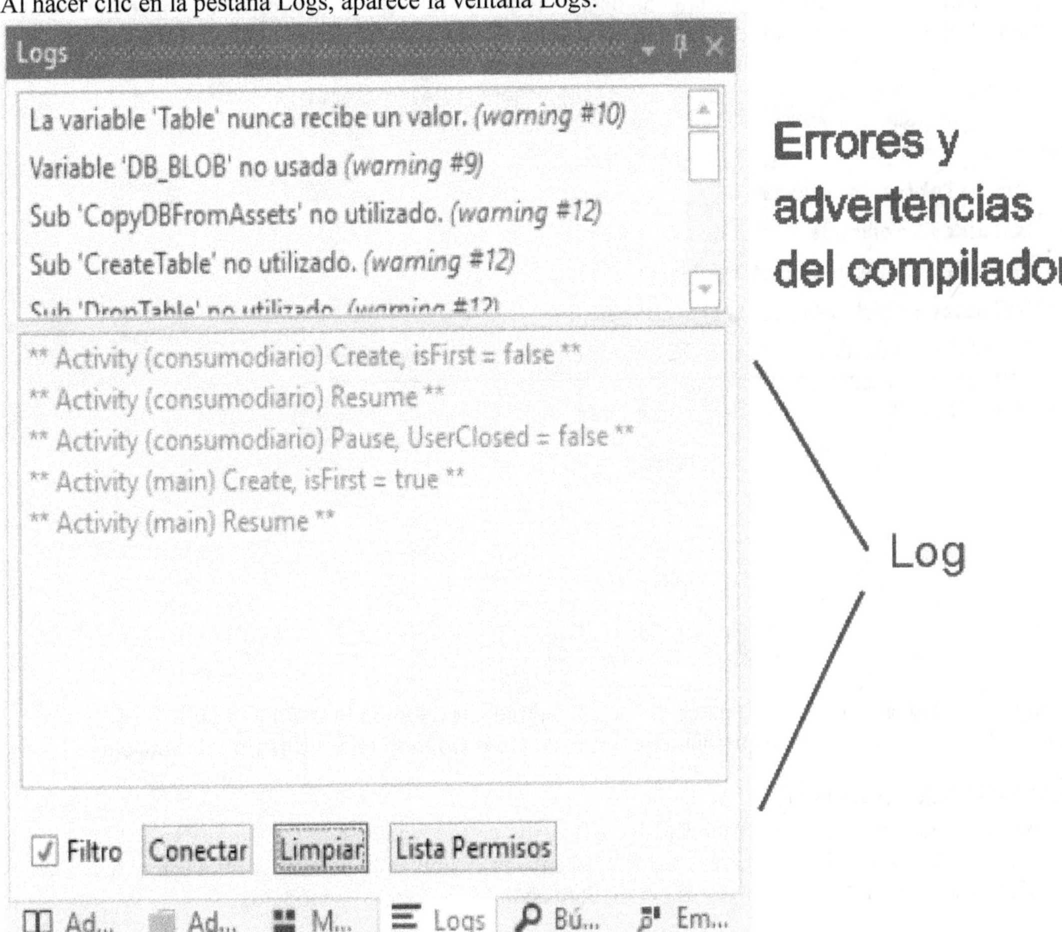

Una lista de errores y avisos o advertencias (p.108) del compilador se muestra en la parte superior, y debajo de ellos está el log (p.196) generado por el programa la última vez que se ejecutó en la sesión actual. Tenga en cuenta que los registros no se conservan cuando se cierra B4A.

Cuando **Filtro** está marcado en la ventana Log, solo verá mensajes relacionados con su programa. Cuando no está marcado, verá todos los mensajes que se ejecutan en el sistema. Si encuentra un error y no ve ningún mensaje relevante en el registro, vale la pena desmarcar la opción de filtro y buscar un mensaje de error.

Si se pulsa una flecha a la izquierda de una línea en el registro, el editor de código saltará a la línea que generó la línea de registro.

Al hacer clic derecho en el Log, le permite copiar todo el registro o la línea seleccionada (si hay alguna) en el portapapeles.

Haga clic en **Limpiar** para eliminar los datos en la ventana de registros.

Nota: el Log se mantiene en el dispositivo. Cuando se conecta a un dispositivo, también verá los mensajes anteriores, incluso si ha hecho clic en **Limpiar**.

Buscar todas las Referencias (F7)

Cuando selecciona una variable o el nombre de una Subrutina en el área de código y presiona F7, esta ventana ejecutará una búsqueda y mostrará una lista de todas las referencias al texto seleccionado en todos los módulos, CallSubs y Diseñador de archivos Layout. (La búsqueda de palabras clave arrojará un resultado vacío.) La variable o el sub seleccionado se resalta en negrita en los resultados de búsqueda.

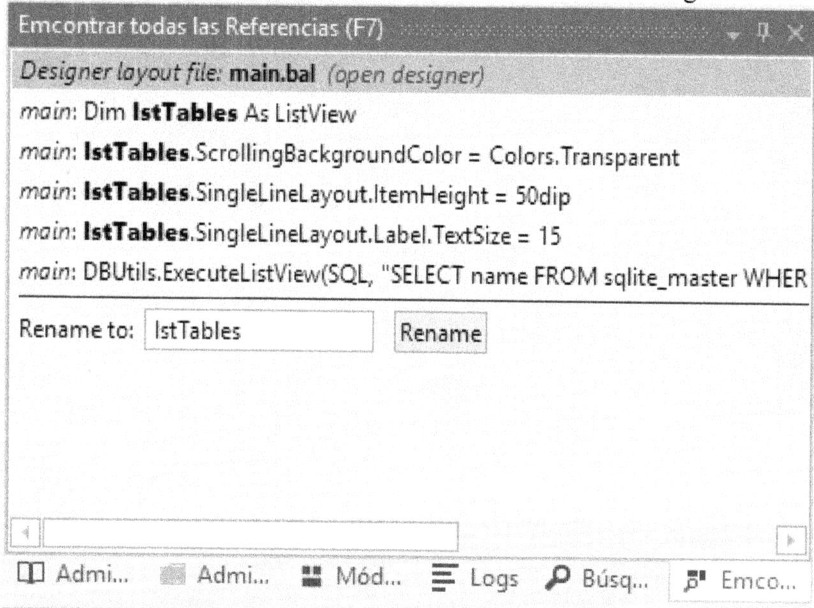
Emcontrar todas las Referencias (F7)
Designer layout file: main.bal (open designer)
main: Dim lstTables As ListView
main: lstTables.ScrollingBackgroundColor = Colors.Transparent
main: lstTables.SingleLineLayout.ItemHeight = 50dip
main: lstTables.SingleLineLayout.Label.TextSize = 15
main: DBUtils.ExecuteListView(SQL, "SELECT name FROM sqlite_master WHER
Rename to: lstTables
Rename
Admi...
Admi...
Mód...
Logs
Búsq...
Emco...

Puede ingresar texto en el cuadro “Rename to:” (está sin traducir:” Renombrar a”) y hacer clic en “Rename” (Cambiar nombre) para cambiar el nombre de todas las instancias del texto seleccionado.

Búsqueda Rápida

Esto le permite encontrar todas las instancias del texto dado en todos los módulos, y moverse a ellas haciendo clic en la línea en la lista de resultados de búsqueda. También le permite reemplazar el texto, ya sea en el texto seleccionado, en la totalidad del módulo actual o en todos los módulos

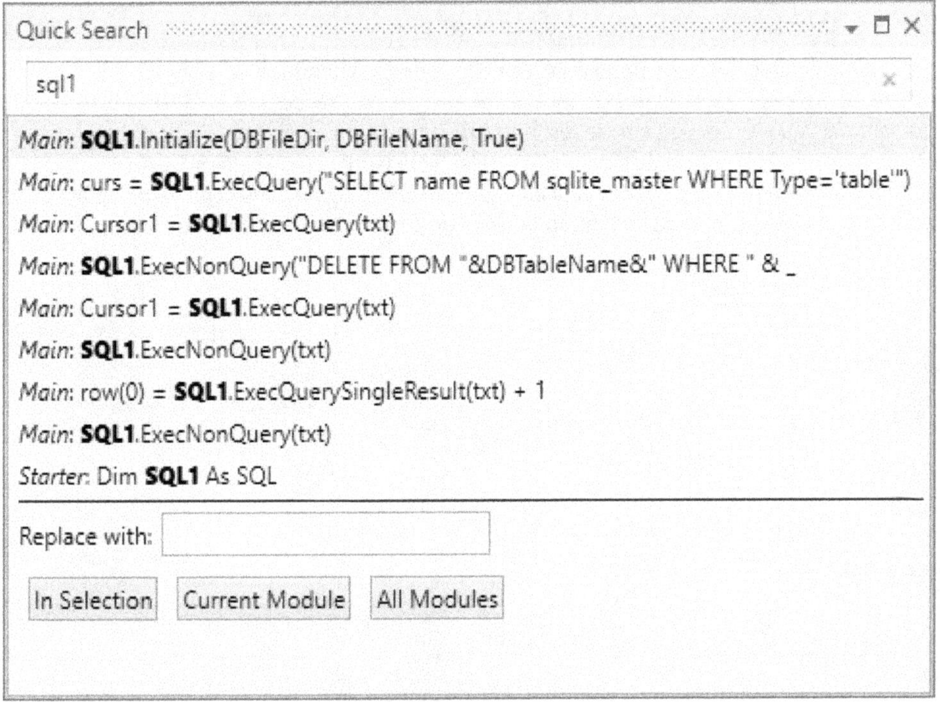
Quick Search
sql1
Main: SQL1.Initialize(DBFileDir, DBFileName, True)
Main: curs = SQL1.ExecQuery("SELECT name FROM sqlite_master WHERE Type='table'")
Main: Cursor1 = SQL1.ExecQuery(txt)
Main: SQL1.ExecNonQuery("DELETE FROM "&DBTableName&" WHERE " & _
Main: Cursor1 = SQL1.ExecQuery(txt)
Main: SQL1.ExecNonQuery(txt)
Main: row(0) = SQL1.ExecQuerySingleResult(txt) + 1
Main: SQL1.ExecNonQuery(txt)
Starter: Dim SQL1 As SQL
Replace with:
In Selection
Current Module
All Modules

Navegar hacia Atrás / Adelante

Tenga en cuenta que puede moverse rápidamente a través de su código utilizando los íconos de Navegación en la barra de herramientas, que mueven el cursor a las líneas de código anterior y siguiente en las que ha estado recientemente.

El Motor de Advertencias

El motor de advertencia se ejecuta cuando compila o guarda su proyecto, y también mientras escribe, avisándole de inmediato de errores en su código. Cuando abre un proyecto, recuerda las advertencias. Las líneas de código sobre las que se da algún aviso, están subrayadas (A en el siguiente diagrama) y se enumeran en la parte superior de la Ventana de Logs (p.105) (B), los errores en rojo, las advertencias en morado. Si coloca el ratón sobre un error o advertencia en el área de código, verá sus detalles (C). Las posiciones de los avisos en el código están marcadas en la barra de desplazamiento (D) con el mismo código de color.

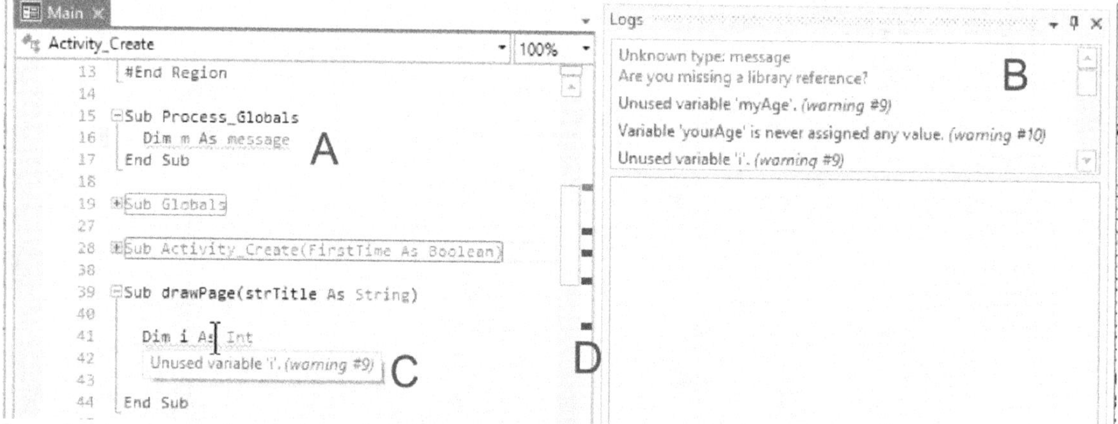

Las advertencias pueden ser demasiado largas para caber en la Ventana de Logs (B), pero al pasar el cursor sobre ellas se muestra el texto completo. Al hacer clic en un elemento de la Ventana de Logs, accederá a la línea correspondiente en el código fuente.

Ignorando Advertencias

Puede desactivar advertencias, ya sea para líneas específicas o para un tipo específico de advertencia en un módulo. Para ignorar las advertencias de una línea, agregue un comentario con la palabra "ignore":

```
Sub Activity_KeyPress(KeyCode As Int) As Boolean 'ignore
```

Para desactivar tipos específicos de advertencias en un módulo, agregue el atributo `#IgnoreWarning`. Por ejemplo, para desactivar advertencias #10 y #12 en un **Módulo Activity**:

```
#Region Activity Attributes
  #FullScreen: False
  #IncludeTitle: True
  ' añadir la siguiente línea
  #IgnoreWarnings: 10, 12
#End Region
```

Para los módulos que no tienen Región de Atributos, agregue la línea cerca de la parte superior del código, por ejemplo:

```
'Módulo de Clase Persona
  IgnoreWarnings: 12
```

Las Advertencias

1: Código inalcanzable detectado. (por ej. código después de un return)
2: No todas las rutas de código devuelven un valor.
3: El tipo devuelto (en Sub) debe establecerse explícitamente.
4: Falta valor de retorno. En su lugar se usará el valor predeterminado.
5: Falta el tipo de declaración de variable. Se utilizará tipo de cadena.

6: El siguiente valor no va en unidades de pantalla ('dip' o% x /% y): {1}.

7: Objeto convertido a String. Probablemente un error de programación.
8: Variable '{1}' no declarada.
9: Variable '{1}' no usada.
10: La variable '{1}' nunca recibe un valor.
11: La variable '{1}' no se ha inicializado.
12: Sub '{1}' no se usa.
13: La variable' {1}' debe declararse en **`Sub Process_Globals`**.
14: El archivo' {1}' en la carpeta Files no se agregó a la pestaña Administrador de Archivos. Debería borrarlo o añadirlo al proyecto. Puede elegir Herramientas - Limpiar Carpeta de Archivos (archivos no usados).
15: El archivo '{1}' no se utiliza.
16: No se utiliza el archivo Layout '{1}'. ¿Le falta una llamada a **`Activity.LoadLayout`**?
17: Falta el archivo '{1}' de la pestaña **Administrador de Archivos**.
18: El valor TextSize no debe escalarse, ya que se escala internamente.
19: Bloque de cierre vacío. Debe al menos añadir Log (LastException.Message).
20: Vista '{1}' fue añadida con el diseñador. No debe inicializarla.
21: No se puede acceder al tamaño de la vista antes de que se agregue a su padre.
22: Los tipos no coinciden.
23: Los diálogos modales no están permitidos en la Subrutina **`Sub Activity_Pause`**. Será ignorado.
24: Acceder a los campos desde otros módulos en **`Sub Process_Globals`** puede ser peligroso ya que la orden de inicialización no es determinista.

Además, B4A proporciona los siguientes **avisos en tiempo de ejecución**:
1001: **`Panel.LoadLayout`** sólo debe llamarse después de que el panel se haya añadido a su padre.
1002: Se agregó el mismo objeto a la lista. Debería llamar de nuevo a Dim para crear un nuevo objeto.
1003: El objeto ya estaba inicializado.
1004: Las propiedades **`FullScreen`** o **`IncludeTitle`** en el archivo de diseño (Layout) no coinciden con la configuración de atributos de la Activity.

Archivo de Metadatos del IDE

Al guardar su proyecto, B4A guarda un archivo con el mismo nombre que el archive .b4a pero con la extension .meta. Este almacena detalles sobre los puntos de interrupción actuales, el estado de los esquemas, qué módulos se muestran y en qué orden (excepto la pestaña Main, que siempre se encuentra a la izquierda), y la última compilación utilizada.
Si está utilizando un sistema de control de código fuente debe excluir el archivo meta. Tenga en cuenta también que el proyecto se cargará correctamente sin un archivo meta. Si añade un punto de interrupción y cierra el proyecto sin guardarlo, el archivo meta no se guardará.

1.4 Acoplamiento

El acoplamiento de cualquier tipo de ventanas, como por ejemplo módulos, es una forma de organizar su entorno de trabajo de una manera que se adapte a usted colocando ventanas en cualquier lugar de su pantalla, ya sea dentro del IDE o del Visual Designer o fuera de cualquiera de ellas.

Menús de Ventana

Tanto los módulos como las ventanas del IDE tienen menús que se pueden usar para controlar su acoplamiento.

Menú del Módulo

Si hace clic con el botón derecho del ratón en la pestaña de un módulo, verá un menú con estas opciones:

Cerrar
: Vea Cerrando un Módulo justo arriba.

Cerrar Otros
: Cierra todos los módulos excepto el actual.

Cerrar módulos a la derecha
: Cierra todas las pestañas de módulos a la derecha. Estará seleccionable solo si hay pestaña a la derecha.

Cerrar todos los Documentos
: Cierra TODAS las pestañas de módulos.

Flotante
: Hacer la ventana del Módulo Flotante, separada del IDE.

Acoplar (no está en la 8.30)
: Fijar el módulo dentro del IDE. Ver acoplamiento. Solo disponible si el módulo está flotando.

Nuevo Grupo de Pestañas Horizontal (no está en la 8.30)
: Ver Grupo de Pestañas Horizontal Tab Group

Nuevo Grupo de Pestañas Vertical (no está en la 8.30)
: Ver Grupo de Pestañas Vertical

Menú de Ventana

Si hace clic en la flecha hacia abajo de la ventana, verá una lista de opciones:

Flotante
: Hacer esta ventana Flotante, separada del IDE.

Acoplar
: Vuelve a colocar la ventana en el IDE. Sólo disponible si está flotando. Vea Acoplamiento.

Acoplar como un Documento
: Tal y como comentaremos, esta opción solo está disponible en el Diseñador Visual.

Ocultar Automáticamente
: Al seleccionar esta opción, la ventana o grupo de ventanas se cerrará automáticamente. Vea Auto Ocultar abajo para más detalles.

Cerrar
: Cierra la ventana actual.
: Las ventanas cerradas se pueden volver a abrir seleccionándolas en el menú [Ventanas].

Flotante

Un módulo o ventana puede eliminarse por completo del IDE para que flote en una ventana propia. Para hacer "flotar" un Módulo: arrastre su pestaña o haga clic con el botón derecho en la pestaña del módulo y seleccione Float (Sin traducir en el IDE de B4A 7.30).
Tenga en cuenta que no necesita hacer flotar módulos o ventanas si solo desea moverlos a una nueva posición de acoplamiento. En su lugar, puede hacer clic y arrastrar, como se explica a continuación.

Grupos de Pestañas

Un grupo de pestañas es una región de la pantalla que incluye varias ventanas una encima de otra, y que tienen un conjunto de pestañas para permitirle seleccionar qué ventana es la visible.

Grupo de Pestañas Horizontal

Si hace clic con el botón derecho del ratón en una pestaña de módulo, verá una opción para crear un Nuevo grupo de pestañas horizontales. Un grupo de pestañas horizontales es aquel en el que el nuevo grupo se encuentra debajo del original y se extiende horizontalmente a través del mismo espacio, formando dos grupos de pestañas horizontales:

Main × | Charts | KeyValueStore | History | utilities | Help

100%

```
#Region  Project Attributes
    #ApplicationLabel: Scan Proint
    #VersionCode: 1
    #VersionName: 1
    'SupportedOrientations possible values: unspecified, landscape or portrait.
    #SupportedOrientations: landscape
    #CanInstallToExternalStorage: False
#End Region

#Region  Activity Attributes
```

Menu ×

100%

```
#Region  Activity Attributes

Sub Process_Globals
    'These global variables will be declared once when the application starts.
    'These variables can be accessed from all modules.

    Dim tmrSlide As Timer

End Sub

```

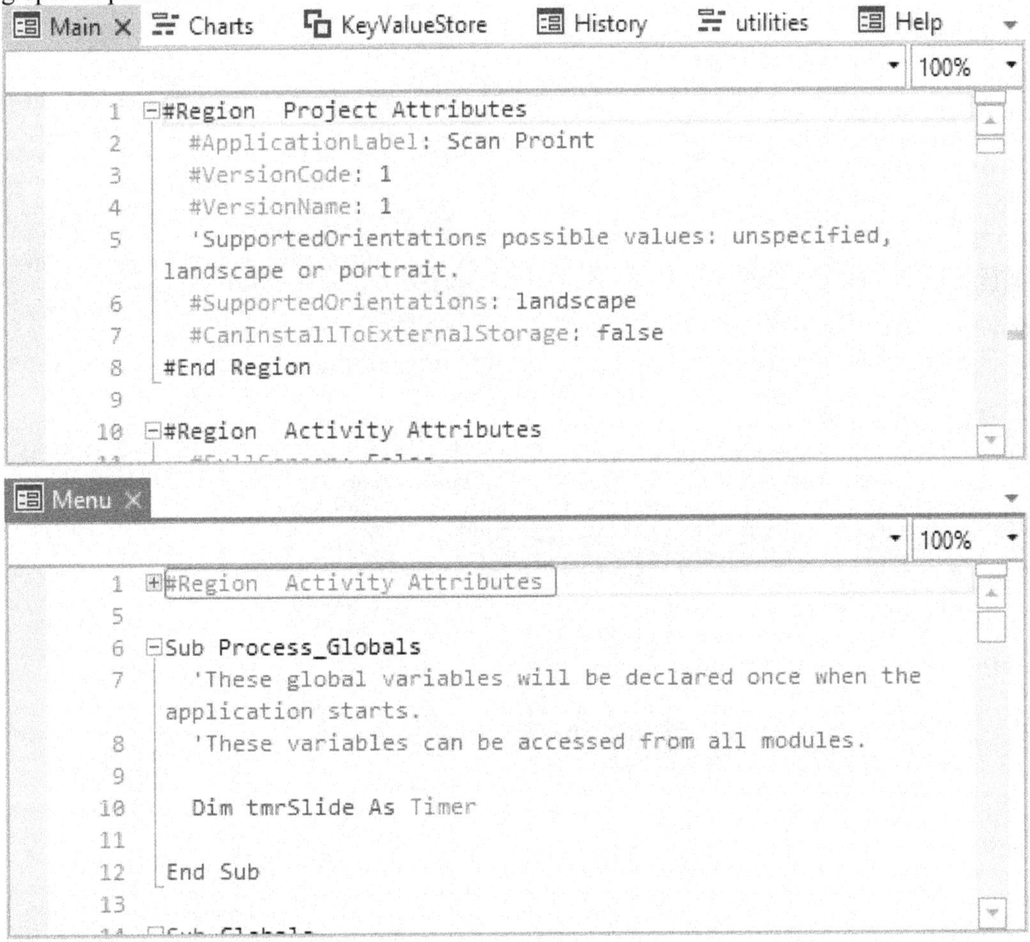

Grupo de Pestañas Vertical

Por otro lado, un grupo de pestañas verticales se encuentra a la derecha del original y ocupa el mismo espacio vertical:

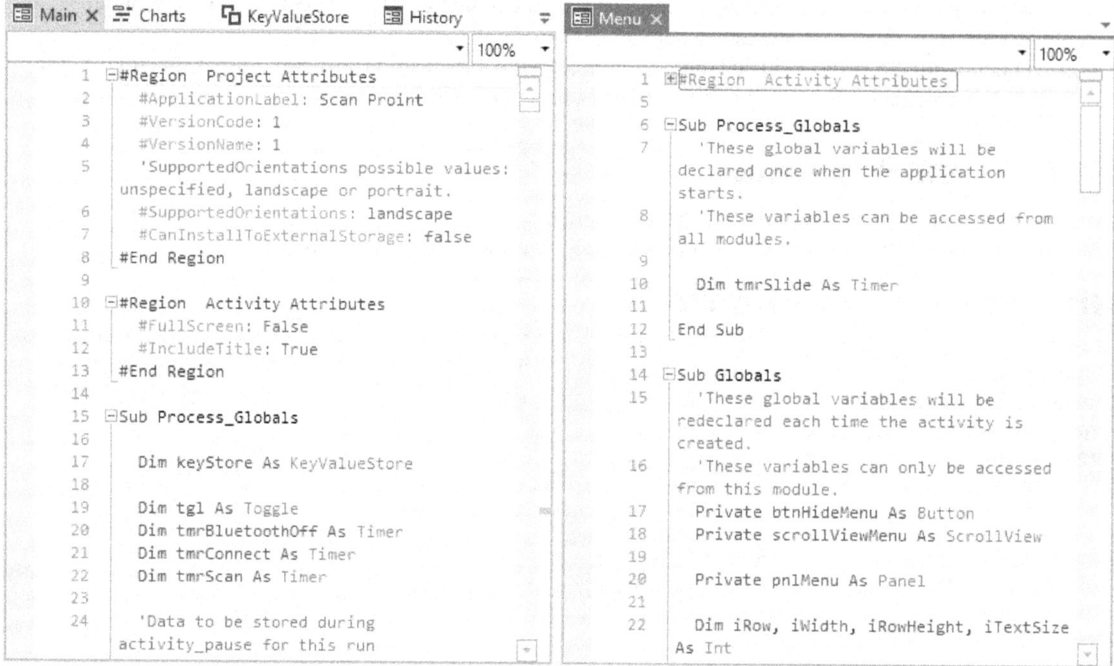

Acoplar

El acoplamiento es el proceso de fijación de una ventana dentro del IDE. Puede estar unido al borde del IDE, o puede ocupar un lugar junto a otras ventanas en un grupo de pestañas.

Arrastrar Ventanas

Si la ventana forma parte de un grupo de pestañas, puede moverla a una posición de acoplamiento diferente haciendo clic en su pestaña y arrastrándola. Si la ventana está flotando o no forma parte de un grupo de pestañas, puede hacer clic y arrastrar su encabezado. La cabecera de un módulo flotante es una barra sólida:

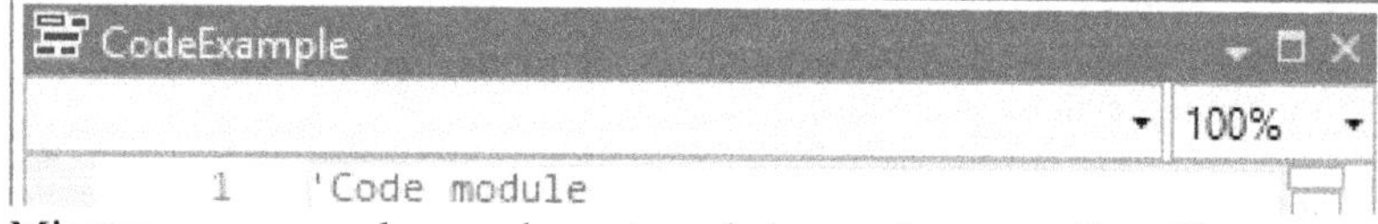

Mientras que una cabecera de ventana de herramienta que flota libremente tiene un patrón de puntos horizontal:

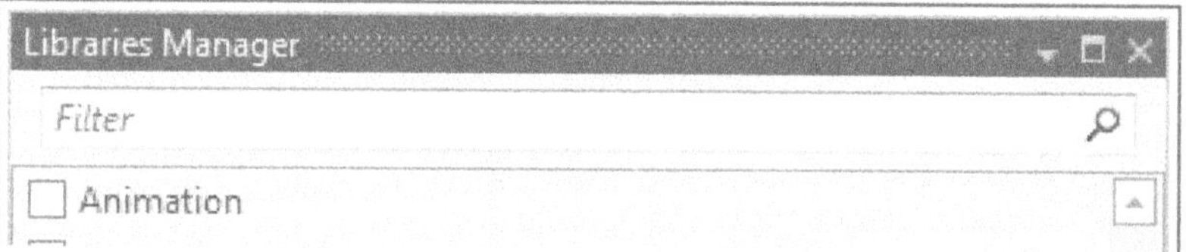

Acoplar un Módulo

Cuando arrastre un módulo sobre el IDE, verá una guía:

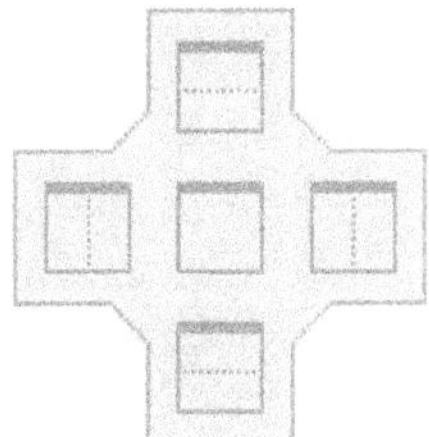

Si coloca el puntero del ratón sobre una de las casillas de la guía, un área de color mostrará dónde se puede acoplar la ventana arrastrada:

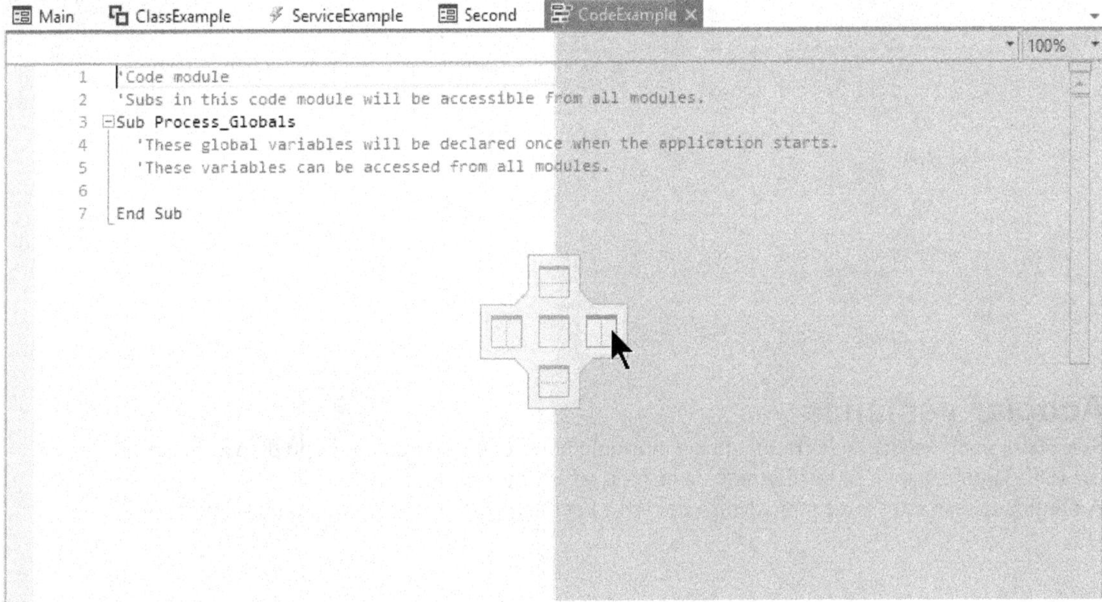

Puede acoplarse a la izquierda, derecha, superior o inferior del área de la ficha actual, o en el grupo de fichas si selecciona el cuadro central. Por ejemplo, si acepta el acoplamiento mostrado arriba, el módulo ocupará un grupo vertical de pestañas separado a la derecha del actual.

Esto le permite ver y editar dos o más módulos al mismo tiempo. Puede arrastrar y soltar módulos entre estos grupos de pestañas. Incluso puede abrir más grupos de pestañas:

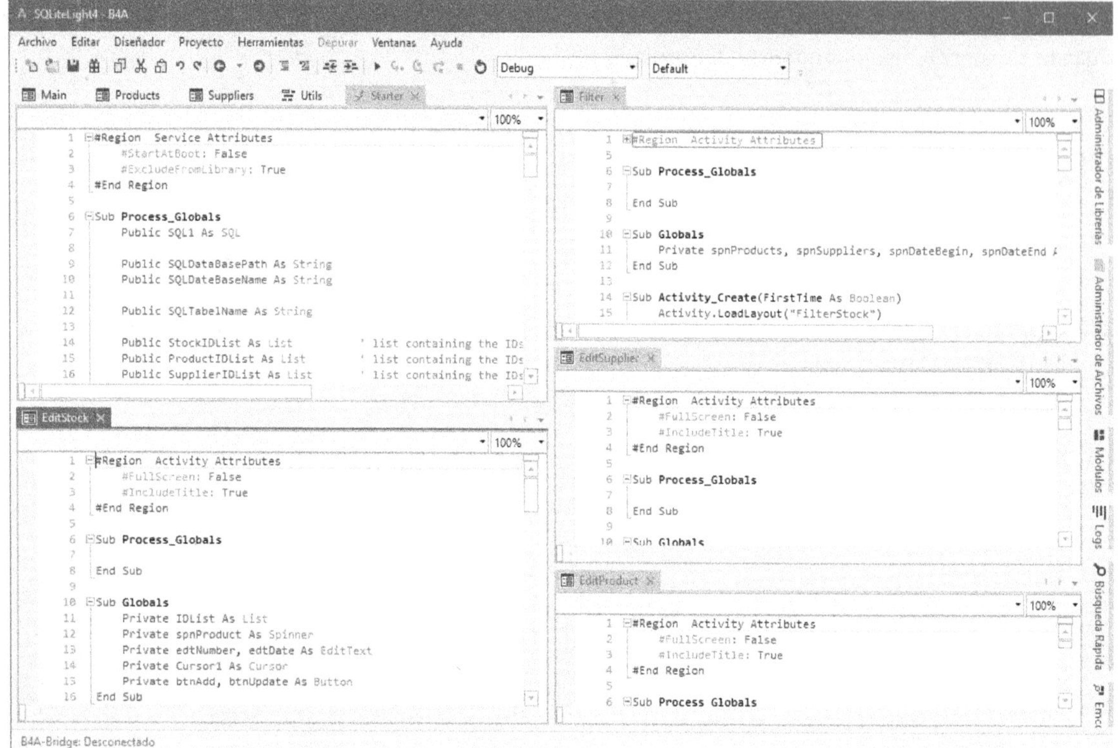

Acoplar Ventanas

Si arrastra una ventana de herramienta que normalmente se muestra en un grupo de pestañas a la derecha del IDE, la guía que ve se ve diferente de cuando arrastra un módulo.

A medida que arrastre la ventana dentro del IDE, verá una guía con un conjunto de subguías:

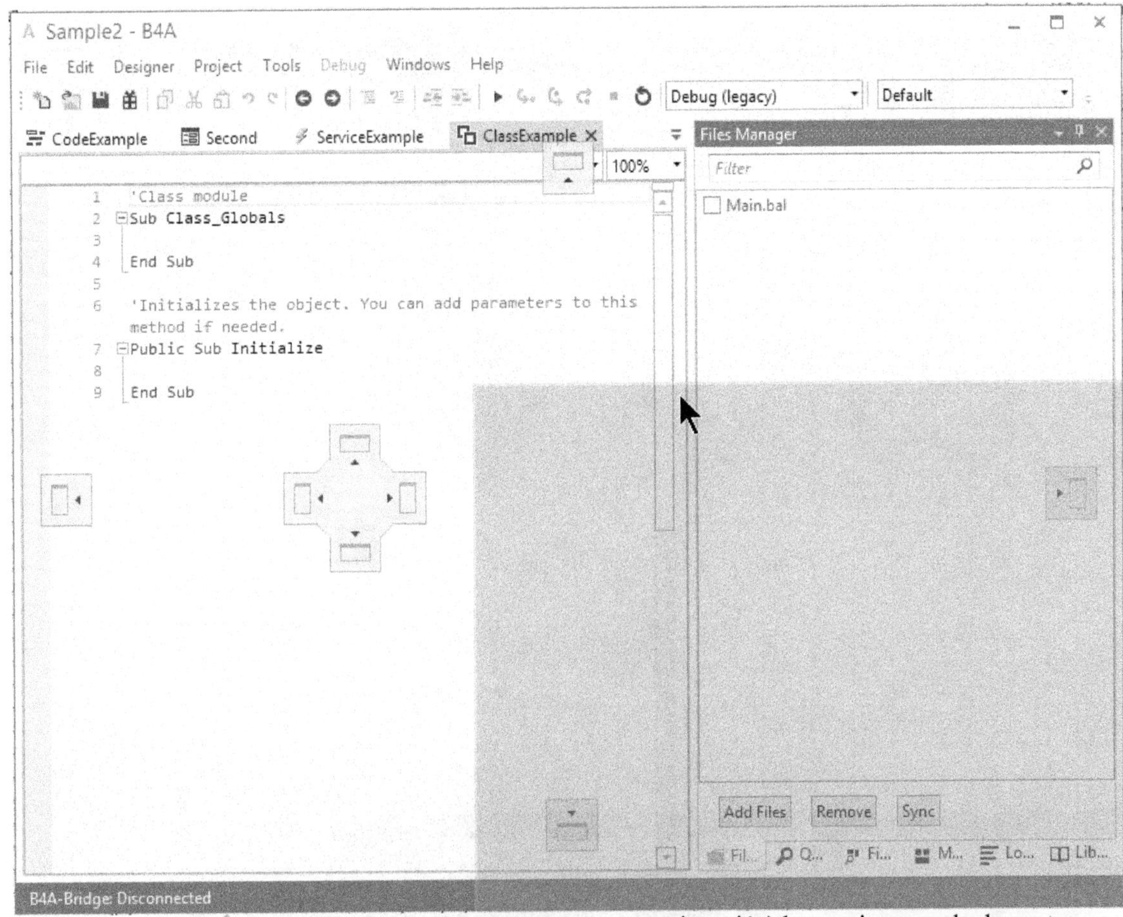

Las guías exteriores individuales (como la que se muestra a continuación) le permiten acoplar la ventana a la ventana exterior del IDE, mientras que las cuatro guías interiores permiten acoplar dentro de un grupo de pestañas seleccionado.

Tenga en cuenta que las ventanas de herramientas y los módulos no pueden ocupar el mismo grupo de pestañas, por lo que la guía central sólo tiene 4 opciones, no 5 como en el caso anterior.

En la version 8.30 se verán así:

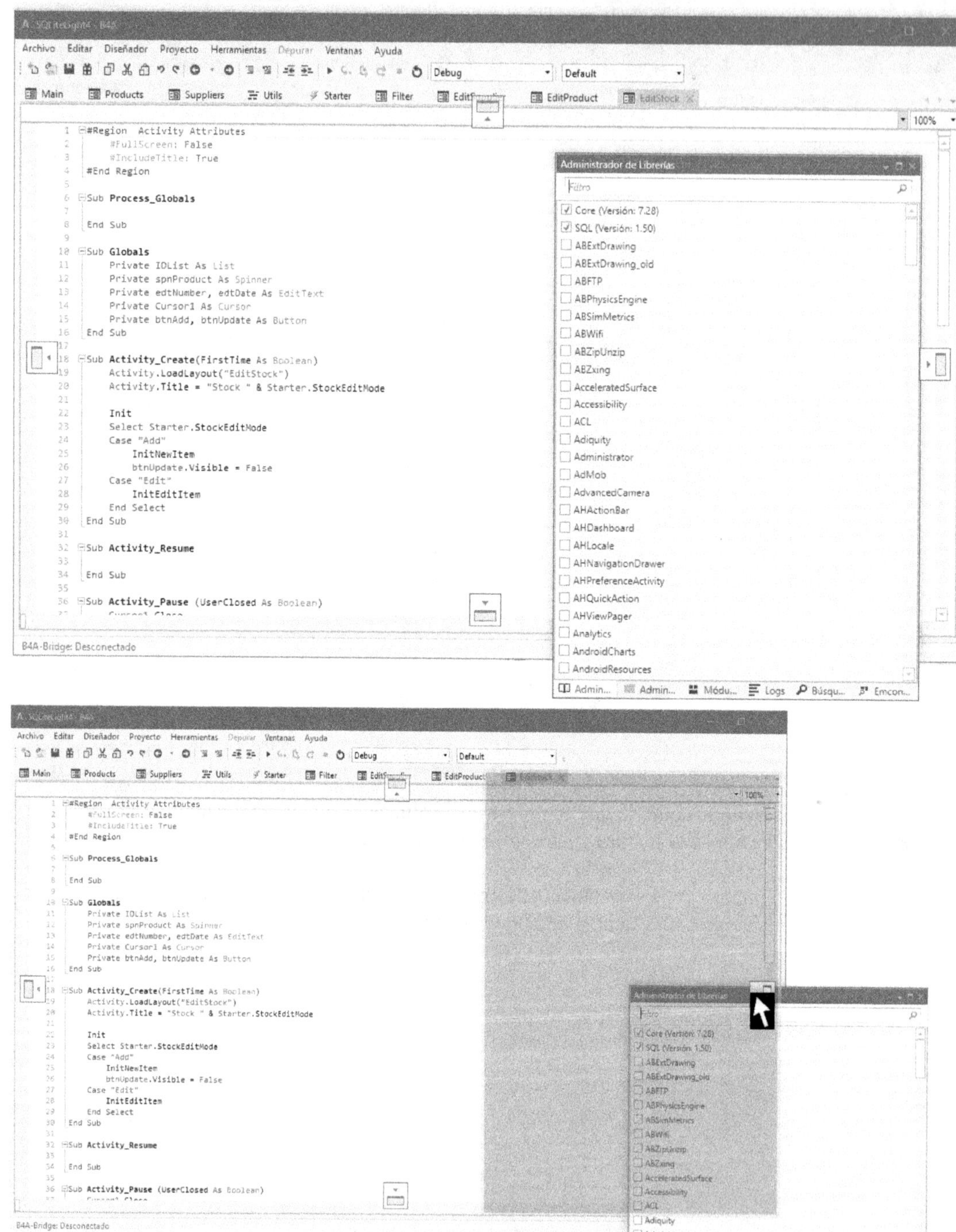

Mover un Grupo de Pestañas

Si arrastra la cabecera de una ventana que forma parte de un grupo de pestañas, esto moverá todas las ventanas de ese grupo de pestañas, no sólo la que está al frente.

Acoplar Ventanas

Si ha desacoplado una ventana o un grupo de ventanas, puede anclarlas arrastrándolas de nuevo al IDE. También puede anclar una ventana en una nueva posición dentro del IDE arrastrando su pestaña o encabezado, como se muestra arriba.

Ocultar Automaticamente (Auto Hide)

Las ventanas se puede hacer que se cierren automáticamente en un menú vertical en el lado del IDE.
El ocultamiento automático se logra haciendo clic en el icono de chincheta situado en el encabezado de la ventana para cambiarla de vertical (no oculto) a horizontal (oculto).

Alternativamente, puede seleccionar Ocultar Automáticamente en la lista desplegable de opciones del encabezado de ventanas.

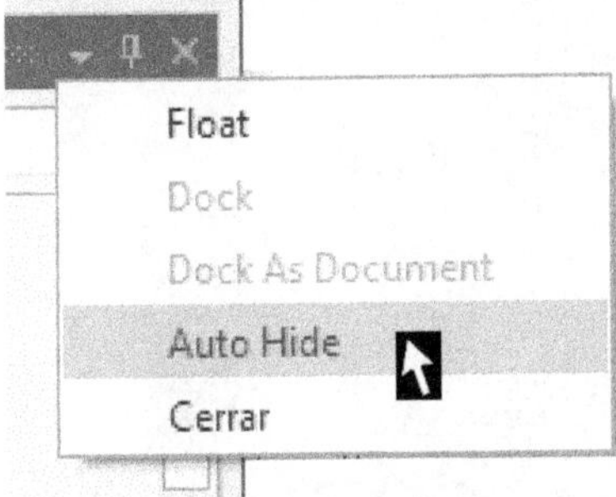

Las ventanas ocultas automáticamente se mostrarán cuando haga clic en el menú situado al lado del IDE:

La ventana se cerrará de nuevo cuando haga clic en otra parte dentro del IDE.

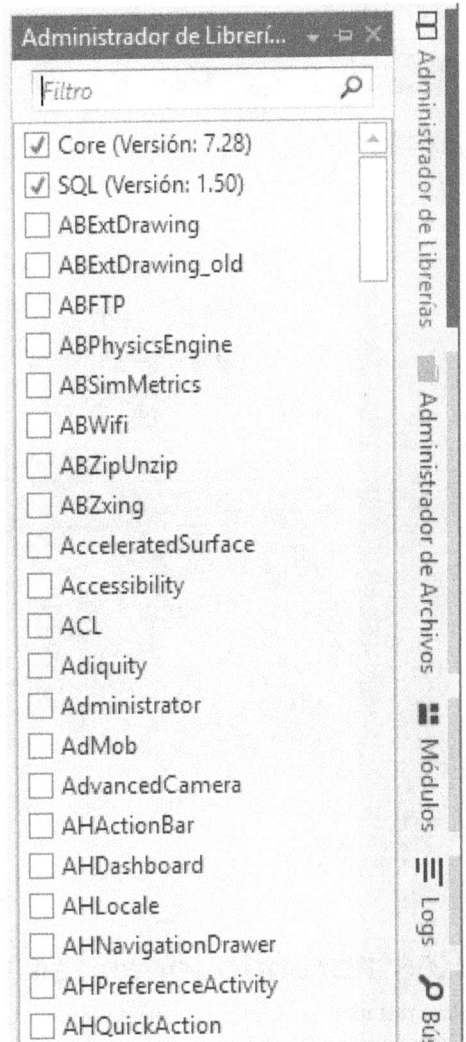

Diseñador Visual

Puede acoplar las ventanas dentro del Diseñador Visual de una manera similar a la mostrada anteriormente. La principal diferencia es que el Diseñador Abstracto es un "documento". Otras ventanas se pueden acoplar en el mismo grupo de pestañas seleccionando "Acoplar como un Documento" ("Dock as Document") en sus opciones. También, pueden ser arrastrados y soltados siguiendo las guías en la forma descrita anteriormente.

La distribución de ventanas acopladas se recordará para la próxima vez que abra el Diseñador Visual. Podrías, por ejemplo, organizar todas las ventanas en un grupo de pestañas a la derecha, de forma similar a las del IDE:

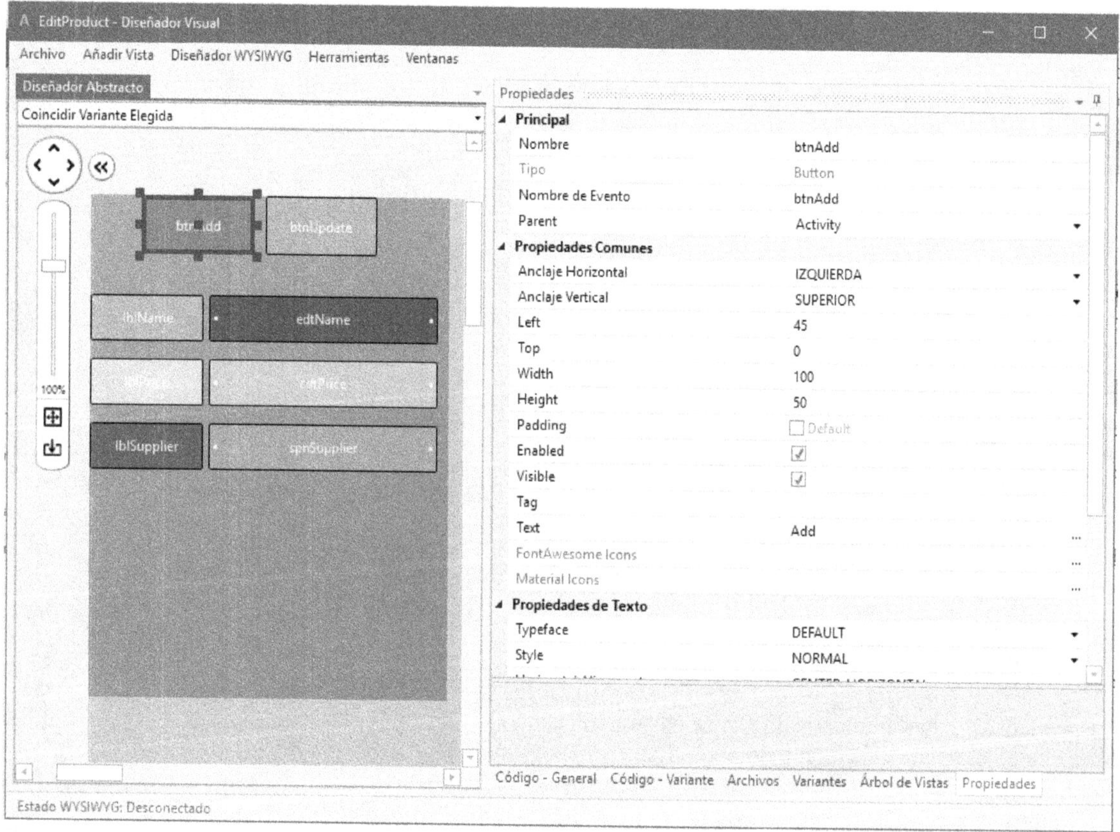

Restaurando todas las Ventanas

Para restaurar las ventanas a sus posiciones de acoplamiento originales dentro del IDE o el Diseñador Visual, utilice [Ventanas > Reiniciar]. Tenga en cuenta que dentro del IDE, esto sólo restaurará las ventanas a su posición original con el grupo de pestañas a la derecha del IDE. Los módulos que han sido colocados permanecerán en el lugar donde los haya colocado.

Parte 2: Creando su App

Aquí vamos a ir a través del proceso de creación de una App real, incluyendo los principios de diseño, cómo su App puede comunicarse con el usuario, cómo puede utilizar el código del Diseñador (Designer Scripts) para adaptar automáticamente su App a las pantallas diferentes dispositivos, y cómo compilar, depurar y probar su App utilizando dispositivos reales o virtuales

Hablamos sobre la creación de gráficos y bases de datos. Examinamos cómo los procesos, servicios y actividades (Activity) viven y mueren en Android. Examinamos los diversos tipos de módulos que puede crear, vemos las formas en que puede ganar dinero con su App y, finalmente, exploramos las formas en que puede obtener más ayuda para usar B4A.

2.1 El Proyecto

Un proyecto es un trabajo que define una App o librería (p.495). Inicie un proyecto creando una carpeta en la que guarde el código B4A y otros archivos que irán siendo necesarios.

Módulos

Cada proyecto consiste en uno o más códigos llamados **módulos**.
Más detalles sobre los módulos se pueden encontrar aquí (p.244).

Módulos por Defecto

Al crear un nuevo proyecto, B4A creará los esqueletos de dos módulos: el módulo Main de actividad principal y un módulo de servicio Starter.

Módulo Main de Actividad principal

Cada proyecto tiene un **Módulo de Actividad** llamado "Main" que se almacena dentro de un archivo con la extensión b4a. También puede contener otros módulos que se almacenan en archivos separados con la extensión bas.

Servicio Starter

Por defecto, todos los proyectos nuevos contienen también un módulo de servicio llamado Starter. Si este servicio existe, es el primer módulo que se ejecuta cuando se inicia la App.

Process_Globals

El Servicio Starter está diseñado como un lugar seguro para declarar e inicializar sus Process_Globals. La razón por la que es mejor declarar Process_Globals aquí que dentro de una actividad es que, si la actividad es cancelada por el usuario o por el sistema, sus variables globales se perderán. Al declararlos en un servicio, puede asegurarse de que estarán disponibles en la siguiente ejecución de la App.
Esto es especialmente importante si tiene otros módulos de servicio que están programados para ejecutarse posteriormente, utilizando StartServiceAt (p.342) o StartServiceAtExact (p.343). Su aplicación fallará si el servicio llamara a varaibles globales dentro de una actividad que ha sido cerrada.
Si no utiliza el servicio Starter y tiene varias actividades que contienen Process_Globals, su aplicación también puede fallar cuando se refiere a una variable almacenada en una de estas actividades que ha sido cerrada, por ejemplo, por el sistema Android.
Recomendamos encarecidamente que los objetos SQL, los datos leídos de archivos y los mapas de bits utilizados por múltiples actividades se declaren en el servicio Starter y se inicialicen en su subrutina Service_Create.

El Servicio Starter Nunca se Destruye

Desde Android 8, normalmente mata los servicios mientras la aplicación está en segundo plano.
Por lo tanto, B4A v8.3+ asegura que el servicio Starter nunca se detendrá hasta que el proceso sea eliminado. Internamente cambia del contexto de servicio al contexto de la App.

Excepciones no capturadas en tiempo de ejecución

El Servicio Starter también permite el manejo mejorado de excepciones no capturadas en tiempo de ejecución (p.320), como se describe a continuación (p.321).

Notas sobre el Servicio Starter

El servicio Starter se identifica por su nombre. Puede agregar un nuevo servicio llamado Starter a un proyecto existente y será el punto de entrada del programa. Se crea siempre en nuevos proyectos.
Tenga en cuenta que puede borrar el módulo de servicio Starter si lo desea, en cuyo caso la actividad principal será el primer código que se ejecute. Sin embargo, se recomienda que mantenga el servicio Starter y lo utilice para declarar su Process_Globals

Considere también que el servicio Starter sólo se inicia una vez, cuando la aplicación se inicia por primera vez, y se mantiene en la memoria hasta que el dispositivo se apaga.
Puede llamar a StopService (Me) en Service_Start si no desea que el servicio siga funcionando. Sin embargo, esto significa que el servicio no podrá gestionar eventos para objetos declarados aquí. Por ejemplo, no podrá utilizar métodos SQL asíncronos.
El servicio Starter debe excluirse de las librerías compiladas. Por eso su atributo #ExcludeFromLibrary se fija a True por defecto.
No debe iniciar una actividad desde el servicio Starter. Cuando finaliza el servicio Starter, la actividad Main se ejecutará automáticamente.
Tenga en cuenta también que el servicio Starter no consume ningún ciclo de CPU a menos que uno de sus otros servicios o actividades lo llame, por lo que no consume muchos recursos del dispositivo.

Atributos

B4A define valores llamados atributos que se identifican dentro del código con un prefijo #, por ejemplo #VersionCode. Los atributos pueden clasificarse como Atributos de proyecto (se comentan a continuación), Atributos de Módulo (p.245) Atributos de Actividad (p.253), Atributos Condicionales (p.187) o Atributos de Librerías (p.499).

Sección Atributos del Proyecto

Los Atributos de Proyecto son válidos para todo el proyecto. Por convención se agrupan con la Región de Atributos del Proyecto en la parte superior del módulo de Actividad Main.

```
#Region  Project Attributes
 #ApplicationLabel: B4A Example
 #VersionCode: 1
 #VersionName:
 'SupportedOrientations possible values: unspecified, landscape or
portrait
 #SupportedOrientations: unspecified
 #CanInstallToExternalStorage: False
#End Region
```

Estos atributos se añadirán automáticamente a los proyectos existentes cuando se carguen por primera vez con la última versión de B4A.
Además de los atributos de proyecto, Atributos de Actividad (p.253) especifican parámetros para una actividad específica, y los Atributos de Librería (p.499) son relevantes al compilar una librería.

Los atributos de proyecto disponibles son:

#AdditionalRes: Location, Package (opcional)

Especifica la ubicación de una carpeta que contiene archivos fuente. Esta carpeta debe colocarse en tu Carpeta de Librerías adicionales (p.668). Normalmente, los recursos estarían escritos en Java y generados por Eclipse (https://eclipse.org/) o algún otro IDE. Estos archivos de recursos se añadirán al archivo del paquete Android (APK). El parámetro Paquete (Package) opcional especifica el nombre del paquete de un proyecto de librería Android. Esto es necesario al empaquetar una librería que incluya archivos fuente.
Código de ejemplo:

```
#AdditionalRes: C:\AdditionalB4ALibraries\Sample\res,
com.abc.sample.lib
```

Un ejemplo está disponible aquí (http://bit.ly/1IjNgNy).
Para utilizarlo, haga clic en Descargar ZIP, guardar y descomprimir en la carpeta Librerías adicionales.
Añada el siguiente código a su proyecto, usando la ubicación de la carpeta apropiada:

```
#AdditionalRes: C:\AdditionalB4ALibraries\SlidingMenu-master\library\res, com.jeremyfeinstein.slidingmenu.lib
```

Puede utilizar #AdditionalRes muchas veces.

$AdditionalLibs$

Puede utilizar **$AdditionalLibs$** como acceso directo para acceder a tu Carpeta de Librerías Adicionales (p.668). Así, por ejemplo, podría escribir:

```
#AdditionalRes: $AdditionalLibs$\SlidingMenu-master\library\res,
com.jeremyfeinstein.slidingmenu.lib
```

$AndroidSDK$

Puede utilizar **$AndroidSDK$** como acceso directo a la carpeta Android SDK que especificó en el campo android. jar de[Herramientas > Configurar Rutas]. Así, por ejemplo, podría escribir:

```
#AdditionalRes: $AdditionalLibs$\Sample\res, com.abc.sample.lib
```

#ApplicationLabel:

La etiqueta de la aplicación, una cadena que aparecerá en las listas de aplicaciones del dispositivo, por ejemplo en[Configuración > Aplicaciones] y debajo del icono de la aplicación.

#BridgeLogger: True

Utilice este atributo si desea ver los mensajes de Log (p.196) cuando se ejecutan mediante B4A-Bridge en el modo de compilación *Release*[14].

#CanInstallToExternalStorage:

Si la aplicación se puede instalar en un almacenamiento externo. Valores: **True** o **False**

#CustomBuildAction: Step, Command, Arguments

El proceso de compilación consta de varios pasos. Puede agregar pasos adicionales que se ejecutarán como parte del proceso de compilación. Por ejemplo, puede ejecutar un archivo por lotes que copie los archivos de recursos más recientes de alguna carpeta antes de que los archivos se empaqueten.
Nota: puede agregar cualquier número de acciones de compilación.
CustomBuildAction debe añadirse a la Actividad Main.
La carpeta actual se configura en la carpeta *Objects* dentro de la carpeta del proyecto.
Paso: puede ser uno de los siguientes:
1 - Antes de que el compilador limpie la carpeta objects (sucede después de que el código se haya analizado).
2 - Antes de que se genere el archivo R. java.
3 - Antes de firmar el paquete (el archivo APK en este punto es: bin\temp. ap_).
4 - Antes de instalar el APK.
5 - Después de instalar el APK.
6 - Después de la compilación Java
Command: (Comando) el programa Windows a ejecutar
Arguments: (Argumentos) los argumentos para pasar al **Command**

Ejemplos

- Copiar el archivo de logotipo (podría ser parte de una compilación condicional (p.187)):

```
#CustomBuildAction: 1, c:\windows\system32\cmd.exe, /c copy
    D:\B4A\IconFull.png res\drawable\icon.png
```

[14] NT: Modo de Publicación o de Distribución

- Para marcar todos los archivos bajo la carpeta **res** como sólo lectura antes de que el compilador intente limpiar la carpeta *Objects*:

```
#CustomBuildAction: 1, c:\windows\system32\attrib.exe, +r res\*.* /s
```

Convierta los archivos de la carpeta res para que se puedan volver a escribir después de que el compilador haya terminado:

```
#CustomBuildAction: 4, c:\windows\system32\attrib.exe, -r res\*.* /s
```

#DebuggerDisableOptimizations: Value

Por defecto este valor es Falso y el depurador está optimizado para la velocidad. Sin embargo, esto puede dar lugar a ciertos problemas al depurar con puntos de interrupción. Por ejemplo, supongamos que pones un punto de interrupción (breakpoint) en la línea debajo de la etiqueta `'pon un breakpoint aquí`

```
Sub Timer1_Tick
   S1
   Log("Después de S1")
End Sub

Sub S1
   Log("abc")  'pon un breakpoint aquí
   Log("def")  'esta línea se pausará
End Sub
```

Ahora suponga que ejecuta el programa en modo debug hasta que llegue al breakpoint.
Si pulsa F8 (Paso a paso) dos veces, saldrá del Sub S1 pero no hará una pausa en la línea Log ("Después de S1"). Este es el tipo de problema que el atributo #DebuggerDisableOptimizations puede superar.
Configurarlo a `True` deshabilitará la optimización, lo que significa que su código se detendría en cada línea, pero se ejecutaría mucho más lentamente.

#DebuggerForceFullDeployment:

Obliga al depurador rápido a volver a desplegar el proyecto completo cada compilación. Esto puede ser útil si obtiene un rendimiento lento después de modificar el código. Deshabilitará la función de redistribución rápida del depurador rápido.
Valores: True o False.

#DebuggerForceStandardAssets:

Desactiva la función de recursos virtuales del depurador rápido. Por defecto, el depurador rápido no usa la carpeta de recursos estándar. Esto permite que el depurador solo vuelva a desplegar los archivos actualizados.
Valores: True o False.

#ExcludeClasses: Value List

De forma predeterminada, todas las clases de las librerías a las que hace referencia el proyecto se incluyen en el APK. Esto puede hacer que el APK sea más grande de lo necesario y puede ralentizar la compilación si las librerías son grandes, tal como Google Play Services (p.670). Usando este atributo, puede excluir clases no deseadas del APK. Por ejemplo, puede ser útil excluir clases de RingtoneManager, ya que Amazon rechaza APKs que los incluyen.
Puede eliminar diferentes librerías según la configuración de compilación.
Value List: una lista delimitada por comas de los nombres de los *package.class* que deben excluirse.
Ejemplo:

```
#ExcludeClasses: com.google.ads,anywheresoftware.b4a.phone.RingtoneManager
```

Nota: como el uso más común de este atributo será excluir clases del paquete Google Play Services (com.google.android.gms), puedes simplemente usar el nombre de la clase prefijado por un punto.
Ejemplo:
```
#ExcludeClasses: .games, .drive, .ads, .fitness, .wearable
```
La lista completa de las clases incluidas en el paquete Google Play Services es la siguiente:
.games, .drive, .ads, .fitness, .wearable, .measurement, .cast, .auth, .nearby, .tagmanager, .analytics, .wallet, .plus, .vision, .gcm, .maps
Nota también: es posible que también desee considerar el uso de ProGuard (http://proguard.sourceforge.net/) para reducir su código y lograr otras tareas al mismo tiempo, tales como optimizar y ofuscar su código. Sin embargo, es más difícil de usar que #ExcludeClasses.
Nota también: puedes encontrar los paquetes y clases que contiene un archivo jar abriéndolo con una herramienta como Winzip.

#MultiDex: True

Utilice este atributo sólo si escribe aplicaciones grandes y obtiene uno de los siguientes errores durante la compilación:

Demasiadas referencias de campo
Demasiadas referencias de métodos

Con MultiDex activado, no hay límite en el número de métodos o campos. Esta problemática es importante para los grandes proyectos que referencian muchas librerías de terceros.
No utilice esta función si no la necesita. La compilación será algo más lenta y no hay beneficios. Pruebe su APK en un dispositivo Android 4. x. No hay soporte nativo para MultiDex en Android 4. x, por lo que el proceso es más complejo.Tenga en cuenta que hay problemas con MultiDex y los dispositivos Android 2.x. Para obtener más información, vea la explicación aquí (http://bit.ly/2rWHWNa).

#SignKeyAlias:

Permite sobrescribir el alias de clave de firma predeterminado. El alias es un nombre de identificación para una clave. Para más información ver aquí (http://bit.ly/2kIQCS9).

#SignKeyFile:

Especifica el nombre del archivo que contiene el certificado utilizado para firmar la App.

#SignKeyPassword:

Especifica la contraseña del archivo especificado por el atributo #SignKeyFile.
Ejemplo de uso:
```
#if DEBUG
  #SignKeyAlias: ""
  #SignKeyFile: ""
  #SignKeyPassword: ""
#Else
  #SignKeyAlias: "ibm"
  #SignKeyFile: "..\keystore\ibm.keystore"
  #SignKeyPassword: "9u765j"
#End If
```

#SupportedOrientations: Value

Establece las orientaciones soportadas por esta aplicación. El valor puede ser (el valor es importante): unspecified, portrait or landscape

#VersionCode: Value
El valor debe ser un número entero

#VersionName: Name
El nombre es una cadena

Atributos de compilación de Librería
Además de los atributos del proyecto mencionados anteriormente, existen atributos de compilación de la librería que se describen en la sección compilación de librería (p.499).

Icono del Proyecto
Este icono (llamado Icono de Inicio en la documentación de Android) se puede establecer con el menú[Proyecto > Elegir Icono]. Más detalles en la sección Icono de Inicio (p.274).

Nombre del paquete
Cada App necesita un Nombre de Paquete único. El nombre del paquete es un identificador único para la aplicación y el nombre predeterminado para el proceso de la aplicación. En B4A, se puede ajustar con el menú [Proyecto > Configuración de compilación (p.186)].

Nombre Único
El nombre del paquete debe ser único. Para evitar conflictos con otros desarrolladores, debe utilizar un dominio de Internet que posea como base para los nombres de sus paquetes, por ejemplo, escrito al revés: uk.co.pennypress.B4A_book
Puede registrar un nombre de dominio con un registrador de nombres de dominio.
Puede liberar varias versiones de una única aplicación, por ejemplo, una gratuita y otra de pago, utilizando nombres ligeramente diferentes para cada paquete.

Caracteres Permitidos
El nombre puede contener puntos, minúsculas ("a" hasta "z ", ver la nota abajo), números y guiones bajos (" _ "). Las partes individuales del nombre del paquete (entre puntos) sólo pueden comenzar con letras. Los nombres de los paquetes deben contener al menos dos componentes separados con "." (un punto).
Nota: el uso de minúsculas es una convención. Las letras mayúsculas de la A a la Z también son aceptadas, pero ocasionalmente pueden ocasionar problemas, por lo que es más seguro usar sólo minúsculas.
El nombre que introduzca será validado antes de ser aceptado.

URL de Google Play
El nombre del paquete será utilizado por Google Play para determinar la URL de tu aplicación. Así que si el nombre del paquete es uk.co.pennypress.abc, aparecerá en Google Play como:
https://play.google.com/store/apps/details?id=uk.co.pennypress.abc

Precaución: el Nombre no se puede cambiar
Una vez que publique su aplicación, no podrá cambiar el nombre del paquete. El nombre del paquete define la identidad de su aplicación, por lo que si lo cambia, se considera que es una aplicación diferente y los usuarios de la versión anterior no pueden actualizarse a la nueva versión.

El Manifest

Cada App que se ejecuta en un dispositivo Android necesita un archivo llamado AndroidManifest.xml. El compilador B4A genera este archivo a partir de los datos almacenados en el archivo b4a del proyecto. En la mayoría de los casos, no es necesario cambiar nada.
Sin embargo, en otros casos, especialmente cuando se utilizan librerías de terceros (ads por ejemplo), el desarrollador está obligado a añadir algunos elementos al archivo de manifest. Esto se puede lograr con el *Editor de Manifest.*

Editor de Manifest

B4A incluye un Editor de Manifest (disponible en el menú [Proyecto > Editor de manifest]) que te permite añadir o modificar elementos en el manifest mientras que también permite al compilador añadir los elementos estándar.
Si abres el Editor Manifest (que es un diálogo modal, por lo que no podrás usar el IDE o el Diseñador mientras está abierto), verás algo como:

```
'This code will be applied to the manifest file during compilation.
'You do not need to modify it in most cases.
'See this link for more information:
http://www.basic4ppc.com/forum/showthread.php?p=78136
AddManifestText(
<uses-sdk android:minSdkVersion="5" android:targetSdkVersion="26"/>
<supports-screens android:largeScreens="true"
  android:normalScreens="true"
  android:smallScreens="true"
  android:anyDensity="true"/>)
SetApplicationAttribute(android:icon, "@drawable/icon")
SetApplicationAttribute(android:label, "$LABEL$")
'End of default text.
```

El significado de estos parámetros se explica a continuación.
Puede modificar estos elementos o añadir otros elementos según sea necesario. Para facilitar añadir cadenas y cadenas multilínea que contienen caracteres de comillas, el editor de manifest trata todos los caracteres entre el paréntesis abierto y el paréntesis cerrado o la coma (para comandos con múltiples parámetros) como una sola cadena.

Evitar los caracteres de final de cadena

Si necesitas escribir una cadena que contenga una coma, debes escribir dos comas:,, Lo mismo es cierto para las cadenas con paréntesis de cierre:))

Comandos Manifest

Puede agregar los siguientes comandos en la parte inferior del manifest. Existen varios tipos de comandos: comandos que añaden un texto adicional dentro de un elemento, comandos que fijan el valor de un atributo (sustituyendo el valor antiguo si ya existe) y otros dos comandos que serán comentados más adelante.
Nota: puede llamar a los comandos 'add text' varias veces.

AddActivityText (Activity, Text)

Añade el texto dado a la Activity dada. Ejemplo:

```
addactivitytext(Main, <intent-filter>
<action android:name="uk.co.pennypress.myview.rest" />
</intent-filter>)
```

AddApplicationText (Text)
Añade texto al elemento Aplicación. Se puede utilizar para añadir permisos, aunque esto se logra normalmente con **AddPermission**.

AddManifestText (Text)
Añada el texto dado al elemento manifest.

AddPermission (Permission)
Añade un permiso si no existe ya. También puede agregar permisos utilizando AddApplicationText. La ventaja de AddPermission es que se asegura de añadir cada permiso una sola vez. Ejemplo:

```
AddPermission (android.permission.INTERNET)
```

AddReceiverText (Service, Text)
Añade Texto al elemento de Servicio dado. Por ejemplo, para usar C2DM push framework debería añadir algún texto al receptor. **Nota**: un módulo de servicio en B4A está compuesto por un servicio nativo y un receptor nativo. El nombre del receptor es el mismo que el del módulo de servicio.
Ejemplo:

```
AddReceiverText(PushService,
<intent-filter>
<action android:name="com.google.android.c2dm.intent.RECEIVE" />
<category android:name="anywheresoftware.b4a.samples.push" />
</intent-filter>
<intent-filter>
<action android:name="com.google.android.c2dm.intent.REGISTRATION" />
<category android:name="anywheresoftware.b4a.samples.push" />
</intent-filter>)
```

AddReplacement (OldValue, NewValue)
Reemplaza todas las ocurrencias de OldValue por NewValue. El compilador agrega automáticamente las siguientes declaraciones: $PACKAGE$ (reemplazado con el nombre del paquete), $LABEL$ (reemplazado con la etiqueta de la aplicación) y $ORIENTATION$ (reemplazado con el valor de orientación).
El reemplazo de la cadena se realiza como último paso. Puede utilizarlo para borrar otras cadenas de texto sustituyéndolas por una cadena vacía.

AddServiceText (Service, Text)
Añade un texto dado al elemento de Servicio dado.

CreateResource (Folder, Filename, Code)
Este comando puede crear un archivo de texto dentro de la carpeta \Objects\ del proyecto. Un uso típico sería crear archivos XML para personalizar los temas.
Folder: la carpeta donde se creará el archivo.
Filename: nombre del archivo a crear.
Code: el texto a añadir al archivo.
Ejemplo para establecer el tema *native light* en Android 4+:

```
SetApplicationAttribute(android:theme, "@style/LightTheme")
CreateResource(values-v20, theme.xml,
<resources>
  <style
  name="LightTheme" parent="@android:style/Theme.Material.Light">
  </style>
</resources>
)
```

```
CreateResource(values-v14, theme.xml,
<resources>
  <style
  name="LightTheme" parent="@android:style/Theme.Holo.Light">
  </style>
</resources>
)
```

CreateResourceFromFile (Resource, Filename)

Pone el nombre de archivo a un recurso. Actualmente sólo es necesario cuando se usa Firebase, cuando convierte el archivo google-services.json descargado de la consola de desarrollo de Firebase y lo convierte en un recurso llamado googleservices.xml, tal como lo requieren los servicios de Firebase. Ejemplo

```
CreateResourceFromFile("google-services", "google-services.json")
```

RemovePermission (Permission)

Elimina el permiso del manifest.

SetActivityAttribute (Activity, Attribute Name, Attribute Value)

Definir atributo con el Nombre de la Actividad dada al Valor dado. Por ejemplo, el siguiente comando puede usarse para establecer la orientación de una actividad específica:

```
SetActivityAttribute(Main, android:screenOrientation, "portrait")
```

SetApplicationAttribute (Attribute Name, Attribute Value)

Establezca el atributo de la aplicación con el Nombre al Valor dado. Por ejemplo, si desea utilizar aceleración por hardware, añadiría la línea:

```
SetApplicationAttribute(android:hardwareAccelerated, "true")
```

Nota: el nombre del atributo distingue entre mayúsculas y minúsculas.

SetManifestAttribute (Attribute Name, Attribute Value)

Fija el atributo del manifest con el Nombre dado al Valor dado.

SetReceiverAttribute (Service, Attribute Name, Attribute Value)

Establece un atributo receptor en el Servicio indicado el Nombre de Atributo dado al Valor indicado. Ejemplo:

```
SetReceiverAttribute(HttpUtilsService, android:exported, "true")
```

SetServiceAttribute (Service, Attribute Name, Attribute Value)

Establece un atributo con ese nombre en el Servicio dado al Valor indicado.

Notas

- Los nombres de atributos son sensibles a mayúsculas y minúsculas.
- Borrar todo el texto restaurará el texto predeterminado (después de volver a abrir el editor de manifest).
- Como se mencionó anteriormente, la mayor parte de los casos no se requiere agregar nada.
- Abra AndroidManifest.xml para comprender mejor cómo se construye.

minSdkVersion

Su App sólo se ejecutará en dispositivos que ejecuten la versión de API especificada o superior. Se fija en el editor de manifest, como por ejemplo:

```
AddManifestText(
<uses-sdk android:minSdkVersion="5" android:targetSdkVersion="26"/>
)
```

El valor por defecto es 5 (Android 2.0). En la mayor parte de los casos puede dejarlo con el valor predeterminado o configurarlo a 16 para que se dirija a Android 4.1+ y (teóricamente) pierda el 1% de los dispositivos. Consulte aquí (http://bit.ly/2ssCzo9) una lista de cuántos dispositivos utilizan cada versión de la API.

android:targetSdkVersion

Esto se configura en el editor de Manifest mediante un comando. Consulte la entrada anterior para ver un ejemplo.
Ayuda con la compatibilidad hacia atrás para una versión anterior de Android.
Google introdujo el sistema de permisos de ejecución en Android 6 (API 23). La solicitud de permisos en tiempo de ejecución requiere que los desarrolladores actualicen sus apps existentes. Forzar esta característica en las apps existentes habría eliminado el 90% de las apps (sólo si funcionan en Android 6+).
La forma de resolverlo es comprobar el valor targetSdkVersion. Si es 22 o inferior, el sistema sabe que la aplicación funciona sin el sistema de permisos de tiempo de ejecución. Por ejemplo, una aplicación con targetSdkVersion establecido en 14 (Android 4.0) funcionará correctamente en un dispositivo Android 8.0 y no será necesario solicitar permisos de tiempo de ejecución, ni manejar ningún otro cambio de funcionamiento.

Cambios introducidos en 2018

A partir de agosto de 2018 para las nuevas apps y de noviembre de 2018 para las actualizaciones de las apps existentes, Google exigió a los desarrolladores que establecieran la versión targetSdkVersion en 26 o más. Esto es para asegurarse de que las apps están diseñadas sobre las últimas APIs optimizadas para la seguridad y el rendimiento. El valor por defecto es 26.

Cambios introducidos en 2019

A partir de 2019, el requisito targetSdkVersion avanzará cada año. En el plazo de un año después de cada lanzamiento de publicaciones de Android, las nuevas apps y las actualizaciones de las apps deberán tener como objetivo el nivel de API correspondiente o superior.
Para más información sobre estos cambios, ver aquí (http://bit.ly/2kKL3CG).

Consecuencias de los Cambios

Hay muchas maneras en las que estos cambios pueden afectar a tu aplicación. Para ver ejemplos, consulte aquí (http://bit.ly/2kHpaEe).
Puedes ver los cambios de funcionamiento de cada versión aquí (http://bit.ly/2ssR0sa).
Los desarrolladores deben actualizar su aplicación a targetSdkVersion 23 y gestionar los permisos de ejecución que pueden requerir algo de tiempo de trabajo. Prueba tu app con un dispositivo que ejecute Android 7 u 8. Intente aumentar el targetSdkVersion a 26.

Comandos Condicionales del Manifest

Puede utilizar los comandos condicionales (p.187) #If and #End If para excluir partes del Manifest dependiendo de las palabras en el campo de Simbolos Condicionales de una Configuración de Compilación (p.186). También puede probar uno de los dos Modos de Compilación (p.188) DEBUG y RELEASE.
Por ejemplo:

```
#if tablet
SetActivityAttribute(Main, android:screenOrientation, "landscape")
#end if
```

#Region and #End Region

Puede utilizar estos comandos para crear regiones dentro del editor de Manifest.

Macros del Editor de Manifest

Las macros se pueden añadir a las librerías o a los archivos zip. Por ejemplo, para establecer el tema *light theme* de Android:

```
CreateResourceFromFile(Macro, Themes.LightTheme)
```

Observe que el Manifest predeterminado contendría

```
CreateResourceFromFile(Macro, Themes.DarkTheme)
```

A menos que esté configurando un tema personalizado, es recomendable utilizar Themes.LightTheme o Themes.DarkTheme.

Otro uso es para agregar los segmentos de Firebase (p.690). Añadiéndolos directamente al Manifest puede generar un gran desorden en el editor de Manifest. En su lugar, se pueden añadir con:

```
CreateResourceFromFile(Macro, FirebaseAnalytics.GooglePlayBase)
CreateResourceFromFile(Macro, FirebaseAnalytics.Firebase)
CreateResourceFromFile(Macro,
FirebaseNotifications.FirebaseNotifications)
```

El archivo de macros es un archivo de texto con el código de editor de Manifest. Debe encontrarse dentro de un archivo jar (que es un archivo zip normal). Para más información consulte aquí (http://bit.ly/2szKfUX).

Más información

Para más información sobre el Manifest de Android, ver aquí (http://bit.ly/1IjNmon).

2.2. Diseñando su App

Satisfacer Deseos y Necesidades

Cualquier producto de éxito tiene que satisfacer los deseos y necesidades de una audiencia específica. Por lo tanto, antes de empezar a diseñar su App, es aconsejable pensar en estas preguntas y hablar con los clientes potenciales para entender lo que realmente necesitan y quieren.

También debes mirar otras Apps similares en el mercado e identificar dónde hay una carencia, evaluar sus fortalezas y debilidades y establecer en que será mejor su App.

Versiones de Android

Uno de los principales problemas para crear Apps de Android es que el sistema operativo cambia rápidamente. Aparecen regularmente nuevas versiones de la API de Android, introduciendo nuevas características, mientras que todavía hay muchos dispositivos que tienen versiones antiguas. Debe decidir si desea utilizar las nuevas características o diseñar su aplicación para una de las versiones antiguas. Tenga en cuenta que Android 5 (API versión 21) introdujo un nuevo concepto de diseño llamado "Material Design". Vea aquí (p.196) para más detalles.

Popularidad de las versiones Android

Puedes ver aquí (`http://bit.ly/19gY7I5`) qué versiones de Android se están ejecutando actualmente en dispositivos que visitaron la Tienda de Google Play en los últimos siete días. La información se muestra de la siguiente manera. Visite la página para ver la información más reciente.

Version	Codename	API	Distribution
2.3.3 - 2.3.7	Gingerbread	10	0.2%
4.0.3 - 4.0.4	Ice Cream Sandwich	15	0.3%
4.1.x	Jelly Bean	16	1.1%
4.2.x		17	1.5%
4.3		18	0.4%
4.4	KitKat	19	7.6%
5.0	Lollipop	21	3.5%
5.1		22	14.4%
6.0	Marshmallow	23	21.3%
7.0	Nougat	24	18.1%
7.1		25	10.1%
8.0	Oreo	26	14.0%
8.1		27	7.5%

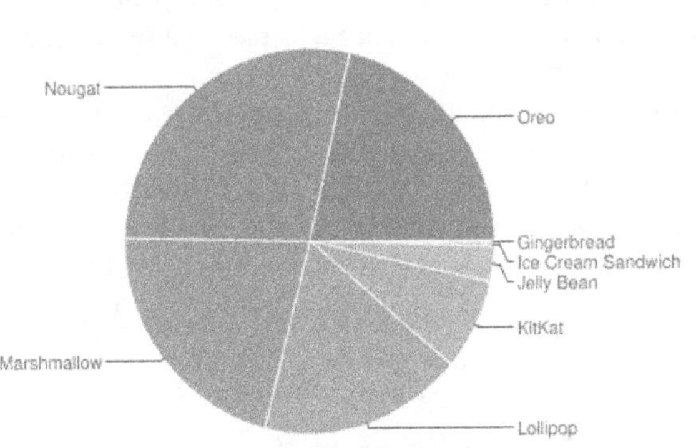

Sin embargo, tenga en cuenta que estos datos no reflejan exactamente los dispositivos que están en uso, ya que los usuarios con dispositivos más antiguos pueden tener menos probabilidades de añadir nuevas aplicaciones. No obstante, como usted está interesado en los usuarios que instalan aplicaciones, es probablemente un buen indicador de a que versiones de Android necesita dirigirse.

Editando el Manifest

Necesita especificar la versión de API más baja en la que se ejecutará su aplicación utilizando el Editor de Manifest (p.126) para cambiar el parámetro `minSdkVersion` en el Manifest (p.126). También necesita especificar la versión ideal para su aplicación (`targetSdkVersion`). La línea en el Manifest es algo así como:

```
<uses-sdk android:minSdkVersion="4" android:targetSdkVersion="14"/>
```

Los números se refieren a la versión API. Consulte los enlaces anteriores para obtener una lista de las versiones populares de Android y sus números de API.
Nota: B4A no soportará versiones inferiores a 2.0.

Advertencia del compilador

Si no incluye `targetSdkVersion` en el Manifest, el compilador mostrará una advertencia:

```
Add android:targetSdkVersion="14" to the manifest editor (Warning #26)
```

Si `targetSdkVersion` es inferior a 20 y no establece un tema, el compilador le advertirá:

```
Add SetApplicationAttribute(android:theme,
"@android:style/Theme.Holo")
```

Tenga en cuenta que es una buena idea establecer este atributo incluso si está usando la versión 20 o superior. Vea aquí (p.196) para más detalles.
Sin embargo, a pesar de estas advertencias, la aplicación compilará y se instalará.

Compatible con versiones anteriores (Retrocompatibilidad)

Android es compatible con versiones anteriores. Puede utilizar la última API para compilar su código (especificado por el cuadro de diálogo [Herramientas > Configurar rutas (p.51)] en el campo **android. jar**) y seguirá funcionando en dispositivos con una versión anterior. **Pero tu aplicación tendrá problemas si tus usuarios intentan utilizar nuevas funciones no disponibles en la API de su dispositivo anterior**. Vea la siguiente sección.

Verificación de la compatibilidad en función de la Versión

Cada versión de Android incorpora nuevas características. Debe saber qué versión es necesaria para ejecutar las características que está utilizando. A continuación, debe configurar Manifest `minSdkVersion` para que refleje el nivel de SDK más bajo en el que se ejecutará su App.
Para asegurarte de que tu aplicación es compatible con versiones anteriores, debes instalarla en un dispositivo usando la versión SDK más baja seleccionada o, si no lo tienes, usando un emulador (p.203) con la versión mínima de Android.
Si la App es incompatible, la instalación o la ejecución fallará. No siempre es obvio que el SDK sea el problema. La ventana Compilar de B4A podría mostrar el mensaje:

Failure [INSTALL_FAILED_OLDER_SDK]

O la App puede compilar e instalar pero no se ejecuta sin que aparezca ningún error en el registro. Puede intentar deseleccionar el checkbox de filtro de Logs, pero la información no será muy útil.

Comprobación de Compatibilidad de Play Store

Para garantizar la compatibilidad, Play Store comprueba la versión del dispositivo del usuario y no permite descargas de aplicaciones cuya `minSDKversion` es inferior al nivel del dispositivo.

Instalación desde el APK

Es posible que desee permitir a los usuarios descargar e instalar ellos mismos el APK, por ejemplo, mientras reciben comentarios de los revisores. En ese caso, si tu App utiliza características más avanzadas el usuario verá un mensaje

Parse error: There is a problem parsing the package

Identificando el API del dispositivo actual

Puede utilizar la librería Phone SdkVersion (p.588) para identificar el nivel de API del dispositivo del usuario. Así entonces podrá utilizar características adecuadas para ese tipo de dispositivo. Pero ten en cuenta el comentario anterior sobre la comprobación de compatibilidad de Play Store. Tendrías que configurar **`minSdkVersion`** para que coincida con el valor más bajo permitido en tu aplicación.

La Pantalla de Android

La apariencia de la pantalla en la que se ejecuta su aplicación variará dependiendo no sólo del tamaño del dispositivo, sino también de la versión de Android.
En la Referencia de código del diseñador (p.177) comentamos cómo trabajar con los diferentes tamaños de pantalla.
Las partes de la pantalla que rodean su aplicación normalmente constarán de una barra de estado (Status Bar) en la parte superior de la pantalla y, para Android 4. x, una barra de navegación (Navigation Bar) en la parte inferior.

Barra de Estado (Status Bar)

La barra de estado en la parte superior de la pantalla muestra las Notificaciones (p.415) pendientes a la izquierda y la información de estado (como la hora, el nivel de batería y la intensidad de la señal) a la derecha.

No debe ocultar la barra de estado (utilizando el Atributo de Activity (p.253) **`#FullScreen:True`**) a menos que sea absolutamente necesario.

Barra de Navegación (Navigation Bar)

Para los dispositivos que ejecutan Android 4. x, se muestra una barra de navegación en la parte inferior de la pantalla (si el dispositivo no tiene las teclas físicas tradicionales). Alberga los controles de navegación del dispositivo Back, Home y Recents, y también muestra un menú para aplicaciones escritas para Android 2.3 o versiones anteriores.

Notificaciones

El usuario puede deslizar hacia abajo desde la barra de estado para mostrar los detalles de notificación. Tengalo presente si su aplicación necesita dar Notificaciones (p.415) al usuario.

Diseño de Apps paso a paso

Si quiere que su App sea atractiva y útil, necesita pensar en la interfaz de usuario al principio del proceso de diseño.

Principios básicos de Diseño

Haga su App **visualmente atractiva**. Cuando sea posible, utilice gráficos en lugar de palabras y, si debe usar texto, hágalo corto.
Ofrezca siempre al usuario una **experiencia homogénea**, por ejemplo, cuando se mueva entre pantallas. Sea fiel a la experiencia Android, por ejemplo, deslizando para navegar.
Divida su App en **bloques lógicos** y ofrezca cada uno de ellos en una pantalla separada. Organiza tus pantallas de forma lógica y permite que tus usuarios sepan dónde están y cómo llegar a otro lugar.

Barra de Título (Title Bar)

Si el Atributo de Activity (p.253) #IncludeTitle se establece a **True**, la activity mostrará una Barra de título debajo de la Barra de estado en la parte superior de la pantalla. En versiones posteriores de Android, también incluye el Icono de inicio (p.274):

Action Bar (o App Bar)[15]

Es posible que desee una **Action Bar** en la parte superior de su aplicación para permitir que el usuario seleccione la página que desea ver o la acción a realizar.
La Action Bar de Android fue introducida con Android 3.0 (API nivel 11). Lea más sobre esto aquí (http://bit.ly/1OcxRgS). Lee cómo diseñar tu Action Bar aquí (http://bit.ly/1IrN1hW).
Con Material Design (p.196), Google recomienda utilizar una barra de herramientas (toolbar) en lugar de una Action Bar. Además, si continúa usando una Action Bar, la apariencia ha cambiado. Por ejemplo, no hay ningún Icono de Aplicación en el Material Design. También cambiaron su nombre a "App Bar (http://bit.ly/1eibfz1)", que es un tipo especial de barra de herramientas (toolbar).
La librería StdActionBar (p.672) admite pestañas y listas desplegables en la action bar de los dispositivos que ejecutan Android 4 o superior. También responde cuando el usuario hace clic en el icono de action bar, a la izquierda de la action bar. Añada una action bar a su proyecto incluyendo la librería y utilizando

```
Sub Globals
  Private actionBar As StdActionBar

Sub Activity_Create(FirstTime As Boolean)
  actionBar.Initialize("actionBar")
```

La librería AHActionBar disponible aquí (http://bit.ly/176cKvc) le permite crear una Action Bar en dispositivos antiguos.

Action Bar en Tema Holo

A continuación se muestran las partes de la ActionBar tal y como aparecen si está utilizando el Tema Holo (p.196). Algunas de las diferencias al usar el Material Design (p.196) se indican en la sección.

Árbol de navegación

Es el nombre que le damos a la relación entre las distintas páginas vistas por el usuario. Estos corresponden a las Actividades (Activities) de tu aplicación, o a los diferentes layouts cargados en una Activity.
Para que su App tenga sentido para el usuario, debe haber una página principal (la raíz del árbol). Además, puede haber varias ramas, que pueden tener sub-ramas.

[15] NT: Action bar, o App bar como se la ha rebautizado con la llegada de Material Design y Android 5.0. es la barra de título y herramientas que aparece en la parte superior de muchas de las Apps actuales en Android. En textos técnicos no se suele traducir.

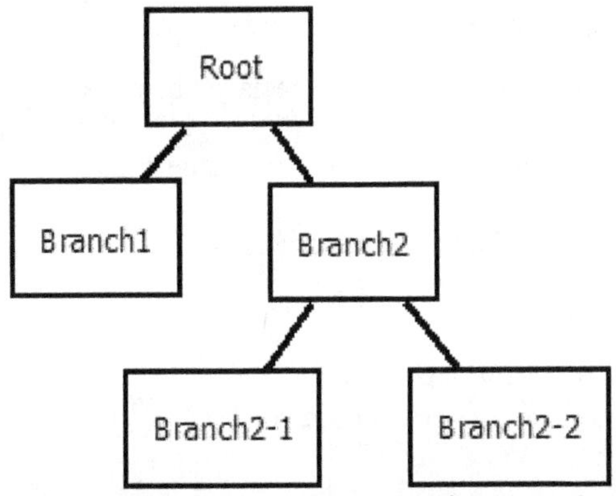

Nota: ¡el árbol se considera que tiene su raíz en la parte superior!

La Action Bar se divide en las siguientes partes:

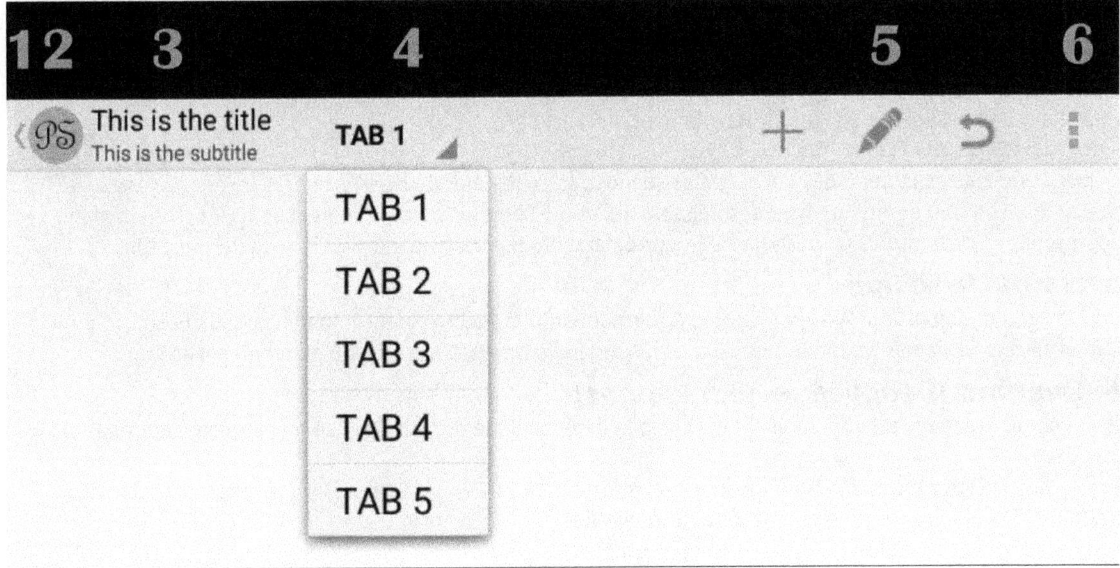

1 Up Button

Según las especificaciones de la interfaz (http://bit.ly/1IjNogf) de usuario de Android, el *Up Button* ("Botón Arriba", que en realidad apunta hacia la izquierda!) no debería mostrarse si el usuario está en la parte superior (la raíz) del árbol de navegación. Para esconderlo, ejecuta:

```
actionBar.ShowUpIndicator = False
```

El Up Button sólo debería mostrarse si el usuario ha navegado hasta una rama del árbol, y debería devolver al usuario al siguiente nivel más alto del árbol. Para mostrarlo, ejecuta:

```
actionBar.ShowUpIndicator = True
```

En los dispositivos Android que ejecutan un API igual o inferire a 20, puede gestionar clics del Up Button procesando el evento **`ButtonClicked`** de la Action Bar. En Android 5 (API 21) y posteriores, el evento **`ButtonClicked`** ya no funciona y en su lugar debería utilizar el evento `activity_ActionBarHomeClick` `(p.355)`. Este se dispara cuando el usuario hace clic en el Up Button, el icono de la Action Bar o el título.

Nota: en el Material Design (p.196), el Up Button ya no es compatible. Sin embargo, el icono de navegación de la App Bar (barra de aplicaciones) se puede utilizar para navegar hacia arriba en la jerarquía, exactamente igual que el Up Button. También se puede utilizar para abrir un "Navigation Drawer a la izquierda de la pantalla". Por lo tanto, puede decidir que en su aplicación, el Up Button (que apunta hacia la izquierda) abra este tipo de menú de navegación.
Vea aquí (http://bit.ly/1eibfz1) para más detalles sobre el Nav Icon (icono de navegación).

2 Action Bar Icon

Puede mostrar un icono en la Action Bar llamando a

```
actionBar.Icon = LoadBitmap(File.DirAssets, "myIcon.png")
```

Nota: no hay Icon (p.273)o de Aplicación en aplicaciones que utilicen Material Design (p.196).

3 Action Bar Title

El título que aparece en la Action Bar está definido por

```
Activity.Title = "Mi título"
```

Además, puede añadir un subtítulo utilizando

```
actionBar.Subtitle = "Esto es el subtítulo"
```

4 Tabs (Pestañas)

Puede agregar pestañas a su Action Bar llamando al

```
actionBar.AddTab("Título")
```

Si hay suficiente espacio, todas las pestañas se mostrarán una al lado de la otra.
Si no, se mostrarán como una lista desplegable, tal como se muestra en la imagen anterior. Vale la pena comprobar si los nombres de pestaña están correctamente incluidos dentro de la lista desplegable.

5 Iconos de acción

Puede agregar iconos a la Action Bar. Éstos normalmente indican acciones comunes que el usuario podría querer hacer. Utilice el comando `Activity.AddMenuItem3 (p.357)` para agregar iconos.

6 Overflow (Despliegue de opciones)

El icono de despliegue de opciones (3 puntos a la derecha de la Action Bar) se muestra en cualquiera de los dos casos:
- si no hay suficiente espacio para mostrar todos los elementos en la Action Bar (después de que las pestañas se hayan convertido en una lista desplegable) o
- Si **`Activity.AddMenuItem`** se ha ejecutado.

Action Bar Split

Si la pantalla es demasiado estrecha para mostrar todos los elementos de la Action Bar, es posible que algunos de los elementos se muestren en la parte inferior de la pantalla. Normalmente se mostrarán pestañas en la parte superior y los iconos (añadidos con la `Activity.AddMenuItem3 (p.357)`) en la parte inferior:

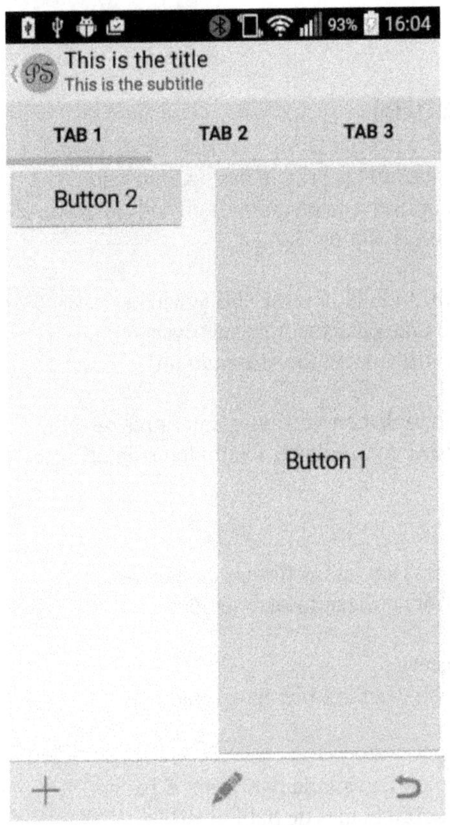

Menú

Una manera sencilla de permitir que su usuario pueda seleccionar es añadiendo un menú. El menú se muestra si el usuario pulsa el botón Menú (en dispositivos antiguos) o selecciona el símbolo de despliegue de opciones (3 puntos verticals - overflow) en la Action Bar, como en la imagen anterior.
Los comandos de Activity.AddMenuItem (p.356) (con 3 variantes) le permiten hacerlo fácilmente.
Si utiliza AddMenuItem3 (p.357) (que intenta instalar una entrada directamente en la Action Bar), seguirá funcionando cuando se ejecuta en Android 2. x, pero aparecerá en el Menú en lugar de, mostrado por el botón Menú del dispositivo.

Vistas con Pestañas

TabHost (p.479) es una vista que le permite crear una fila de pestañas que llaman a diferentes páginas.
La Librería TabHostExtras (p.684) es una extensión generada por el usuario de esta vista que le da más posibilidades sobre su apariencia.

Páginas Deslizantes

Muchos usuarios están acostumbrados a las Apps que les permiten pasar de una actividad a otra deslizando las páginas horizontalmente. Además de pestañas y listas desplegables en la Action Bar, la librería StdActionBar (p.672) admite páginas deslizantes en dispositivos que ejecutan Android 4 o superior, como se muestra en este tutorial (http://bit.ly/1IjOVU6).
La librería AHViewPager permite al usuario deslizar páginas lateralmente en dispositivos con Android 2. x y le permite usar pestañas para activar las páginas. La librería y el proyecto de muestra están disponibles aquí (http://bit.ly/1bAV9Iu). Puede utilizar ambas librerías, AHViewPager y AHActionBar en una única

App que utiliza la Action Bar para seleccionar una página. Se puede descargar una App de ejemplo de la página (http://bit.ly/1IjLiwC) de recursos de este libro.

Navigation Drawer (Menú lateral deslizante)

El Menú Lateral Deslizante (navigation drawer) se introdujo con el Material Design (p.196) de Google. Es un panel que se desliza desde el borde izquierdo de la pantalla y muestra las principales opciones de navegación de la aplicación. El usuario puede sacar el navigation drawer a la pantalla deslizándolo desde el borde izquierdo de la pantalla o tocando el icono de la aplicación en la Action Bar.
Vea aquí (http://bit.ly/1eicDBP) para más detalles.
Puede crear un menú que se desliza hacia dentro y hacia fuera utilizando la librería SlidingMenu (http://bit.ly/1IRBAMk). O puedes crear tu propio menú usando una vista superpuesta (overlay[16]), aunque probablemente te gustaría animarlo deslizándolo hacia dentro y hacia fuera usando un temporizador.
Hasta el momento, no hay ningún navigation drawer que sea compatible con versiones anteriores de Android, pero se puede recurrir al uso de Páginas Deslizantes, Vistas con Pestañas o simplemente utilizar ListView como un menú emergente (p.456) superpuesto.

Animando su App

Puede hacer más atractiva para sus usuarios utilizando animaciones. Hay varias formas de hacerlo:
- animando vistas (p.487) (en dispositivos con Android 3 o posterior) utilizando sus métodos
- animando vistas utilizando la Librería Animation (p.504)
- animando activities (p.162) (en dispositivos con Android 3 o posterior)
- usando un HorizontalScrollView (p.447) o ScrollView (p.470) con desplazamiento animado

Publicidad

Si vas a incluir publicidad en tu App, necesitas planificar el diseño de la pantalla para dejar espacio suficiente para mostrarla. Vea esto (p.280) para más información sobre planes de publicidad.

Temas Android

Los temas son el mecanismo de Android para aplicar un estilo consistente a una App o una Activity. El estilo especifica las propiedades visuales de los elementos que componen su interfaz de usuario, como el color, la altura, el ajuste y el tamaño de fuente. Para más información sobre temas, vea aquí (http://bit.ly/1gvrvtm).
Para ver un tutorial de B4A que le muestra cómo seleccionar un tema de android basado en qué versión de Android está usando el dispositivo y cómo crear un tema personalizado, vea aquí (http://bit.ly/17j7KOL).

Compatibilidad con Dispositivos Android 5

Con Android 5.0, se introdujo un nuevo concepto de diseño llamado "Material Design". Vea aquí (p.196) para más detalles.

Más Consejos

El sitio web de Android Developer tiene muchos consejos sobre cómo diseñar una App con eficacia. Empieza desde aquí (http://bit.ly/1IjNynQ).

---

[16] NT: Es una cobertura realizada con un objeto como un ListView o un panel, u otro Layout que se muestra encima. Permite crear menus de selección, mostrar información, etc… sin salir de la Activity.

Administración de Configuraciones

Edición de Ajustes

Es casi seguro que tu App necesitará disponer de configuraciones, es decir, preferencias y detalles del usuario. Deberá permitir que el usuario los cambie. Hay una manera fácil de hacerlo en B4A: la Librería de Activity de Prfeferencias (p.604).
Aquí (http://bit.ly/11jIyFd) hay un tutorial sobre cómo usarla.

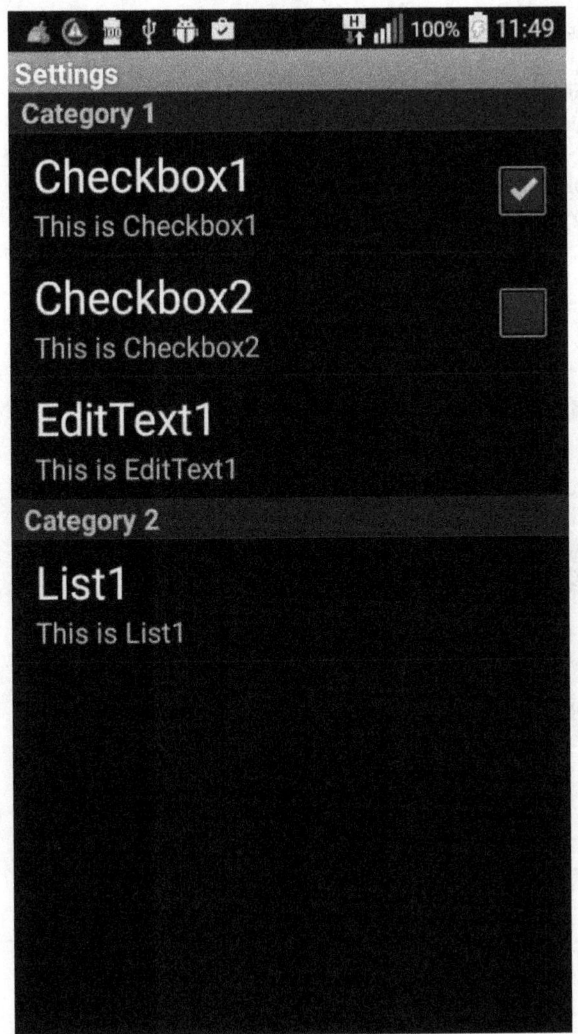

Guardar y recuperar configuraciones

StateManager (p.672) es un módulo de código que puede agregar a sus proyectos para gestionar el almacenamiento persistente de las configuraciones y recuperarlas cuando lo necesite.

Pantallas y Layouts (Diseños)

Hay un gran número de dispositivos disponibles en el mercado y continua creciendo, todos con diferentes tamaños de pantalla y resoluciones (p.178), resultando cada vez más difícil diseñar una aplicación que se vea bien en todos ellos.
No existe una regla universal para manejar este problema. Dependiendo de:
- ¿Qué tipo de proyecto estás diseñando?
- ¿A qué dispositivos y tamaños de pantalla está enfocado?
- Lo que quieres mostrar en las diferentes pantallas

Por ejemplo, podría ser suficiente para mostrar el mismo diseño (layout) simplemente estirado según los diferentes tamaños de pantalla. También es posible que necesite variantes de diseño diferentes para los distintos tamaños. Un diseño que se ve bien en una pantalla pequeña rara vez resulta atractivo en una pantalla grande, donde un mayor espacio significa que se pueden mostrar más vistas (tales como una vista de control y el área de contenido) al mismo tiempo.
El mismo diseño puede que no se vea bien tanto en orientación vertical como horizontal, aunque en este caso su trabajo será más sencillo si diseña uno que lo haga.

El Diseñador

La forma más común de crear un diseño es usar el Diseñador. Lo describimos detalladamente en un capçitulo más adelante (p.155)

Múltiples actividades (Activities)

Si usted tiene una codificación compleja para cada página entonces sería mejor tener módulos de actividad separados. Normalmente se creará un diseño separado para cada actividad.
Para llamar la segunda actividad desde la primera, utilice `StartActivity(OtherActivity)`.
a segunda actividad ejecuta automáticamente `Sub Activity_Create` que cargará el diseño deseado llamando a `Activity.LoadLayout("OtherLayout")`

Retornando de una Actividad

Para volver a la primera actividad, la segunda normalmente lo haría:

- Guardando cualquier dato que se devuelva en una variable de `Process_Globals`
- Cerrando la actividad actual con `Activity.Finish`

En la actividad original se puede utilizar `Sub Activity_Resume` ara verificar el valor de los datos guardados.

Vistas superpuestas (Overlays)

Menú Superpuesto

Es posible que desee tener un menú desplegable sobre una Actividad. La forma más sencilla de hacerlo es utilizar un `ListView`, tal como describimos aquí (p.456).

Diseño Superpuesto (Layout)

También puede llamar un segundo layout desde la primera Actividad, utilizando `Activity.LoadLayout("Layout2")`. En este caso se verá el Segundo diseño flotando sobre el primero. Para ocultar partes del primer, el segundo debe tener paneles opacos (Alpha ajustado a 255). Esto se puede utilizar para mostrar un menú emergente sobre el diseño principal.

Como detectar el tamaño de la pantalla

LayoutValues

Use **`LayoutValues`** para obtener información sobre la pantalla incluyendo la resolución. Este objeto contiene valores relacionados con la pantalla. Para más detalles, véase la página principal LayoutValues (p.403).
Puede obtener los valores de la pantalla actual llamando a `GetDeviceLayoutValues`
Por ejemplo:

```
Dim lv As LayoutValues
lv = GetDeviceLayoutValues
Log(lv)
```

Esto imprimirá la siguiente línea en el Log:
320 x 480, scale = 1.0 (160 dpi)
El primer valor (320) es el ancho de pantalla, el segundo su altura.
Por lo tanto, el resultado anterior es para una pantalla en modo vertical.
Nota: **`Activity.LoadLayout`** y **`Panel.LoadLayout`** devuelven un objeto **`LayoutValues`** con los valores de la variante de diseño seleccionada.

Puede usar **`LayoutValues.scale`** para detector el tipo de dispositivo. Devolverá la escal (p.179)a, donde 1 es una pantalla con 160 dpi (Píxeles independientes de densidad – **D**ensity **I**ndependent **P**ixels).
Por ejemplo, podría utilizar **`TextSizeRatio`** para escalar texto en la pantalla:

```
Dim TextSizeRatio As Float
Dim LayoutVals As LayoutValues

LayoutVals = GetDeviceLayoutValues
TextSizeRatio = GetDeviceLayoutValues.Scale
lblSample.TextSize = lblSample.TextSize * TextSizeRatio
```

Detectando la Orientación del Dispositivo

Es posible que necesite saber si la pantalla está en vertical u horizontal.
Puedes usar cualquiera de los siguientes

```
If Activity.Width > Activity.Height Then
```

O el equivalente pero más largo:

```
Dim lv As LayoutValues
lv = GetDeviceLayoutValues
If lv.Width > lv.Height Then
  ...
```

Orientación de Pantalla Permitida

`Los valores de orientación de pantalla que puede admitir una aplicación se pueden definir mediante el atributo #SupportedOrientations en la sección de atributos del proyecto Project Attributes (p.121). Puede tener los valores vertical, horizontal o no especificado (es decir, vertical y horizontal). (portrait, landscape or unspecified)`

```
#Region  Project Attributes
  #ApplicationLabel: MyFirstProgram
  #VersionCode: 1
  #VersionName:
  #SupportedOrientations: unspecified
  #CanInstallToExternalStorage: False
#End Region
```

Tenga en cuenta que puede utilizar la Librería Phone (p.579) para establecer la orientación actual de la pantalla:

```
Dim Phone1 As Phone
Phone1.SetScreenOrientation (-1)
```

Los posibles valores son 0 (sólo horizontal), 1 (sólo vertical) o -1 (ambos)

Añadir vistas por código

Los diseños se definen más comúnmente utilizando el Diseñador (p.155), pero también es posible crear y modificar vistas directamente en el código de la actividad.
Ventaja: Tiene el control total de la vista.
Desventaja: Tiene que definir casi todo. Por ejemplo, debe inicializar cualquier vista agregada en código, como se muestra a continuación:

Ejemplo

El código fuente de un proyecto de ejemplo, AddViewsByCode, se encuentra en la página (http://bit.ly/1IjLiwC) de recursos de este libro. Esto es un aparte:

```
Sub Globals
 Dim lblTitle As Label
End Sub

Sub Activity_Create(FirstTime As Boolean)
 lblTitle.Initialize("")
 lblTitle.Color = Colors.Red
 lblTitle.TextSize = 20
 lblTitle.TextColor = Colors.Blue
 lblTitle.Gravity = Gravity.CENTER_HORIZONTAL +
Gravity.CENTER_VERTICAL
 lblTitle.Text = "Title"
 Activity.AddView(lblTitle, 20%x, 10dip, 60%x, 30dip)
End Sub
```

dips

Para escribir código, necesita estar al tanto de los píxeles independientes de densidad - **D**ensity **I**ndependent **P**ixels (dips (p.178)).
Los Dips son una forma de resolver la incertidumbre causada por la variedad de resoluciones de pantalla disponibles en diferentes dispositivos. Los dips se definen de modo que, en todos los dispositivos
160dip = 1 inch
Por lo tanto, si desea que un botón tenga 2 pulgadas de ancho en cualquier dispositivo, debería escribir:

```
btnStop.Width = 320dip
```

cualquier número seguido por la cadena de caracteres "dip", se convertirá. **Nota**: no se permiten espacios entre el número y la palabra `dip`. Lea más sobre dips aquí (p.178).

DipToCurrent(Length as Int)

También puede establecer el tamaño de una vista utilizando `DipToCurrent`. Esta función convierte Longitud, dada en dips, en un valor para la pantalla actual. Por ejemplo, el siguiente código configurará el valor de ancho de este botón para que sea 1 pulgada de ancho en todos los dispositivos.

```
EditText1.Width = DipToCurrent(160)
```

¡Se puede ver que poner simplemente 160dip es más fácil!

Porcentaje de una Actividad

Además de especificar el tamaño absoluto de un objeto, también se puede fijar el tamaño como porcentaje de la pantalla (en realidad de la `Activity` actual).

PerXToCurrent (Percentage As Float) As Int

Devuelve el porcentaje dado del ancho de la actividad, convertido a dip (p.178).

Ejemplo: ajuste el ancho del EditText1al 50% del ancho de la actividad actual:

```
EditText1.Width = PerXToCurrent(50)
```

Hay disponible una sintaxis abreviada para este método:

PerYToCurrent realiza una función similar para la altura.

%x and %y

Éstas son formas cortas de lograr el mismo resultado. 50%x significa el 50% del ancho de la actividad actual, convertido a dip (p.178). Así que el código anterior es equivalente a:

```
EditText1.Width = 50%x
```

Importante: no hay espacio entre el número y el %

Para especificar el 5% de la altura de la pantalla: `EditText1.Height = 5%y`

¿El dispositivo tiene teclado?

Puedes averiguarlo con el siguiente código. Esto requiere la Librería Reflection (p.615).

```
Dim r As Reflector
r.Target = r.GetContext
r.Target = r.RunMethod("getResources")
r.Target = r.RunMethod("getConfiguration")
Dim keyboard As Int = r.GetField("keyboard")
Log ("keyboard=" & keyboard)
```

Los posibles valores del teclado son:

1 = KEYBOARD_NOKEYS

2 = KEYBOARD_QWERTY

3 = KEYBOARD_12KEY

¿App o Widget ?

B4A soporta la creación de vistas de aplicación en miniatura llamadas App Widgets que se pueden incrustar en otras aplicaciones (como la pantalla de inicio) y recibir actualizaciones periódicas. Estas vistas se denominan widgets en la interfaz de usuario.

Un componente de aplicación que es capaz de contener otros widgets de aplicación se llama host App Widgets, que normalmente es la pantalla de inicio.

Debido a que otra aplicación está alojando tu widget, no es posible acceder directamente a las vistas del widget. En su lugar, debemos utilizar un objeto especial llamado RemoteViews (p.420) que nos da acceso indirecto a las vistas del widget.
Cree un objeto RemoteViews basado en el archivo de diseño utilizando ConfigureHomeWidget (p.328).

```
Sub Process_Globals
  Dim rv As RemoteViews
End Sub

Sub Service_Create
   rv = ConfigureHomeWidget("LayoutFile", "rv", 0, "Nombre del Widget")
End Sub
```

Cada widget está vinculado a un Módulo de Servicio (p.266). El widget se crea y actualiza a través de este módulo.
Los widgets no admiten todos los tipos de vista. Se admiten las siguientes vistas:

Button (Dibujable por defecto)
Label (`ColorDrawable` o `GradientDrawable`)
Panel (`ColorDrawable` o `GradientDrawable`)
ImageView
ProgressBar (ambos modos)

Todas las vistas soportan el evento `Click` y **ningún otro evento**.
El diseño y la configuración del widget deben definirse con archivos XML. Durante la compilación, B4A lee el archivo de diseño creado con el diseñador y genera los archivos XML necesarios.

Tutorial en Linea

Para un tutorial sobre la creación de widgets con B4A, vea aquí (http://bit.ly/14Lm40H) la parte 1 y un programa de ejemplo. Ir aquí (http://bit.ly/16TSq09), para la parte 2 del tutorial, construyendo un ejemplo más extenso.

Gestión de Permisos

Antes de Android 23

En las versiones de Android anteriores a 23, cuando se instala una App, tenía que decirle al usuario qué recursos y datos necesita para acceder al dispositivo, y el usuario tiene la oportunidad de cancelar la instalación. Esto lo realizaba la App incluyendo una lista de los permisos requeridos en el archivo Manifest (p.126). Así que si su targetSdkVersion es inferior a 23, eso es lo que verá el usuario.
Normalmente, B4A creará el archivo Manifest, detectando automáticamente los permisos requeridos. Enumeraremos los permisos en este libro, dentro de la documentación para los objetos que los necesiten. Sin embargo, puede ser que necesites añadir permisos manualmente al Android Manifest. Esto se logra utilizando el comando AddPermission (p.127) en el editor de Manifest.

Permisos en Tiempo de Ejecución

A partir de la versión 23, Android introdujo una función opcional llamada "Runtime Permissions". Sólo es relevante si android: targetSdkVersion está configurado a 23 o superior en el manifest (p.132). Si decide implementar esta función, debe incluir la Librería de Permisos de Tiempo de Ejecución (p.621) en su proyecto. Eso incluye una lista de todos los permisos.
No se le pedirá al usuario ningún permiso cuando instale la aplicación desde Google Play. En su lugar, se les pedirá que aprueben los permisos "peligrosos" en tiempo de ejecución. Afortunadamente, la mayoría de los permisos no se consideran peligrosos. Aquí (http://bit.ly/2aFxlLK) puede ver la lista de permisos que se consideran peligrosos.

Para ver el resultado de una llamada a RuntimePermissions, debe verificar el evento:
`Activity_PermissionResult`.
La última versión de B4A-Bridge (p.57) es compatible con Runtime Permissions.

2.3 Comunicación con el Usuario

A medida que su App se ejecuta, es probable que necesite enviar mensajes a su usuario de vez en cuando y recibir sus respuestas. Trataremos aquí los métodos para hacerlo. Por supuesto, hay muchas Vistas (tales como botones) que permiten al usuario realizar acciones en una `Activity`, pero aquí estamos pensando en cómo puede realizar acciones específicas para llamar la atención del usuario.

Diálogos

Un diálogo es un mensaje que se muestra al usuario y que permanece visible hasta que toma alguna acción. Hay dos tipos de diálogo en B4A: diálogos asíncronos y diálogos modales.
Tenga en cuenta que los servicios no pueden mostrar diálogos.

Diálogos Asíncronos

Los diálogos asíncronos son más recientes que los diálogos modales y se introdujeron para superar problemas los problemas que tenían los diálogos modales. Vea a continuación para más detalles. Los diálogos asíncronos resuelven todos estos problemas.

InputListAsync

Use un InputListAsync (p.333) para mostrar un diálogo no modal con una lista de elementos y botones de opción. Pulsando sobre un ítem se cierra el diálogo y, si el parámetro Cancelable es True, el diálogo puede ser cancelado haciendo clic en la tecla de atrás o fuera del diálogo. Ejemplo:

```
Dim options As List = Array("Rojo", "Verde", "Azul")
InputListAsync(options, "Selecciona Color", 0, False)
Wait For InputList_Result (Index As Int)
If Index <> DialogResponse.CANCEL Then
     Log("Color Seleccionado: " & options.Get(Index))
End If
```

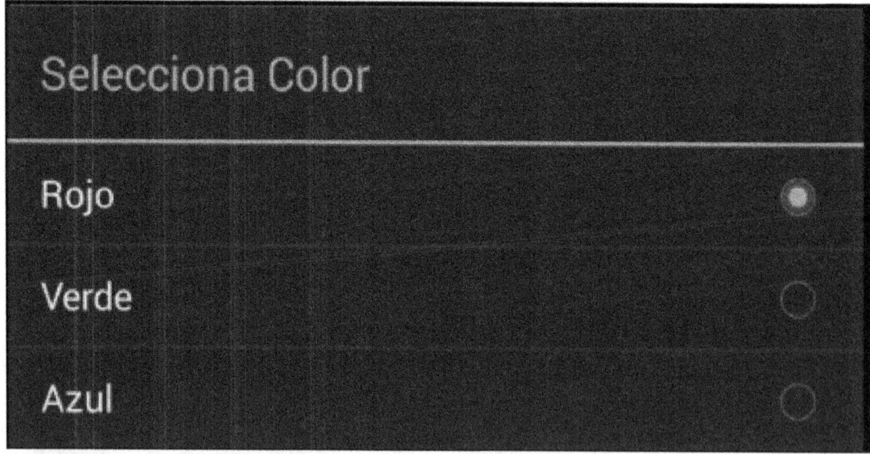

Log muestra: Color Seleccionado: Rojo

InputMapAsync

Muestra un diálogo no modal con una lista de elementos y casillas de verificación (checkboxes). El usuario puede seleccionar varios elementos. El diálogo se cierra pulsando el botón "Ok".
Ejemplo:

```
Dim myMap As Map = CreateMap("Pera": True, "Melón": True, "Platano":
False, "Manzana": False)
InputMapAsync(myMap, "Selecciona Frutas", True)
Wait For InputMap_Result
Log(myMap)
```

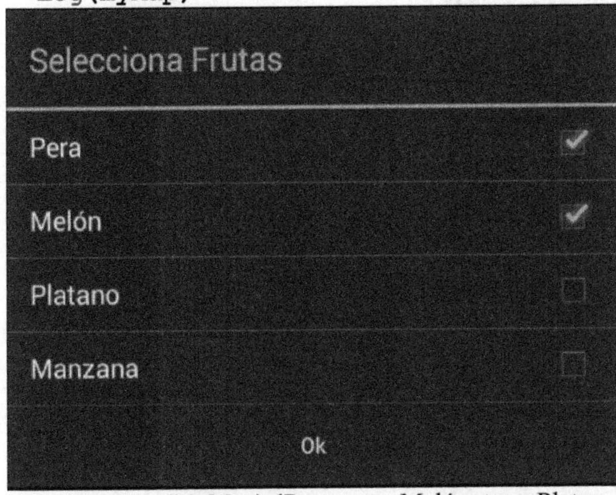

Logs muestra: (MyMap) {Pera=true, Melón=true, Platano=false, Manzana=false}

MsgboxAsync

Utilice un MsgboxAsync (p.337) para mostrar un cuadro de mensaje no modal con el mensaje y el título especificados y un botón OK. Ejemplo:

```
MsgboxAsync("¡Tu puntuación es 200!", "Progreso")
Wait For Msgbox_Result
Log ("El usuario ha pulsado MsgboxAsync")
```

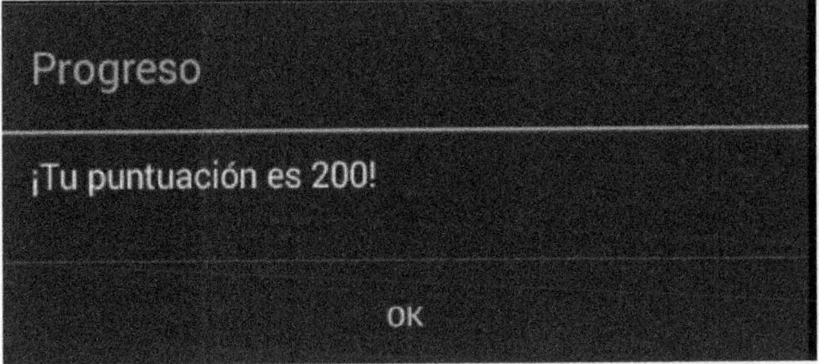

Msgbox2Async

Utilice un Msgbox2Async (p.337) para mostrar un cuadro de mensaje no modal con el mensaje y el título especificados y tres botones para que el usuario pueda responder de forma positiva, negativa o neutral. Ejemplo:

```
Msgbox2Async("Aquí estará el texto de la pregunta al usuario",
"Título", "Si", "Cancelar", "No", Null, False)
Wait For Msgbox_Result (Result As Int)
If Result = DialogResponse.POSITIVE Then
    '...
End If
```

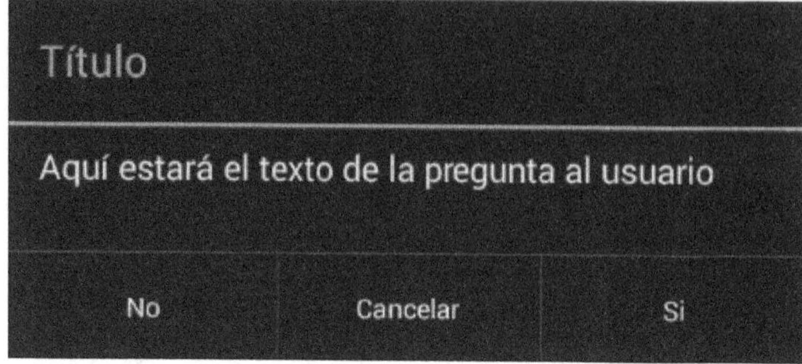

Diálogos Modales

Precaución

Los diálogos modales han sido sustituidos en gran parte por diálogos asincrónicos, aunque los diálogos modales todavía están disponibles.
Android no proporciona diálogos modales, sino que los permite un mecanismo especial en B4A. Cuando un cuadro de diálogo modal es visible, el programa no continuará y los temporizadores se suspenderán hasta que el usuario responda. Por esta razón, a veces se les llama dialogos "que bloquean".
Los diálogos modales son una fuente importante de inestabilidad. Pueden conducir a errores difíciles de depurar o a diálogos ANR (aplicación que no responde). También si Android interrumpe tu App, por ejemplo cuando el usuario gira el dispositivo, tienes que tomar medidas especiales para manejar la situación. Vea la siguiente sección sobre cómo trabajar con los diálogos modales
Por lo tanto, se aconseja utilizar en su lugar los diálogos Async más recientes siempre que sea posible. Ver arriba.

Gestión de los Diálogos Modales cuando su App se pausa

El ciclo de vida de las Actividades en Android hace que este sistema sea complicado porque las Actividades pueden ser creadas y canceladas a voluntad por Android. Para evitar que la pila se desborde en el hilo[17] de la interfaz gráfica de usuario (siglas GUI en ingles) cuando se destruye una Actividad, la pila debe ser deshecha al nivel más bajo. El mecanismo modal de B4A lo hace cerrando cualquier diálogo modal que se muestre y saliendo de la función (el Sub) que llamó al diálogo, y cualquier función que llamó a esa función y así sucesivamente, con el fin de devolver el hilo principal al bucle de mensaje.
Esto significa que la aplicación no recibe necesariamente un valor de retorno del diálogo y tiene interrumpido el flujo de ejecución previsto. Esto ocurrirá probablemente sobretodo si giramos el dispositivo mientras se muestra un cuadro de diálogo modal, por lo que la Actividad se destruye y reconstruye con un nuevo diseño.
Debido a que esto puede suceder inesperadamente, las aplicaciones (dependiendo de su estructura lógica) pueden necesitar código en las funciones de Pause y Resume (Sub) para resolver el hecho de que el cierre del diálogo modal no siempre puede ser detectado. Establecer una variable definida en Sub Process_Globals cuando se muestra un cuadro de diálogo modal, y borrarla cuando vuelve con algún código de verificación en la función Resume, es una forma de tratar esta possible situación.

La discusión anterior se aplica a los objetos de la Librería de Diálogos, así como a los diálogos modales de B4A `InputList`, `InputMultiList`, `Msgbox` and `Msgbox2`.

---

[17] NT: Se empleará *hilo* para la traducción técnica de *thread*, que es diferente a un *proceso* el cual consume más recursos, ya que estos últimos son idependientes y los hilos comparten datos y un espacio de direcciones común dentro de un proceso. En algunos texto se utiliza también *subproceso.*

InputList

Se recomienda utilizar InputListAsync en lugar de este comando. Consulte Diálogos Asíncronos (p.146) para obtener más detalles.

InputList (p.333) muestra al usuario un diálogo modal con una lista de opciones. Termina cuando el usuario hace clic en una opción y devuelve el índice del elemento seleccionado o bien `DialogResponse.Cancel` si el usuario pulsa la tecla atrás en Android.

```
Dim choice As Int
Dim lst As List
lst.Initialize2(Array As String("1", "Más de 10", "No me interesa"))
choice = InputList(lst, "¿Cuántos amigos quieres?", 1)
```

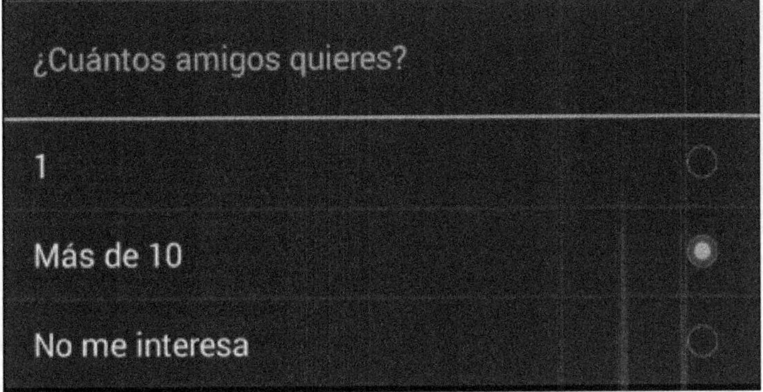

Trabajando con Listas Largas

`InputList`, `InputMultiList` y `InputMap` pueden mostrar todas listas largas, pero si la lista es demasiado larga para que quepa en la pantalla, algunas partes de ella se ocultarán y no todos los elementos serán visibles. Aunque el usuario puede arrastrar la lista para mostrar elementos ocultos, no hay ningún elemento visual que se lo indique al usuario. Esto es normal con Android. Puede ser recomendable añadir un mensaje que se lo indique al usuario:

```
Dim choice As Int
Dim lst As List
lst.Initialize
For i = 0 To 9
 lst.Add ( "Item " & i)
Next
choice = InputList (lst, "Selecciona todos los items que quieras" &
CRLF & "(desliza arriba/abajo para verlos todos)", 1)
```

Selecciona todos los items que quieras
(desliza arriba/abajo para verlos todos)
Item 1
Item 2
Item 3
Item 4
Item 5
Item 6

InputMap

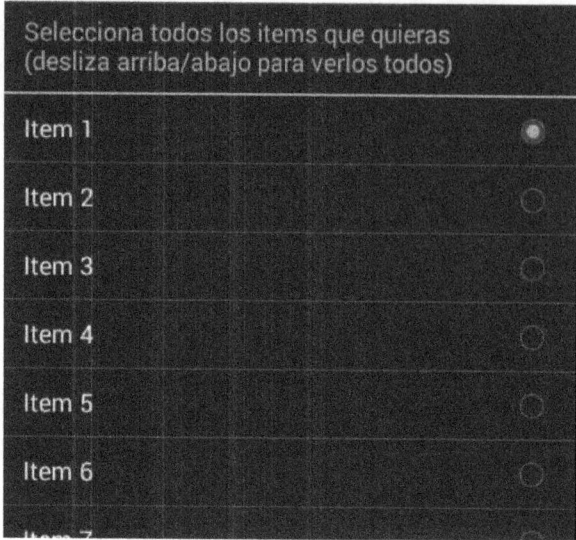

Se recomienda utilizar InputMapAsync en lugar de este comando. Consulte Diálogos Asíncronos (p.146) para obtener más detalles.

Esto se parece y actúa como una `InputMultiList`, pero los elementos de la lista se pueden preseleccionar y se devuelve el resultado de una manera diferente.

```
Dim m As Map
m.Initialize
m.Put("Manzanas", True)
m.Put("Plátanos", False)
m.Put("Mangos", False)
m.Put("Naranjas", True)
InputMap(m, "Selecciona toda las frutas que quieras")
```

Esto mostrará una lista de entradas con los elementos `True` preseleccionados:

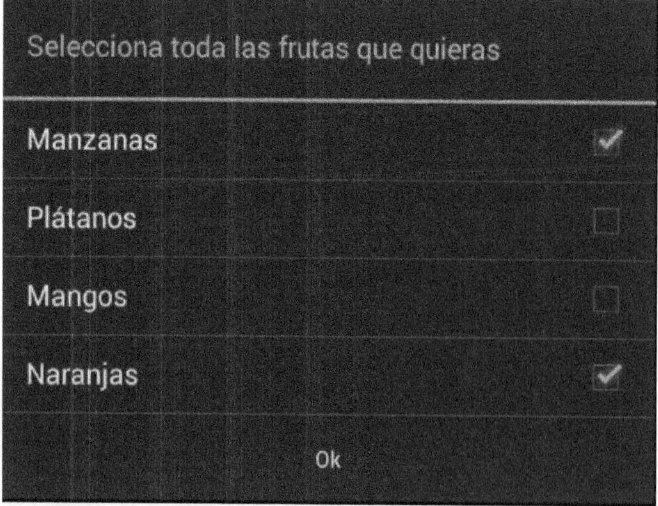

Para procesar el resultado, consulte el objeto map:

```
For Each fruit As String In m.Keys
 If m.Get( fruit ) Then
 Log( fruit )
 End If
Next
```

InputMultiList

InputMultiList (p.334) le permite mostrar una lista desde la que el usuario puede seleccionar varios elementos antes de regresar.

```
Dim choice As Int
Dim lstInput, lstOutput As List
lstInput.Initialize2(Array As String("Manzanas", "Plátanos",
"Mangos", "Naranjas"))
lstOutput = InputMultiList (lstInput, "Selecciona toda las frutas que
quieras")
For Each index As Int In lstOutput
  Log (index)
Next
```

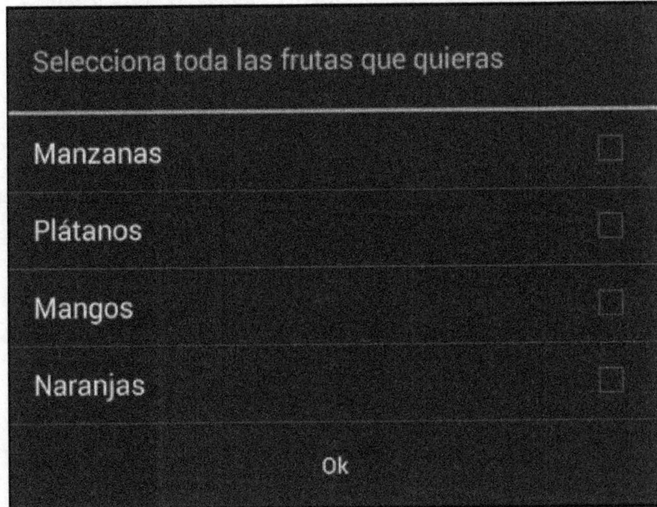

Si se seleccionan plátanos y naranjas, los números 1 y 3 se registrarán.

Msgbox

Se recomienda utilizar MsgboxAsync en lugar de este comando. Consulte Diálogos Asíncronos (p.146) para obtener más detalles.

Utilice el comando Msgbox (p.337) para mostrar un mensaje sencillo sin opciones. Puede especificar el mensaje y el título del mensaje:

```
Msgbox ("Por favor seleccione una ruta primero", "Error")
```

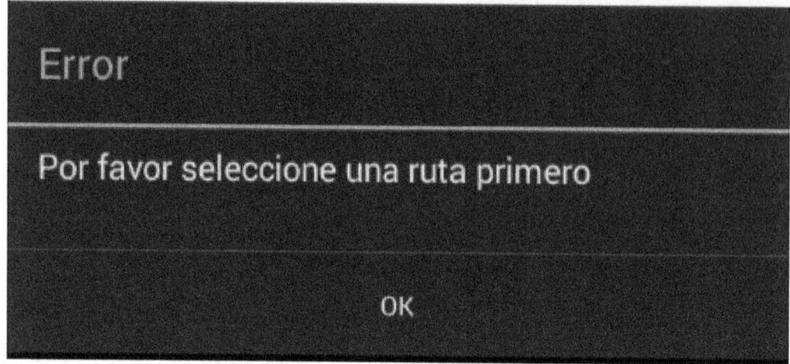

Tenga en cuenta que la apariencia exacta varía, dependiendo de la versión de Android que se ejecuta en el dispositivo.

Msgbox2

Se recomienda utilizar Msgbox2Async en lugar de este comando. Consulte Diálogos Asíncronos (p.146) para obtener más detalles.

Si desea mostrar más opciones, Msgbox2 (p.337) le permite incluir cualquier combinación de lo siguiente: un botón positivo, un botón negativo, un botón de cancelación y un icono. Devolverá una de las constantes de DialogResponse (p.364), y podrá detectar la respuesta del usuario y actuar en consecuencia:

```
Dim bmp As Bitmap
Dim choice As Int
bmp.Initialize(File.DirAssets, "aviso.png")
choice = Msgbox2("¿Desea seleccionar una ruta?", "Especifique su elección", "Si por favor", "", "No gracias", bmp)
If choice = DialogResponse.POSITIVE Then ...
```

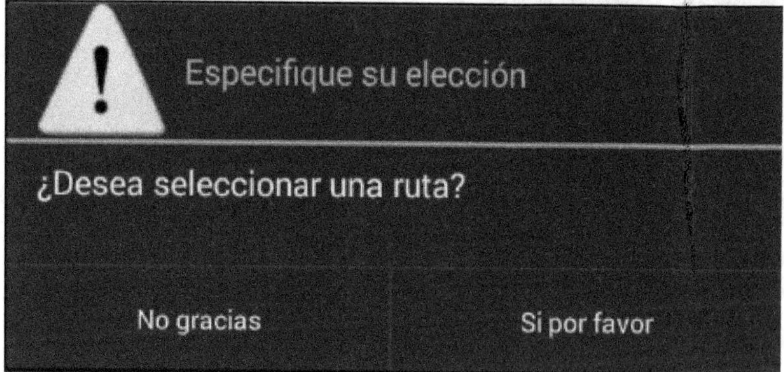

Nota importante: el icono no aparecerá en los dispositivos que ejecutan Lollipop (Android 5.0, API versión 21). Y la apariencia exacta de los botones también depende de la versión de Android que se ejecuta en el dispositivo.

Librería de Diálogos

Esta librería, escrita por Andrew Graham, contiene varios diálogos modales (es decir, permanecen visibles hasta que el usuario toma alguna acción). Son útiles si necesita que el usuario introduzca datos. En la actualidad, son un InputDialog para texto, un TimeDialog para tiempos, un DateDialog para fechas, tanto un ColorDialog como un ColorPickerDialog para colores, un NumberDialog para números, un FileDialog para carpetas y nombres de archivos, y un CustomDialog. Los describimos en la sección Librerías de Diálogos (p.675).

ToastMessageShow

ToastMessageShow (p.343) muestra un mensaje al usuario que dura sólo unos segundos.

```
ToastMessageShow ("Ningún mensaje recibido", False)
```

Puede hacer que dure un poco más, estableciendo el último parámetro a **`True`**.

Alarmas

Puede crear un Módulo de Servicio (p.266) que haga sonar una alarma y quizás muestre una notificación en un momento determinado. Puede utilizar los métodos StartServiceAt (p.342) o StartServiceAtExact (p.343) para programar cuándo se iniciará el Servicio. Consulte un ejemplo de Alarma Simple (http://bit.ly/14yNI4n) de cómo implementar este tipo de alarmas. También puedes usar un Temporizador (p.428) (Timer) para hacer algo similar, la principal diferencia es que un Servicio continuará funcionando aunque tu aplicación no esté ejecutándose.

Notificaciones

Tanto las actividades como los servicios pueden visualizar avisos de barra de estado. Para los servicios, es su principal forma de interactuar con el usuario.
El aviso muestra un icono en la barra de estado.

Cuando el usuario baja la barra, ve la notificación y puede pulsar sobre el mensaje, que abrirá una actividad tal y como ha sido configurada por el objeto Notificación (p.415).

Diálogo de Progreso

Puede utilizar ProgressDialogShow (p.339) para mostrar un diálogo con un disco que gira y el texto especificado, indicando al usuario que se está ejecutando una tarea de larga duración.

```
ProgressDialogShow("Por favor, espere mientras se completa la
información")
```

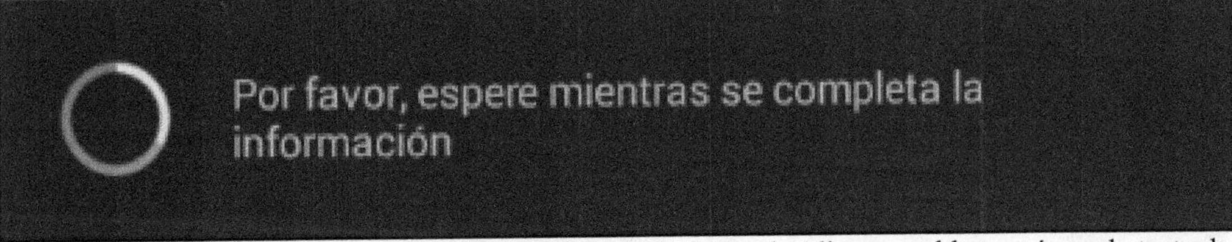

A diferencia de los métodos Msgbox (p.337) y InputList (p.333), el código no se bloqueará; por lo tanto, la actividad puede continuar hasta que se complete la tarea.

Debe llamar a **ProgressDialogHide** para ocultar el diálogo. El cuadro de diálogo también se ocultará si el usuario pulsa la tecla Atrás. Sin embargo, usando **ProgressDialogShow2** usted puede prevenir esto.

```
ProgressDialogShow2("Por favor, espere mientras se completa la
información", False)
```

El segundo argumento especifica si el usuario puede cerrar el diálogo pulsando la tecla Atrás.

Barra de Progreso

A diferencia de un **ProgressDialog**, que flota sobre una actividad, una **ProgressBar** pertenece a la **Actividad**. Proporciona información del progreso de un proceso de larga duración, o hasta qué punto ha avanzado a través de una serie de pasos. La forma exacta de la barra visible depende del dispositivo. He aquí un ejemplo

Código de ejemplo:

```
Sub Activity_Create(FirstTime As Boolean)
 Activity.LoadLayout("Main")
 ProgressBar1.Progress = 0
 Timer1.Initialize("Timer1", 1000)
 Timer1.Enabled = True
End Sub

Sub timer1_Tick
 'Gestiona los eventos Tick
 ProgressBar1.Progress = ProgressBar1.Progress + 10
 If ProgressBar1.Progress = 100 Then
   Timer1.Enabled = False
 End If
End Sub
```

Vea ProgressBar (p.464) para más detalles.

2.4 El Diseñador Visual

El Diseñador lo introdujimos en un tutorial anterior (p.66). Permite organizar vistas (p.430) (componente en una página) en diseños y ver cómo se ven en un emulador (p.203) o en un dispositivo real.

Inicie el Diseñador en la opción de menú de B4A [Diseñador > Abrir Diseñador].
Inicialmente, el diseñador se ve así:

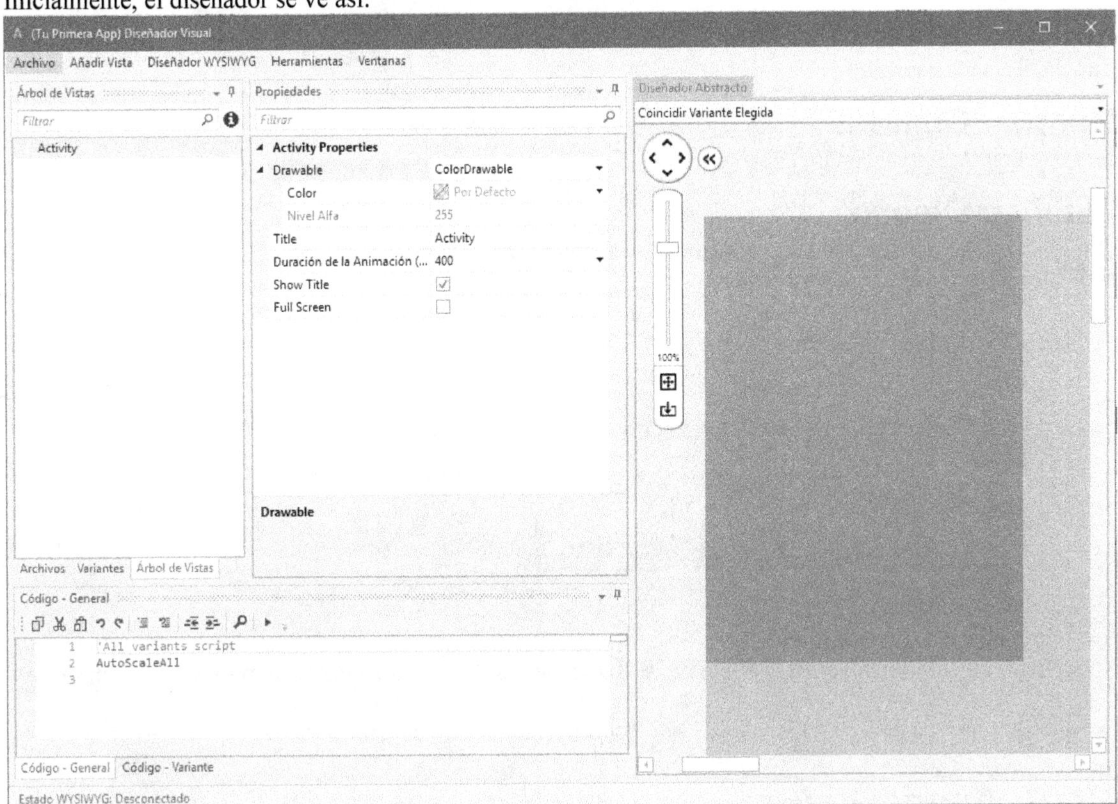

Diseños (Layouts)

El propósito del Diseñador Visual es crear un "layout", que es un archivo con una extension .bal especificando las vistas mostradas en la pantalla del usuario. Cuando ejecutas tu aplicación, puedes cargar un diseño para que el usuario pueda verlo usando código como:

```
Activity.LoadLayout("Main")
Panel.LoadLayout("Help")
```

Ventanas de Acoplamiento

Puede acoplar partes del Visual Designer del mismo modo que acopla ventanas en el IDE, como se describe aquí (p.110). Cualquier cambio que realice será guardado para la próxima vez que abra el Diseñador Visual.

Menú Archivo

Nuevo

Genera un Nuevo archivo de diseño.

Abrir

Carga un Diseño.

Salvar (Ctrl+S)

Guarda el diseño actual.

Guardar Como...

Guarda el diseño actual con un nuevo nombre.

Eliminar Diseño

Eliminará el archivo de diseño cargado actualmente en el Diseñador Visual. Aparecerá una alerta pidiéndole que confirme la eliminación.

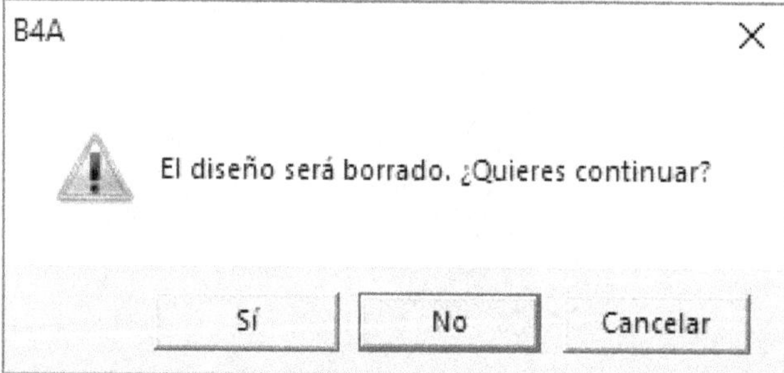

No y **Cancelar** tienen el mismo efecto.
Nota: El archivo no se moverá a la Papelera de Reciclaje, por lo que esta eliminación no se puede deshacer.

Debajo hay una lista de los archivos de diseño del proyecto (p.120) actual.

Menú Añadir Vista

Este menú le permite seleccionar la vista (objeto) que desea añadir a la presentación actual del dispositivo o del emulador. Las vistas que puede añadir son: AutoCompleteEditText (p.430), Button (p.435), CheckBox (p.438), CustomView (p.441), EditText (p.443), HorizontalScrollView (p.447), ImageView (p.450), Label (p.452), ListView (p.455), Panel (p.461), ProgressBar (p.464), RadioButton (p.467), ScrollView (p.470), SeekBar (p.472), Spinner (p.475), TabHost (p.479), ToggleButton (p.483), WebView (p.489)

Menú WYSIWYG del Diseñador

La vista de un diseño dada en el Diseñador Abstracto (p.172) no es WYSIWYG (What You See Is What You Get). Es una representación abstracta de las vistas. Para obtener WYSIWYG es necesario conectar el Visual Designer a un dispositivo o emulador y esto es lo que este menú le permite hacer.
Tenga en cuenta que el Diseñador de WYSIWYG también le permite previsualizar (p.197) su Actividad usando diferentes Material Themes (p.196).

Conectar (F2)

Esto conectará el Diseñador a un dispositivo o emulador si hay alguno disponible e iniciará el Diseñador B4A en el dispositivo conectado.
Si no hay ningún dispositivo disponible para la conexión, aparecerá un mensaje de error. Se describe como conectarnos a un dispositivo o emulador en Probando Tu Aplicación (p.197).
Si hay varios dispositivos disponibles, podrá elegir con cuál desea conectarse.
Recomendamos que para el diseño, el emulador es la opción preferida ya que la pantalla de un dispositivo real normalmente se apagará después de uno o dos minutos para ahorrar batería

Estado de la Conexión

Una vez conectado, el Estado de conexión (en la parte inferior de la Ventana del Diseñador) mostrará detalles sobre el dispositivo al que está conectado, por ejemplo:

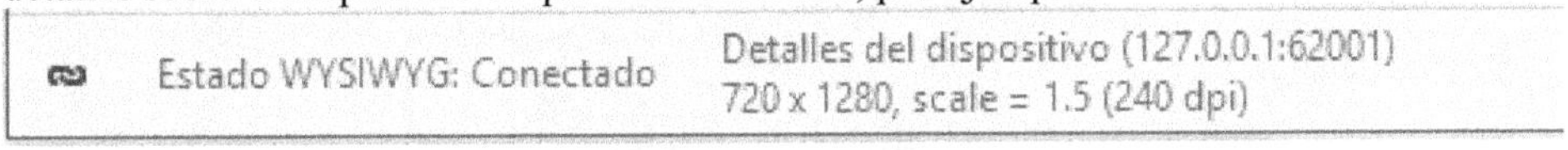

Estado WYSIWYG: Conectado
Detalles del dispositivo (127.0.0.1:62001)
720 x 1280, scale = 1.5 (240 dpi)

Desconectar (Shift+F2)

Desconecta del dispositivo o emulador previamente conectado.

Menú Herramientas

Generar Miembros

Esto le permite generar rápidamente sentencias `Dim` y estructura básica Subs dentro de la Actividad seleccionada, en el editor de código.
Nota: Primero debe seleccionar el Módulo donde desea que aparezcan las declaraciones antes de usar esta opción.
Tenga en cuenta también que esta opción no funciona si está ejecutando su App en modo debug.
Cuando se selecciona, esta opción muestra un menú de todas las vistas y un árbol de sus posibles Subs:

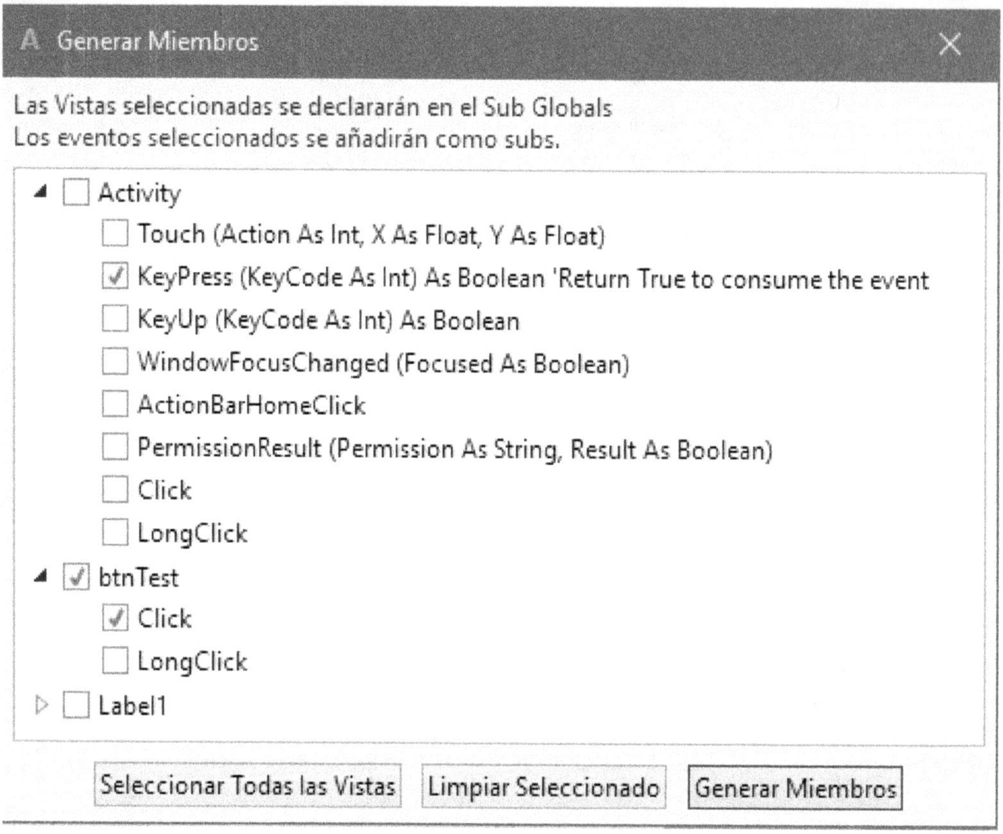

Generar Miembros

Las Vistas seleccionadas se declararán en el Sub Globals
Los eventos seleccionados se añadirán como subs.

- [ ] Activity
  - [ ] Touch (Action As Int, X As Float, Y As Float)
  - [x] KeyPress (KeyCode As Int) As Boolean 'Return True to consume the event
  - [ ] KeyUp (KeyCode As Int) As Boolean
  - [ ] WindowFocusChanged (Focused As Boolean)
  - [ ] ActionBarHomeClick
  - [ ] PermissionResult (Permission As String, Result As Boolean)
  - [ ] Click
  - [ ] LongClick
- [x] btnTest
  - [x] Click
  - [ ] LongClick
- [ ] Label1

Seleccionar Todas las Vistas | Limpiar Seleccionado | Generar Miembros

Seleccione las Vistas para las que desea que se creen las sentencias Dim (en **`Sub Globals`**). Despliegue el árbol y seleccione los Eventos para los que desea generar una función Sub.

Pulse **Generar Miembros**.

Esto añadirá lo siguiente al **módulo Actividad**:

```
Sub Globals
  'Estas variables globales se volverán a crear cada vez que se crea la Activity.
  'Solo se pueden acceder a ellas desde este módulo "Main"
  Private btnTest As Button
End Sub
```

Y

```
Sub btnTest_Click

End Sub

Sub Activity_KeyPress (KeyCode As Int) As Boolean 'Devuelve True para
consumir el evento

End Sub
```

Considere que también tiene la opción de generar declaraciones de código si hace clic con el botón derecho del ratón en las vistas dentro del Diseñador Abstracto (p.172), aunque esto sólo permite declarar una declaración a la vez.
Advertencia: Si el código se está ejecutando entonces las opciones Generar miembros no tienen ningún efecto, aunque no muestran un mensaje de error.

Cambiar Rejilla

La rejilla (invisible) determina la distancia mínima (en píxeles) que se mueve una Vista cuando la arrastra en el Diseñador Abstracto o en un dispositivo o emulador conectado. Esta opción le permite cambiar el tamaño de la rejilla. El valor predeterminado es de 10 píxeles. Cuando se especifica la rejilla, el valor se almacena en el archivo Layout, de modo que diferentes diseños pueden tener rejillas diferentes.

Enviar a UI Cloud (F6)

El menú del Diseñador Visual [Herramientas > Enviar a UI Cloud F6] le permite comprobar cómo se ven las presentaciones en diferentes dispositivos. El archivo de diseño se enviará al sitio en internet de B4A y, tras una espera de no más de 10 segundos, se abrirá una página en su navegador web predeterminado mostrando su diseño en diferentes dispositivos con diferentes resoluciones y densidades de pantalla. Es una herramienta muy adecuada para comprobar el aspecto del diseño sin necesidad de disponer de dispositivos físicos.

Ejemplo de una pantalla UI Cloud

La parte superior de la página web típica que aparece, se verá así:

B4A UI Cloud

Useful links:

- Supporting Multiple Screens - tips and best practices
- Designer Scripts Tutorial
- Designer Scripts & AutoScale Tutorial

Build a robust layout in 3 steps:

- **Scale** - Call `AutoScaleAll` keyword to scale the views based on the device physical size
- **Anchor** - Set the views anchors. For example a view near the right edge should be anchored to the right.
- **Fill** - Set the anchors to BOTH or use designer script to resize the views that should fill the available space

This is a temporary link. It will expire in several minutes.

Number of connected devices: 6
Total process time: 2.98 seconds

Galaxy Tab 10"

Process time: 2.8 seconds

Nota: en el explorador web, puede hacer clic en una imagen para mostrarla a tamaño completo, y puede desplazarse hacia abajo para ver el diseño en muchos otros dispositivos.

Menú Ventanas

Ventana Propiedades

Esta opción selecciona la ventana Propiedades.

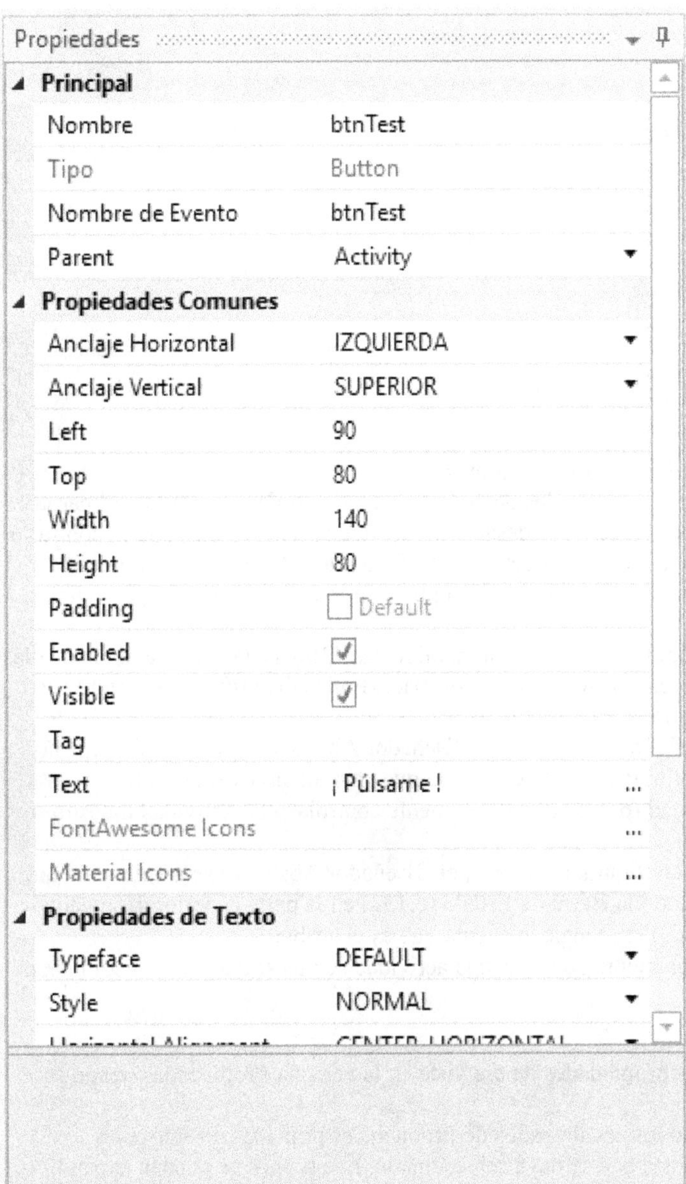

Lista de Propiedades

La parte superior de la ventana Propiedades muestra todas las propiedades de la vista seleccionada (o la Actividad, si está seleccionada) organizadas en grupos, y permite modificarlas.

Propiedades de la Actividad

Si selecciona la actividad en el árbol, verá las propiedades y atributos de la Actividad:

Propiedades

◢ **Activity Properties**	
◢ Drawable	ColorDrawable
Color	Default color
Nivel Alfa	255
Title	Activity
Duración de la Animación	400
Show Title	☑
Full Screen	☐

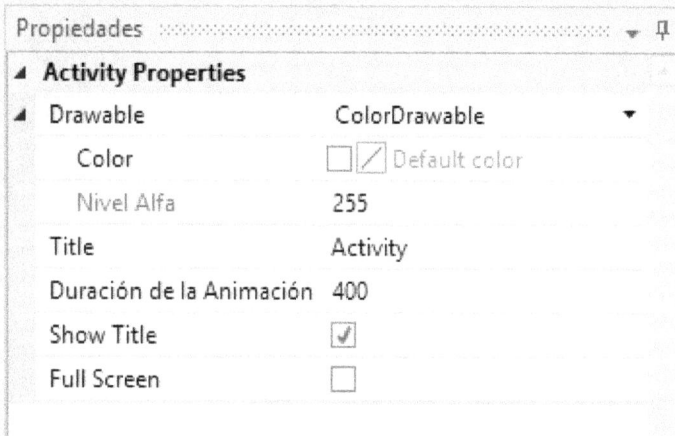

Para una explicación de Dibujable (*Drawable*), véase a continuación (p.165).
El campo **Duración de la Animación** de las propiedades de la Actividad, determina si se debe animar la posición inicial de las vistas dentro de la actividad. Para desactivar hay que establecerla a 0, de lo contrario establezca el número de milisegundos que la animación debe tomar. Si la duración de la animación es mayor que 0, las vistas se mueven desde fuera de la actividad, su posición inicial depende de sus anclajes. La duración por defecto es de 400ms.
Tenga en cuenta que si agrega vistas en código, estas no estarán animadas. Tenga en cuenta también que las animaciones sólo funcionarán en dispositivos con Android 3 o superior. En los dispositivos anteriores, la actividad aparece con las vistas ya en su sitio.
Show Title (Mostrar Título): Si está configurado en True, el Diseñador Abstracto se hace más pequeño para permitir el espacio ocupado por el título. Pero tenga en cuenta que en realidad es el atributo `#IncludeTitle` Atributos de la Actividad (p.253) el que realmente controla si la Actividad muestra su título.
Full Screen (pantalla completa): Si está configurado en True, el Diseñador Abstracto se amplía para que coincida con el tamaño de la actividad cuando la Barra de Estado (p.133) en la parte superior de la pantalla del dispositivo está tapada por la Actividad. Pero tenga en cuenta que es el atributo `#FullScreen` Atributos de la Actividad (p.253) lo que realmente controla si la actividad se muestra a pantalla completa.

Propiedades de las Vistas

Si selecciona una vista en el árbol, verá las propiedades de esa vista en la ventana Propiedades (como se muestra arriba).
Las propiedades de la vista se agrupan bajo los encabezados de Propiedades principal, Propiedades Comunes y otros grupos según el tipo de vista que se haya seleccionado. Los grupos se pueden expandir o colapsar como convenga. A continuación discutiremos estos grupos.

Propiedades Principales

Estas propiedades se pueden modificar introduciendo datos o seleccionando elementos de las listas desplegables de la columna de la derecha.
Nombre: Nombre de la vista. Es una buena práctica dar nombres significativos. El uso común es dar un prefijo de 3 caracteres y agregar el propósito de la vista. En el ejemplo mostrado arriba, la vista es de tipo Label (Etiqueta. Cadena de caracteres en pantalla) y su propósito es introducir un resultado. Así que le damos el nombre "lblHeartRate","lbl" para Label y "HeartRate" para el propósito. Esto no toma mucho tiempo durante el diseño, y ahorra mucho tiempo durante la codificación y el mantenimiento del programa.
Tipo: Tipo de vista, no editable. No es posible cambiar el tipo de vista. Si es necesario, debe eliminar la vista y añadir una nueva.

Nombre del Evento: Prefijo de las subrutinas que gestionan los eventos de esta vista. De forma predeterminada, el nombre del evento es el mismo que el nombre de la vista. Por lo tanto, para una etiqueta llamada lblHeartRate, el menú Diseñador[Herramientas > Generar Miembros] generaría una función sub como la siguiente

```
Sub lblHeartRate_Click
```

Los Eventos de varias Vistas pueden redirigirse a una única subrutina. En ese caso, debe introducir el nombre de esa rutina en el campo Nombre del evento.

Parent: Nombre de la vista padre como se muestra en el árbol (Actividad en el ejemplo siguiente). La vista padre se puede cambiar seleccionando una nueva de la lista desplegable:

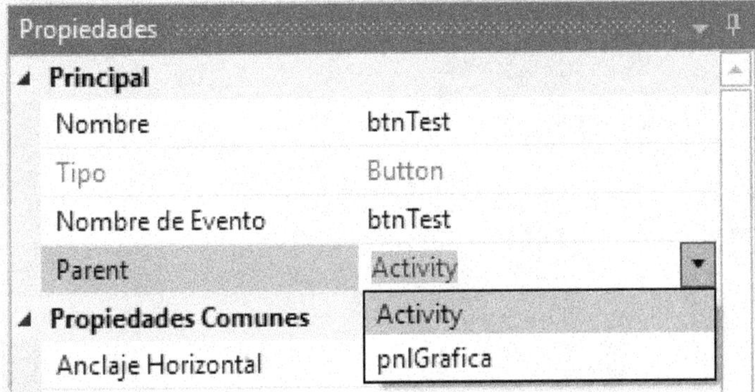

Propiedades Comunes

Las siguientes propiedades se agrupan como Propiedades Comunes, y las primeras de éstas se ocupan de los anclajes.

Anclajes

Propiedades Comunes			
Anclaje Horizontal	←	→	↔
Anclaje Vertical	↑	↓	↕
Left	50		
Top	60		
Width	120		
Height	50		

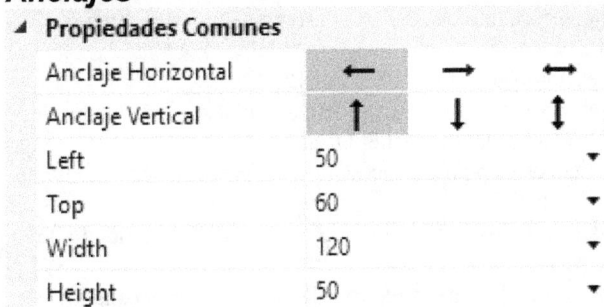

También puede seleccionar tipos de anclaje directamente en el Diseñador Abstracto haciendo clic con el botón derecho del ratón en una vista y usando su menú de contexto (p.175).

Los anclajes son una potente función del Diseñador Visual que le permite especificar cómo se posicionará una vista respecto al objeto que lo contiene, que puede ser un panel o la Actividad (la pantalla).

Los anclajes horizontales se pueden ajustar a IZQUIERDA, DERECHA o AMBOS.

Los anclajes verticales pueden ser SUPERIOR, INFERIOR o AMBOS.

Puede establecer las distancias entre la vista y su padre introduciendo números (dips) en la ventana Propiedades o arrastrando la vista en el Diseñador Abstracto.

Si una vista pertenece a un panel, entonces las distancias son relativas al borde correspondiente del panel.

Cuando usted fija los anclajes a cualquier otra cosa que no sea IZQUIERDA y SUPERIOR, pequeños puntos blancos se muestran en el Diseñador Abstracto para indicar qué lados están anclados:

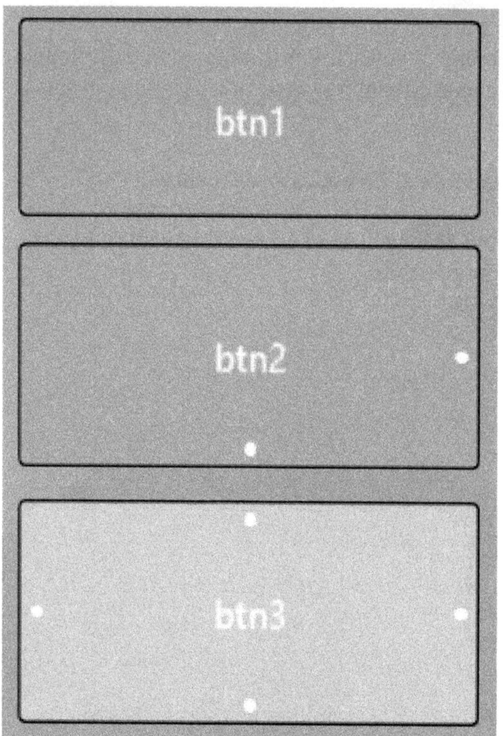

En un dispositivo o emulador, cada vista se posicionará automáticamente a la distancia de los borde o bordes correspondientes de su objeto que contiene, tal y como se especifica en el Diseñador.
btn1 está anclado SUPERIOR e IZQUIERDA. Tenga en cuenta que en este caso no se muestra ningún punto, ya que se considera el anclaje predeterminado.
btn2 está anclado a la DERECHA y ABAJO. btn3 está anclado AMBOS y AMBOS.
En un dispositivo o en un emulador, cada vista se posicionará automáticamente a la distancia de los bordes correspondientes del objeto que la contiene, tal y como se especifica en el Diseñador.
Los anclajes pueden ser de gran beneficio, aunque a veces es posible que necesite afinar el diseño mediante el uso de Código del Diseñador (p.177).
Anclajes Horizontal y Vertical: Permite seleccionar el modo de anclaje para esta vista. Dependiendo de lo que seleccione, verá algunos de los siguientes campos.
Left: Coordenada X del borde izquierdo de la Vista desde el borde izquierdo de su Vista padre (que lo contiene), en dips (p.178).
Top: Coordenada Y del borde superior de la Vista desde el borde superior de su Vista padre, en dips (p.178).
Width (ancho): Esta opción especifica el ancho de la vista en dips (p.178).
Right Edge Distance (Distancia del borde derecho): Esta opción especifica el intervalo en dips (p.178) entre el borde derecho de la Vista y el borde derecho de su vista padre.
Height (alto): Esta opción especifica la altura de la vista en dips (p.178).
Padding: Esta opción especifica las distancias entre los bordes izquierdo, superior, derecho e inferior de la vista desde el contenido en dips (p.178).
Bottom Edge Distance (Distancia del borde inferior): Esta opción especifica el espacio en dips (p.178) entre el borde inferior de la vista y el borde inferior de su vista padre.
Enabled: Activa o desactiva el uso de la Vista
Visible: Determina si la Vista es visible para el usuario o no.

Tag: Este es una propiedad que se puede utilizar para almacenar datos adicionales. El Tag puede ser simplemente texto pero también puede ser cualquier otro tipo de objeto cuando se accede a ella en código.
Text: El texto que se mostrará en la vista. Sólo es relevante para determinados tipos de vista. Puede introducir una sola línea del texto en este campo, o bien puede abrir el Editor multilínea como se indica a continuación:
Editor multilínea: Los campos de propiedad Text incluyen un botón de menú

Al hacer clic en este botón se abrirá el Editor multilínea, que le permite introducir varias líneas en el EditText:

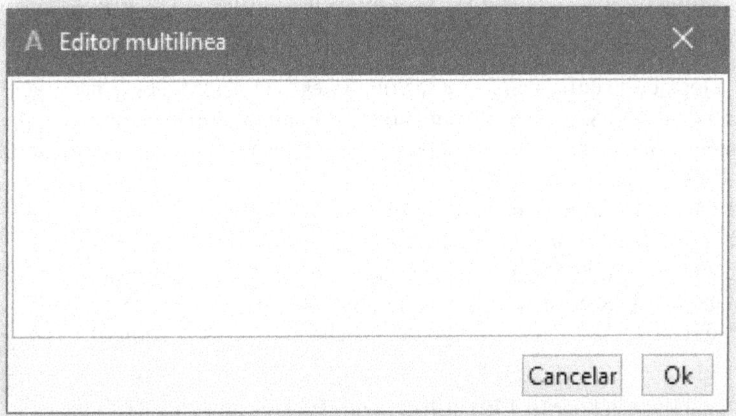

Estilo del Texto

Si puede introducir el Texto para una Vista, entonces también puede configurar el estilo en el que se muestra el texto. Los parámetros que puede establecer incluyen Tipo de letra, Estilo, Horizontal y Vertical, Tamaño y Color.
Nota: El color del texto se puede copiar y pegar de una vista a otra, o de un parámetro de color a otro dentro de la misma vista.

Drawable (Dibujable)

Esta propiedad está disponible para algunos tipos de vista. Las propiedades Dibujables se refieren al fondo sobre el que se dibuja la Vista. Discutiremos Dibujables con más detalle en la sección Vistas Dibujables (p.215).
Las opciones que ve dentro de la propiedad Dibujable dependen del tipo de vista que esté seleccionada en ese momento. Las opciones son:
DefaultDrawable: Se define por defecto y utiliza los colores predeterminados.
StatelistDrawable: le permite elegir parámetros dibujables para cada uno de los tres estados de botón: Enabled, Disabled and Pressed (Activado, Desactivado y Pulsado). Ver StateListDrawable (p.217) en el capítulo Gráficos y Dibujos.
Color: se puede copiar y pegar de una Vista a otra, o de un parámetro Color a otro dentro de la misma Vista.
Alpha: Valor de 0 a 255, donde 0 es completamente transparente y 255 es totalmente opaco.
Otros parámetros dibujables incluyen radio de esquina, color de borde y ancho de borde.

Área de Ayuda de las Propiedades

Cuando se selecciona una propiedad, el cuadro gris al pie de la ventana Propiedades muestra información de ayuda sobre lo que hace la propiedad. Por ejemplo, si se selecciona la propiedad "Tag", aparece lo siguiente en el área de ayuda:

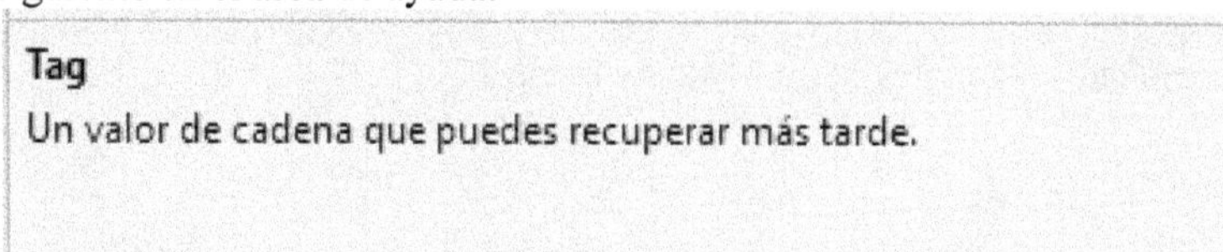

Tag
Un valor de cadena que puedes recuperar más tarde.

Tenga en cuenta que el área de ayuda puede ampliarse o contraerse haciendo clic y arrastrando el espacio entre el área de ayuda y el área general de propiedades. Si sólo ve la palabra " Tag ", puede hacer clic y arrastrar la parte superior del área de ayuda hacia arriba para ver el resto de la información de ayuda.

Ventana Variantes

Uno de los problemas más comunes a los que se enfrentan los desarrolladores[18] de Android es la necesidad de adaptar la interfaz del usuario a dispositivos con diferentes tamaños de pantalla y orientaciones.
Usando B4A, es posible crear múltiples variantes de diseño, una para cada dispositivo diferente y adaptarse a los cambios en la orientación del dispositivo.
Pero crear muchas variantes de diseño no es factible ni recomendable.
Es mejor solución utilizar el menor número posible de variantes, tal vez sólo cuatro: una vertical y una horizontal para móviles y otras dos para tabletas. Puede hacer que se adapten automáticamente al dispositivo del usuario utilizando las características que ofrece B4A, como Anclajes (p.163) en el Diseñador Abstracto o la función AutoScale (p.182) en el Código del Diseñador (Ventana código).

Variante Estándar

La variante por defecto o estándar o pantalla estándar (p.179) utilizada por B4A es de 320 x 480 píxeles con una escala de 1.

Múltiples Variantes

Se pueden gestionar múltiples variantes en un único archivo de diseño.
La ventana Variantes muestra los distintos tamaños de pantalla para los que se ha creado una variante.

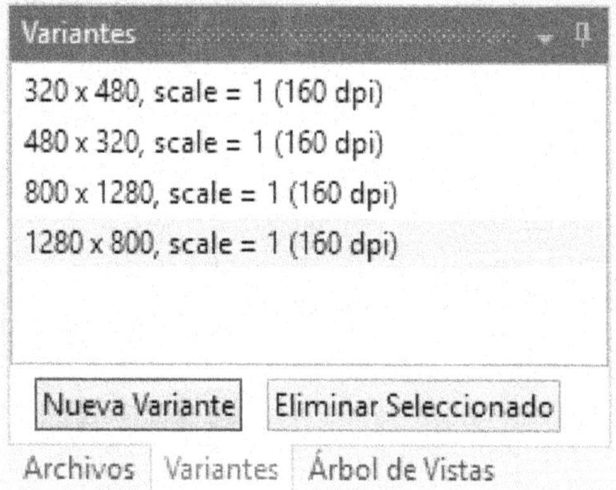

---

[18] NT: Aunque hay muy diversas opiniones, consideraremos en esta traducción como "desarrolladores" la forma genérica que engloba a los programadores (nivel base), analistas/programadores (nivel medio) e ingenieros de software.

Nueva Variante

Si hace clic en Nueva Variante, aparecerá una ventana de diálogo donde podrá especificar las dimensiones de la variante que desea añadir:

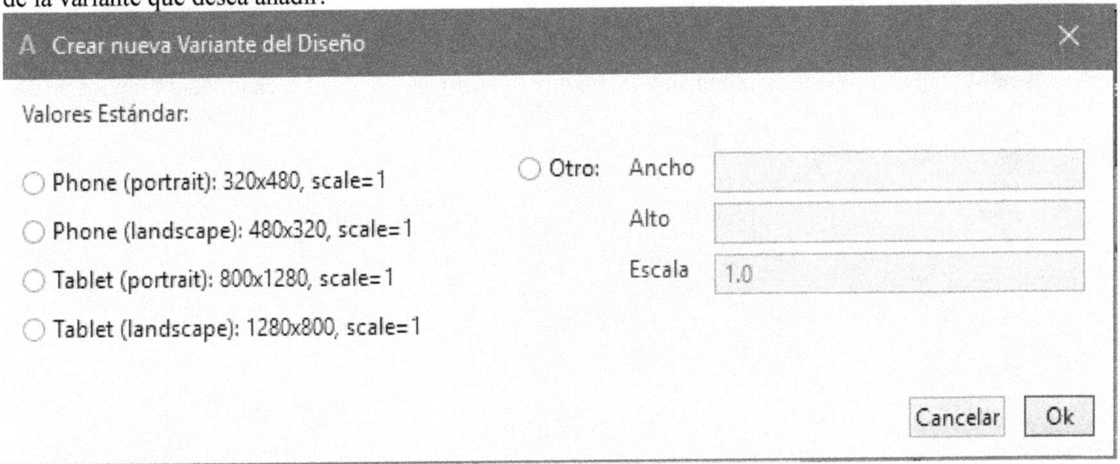

Crear nueva Variante del Diseño

Valores Estándar:

- Phone (portrait): 320x480, scale=1
- Phone (landscape): 480x320, scale=1
- Tablet (portrait): 800x1280, scale=1
- Tablet (landscape): 1280x800, scale=1

Otro: Ancho / Alto / Escala 1.0

Cancelar | Ok

Se puede seleccionar un valor prefijado predefinido o definir uno nuevo. (Nota: Las dimensiones de la tableta de valor estándar a la que se hace referencia son adecuadas para una tableta de 10 ")
La nueva variante se añadirá a la lista Variantes.

Añadir otras Variantes

Es posible seleccionar Otro y añadir el ancho y el alto (en píxeles) y la Escala (p.179). La nueva variante se añadirá a la lista Variantes de diseño.

Variantes normalizadas

Las variantes normalizadas son variantes con Escala (p.179) de 1,0. El diseño que creas con el Diseñador Visual es escalado (no estirado o redimensionado) automáticamente. Esto significa que el diseño se verá exactamente igual en dos teléfonos con el mismo tamaño físico. La escala no importa.

No añada demasiadas Variantes

Tenga en cuenta que en la mayoría de los casos no se recomienda añadir variantes distintas a las recomendadas. Es demasiado fácil crear muchas variantes, pero son muy difíciles de mantener. En su lugar, debería usar Anclajes (p.163) o la herramienta de código de diseñador para ajustar (o afinar) su diseño.

Añadir sólo Variantes Normalizadas

Se recomienda realizar su diseño sólo con variantes normalizadas. Por ejemplo, una variante de 480x800, scale=1.5, coincide con la variante normalizada: 320x533, escala = 1.0 (divide cada valor por el valor de la escala). Ahora es fácil ver que este dispositivo es un poco más largo que la variante "estándar": 320x480, escala = 1.0.

¿Por qué esta recomendación?

Considere un dispositivo (como el teléfono Samsung Galaxy Nexus) cuya resolución de pantalla sean 720x1184 a 320 dpi (escala 2). Puede parecer completamente diferente del teléfono predeterminado que es 320x480 a 160 dpi (escala 1), pero si se calculan los valores normalizados del Galaxy Nexus a escala 1, su disposición coincide con: 360x592 a 160 dpi. Esto significa que sólo es ligeramente más ancho y largo que el tamaño predeterminado del teléfono. Debe ser fácil manejar estas diferencias usando anclajes y/o con código en el diseñador.

Como se muestran las variantes en el Diseñador Abstracto

Si desea que el Diseñador Abstracto muestre la variante con el fondo gris redimensionado automáticamente para que coincida con el diseño, debe seleccionar **Coincidir Variante Elegida** en el cuadro de lista desplegable (p.173) situado en la parte superior del Diseñador Abstracto.

En este caso, cuando selecciona una variante en la ventana Variantes, las vistas que ha añadido al Diseñador abstracto se desplazarán automáticamente a las posiciones y con los anclajes configurados para esa variante. Por ejemplo, vertical…

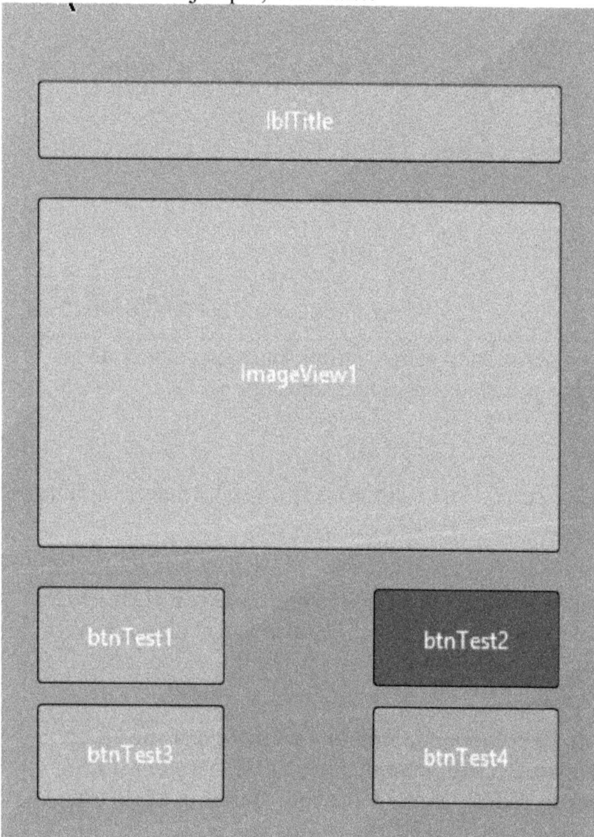

…y horizontal…

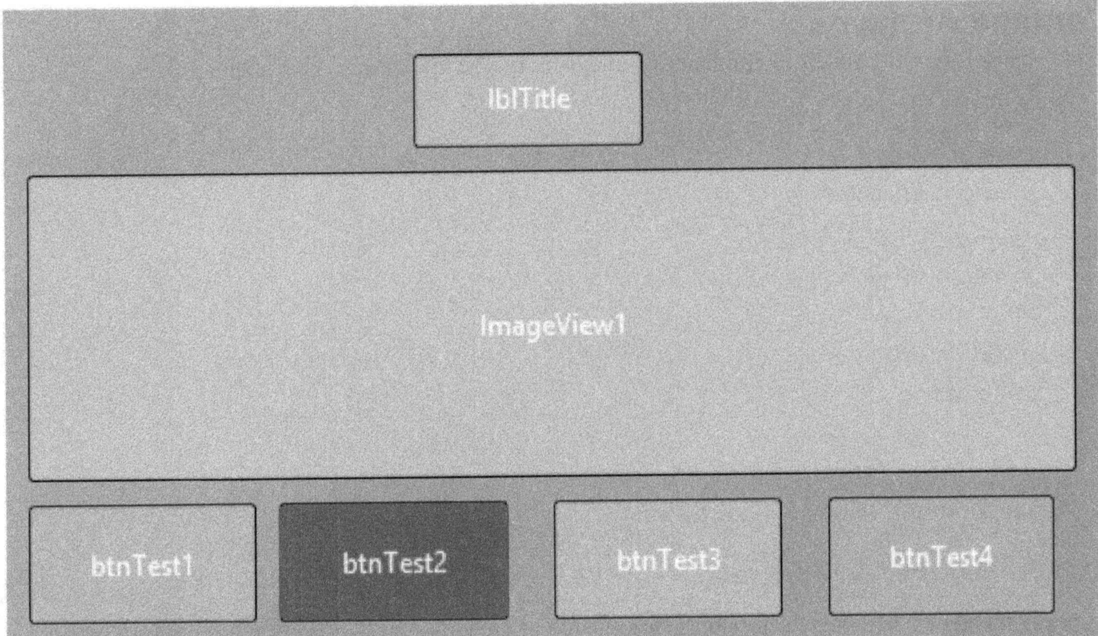

Rotando el Emulador

Si el diseño seleccionado está en horizontal y desea WYSIWYG en un emulador, deberá cambiar su emulador al mismo modo. Seleccione el emulador y pulse Ctrl + F11 para cambiar su orientación.

Advertencia: Bug en el emulador

Hay un fallo en el emulador que usa Android 2.3. x (API 9 o 10) para el AVD. Puede quedar atascado en una determinada orientación, presionando Ctrl + F11 repetidamente puede causar que el emulador se confunda, girando el texto en su pantalla pero no redimensionándolo correctamente:

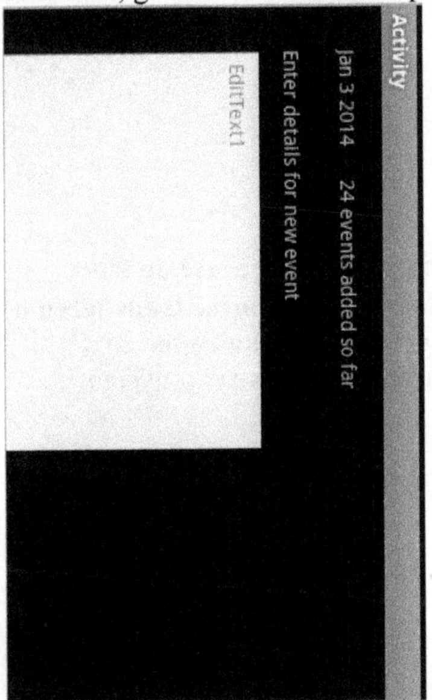

Una solución es crear un nuevo AVD con las mismas especificaciones pero utilizando un nivel de API diferente (por ejemplo, 7 u 8). O utilice B4A-Bridge para conectarse a un dispositivo real.

Ventana Archivos

Esta ventana le permite añadir (o eliminar) las imágenes que se muestran en el diseño:

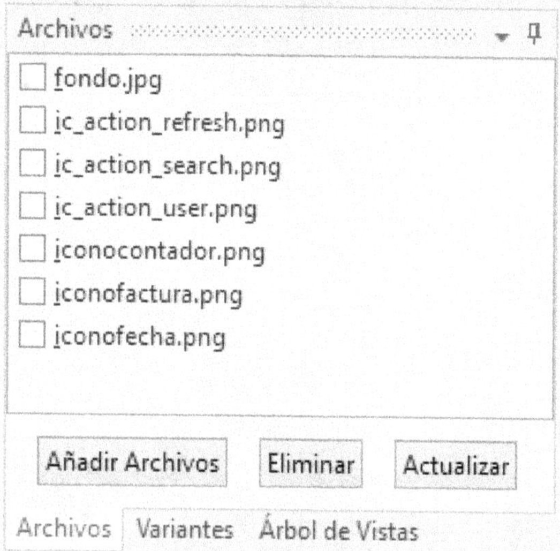

Agregar imágenes: le permite seleccionar una imagen en cualquier lugar del ordenador. Los archivos seleccionados se copiarán en la carpeta Files del proyecto actual. Una vez añadida, puede agregar una vista de imagen a su diseño y seleccionar la imagen requerida en la propiedad Archivo de Imagen.
Seleccionar archivos: Haga clic en las casillas de selección o haga clic con el botón secundario y Seleccionar Todo o Deseleccionar Todo.
Eliminar Seleccionado: muestra el siguiente cuadro de diálogo:

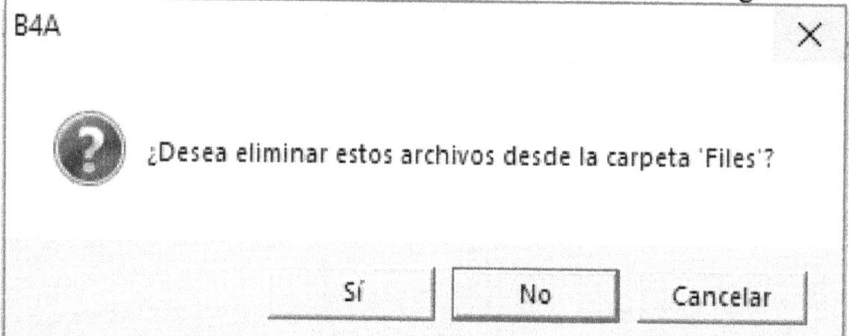

Sí: elimina los archivos seleccionados de la lista y de la carpeta **Files** del proyecto. **Asegúrese de tener una copia de los archivos que elimine, porque se eliminan de la carpeta Files, pero no se transfieren a la papelera de reciclaje. Esto significa que se pierden definitivamente si no tienes una copia**.
No: elimina los archivos seleccionados de la lista, pero no los elimina de la carpeta **Files** del proyecto.

Ventana de Código

El menú de Ventanas incluye enlaces a las dos ventanas de codificación: Código-General y Código - Variante que por defecto forman parte de un solo grupo de pestañas:

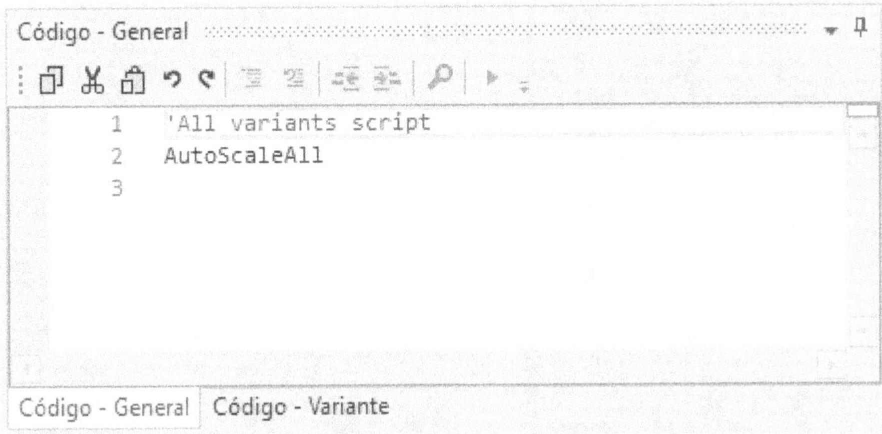

En el capítulo Referencia de Código del Diseñador (p.177) describimos la creación y ejecución de código en detalle.

Código General

El código escrito aquí se aplicará a todas las variantes.

Código Variante

El código de diseñador escrito aquí sólo se aplicará a la Variante Actual (p.179).

Barra de Herramientas de Código

Se proporcionan varias herramientas en las barras de herramientas de scripting para facilitar la edición. Son un subconjunto de las herramientas en la sección Barra de Herramientas del IDE (p.91).
Consulte Ejecutando Códigos (p.177) para obtener una descripción de cómo ejecutar el código.

Árbol de vistas

El Árbol de vistas muestra una jerarquía de vistas dentro del Diseño, incluyendo la Actividad que contiene todas las vistas:

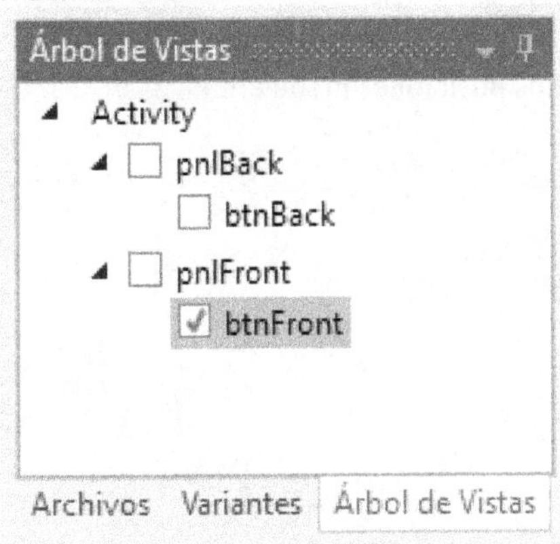

Tenga en cuenta que los elementos al final de la lista se encuentran encima del resto en pantalla, como se muestra por sus nombres en la imagen de arriba. Este orden, que puede parecer ilógico, fue probablemente escogido por ser el más cercano al usuario que maneja la App. Así, en el Diseñador Abstracto, el árbol de vistas anterior aparece como:

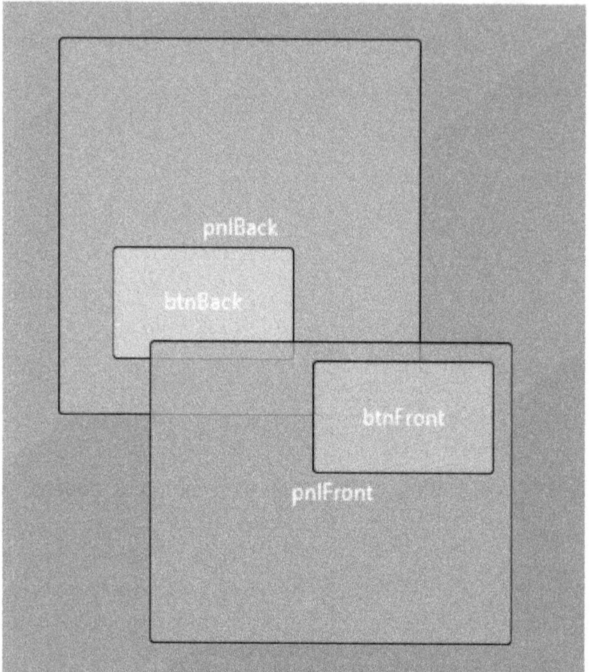

El árbol es conveniente para seleccionar una vista y ver cómo se anidan. Si selecciona una vista en el Diseñador Abstracto, entonces en un dispositivo o emulador (p.203) conectado, la misma vista se selecciona automáticamente.

Puede arrastrar elementos arriba y abajo del árbol para reordenarlos o asignarlos a paneles.

Sin embargo, el árbol NO le permite: arrastrar elementos a un panel a menos que ya tenga por lo menos una vista hija; arrastrar una vista al pié del árbol, si es una vista hija de la Actividad y hay un panel con vistas hijas ya en la parte inferior del árbol.

En estos casos, necesitará asignar un padre de la vista utilizando el campo Propiedades Principal-Parent, o cortar y pegar vistas dentro del Diseñador Abstracto.

Reiniciar

Esta última opción del menú ventanas, moverá todas las ventanas a sus posiciones predeterminadas.

El Diseñador Abstracto

El Diseñador Abstracto muestra el diseño que está creando en el Diseñador.

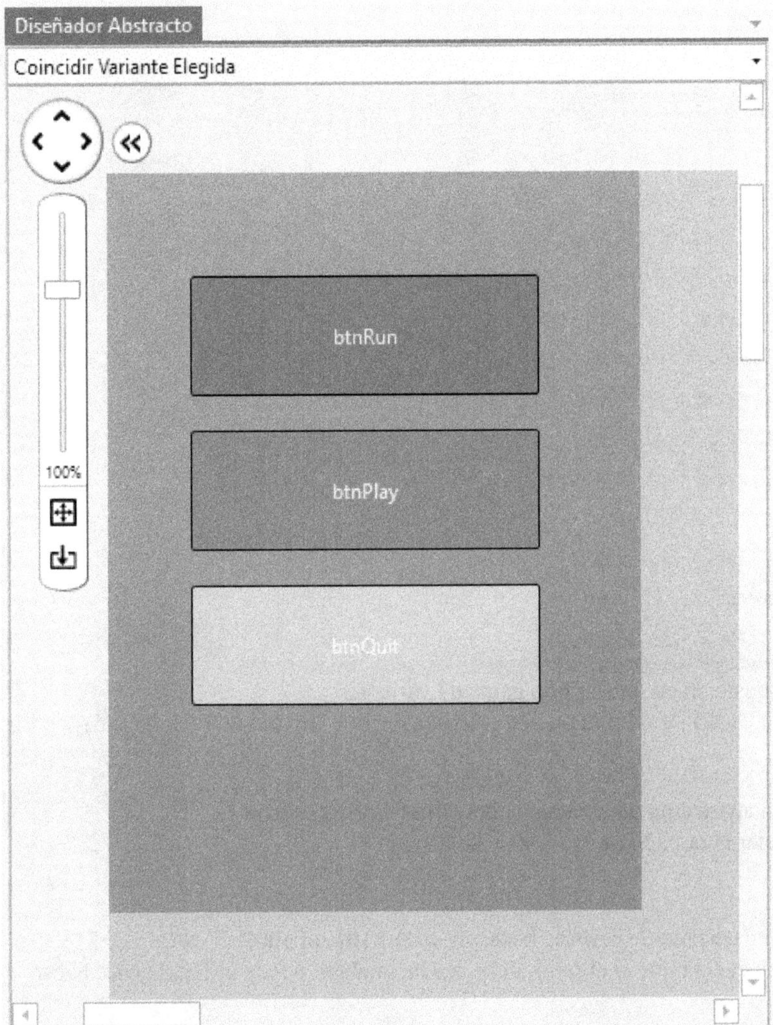

Su propósito principal es ayudarle a crear y posicionar su diseño y sus variantes. Las diferentes vistas no se muestran con su apariencia real sino sólo como rectángulos de color, de ahí el nombre de Diseñador Abstracto. Sin embargo, si conecta el diseñador (p.157) a un dispositivo o emulador, este le mostrará una pantalla WYSIWYG (What You See Is What You Get) de su diseño.

Al hacer clic en una vista en el Diseñador Abstracto o en un emulador o un dispositivo conectado, se muestran sus propiedades en la ventana Propiedades y se selecciona en el árbol de vistas.

Coincidir Variante Elegida

En la parte superior del Diseñador Abstracto hay un cuadro de lista desplegable que le permite seleccionar entre una amplia gama de variantes predeterminadas:

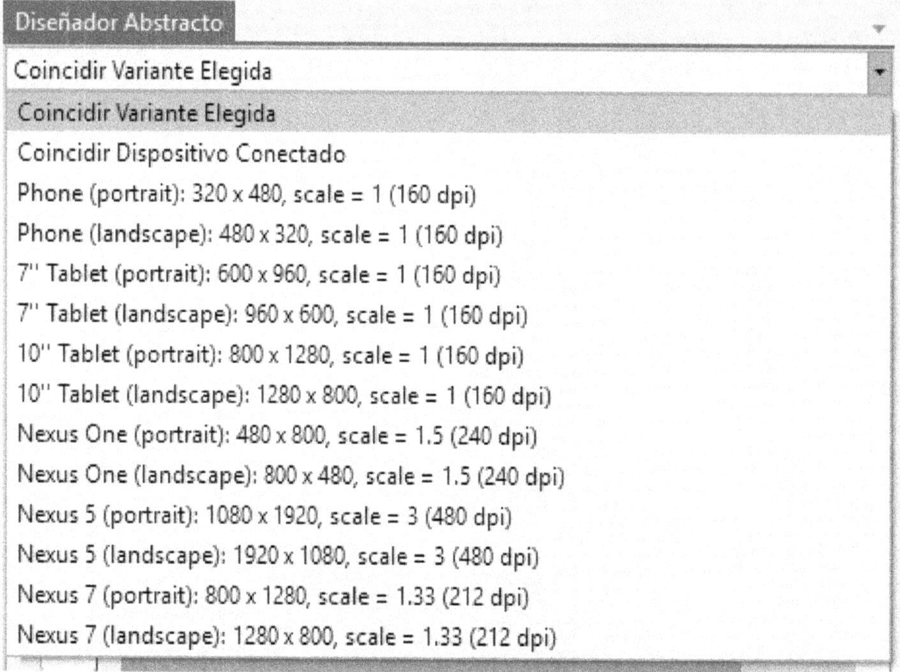

Esto es útil para comprobar su disposición en una amplia gama de variantes.
Tenga en cuenta que otra forma de hacerlo es con la opción [Herramientas > Enviar a UI Cloud (F6)].

Controles de Vista

Hay varias maneras de controlar la apariencia de la ventana del Diseñador Abstracto.
La herramienta Zoom puede cambiar el tamaño de la vista de su diseño:

100%

La barra deslizante le permite hacer zoom del 10% al 300%.
Tenga en cuenta que si el ratón tiene rueda, también puede utilizarla para hacer zoom.

El botón "Zoom to Fit" amplia o reduce el diseño para ajustarlo a la ventana del Diseñador Abstracto.
El botón "Reset View" reestablece el zoom al 100%.

El botón "Minimize" oculta el control de zoom y cambia a un botón Maximizar.

El Panel de Navegación le permite desplazarse rápidamente por el Diseñador Abstracto.

Menús de contexto

Al hacer clic con el botón derecho del ratón en una vista del Diseñador Abstracto se muestra un menú contextual o emergente con las siguientes opciones:

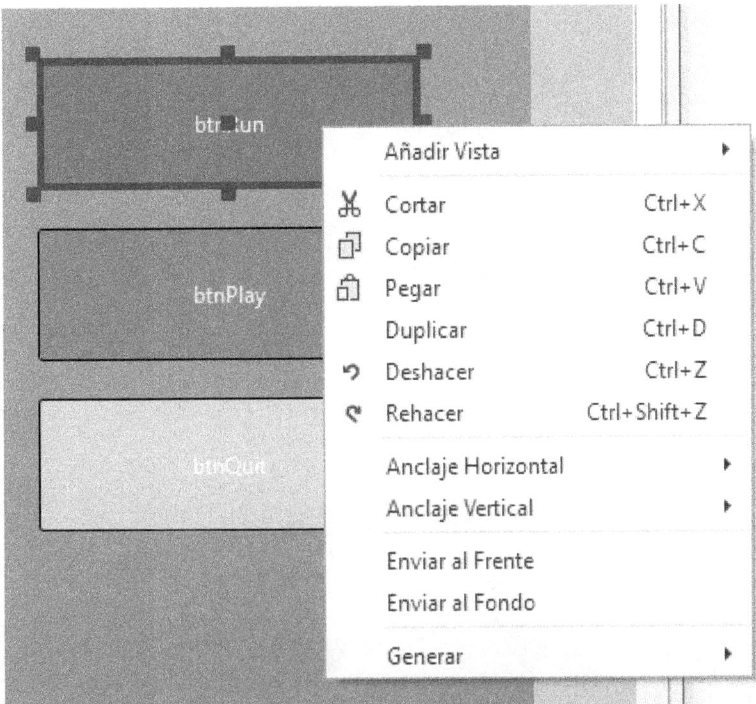

Tenga en cuenta que si sólo se selecciona una vista, la opción Generar le permite generar una sola sentencia Dim o una rutina gestor de evento para la vista seleccionada. Si se seleccionan varias vistas, Generar se convierte en el Diálogo Generar y abre el mismo diálogo que la opción del Diseñador [Herramientas > Generar miembros (p.157)].

Selección de vistas

Las vistas seleccionadas tienen un reborde rojo. Puede seleccionar una sola vista haciendo clic en la vista. Selecciona varias vistas haciendo clic en la primera vista, manteniendo presionada la tecla Ctrl y seleccionando más vistas o arrastrando el cursor alrededor de ellas en el Diseñador Abstracto.
Después de hacer una selección, puede hacer:

- Mover las vistas seleccionadas…
- con las teclas de flecha del teclado en las cuatro direcciones
- Arrastrar con el ratón una de las vistas seleccionadas
- Utilice el menú contextual (como se describe arriba)
- Modifique la vista con la ventana Propiedades.

Nota: Con varias vistas seleccionadas en el Diseñador Abstracto, en la ventana Propiedades puede cambiar las propiedades que tienen en común.

Código del Diseñador

El Diseñador incluye dos ventanas de Código. Estas se explican en el capítulo de Código del Diseñador.

Añadir vistas en código

En lugar de utilizar el Diseñador, es posible también crear y modificar vistas directamente en el código de la Actividad. Consulte Añadir vistas por código (p.142) para obtener más detalles.

2.5 Referencia de código del diseñador

En Segundo plano (Background)

Uno de los problemas más comunes a los que se enfrentan los desarrolladores de Android es la necesidad de adaptar la interfaz del usuario a dispositivos con diferentes resoluciones y tamaños de pantalla. Como se describe en la sección Ventana de Variantes (p.166), puede crear varias variantes de diseño para que coincidan con dispositivos diferentes. Sin embargo, no es posible ni recomendable crear y actualizar muchas variantes de diseño.
Para resolver este problema, B4A soporta código de diseñador que le ayudan a afinar su diseño y ajustarlo fácilmente a diferentes pantallas y resoluciones. La idea es combinar la utilidad del diseñador visual con la flexibilidad y potencia del código de programación.
Puede escribir un simple script[19] para ajustar el diseño basado en las dimensiones del dispositivo actual y ver inmediatamente los resultados en un dispositivo conectado o emulador (p.203). No es necesario compilar e instalar el programa completo cada vez. También puede ver inmediatamente los resultados en el Diseñador Abstracto (p.172). Esto le permite probar rápidamente su diseño en diferentes tamaños de pantalla.

Describimos las dos ventanas de Código (p.170) en el capítulo de Diseñador Visual.

Scripts del Diseñador y Código de Actividad

Nota: un script de diseñador se ejecuta antes del código en su Actividad. Si, por ejemplo, tiene scripts de diseñador para diferentes variantes de orientación, cuando el usuario gira la pantalla, el script de diseñador se ejecutará primero, a continuación, se ejecutará el código de Actividad como se explica en Procesos y Actividad (p.254) (Ciclo de vida de una Actividad).

Ejecutando Código (Scripts)

Un script se ejecutará automáticamente cuando se seleccione una ventana de Código en el Diseñador Visual, y el Diseñador Abstracto mostrará el mensaje:

Modo Código (solo lectura)
Pulse en la rejilla de propiedades para salir de este modo.

Si edita un script, no se ejecutará automáticamente. Si desea ejecutar su nuevo script y actualizar el Diseñador Abstracto (p.172), debe pulsar F5 o hacer clic en el icono ▶ Ejecutar de la barra de herramientas de la ventana Código. Esto también mostrará el resultado en cualquier dispositivo/emulador (p.203) conectado.

Conceptos Clave

Primero, definimos algunos conceptos clave para trabajar con diseños y dispositivos.

---

[19] NT: en algunos contexto es más coveniente utilizar la palabra en inglés, ya que en este caso corresponde a una secuencia de líneas de código, que normalmente denominamos Script

Pixel

Un píxel (o elemento de imagen) es el elemento físico referenciable más pequeño de una pantalla. Corresponde a un punto de luz brillante. Su tamaño varía de un dispositivo a otro. Esto podría ser un problema, pero esto se resuelve usando "dips" (ver abajo).

Resolución

El número de píxeles en la pantalla del dispositivo, por ejemplo, 320 x 480

dpi : dots per inch (puntos por pulgada)

Los puntos por pulgada (también llamados dpi o píxeles por pulgada o ppi o densidad) es una medida del número físico de píxeles en una pulgada de un dispositivo. Un píxel es el elemento más pequeño de la pantalla. dpi variará de un dispositivo a otro, y los dpi verticales y horizontales pueden diferir en un único dispositivo. ¡Las cosas se pueden complicar bastante!
Sin embargo, ¡los desarrolladores de B4A no necesitan preocuparse por esto! Ver **dip** abajo.

Tamaño de Pantalla

Típicamente, la dimensión diagonal de una pantalla que se indica en pulgadas.

Dip

Ahora llegamos a un concepto clave. Suponga que desea que un botón de su aplicación tenga siempre una anchura de ½ pulgada. Si usted sabe que la resolución del dispositivo es de 160 dpi, entonces puede deducir que el botón debe ser de 80 píxeles de ancho. Tu código podría ser:

```
Button1.Width = 80 'Esto son píxeles y puede ser un problema
```

Pero, ¿qué pasa si tu aplicación se ejecuta en un dispositivo con una resolución de pantalla de 240 dpi?. ¡Su botón sólo tendrá 1/3 de pulgada de ancho! Este es el problema a resolver por las que los dips fueron creados.
Los "dips" son **D**ensity **I**ndependent **P**ixels -Píxeles Independientes de la Densidad- (a veces llamados píxeles independientes del dispositivo, dips, dps o dp). Son unidades abstractas que son independientes del dpi del dispositivo. Un dip se define como igual a 1/160 pulgadas. Es igual en tamaño a un píxel en una pantalla de 160 dpi. 160 dpis miden cerca de una pulgada, sin importar la densidad del dispositivo.
80 dips siempre están cerca de media pulgada. ¡Magia!
Tenga en cuenta que los tamaños no siempre son exactos. Los Experimentos[20] en una pequeña cantidad de dispositivos muestran que una label (etiqueta) diseñada como 160dip de ancho puede ser de hecho de 1,04 a 1,19 pulgadas de ancho. Sin embargo, los dips te dan un control mucho mejor que los píxeles, por lo que el código anterior debería decir:

```
Button1.Width = 80dip   '¡Aprox. 1/2 pulgadas de ancho!
```

Use unidades dip para todos los tamaños especificados (excepto TextSize - vea abajo).
Mediante el uso de unidades dip, los valores se ajustarán a lo que usted desee en los dispositivos con mayor o menor resolución. Debe utilizar siempre dips cuando especifique el tamaño o la posición de una vista (control). De esta manera, la posición *física* y el tamaño de la vista serán los mismos en cualquier dispositivo. Esto es cierto tanto para el código B4A como para el código de diseño.

Tamaño del Texto

El tamaño del texto se mide en unidades físicas, es decir, en píxeles; no se deben utilizar dips con valores de tamaño de texto. Sin embargo, puede cambiar automáticamente el tamaño del texto utilizando AutoScale (p.182).

[20] Gracias a Bob Paehr por esta información.

Pantalla Estándar

Se supone que la pantalla estándar tiene una densidad de 160 dpi y una resolución de 320 x 480 píxeles. Esto es lo mismo que la Variante Estándar (p.166) del Diseñador

Escala

La resolución de pantalla estándar es de 160 dpi. Se dice que tiene una escala de 1. Para calcular la escala de un dispositivo específico, divida el dpi entre 160. Por lo tanto, un teléfono con 320 dpi tiene una escala de 320/160 = 2 y una pantalla con 240 dpi tiene una escala de 240/160 = 1,5.
Los valores típicos de la escala son: 0,75,1,0,1,5 y 2. La mayoría de los teléfonos hoy en día tienen 240 dpi, por lo que su escala es de 1,5. La mayoría de las tabletas tienen una escala de 1.0.
Si lo desea, puede convertir los dips a píxeles físicos multiplicándolos por la escala. Así, 80dip en un dispositivo con escala 2 serían 160 píxeles.
Puede encontrar el valor de escala para el dispositivo actual utilizando la Propiedad Scale (p.403) de un objeto LayoutValues.

Estrategía de Acople y Relleno

Una manera común de construir un diseño es acoplar algunas vistas a los bordes de la pantalla, luego usar las otras vistas para llenar el espacio entre ellas. Puede acoplar una vista con un anclaje (p.163) o con el código del Diseñador, por ejemplo:

```
button1.Right = 100%x
```

A menudo es útil acoplar un panel y luego llenarlo con vistas, como botones en un Panel tipo caja de herramientas (ToolBox).

Conceptos básicos de código del diseñador

Anteriormente describimos las Ventanas de Código (p.170) y cómo ejecutar código en el capítulo Diseñador Visual.
Los scripts también se ejecutan después de cargar el diseño cuando la App se está ejecutando. El script general se ejecuta primero seguido por el script de variantes específico del dispositivo y la orientación. El sistema decidirá automáticamente qué variante debe aplicarse.

Seleccionando Variantes

Si ha añadido más de una variante en la ventana Variantes (p.166) del Diseñador Visual, cuando seleccione esa variante en la Ventana de Variantes (p.166), el script correspondiente se cargará automáticamente en el área de código específico de variantes (p.171) y se ejecutará. También actualizará el Diseñador Abstracto para mostrar el efecto del script en la variante seleccionada.

Lenguaje de Script

El lenguaje de script es simple y está optimizado para la gestión de diseños.

Variables

Puede utilizar variables en Diseñador de Scripts. No es necesario declarar las variables antes de usarlas. No hay ninguna palabra clave Dim en el código.

```
gap = 3dip
cmd0.Left = gap
```

Tenga en cuenta que el editor de scripts tiene una función de autocompletar (p.96), al igual que el editor de código IDE.

%x and %y

50%x significa el 50% del ancho máximo disponible.
100%y significa el 100% de la altura disponible.
Por lo tanto, para establecer la vista EditarTexto1 en la parte inferior del espacio disponible, debería utilizar:

```
EditText1.bottom = 100%y
```

Estos valores son relativos a la vista que carga el diseño. Normalmente será la Actividad. Sin embargo, si utiliza `Panel.LoadLayout`, entonces será relativo a este panel.

Nota: El ancho del panel interior de **`ScrollView`** se establece a -1. Este es un valor especial que hace que el panel llene el tamaño disponible de sus padres.

Si desea cargar un archivo de diseño (con un script) en el panel interior, deberá definir primero el ancho del panel:

```
ScrollView1.Panel.Width = ScrollView1.Width
```

Propiedades dentro de Scripts

Puede obtener o establecer la posición de una vista utilizando las propiedades `Width, Height, Left, Right, Top, Bottom, HorizontalCenter, VerticalCenter.`
Por ejemplo:

```
EditText1.Left = 0
EditText1.Top = 0
lblTitle.Right = 100%x
lblTitle.Bottom = 100%y
```

Advertencia: Configure las propiedades internas antes de las externas

Es importante que establezca la propiedades internas (Width or Height) ANTES de establecer las propiedades externas (`Left, Right, Top, Bottom, HorizontalCenter, VerticalCenter`). Si se definen primero las propiedades externas, la vista se posicionará incorrectamente. Por ejemplo, suponga que desea un botón situado en la parte inferior de la pantalla. Se podría pensar que lo siguiente es equivalente:

```
btnTest1.Bottom = 100%y
btnTest1.Height = 20%y

btnTest2.Height = 20%y
btnTest2.Bottom = 100%y
```

Pero de hecho, los botones se posicionarán de forma diferente:

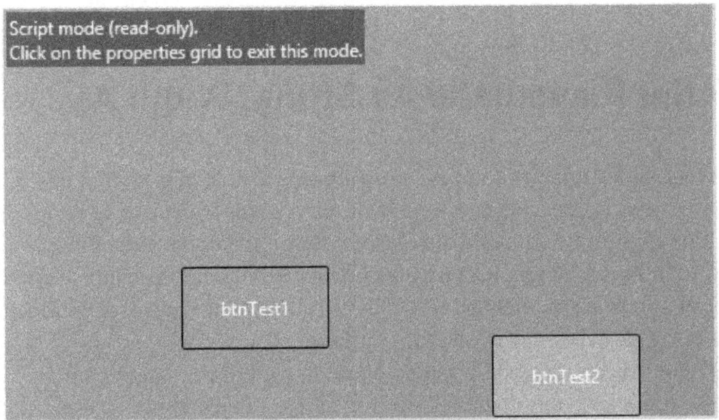

btnTest2 se coloca de la forma esperada, así que recuerde establecer propiedades internas antes de las externas. Las letras "IE" podrían ayudar a recordarte esto. Alternativamente, puede utilizar `SetLeftAndRight` o `SetTopAndBottom`. Vea a continuación para más detalles.

Propiedades del Texto

Puede obtener o establecer el tamaño del texto y su contenido las vistas, tales como etiquetas y botones que muestran el texto:
- **TextSize** - Obtiene o ajusta el tamaño del texto (p.178) en píxeles.
No utilice unidades 'dip' con este valor ya que se mide en unidades físicas.
- **Text** - Obtiene o establece el tamaño del texto de la vista en píxeles.

Otras Propiedades

- **Image** - Establece el archivo de imagen (sólo escritura). Sólo soportado por ImageView.
- **Visible** - Obtiene o establece la propiedad visible de la vista.

Métodos

- **SetLeftAndRight** (Izquierda, Derecha) - Establece las propiedades izquierda y derecha de la vista. Este método cambia el ancho de la vista según los dos valores.
- **SetTopAndBottom** (Arriba, Abajo) - Establece las propiedades de la vista superior e inferior. Este método cambia la altura de la vista según los dos valores.

Otras palabras clave

- **Min / Max** - Igual que las palabras clave Min / Max estándar.
- **ActivitySize** - Devuelve el tamaño aproximado de la diagonal de la Actividad, medido en pulgadas.
- **Autoscale** - ver más abajo.
- **If ... Then...Else If...Else...End If** Bloques condicionales
Se admiten expresiones de línea única y multilínea. La sintaxis es la misma que para los bloques If normales.
- **Landscape** - Devuelve True si la orientación actual es horizontal.
- **Portrait** - Devuelve True si la orientación actual es vertical.

Métodos de Actividad

Activity.RerunDesignerScript (LayoutFile As String, Width As Int, Height As Int)

Se llamará automáticamente un Script del Diseñador cuando se inicie la aplicación y si la orientación del dispositivo cambia (vea Nota más abajo), pero en algunos casos se puede desear volver a ejecutar el script mientras la aplicación se está ejecutando. Por ejemplo, es posible que desee actualizar la presentación cuando se vea el teclado en pantalla. El método `Activity.RerunDesignerScript` le permite volver a ejecutar el script y especificar el ancho y el alto que representarán 100%x y 100%y. Para que este método funcione, todas las vistas referenciadas en el script deben ser declaradas en **`Sub Globals`**.
Nota: este método **no** debe usarse para manejar los cambios de orientación de la pantalla. Cuando cambie la orientación del dispositivo, la actividad se reiniciará automáticamente y el script se ejecutará el cargar el diseño con la función `Activity.LoadLayout`

AutoScale: Diseños para diferentes tamaños de dispositivos

Los dispositivos más grandes ofrecen mucho más espacio disponible. El resultado es que, si el tamaño físico de una vista es el mismo, esta se verá más pequeña. Algunos desarrolladores utilizan %x y %y para especificar el tamaño de la vista. Sin embargo, el resultado está lejos de ser perfecto. El diseño sólo se estirará. La solución consiste en combinar la estrategia de acoplamiento y relleno (p.179) con un algoritmo inteligente que aumenta el tamaño de la vista y el tamaño del texto (p.178) en función del tamaño físico del dispositivo en ejecución.
Nota: `AutoScale` es la única forma de cambiar automáticamente el `TextSize`.

Como funciona AutoScale

B4A calcula internamente los valores dados a continuación. No es necesario entender estos cálculos, pero se incluyen aquí como referencia:
Delta: una medida del ratio de la pantalla actual en comparación con la variante estándar, calculada mediante la fórmula

```
delta = ((100%x + 100%y) / (320dip + 480dip) - 1)
```

Rate: Cuánto queremos expandir las vistas. Es un valor entre 0 (sin escala) y 1 (la escala es proporcional al tamaño físico del dispositivo). El valor predeterminado es 0.3, pero se puede cambiar con la function `AutoScaleRate()`.
Scale: El factor de multiplicación aplicado a las vistas individuales, calculado por

```
scale = 1 + rate * delta
```

Estos valores no tienen ningún efecto hasta que `AutoScale` o `AutoScaleAll` se llaman por el Código del Diseñador.

Como ver el efecto del AutoScale

AutoScale basa sus cálculos en la variante estándar: resolución 320 x 480,160 dpi, escala = 1. Por lo tanto, cuando se utiliza con esta variante, AutoScale no tendrá ningún efecto. Para ver el efecto de `AutoScale`, necesita añadir una variante de tamaño diferente. Vaya a la ventana Variantes en el Diseñador visual y haga lo siguiente:
1) añadir una nueva variante, como 960 x 600
2) seleccione la variante en la ventana Variantes
Ahora puede utilizar los comandos `AutoScale`, como se describe a continuación, y ver su efecto.

Cómo ver el efecto de AutoScale en el tamaño del texto

Nota: debido a que el Diseñador Abstracto no es WYSIWYG, no verá el efecto del `AutoScale` en el tamaño del texto (p.178). Debe conect (p.157)ar el Diseñador Visual a un emulador o a un dispositivo real para ver los resultados reales.
Además: seleccione *Coincidir Variante Elegida* con el dispositivo conectado en el cuadro de lista desplegable situado en la parte superior del Diseñador Abstracto si desea ver el tamaño del dispositivo mostrado como un cuadro gris.
Si está diseñando para un tamaño específico de dispositivo, es posible que desee agregar esta variante a su diseño. Pero en general es mejor reducir el número de variantes para las que se diseña, como se ha comentado anteriormente (p.166).

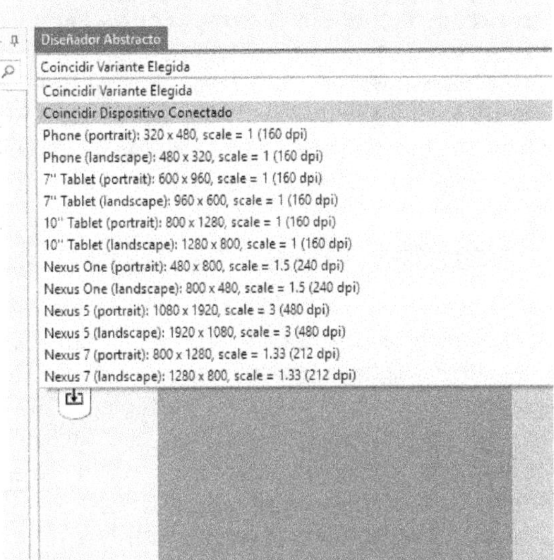

Cómo usar AutoScale

A menudo su código seleccionará el `AutoScaleRate` y luego escogerá el `AutoScaleAll` para que todas las vistas sean escaladas. Así que tu código podría ser algo así:

```
AutoScaleRate(0.5)
AutoScaleAll
```

Al cambiar el valor para `AutoScaleRate`, puede encontrar el mejor valor para las diferentes variantes. Ocasionalmente puede que necesite escalar vistas individuales, en cuyo caso usaría la función `AutoScale`. A continuación describimos estas funciones::

AutoScaleRate(rate)

Como se mencionó anteriormente, la *rate* (proporción) es cuánto queremos estirar las vistas. Es un valor entre 0 y 1.
0 significa que no hay ningún cambio.
1 es casi similar a usar %x y %y
Rate determina el grado de modificación en relación con el tamaño físico del dispositivo. Si el tamaño físico es el doble del tamaño del teléfono estándar, entonces el tamaño será el doble del tamaño original. Los valores entre 0,2 y 0,5 parecen dar buenos resultados. `AutoScaleRate` establece el valor de *rate* para el cálculo por encima de la escala. Si esto no se llama, **rate** toma por defecto 0.3. Ejemplo:

```
AutoScaleRate(0.5)
```

Si una vista tiene una propiedad `Text`, su `TextSize` también se multiplica por el valor de la escala.
Nota: `AutoScaleRate` no se puede llamar desde código B4A, sólo en código de Diseñador.

AutoScaleAll

Escala todas las vistas del diseño seleccionado utilizando el algoritmo mostrado anteriormente. Normalmente lo llamaremos después de **AutoScaleRate**.

AutoScale(View)

AutoScale multiplica las propiedades `Left`, `Top`, `Width`, `Height` y `TextSize` de la vista especificada, por el valor de escala calculado como se explicó anteriormente.

Ejemplo: **AutoScale(**btnTest1**)**

Esto es equivalente a:

```
btnTest1.Left = btnTest1.Left * scale
btnTest1.Top = btnTest1.Top * scale
btnTest1.Width = btnTest1.Width * scale
btnTest1.Height = btnTest1.Height * scale
btnTest1.TextSize = btnTest1.TextSize * scale
```

Nota: "scale" no es una palabra clave, por lo que no se puede utilizar en su código.

Diferentes Diseños para Vertical y Horizontal

Un diseño raramente se ve bien tanto en modo vertical como en modo horizontal. Por ejemplo, una fila de botones podría verse mejor a lo largo de la parte inferior en vertical, pero mejor a lo largo del lateral en horizontal. Por lo tanto, puede ser una buena idea crear diferentes diseños, uno para cada orientación.

Supongamos que ya hemos creado un código de Diseñador para el modo vertical. Para que funcione tanto para vertical como para horizontal, se debe cambiar el código del Diseñador.

Para la variante de vertical, guardamos sólo el código más general en el área `All variants script` del archivo de diseño principal (pestaña "Código – General"). Por ejemplo:

```
'All variants script
AutoScaleRate(0.5)
AutoScaleAll
```

Todo el otro código se mueve al área `Variant specific script`. (pestaña "Código – Variante")

Estrategia de escalado

Debe decidir qué ocurrirá con su diseño cuando se ejecute en un dispositivo más grande. Por lo general, algunas vistas se anclarán a los bordes. Esto se puede hacer fácilmente con anclajes (p.163) o un código de diseño. Por ejemplo, para acoplar un botón a la derecha:

```
Button1.Right = 100%x
```

Algunas vistas deben llenar el área disponible.

Una vez más esto se puede hacer con anclajes o en un código con los métodos SetTopAndButtom y SetLeftAndRight:

'Hacer que un EditText rellene la altura disponible entre dos botones:

```
EditText1.SetTopAndBottom(Button1.Bottom,
Button2.Top)
```

' Hacer que un botón llene todo el panel PARENT:

```
Button1.SetLeftAndRight(0, Parent1.Width)
Button1.SetTopAndBottom(0, Parent1.Height)
```

1	2	3	4	5
6	7	8	9	10
11	12	13	14	15
16	17	18	19	20
21	22	23	24	25
26	27	28	29	30

Edición de vistas en un programa

Además de utilizar el Diseñador para crear un Diseño, puede crear o modificar Vistas en código.

Ejemplo

Aquí hay un código que producirá la siguiente pantalla:

```
Sub Activity_Create(FirstTime As Boolean)
```

```
 Dim i, j, k, nx, ny, x0, x1, x2 As Int
x0 = 4dip
 x1 = 60dip
 x2 = x0 + x1
nx = Floor(Activity.Width / x2) - 1
 ny = Floor(Activity.Height / x2) - 1
 k = 0
 For j = 0 To ny
  For i = 0 To nx
   k = k + 1
   Dim btn As Button
   btn.Initialize("btn")
   btn.Color = Colors.Red
   Activity.AddView(btn, x0 + i * x2, x0 + j * x2, x1, x1)
   btn.Text = k
   btn.TextSize = 20
  Next
 Next
End Sub
```

2.6 Compilación, Depuración y Pruebas

Compilación

Para probar y posteriormente distribuir su proyecto, debe compilarlo (es decir, convertirlo en archivos Java) y crear un archivo Manifest (p.126) y un archivo APK (p.277) que se almacenan en la carpeta Objects del proyecto.
Lo compilará utilizando una de las opciones de compilación (p.82) del menú [Proyecto] o sus accesos directos o el icono Ejecutar ▶ de la barra de herramientas o el Compilador de Línea de Comandos (p.189). El resultado de una compilación se especifica en la Configuración de Compilación actual, que se describe a continuación.

Versión de Android

Especifique la versión de Android (p.131) más baja en la que se ejecutará su aplicación seleccionando el archivo android. jar apropiado en el cuadro de diálogo [Herramientas > Configurar Rutas (p.51)].

Configuración de Compilación

Una Configuración de Compilación especifica el tipo de compilación que se realizará al ejecutar o compilar el proyecto. B4A contiene algunas configuraciones incorporadas y también le permite definir sus propias configuraciones de compilación.

Definición de Configuración de Compilación

Seleccione [Proyecto > Configuración del Compilación (Ctrl+B)].

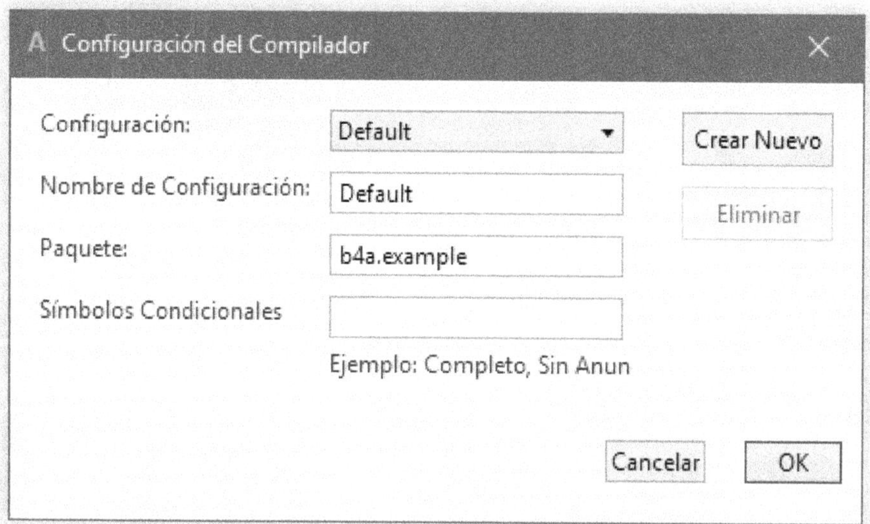

Configuración: Si selecciona `Default`, la configuración se ajustará automáticamente a una de las configuraciones predefinidas de compilación, DEBUG o RELEASE, dependiendo del modo de compilación actual.

Si desea definir algunos Símbolos Condicionales, haga clic en *Crear Nuevo* para añadir una nueva Configuración.
Tenga en cuenta que a una nueva configuración se le asigna un nombre automáticamente, como New_1, pero puede cambiar el nombre utilizando el campo *Nombre de Configuración*. Pero tenga presente también que el nombre no se cambia hasta que guarde la configuración.
Cuando haga clic en OK, la nueva configuración se agregará a la lista de configuración de compilación que se muestra a continuación.
Nombre de Configuration: El nombre de la configuración.
Paquete: El nombre del paquete. Para más detalles, véase Nombre del Paquete (p.125) . Puede producir APKs con diferentes nombres de paquetes del mismo proyecto, uno para cada configuración, o múltiples configuraciones pueden compartir el mismo nombre de paquete.
Simbolos Condicionales: una o más palabras, separadas por comas que determinan la Compilación Condicional, como se explica a continuación. No distinguen entre mayúsculas y minúsculas. Tenga en cuenta que las configuraciones de compilación DEBUG y RELEASE incluyen símbolos condicionales con los mismos nombres.

Lista de Configuración de Compilacion

Una vez creada su propia configuración de compilación, debe activarla seleccionándola de la lista Configuración del Compilador que se encuentra en la parte superior del IDE:

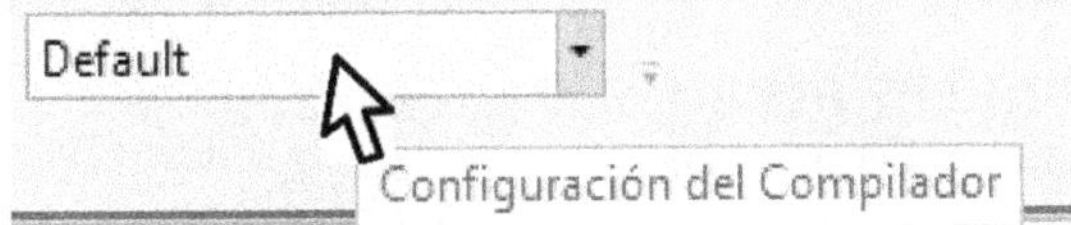

Compilación Condicional

Puede usar los atributos condicionales **`#If, #Else, #Else If, AND, OR, #End If`** en conjunción con los Simbolos Condicionales para incluir o excluir partes de su código B4A, Manifest (p.126) o Código de Diseñador (p.177). Puede crear sus propios Símbolos Condicionales, como se ha descrito anteriormente. Además, puede probar uno de los dos Modos de Compilación DEBUG y RELEASE. Éstos se definen siempre, independientemente de los símbolos condicionales que haya añadido. Por ejemplo, suponga que crea una configuración de compilación que tenga definido el Símbolo Condicional firstInstall. Entonces el siguiente código sería válido:

```
#If DEBUG OR FIRSTINSTALL
    lblTitle.Text = "Debug"
#Else If RELEASE
    lblTitle.Text = "Release"
#Else
    lblTitle.Text = "Some Other Condition"
#End If
```

Tenga en cuenta que los símbolos no distinguen entre mayúsculas y minúsculas
Tenga en cuenta que los atributos condicionales también se utilizan para definir código Java en línea (p.493)[21].

---

[21] NT: Se trata de código Java integrado o incorporado dentro del código en otro lenguaje de programación, que en el caso de B4A el compilador puede tratarlo directamente. Lo veremos en el apartado 3.4 con la sentencia "`#If JAVA`" de compilación condicional.

Modos de Compilación

Hay tres modos de compilación que se seleccionan mediante un cuadro de lista desplegable en la parte superior del IDE:

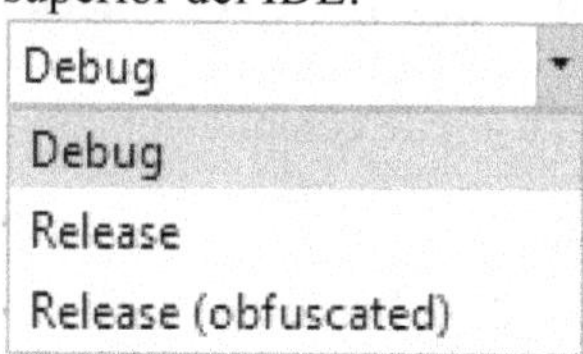

Modo Depuración

El modo de depuración firmará el archivo del paquete con una clave de depuración (p.277), listo para la depuración.
Este modo requiere que se conecte un dispositivo o emulador (p.203) al IDE. Si no hay ningún dispositivo conectado, seguirá compilando el código, pero generará un mensaje de error.
Hay dos métodos de depuración: Depuración Rápida y Depuración Legada. Consulte la sección de Depuración (p.191) para obtener un resumen de la diferencia y cómo seleccionar cuál desea utilizar.
***Nota**: El depurador Legado está obsoleto.*
Depuración Legada: producirá un archivo **projectname_DEBUG.apk** en la carpeta **project\Objects**. Consulte Depuración Legada (p.192) para más detalles.
Depuración Rápida: producirá un archivo **projectname_RAPID_DEBUG.apk** en la carpeta del **project\Objects**. Consulte Depuración Rápida (p.191) para obtener más detalles.

Modo Release[22]

En este modo, el código del depurador no se agregará al archivo apk. Para obtener más detalles sobre la creación de un apk para distribución, véase Generando su APK (p.277).

Release (obfuscated)

B4A incluye una característica de ofuscación de código. Durante la compilación, B4A genera código Java que luego es compilado con el compilador Java y convertido a Dalvik (formato .dex de Dalvik ejecutable que es el bytecode de Android). Hay herramientas que la gente puede usar para descompilar el bytecode Dalvik en código Java. El propósito de la ofuscación es hacer que el código descompilado sea menos legible, más difícil de entender y más difícil de extraer cadenas como las claves de cuenta de desarrollador. Para obtener más detalles sobre la creación de un apk para distribución, véase Generando su APK (p.277).
Es importante entender cómo funciona el ofuscador.
Cuando se compila en este modo, el código del depurador no se agregará al archivo apk, sino que el archivo de programa se modificará como se indica a continuación:

Ofuscación de cadenas de texto

Cualquier cadena escrita en `Sub Process_Globals` (y sólo en este sub) será ofuscada, haciendo mucho más difícil extraer claves importantes. Las cadenas de texto se desobfuscan en tiempo de ejecución.
Nota: durante la ofuscación se utilizan varias claves, incluyendo el nombre del paquete, el nombre de la versión y el código de versión. Modificar estos valores con el editor de Manifest romperá el proceso de desobfuscation, por lo que su código no se ejecutará.

---

[22] NT: Como ya dijimos anteriormente, corresponde al modo de publicación o de distribución, pero no lo traducimos como tal, por estar aceptada la palabra en la jerga de los desarrolladores.

Renombrado de Variables

Los nombres de variables globales y subs se convierten en cadenas de texto sin sentido. Las variables locales no se ven afectadas ya que sus nombres se pierden durante la compilación.
Los siguientes identificadores **no** se renombran:
- Identificadores que contienen un subrayado (que se requiere para los manejadores de eventos).
- Subs que aparecen en las sentencias de `CallSub`. Si el subnombre aparece como una cadena estática, el identificador no será renombrado.
- Nombres de las vistas del Diseñador.

Sugerencia: Si, por alguna razón, necesita evitar que el ofuscador cambie el nombre de un identificador, debe agregar un subrayado en el nombre del identificador.
Se creará un archivo llamado `ObfuscatorMap.txt` bajo la carpeta Objects. Este archivo asigna los nombres originales de los identificadores a sus nombres ofuscados. Este mapeo puede ser útil para analizar informes de errores.

Compilación Condicional

Puede utilizar los modos de compilación para controlar la compilación condicional.

Compilador de Línea de Comandos

Puede compilar su aplicación desde la línea de comandos utilizando un programa llamado B4ABuilder.exe, ubicado en la carpeta de instalación de B4A. Para ejecutarlo, puede
- usar el programa de interprete de comandos de Windows (cmd.exe)
- usar un archivo por lotes para ejecutar B4ABuilder.exe

Recomendamos utilizar archivos por lotes, pero a continuación documentamos el método del interprete de comandos por completo.

Para ejecutar B4ABuilder necesitas proporcionar parámetros, y los disponibles son:

- Task: Lo que quieres hacer. Valores posibles:
    Build - Similar a la compilación Release (valor predeterminado)
    BuildLibrary - Similar a la compilar a Librería (menú Proyecto).
- BaseFolder: La carpeta del proyecto. El valor predeterminado es la carpeta actual.
- Project: Archivo principal del proyecto. Puede omitirse si sólo hay un archivo b4a en la carpeta del proyecto.
- NoSign: Si es True entonces el APK no está firmado. Similar a Compilar sin opción de firmar.
- Obfuscate: Si es True entonces el APK compilado estará ofuscado.
- ShowWarnings: si desea listar las advertencias de compilación.
- Configuration : Configuración de compilación.
- Optimize : Si incluir o no un paso de optimización dexer durante la conversión del bytecode. Dexer es un framework de código abierto, escrito en C#, que lee y escribe archivos DEX (Dalvik Executable Format) usado por el Android Open Source Project.
- NoClean : Si se desea omitir el paso de limpieza del proyecto.
- Output : Nombre APK compilado (no afecta a la creación de librerías).

Ejemplo de uso: B4ABuilder -task=Build -obfuscate=False
Editar la línea de comandos no es fácil, y por esta razón, recomendamos usar archivos por lotes.

Ejecutar desde archivos de lote (Batch Files)

Un archivo por lotes es un archivo de texto con la extension .bat que contiene una serie de comandos del sistema operativo Windows. Puede editarlo con cualquier editor de texto como Notepad.
Puede añadir comentarios para documentar su código utilizando las letras REM. Puede redirigir la salida del archivo por lotes utilizando el operador de redirección > para crear un archivo o >> para añadirlo al archivo.

Puede tener un archivo batch en cada proyecto (en cuyo caso no necesita utilizar los parámetros –BaseFolder, ni -Project), o puede agruparlos en una sola carpeta.

El siguiente archivo por lotes encontrará todos los proyectos dentro de las carpetas donde se encuentra el archivo por lotes e intentará compilarlos. Se escribirá un resumen de los resultados en un archivo de texto llamado result.txt, y los detalles de cada compilación en detail.txt.

```
REM Compilar proyectos en todas las carpetas que se encuentren

REM B4ABuilder.exe Parameters:
REM -Task: What you want to do. Possible values:
REM   Build - Similar to Release compilation (default value)
REM   BuildLibrary - Similar to Library compilation.
REM -BaseFolder: The project folder. Default value is the current
folder.
REM -Project: Main project file. Can be omitted if there is only one
b4a file in the base folder.
REM -NoSign: If True then the APK is not signed. Similar to Compile
without signing option.
REM -Obfuscate: If True then the compiled APK will be obfuscated.
REM -ShowWarnings: Whether to list the compilation warnings.
REM -Configuration : Build configuration.
REM -Optimize : Whether to include an optimization step during the
byte conversion (dexer).
REM -NoClean : Whether to skip the project cleaning step.
REM -Output : Path to compiled APK name. Need to wrap whole parameter
in quotes if path includes spaces, for example "-output=C:\APK
Folder\MyApp.apk". No effect for library builds.

SET b4abuilder="C:\Program Files (x86)\Anywhere
Software\Basic4android\B4ABuilder.exe"

REM Inicializar archivos de salida
ECHO Iniciar una nueva ejecución %time% %date% > detail.txt
ECHO Iniciar una nueva ejecución %time% %date% > result.txt

FOR /D %%i IN (*) DO (
 ECHO === Compilando %%i === >> detail.txt
 REM ECHO %b4abuilder% -Task=build -BaseFolder=%%i -Output=%%i.apk >>
outputb4a.txt
 %b4abuilder% -Task=build -BaseFolder=%%i -Output=%%i.apk >>
detail.txt
```

```
  IF ERRORLEVEL 1 (
    echo %%i Failed >> result.txt
    ) ELSE (
    echo %%i Succeeded >> result.txt
    )
)
```

Guarde este código en un archivo con extension .bat. Si es necesario, edite la línea que comienza por SET b4abuilder para que apunte a la ubicación de su archivo B4ABuilder exe.
Haga doble clic para ejecutar el archivo por lotes.

Tenga en cuenta que si no se especifica el parámetro – Output (-Salida), entonces no se producirá ningún archivo APK.

Depuración

Los dos métodos principales para la depuración son establecer puntos de interrupción (Breakpoints) y Logging (p.196). Hay dos modos de depuración en B4A: Depuración Rápida y Depuración Legada. A continuación los describimos.
Seleccione el modo de depuración en la barra de herramientas:

A continuación, seleccione [Proyecto > Compilar & Ejecutar] o pulse F5 o haga clic en ▶ de la barra de herramientas para compilar y ejecutar la aplicación.

#ExcludeFromDebugger Attribute

Si no desea que un módulo se incluya en el depurador legado, puede utilizar la función **`#ExcludeFromDebugger: True`** en la parte superior del módulo excluido.

Depurador Legado vs Rápido

B4A tiene dos modos de depuración, Depuración Legada y Depuración Rápida. De forma predeterminada, B4A utilizará el Depurador Rápido. Puede haber ocasiones en las que desee utilizar el Depurador Legado. Para utilizar el Depurador Legado, primero debe habilitarlo con la opción [Herramientas > Opciones del IDE > Usar Depurador heredado].

Reiniciar (F11)

B4A te da la posibilidad de editar tu código y reiniciarlo para ejecutarlo en cualquiera de los dos modos de depuración (que se discuten a continuación). Para ello, haga clic en el icono ↻, pulse F11 o utilice la opción [Depurar > Reiniciar]. El programa normalmente se reiniciará más rápido en el modo de depuración rápida.

Depurador Rápido

Para depurar tu aplicación, debes activar el modo de compilación **Debug** en la parte superior del IDE.
El Depurador Rápido es una herramienta muy potente que proporciona características que no están disponibles en ninguna otra herramienta de desarrollo nativa de Android. Usando esta función, puede compilar e instalar su aplicación en su dispositivo muy rápidamente, generalmente en unos pocos segundos. Puede modificar su código mientras la aplicación se está ejecutando y redistribuirlo a su dispositivo inmediatamente; no necesitará reinstalarlo. Del mismo modo, la próxima vez que inicie B4A, no necesitará

volver a instalar la aplicación en el dispositivo. El depurador rápido también redistribuye sólo aquellos archivos que ha modificado después de una edición, lo que hace que las instalaciones de grandes proyectos sean mucho más rápidas.

Limitaciones del Depurador Rápido

- Si está usando la versión de prueba gratuita de B4A, necesitará instalar Java JDK versión 6 o 7 en su PC antes de que la opción de Depurador Rápido funcione. Vea aquí (p.48) cómo instalar el JDK.
- La ejecución de aplicaciones usando el Depurador Rápido es más lenta que usando cualquiera de las otras opciones de compilación. No se recomienda utilizar el Depurador Rápido para cualquier aplicación que requiera una gran cantidad de computación o manipulación de gráficos como juegos.
- Si agrega o elimina variables Globales, necesitará reiniciar el Depurador Rápido.
- No se puede ejecutar la aplicación en un dispositivo si no está conectado al IDE. La razón es que la aplicación se ejecuta en un Motor de Depuración dentro del IDE, como se explica a continuación.
- No puede utilizar el Depurador Rápido si se ha conectado al dispositivo a través de Bluetooth.

Como funciona el Depurador Rápido

El Depurador Rápido envía una sencilla "aplicación Shell" al dispositivo. Esta maneja la interfaz de usuario pero no proporciona ninguna otra funcionalidad. Su aplicación se ejecuta en un "Motor de Depuración" que es un dispositivo virtual que se ejecuta en su PC, como se muestra en el siguiente diagrama:

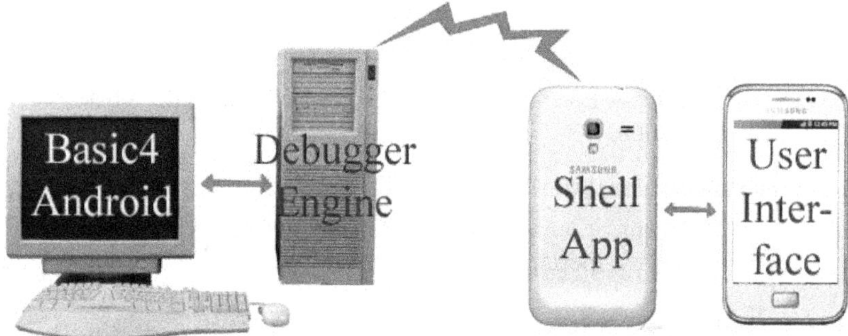

Por lo tanto, cuando modificas tu aplicación, sólo el código dentro del Motor de Depuración necesita modificarse. Por eso es tan rápido el despliegue.

Tenga en cuenta que si añade archivos a su aplicación o modifica el Android Manifest, será necesario cargar una nueva aplicación de Shell al dispositivo, pero no tendrá que volver a aprobar la instalación en el dispositivo, por lo que esta carga también será rápida.

Edición de código utilizando el Depurador Rápido

El beneficio que ofrece el Depurador Rápido sobre el Depurador Legado es la velocidad de compilación.

Depuración Legada

A parte de la Depuración Rápida, B4A también soporta una forma más antigua de depuración llamada Depuración Legada (o Heredada). Para utilizar depuración legada, debes activar la opción [Herramientas > Opciones del IDE > Usar Depurador heredado]. Si esta opción está seleccionada, entonces el código compilado contendrá código de depuración.

El código de depuración permite al IDE conectarse al programa e inspeccionarlo mientras se ejecuta. El nombre del archivo APK compilado terminará con `_DEBUG.apk`. Este archivo apk no debe distribuirse ya que contiene el código de depuración que añade una sobrecarga considerable, y además está firmado con

una clave de depuración (p.277). Para distribuir archivos, **debe** seleccionar el modo de compilación **Release** o el **Release (obfuscated)**.
Tanto la depuración rápida como la legada abrirán la Ventana de Depuración dentro del IDE.

Breakpoints (Puntos de Interrupción)[23]

Puede marcar líneas de código como "breakpoints". Cuando el programa se ejecuta, se detiene cuando alcanza un breakpoint.
Cree breakpoint haciendo clic en el margen gris a la izquierda del IDE. El breakpoint se muestra como un punto rojo en el margen izquierdo y la línea de código se resalta en rojo:

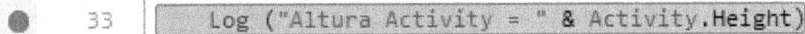

```
33    Log ("Altura Activity = " & Activity.Height)
```

Cuando el programa se detiene en un breakpoint, la línea de breakpoint se resalta en amarillo en el IDE, y se muestra una flecha amarilla en el punto rojo:

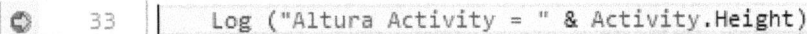

```
33    Log ("Altura Activity = " & Activity.Height)
```

En la App, se muestra un diálogo de bloqueo con un disco giratorio circular, con el número de línea y el código en el breakpoint:

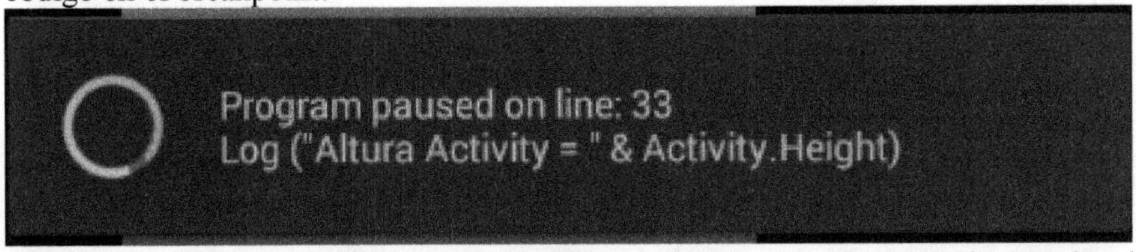

Program paused on line: 33
Log ("Altura Activity = " & Activity.Height)

Tenga en cuenta que el IDE recuerda (p.109) los breakpoint (almacenados en el archivo de metadatos) cuando guarda el proyecto.
Puede eliminar los breakpoint haciendo clic en sus puntos rojos o por medio del menú [Editar > Eliminar Todos los Puntos de Interrupción].

Limitaciones del Breakpoint

- Se ignorarán los Breakpoints en los siguientes subs: `Globals`, `Process_Globals` and `Activity_Pause`.
- Servicios – Se ignorarán los Breakpoints que aparecen después de una llamada a StartService.
- Los Breakpoints configurados en `Service_Create` y `Service_Start` detendrán el programa hasta un tiempo específico (aproximadamente 12 segundos). Esto es para evitar que Android mate al Servicio.
- Si el programa ya está pausado en un breakpoint, se ejecutarán los eventos que se produzcan. Se ignorarán los Breakpoints en el código que procesa el evento.

Control del Depurador

Si se encuentra en cualquiera de los modos de depuración, los botones y opciones del menú [Depurar] (p.89) están disponibles para controlar la ejecución de su programa durante la depuración:

Continuar (F5) la ejecución del código.

Avanzar depurador en procedimiento (F8). Entra en un sub si existe, o pasa a la siguiente línea. Esto es muy útil para ver el flujo real del programa y la evolución de los valores variables

Avanzar depuerador siguiente línea (F9). Pasar a la línea siguiente sin entrar en ninguna subrutina a la que se pueda estar llamando en la línea actual.

[23] NT: En textos técnicos de programación en castellano, también se utiliza la palabra en inglés.

Avanzar depurador final procedimiento (F10). Ejecuta el programa hasta que salga del subrutina actual y haga una pausa.

Parar el programa actual. **Nota:** detener el programa en el Emulador o en un dispositivo no lo detiene en el IDE.

Reiniciar (F11) Recompilar y ejecutar desde el principio.

Menú de depuración ofrece más control

Una vez que el depurador se esté ejecutando, el menú [Depurar] (p.89) estará disponible, que también ofrece el comando **Pausa**, haciendo una pausa en el código tan pronto como se pueda.

Ventana Depurar

Cuando el programa se ejecuta en modo Rápido o Legado, se abre una ventana de depuración dentro del IDE:

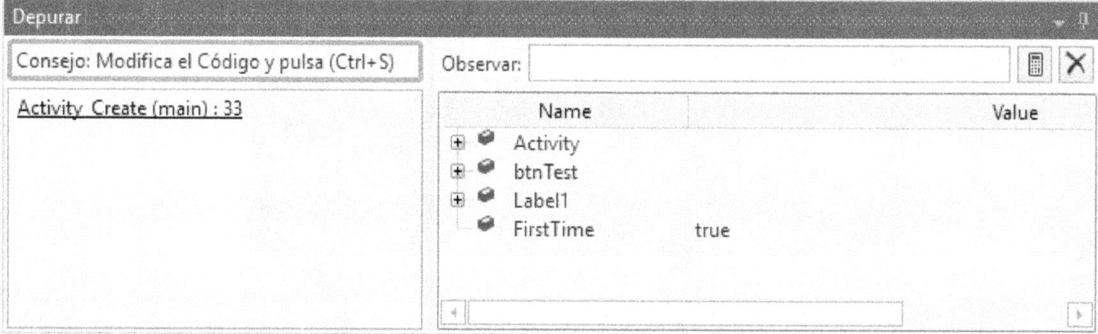

Nota: El Consejo "Modifica el Código y pulsa Ctrl+S" sólo se muestra cuando se ejecuta en el modo de Depuración Rápida.

Pila de Llamadas

Cuando el programa llega a un breakpoint se pausa y el panel izquierdo de la Ventana de Depuración muestra una lista de funciones actualmente activas, que normalmente se conoce como la pila de llamada o pila de ejecución, mostrando el nombre del sub, el número de línea donde se llamó al siguiente sub en la pila y dando un enlace para saltar a esa línea:

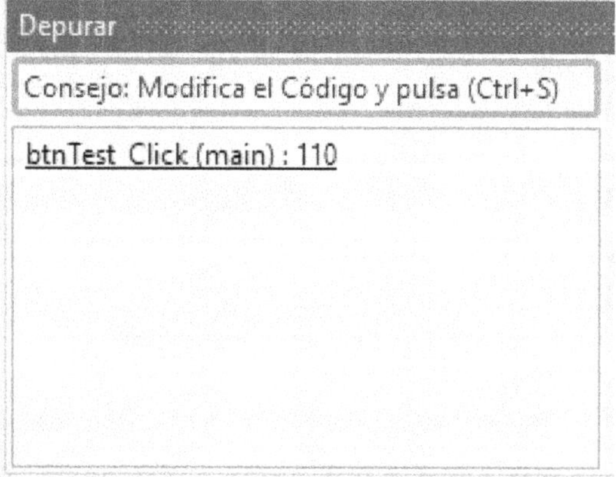

Lista de Variables

Cuando el programa alcanza un breakpoint, la información sobre las variables actuales se muestra en una lista en el panel derecho de la Ventana de Depurar:

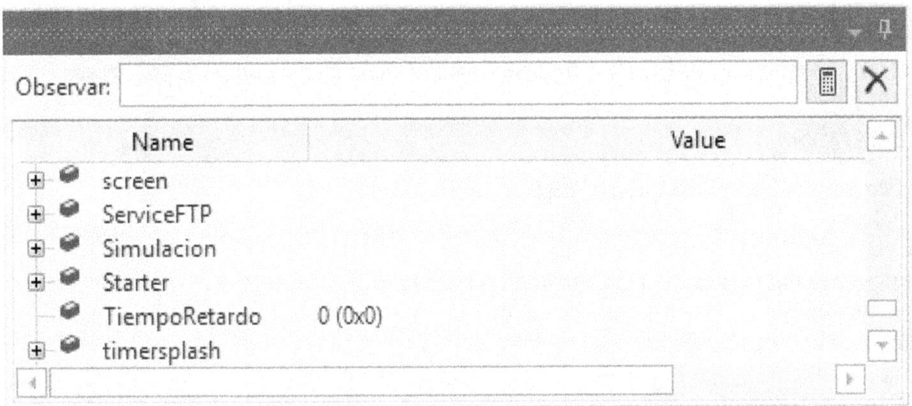

Los valores de números enteros se muestran en notación decimal y hexadecimal.

Observar

La Ventana de Depurar le permite establecer y eliminar variables o expresiones cuyos valores quiere revisar. Un "*Watch*" es una expresión que usted crea y que se evalúa cuando el programa alcanza un breakpoint. Para crear una expresión a observar utilice el botón o pulse la tecla de retorno en el campo de texto.

Cuando el programa alcanza un breakpoint, los valores evaluados de todas las expresiones se muestran en la parte superior del área de información:

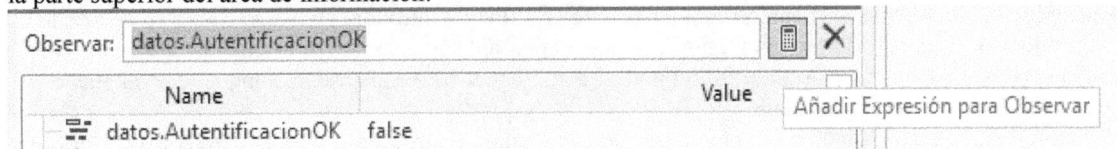

Consejo: Escribir expresiones en el cuadro de entrada "Observar" no es fácil, ya que no hay función de autocompletar. Una manera más fácil de crear expresiones podría ser utilizar la función *Consulta Flotante*, como se explica a continuación.

Borrado de Expresiones

Haciendo clic en el botón de eliminar ✕ a la derecha del área de entrada de Expresiones, las borrará TODAS.

Advertencia: no hay manera de restaurar las Expresiones una vez borradas, y en la actualidad las expresiones no se pueden borrar de forma individual.

Consulta Flotante

Puede ver el valor de las variables colocando el ratón sobre una variable dentro del código que ya está pausado:

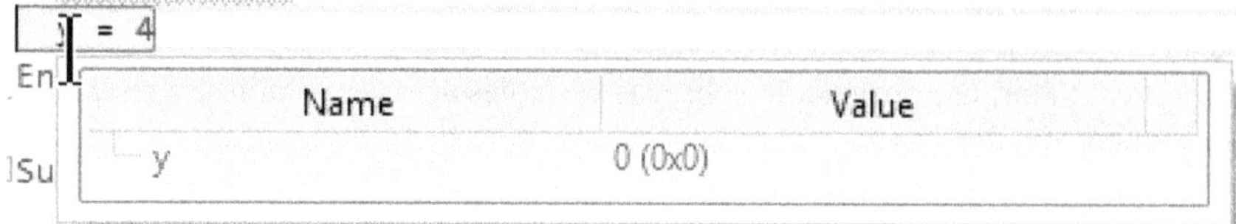

Puede crear una expresión seleccionando algún texto en el código y haciendo clic con el botón derecho del ratón. Aparecerá el menú Contextual (p.100) que incluye la opción ***Añadir Expresión para Observar***.

Registro (Logging)

La otra forma útil de depurar tu aplicación es usar el registro. Por ejemplo:

```
Log("Y = " & y)
LogColor("Aviso", Colors.Red)
```

Éstos producen mensajes en la mitad inferior de la ventana Logs (p.105).
El log también muestra mensajes relacionados con el ciclo de vida de los componentes, por ejemplo, cuando se ejecuta `Sub Activity_Create`.
Nota: Para obtener una explicación de los botones en la parte inferior de la ventana Logs, consulte la sección Ventana Logs.

Registro con B4A-Bridge en el modo de distribución (Release)

Cuando se utiliza B4A-Bridge (p.57), los mensajes de registro normalmente no están disponibles cuando se ejecutan en el modo de Release. Sin embargo, puede habilitarlos utilizando el Atributo de Proyecto (p.121):

```
# BridgeLogger: True
```

Se recomienda que elimines esta línea antes de enviar tu aplicación a Google Play.

Compilando para Material Design

Android 5.0 (API versión 21, también conocida como "Lollipop") introdujo un nuevo concepto de diseño para aplicaciones llamado "Material Design". Si desea crear aplicaciones que se ejecutarán en dispositivos con la versión 5.0 o anterior de Android, sería ideal comprender Material Design, aunque todavía puede utilizar B4A sin conocerlo en detalle.
Vea aquí (http://bit.ly/1McQH7R) la introducción de Google al concepto y aquí (http://bit.ly/1ei6khA) una guía para desarrolladores.
Utilice el Material Design para crear un tema. Vea aquí (http://bit.ly/1Dj3Aby) para un tutorial sobre Material Design usando B4A y aquí (http://bit.ly/1KaGeIF) para un tutorial sobre el uso de la librería AppCompat que trae características similares a versiones anteriores de Android. En B4A, puede modificar el tema de Material Design en tiempo de ejecución. Consulte aquí (http://bit.ly/1Qu3y8E) para un tutorial en línea.

Tema Holo

En el momento de escribir este libro, el tema de Material Design de Android 5.0 tiene algunos problemas que pueden alterar los diseños escritos para dispositivos más antiguos. Se recomienda utilizar un tema personalizado o el tema predeterminado del dispositivo. El compilador mostrará una advertencia sobre el uso específico del holo.theme.
Si desea utilizar el tema Holo, abra el Editor de Manifest con [Proyecto > Editor de Manifest] y añada lo siguiente (suponiendo que no haya establecido un tema diferente):

```
SetApplicationAttribute(android:theme, "@android:style/Theme.Holo")
```

Si está utilizando la librería StdActionBar (http://bit.ly/1McS4DG) y está manejando el evento `ButtonClicked`, debe actualizar la librería a v1.52, de lo contrario la aplicación fallará. Tenga en cuenta que el evento `ButtonClicked` no se activará en los dispositivos Android 5.

Temas Material en el Diseñador WYSIWYG Designer

Si conecta el Diseñador Visual a un dispositivo a través del menú WYSIWYG del Diseñador (p.157), podrá previsualizar diferentes temas de Material Design seleccionando uno del menú (por ejemplo, haciendo clic en los tres puntos verticales). Muestra una lista de temas disponibles, como esta:

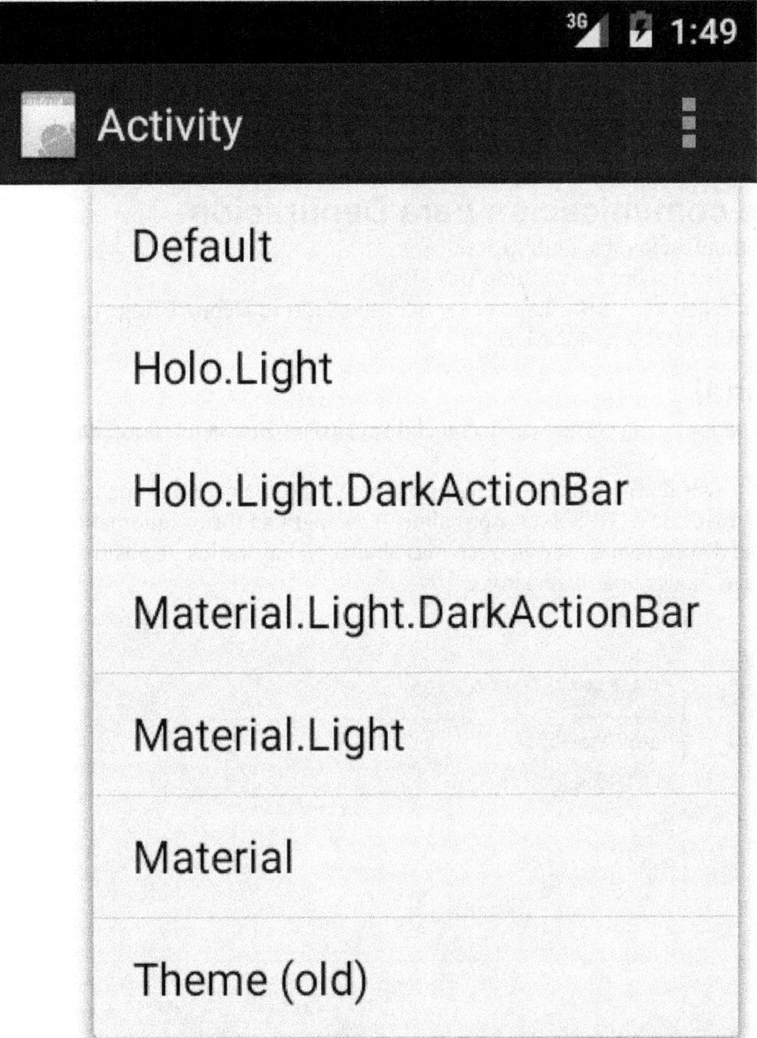

Para implementar el tema seleccionado en tu aplicación, necesitarás editar el Manifest como se describió anteriormente. En los dispositivos Android 5+, el diseñador de WYSIWYG utiliza por defecto el tema Material.

Probando tu aplicación

Antes de publicar tu aplicación, siempre debes probarla y depurarla en uno o más dispositivos reales, usando una de las dos primeras opciones siguientes. También puede utilizar la tercera opción, el emulador, para probarlo en otros tipos de dispositivos. Si tiene problemas para conectar B4A a su dispositivo, puede utilizar la cuarta opción.

Las opciones son:
- Conéctese a un dispositivo real con B4A-Bridge.
- Conéctese a un dispositivo real en modo de depuración USB
- Emulador de Android
- Compila la aplicación en modo release y copia el apk (p.277) a tu dispositivo

Conectando el Depurador al Dispositivo o al Emulador

Antes de poder depurar tu App necesitas "conectar" el depurador a un dispositivo o un emulador. Esto requiere crear un canal de comunicación y luego abrirlo.

Canales de comunicación para Depuración

Los canales de comunicación disponibles son:
- a un dispositivo físico sobre wifi usando B4A-Bridge
- a un dispositivo físico vía USB usando el servidor de Android Debug Bridge (p.202) (ADB)
- a un emulador usando el servidor ADB.

Abrir el Canal

Antes que el depurador pueda comunicarse con el dispositivo o emulador, necesitará abrir el canal de comunicación.
Para conectarse a través de B4A-Bridge es necesario seguir las instrucciones de este tutorial (p.57).
Para conectarse a través de ADB Server, normalmente se logra de forma automática cuando se ejecuta el depurador (en caso de problemas, ver un poco más abajo). Si hay varios dispositivos y/o emuladores, verá el cuadro de diálogo Seleccionar dispositivo:

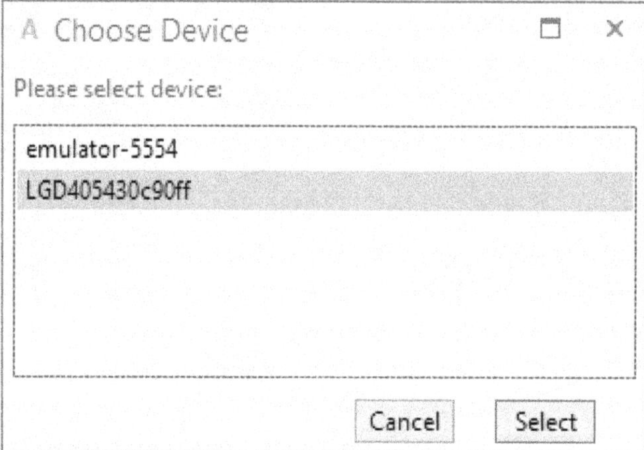

Este diálogo recuerda el último dispositivo al que se conectó con la sesión actual del IDE de B4A.

Problemas Abriendo el Canal

Si desconecta y vuelve a conectar una conexión USB o si inicia un nuevo emulador, es posible que el depurador pierda la conexión. En este caso, puede reiniciar la conexión seleccionando [Herramientas > Reiniciar Servidor ADB] y haciendo clic en el botón **Conectar** al pie de la ventana Logs.

B4A-Bridge

B4A-Bridge es una forma fácil de depurar tu aplicación en un dispositivo real. Necesita conectar su PC al dispositivo a través de conexiones inalámbricas a través de la red local. Esta es la opción recomendada. Es más fácil que la conexión USB y más rápido que un emulador. Explicamos los detalles en este tutorial (p.57).

Nota: en versiones anteriores, solías poder conectarte a B4A-Bridge a través de una conexión Bluetooth, pero esto ya no está disponible (a pesar de ser una opción mostrada en B4A-Bridge) porque, según el desarrollador,"hubo muchos problemas con esta tecnología". Podría estar disponible en el futuro.

Depuración USB

En teoría, debería poder depurar su App conectando su dispositivo por cable utilizando USB a su máquina de desarrollo. Para que esto funcione, necesita tener instalado el controlador USB correcto en su PC. Puede ser difícil encontrar el controlador USB adecuado para todos los dispositivos, y en ese caso tendría que utilizar B4A-Bridge, a menos que esté obligado a utilizar USB por alguna razón (por ejemplo, una captura de vídeo (p.85)).

Los beneficios de la depuración USB son:

- La conexión no requiere que inicie B4A-Bridge
- Capaz de tomar capturas de pantalla y hacer captura de vídeo (p.85)

Sin embargo, en la práctica puede ser algo difícil conseguir que las dos máquinas hablen entre sí. Vea los detalles abajo para lo que se requiere.

Le recomiendo que utilice la depuración USB si es capaz de hacer que se comuniquen. Si no es posible, utilice B4A-Bridge. Aquí describimos algunos de los elementos del sistema Android Debug Bridge (p.202) (ADB) y el mecanismo para conectar las máquinas entre sí, pero esta explicación está lejos de ser completa.

Conexión del dispositivo vía USB

Si desea probar sus App conectando B4A a un dispositivo con Android, necesita configurar su dispositivo e instalar el controlador USB adecuado en su máquina de desarrollo.

Configuración del Dispositivo

Para usar la depuración USB, primero deberá configurar el dispositivo para que admita la depuración USB.
A partir de Android 4.2, el menú del desarrollador está oculto. Para poder mostrarlo necesitas hacer lo siguiente:

- Seleccione [Ajustes > Acerca del teléfono] o [Configuración > Acerca de Tablet] o similar.
- Encuentre la entrada Build Number y haga clic en ella 7 veces

Debería ver un mensaje que dice "Ahora eres desarrollador" o algo similar.

Una vez que el menú del desarrollador esté visible, deberá abrirlo para activar la depuración USB. Puede encontrar esta opción en uno de los siguientes lugares, o en alguno similar, dependiendo de cómo se configuren los menús en su dispositivo concreto:
[Ajustes > Desarrollo > Depuración USB]
[Ajustes > Opciones del desarrollador > Depuración USB.]
[Ajustes > Aplicaciones > Desarrollo > Depuración USB.]
[Ajustes > { } Opciones de desarrollo > Depuración USB.]

Cuando habilite esta opción, verá un cuadro de diálogo que le pedirá que confirme que desea permitir la depuración USB.

el Controlador de USB

También necesita instalar el controlador USB en su máquina de desarrollo. Esto no es lo mismo que el controlador que le permite usar el Explorador de Windows para ver archivos en la máquina. Necesita el controlador que le permite depurar sobre USB.

Comprobar si el controlador está ya instalado

Puede saber si el controlador está instalado simplemente conectando el dispositivo al ordenador a través de un cable USB. Si la computadora tiene el controlador instalado, es posible que aparezca una ventana en el dispositivo, por ejemplo

¿Permitir depuración USB?

La clave RSA privada del ordenador es:
DC:DA:AD:07:CC:41:2B:48:0F:
31:F3:04:B2:AC:DA:66

☐ Permitir siempre desde este ordenador

CANCELAR ACEPTAR

Una vez que haya hecho clic en Aceptar (no es necesario si previamente ha marcado la casilla "Permitir siempre desde esta ordenador"), verá una Notificación (p.415) como la siguiente:

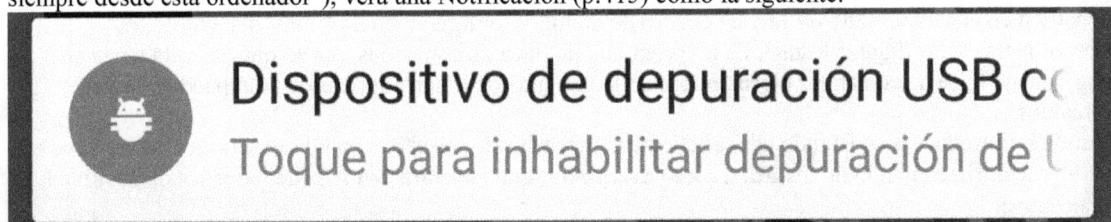

Dispositivo de depuración USB c
Toque para inhabilitar depuración de

Instalar el controlador USB

Si no ve la notificación anterior, significa que no ha instalado el controlador USB para su dispositivo en su máquina de desarrollo. Debería descargar el controlador USB de Google en el Android SDK Manager (p.48).

Si este controlador no funciona, necesita buscar, descargar e instalar el controlador específico para su dispositivo. Puede encontrar enlaces a los sitios web de varios fabricantes de equipos originales (OEM) (aunque no todos) aquí (`http://bit.ly/1IjNbte`).

El controlador Galaxy Nexus se distribuye por Samsung, donde se puede encontrar el controlador buscando el modelo SCH-I515.

Sin embargo, si tu dispositivo es uno de los teléfonos Android Developer Phones (ADP), un Nexus One o un Nexus S, entonces necesitas el controlador USB de Google en lugar de un controlador OEM.

Encontrará más detalles sobre cómo conectar su dispositivo a través de USB, aquí (`http://bit.ly/141xVIP`) y aquí (`http://bit.ly/141zLJG`) y aquí (`http://bit.ly/1C6k6Li`).

Instalación desde APK

Si tiene problemas para conectar B4A a su dispositivo a través de USB, puede compilar (p.186) la aplicación en modo release y copiar el apk (p.277) resultante a su dispositivo para probarlo. Encontrará el apk en la carpera Objects del proyecto.

Copie el archivo a su dispositivo, abra un administrador de archivos en el dispositivo y haga clic en apk. Verá una opción para Instalar la App. Es posible que necesite configurar primero las Opciones de Seguridad del dispositivo para permitir la instalación de aplicaciones desde origen desconocido (no oficiales) seleccionando
bien:[Ajustes > Aplicaciones > Origen Desconocido]".
o:[Ajustes > Seguridad > Origen Desconocido]

o:[Ajustes > Privacidad > Seguridad > Origen Desconocido]
o:[Ajustes > Ajustes Avanzados > Seguridad > Origen Desconocido]

Depuración vía conexión USB

Una vez que haya instalado el controlador correcto, cuando conecte un cable USB al dispositivo, debería ver la ventana emergente y la notificación que se muestra arriba. Ahora debe asegurarse que el software Android Debug Bridge se está ejecutando, como describimos a continuación.
Para asegurarse que B4A pueda encontrar el dispositivo, es posible que necesite reiniciar el servidor ADB, como se describe a continuación.

Android Debug Bridge

La forma en que una máquina de desarrollo se conecta a un dispositivo real o a un emulador es mediante el uso de Android Debug Bridge (ADB). Usted puede encontrar más detalles sobre ADB aquí (http://bit.ly/1C6khq8) y aquí (http://bit.ly/1C6klGg).

ADB consiste en 3 partes:

El Cliente ADB

Se ejecuta en su máquina de desarrollo. El cliente ADB (adb.exe) se puede encontrar en <android-sdks>\tools o en <android-sdks>\platform-tools, donde <android-sdks> es la primera parte de la carpeta que especificó en el campo **android jar** del cuadro de diálogo Configuración de Rutas, disponible en [Herramientas > Configurar Rutas]. Es un programa de línea de comandos, por lo que necesita tener un programa de línea de comandos ejecutándose en la máquina de desarrollo. Desde aquí puede escribir comandos.
Cuando se introduce un comando adb, el cliente comprueba si se está ejecutando el servidor adb, y si no es así, lo inicia. Un comando útil es `adb.exe devices`, que mostrará una lista de todos los dispositivos conectados:

```
C:\android-sdks\platform-tools>adb.exe devices
List of devices attached
34403034434     device
```

Sin embargo, esto no significa que B4A pueda instalar y depurar correctamente su aplicación en el dispositivo.

El Servidor ADB

Esto funciona en su máquina de desarrollo. Puede iniciarse con B4A utilizando la opción [Herramientas > Reiniciar Servidor ADB].

El Demonio ADB

Se ejecuta en el dispositivo o emulador conectado.

Si tiene problemas para conectar B4A con su dispositivo mediante USB, puede consultar el foro de la comunidad en línea de B4A. Por ejemplo, aquí (http://bit.ly/1zsrEna) se discute el fallo de conexión.

Depuración con USB

Una vez que el ADB Server y el Daemon se estén ejecutando, debería poder depurar su aplicación, por ejemplo, usando el método de depuración rápida, simplemente haciendo clic en el icono Ejecutar ▶ .

El Emulador o el Administrador de Dispositivos Virtuales de Android (AVD)

Otra forma de ejecutar tu aplicación es utilizando un emulador. Estos se crean y administran con el Administrador de AVDs. **Nota**: un emulador puede ser un gran devorador de memoria.

Introducción

Existen 2 versiones del AVD Manager, una más antigua suministrada por Google como parte de Android Studio y otra más reciente que está integrada en B4A. La mayor parte de los nuevos usuarios probablemente querrán utilizar la versión B4A, pero la versión anterior proporciona más potencia, por ejemplo, permitiéndole editar un emulador existente.

B4A AVDManager

Debería empezar seleccionando [Herramientas > Run AVD Manager] en el menu de B4A. Puede ocurrir que no funcione para algunos usuarios que actualizan a una nueva version de B4A. En estos casos, podrán ejecutar el B4A AVDManager desde el B4A SDK Manager.

Google AVD Manager

El AVD (Android Virtual Device Manager) es una utilidad proporcionada por Google como parte del SDK de Android que le permite crear dispositivos Android emulados. Puede ejecutar el AVD desde el IDE haciendo clic en [Herramientas > Run AVD Manager]. O puedes encontrarla en la carpeta donde has copiado el SDK de Android, por ejemplo en los archivos **C: \android-sdks**
Puede crear tantos dispositivos como necesite, con diferentes especificaciones de hardware y diferentes resoluciones de pantalla. No se limita a ejecutar sólo un dispositivo emulado a la vez. Puedes iniciar tantos dispositivos como necesites (dependiendo de la memoria de tu ordenador, por supuesto) y puedes mantenerlos funcionando mientras editas y compilas tu código dentro de B4A. Pero tenga en cuenta que los emuladores pueden consumir mucha memoria.

Como interactúa B4A con los dispositivos emulados

Tras una compilación correcta, B4A buscará cualquier emulador de dispositivo activo o dispositivos reales que se hayan conectado a su computadora y le proporcionará una lista de estos dispositivos. A continuación, puede elegir qué dispositivo - real o emulado - de la lista en la que se ejecutará el código compilado.
Dado que puede tener varios dispositivos emulados funcionando al mismo tiempo, esto significa que puede probar su código contra varios dispositivos diferentes de una manera razonablemente rápida - simplemente ejecute su código contra cada dispositivo de la lista.

Utilizando el Android Virtual Device Manager

En el IDE, seleccione [Herramientas > Run AVD Manager]. Aparece una ventana similar a la siguiente:

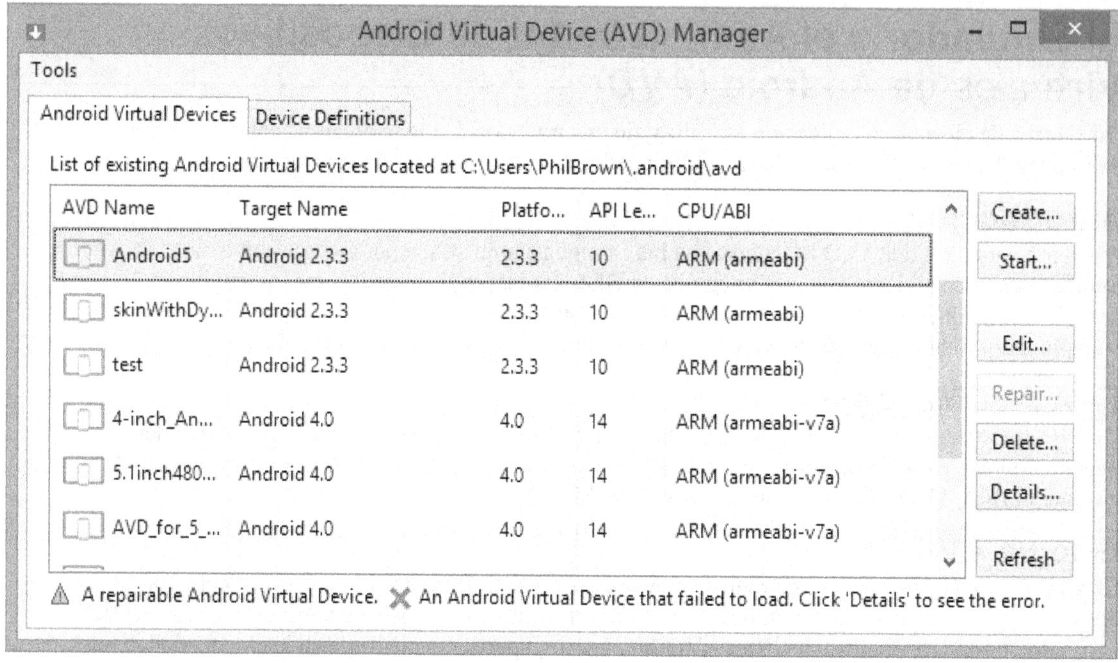

No hay pestañas disponibles

Exactamente lo que ve dependerá de la revisión de las herramientas de Android SDK Tools que haya instalado en su PC. Aquellos con versiones más recientes verán las dos pestañas, **Android Virtual Devices** y **Device Definitions**, debajo del menú. Aquellos con versiones más antiguas simplemente verán una lista de los dispositivos virtuales Android existentes.

Como actualizar

Si necesita acceder a la pestaña Device Definitions, que se describe a continuación, debe utilizar el menú [Tools > Administrar SDK...] y actualizar a una versión posterior de las herramientas Android SDK Tools, por ejemplo 22. n. n. n:

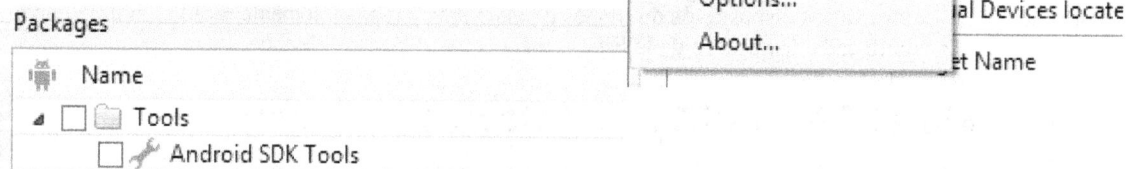

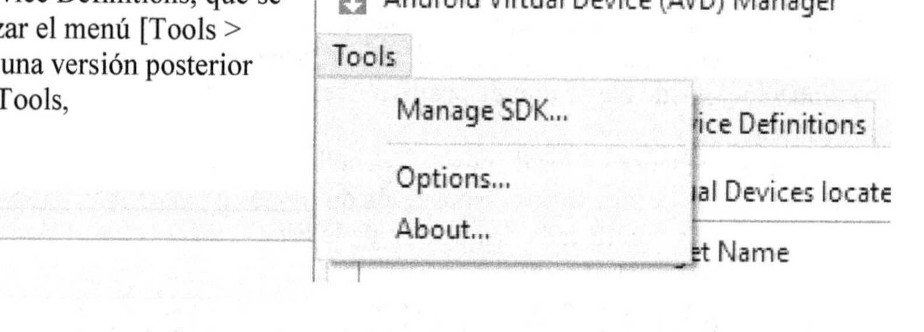

Android Virtual Devices (AVDs)

Los emuladores que ejecutará son Android Virtual Devices (AVD). Cada uno se basa en una definición de dispositivo. Inicialmente, la lista AVD estará vacía, pero hay una lista pre-poblada en la pestaña Device Definitions.

Creando un AVD

Cada dispositivo virtual se basa en una definición de dispositivo. El emulador viene con una lista de configuraciones de dispositivo predefinidas y puede crear otras nuevas utilizando la pestaña Device Definitions. Elija "New" o "Create" (dependiendo de la versión del AVD Manager que tenga).
Se abrirá un cuadro de diálogo similar al siguiente para crear un nuevo emulador:

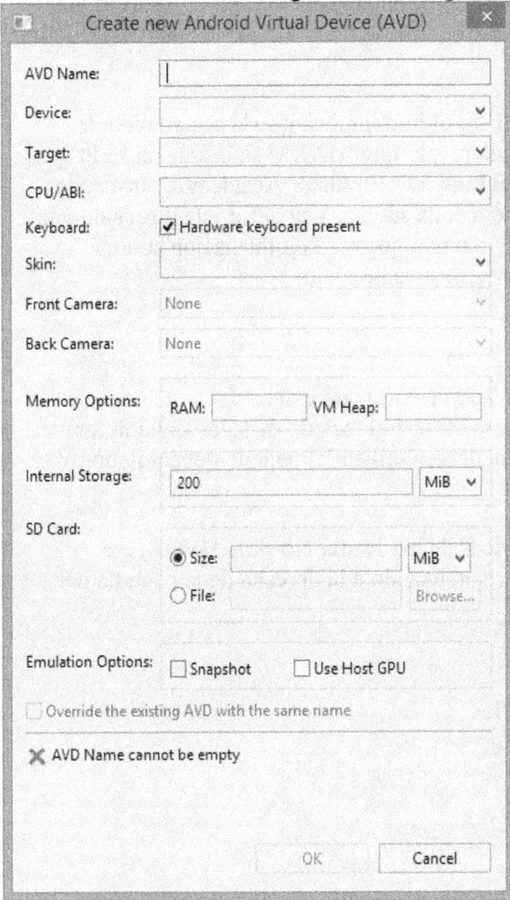

AVD Name[24] (Requerido)

Un nombre para su dispositivo virtual. El nombre sólo puede consistir en los caracteres a-z A-Z 0-9. _ - Puede darle un nombre como "HTCDesireHD" o "Xoom10.1", pero como puede usar un tamaño particular para emular diferentes dispositivos que tienen las mismas especificaciones, puede usar nombres como "480x800-API-10".

[24] NT: Como hasta ahora, al principio algunas palabras no se traducirán (como las opciones por que aparecen así en el Diálogo para crear un AVD), aunque poco a poco se traducirá en el texto, primero mostrando su traducción entre paréntesis y posteriormente ya dando las explicaciones con la traducción completa.

Device (Requerido)

Elija el dispositivo en el que se basará este AVD. **Nota**: también puede crear nuevos dispositivos utilizando la pestaña Device Definitions en el AVD Manager.

Target (Requerido)

Las opciones disponibles aquí dependen de las APIs de Android que haya instalado con el Android SDK Manager. B4A soporta todas las versiones de la API desde la 1.6.

CPU / ABI (Requerido)

Las opciones incluyen ARM (armeabi) e Intel Atom (x86). Esto último implica que la aceleración de hardware sea hasta diez veces más rápida. Sin embargo, requiere que Intel HAXM se instale en su PC y si intenta instalarlo, por ejemplo, a través del SDK Manager, el Intel x86 Emulator Accelerator (instalador HAXM) muestra "No compatible con Windows". No se recomienda su uso. Vea el foro de discusión aquí (http://bit.ly/2qPblVI). Si usted quiere intentar instalarlo sin embargo, vea la información sobre el HAXM aquí (http://intel.ly/2qORI07) y las instrucciones de instalación aquí (http://intel.ly/2qOFWTr).

Keyboard (Teclado)

Esta opción está pensada para dispositivos que tienen un teclado de hardware externo.
Se recomienda dejar esta opción seleccionada. Así le permitirá utilizar el teclado de su ordenador para introducir datos en los campos del emulador. De lo contrario, deberá utilizar el teclado del emulador.

Skin (Requerido)

Esto puede incluir opciones como Skin con controles dinámicos de hardware, No skin, HVGA, etc.
Si selecciona Skin con controles de hardware dinámicos, verá un teclado a la derecha de la pantalla del emulador.

La opción de **teclado** determina si estas teclas están activas.
Si selecciona No skin, estos botones no se mostrarán.

Front / Back Camera (Cámara Delantera / Trasera)

Le permite especificar si una cámara frontal y/o trasera (si está presente en este Device Definition) está inactiva, emulada o usa una cámara web conectada al ordenador en el que se está ejecutando el AVD. Las opciones generalmente son: None, Emulated or Webcam0.

Memory Options (Opciones de Memoria)

Éstos se configurarán según la que haya seleccionado en Device Definition, pero pueden ser anulados.

RAM

Ajuste la cantidad de RAM en Mb. En Windows, la emulación de RAM superior a 768 Mb puede fallar si no tiene suficiente RAM disponible en su PC. Si el emulador no se ejecuta correctamente, deberá reducir la cantidad de RAM asignada.

VM Heap

El VM Heap especifica el tamaño de la máquina virtual en MB. Debe aumentar el tamaño de la pila si asigna más RAM. El heap se utiliza para almacenar variables de objetos de clase instanciadas. El recolector de basura (Garbage collection) se utiliza por la VM para liberar el espacio eliminando variables no referenciadas.

Internal Storage (Almacenamiento Interno)

Se asume un valor por defecto de 200 Mb pero se puede cambiar. Introduzca el número y seleccione las unidades (Kb, Mb o Gb)

SD Card (Tarjeta SD)

Size

Le permite especificar el tamaño de la tarjeta SD instalada en su dispositivo. **Nota**: consumirá espacio en el disco duro, así que no se deje tentar para crear una tarjeta de 32GB introduciendo 32000 o si no, ¡esperará mucho tiempo mientras el SDK crea la tarjeta SD y consume 32GB de su disco!

El tamaño mínimo es de 9Mb, y un tamaño útil es probablemente 16 o 32 MB. Introduzca el número y seleccione las unidades (Kb, Mb o Gb). Puede ser útil tener un emulador sin tarjeta SD para comprobar que la aplicación funciona correctamente.

File

Le permite especificar un Archivo que representa la tarjeta SD. Esto le posibilita compartir tarjetas virtuales SD entre emuladores.

Para crear un archivo, es necesario utilizar una herramienta proporcionada por el Android SDK,"mksdcard.exe". Podrá encontrar una referencia a esta herramienta en la documentación de Android aquí (http://bit.ly/1IjNTXm).

Por ejemplo, si desea crear un archivo con un nombre de volumen "mySDCard" y un tamaño de 128M, deberá seguir estos pasos:

- Abrir una ventana de comando (en Windows puedes pulsar TeclaWindows+R y sale ventana "Ejecutar" pone "cmd" y botón aceptar)
- Si la ruta de su equipo no contiene el SDK de Android (que probablemente no lo contenga), necesitará utilizar los comandos DOS para navegar a la carpeta <android-sdk-folder>\\tools donde <android-sdk-folder > depende de dónde haya instalado los SDKs de Android. Los comandos podrían ser:
- Si es necesario, pase a la unidad C con el comando DOS **`c:`**
- Muévase al directorio correcto con los **`cd android-sdks\tools`**
- Crear el archivo con **`mksdcard -l mySDCard 128M c:\temp\mySDCardFile.img`**

Esto creará un archivo llamado **mySDCardFile. img** en el directorio c: \temp.
A continuación, puede utilizarlo como archivo de tarjeta SD en el Administrador de AVD.
Para los usuarios de Mac, si está ejecutando B4A dentro de una máquina virtual con Windows, puede volver a Mac y montar este archivo de imagen de la SD. Así podrá copiar archivos en la tarjeta SD. Estos archivos estarán disponibles en la tarjeta SD cuando se vean en un dispositivo virtual que lo utilice.

Emulation Options (Opciones de emulación)

Snapshot

Tomar una instantánea (snapshot) significa que el emulador se iniciará a ese estado guardado, reiniciando así más rápido. Por ejemplo, al añadir la opción Snapshot se puede reducir el tiempo de inicio de 24 segundos a 2 segundos. La primera vez que se ejecuta después de habilitar esta opción, el cuadro de diálogo de inicio muestra opciones para guardar y ejecutarla desde el snapshot:

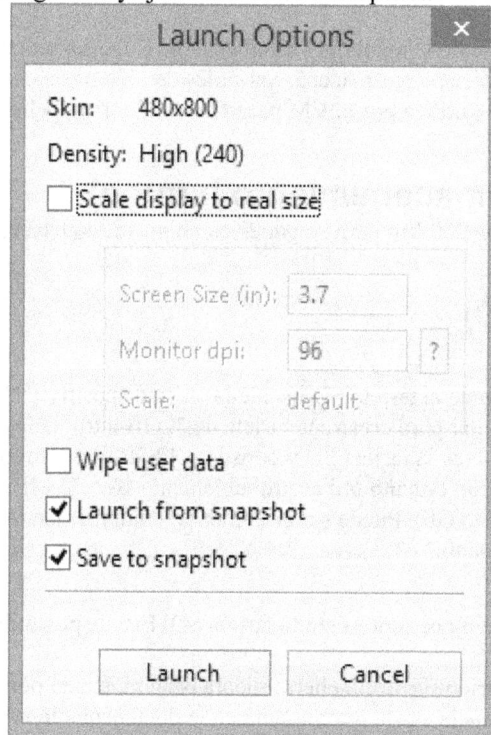

Launch Options

Skin: 480x800

Density: High (240)

- [ ] Scale display to real size

Screen Size (in): 3.7

Monitor dpi: 96 ?

Scale: default

- [ ] Wipe user data
- [x] Launch from snapshot
- [x] Save to snapshot

Launch | Cancel

La primera vez que se ejecuta, el emulador arranca normalmente. Pero cuando se cierre, se guardará un snapshot para que la próxima vez que se inicie, este estado guardado se utilice para reiniciar el emulador mucho más rápidamente.

Use Host GPU

Esta opción permite al emulador utilizar la unidad de procesamiento gráfico (GPU) del equipo host en el que se está ejecutando el emulador. Esto hará que el emulador sea más rápido. Esta opción no está disponible en versions más antiguas del SDK.

Creación de un *Device Definition* (Definición de Dispositivo)

Además de utilizar las definiciones de dispositivo predefinidas (device definitions), puede crear las suyas propias. Dentro del Administrador de AVD, haga clic en la pestaña **Device Definitions** y haga clic en el botón **Create Device**...:

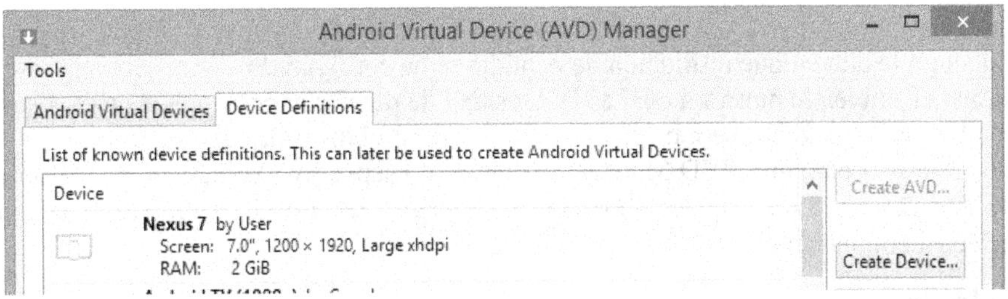

Se abrirá el siguiente cuadro de diálogo:

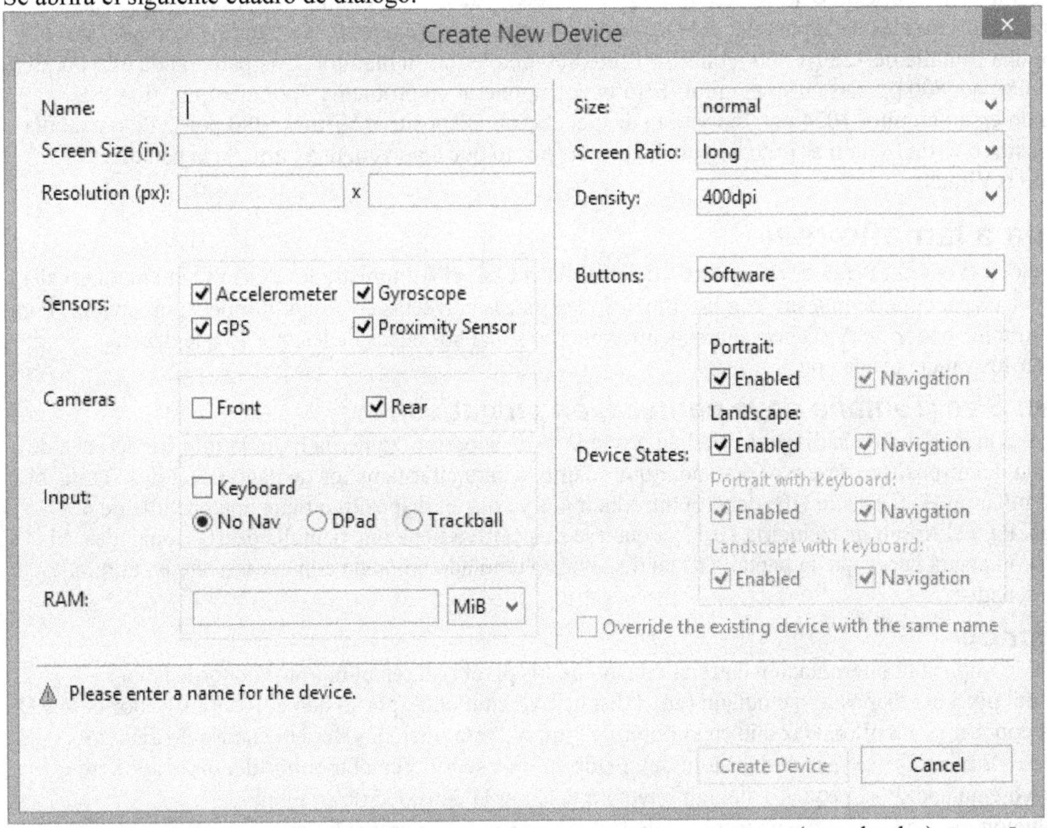

los parámetros de la izquierda que requieren son: **Name, Screen Size** (en pulgadas), **Resolution** (ancho y alto en píxeles) y cantidad de **RAM**.

Los parámetros de la derecha están preajustados y sus valores por defecto normalmente son aceptables. Más información sobre la creación de AVDs se puede encontrar aquí (http://bit.ly/2qP4vQh).

Ejecución de Dispositivo Virtual y ajuste de escala para la Emulación de Tamaño Real

En la sección "Virtual Devices" ("Dispositivos virtuales") del Administrador de AVD del Android SDK, seleccione el Dispositivo virtual que desea ejecutar de la lista de dispositivos definidos y, a continuación, haga clic en "Start" ("Inicio"). Aparecerá el cuadro de diálogo "Launch Options" (Opciones de Arranque, mostrado en la página anterior). Aquí es donde puede configurar el tamaño de la pantalla del dispositivo virtual tal y como aparece en el monitor de su equipo.

El cuadro de diálogo le dirá en qué resolución de pantalla se ha configurado - se refiere a la resolución del dispositivo virtual. También le mostrará cuál es la densidad de píxeles para ese dispositivo. Estos parámetros son los parámetros que se introdujeron al configurar el dispositivo.
Dispone de dos opciones para que AVD Manager presente su Dispositivo Virtual en el monitor del ordenador: `No Scaling` (Sin Escalado) y `Scale display to real size` (Escala a tamaño real). Éstos se describen a continuación.

Sin Escalado

Si deja sin marcar la opción `Scale display to real size`, el Administrador de AVD asignará directamente los píxeles de la pantalla del Dispositivo Virtual a los píxeles de su monitor, uno por uno. Por lo tanto, una pantalla de 1280 x 800 requerirá 1280x800 píxeles en su monitor. Una pantalla de 480 por 800 ocupará 480 por 800 píxeles en su monitor. Esto puede uponerle un problema - por ejemplo, si se está ejecutando en un monitor 1024 por 768 y trata de ejecutar un Dispositivo Virtual 1280 por 800, la pantalla del dispositivo virtual será más grande que el monitor, por lo que sólo verá una parte de la pantalla del Dispositivo Virtual.

Escala a tamaño real

Si selecciona la opción `Scale display to real size`, el Administrador de AVD intentará escalar su dispositivo para que se muestre con las dimensiones físicas correctas en el monitor de su ordenador. Para ello, el Administrador de AVD necesita más información sobre sus necesidades, por lo que deberá completar los siguientes campos:

Screen Size (Tamaño de la pantalla, en pulgadas)

Se refiere a la longitud de la diagonal medida desde la parte superior izquierda hasta la inferior derecha de la pantalla del dispositivo deseado. (Estándar que se utiliza para citar tamaños de pantalla). Por lo tanto, si quiere emular un HTC Desire HD, debería introducir 4.3 ya que el dispositivo tiene una pantalla de 4.3 pulgadas. Para el Xoom, introduciría 10.1, ya que ese dispositivo tiene una pantalla de 10.1 pulgadas. El emulador intentará hacer que la pantalla de su dispositivo emulado coincida con ese tamaño en el monitor de su ordenador.

Monitor dpi

El escalado implica la interpolación entre el tamaño de los píxel real (en el monitor del ordenador) y tamaño del píxel del dispositivo emulado (en el dispositivo emulado), por lo que el Administrador de AVD necesita conocer su monitor. Haz clic en el botón "?" junto a esta opción, y verá el cuadro de diálogo `Monitor Density` (Densidad del Monitor). Estos valores se refieren al monitor del ordenador, no al dispositivo emulado. Este pequeño diálogo intentará calcular la densidad de su monitor.
La resolución mostrada en el menú desplegable `Resolution` debe coincidir con la resolución del monitor de su ordenador. El elemento que este cuadro de diálogo no conoce es el tamaño del monitor del ordenador, por lo que debe introducirlo en el cuadro desplegable `Screen Size` (Tamaño de Pantalla). Con esa información, el Administrador de AVD puedrá ya escalar correctamente el Dispositivo Virtual para que se vea del tamaño correcto en el monitor de su ordenador.
Una vez configurados todos los parámetros necesarios, haga clic en `Launch` para iniciar el Dispositivo Virtual. Si es la primera vez que se utiliza, tardará bastante más en arrancar, aunque en ambos caso llevará su tiempo iniciar. Tenga paciencia – este proceso puede tomar bastante tiempo
Finalmente su dispositivo aparecerá en una ventana propia. Es posible que tenga que desbloquear el dispositivo deslizando el botón verde de Android por la pantalla.

Interacción con su Dispositivo Virtual

Cuando el emulador se está ejecutando, puede interactuar con el dispositivo móvil emulado tal y como lo haría con un dispositivo móvil real, excepto que utiliza el puntero del ratón para "tocar" la pantalla táctil y su teclado para "pulsar" las teclas del dispositivo simulado. La tabla siguiente resume las asignaciones entre las teclas del emulador y las teclas del teclado. Una de las funciones más útiles es CTRL-F11, que gira la pantalla virtual de horizontal a vertical y viceversa.

Abreviaturas de teclado para PC

Emulator Function	PC Keyboard Key
Home	Home
(left softkey)	F2 or Page-up button
Star (right softkey)	Shift-F2 or Page Down
Back	ESC
Call/dial button	F3
Hangup/end call button	F4
Search	F5
Power button	F7
Audio volume up button	KEYPAD_PLUS, Ctrl-5
Audio volume down button	KEYPAD_MINUS, Ctrl-F6
Camera button	Ctrl-KEYPAD_5, Ctrl-F3
Switch to previous layout orientation (for example, portrait, landscape)	KEYPAD_7, Ctrl-F11
Switch to next layout orientation (for example, portrait, landscape)	KEYPAD_9, Ctrl-F12
Toggle cell networking on/off	F8
Toggle code profiling	F9 (only with -trace startup option)
Toggle fullscreen mode	Alt-Enter
Toggle trackball mode	F6
Enter trackball mode temporarily (while key is pressed)	Delete
DPad left/up/right/down	KEYPAD_4/8/6/2
DPad center click	KEYPAD_5
Onion alpha increase/decrease	KEYPAD_MULTIPLY(*) / KEYPAD_DIVIDE(/)

Abreviaturas de teclado para el Mac

Lo siguiente assume que estás utilizando Parallels (`http://bit.ly/1IjNYKJ`) para ejecutar Windows en un Mac.

Emulator Function	Mac Keyboard Key (in Parallels)
(left softkey)	fn-F2
Back	ESC
Call/dial button	fn-F3
Hangup/end call button	fn-F4
Search	fn-F5
Power button	fn-F7
Toggle cell networking on/off	fn-F8
Toggle code profiling	fn-F9

Intercambio de archivos con el PC

Para acceder a los archivos del Emulador, puede utilizar el Android Device Monitor. Sustituye al anterior **Dalvik Debug Monitor**.

Esto se puede ejecutar haciendo doble clic en el archivo por lotes **monitor.bat** que se encuentra en la carpeta de herramientas donde copió el SDK de Android, por ejemplo **C:\android-sdks\tools**

Es posible que vea un mensaje de Google preguntando si estás dispuesto a enviarles ciertas estadísticas. Puede decidir si está de acuerdo o no. Entonces (quizás después de esperar un poco) deberías ver algo como esto:

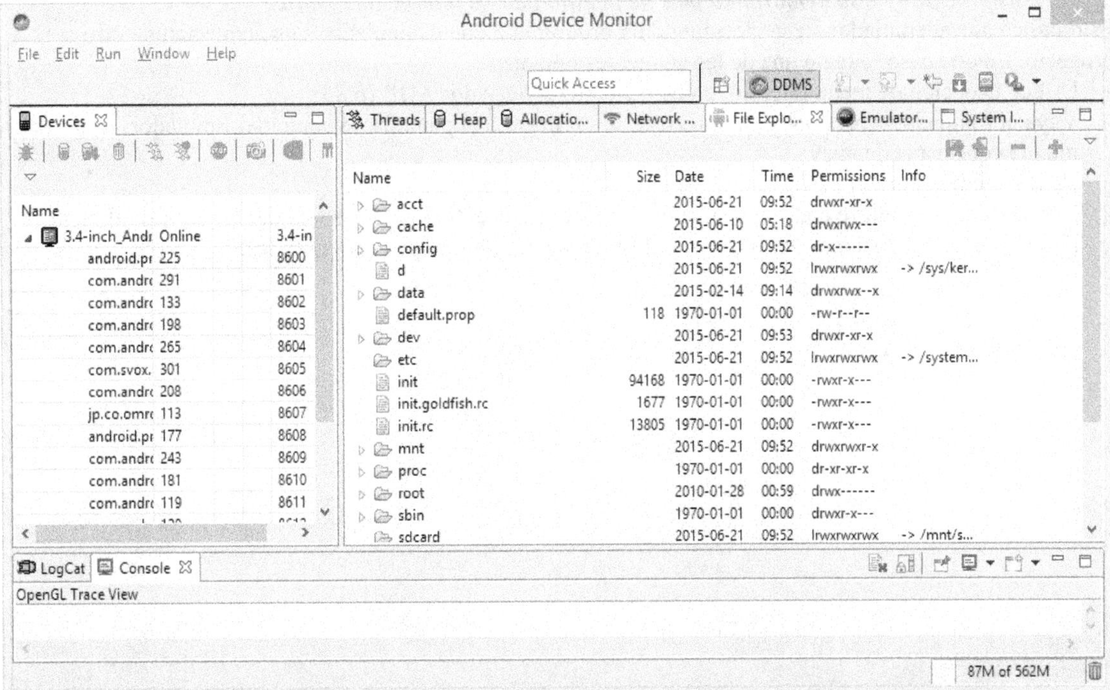

En el panel Dispositivos (arriba a la izquierda) debería ver una referencia al Emulador en ejecución. Selecciónelo. A continuación, seleccione el panel Explorador de archivos en el lado derecho.

Donde encontrar sus archivos

En **data\data** , encontrará los archivos que su aplicación ha copiado en `File.DirAssets`. Necesita buscar el Nombre del Paquete que dio a su aplicación en el menú IDE [Proyecto > Configuración de Compilación]. En la carpeta **mnt\sdcard**, deberías localizar los archivos que tu aplicación ha generado en `File.DirRootExternal`. Si no los puede encontrar, puede buscar el Nombre del Paquete en **mnt\shell\emulated\0\Android\data**.

Como gestionar los archivos

Cuando se selecciona un archivo en el Explorador de archivos, aparecen algunos iconos en la esquina superior derecha:

Descarga el archivo del dispositivo, lo copia en el PC

Transferir el archivo al dispositivo, copiar un archivo al dispositivo

Borra el aarchivo

Nueva carpeta (sólo se activa si se selecciona otra carpeta en el árbol)

Al hacer clic en o en muestra el explorador de archivos estándar de Windows para seleccionar el destino o la carpeta de origen del archivo seleccionado.

Solucionar problemas de conexión

En algunas ocasiones, cuando ejecute una aplicación o intente conectarse al emulador, verá el siguiente error:

Process is running longer than expected. Do you want to cancel it?
El proceso se está demorando más de lo esperado. ¿Quieres cancelarlo?

Esto indica que el emulador sigue ejecutando un programa o que el emulador sigue conectado a otro proyecto. En este caso, intente una de las siguientes opciones:

- Utilice la opción de menú [Herramientas > Reiniciar Servidor ADB (p.85)].
- Vaya al Emulador y presione el botón Atrás hasta llegar a la pantalla de inicio del Emulador, luego intente conectarse de nuevo.
- Cierre el emulador e inicie otro.
- Si este problema ocurre con frecuencia, intente aumentar el tiempo de espera del proceso en el menú [Herramientas > Opciones del IDE > Configurar Tiempo límite de Proceso (p.89)].

2.7 Gráficos y Dibujos

Los detalles de los tipos de Objetos para Dibujo (p.375) del núcleo B4A se explican en el capítulo de Objetos Básicos (p.353). Aquí explicamos cómo usarlas.

Métodos de Dibujado

Hay varias maneras de dibujar:
- Estableciendo el fondo de una Vista o de la Actividad con un Drawable[25] o a un Bitmap[26].
- Dibujando líneas u otras formas, Objetos Dibujables o Bitmaps sobre un Canvas[27] (Lienzo) y copiando más tarde su Bitmap en una Vista o en la Actividad.
A continuación trataremos estas opciones por separado.

Configuración de fondos de Vistas de Actividad

Primero comentamos algunos conceptos básicos y cómo establecer los fondos de Vistas y de Actividad.

Vistas Dibujables (Drawables)

Las Vistas (p.487) son los objetos mostrados en una Actividad (p.354). Cada uno de ellos tiene fondos predeterminados cuando se definen en el Diseñador o por código. Sus fondos pueden ser dibujados por un *Drawable* (vea esquema) o ser dibujados en un Bitmap.

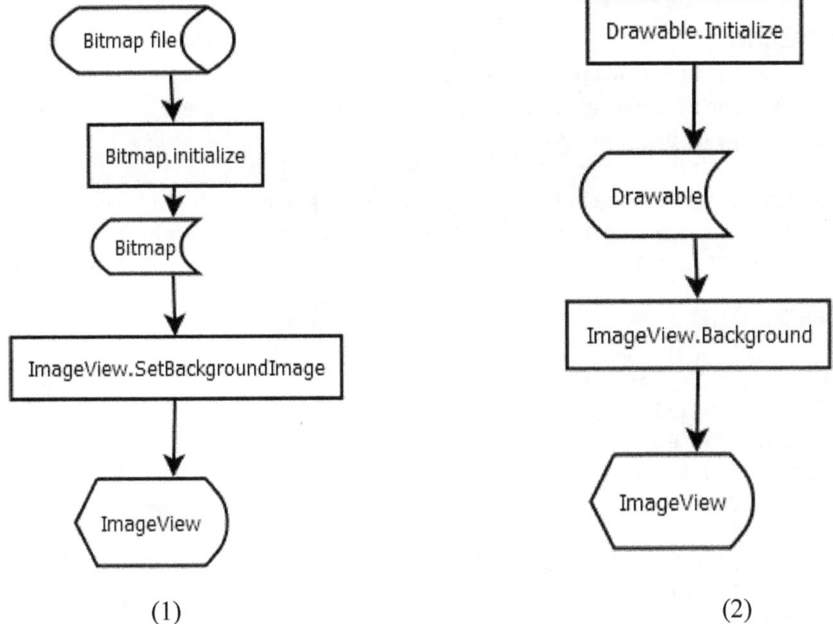

(1) (2)

Son traduciones que no se suelen realizar en textos técnicos en castellano y normalmente se utiliza la palabra en inglés.
25 Dibujable u objeto que admite comandos de dibujo.
26 Mapas de bits. Formato gráfico.
27 "Lienzo" sobre el que se dibuja o carga un gráfico.
Como hasta ahora, iremos introduciendo poco a poco la tradución en el texto si resulta oportuno. Más adelante en el libro, en algunos casos utilizaremos la versión en inglés por ser más claro para los desarrolladores.

Bitmaps (Mapa de bits)

Un mapa de bits es un objeto que normalmente se lee desde un archivo y se copia en el fondo de una Vista o sobre un lienzo, como se ilustra en diagrama (1).

Drawables (Dibujables)

Objetos como `BitmapDrawable`, `ColorDrawable`, `GradientDrawable` y `StateListDrawable` se denominan "drawables" en Android, que es un concepto que significa "capaz de ser dibujado en la pantalla". El fondo de una Vista o de la Actividad se puede definir a partir de un dibujo, como se muestra en diagrama (2).

Propiedad del fondo

Existen tres objetos dibujables que se pueden asignar a la propiedad `Background` de varias Vistas y de la propia `Activity`:

ColorDrawable

El objeto `ColorDrawable` tiene un solo color sólido. Las esquinas pueden ser redondeadas o no.

GradientDrawable

El objeto `GradientDrawable` tiene dos colores con un cambio de gradiente del primer al segundo color.

BitmapDrawable

El objeto `BitmapDrawable` tiene dos propiedades: `Bitmap` y `Gravity`. El objeto `BitmapDrawable` no tiene ninguna propiedad de esquina redondeada; si quieres esquinas redondeadas, deben formar parte del mapa de bits (bitmap).

Puede definir todas estas propiedades en el Diseñador, pero en el siguiente ejemplo las definimos en código como fondos de paneles. (Si quieres ejecutar esto necesitarás proporcionar tu propio archivo background.png, que añadirías a la carpeta Files de tu proyecto).

Código de ejemplo

```
Sub Globals
 Dim pnlColor As Panel
 Dim pnlGradient As Panel
 Dim pnlBitmap As Panel
End Sub

Sub Activity_Create(FirstTime As Boolean)
 pnlColor.Initialize("")
 Activity.AddView(pnlColor, 10%x, 40dip, 80%x, 80dip)
 Dim cdwColor As ColorDrawable
 cdwColor.Initialize(Colors.Red, 5dip)
 pnlColor.Background = cdwColor

 pnlGradient.Initialize("")
 Activity.AddView(pnlGradient, 10%x, 140dip, 80%x, 80dip)
 Dim gdwGradient As GradientDrawable
```

```
  Dim Cols(2) As Int
  Cols(0) = Colors.Blue
  Cols(1) = Colors.White
  gdwGradient.Initialize("TOP_BOTTOM", Cols)
  gdwGradient.CornerRadius = 10dip
  pnlGradient.Background = gdwGradient

  pnlBitmap.Initialize("")
  Activity.AddView(pnlBitmap, 10%x, 250dip, 80%x, 80dip)
  Dim bdwBitmap As BitmapDrawable
  bdwBitmap.Initialize(LoadBitmap(File.DirAssets, "background.png"))
  bdwBitmap.Gravity = Gravity.FILL
  pnlBitmap.Background = bdwBitmap
End Sub
```

El resultado sería:

StateListDrawable

Además de los anteriores, un **StateListDrawable** es un objeto dibujable que contiene otros dibujables y elige el actual basándose en el estado de un botón.

NinePatchDrawable

Android soporta un formato especial de imágenes PNG que puede ser redimensionado replicando partes específicas de la imagen y puede utilizarse para el fonde de una vista. Estas imágenes también incluyen información de relleno y se denominan "archivos 9-Patch" y Android automáticamente redimensiona la imagen para adaptarse al contenido de la vista. Puede leer más sobre este formato aquí (http://bit.ly/1MzxxYu).

El SDK de Android incluye una herramienta llamada **draw9patch.bat** que puede ayudarle a crear y modificar dichas imágenes. Esta herramienta está disponible en la carpeta Tools del SDK de Android. Encontrará más información aquí (http://bit.ly/1MzxETT).

Proyecto de Ejemplo

NinePatchExample es un ejemplo sencillo de un proyecto que usa SetNinePatchDrawable para demostrar la potencia y el uso de NinePatchDrawable.
Nota: este proyecto requiere el uso de la librería Reflection (p.615), por lo que no se puede ejecutar con la versión de evaluación de B4A. El proyecto está disponible en la página (http://bit.ly/1IjLiwC) de recursos de este libro.

Objeto Canvas (Lienzo)

Además de establecer el fondo de Vistas y la Actividad, la segunda forma de dibujar es utilizando un Lienzo. **Canvas**[28] es un objeto sobre el que se pueden dibujar o copiar mapas de bits para preparar el dibujo y luego, cuando esté listo, se puede copiar el mapa de bits en el fondo de una Vista (quizás sólo una parte de él) o en la Actividad.
Vea el Objeto Canvas (p.377) para más detalles de sus componentes.
Un objeto **Canvas** puede dibujar sobre las siguientes vistas: Activity (p.354), ImageView (p.450), Panel (p.461) y Bitmap (p.375)
Un bitmap debe ser "mutable" para que un **Canvas** pueda dibujar sobre él.
Un Canvas en un objeto **Activity**, por lo que no puede ser declarado en **Sub Process_Globals**.

Inicializando un Lienzo

Cuando inicializamos el objeto **Canvas**, debemos especificar en qué vista o mapa de bits se dibujará, ya sea una Vista o la Actividad, como se muestra en este diagrama:

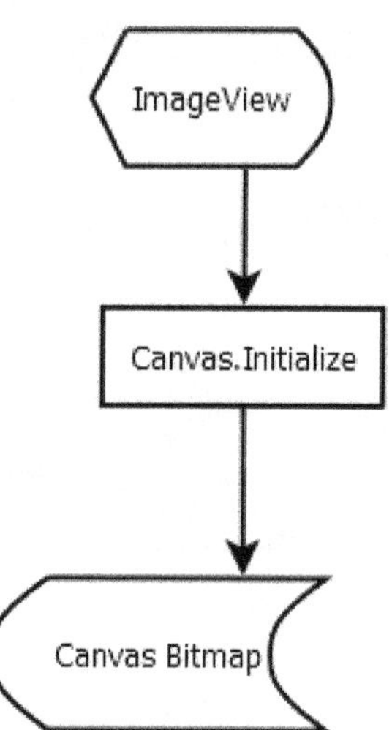

Cuando se inicializa un **Canvas** y se configura para dibujar en una vista (o en la Actividad), se crea un nuevo mapa de bits mutable para dibujar el lienzo y el fondo de la vista actual se copia primero en el nuevo mapa de bits. De esta manera, podemos preparar nuestro dibujo sobre el fondo antiguo.
Puede obtener el mapa de bits en el que se basa el lienzo con la propiedad **Bitmap**.

Por ejemplo, podría establecer un lienzo para dibujar sobre el fondo de la Actividad y al mismo tiempo tomar una copia del mapa de bits de fondo actual de la Actividad:

```
Dim Canvas1 As Canvas
Canvas1.Initialize(Activity)
```

[28] Como ya se ha comentado, para mejorar las descripciones técnicas a los desarrolladores, no se traducirá cuando haga referencia al objeto del lenguaje. Una vez nos familiaricemos con la tradución, en muchos casos volveremos a utilizar la palabra en inglés más adelante en el texto.

Dibujando sobre un Lienzo

A continuación, puede dibujar en el mapa de bits del lienzo llamando a uno de los métodos de dibujo del lienzo. Esto dibujará sobre el mapa de bits (todavía invisible) del lienzo.

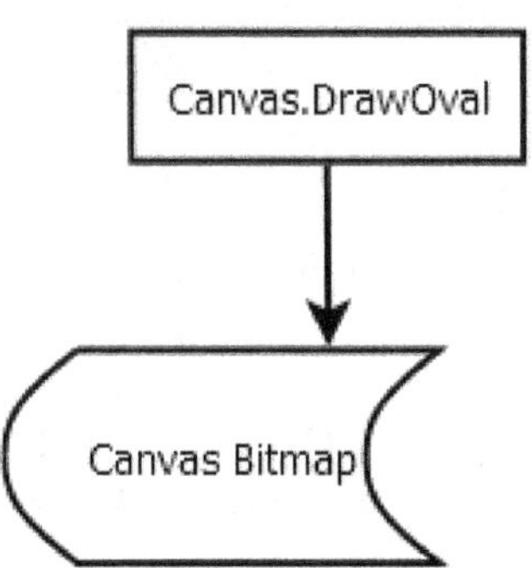

Los dibujos en el lienzo no se actualizan inmediatamente en la pantalla. Esto es útil ya que le permite dibujar varias cosas y sólo refrescar la pantalla cuando todo está listo.

Por ejemplo, podrías dibujar una línea sobre **Canvas1**:

```
Canvas1.DrawLine(0, 0, 100dip, 200dip,
Colors.Red, 3dip)
```

El objeto **Canvas** tiene métodos que le permiten dibujar y son los siguientes: DrawCircle (p.379), DrawLine (p.380), DrawOval (p.380), DrawOvalRotated (p.381), DrawPath (p.381), DrawPoint (p.381), DrawRect (p.381), DrawRectRotated (p.382), DrawText (p.382) y DrawTextRotated (p.382). Puede especificar sus posiciones, colores, ancho de la línea y si las formas cerradas están rellenas.

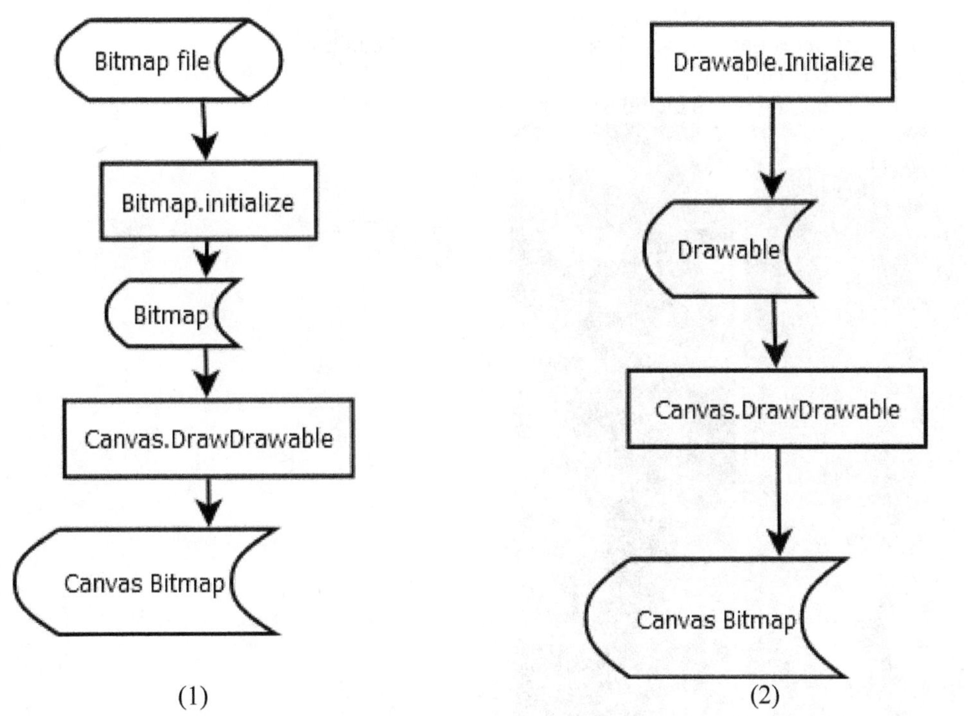

Importar un archivo Bitmap en el Lienzo

Diagrama (1) indica los pasos necesarios.

Copiar un Dibujable en un Lienzo

Diagrama (2) indica los pasos necesarios.

Haciendo que el lienzo se dibuje

Cuando se completa su dibujo, puede hacer que el lienzo se dibuje sobre su objetivo al hacer que el destino sea inválido llamando al método `Invalidate` de la vista destino.

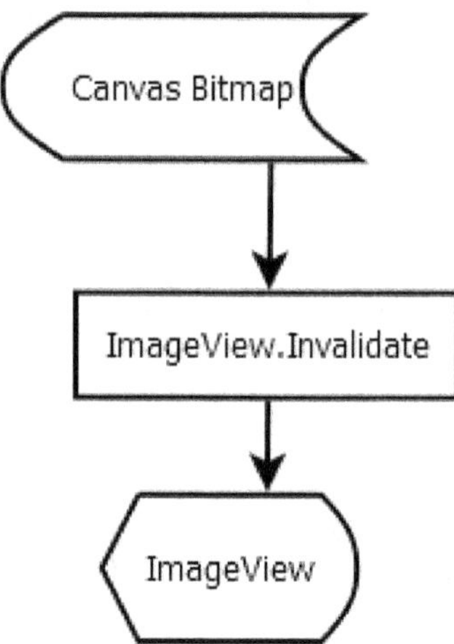

Por ejemplo, podría hacer que `Canvas1` se dibujara usando el código:

```
Activity.Invalidate
```

El resultado tendría las siguientes medidas:

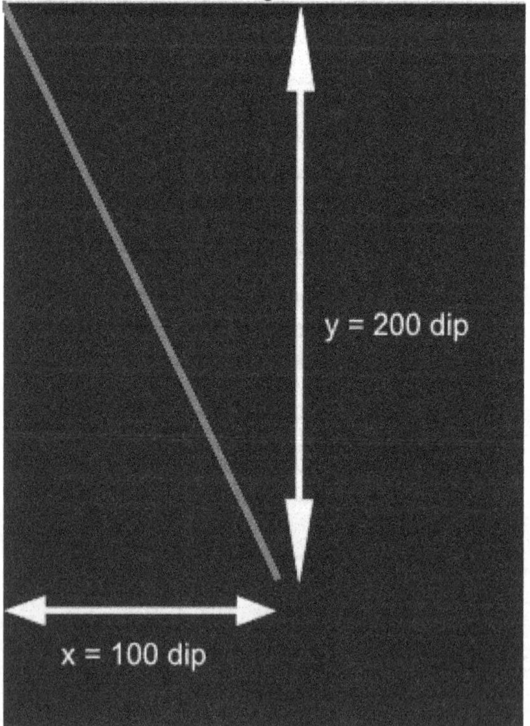

Tenga en cuenta que los primeros cuatro parámetros de DrawLine están en el orden izquierda, arriba, derecha, abajo.

Restricción del Área de Dibujo

El lienzo puede limitarse a una zona que defina un área específica del destino, y por lo tanto sólo dibujar en esa región. Esto se hace llamando a `ClipPath`. Vea un ejemplo en Canvas.ClipPath (p.378).

Las funciones más communes del Lienzo

Vea el objeto Canvas (p.377) para más detalles.

DrawBitmap (Bitmap1 As Bitmap, SrcRect As Rect, DestRect As Rect)

Dibuja un mapa de bits de origen (o parte de él) en un destino. Si los tamaños de origen y destino son diferentes, el dibujo de destino se amplia o reduce.

DrawBitmapRotated (Bitmap1 As Bitmap, SrcRect As Rect, DestRect As Rect, Degrees As Float)

La misma funcionalidad que DrawBitmap, pero con una rotación alrededor del centro del mapa de bits.

DrawCircle (x As Float, y As Float, Radius As Float, Color As Int, Filled As Boolean, StrokeWidth As Float)

Dibuja un círculo con el lado izquierdo en x y la parte superior en y. Puede rellenarse con un color (p.364) determinado y, si se rellena, el perímetro puede dibujarse con un trazo de un ancho determinado.

DrawColor (Color As Int)

Llena toda la vista con el color dado. El color puede ser Colors.Transparent haciendo que toda la vista sea transparente.

DrawLine (x1 As Float, y1 As Float, x2 As Float, y2 As Float, Color As Int, StrokeWidth As Float)

Dibuja una línea recta de (x1, y1) a (x2, y2) con el color (p.364) y el ancho de trazo especificados (en dips (p.178)).

DrawRect (Rect1 As Rect, Color As Int, Filled As Boolean, StrokeWidth As Float)

Dibuja un rectángulo con el tamaño, color, relleno y ancho de línea determinados.

DrawRectRotated (Rect1 As Rect, Color As Int, Filled As Boolean, StrokeWidth As Float, Degrees As Float)

Igual que `DrawRect`, pero girado por el ángulo indicado

DrawText (Text As String, x As Float, y As Float, Typeface1 As Typeface, TextSize As Float, Color As Int, Align1 As Align)

Dibuja el texto en el tipo de letra, tamaño y color indicado.

Align1 es la alineación relativa a la posición elegida, y puede tener uno de los siguientes valores: `LEFT`, `CENTER`, `RIGHT`.

DrawTextRotated (Text As String, x As Float, y As Float, Typeface1 As Typeface, TextSize As Float, Color As Int, Align1 As Align, Degree As Float)

Igual que `DrawText`, pero con el texto rotado.

Los detalles completos de todos los métodos del lienzo se pueden encontrar aquí (p.377).

Programa de Ejemplo

En este ejemplo, dibujamos algunas formas de muestra en la Actividad Principal (modulo Main). Pusimos el código en la `Sub Activity_Resume` porque siempre se ejecuta cuando la aplicación se inicia o reinicia. Por lo tanto, no necesitamos llamar `Activity.Invalidate`. También añadimos un botón y dibujamos un círculo cuando se pulsa. En este caso, si es necesario llamar a `Activity.Invalidate` para que el lienzo sea transferido al fondo de la Actividad.

```
Sub Globals
 Dim cvsActivity As Canvas
 Dim btnTest As Button
End Sub

Sub Activity_Create(FirstTime As Boolean)

End Sub

Sub Activity_Resume
 ' crea el botón
 btnTest.Initialize("btnTest")
 Activity.AddView(btnTest,10dip, 240dip, 200dip, 50dip)
 btnTest.Text = "Dibuja otro Círculo"
 ' initializa el lienzo
 cvsActivity.Initialize(Activity)
 ' dibuja un alínea horizontal
 cvsActivity.DrawLine(20dip, 20dip, 160dip, 20dip, Colors.Red, 3dip)
 ' dibuja un rectángulo vacio
 Dim rect1 As Rect
 rect1.Initialize(50dip, 40dip, 150dip, 100dip)
 cvsActivity.DrawRect(rect1, Colors.Blue, False, 3dip)
 ' dibuja un círculo vacio
 cvsActivity.DrawCircle(50dip, 200dip, 30dip, Colors.Green, False, 3dip)
 ' dibuja el texto
 cvsActivity.DrawText("Prueba de texto", 50dip, 150dip,
Typeface.DEFAULT, 20, Colors.Yellow, "LEFT")
 ' dibuja un círculo relleno con un borde
 cvsActivity.DrawCircle(50dip, 340dip, 30dip, Colors.Green, True, 3dip)
 ' lo anterior siempre se dibujará porque
 ' la Actividad se redibuja automáticamente en activity_resume
End Sub

Sub btnTest_Click
 cvsActivity.DrawCircle(100dip, 40dip, 30dip, Colors.Green, False, 3dip)
 ' hace visible lo dibujado
 Activity.Invalidate
End Sub
```

La pantalla resultante es:

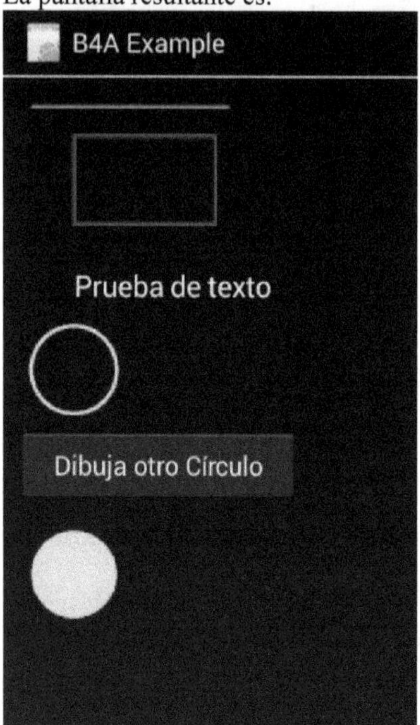

Ejemplos más complejos

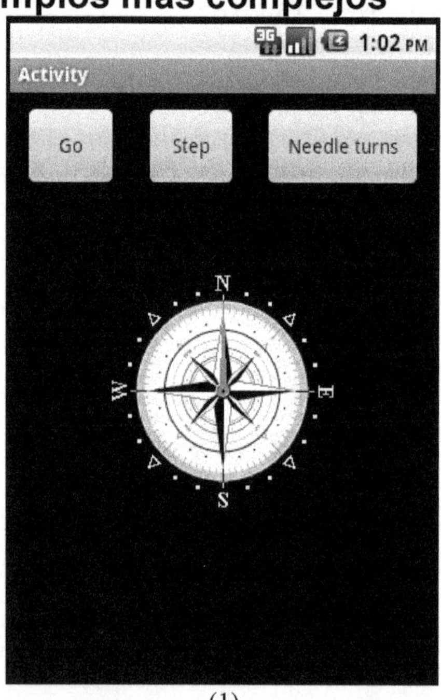

(1)

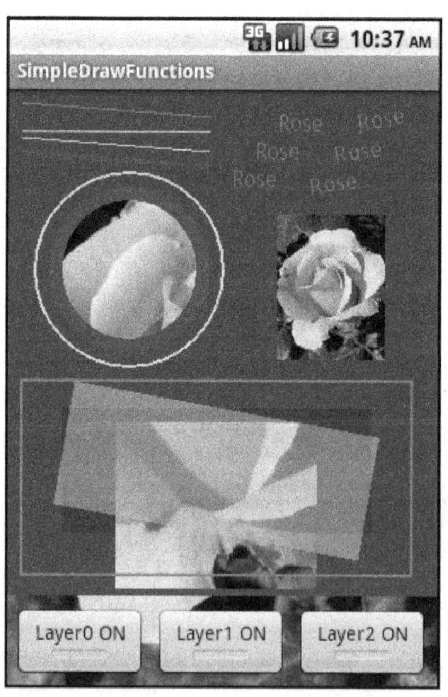

(2)

(1) Una buena manera de aprender es jugar con los proyectos y descubrir cómo funcionan. Puede descargar varios proyectos gráficos de ejemplo desde la página (http://bit.ly/1IjLiwC) de recursos de este libro.

El proyecto RotatingNeedle, dibujará una brújula que rotará la brújula o la aguja según seleccionemos en el botón de la derecha. Utiliza un **`Timer`** (temporizador) para controlar la rotación.
(2) El proyecto SimpleDrawFunctions, utiliza funciones de dibujo más comunes y paneles que se pueden mostrar u ocultar con botones.
El círculo azul con un centro transparente se puede arrastrar alrededor de la pantalla.

Animación de Mapas de bits

Puede animar un mapa de bits (bitmap (p.375)) haciendo que varios **`Panels`** o **`ImageViews`** se superpongan, y mostrando en turnos cada uno de ellos. La ilusión de movimiento se puede crear moviendo una imagen de fondo a través de la pantalla. Si se necesita cambiar las imágenes cambiadas con frecuencia, entonces podría dibujar sobre un lienzo primero. El código a dibujar es esencialmente este:

```
Dim cvs As Canvas
Dim imv As ImageView
Dim img As Bitmap
Dim Rect1 As Rect

imv.Initialize("")
Activity.AddView(imv, 0, 0, 100%x, 100%y)
cvs.Initialize(imv)
img.Initialize(File.DirAssets, "horse.png")
Rect1.Initialize(0, 45%y, img.Width, 45%y + img.Height)

cvs.DrawBitmap(img, Null, Rect1)
imv.Invalidate2(Rect1)
```

"Layers" es un proyecto de ejemplo, cuyo código fuente está disponible en la página (http://bit.ly/1IjLiwC) de recursos de este libro. Utiliza **`DrawBitmap`** con dos **`ImageViews`** para animar a un caballo galopando sobre un fondo en movimiento.

Diagramas / Gráficas

Osciloscopio es una demostración de dibujo sobre un lienzo, escrito por Klaus Christl.

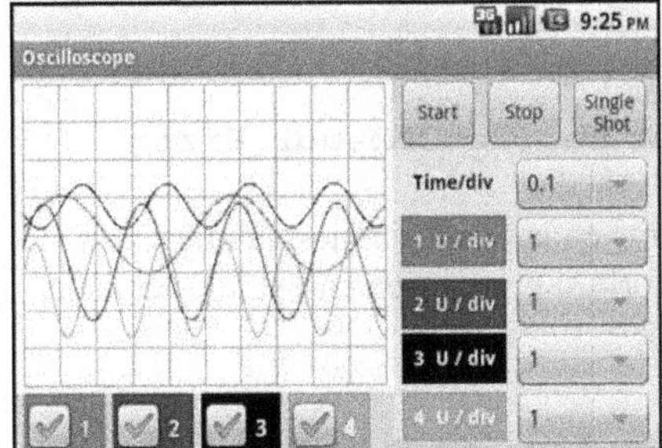

El proyecto se puede descargar de la página (http://bit.ly/1IjLiwC) de recursos de este libro.

Framework de Gráficas

El módulo *Charts Framework* permite dibujar varios tipos de diagramas:
- Gráficas de tarta

- Gráficas de barras
- Gráficas de barras apiladas
- Curvas

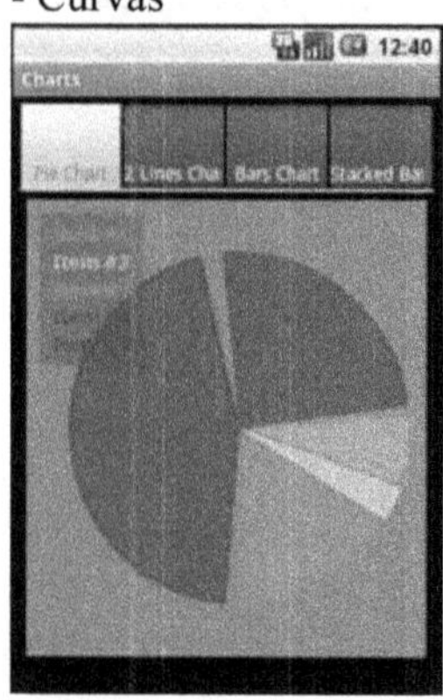

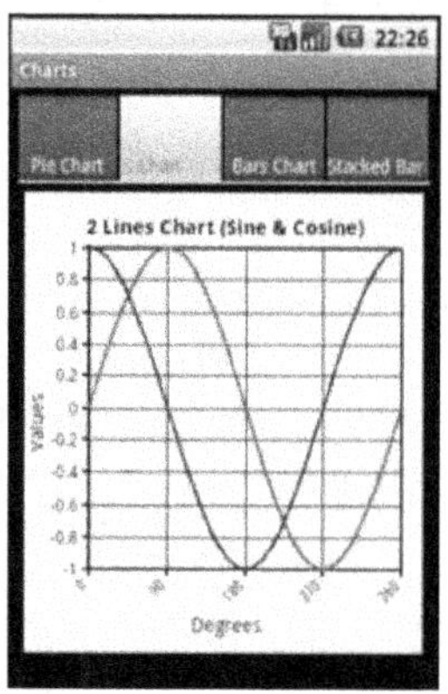

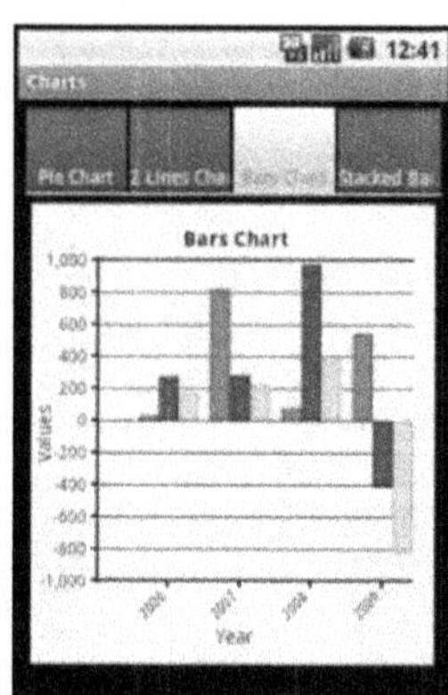

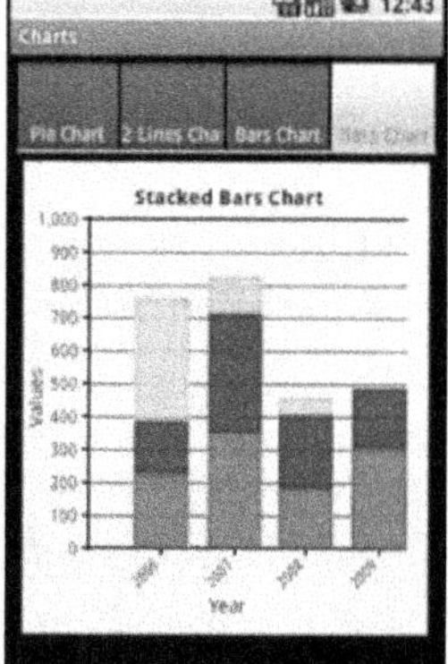

El *Charts Framework* es un módulo de código (no una librería) **charts.bas** que debe incluirse en su proyecto si desea utilizarlo. Se puede descargar aquí: Charts Framework (http://bit.ly/1OenSTK)

Errores de falta de Memoria

Los dispositivos tienen la memoria limitada y es possible que la App consuma toda la memoria disponible y en un momento determinado se agote, lo que provocará la excepción:

```
java.lang.RuntimeException: Error loading bitmap (OutOfMemoryError)
```

Si no intentas capturar (p.322) esta excepción, la aplicación fallará.
El motivo más común de consumir memoria es cargando mapas de bits en la memoria, normalmente con el comando `LoadBitmap`. También puede haber una pérdida de memoria si el usuario cambia la orientación de la pantalla y la App tiene que recargar los mapas de bits.

Puede reducir el consumo de memoria utilizando `LoadBitmapSample` en lugar de `LoadBitmap`, pero incluso así el consumo excesivo de memoria es posible si se cargan demasiados mapas de bits.
La mejor manera de minimizar este problema es asegurarse de que sus mapas de bits se definen en Process_Globals, así sólo necesitan cargarse una vez.

También es posible asignar más espacio de memoria utilizando LargeHeap en el Android Manifest usando el comando

```
SetApplicationAttribute(android:largeHeap,"true")
```

La pila es un tipo de memoria usada por Android. Tenga en cuenta que esto sólo funciona para SDK 11 o superior.
También tenga en cuenta que cuando Depura una App tiene menos memoria disponible de la que tendría en el modo Release, por lo que puedes intentar cambiar al modo Release para comprobar si se ejecutará.

Su App puede comprobar la cantidad de memoria libre en el dispositivo llamando a

```
Sub GetFreeMemory As Long
 Dim jo As JavaObject
 jo = jo.InitializeStatic("java.lang.Runtime")
 jo = jo.RunMethodJO("getRuntime", Null)
 Return jo.RunMethod("totalMemory", Null)
End Sub
```

Puede ver que require la librería JavaObject (p.558).

En teoría, puede liberar la memoria de objetos (como los mapas de bits) que ya no necesita llamando:

```
Sub recycle (bmp As Bitmap)
 Dim Obj1 As Reflector
 Obj1.Target = bmp
 Obj1.RunMethod ("recycle")
 bmp = Null
End Sub
```

Pero tenga en cuenta que esto sólo marca la memoria ocupada por el mapa de bits como disponible. En realidad no libera la memoria inmediatamente. Vea aquí (http://bit.ly/1c4VJVH) para más detalles.

2.8 Bases de Datos

Almacenamiento de Datos

B4A proporciona al desarrollador diferentes maneras de guardar datos en almacenamiento persistente, por lo que estará disponible cuando el usuario pause (p.257) la App o salga de ella. Debe elegir el método adecuado para el tipo de datos que desea almacenar. Dispone de las siguientes opciones para almacenar datos en almacenamiento persistente:
- Uso de la Librería KeyValueStore2 (p.562) que utiliza una base de datos SQLite.
- Usar el módulo de código StateManager (p.672) que guarda el estado y la configuración de la interfaz de usuario en un archivo.
- Utilizar su propia base de datos, como se describe a continuación.

También puede almacenar los datos en un archivo de acceso aleatorio (p.607) utilizando su propio código, aunque este no es el método más habitual.

Fundamentos de Base de Datos

Android soporta el motor de base de datos SQLite que tu App puede usar para almacenar datos en el dispositivo. B4A proporciona DBUtils que le permiten manipular fácilmente tablas y datos sin ningún conocimiento especial. Si necesita algo más sofisticado, puede escribir comandos en el lenguaje SQL de manipulación de datos.
Primero, veamos algunos elementos fundamentales de las bases de datos.

Base de Datos (Database)

Una base de datos es una colección de datos organizada en tablas, campos y registros. Un sistema de gestión de bases de datos (SGBD[29]) como SQLite permite la creación de estas estructuras y le permite introducir y recuperar datos.

Tabla

Los datos dentro de una base de datos se organizan en tablas. Una tabla corresponde a un objeto en el cual se almacenan los datos. Por ejemplo, una tabla podría contener información sobre ciudades o países.

Registro

Un registro son los datos sobre un objeto de una tabla. Por lo tanto, la tabla de ciudades podría contener un registro para Tokio y otro diferente para Londres.
A menudo una tabla se representa como una matriz[30], similar a una hoja de cálculo en la que las filas son los registros.

Campo

Los campos dentro de una tabla son los datos individuales que deben almacenarse para los objetos de la tabla. Por ejemplo, la tabla de ciudades puede almacenar campos Nombre de ciudad, País y Población.
Si una tabla se representa como una hoja de cálculo, entonces las columnas contienen los campos y las filas contienen los registros:

---

[29] NT: DBMS en inglés, de "database management system"

[30] Notación: Utilizaremos *array* cuando se trate de una matriz unidimensional (vector) y matriz en los casos de ser multidimensionales.

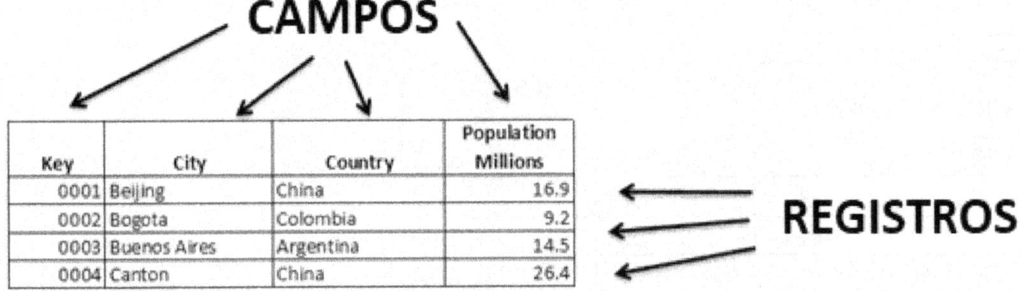

Key	City	Country	Population Millions
0001	Beijing	China	16.9
0002	Bogota	Colombia	9.2
0003	Buenos Aires	Argentina	14.5
0004	Canton	China	26.4

Clave Primaria

Cada tabla contiene normalmente un campo especial, llamado clave primaria, que se utiliza para identificar y localizar rápidamente un único registro. En la tabla de país, podríamos usar el nombre de la ciudad como clave, pero eso causaría un problema si dos ciudades de diferentes países tienen el mismo nombre. Por lo tanto, es más seguro crear un campo de clave especial utilizando un entero, que normalmente se incrementa automáticamente cuando se añade un nuevo registro.

Tipo de Campo

La mayoría de los SGBD necesitan saber qué tipo de datos se guardará en cada campo. Los tipos típicos son:

NULL: El valor es un valor `Null.`

INTEGER: El valor es un entero con signo, almacenado en 1,2,3,4,6 u 8 bytes dependiendo de la magnitud del valor

REAL: El valor es un valor de punto flotante, almacenado como un número en punto flotante IEEE de 8 bytes.

TEXT: El valor es una cadena de texto, almacenada usando la codificación de la base de datos (UTF-8 por defecto para Android).

BLOB: El valor es un bloque de datos, almacenado tal y como fue introducido.

Tenga en cuenta que SQLite es Diferente

Sin embargo, tenga en cuenta que SQLite (el SGBD Android) no cumple con este estándar para la mayoría de los campos. Vea Tipado Dinámico (p.239) para más detalles.

Datos Relacionales

Veamos de nuevo nuestra tabla País.

Key	Nombre	Pais	Población Millones
0001	Beijing	China	16.9
0002	Bogota	Colombia	9.2
0003	Buenos Aires	Argentina	14.5
0004	Canton	China	26.4

Debido a que los países tienen miles de ciudades, el nombre de cada país puede aparecer más de una vez (China en este pequeño ejemplo). Así que si el nombre del país cambia, tendríamos que cambiar muchos registros. Además, sería muy lento encontrar cada ciudad perteneciente a un país en particular. Una mejor manera de almacenar estos datos sería tener dos tablas, una para las ciudades y otra para los países:

Tabla Ciudad

CiudadID	Nombre	PaisID	Población Millones
0001	Beijing	0001	16.9
0002	Bogota	0002	9.2
0003	Buenos Aires	0003	14.5
0004	Canton	0001	26.4

Tabla País

PaisID	Nombre
0001	China
0002	Colombia
0003	Argentina

Una de las ventajas de la mayoría de los SGBD es que puede establecer enlaces (o relaciones) entre tablas. Así, por ejemplo, podría tener una tabla Ciudad y una tabla de País. En lugar del nombre del país, almacenamos sólo su clave en la tabla de ciudades. Para encontrar a qué país pertenece una ciudad, buscamos su clave de país en la tabla de País.

Archivos de Bases de Datos

En SQLite, una base de datos está contenida en un solo archivo. Puede crear este archivo antes de publicar su App, o en su aplicación puede crear la base de datos desde cero. Si desea incluir el archivo de base de datos con su App, copie el archivo en la carpeta Files del proyecto.
Puede usar cualquier extensión de archivo que prefiera, o incluso sin extensión, pero .db puede ser una buena opción para recordarle qué tipo de datos contiene el archivo.
Su App necesitará copiar la base de datos a una ubicación en la que se pueda escribir porque no es posible acceder a una base de datos localizada en File.DirAssets. Puede utilizar CopyDBFromAssets (p.233) **para copiarlo.**

Librería KeyValueStore2

Nota: La Librería KeyValueStore2 (p.562) proporciona una forma útil de almacenar fácilmente los datos en un almacenamiento persistente utilizando una base de datos SQLite de forma transparente. Se puede utilizar, por ejemplo, para almacenar las preferencias del usuario antes de que Android llame a `Activity_Pause`, y luego restaurarlas en `Activity_Resume`.

Cifrado de Bases de Datos

La librería adicional SQLCipher (http://bit.ly/165Z6Uq) le permite encriptar el archivo de base de datos SQLite.

Mostrando tablas al usuario

Puede mostrar una tabla SQL en un WebView y detectar en qué fila y columna hace clic un usuario, usando `ShowTableInWebView` del módulo de código DBUtils. Hay una forma más flexible y potente de mostrar una tabla usando la librería ScrollView2D, vea el tutorial aquí (http://bit.ly/1L0R59m).

Administración de Bases de Datos

Herramientas del SGBD

Aunque es posible crear una base de datos desde tu aplicación usando SQL, puede ser más fácil crearla durante el proceso de desarrollo e incluirla con su App (ver la sección anterior). La forma más sencilla de crear una base de datos es utilizar una de las siguientes herramientas.

SQLiteBrowser

SQLite Database Browser es un navegador de base de datos gratuito, de dominio público y de código abierto utilizado para crear, diseñar y editar archivos de base de datos compatibles con SQLite. Está pensado para usuarios y desarrolladores que deseen crear bases de datos, editar y buscar datos usando una interfaz familiar similar a una hoja de cálculo, sin la necesidad de aprender comandos SQL complicados. Tiene una interfaz gráfica de usuario excelente que le permite crear y manipular bases de datos SQLite sin SQLite, pero también le permite ejecutar comandos SQL.
Esta herramienta (http://bit.ly/1IjOpVw) no se está manteniendo actualmente, pero, sin embargo, es de mucha utilidad.

SQLiteSpy

Para aquellos que conocen SQL, si desea una herramienta de gestión de bases de datos basada en SQLite para crear bases de datos SQLite, pruebe SQLiteSpy, un administrador de bases de datos con interfaz gráfica de usuario (GUI) rápido y compacto para SQLite. Lee archivos SQLite3 y ejecuta SQL. Su interfaz gráfica de usuario hace que sea muy fácil explorar, analizar y manipular bases de datos SQLite3.
Se actualiza con frecuencia. El problema es que depende completamente de SQL. A diferencia de SQLiteBrowser, no tiene herramientas GUI para la manipulación de tablas. http://bit.ly/1agKxQx

Apps SGBD

Hay varias aplicaciones Android disponibles para administrar bases de datos. Las características que ofrecen varían. Algunos te permitirán crear bases de datos, otros navegar por bases de datos existentes, otros añadir registros pero si quieres editar bases de datos creadas por otras aplicaciones, todas ellas requieren que tengas un dispositivo con usuario administrador (root) para superar las limitaciones de seguridad de Android.

El Objeto SQL

Este es el objeto B4A más importante que accede a una base de datos. Se define en la Librería SQL (p.629). Antes de poder utilizar SQL, es necesario referenciar la librería y declarar el objeto.

Declarar el Onjeto SQL

Para que la librería SQL funcione, necesita declarar un objeto SQL en **Process_Globals**:

```
Sub Process_Globals
  Dim SQL1 As SQL
End Sub
```

El mejor lugar para hacerlo es en el Servicio Starter (p.120). Vea aquí (http://bit.ly/2qSTs8v) el razonamiento detrás de esto.

Inicializar el Objeto SQL

Además de declarar el objeto SQL, debe inicializarlo. Esto vincula el SQL al archivo de base de datos y lo abre.

Tenga en cuenta que se creará una nueva base de datos si no existe y si su tercer parámetro `CreateIfNecessary` es True.

Puede tener varios archivos de base de datos abiertos utilizando múltiples objetos SQL. Consulte la sección de Ubicación de archivos (p.389) para obtener información sobre dónde almacenar sus archivos.

Ejemplo

```
Sub Activity_Create(FirstTime As Boolean)
  If FirstTime Then
   Starter.SQL1.Initialize(File.DirRootExternal, "1.db", True)
  End If
End Sub
```

DBUtils

Fundamentos de DBUtils

DBUtils es un módulo de código que le permite manipular bases de datos sin necesidad de escribir mucho SQL. Sin embargo, es probable que todavía necesite un poco de SQL, lo explicamos en la sección de Referencia de SQLite (p.238).

Instalando DBUtils

DBUtils es un módulo de código y no una librería, así que tienes que incluirlo en tu proyecto:

- Primero, vea aquí (http://bit.ly/1cUgfEi) para encontrar la página web de DBUtils, baje al final del tutorial y descargue el archivo zip.
- Descomprima el archivo en una carpeta. Quizás desee estudiar el proyecto contenido en esa carpeta para aprender cómo usar DBUtils.
- Cuando quiera utilizarlo en su propio proyecto, agregue **DBUtils.bas** a su proyecto con el menú [Proyecto > Añadir Módulos Existentes]. Navegue a la carpeta DBUtils y seleccione DBUtils.bas.
- Haga clic en Abrir. Aparecerá un mensaje indicándole que el archivo ha sido copiado a su proyecto, y "DBUtils" aparecerá en la ventana de Módulos (a la derecha del IDE) y en las pestañas de los módulos visualizados en el IDE (la parte superior del IDE).

Pasos Preliminares SQL

Objeto SQL

Necesita referenciar la librería SQL y declarar el objeto, como hemos descrito anteriormente.

Versiones

Su estructura de base de datos podría cambiar con el tiempo.

DBUtils introduce el concepto de versión de base de datos, para que su código pueda establecer y probar el número de versión de la base de datos y actualizarla si es necesario. Utilice las funciones `GetDBVersion` y `SetDBVersion` para controlar la versión de su base de datos.

Tipos de Campos DBUtils

DBUtils incluye lo siguiente, que se utilizan como constantes para definir tipos de campo:

```
DB_BLOB
DB_INTEGER
DB_REAL
DB_TEXT
```

Para ver un ejemplo, vea CreateTable

Funciones DBUtils

CopyDBFromAssets (FileName As String) As String

Si ha incluido su archivo de base de datos en su aplicación (añadiéndola en la pestaña Archivos), entonces se debe copiar a una ubicación que se pueda escribir porque no es posible acceder a una base de datos localizada en `File.DirAssets`. Puede utilizar `CopyDBFromAssets` para copiarla. **Nota**: Si el archivo de base de datos ya existe, no se realiza ninguna copia. Si desea reemplazar la base de datos, debe eliminar primero el archivo en el destino.

Ubicación de la Base de Datos

Si está disponible el almacenamiento externo (p.389), este método copia la base de datos a la carpeta `File.DirDefaultExternal`. Si la tarjeta de almacenamiento no está disponible, el archivo se copia en la carpeta interna `File.DirInternal`.
Se devuelve la carpeta de destino.

CreateTable (SQL As SQL, TableName As String, FieldsAndTypes As Map, PrimaryKey As String)

Esta función crea una nueva tabla con el nombre indicado en el archivo previamente abierto cuando se inicializó el objeto SQL.
FieldsAndTypes – Un objeto Map[31] con los nombres de campo como claves y los tipos como valores. Puede utilizar los Tipos de Campos DBUtils para definer los tipos.
PrimaryKey – La columna que será la clave primaria (p.229). Una cadena vacía si no es necesaria clave primaria.
Ejemplo:

```
Dim SQL As SQL
Dim m As Map
m.Initialize
m.Put("Id", DBUtils.DB_INTEGER)
m.Put("Nombre", DBUtils.DB_TEXT)
m.Put("Apellidos", DBUtils.DB_TEXT)
m.Put("Cumpleaños", DBUtils.DB_INTEGER)
DBUtils.CreateTable(SQL, "Estudiantes", m, "Id")
```

DeleteRecord (SQL As SQL, TableName As String, WhereFieldEquals As Map)

Borra el registro indicado en la tabla **TableName**.
WhereFieldEquals es un Map en el que los nombres de campo son las claves y los valores a buscar son los valores del Map.

DropTable (SQL As SQL, TableName As String)

Borra la Tabla indicada.

ExecuteHtml(SQL As SQL, Query As String, StringArgs() As String, Limit As Int, Clickable As Boolean) As String

Crea HTML que, cuando se visualiza en un `WebView`, muestra los datos en una tabla. Este método se puede utilizar para visualizar rápidamente datos durante el desarrollo o para mostrar informes a los usuarios. Puede cambiar el estilo de tabla modificando la variable `HtmlCSS` de la Hoja de Estilo en Cascada (CSS) en `Process_Globals` del módulo DBUtils.

---

[31] NT: Cuando se trata de un objeto del lenguaje no se traducirá. Dim m As Map

StringArgs() – Array de valores para reemplazar los signos de interrogación en la consulta. Pasar `Null` si no se necesita.
Limit – Limita el número de registros devueltos. Pasar 0 para obtener todos los registros.
Clickable – Define si los valores se pueden hacer clic o no. Si los valores son seleccionables, debe capturar el evento WebView_OverrideUrl para conocer la celda en la que se ha pulsado. Ejemplo:

```
Sub WebView1_OverrideUrl (Url As String) As Boolean
 'examinar los números de filas y columnas desde la URL
 Dim values() As String
 values = Regex.Split("[.]", Url.SubString(7))
 Dim col, row As Int
 col = values(0)
 row = values(1)
 ToastMessageShow("El usuario a pulsado en columna: " & col & " y
fila: " & row, False)
 Return True 'No intente navegar a esta URL
End Sub
```

Nota: Por defecto, los hipervínculos no se diferencian de otros textos dentro del HTML. Es posible que desee modificar la variable `HtmlCSS` de la Hoja de Estilo en Cascada (CSS) dentro de `Process_Globals` del módulo DBUtils para cambiar el estilo de la tabla y hacer obvio que existe un hipervínculo. Por lo tanto, puede cambiar el valor predeterminado en el código CSS:

```
a { text-decoration:none; color: #000;}
```

para crear hipervínculos subrayados y azules use lo siguiente:

```
a { text-decoration:underline; color: #0000FF;}
```

ExecuteJSON(SQL As SQL, Query As String, StringArgs() As String, Limit As Int, DBTypes As List) As Map

Ejecuta la consulta *Query* dada y crea un objeto Map que puede pasar a JSONGenerator y generar texto JSON (p.560).
StringArgs() – Valores para reemplazar los signos de interrogación en la consulta. Pasar `Null` si no se necesita.
Limit – Limita el número de registros devueltos. Pasar 0 para obtener todos los registros.
DBTypes – Enumera el tipo de cada columna del ResultSet[32].
Ejemplo de uso (requiere una referencia a la librería JSON (p.560)):

```
Dim gen As JSONGenerator
gen.Initialize(DBUtils.ExecuteJSON(SQL, "SELECT Id, Cumpleaños FROM
Estudiantes", Null, 0, Array As String(DBUtils.DB_TEXT,
DBUtils.DB_INTEGER)))
Dim JSONString As String
JSONString = gen.ToPrettyString(4)
Msgbox(JSONString, "")
```

ExecuteListView(SQL As SQL, Query As String, StringArgs() As String, Limit As Int, ListView1 As ListView, TwoLines As Boolean)

Ejecuta la consulta entregada en **Query** y llena ListView (p.455) con los valores, una fila para cada registro.

[32] NT: En programación se utiliza la palabra en inglés y es el objeto con el conjunto de filas obtenidas en una consulta SQL a una Base de Datos, así como los metadatos de las columnas que forman cada fila (información de tipo de dato, nombre, etc…) y los métodos de acceso y desplazamiento por las filas.

StringArgs() – Valores para reemplazar los signos de interrogación en la consulta. Pasar `Null` si no se necesita.
Limit – Limita el número de registros devueltos. Pasar 0 para obtener todos los registros.
TwoLines – si es `True`, entonces la primera fila de ListView se asigna al primer campo y la segunda fila al segundo campo.

Ejemplo:
```
'Busque todos los exámenes de este estudiante con un calificación
inferior a 55.
DBUtils.ExecuteListView(SQL, "SELECT examen, nota FROM Examenes WHERE
id = ? AND nota <= 55", Array As String(EstudiantesId), 0,
lstFailedTest, True)
```

El resultado será el siguiente, dependiendo de si TwoLines es `True` o `False`

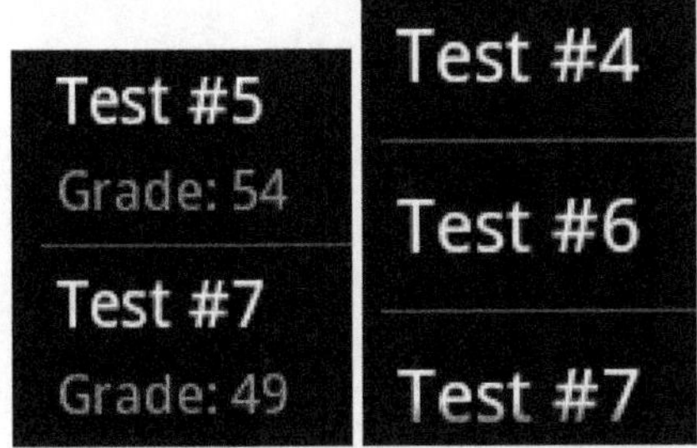

ExecuteMap(SQL As SQL, Query As String, StringArgs() As String) As Map

Ejecuta Consulta entregada en **Query** y devuelve un objeto `Map` con los nombres de las columnas como claves y los valores del primer registro como valores del mapa.
StringArgs() – Valores para reemplazar los signos de interrogación en la consulta. Pasar `Null` si no se necesita.
Las claves están en minúsculas. Devuelve `Null` si no se encuentran resultados.
Ejemplo:
```
mFirstRecord = DBUtils.ExecuteMap(SQL, "SELECT Id, [Nombre],
[Apellidos], Cumpleaños FROM Estudiantes WHERE id = ?", Array As
String(Value))
```

ExecuteMemoryTable(SQL As SQL, Query As String, StringArgs() As String, Limit As Int) As List

Ejecuta la consulta y devuelve el resultado como un objeto `List` de array. Cada elemento de la lista es una matriz de cadenas de caracteres.
StringArgs() – Valores para reemplazar los signos de interrogación en la consulta. Pasar `Null` si no se necesita.
Limit – Limita el número de registros devueltos. Pasar 0 para obtener todos los registros.

Ejemplo:
```
Dim lstTable As List
Dim strFields() As String
Dim lstRecords As List
Dim iCountStudents As Int
```

```
'lstTable es una lista de arrays de cadenas. Cada array contiene un
único registro.
lstTable = DBUtils.ExecuteMemoryTable(SQL, "SELECT Id, [Nombre] FROM
Estudiantes", Null, 0)
lstRecords.Initialize
For iCountEstudiantes = 0 To lstTable.Size - 1
 strFields = lstTable.Get(iCountEstudiantes)
 Log("Id: " & strFields(0))
 Log("Nombre: " & strFields(1))
Next
```

Ejemplo de uso de `StringArgs`:

```
lstTable = DBUtils.ExecuteMemoryTable(SQL, "SELECT Id FROM Estudiantes
where Id > ?", Array As String(intMinID), 0)
```

ExecuteSpinner(SQL As SQL, Query As String, StringArgs() As String, Limit As Int, Spinner1 As Spinner)

Ejecuta la consulta definida en **Query** y rellena el objeto Spinner con los valores de la primera columna.
StringArgs() – Valores para reemplazar los signos de interrogación en la consulta. Pasar `Null` si no se necesita.
Limit – Limita el número de registros devueltos. Pasar 0 para obtener todos los registros.
Ejemplos:

```
'Si el parámetro es conocido por el desarrollador
DBUtils.ExecuteSpinner(SQL, "SELECT * FROM Estudiantes WHERE Id <
40000", Null, 0, spnrStudentId)
'Si el parámetro es una variable Value
DBUtils.ExecuteSpinner(SQL, "SELECT * FROM Estudiantes WHERE Id = ?",
Array As String(Value), 0, spnrStudentId)
```

GetDBVersion(SQL As SQL) As Int

Obtiene la versión (p.232) actual de la base de datos.
Si la tabla DBVersion no existe dentro de la base de datos inicializada, se crea y se fija en la versión actual a 1.
Ejemplo:

```
Dim DBVersion, CurrentDBVersion As Int
DBVersion = DBUtils.GetDBVersion(SQL)
CurrentDBVersion = 2
Do While DBVersion < CurrentDBVersion
 Select DBVersion
 Case 1
   UpdateDB1_2(SQL)
 Case 2
   UpdateDB2_3
 End Select
 DBVersion = DBUtils.GetDBVersion(SQL)
Loop
```

InsertMaps (SQL As SQL, TableName As String, ListOfMaps As List)

Esta es la forma de insertar uno o más registros en una tabla. Los datos se pasan como una `List` que contiene objetos Maps como elementos. Cada mapa contiene los campos de un registro y sus valores.
ListOfMaps –Una lista con mapas como elementos. Cada `Map` representa un registro, donde las claves del mapa son los nombres de los campos y los valores del mapa son los valores.

Nota: debería crear un nuevo mapa para cada registro (esto se puede hacer utilizando `Dim` para redimensionar el mapa). Ejemplo:

```
Dim allRecords As List
allRecords.Initialize
Dim id As Int
For id = 1 To 40
 Dim oneRecord As Map
 oneRecord.Initialize
 oneRecord.Put("Id", id)
 oneRecord.Put("Nombre", "John")
 oneRecord.Put("Apellidos", "Smith" & id)
 allRecords.Add(oneRecord)
Next
DBUtils.InsertMaps(SQL, "Students", allRecords)
```

SetDBVersion(SQL As SQL, Version As Int)

Establece la versión (p.232) de base de datos en el número de versión indicado.

UpdateRecord(SQL As SQL, TableName As String, Field As String, NewValue As Object, WhereFieldEquals As Map)

Actualizar, es decir, modificar un registro existente en la base de datos.
TableName – La Tabla donde se encuentra el registro.
Field – El nombre del campo a actualizar.
NewValue – El Nuevo valor.
WhereFieldEquals – Esto identifica qué registro actualizar. Es un objeto Map, donde las claves son los nombres de las columnas y los valores del mapa son los valores a buscar.
Ejemplo:

```
Dim WhereFields As Map
WhereFields.Initialize
WhereFields.Put("id", spnrStudentId.SelectedItem)
WhereFields.Put("examen", spnrTests.SelectedItem)
DBUtils.UpdateRecord(SQL, "Calificaciones", "Nota", txtGrade.Text,
WhereFields)
```

UpdateRecord2(SQL As SQL, TableName As String, Fields As Map, WhereFieldEquals As Map)

Actualizar, es decir, modificar varios registros existentes en la base de datos.
TableName – La Tabla donde se encuentran los registros.
Fields – Un mapa de los campos a actualizar, en el que los nombres de los campos a actualizar son las claves y los valores son los nuevos valores que deben darse a estos campos.
WhereFieldEquals – Esto identifica qué registro actualizar. Es un objeto Map, donde las claves son los nombres de las columnas y los valores del mapa son los valores a buscar.
Ejemplo:

```
Dim mapNewFieldsValues As Map
mapNewFieldsValues.Initialize
mapNewFieldsValues.Put("tries", iTries + 1)
Dim mapWhere As Map
mapWhere.Initialize
mapWhere.Put("id", iRandRecord)
mapNewFieldsValues.Put("correct", iCorrect + 1)
```

```
DBUtils.UpdateRecord2(Starter.SQL1, "aorde", mapNewFieldsValues,
mapWhere)
```

Programa DBUtils de ejemplo

SQLiteViewer es un proyecto de ejemplo usando DBUtils, es un navegador de base de datos basado en Android. Está disponible en la página (http://bit.ly/1IjLiwC) de recursos en línea de este libro. Capturas de pantalla:

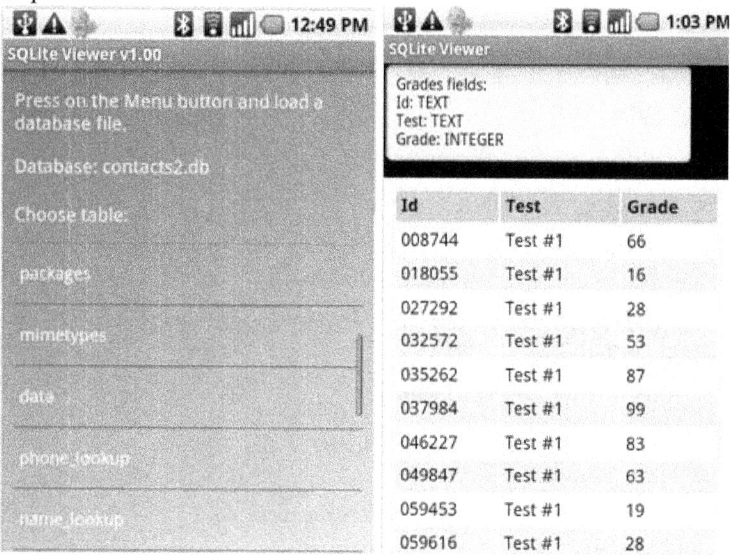

SQLite

SQL

Si DBUtils no es adecuado para sus necesidades, tendrá que escribir código usando el lenguaje de consulta estructurada (SQL). Esto le permite crear tablas, definir sus campos y otros atributos y añadir, recuperar y manipular registros.

Hay muchos sitios web que le ayudan a aprender SQL, por ejemplo W3Schools SQL (http://bit.ly/1IjOUyO).

SQLite

SQLite es el sistema de gestión de bases de datos (SGBD) integrado en Android. Es el SQL SGBD más extendido en el mundo. A continuación, damos un repaso de cómo escribir SQLite sin usar DBUtils (p.232).

Mas Información sobre SQLite

Puedes encontrar más información sobre SQLite aquí: http://www.sqlite.org/. Aquí (http://bit.ly/1IjOYyy) encontrarás la sintaxis de SQLite. Vea aquí (http://bit.ly/1IjP9de) para más detalles de palabras clave y comandos.

Ejemplo de Programa con SQLite

SQLExample es un programa de demostración, disponible en la página (http://bit.ly/1IjLiwC) de Recursos de este libro, que usa SQLite para crear y manipular una base de datos.

Tipado Dinámico

La mayoría de los SGBD utilizan "tipado estático", en la cual un tipo de datos está asociado con cada campo en una tabla, y sólo los valores de ese tipo de datos en particular pueden ser almacenados en ese campo. Por otra parte, SQLite usa "tipado dinámico".
En "tipado dinámico", el tipo de dato es una propiedad del valor mismo, no del campo en el que se almacena el valor. SQLite, por lo tanto, permite almacenar casi cualquier valor de cualquier tipo de dato en cualquier campo, independientemente del tipo de campo (p.229) declarado.
Hay algunas excepciones a esta regla: Un campo INTEGER como CLAVE PRIMARIA (p.229) sólo puede almacenar números enteros. Y SQLite siempre que puede intentará forzar valores en el tipo de datos declarado para el campo.

SQLiteExceptions

Debido a que interactuar con SQLite podría aumentar las excepciones en tiempo de ejecución, puede ser conveniente incluir su código en bloques TRY-CATCH para que pueda manejar cualquier problema que aparezca.

Librería SQL

Para poder utilizar SQLite, necesita habilitar la librería SQL en su proyecto. Vea aquí (p.496) el método para hacer referencia a una librería. Para obtener detalles de todos los tipos y funciones SQL, consulte la sección de referencia de la librería SQL (p.629).

Objeto SQL

Necesita declarar un objeto SQL e inicializarlo, como se describió anteriormente (p.231).

ExecQueries y ExecNonQueries

Las funciones SQL de B4A consisten principalmente en consultas que devuelven resultados (`ExecQueries`), o comandos que realizan acciones en la base de datos pero no devuelven resultados (`ExecNonQueries`). Varias opciones están disponibles en cada categoría.

Cursor

Un `Cursor` es el objeto devuelto desde un `ExecQuery`. Consiste en un conjunto de registros y un puntero al registro actual. Es similar a un **recordset** en Visual Basic. Más detalles en la sección Librería SQL (p.629).

Transacciones

Una transacción consiste en un conjunto de sentencias SQL. No se realizarán cambios en la base de datos a menos que todas las sentencias se completen con éxito. Esto asegura la integridad de la base de datos. Las sentencias dentro de una transacción se ejecutarán significativamente más rápido que esas mismas sentencias separadas.
Es muy importante cerrar las transacciones para poder confirmar los cambios. Se trata de una situación en la que el bloque Try-Catch (p.322) es útil.

Ejemplo:

```
SQL.BeginTransaction
Try
 'bloque de sentencias
 For i = 1 To 10
   SQL.ExecNonQuery2("INSERT INTO demo VALUES (?,?)", Array As
Object(i, "Tom Brown"))
 Next
 SQL.TransactionSuccessful
Catch
 Log(LastException.Message) 'no se realizan los cambios
End Try
SQL.EndTransaction
```

Nota: Para cada sentencia normal, se crea implícitamente una transacción y se cierra automáticamente.

Comandos SQLite

Tenga en cuenta que lo que sigue es sólo una introducción a la programación SQL. Consulte esta página (http://bit.ly/1IjP9de) en el sitio web de SQLite para obtener detalles completos del lenguaje.

Creación de Base de Datos

Puede crear una base de datos (es decir, un archivo que contenga todas las tablas de la base de datos) utilizando la sentencia `SQL.Initialize`, por ejemplo:

```
SQL.Initialize(File.DirRootExternal, "mydatabase.db", True)
```

Nota: si el archivo de base de datos ya existe, se abrirá en lugar de crearlo.

Creación de Tablas

Una vez creada su base de datos, necesita agregar tablas usando el comando SQLite `CREATE TABLE`. Un simple ejemplo sería:

```
CREATE TABLE Country (CountryId INTEGER PRIMARY KEY, CountryName TEXT)
```

Nota: en este ejemplo estamos declarando los tipos de campo a pesar de que SQLite usa Tipado Dinámico. Consideramos que esto es una buena práctica porque ayuda a que el código esté autodocumentado.
Ejecute el comando anterior con la función ExecNonQuery (p.633), o la función ExecNonQuery2 (p.633) que le permite parametrizar fácilmente este tipo de comando.
Los parámetros de `CREATE TABLE` son:
TableName (Nombre de la Tabla): Por lo general, es un error intentar crear una nueva tabla en una base de datos que ya contiene una tabla, índice o vista del mismo nombre.
Field List (Lista de campos): El nombre de tabla es seguido por paréntesis, que contienen una lista de campos separados por comas. Así, el ejemplo anterior define 2 campos.
Field Definition (Definición de campo): Cada campo se define por su nombre y, opcionalmente, por un tipo y una restricción.
Field Type (Tipo de campo): Esta es la palabra después del nombre del campo. Es opcional excepto en el caso de las INTEGER PRIMARY KEYS. Como se mencionó anteriormente, SQLite usa Tipado Dinámico, por lo que la declaración de tipo no es necesaria. Si lo declara, las variables de otros tipos todavía pueden ser almacenadas aquí pero si es posible se convertirán al tipo especificado.
La declaración simplemente determina el **Tipo de Afinidad** del campo, el tipo de datos preferido. Los tipos disponibles son: TEXT, NUMERIC, INTEGER, REAL y NONE.
Un campo con la afinidad TEXT almacena todos los datos utilizando las clases de almacenamiento NULL, TEXT o BLOB. Si se insertan datos numéricos en un campo con afinidad de TEXTO, se convierten en forma de texto antes de ser almacenados.

IF NOT EXISTS (SI NO EXISTE): Por lo general, es un error intentar crear una nueva tabla en una base de datos que ya contiene una tabla, índice o vista con el mismo nombre. Sin embargo, si la cláusula `IF NOT EXISTS` se especifica como parte de la sentencia `CREATE TABLE` y ya existe una tabla o vista del mismo nombre, el comando `CREATE TABLE` simplemente no tiene efecto (y no se devuelve ningún mensaje de error).

```
CREATE TABLE IF NOT EXISTS Country (CountryId INTEGER PRIMARY KEY,
CountryName TEXT)
```

Se sigue mostrando un error si la tabla no se puede crear debido a un índice ya existente, incluso si se especifica la cláusula `IF NOT EXISTS`.

PRIMARY KEY (CLAVE PRIMARIA): Una clave primaria es uno o más campos que se indexan para garantizar un acceso rápido y deben contener datos únicos. Normalmente es un número entero. Tenga en cuenta que una tabla no requiere una clave primaria, pero muchos lo hacen como se muestra en el ejemplo anterior.

Para especificar una clave compuesta, es necesario añadir una cláusula a la clave principal:

```
CREATE TABLE TableName (ID1 INTEGER, ID2 INTEGER, Col1 TEXT, Col2
REAL, CONSTRAINT PrimaryKeyName PRIMARY KEY (ID1, ID2))
```

Eliminar una Tabla

Si está seguro de que desea reemplazar la tabla original por una nueva con el mismo nombre, y perder todos los datos originales, puede evitar el error anterior eliminando la tabla antes de volver a crearla, con la sentencia SQL:

```
DROP TABLE IF EXISTS Country
```

Añadiendo registros

Utilice el comando `INSERT INTO` para añadir registros a una tabla. Hay dos formas fundamentales de especificar los datos a añadir.

1) O bien indica los nombres de los campos específicos y los valores a insertar, por ejemplo:

```
INSERT INTO Pais (PaisNombre) VALUES ('China')
```

En este caso, se insertará un nuevo registro en la tabla llamada "Pais", el campo "PaisNombre" se establecerá al valor "China" y la clave primaria se incrementará automáticamente.

2) O bien indica los valores de todos los campos en la secuencia correcta, en cuyo caso no es necesario incluir sus nombres:

```
INSERT INTO NombreTabla VALUES (NULL, 'Tom', 26)
```

Nota: al pasar `NULL` se incrementará automáticamente la clave primaria (número entero) para este registro.

Ejecute este comando con la función ExecNonQuery (p.633), o la función ExecNonQuery2 (p.633) que le permite parametrizar fácilmente este tipo de comando.

Actualización de registros

Ahora supongamos que China cambia su nombre a Chingha. Puede modificar el registro existente:

```
UPDATE Country Set PaisNombre = 'Chingha' WHERE PaisNombre = 'China'
```

Ejecute este comando con la función ExecNonQuery (p.633), o la función ExecNonQuery2 (p.633) que le permite parametrizar fácilmente este tipo de comando.

Consulta de datos

El comando SQL `SELECT` se utiliza para recuperar datos de una base de datos. Especifique la tabla y los campos que desea leer:

```
SELECT col1, col2 FROM table1
```

Para indicar todos los campos de una tabla, utilice un asterisco (*):

```
SELECT * FROM TableName
```

Procesamiento de sentencias SQL

En B4A, ejecute el comando **SELECT** con la función ExecQuery (p.633), que devuelve un objeto Cursor (p.629):

```
Dim Cursor1 As Cursor
Cursor1 = Starter.SQL1.ExecQuery("SELECT col1, col2 FROM table1")
For i = 0 To Cursor1.RowCount - 1
  Cursor1.Position = i
  Log(Cursor1.GetString("col1"))
  Log(Cursor1.GetInt("col2"))
Next
```

Parametrizar el Comando

Use ExecQuery2 (p.634) para parametrizar el comando **SELECT** con variables:

```
Dim Cursor1 As Cursor
Cursor1 = SQL.ExecQuery2("SELECT col1 FROM table1 WHERE id = ?", Array
As String(intId))
```

Filtrado

Especifique los registros que desea leer utilizando **WHERE**:

```
SELECT id, col1 FROM Tablename WHERE id >= 2
```

El carácter de porcentaje (%) se puede utilizar como comodín, sustituyendo a cero o más caracteres:

```
SELECT * FROM TableName WHERE  Col1 LIKE 'T%'
SELECT * FROM Customers WHERE City LIKE '%es%'
```

Valores Max y Min

Encuentra el valor máximo/mínimo de un campo:

```
SELECT MAX(Col1) FROM TableName
SELECT MIN(Col1) FROM TableName
```

Contar Registros

Determina el número total de registros en una tabla:

```
SELECT COUNT() FROM TableName
```

Ordenando

Especifique cómo desea que se clasifiquen los resultados, ya sea en orden ascendente:

```
SELECT * FROM TableName ORDER BY Col1
```

O en orden descendente:

```
SELECT * FROM TableName ORDER BY Col1 DESC
```

ExecQueryAsync

Si una consulta va a tardar mucho tiempo en ejecutarse, puede ejecutar un comando ExecQueryAsync (p.634) que generará un evento cuando finalice.

Borrando datos

Eliminar registros seleccionados de una tabla:

```
DELETE FROM TableName WHERE ID = idVal
```

¡Eliminar TODOS los registros de una tabla!

```
DELETE FROM TableName
```

Ejecute este comando con la función ExecNonQuery (p.633).

Renombrar una tabla

Renombrar una tabla con:

```
ALTER TABLE TableName RENAME TO NewTableName
```

Ejecute este comando con la función ExecNonQuery (p.633).

Añadiendo un campo

Añadir un nuevo campo a una tabla.

```
ALTER TABLE TableName ADD COLUMN Age REAL
```

Ejecute este comando con la función ExecNonQuery (p.633).

Usando SQLite para convertir Ticks a Cadenas de Caracteres

A veces se almacenan valores DateTime (p.372) de tipo Long (ticks) en una base de datos, pero se desea extraer los datos como una cadena de caracteres para poder utilizarlos directamente, por ejemplo para mostrar tablas (p.230) al usuario. Suponga que ha almacenado los datos en un campo llamado `DateTime`, entonces puede recuperarlos y convertirlos usando la función SQLite:

```
SELECT
strftime('%H:%M:%S %d-%m-%Y', DateTime / 1000, 'unixepoch', _
  'localtime') as DT2
FROM Test
```

Donde `unixepoch` asegura que SQLite calculará los datos usando la misma base de B4A, es decir, el número de milisegundos desde el 1 de enero de 1970 00:00:00:00 UTC (Coordinated Universal Time: Hora Universal Coordinada) y `localtime` intenta convertir la hora para permitir el cambio horario de verano.

Implementando relaciones en una Base de Datos

Supongamos que hemos creado las dos tablas como se muestra aquí:

Tabla Ciudad

CiudadID	Nombre	PaisID	Población Millones
0001	Beijing	0001	16.9
0002	Bogota	0002	9.2
0003	Buenos Aires	0003	14.5
0004	Canton	0001	26.4

Tabla País

PaisID	Nombre
0001	China
0002	Colombia
0003	Argentina

Podríamos seleccionar los nombres de todas las ciudades y los nombres de los países a los que pertenecían utilizando código SQL como por ejemplo:

```
SELECT Ciudad.Nombre, Pais.Nombre
FROM Ciudad, Pais
WHERE Ciudad.PaisID = Pais.PaisId
```

La última línea establece la relación entre las dos tablas. Por esta razón, las bases de datos de este tipo se denominan a menudo "bases de datos relacionales".

2.9 Módulos

Una aplicación B4A se compone de una o varias **Actividades** (pantallas). Android soporta otros componentes "principales" que se añadirán a B4A en el futuro.
Una App consiste en archivos de código llamados módulos. Al menos existe un modulo principal denominado siempre **Main** y no se puede cambiar. Una aplicación puede tener cuatro tipos diferentes de módulos:
- Módulos de Actividad (p.252)
- Módulos de Clase (p.260)
- Módulos de Código (p.266)
- Módulos de Servicio (p.266)

Todos estos módulos se ejecutan en un Proceso, el cual tratamos a continuación.

Procesos

Cada programa B4A se ejecuta en su propio **proceso**. Android está basado en Linux, en el cual un proceso es simplemente un programa en ejecución. Cada proceso tiene un **hilo** principal – *thread*- (secuencia de instrucciones, también llamado "hilo UI") que dura toda la vida del proceso. Un proceso puede tener más hilos, lo que es muy útil para tareas en segundo plano. Puedes incluso ejecutar Subs en hilos separados (como se demuestra en esta librería de hilos (`http://bit.ly/1AGl1y9`)).
Un **proceso comienza** cuando el usuario lanza su aplicación (asumiendo que no se está ejecutando ya en segundo plano). El **final** del proceso es más diverso, que ocurrirá en algún momento después de que el usuario o el sistema haya cerrado todas las actividades.
Si, por ejemplo, tiene una actividad y el usuario pulsó la tecla *Atrás*, la actividad se cierra. Más tarde, cuando el dispositivo se queda sin memoria, el proceso finalizará. Si el usuario vuelve a lanzar su App y el proceso aún no ha sido eliminado, entonces se reutilizará el mismo proceso.

¿Cuándo mata un proceso Android?

Cuando Android dispone de poca memoria, seleccionará un proceso para matar. Si el proceso es necesario más tarde, se volvera a crear. Es importante entender cómo Android elige qué proceso matar. Un proceso puede estar en uno de los tres estados siguientes:
Pausado - No hay actividades visibles ni servicios iniciados.
Los procesos en pausa son los primeros en morir cuando es necesario.
Segundo plano - Ninguna de las actividades del proceso son visibles, sin embargo hay un servicio iniciado.
Si todavía no hay suficiente memoria, se eliminarán los procesos en Segundo plano.
Primer plano - El usuario ve actualmente una de las actividades del proceso.
Los procesos en primer plano no suelen ser eliminados. Un servicio puede hacer que un proceso pase a primer plano.

Crear o Añadir Módulos

Puede añadir un módulo existente o un módulo nuevo.
Para crear un nuevo módulo, seleccione el menú IDE [Proyecto > Añadir Nuevo Módulo]:

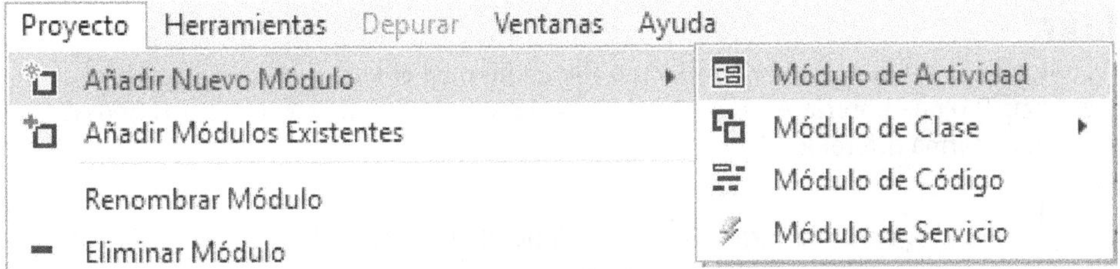

Haga clic en Actividad, Clase, Código o Módulo de Servicio.
Cada nuevo módulo (excepto **Main**) se guarda en un archive **.bas** dentro de la carpeta del proyecto. (Main es parte del archive **.b4a**)
Para incluir un módulo existente (y así reutilizar el código), haga clic en [Proyecto > Añadir Módulos Existentes] en el menú IDE. Tienes dos opciones:
- Si selecciona añadir un módulo de un proyecto existente, se coloca una copia del módulo en el proyecto actual. Así que tienes dos copias independientes del módulo
- Si selecciona añadir un módulo de la carpeta Módulo Compartido (ver más abajo), el módulo no se copiará en el proyecto actual y sólo tendrá una copia del módulo.
Puede añadir varios módulos existentes al mismo tiempo marcando todos los que desee añadir.

Módulos Compartidos

Compartir módulos entre proyectos puede hacer que el desarrollo sea más eficiente. Un uso sería un módulo que incluyera cálculos matemáticos especializados. Puede compartir cualquiera de los cuatro tipos de módulos mencionados anteriormente. Es una alternativa a la creación de una librería compartida.
Los módulos que desee utilizar en varios proyectos deben colocarse en la carpeta Módulos Compartidos (p.52). Esto se define en el cuadro de diálogo [Herramientas > Configurar Rutas].
Puede añadir estos módulos a su proyecto de la forma normal utilizando [Proyecto > Añadir Nuevo Módulo] que se describe a continuación.
Si desea convertir un módulo existente en un módulo compartido, simplemente cierre el proyecto, mueva el módulo a la carpeta Módulos Compartidos y vuelva a abrir el proyecto. Si B4A no encuentra el módulo en la carpeta del proyecto, buscará automáticamente en la carpeta Módulos Compartidos.
Un módulo compartido se muestra en la Ventana de Módulos (p.104) con un icono de módulo compartido:

Nota: Si tiene dos módulos con el mismo nombre, uno en la carpeta del proyecto y otro en la carpeta de módulos compartidos, y si intenta añadir el de la carpeta de módulos compartidos a su proyecto, B4A añadirá el local y no el compartido. Puede saber esto porque el icono de la ventana Módulos no mostrará el icono del módulo compartido, sino uno de los iconos de los siguientes.

Módulo
Clase
Actividad
Servicio

Atributos de Módulo

Los atributos del módulo se pueden utilizar para especificar los parámetros de cualquier tipo de módulo.

#AdditionalJar

Esto permite que el código haga referencia a un *jar* externo (un archivo en el que se ha comprimido el código java en formato "zip") o una librería AAR, normalmente de otro desarrollador. Estos dos tipos de AdditionalJar se manejan de forma diferente.

Archivos Jar

Copie el archivo (por ejemplo, abc.jar) en la carpeta Librerías Adicionales y añádale una referencia utilizando un código como:

```
#AdditionalJar: jarfile1
#AdditionalJar: jarfile2, ReferenceOnly
```

Observe que no es necesario utilizar la extensión de archivo **jar**.
`ReferenceOnly` permite referenciar jars que sólo se utilizan como referencia durante la compilación. Esto es necesario para librerías más complejas, como una librería DJI.
Para más detalles sobre cómo usar `#AdditionalJar` vea este tutorial (http://bit.ly/2JL9kqv), y para saber como acceder al archivo jar vea este otro tutorial (http://bit.ly/1zsCIAF).

Archivos AAR

No añada el archivo a la carpeta Librerías adicionales. En su lugar, agregue el archivo.aar a su proyecto en un lugar que no sea su otra carpeta de librerías (.jar/.xml) y agregue un `#AdditionalJar` en la parte superior de su actividad principal Main, dando la ruta completa del archivo.

```
#AdditionalJar: path/myAAR.aar
```

Vea la explicación aquí (http://bit.ly/2sKiFoU).

#ExcludeFromLibrary

Si se debe excluir este módulo durante la compilación de librería. Valores: `True` o `False`.

Además, existen otros atributos para tipos específicos de módulos, como se describe a continuación.

Visibilidad y Vida Útil de las Variables y Subs

La "visibilidad" o "ámbito" de una variable determina desde dónde se puede acceder a la variable. Su vida útil determina cuánto tiempo permanecen.
Existen dos modificadores de acceso que pueden cambiar la visibilidad entre módulos de determinadas variables y subrutinas: `Public` y `Private`.

Resumen

Aquí resumimos las reglas de visibilidad que se detallan a continuación:

Visibilidad de las Variables

Sub	Módulo	Visibilidad
Process_Globals	Code, Activity, Service	Public por defecto
Globals	Code, Activity	Siempre Private
Class_Globals	Class	Public por defecto
Cualquier otro Sub	Cualquiera	Private a este Sub

Visibilidad de las funciones Subs

Módulo	Visibilidad de Subs	Comentario
Class o Code	Public por defecto	Se puede llamar directamente por otros módulos
Actividad o Servicio	Private	Sólo se puede llamar utilizando CallSub o CallSubDelayed

Variables Públicas

Son públicas por defecto las variables en **Process_Globals** de un modulo de código, actividad o de servicio y **Sub Class_Globals** en un módulo de clase. Público significa que se puede acceder a la variable desde otros módulos así como desde el módulo en el que se declara.
Puede declararlas con:

```
Sub Process_Globals
  Dim intLocal As Int
  Public intGlobal As Int
End Sub
```

Puede hacerlos invisibles a otros módulos usando el modificador Private –Privado- (ver a continuación).
Puede usar **Public** en lugar de **Dim** si tienes una mezcla de variables públicas y privadas en **Process_Globals** y quieres que la diferencia sea clara para otros desarrolladores (o para ti mismo en meses posteriores).
Las variables públicas se declaran sólo una vez. Mantienen su valor durante toda la vida del Proceso en el que se están ejecutando.

Variables Privadas

Las variables declaradas en **Globals** en un código o módulo de actividad son siempre **Private**, lo que significa que están ocultas de otros módulos.

```
Sub Globals
  Dim intThisIsPrivate As Int
End Sub
```

Además, puede hacer que las variables declaradas en **Process_Globals** estén ocultas de otros módulos usando el modificador **Private**:

```
Sub Process_Globals
  Private intPrivate As Int
End Sub
```

Variables dentro de Subs

Las variables declaradas en cualquier Sub que no sean **Sub Process_Globals** o **Sub Globals** son visibles sólo dentro del Sub en el que se declaran. Por lo tanto, son aún más restringidas que las variables privadas.

```
Sub runMe
  Dim iTemporary As Int
End Sub
```

iTemporary se crea cuando Sub runMe se ejecuta y se elimina cuando finaliza.

Visibilidad de las Subrutinas

Hay dos casos diferentes a considerar:
- Subs dentro de una Clase o de un Módulo de Código
- Subs dentro de una Actividad o Módulo de Servicio

Subs dentro de una Clase o de un Módulo de Código

Los subs dentro de una clase o módulo de código son públicos por defecto. Esto significa que pueden ser llamados directamente por llamadas como **CodeModule.mySub** o **myClassInstance.mySub**.
Estos subs pueden ser llamados por cualquier otro tipo de módulo.
Sin embargo, observe que los subs dentro de una clase o módulo de código que se declaran con el modificador Private, como **myPrivateSub** a continuación, sólo se pueden llamar desde otros subs dentro de ese módulo.

Ejemplo:
Módulo myClass

```
' Lo siguiente es público por defecto
Sub myPublicSub As Int
 Return 21
End Sub

' Lo siguiente es privado, por lo que no puede ser llamado por ningún
otro módulo
private Sub myPrivateSub As Int
 Return 22
End Sub
```

Módulo de Código

```
' Lo siguiente es público por defecto
Sub myPublicSub
 If IsPaused(Main) = True Then
  Log ("Main está pausado")
 Else
  Log ("Main no está pausado")
  CallSub(Main, "runMe")
 End If
End Sub

' No se puede llamar desde fuera de este módulo de código
private Sub myPrivateSub
 Msgbox("myPrivateSub está ejecutándose", "Surprise")
End Sub
```

Módulo de Actividad

```
'crear una instancia de myClass y llamar a un sub público
Dim test As myClass
test.Initialize
Log(test.myPublicSub)
CodeModule.myPublicSub
```

Subs dentro de una Actividad o Módulo de Servicio

Los sub declarados en los módulos de Actividad y Servicio a veces se describen como "privados" porque **no se pueden** llamar directamente con llamadas tales como:

```
Main.mySub ' ¡¡¡Esto no funciona!!!
```

Sin embargo, los subs dentro de los módulos de Actividad o Servicio se pueden llamar por cualquier otro módulo utilizando las funciones CallSub (p.325) o CallSubDelayed (p.326), siempre y cuando la actividad no esté en pausa o el servicio haya comenzado:

```
Sub Activity_Create(FirstTime As Boolean)
 StartService(ServiceModule)
End Sub
'permite que el servicio se inicie
Sub Button1_Click
 CallSub(ServiceModule, "Test")
End Sub
```

No se puede llamar a un sub de una Actividad si la Actividad está en pausa. Puede comprobar si está en pausa de la siguiente manera:

```
If IsPaused(Main) = False Then
 CallSub(Main, "mainRunMe")
End If
```

Tenga en cuenta que las funciones CallSub (p.325) allSub o CallSubDelayed (p.326) se pueden utilizar para acceder tanto a los subs privados como a los públicos en los módulos de Actividad y Servicio. Por lo tanto, el modificador `Private` no tiene efecto para estos módulos.

Variables Globales en Módulo Actividad

Las variables definidas en `Sub Globals` de un módulo de Actividad son siempre Privadas (Private - visibles sólo para los subs de esta Actividad).
Todos los tipos de objeto, incluidas las vistas, pueden declararse como variables Globales. Ejemplo:

```
Sub Globals
 Dim EditText1 As EditText
 Dim strTest As String
 Dim intMaxRuns As Int = 20
End Sub
```

Puede inicializar variables globales de tipo elementales aquí como se muestra para `intMaxRuns` arriba.
Las variables globales se crean antes de que se ejecute `Activity_Resume`.
En cuanto se detiene la actividad (pausada), se destruyen las variables globales.
Si se reanuda la actividad, se volverán a declarar estas variables.
Consulte Ciclo de vida de la Actividad (p.254) para más detalles sobre cuándo se ejecutan los `Sub Globals`.

Las Vistas Deben Ser Globales

Las vistas deben ser declaradas dentro de los `Sub Globals` de una actividad, no dentro de los `Sub Process_Globals` ni dentro de ningún otro Sub. La razón es la siguiente. No queremos tener una referencia a objetos que deberían ser destruidos junto con la actividad. Cuando la actividad se detiene, se destruyen todas las vistas que contiene la actividad. Si tenemos una referencia a una vista en una variable `Process_Globals`, el recolector de basura no podría liberar el recurso y tendríamos una pérdida de memoria. Por lo tanto, ¡el compilador B4A hace cumplir este requisito! Del mismo modo, las vistas no pueden ser variables locales (es decir, dentro de Subs que no son `Sub Globals` o `Sub Process_Globals`), ya que dichas variables sólo perduran mientras se ejecuta Sub, mientras que las vistas perduran mientras existe la actividad.
Resumen: las vistas deben ser declaradas dentro de `Sub Globals`.

Class_Globals

Las variables declaradas en `Sub Class_Globals` de un módulo de clase son públicas por defecto, pero pueden ser ocultadas usando el modificador `Private`.

Variables Locales en Subs

Las variables que se declaran dentro de una Sub (excepto **Process_Globals** o **Globals**) son locales a esta subrutina. Son siempre privadas y sólo se puede acceder a ellas desde la subrutina en la que fueron declaradas. Una vez que el sub termina, estas variables ya no existen. Todos los tipos de objeto pueden declararse como variables locales. En cada llamada de la subrutina, las variables locales se inicializan a su valor por defecto o a cualquier otro valor que se haya definido en el código y se destruyen al finalizar la subrutina.

Documentación de Módulos

Documentando una Clase

Puede documentar un módulo de clase añadiendo comentarios sobre **Sub Class_Globals**.
Por ejemplo, podrías escribir:

```
' Este es un comentario sobre Sub Class_Globals
' Es documentación para test_class
Sub Class_Globals
End Sub
```

Esta documentación se vería de la siguiente manera:

```
'Activity module
Sub Process_Globals
    Dim miVar As Clase_ejemplo
End Sub
```

Clase_ejemplo
(class)

Este es un comentario sobre Sub Class_Globals
Es documentación para Clase_ejemplo

Documentando un Módulo de Servicio, Actividad o Código

Puede documentar un Módulo de Servicio, Actividad o Código agregando un comentario encima de **Sub Process_Globals**.
Por ejemplo, podría escribir

```
' Este es un comentario encima de Process_Globals que explica
' la finalidad de (nombre del módulo)
Sub Process_Globals
    'Estas variables globales se declararán una vez cuando se inicie
la aplicación.
    'Se puede acceder a estas variables desde todos los módulos.
End Sub
```

Esta documentación se vería de la siguiente manera, por ejemplo::

```
Sub usa_modulo_actividad
    CallSub(Actividad_ejemplo, "sub_ejemplo")
End Sub
```

Actividad_ejemplo
(Activity module)

Este es un comentario encima de Process_Globals que explica
la finalidad de (nombre del módulo)

Sub Process_Globals

Módulos que Contienen Process_Globals

Los Módulos de Actividad, Código y Servicio incluyen `Sub Process_Globals`, los cuales se ejecutan una vez al iniciarse la aplicación.
`Sub Process_Globals` contiene declaraciones de variables que serán válidas durante toda la vida del proceso (normalmente la misma que la aplicación).

```
Sub Process_Globals
  Dim lstHistory As List
End Sub
```

Nota: Por otra parte, un módulo de clase sólo puede contener variables globales, declaradas en Sub `Class_Globals (p.262)`.

Variables Process_Globals

Las variables definidas en `Process_Globals` son públicas (public (p.247)) por defecto, lo que significa que son accesibles desde todos los módulos del programa. Para acceder a ellas desde el módulo actual, simplemente utilice su nombre:

```
lstHistory.Initialize
```

Para acceder a ellos desde otro módulo, debe anteponer el nombre del módulo y un punto al nombre de la variable con:

```
Main.lstHistory.Get(0)
```

Las variables se declaran en `Process_Globals` y se utilizan dentro de subrutinas.

Puede ocultarlas usando el modificador `Private (p.247)`:

```
Sub Process_Globals
  ' definir una variable visible desde cualquier módulo
  Dim strThisIsAPublicVariable As String
  ' definir una variable sólo visible en este módulo
  Private strThisIsAPrivateVariable As String
End Sub
```

Inicialización de Process_Globals

También puede inicializar tipos primitivos (p.289) en `Process_Globals` (como números enteros) cuando los declara:

```
Dim bFreeVersion As Boolean = True
```

Es recomendable inicializar tipos más complejos dentro de `Sub Activity_Create` cuando se ejecuta por primera vez la Actividad (verifique esto usando el parámetro `FirstTime`).

Duración de las variables Process_Globals

`Sub Process_Globals` se declara en todos los módulos una vez cuando se inicia el proceso (p.244).
Las variables declaradas dentro de `Sub Process_Globals` permanecen mientras dure el proceso.

Process_Globals en el Servicio Starter

Tenga en cuenta que si declara en Process_Globals dentro de un módulo de actividad, pero desea acceder a ellos dentro de un módulo de servicio, su aplicación se detendrá si la actividad en la que fueron declarados ha sido cerrada mientras tanto, ya sea por el usuario o por el sistema.
Para evitar este error, B4A incluye un servicio llamado Starter (p.120), y se recomienda que declare todos los Process_Globals allí.

Restricción de Variables en Process_Globals

Las vistas (y las variables Clase o Tipo que incluyen vistas) no están permitidas dentro de `Process_Globals`. La razón es que bajo ciertas circunstancias, por ejemplo cuando se gira un dispositivo, todas las vistas son destruidas y recreadas. Esto llevaría a una pérdida de memoria si se declararan dentro de `Process_Globals`. Por esta razón deben ser declarados en `Sub Globals`.
Si declara una vista en `Process_Globals`, verá un aviso en el Log:

```
Cannot access activity object from sub Process_Globals
```

Si intenta ejecutar la aplicación, el compilador reportará el mismo error.

Rotar el Dispositivo

Si necesita que las variables conserven su valor cuando el usuario gira el dispositivo, debe poner las variables en `Process_Globals` y no en `Globals`. Debido a que no puede incluir vistas en `Process_Globals`, necesitaría copiar sus datos a una variable `Process_Globals` en `Activity_Pause` y luego copiarla de nuevo a la vista durante `Activity_Resume`. Consulte Ciclo de vida de la actividad para obtener más detalles sobre cuándo se ejecutan estos Sub.

Como acceder a Variables Process_Globals

Para acceder a variables `Process_Globals` en otros módulos que no sean el módulo donde fueron declaradas, sus nombres deben ir precedidos por el nombre del módulo donde fueron declaradas seguido de un punto.
Ejemplo:
En MiModulo

```
'declarar la variable
Sub Process_Globals
 Dim MyVar As String
End Sub
...
'usar la variable
MyVar = "Text"
```

En OtroModulo

```
'usar la variable
MiModulo.MyVar = "Text"
```

Módulo de Actividad (Activity)

El Concepto de Actividad

Un concepto fundamental dentro de la mayoría de las Apps es la Actividad (`Activity`), que normalmente corresponde a una página que se muestra al usuario. Puede tener un Layout (creado con el Diseñador) que determina las vistas (elementos de la página) y su posición, o puede ser creado en el código y añadido a la actividad. Su App puede tener múltiples actividades (p.140).

Módulo Actividad

Un Módulo de Actividad es donde se escribe el código para una Actividad. Cada App en B4A debe tener al menos una `Activity` llamada Main, aunque puede tener más.
Si desea añadir una nueva actividad en su aplicación, utilice el menú [Proyecto > Añadir Nuevo Módulo > Módulo de Actividad].
Hay un Módulo para cada Actividad.
Para llamar a la segunda actividad desde la primera, utilice `StartActivity(Activity2)`.

Para obtener más información sobre los eventos y los miembros de un **Módulo de Actividad**, consulte la sección Referencia de la Actividad (p.354) en el capítulo Vistas Principales.
Las Actividades tienen Atributos, dos tipos de variables globales (Process_Globals y Globals) y tres eventos especiales relacionados con el ciclo de vida: Activity_Create (p.256), Activity_Pause (p.257) y Activity_Resume (p.257).

Atributos de la Actividad

Se pueden fijar los atributos válidos para la actividad actual.
Nota: Los Atributos de Actividad se colocan normalmente dentro de la Región de Atributos de Actividad al principio del **Módulo de Actividad**, como se muestra en el siguiente ejemplo, pero esto es solamente una conveniencia. Los Atributos se puede colocar en cualquier parte del código.
Tenga en cuenta también que existen atributos para el Proyecto (p.121) y para compilar Librerías (p.499).

Predeterminados

Por defecto, los Atributos se fijan como se indica a continuación:

```
#Region  Activity Attributes
 #FullScreen: False
 #IncludeTitle: True
#End Region
```

#FullScreen: Value

Si desea mostrar la Barra de Estado (p.133) en la parte superior de la pantalla. Valores: `True` o `False`, por defecto `False`. No debe ocultar la barra de estado a menos que sea absolutamente necesario.
Tenga en cuenta que debe configurar la Propiedad de la Actividad (p.161) de **Full Screen** en el Diseñador Visual para que sea la misma, en el caso de que desee que el Diseñador Visual muestre con precisión el tamaño de la pantalla. Pero este atributo es el que realmente controla si se muestra la Barra de Estado.

#IncludeTitle: Value

Con este controlará si desea incluir una Barra de Título (p.134) en la parte superior de la aplicación. Valores: `True` o `False`, por defecto `True`.
Tenga en cuenta que debe configurar la Propiedad de la Actividad (p.161) de **Show Title** en el Diseñador Visual para que sea la misma, en el caso de que desee que el Diseñador Visual muestre con precisión el tamaño de la pantalla. Pero este atributo es el que realmente controla si se muestra la Barra de Estado.

Otros Atributos de la Actividad

Están disponibles los siguientes:

#Extends: ClassOrActivity

Permite crear actividades que amplían otras clases o actividades, normalmente en un jar SDK importado.
Método de uso:

```
#Extends: uk.co.mycompany.novelActivities.Activity
```

Un ejemplo de su uso está disponible aquí (http://bit.ly/1NbvBat).

Variables dentro de una Actividad

Las variables pueden ser locales o globales. Hay dos tipos de globales: Process_Globals y Globals.

Sub Process_Globals

Este subconjunto contiene variables que son visibles desde todos los módulos y son válidas durante toda la vida de la aplicación. Ver arriba para más detalles.

Sub Globals

Este sub contiene variables que son válidas sólo durante la vida de esta actividad y son accesibles sólo a los sub que pertenecen a esta actividad.

Comentamos aquí (p.249) la visibilidad de las variables Globales.

Variables Locales

Las variables locales son variables que se declaran dentro de un **Sub** distinto de **Process_Globals** o **Globals**. Las variables locales son locales al **Sub**. Una vez que el **Sub** termina, estas variables ya no existirán más.

Comparación de Variables Process_Globals y Globals

Las variables Process_Globals conservan sus valores cuando una actividad está en pausa. Esto las diferencia de los Sub Globals, que son destruidas cuando la actividad se detiene. Por lo tanto, si desea preservar las variables, tales como los datos que el usuario haya introducido, sería una buena idea copiar los datos de un Sub Globals a un Process_Globals cuando la actividad está en pausa, y restaurar los datos cuando se reanuda. Sin embargo, tenga en cuenta que nunca puede estar seguro de si la actividad se restaurará, por lo que es posible que esta no sea una buena solución. Una mejor podría ser almacenar los datos en un almacenamiento permanente, y recuperarlos cuando la aplicación se reanuda. Consulte Guardar Datos (p.258) a continuación.

No puede declarar objetos de actividad en Process_Globals, ya que los objetos de actividad se destruyen cuando se pausa la actividad, mientras que los Process_Globals perduran durante toda la vida de la App. Por lo tanto, las vistas y las clases que contienen vistas no pueden declararse aquí.

Cuando el dispositivo destruye la aplicación, todas las variables Process_Global se pierden.

Ciclo de Vida de una Actividad

Aquí discutimos qué subs se ejecutan bajo ciertas circunstancias.

Cuando el usuario lanza su app por primera vez o la trae al frente después de salir

(Se puede salir de la App pulsando el botón Atrás o llamando a la función Activity.Finish)

- Si el usuario no ha ejecutado previamente su App, o si lo ha hecho y el Proceso ha sido eliminado:

Se crea un nuevo proceso.

Process_Globals se ejecuta en todas las actividades.

Globals se ejecuta.

Activity_Create se ejecuta con el parámetro **FirstTime** a **True**.

Activity_Resume se ejecuta.

- Si el usuario ha ejecutado previamente su App y el Proceso aún no ha sido eliminado:

Process_Globals se ejecuta en todas las actividades.

Globals se ejecuta.

Activity_Create se ejecuta con el parámetro **FirstTime** a **True**.

Activity_Resume se ejecuta.

Cuando el usuario ejecuta otra App

Se ejecuta **Activity_Pause** con el parámetro **UserClosed** a **False**.

(Android determinará cuándo termina el Proceso.)

Cuando la pantalla se apaga

Se ejecuta **Activity_Pause** con el parámetro **UserClosed** a **False**.

Cuando se vuelve a encender la pantalla

Activity_Resume se ejecuta.

Cuando el usuario pulsa botón Atrás

Se ejecuta **Activity_Pause** con el parámetro **UserClosed** a **True**.

(Android determinará cuándo termina el Proceso.

La siguiente vez que la App se ejecute, entonces se ejecutará `Process_Globals`)

Cuando el usuario trae su App al frente después de ejecutar otra diferente

- Si Android no ha matado el Proceso de su App:
`Globals` se ejecuta.
`Activity_Resume` se ejecuta.
- SI Android ya ha matado el Proceso de su App:
`Process_Globals` se ejecuta.
`Globals` se ejecuta.
`Activity_Create` se ejecuta con el parámetro `FirstTime` a `True`.
`Activity_Resume` se ejecuta.

Cuando el usuario rota el dispositivo

Se ejecuta `Activity_Pause` con el parámetro `UserClosed` a `False`.
La pantalla cambia a su nueva configuración.
`Globals` se ejecuta.
`Activity_Create` se ejecuta con el parámetro `FirstTime` a `False`.
`Activity_Resume` se ejecuta.

Cuando su App llama a la función Activity.Finish

(Podría tener un botón *Salir* que la llame.)
`Activity_Pause` se ejecuta con el parámetro `FirstTime` a `True`.
Android determinará cuando termina el Proceso.

Cuando una actividad lanza otra usando StartActivity

La primera actividad llama a StartActivity(SecondActivity)
El Sub en la primera actividad termina de ejecutarse.
La primera Actividad llama a `Activity_Pause` con el parámetro `UserClosed` a `False`.
La segunda actividad ejecuta `Process_Globals`.
La segunda actividad ejecuta `Globals`.
La segunda actividad ejecuta `Activity_Create`.
(El parámetro `FirstTime` es `True` o `False` dependiendo de si la segunda actividad se ha ejecutado antes o no.)
La segunda actividad ejecuta `Activity_Resume`.

Cuando se cierra la segunda actividad y se reanuda la primera actividad

(Por ejemplo si la segunda actividad llama a `Activity.Finish`)
La segunda Actividad llama a `Activity_Pause` con el parámetro `UserClosed` a `True`.
La primera actividad ejecuta `Activity_Resume`.

Eventos de la Actividad

La Actividad puede responder a varios eventos de usuario, por ejemplo:

Touch (Action As Int, X As Float, Y As Float) Event

El evento Touch (p.356) se puede utilizar para gestionar los toques del usuario.
Action: especifica la acción del usuario. Sus valores pueden ser:
- `Activity.ACTION_DOWN`: El usuario ha tocado la pantalla en **X,Y**.
- `Activity.ACTION_MOVE`: El toque del usuario se ha movido a **X,Y**.
- `Activity.ACTION_UP`: El usuario ha dejado de tocar la pantalla en **X,Y**.

KeyPress y KeyUp

Los eventos KeyPress (p.355) y KeyUp (p.355) se producen cuando el usuario pulsa o suelta una tecla en un teclado físico conectado al dispositivo o en el teclado en pantalla de Android. **Nota**: es posible que una vista (como `EditText`) consuma este evento, en cuyo caso la Actividad no lo verá. Cuando maneje el evento `KeyPress` o `KeyUp`, debe devolver un valor booleano que indique si el evento ha sido consumido por su código. Por ejemplo, si el usuario presionó la tecla Atrás y usted devuelve `True`, entonces Android no recibirá el evento de la pulsación de la tecla Atrás y por lo tanto no cerrará su actividad.

```
Sub Activity_KeyPress (KeyCode As Int) As Boolean
 If Keycode = KeyCodes.KEYCODE_BACK Then
     Return True
  Else
     Return False
  End If
End Sub
```

Para una lista completa de los eventos de la Actividad, consulte aquí (p.355).

Sub Activity_Create (FirstTime As Boolean)

Sub Activity_Create se llama automáticamente cuando se crea la actividad.
La actividad se crea cuando:

- el usuario ejecuta primero la aplicación (en cuyo caso `FirstTime` = `True`).
- la configuración del dispositivo ha cambiado (el usuario ha girado el dispositivo) y la actividad se ha eliminado (en cuyo caso `FirstTime` = `False`).
- el usuario reinicia la aplicación (ya sea a través de la lista de aplicaciones recientes o haciendo clic en el icono del iniciador de aplicaciones) después de que el sistema operativo la ha destruido para liberar memoria. En todos estos casos, `FirstTime` = `True`.
- Una actividad llama `StartActivity` e inicia otra actividad.

Tenga en cuenta que Activity_Create **no** se llama cuando una actividad, que se ha movido a segundo plano, vuelve al primer plano. En estas circunstancias, sólo se llama Activity_Resume.

El propósito principal de Activity_Create es inicializar variables de actividad y cargar o crear el diseño:

```
Sub Process_Globals
     Dim strUserData As String
End Sub
Sub Activity_Create(FirstTime As Boolean)
 Activity.LoadLayout("Main") ' Debe cargarse cada vez
 If FirstTime Then
  LoadLstHistory
 End If
End Sub
```

El parámetro FirstTime

El parámetro `FirstTime` le indica a la aplicación si es la primera vez que se ha creado esta actividad durante el proceso actual. Si el usuario sale de la App o reinicia el dispositivo, la próxima vez que se ejecute la App, `FirstTime` estará a `True`. Puede utilizar `FirstTime` para inicializar aquellas variables u objetos que se deben inicializar sólo una vez, como las variables de proceso. Por ejemplo, suponga que tiene un archivo con una lista de valores que necesita leer. Puede leer el archivo si `FirstTime` es `True` y almacenar la lista como una variable de proceso declarando la variable de lista dentro de `Process_Globals` para que esté disponible mientras dure el proceso. No sera necesario recargarlo cuando se vuelva a crear la actividad.

Hay que tener en cuenta que si esta actividad utiliza un diseño (layout), se debe llamar a `LoadLayout` para cargarlo cada vez que se ejecute `Activity_Create`, no sólo cuando `FirstTime = True`. Esto regenera todas las vistas pertenecientes al layout, que se declaran en Sub Globals.
Para resumir, puede probar si `FirstTime` es `True` y luego inicializar las variables de proceso que se declaran en `Sub Process_Globals`.

Creando la Página

Una Actividad puede tener un Diseño que define las vistas (elementos de la página) y su posición, o las vistas se pueden crear en el propio código. Puede cargar un archivo de diseño con `LoadLayout`. Puede añadir vistas a esta actividad con AddView (p.358), y eliminarlas con RemoveViewAt (p.359).

Sub Activity_Resume

`Activity_Resume` se llama automáticamente cada vez que se lanza o reactiva una actividad. Hay que distinguir dos situaciones diferentes:

- Cuando se inicia una aplicación o cambia la orientación del dispositivo, se llama `Activity_Resume` justo después de que termina `Activity_Create`.
- También se llama cuando se reinicia una actividad en pausa, normalmente cuando una actividad que se ha pasado a segundo plano y luego vuelve al primer plano o cuando la pantalla que ha pasado al modo de reposo se active de nuevo.

Tenga en cuenta que en estas circunstancias, `Activity_Resume` se ejecuta pero `Activity_Create` no. Ver Ciclo de Vida de la Actividad (p.254) de la Actividad para más detalles.

Utilice `Activity_Resume` para restaurar cualquier parámetro de la actividad que haya almacenado cuando se llamó a `Activity_Pause`.
Nota: al abrir una actividad diferente (llamando a StartActivity (p.342)), la actividad actual se pausa primero y luego si es necesario se creará la otra actividad y (siempre) se reanudará.
Nótese también que `Activity_Resume` se llama cuando el usuario gira el dispositivo. Por lo tanto, es posible que quieras que `Activity_Resume` compruebe las dimensiones de la pantalla, o que tengas un Script de Diseñador (p.177) que se encargue de esto.

Sub Activity_Pause (UserClosed As Boolean)

Este Sub se llama cuando la actividad va a ser pausada. Aquí necesita guardar cualquier parámetro de actividad que desee recuperar cuando se reanude la actividad.

¿Cuándo se llama a Activity_Pause?

`Activity_Pause` se llama cuando ocurre una de las siguientes situaciones:

- Se inició una actividad diferente. Considere que cuando abre una actividad diferente (llamando a StartActivity (p.342)), la actividad actual se detiene primero y luego la otra actividad ejecutará sus propias versiones de `Activity_Create` y `Activity_Resume`.
- Se ha pulsado el botón Inicio (Home).
- Se ha producido un evento de cambio de configuración (por ejemplo, se ha girado el dispositivo). Esta es una de las razones más frecuentes por las que se llama `Activity_Pause`. En este caso, se llaman a los siguientes sub:

```
Sub Activity_Pause (con UserClosed = False)
Sub Globals
Sub Activity_Create (con FirstTime = False)
Sub Activity_Resume
```

- Se ha pulsado el botón Atrás.
- Cada vez que la Actividad se mueve del primer plano al fondo.

Parámetro UserClosed

El parámetro `UserClosed` puede utilizarse para decidir si la Actividad se ha pausado por el sistema operativo (por ejemplo, por un cambio de orientación) o por el usuario (por ejemplo, haciendo clic en el botón Atrás). El parámetro `UserClosed` será `True` cuando el usuario haga clic en el botón Atrás o cuando el programa llame a `Activity.Finish`. Puede usar el parámetro `UserClosed` para decidir qué datos guardar y si desea reiniciar cualquier variable relacionada con el proceso a su estado inicial, como hablaremos a continuación.

Guardando Datos

`Activity_Pause` es el último lugar para guardar información importante antes de que la actividad se detenga (pausada). Generalmente hay dos tipos de mecanismos que permiten guardar el estado de la actividad.

Guardar Datos Temporales

La información que sólo es relevante para la ejecución actual (por ejemplo, la orientación actual del dispositivo) puede almacenarse en una o más variables `Process_Globals`. Más tarde, cuando Android llame a su `Sub Activity_Resume`, podrá restaurar estos datos. Por ejemplo:

```
Sub Process_Globals
  ' Estos datos se conservan mientras la App está en segundo plano.
  Dim strUserData As String
End Sub

Sub Activity_Pause (UserClosed As Boolean)
  ' guardar los datos de usuario
  strUserData = txtName.Text
End Sub

Sub Activity_Resume
  ' restaurar los datos del usuario
  txtName.Text = strUserData
End Sub
```

Guardar Datos Permanentes

La información que desea mantener entre una ejecución de su aplicación y la siguiente, por ejemplo la configuración del usuario, debe guardarse en un **almacenamiento permanente** (un archivo o base de datos).
Tenga en cuenta que cuando la App se detiene, no tienes ni idea de si se reiniciará o se eliminará, así que asegúrese de guardar los datos que quiera usar en futuras ejecuciones.

La Librería KeyValueStore2 (p.562) proporciona una forma de almacenar datos en almacenamiento permanente. Pero es posible que prefiera utilizar el módulo de código de StateManager (p.672) para guardar el estado actual y los ajustes. Por ejemplo, si el usuario ha introducido algún texto en un `EditText`, es posible que desee guardar este texto y recuperarlo cuando se reanude la actividad.

StartActivity (Activity As Object)

`StartActivity` iniciará una `Activity` o la traerá al frente si ya existe. La `Activity` puede ser una cadena con el nombre de la actividad de destino o puede ser la actividad real. Debe existir un **Módulo de Actividad** con este nombre.
Ejemplos:

```
StartActivity(Activity2)
```

```
StartActivity("Activity2")
```

La actividad de destino se iniciará una vez que el programa esté libre para procesar su cola de mensajes. Después de esta llamada, la actividad actual se detendrá y se reanudará la actividad objetivo. Este método también se puede utilizar para enviar objetos Intents (p.401)[33] al sistema.

Nota: al contrario de lo que ocurre con cierta documentación en el sitio web de B4A, ES posible llamar StartActivity desde un Servicio.

Activity.Finish vs ExitApplication

La mayoría de las aplicaciones **no** deberían usar `ExitApplication` sino que es preferible utilizar `Activity.Finish`, que permite a Android decidir cuándo se elimina el proceso. Sólo debe utilizar `ExitApplication` si realmente necesita eliminar por completo el proceso. Un interesante artículo sobre el funcionamiento de Android se puede encontrar aquí: Multitarea al modo de Android (http://bit.ly/1VoOmgC).

¿Deberíamos usar `Activity.Finish` antes de comenzar otra actividad? Consideremos primero el siguiente ejemplo, que muestra el flujo de ejecución de código que no utiliza `Activity.Finish`:

Main activity
StartActivity(SecondActivity)
  SecondActivity activity
  StartActivity(ThirdActivity)
    ThirdActivity activity
    Pulsa en botón Atrás
    Android vuelve a la actividad anterior, SecondActivity
  SecondActivity activity
  Pulsa en botón Atrás
  Android vuelve a la actividad anterior, Main
Main activity
Pulsa en botón Atrás
Android termina el programa

Ahora considere el siguiente ejemplo, que llama `Activity.Finish` antes de cada `StartActivity`:

Main activity
Activity.Finish
StartActivity(SecondActivity)
  SecondActivity activity
  Activity.Finish
  StartActivity(ThirdActivity)
    ThirdActivity activity
    Pulsa en botón Atrás
    Android termina el programa

Deberíamos usar `Activity.Finish` antes de comenzar otra actividad sólo si no queremos volver a esta actividad con el botón Atrás.

Crear un Menú

Puede añadir elementos de menú a la actividad con el método Activity.AddMenuItem (p.356). El menú se muestra si el usuario pulsa el botón Menú (en dispositivos antiguos) o selecciona el símbolo para desplegar

---

[33] NT: En alguna documentación en castellano y algunos cursos de desarrollo con Java en Android, se traduce como "intenciones". Mantendremos el termino en inglés por ser más claro.

opciones (p.136) (3 puntos verticales) en la Action Bar. **Nota**: `AddMenuItem` sólo debe llamarse dentro del evento `Activity_Create`.

Actividades vs Formularios Windows

Las actividades son similares a lo que conocemos como Forms en Microsoft Visual Basic. Una diferencia importante es que, mientras que una actividad no está en primer plano, se puede matar para ahorrar memoria. Normalmente, querrá guardar el estado de la actividad y evitar que se pierdan los datos. Puede guardase en almacenamiento permanente o en la memoria asociada al proceso. Más tarde, esta actividad se volverá a crear cuando sea necesario.

Otro punto sensible ocurre cuando hay un cambio de configuración importante en el dispositivo. El más común es un cambio de orientación (el usuario gira el dispositivo). Cuando se produce un cambio de este tipo, las actividades actuales se destruyen y se vuelven a crear llamando a `Activity_Create()`. Después, es posible crear la actividad según la nueva configuración (por ejemplo, las nuevas dimensiones de pantalla).

Variables en otros Módulos de Actividad

Si hay varios Módulos de Actividad en una aplicación, pueden acceder a las variables en `Process_Globals` de otros módulos utilizando referencias tales como

```
Main.Value2
```

Donde Main es el nombre de una actividad.

Más Información

Vea Procesos y Actividad (p.254) para más información sobre el Ciclo de Vida de Actividades y Procesos.

Múltiples Módulos de Actividad

Una App puede necesitar diferentes pantallas. Cada una de ellas requerirá (normalmente) su propio módulo de actividad. Para acceder a cualquier objeto o variable de un módulo que no sea el módulo en el que fueron declarados, debe añadir el nombre del módulo como prefijo al nombre del objeto o variable separado por un punto. Por ejemplo, supongamos que las variables Valor1 y Valor2 se declaran en el `Sub Process_Globals` del Módulo Main:

```
Sub Process_Globals
 Dim Value1, Value2, Value3 As String
End Sub
```

Para acceder a estas variables desde otro módulo, el nombre de la variable es Main.Value1 o Main.Value2.

```
Sub Activity_Pause (UserClosed As Boolean)
 Main.Value2 = edtValue2_P2.Text
End Sub
```

No es posible acceder a ninguna vista desde otro módulo de actividad, porque cuando se inicia una nueva actividad, la actividad actual se detiene (pausada) y ya no es accesible.

Módulo de Clase

Nota: Un módulo de clase no puede tener el nombre "Class" ya que esto causará un error en el compilador.

¿Qué es una Clase?

Una clase representa un objeto como una persona, un lugar o una cosa y encapsula los datos y la funcionalidad de ese objeto. Por ejemplo, una clase "Cliente" representaría a sus clientes. Un único cliente particular sería una **instancia** de la clase "Cliente", un objeto de la clase "Cliente".

Una clase contiene **propiedades**, como strForeName, que devuelve el estado de una instancia en particular, y **métodos**, como AddOrder (), que permiten manipular o consultar las propiedades de una instancia.

Una clase también se puede usar para definir una Vista Personalizada (p.441).

Beneficios de las Clases

Escribir código que se enfoca en los objetos involucrados se llama programación orientada a objetos. Este estilo de programación tiene bastantes beneficios entre los cuales:

- Proporciona una estructura clara y modular, que permite definir tipos de datos abstractos en los que los detalles de implementación están ocultos y la entidad tiene una interfaz claramente definida.
- Simplifica el mantenimiento del código, ya que se pueden crear nuevos objetos con pequeñas diferencias con los existentes.
- Proporciona un marco de trabajo para librerías de código en el que los componentes de software suministrados pueden adaptarse y modificarse fácilmente.

Ejemplo

Damos aquí un ejemplo de un módulo de clase. (Puede descargar el proyecto de ejemplo completo de Clases aquí (http://bit.ly/1IjLiwC)). Considere una clase de "Persona". En el módulo principal creamos en objeto de esta clase con

```
Dim Fred As Persona
```

Queremos guardar el nombre, apellido y fecha de nacimiento de Fred. Hacemos esto llamando a Fred. Initialize y pasando los datos necesarios. Un objeto de clase siempre debe estar inicializado antes de poder utilizarlo.

Queremos hacer sencillas las modificaciones de Fred, por lo que hacemos públicos estos valores. Se podrá acceder a ellos directamente usando código como **`Fred.Apellidos`**

Por otra parte, la fecha de nacimiento se almacenará como un tipo numérico `Long` para que podamos hacer cálculos sobre él, tales como calcular la edad actual. Por lo tanto, este valor debe ser privado (oculto y sólo se puede acceder a él a través de las funciones de la clase). Ver Visibilidad de las Variables (p.246) para más detalles.

Aquí puede ver el código:

```
'Módulo de Clase Persona
Sub Class_Globals
 Public Nombre, Apellidos As String
 Private FechaNacimiento As Long
End Sub

Sub Initialize (strNombre As String, strApellidos As String,
strFechaNacimiento As String)
 Nombre = strNombre
 Apellidos = strApellidos
 Try
  FechaNacimiento = DateTime.DateParse(strFechaNacimiento)
 Catch
  Msgbox (FechaNacimiento, "Formato de fecha incorrecto")
 End Try
End Sub

Public Sub GetNombreCompleto As String
 Return Nombre & " " & Apellidos
End Sub

Public Sub GetEdadActual As Int
 Return GetEdadEn(DateTime.Now)
End Sub

Public Sub GetEdadEn (Fecha As Long) As Int
 Dim diff As Long
 diff = Fecha - FechaNacimiento
 Return Floor(diff / DateTime.TicksPerDay / 365)
End Sub
```

Módulo Main.

```
Sub Activity_Create(FirstTime As Boolean)
 Dim Fred As Persona
 Fred.Initialize("Fred", "Smith", "1/2/1950")
 Log(Fred.GetNombreCompleto & " tiene " & Fred.GetEdadActual)
 Fred.Apellidos = "Jones"
Log(Fred.GetNombreCompleto & " tiene " & Fred.GetEdadActual)
End Sub
```

Los mensajes de Log mostrados son:

```
Fred Smith tiene 68
Fred Jones tiene 68
```

Sub Class_Globals

Variables Públicas vs Privadas

Las variables públicas se pueden leer y escribir directamente:

```
Fred.Apellidos = "Jones"
```

Las variables privadas están ocultas, y debemos proporcionar funciones especiales para acceder a ellas:

```
Fred.GetEdadActual
```

Podríamos querer hacer esto para almacenar los datos en un formato especial al que el usuario nunca querría acceder, por ejemplo almacenando la fecha de nacimiento como un **Long**.

Subs Públicos vs Privados

See Visibility of Subroutines (p.247) for details.

Clases vs Tipos

B4A permite declarar estructuras de datos simples utilizando la palabra clave **Type**, por ejemplo

```
Type Persona( _
 Apellidos As String, Nombre As String, _
 Direccion As String, Ciudad As String _
 )
```

Más detalles aquí (p.301).

¿Cuáles son las similitudes y diferencias entre un módulo de Clase y un Tipo?

- Tanto las **clases** como los **tipos** son plantillas. A partir de estas plantillas, puede instanciar cualquier número de objetos.
- Los campos de **tipo** son similares a las variables globales de una **clase**. Sin embargo, a diferencia de los tipos que sólo definen la estructura de datos, las clases también definen el comportamiento de los datos. El comportamiento se define en los subs de la clase.
- Los campos de tipos son siempre públic (p.246)os, mientras que los campos de una clase pueden ser privados.

Clases vs Módulos de Código

¿Cómo se compara un módulo de clase con un módulo de código (p.266)?

- Un **módulo de código** es una colección de subs, a diferencia de una **clase**, que es una plantilla para un objeto.
- Un **módulo de código** siempre se ejecuta en el contexto del sub de llamada (la actividad o servicio que llamó al sub) y el módulo de código no posee una referencia a ningún contexto. Por esta razón, es imposible manejar eventos o usar **CallSub** dentro de módulos de código. Por otra parte, una **clase**, almacena una referencia al contexto de la actividad o módulo de servicio que llamó al sub Initialize. Esto significa que los objetos de clase comparten el mismo ciclo de vida que el servicio o actividad que los inicializó.
- Un **módulo de código** tiene un Sub Process_Globals, que contiene variables visibles desde todos los demás módulos. Un módulo de clase, por otro lado, sólo puede contener variables accesibles desde este módulo.

Añadir un Módulo de Clase

Añada un módulo de clase nuevo o existente seleccionando [Proyecto > Añadir Nuevo Módulo > Módulo de Clase] o [Proyecto > Añadir Módulos Existentes]. Al igual que otros módulos, las clases se guardan como archivos con una extensión "bas".

Estructuras de Clases

Las clases deben tener los siguientes dos subs:

Sub Class_Globals - Esta sub es similar a la sub Globals de una actividad. Estas variables serán las variables globales de la clase (a veces denominadas variables de instancia o miembros de la instancia). Pueden ser públicos o privados. Son públicos por defecto.

Sub Initialize - Un objeto de clase debe ser inicializado antes de que se pueda llamar a cualquier otro sub. La inicialización de un objeto se realiza llamando al sub **Initialize**. Cuando se llama a

`Initialize`, se establece el contexto del objeto (la actividad o servicio padre, que ha inicializado el objeto).
Tenga en cuenta que puede elegir los argumentos que necesita para instanciar una instancia de su clase. En el código anterior, creamos una clase llamada Persona y luego instanciamos un objeto de este tipo:

```
Dim Fred As Persona
Fred.Initialize("Fred", "Smith", "1/2/1950")
```

Tenga en cuenta que `Initialize` no es necesario si hace una copia de un objeto que ya estaba inicializado:

```
Dim p2 As Persona
p2 = Fred 'ambas variables ahora apuntan al mismo objeto Persona.
Log(p2.GetEdadActual)
```

Polimorfismo

El polimorfismo permite tratar diferentes clases de objetos que se conectan a la misma interfaz de la misma manera. Como ejemplo, crearemos dos clases llamadas: Cuadrado y Círculo. Cada clase tiene un sub llamado Dibujar que dibuja el objeto sobre un lienzo (objeto canvas):

Módulo de la Clase Cuadrado

```
Sub Class_Globals
 Private mx, my, mLength As Int
End Sub
'Inicializa el objeto. Puede añadir parámetros a este método si es
necesario.
Sub Initialize (x As Int, y As Int, length As Int)
 mx = x
 my = y
 mLength = length
End Sub
Sub Dibujar(c As Canvas)
 Dim r As Rect
 r.Initialize(mx, my, mx + mLength, my + mLength)
 c.DrawRect(r, Colors.White, False, 1dip)
End Sub
```

Módulo de la Clase Círculo

```
Sub Class_Globals
 Private mx, my, mRadius As Int
End Sub

'Inicializa el objeto. Puede añadir parámetros a este método si es
necesario.
Sub Initialize (x As Int, y As Int, radius As Int)
 mx = x
 my = y
 mRadius = radius
End Sub

Sub Dibujar(cvs As Canvas)
 cvs.DrawCircle(mx, my, mRadius, Colors.Yellow, False, 1dip)
End Sub
```

En el modulo Main

Cree una lista con cuadrados y círculos. Luego repasamos la lista y dibujamos todos los objetos:

```
Sub Process_Globals
End Sub

Sub Globals
 Dim shapes As List
 Dim cvs As Canvas
End Sub

Sub Activity_Create(FirstTime As Boolean)
 cvs.Initialize(Activity)
 Dim sq1, sq2 As Cuadrado
 Dim circle1 As Circulo
 sq1.Initialize(100dip, 100dip, 50dip)
 sq2.Initialize(2dip, 2dip, 100dip)
 circle1.Initialize(50%x, 50%y, 100dip)
 ' añadir los elementos a la lista
 shapes.Initialize
 shapes.Add(sq1)
 shapes.Add(sq2)
 shapes.Add(circle1)
 DibujarFiguras
End Sub

Sub DibujarFiguras
 For i = 0 To shapes.Size - 1
   Log(shapes.Get(i))
   CallSub2(shapes.Get(i), "Dibujar", cvs)
 Next
 Activity.Invalidate
End Sub
```

No necesitamos saber la clase específica de cada objeto de la lista. Sabemos que tiene un método Dibujar que espera un único argumento Canvas. Más tarde podemos añadir fácilmente más clases de formas. Puede utilizar la palabra clave **`SubExists`** para verificar si un objeto incluye un sub específico. También puede usar la palabra clave **`Is`** para verificar si un objeto es de un tipo específico.

Auto-Referencia

La palabra clave **`Me`** devuelve una referencia al objeto actual. **`Me`** no se puede utilizar dentro de un módulo de código.

Considerando el ejemplo anterior, podríamos haber pasado la lista de formas a **`Initialize`** y luego añadir cada objeto a la lista desde el propio **`Initialize`**:

```
Sub Initialize (Shapes As List, x As Int, y As Int, radius As Int)
 mx = x
 my = y
 mRadius = radius
 Shapes.Add(Me)
End Sub
```

En ese caso, las llamadas de Main a Initialize habrían sido:

```
sql.Initialize(shapes, 100dip, 100dip, 50dip)
```

Clases y el Objeto Actividad

Los elementos de la interfaz de usuario de Android, como las vistas, contienen una referencia a la actividad principal o padre. Pero, como Android puede matar actividades en segundo plano para liberar memoria, los elementos de la interfaz de usuario no pueden ser declarados como variables `Sub Process_Globals` porque estas variables viven mientras dure el proceso. En su lugar, deberían declararse en `Sub Globals`. Esto se discute con más detalle en el capítulo Proceso y Actividad (p.254).
Lo mismo es cierto para las instancias de una clase. Si una o más de las variables globales de clase es una vista (o cualquier tipo de objeto de actividad), entonces la clase se tratará como un "objeto de actividad", lo que significa que las instancias de esta clase no pueden ser declaradas como variables `Sub Process_Globals`.

Actividades que extienden las clases

Puede utilizar el atributo ##Extends (p.253) para cambiar la clase padre de una actividad.

Limitaciones de las Clases

La implementación de las clases de B4A es sólo parcial. Por ejemplo, no soporta herencia o sobrecarga.
Las clases que contienen vistas no pueden declararse en los sub Process_Globals de una Actividad, porque los Process_Globals duran toda la vida de la App, por lo que aquí no puedes declarar objetos de actividad (tales como vistas).

Módulo de Código

Los módulos de código contienen sólo código. No se permite ninguna actividad en los módulos de código.
El propósito y la ventaja de los módulos de código es que permiten que el mismo código sea compartido en diferentes programas, principalmente para cálculos u otra gestión general.
Ejemplos de módulos de código son:
DBUtils (p.232), utilidades de gestión de base de datos.
StateManager (p.672), ayuda a administrar la configuración y los estados de la aplicación Android.

Módulo de Servicio

Por qué usar un servicio

Dentro de Android, el código escrito en un módulo de actividad se detiene si la actividad no está visible. Por lo tanto, al usar sólo actividades, no es posible ejecutar ningún código mientras su aplicación no sea visible. Por otra parte, un servicio no se ve afectado (casi) por la actividad actualmente visible. Esto permite ejecutar tareas en segundo plano.

Como interactúa el usuario con un Servicio

Si desea crear un widget (p.143), debe estar vinculado a un módulo de servicio.
Los servicios suelen utilizar las notificaciones en la barra de estado para interactuar con el usuario. No tienen ningún otro elemento visible. Los servicios no pueden mostrar ningún diálogo (excepto los Mensajes Toast (p.343)[34]).

---

[34] NT: Un Toast es un mensaje que se muestra en pantalla durante unos segundos y desaparece automáticamente, sin interferir en las acciones que esté realizando el usuario en ese momento.

Nota: si se produce un error en un módulo de código de servicio, el usuario no verá el diálogo con el mensaje "¿Desea Continuar?". En su lugar aparecerá el mensaje de Android de "El Proceso se ha detenido".

Alternativa a una Actividad

Debido a que un servicio nunca se detiene o se reanuda, y debido a que los servicios no son vueltos a crear cuando el usuario rota la pantalla, los servicios son a menudo más fáciles de codificar que las actividades.
No hay nada especial en el código escrito en un servicio.
El código en un módulo de servicio se ejecuta en el mismo proceso y en el mismo hilo que el resto del código.

El Servicio Starter

Por defecto, todos los nuevos proyectos incluyen un módulo de servicio llamado Starter. Si este servicio existe, es el primer módulo que se ejecuta cuando se inicia la App. Vea aquí (p.120) para más información.

Los Servicios vistos por Android

Para obtener más información sobre cómo ve Android los servicios, consulte aquí (http://bit.ly/1CMP3sx).

Como iniciar un Servicio

Llame StartService (p.342) durante `Activity_Create`. Esto ejecutará `Sub Service_Create` seguido de `Sub Service_Start` (ver abajo).
A continuación, puede utilizar el código de servicio.

Iniciar un servicio mientras la App está en segundo plano

A partir de Android 8.0, los servicios no se pueden iniciar simplemente mientras la aplicación está en segundo plano o no se está ejecutando. En segundo plano significa que no hay ninguna actividad visible ni ningún servicio en primer plano (Service.StartForeground).
Los casos más frecuentes en los que esperamos que los servicios se inicien incluso si la App no está en primer plano:

- Notificaciones Push
- Servicios programados con StartServiceAt o StartServiceAtExact
- Servicios configurados para iniciarse después del arranque de Android con el atributo #StartAtBoot
- Widgets de la pantalla de inicio

Afortunadamente, B4A Versión 8 permite que los servicios se inicien cuando la aplicación no está en primer plano. Incluso si la aplicación se encuentra en segundo plano, garantiza que el servicio se iniciará y pasará inmediatamente al modo de primer plano.

Como Finalizar Correctamente los Servicios Automáticos

Como resultado de lo anterior, es necesario detener el modo de primer plano automático cuando el servicio haya completado su tarea. Esto puede realizarse de dos maneras:

- O llama a Service.StopAutomaticForeground. Esto detendría el modo de primer plano automático si el servicio estaba en ese modo. En caso contrario, no haría nada.
  Puede llamarse varias veces. El servicio no será destruido inmediatamente.
- O llama a StopService(Me).

Si no detiene el modo de primer plano automático, se dejará un icono de notificación una vez finalizada la tarea.

El servicio Starter Nunca se Detiene

A partir de B4A v8.3, el servicio starter (p.120) nunca se detendrá hasta que el proceso se interrumpa. Internamente cambia del contexto de servicio al contexto de la App.

Cuándo Terminan los Servicios

En las versiones de Android anteriores a la 8.0, el sistema operativo nunca eliminó servicios específicos (sólo el proceso completo). Ahora Android 8 ha introducido un cambio significativo en el comportamiento de los Servicios, ya que ahora normalmente los mata mientras la App está en segundo plano. Este cambio hace mucho más difícil trabajar con el servicio Starter, ya que no se puede asumir que este se encuentre funcionando.
A partir de B4A v8.3, el servicio Starter nunca se detendrá hasta que el proceso se interrumpa. Internamente cambia del contexto de servicio al contexto de la aplicación.
Para obtener más información, consulte el tutorial sobre el modo de primer plano automático (http://bit.ly/2JI0gCA).

Wake Lock (bloqueo de activación)

Si se agrega un servicio (que no sea el servicio Starter), se añade el permiso WAKE_LOCK a la App. Este permiso no es peligroso.
El Wake Lock (bloqueo de activación) se mantiene automáticamente cuando se inicia el servicio desde el fondo (background) y hasta que se llama a Service_Start. Puede quitar este permiso con el comando en el Manifest:

```
RemovePermission(android.permission.WAKE_LOCK)
```

Todo seguirá funcionando, aunque en algunos casos el servicio puede no empezar si la App está al fondo.

Código de Servicio

Añadir un módulo de servicio se realiza utilizando el menú [Proyecto > Añadir Nuevo Módulo > Módulo de Servicio].
Esto crea un nuevo servicio con el siguiente esquema de código:

```
#Region  Service Attributes
 #StartAtBoot: False
#End Region
Sub Process_Globals
 'Estas variables globales se declararán una vez cuando se inicie la
aplicación.
 'Se puede acceder a estas variables desde todos los módulos.
End Sub

Sub Service_Create
End Sub

Sub Service_Start (StartingIntent As Intent)
End Sub

Sub Service_TaskRemoved
    'Este evento aparecerá cuando el usuario elimine la aplicación de
la lista de aplicaciones recientes.
End Sub

'Devuelve true para permitir que el controlador de excepciones
predeterminado del sistema operativo gestione la excepción no
capturada.
Sub Application_Error (Error As Exception, StackTrace As String) As
Boolean
    Return True
```

```
End Sub

Sub Service_Destroy
End Sub
```

También puede programar un servicio para que se ejecute en un momento específico mediante StartServiceAt (p.342) o StartServiceAtExact (p.343).

Atributos de los Servicios

Éstos se definen en la #Región en la parte superior del código.
Las posibles opciones son:
`#StartAtBoot`: Si este servicio debe iniciarse automáticamente después del arranque. Valores: **`True`** o **`False`**. Por defecto a **`False`**.
`#StartCommandReturnValue`: (avanzado) Establece el valor que será devuelto desde onStartCommand. El valor por defecto es android.app.Service.START_NOT_STICKY.
Para más detalles, vea los Servicios vistos por Android (http://bit.ly/1CMP3sx).
`#Extends: Classname`: Esto le permite crear un servicio (o una nueva librería) que extiende una librería. Puede implementar una clase de Servicio en Java que puede utilizarse como base para los módulos de servicio B4A. Un ejemplo de su uso se puede encontrar aquí (http://bit.ly/2i0LyVA).

```
#Extends: anywheresoftware.b4a.objects.NotificationListenerWrapper
```

SubRoutines (Subrutinas)

Cada módulo de servicio deberá incluir, como mínimo, los siguientes sub:

Sub Process_Globals

El lugar para declarar las variables globales del servicio. A diferencia de una Actividad, no hay sub Globals ya que los Servicios no soportan objetos de Actividad. Los **`Sub Process_Globals`** sólo deben utilizarse para declarar variables. No debería ejecutar ningún otro código ya que podría fallar. Esto es válido también para otros módulos. **Nota**: Las variables Process_Globals se mantienen mientras el proceso se ejecute y son accesibles desde otros módulos.

Sub Service_Create

Se llama cuando el servicio se inicia por primera vez. Es el lugar para inicializar las variables **`Sub Process_Globals`**. Una vez que se inicia un servicio, permanece activo hasta que se llama a **`StopService`** o hasta que se destruye todo el proceso.

Sub Service_Start (StartingIntent As Intent)

Esto se llama **cada vez** que llama a StartService (p.342) (o StartServiceAt (p.342) o StartServiceAtExact (p.343)). También se puede llamar si este servicio es un receptor de difusión. Para más información sobre este tema, consulte aquí (http://bit.ly/12QWZBw). Cuando se ejecuta este sub, el proceso se pasa al primer plano, lo que significa que Android no matará su proceso hasta que este sub termine de ejecutarse. Si desea ejecutar algún código periódicamente, debe programar la siguiente tarea con StartServiceAt (p.342) o StartServiceAtExact (p.343) dentro de este sub.
StartingIntent: El argumento se establecerá por Android si este servicio es un receptor de difusión. Para obtener más información, consulte esta página (http://bit.ly/12QWZBw) en el sitio web de B4A. Vea aquí (p.401) para más información sobre los `Intents`.

Sub Service_Destroy

Se llama cuando usted llama a StopService. El servicio no se ejecutará hasta que vuelva a llamar a StartService.

Además, es una buena idea incluir lo siguiente, que se crea por defecto cuando agrega un Módulo de Servicio a su proyecto:

Sub Service_TaskRemoved

Este evento de Android 4+ se lanzará cuando el usuario elimine la aplicación de la lista de aplicaciones recientes.

Sub Application_Error (Error As Exception, StackTrace As String) As Boolean

Devuelve true para permitir que el controlador de excepciones predeterminado del sistema operativo gestione la excepción no capturada.

Cuando Usar un Servicio

Probablemente hay cuatro casos de uso importantes para los servicios:

1) Separar el código de la interfaz de usuario (UI) del código con la funcionalidad de la App.

Escribir el código que no es UI en un servicio es más fácil que implementarlo dentro de un módulo de Actividad, ya que el servicio no se detiene y se reanuda y normalmente no será relanzado (mientras que una Actividad si puede serlo).

Puede llamar StartService (p.342) durante `Activity_Create` y desde allí trabajar con el módulo de servicio.

Un buen diseño es hacer que la actividad obtenga los datos necesarios del servicio en Sub `Activity_Resume`. La actividad puede obtener datos almacenados en una `Sub Process_Globals` o puede llamar a un Sub del servicio con el método `CallSub`.

2) Ejecutar operaciones largas.

Por ejemplo, descargar un archivo grande de Internet. En este caso puede llamar a `Service.StartForeground` (desde el módulo de servicio). Esto moverá tu servicio al primer plano y se asegurará de que Android no lo mate. Asegúrese de llamar posteriormente a `Service.StopForeground`.

3) Planificar una tarea repetitiva.

Llamando a StartServiceAt (p.342) o StartServiceAtExact (p.343) puede planificar su servicio para que se ejecute a una hora específica. Puede llamar estos métodos en `Sub Service_Start` para programar la próxima vez y crear una tarea repetitiva (por ejemplo, una tarea que comprueba las actualizaciones cada dos minutos).

4) Ejecute un servicio después de que el dispositivo se inicie, es decir, cuando se encienda.

Si lo ha configurado, el servicio se ejecutará después de que se haya completado el arranque:

```
#Region  Service Attributes
  #StartAtBoot: True
#End Region
```

Notificaciones

Tanto las actividades como los servicios pueden mostrar notificaciones en la barra de estado, pero para los servicios es su principal forma de interactuar con el usuario.

La notificación muestra un icono en la barra de estado.

El usuario puede deslizar hacia abajo la pantalla de notificaciones y ver más detalles.

El usuario puede pulsar sobre el mensaje, que abrirá una actividad configurada por el objeto Notification (p.415)

Accediendo a otros módulos

Los objetos `Sub Process_Globals` son públicos y se puede acceder a ellos desde otros módulos. Usando el método `CallSub` también puede llamar a un sub en un módulo diferente, siempre y cuando el otro módulo no esté en pausa. Se puede utilizar `IsPaused` para comprobar si el módulo de destino está en pausa.

Esto significa que una actividad nunca puede acceder a un sub de una actividad diferente, ya que sólo puede haber una actividad active ejecutándose. Sin embargo, una actividad puede acceder a un servicio en ejecución y un servicio puede acceder a una actividad en ejecución. **Nota**: si el componente de destino está en pausa, se devuelve una cadena vacía. No se produce ninguna excepción.

Por ejemplo, supongamos que un servicio ha terminado de descargar nueva información. Puede llamar:

```
CallSub(Main, "RefreshData")
```

Si la actividad principal está en ejecución, puede obtener los datos de las variables del servicio en `Process_Globals` y actualizar la visualización. También es posible pasar la nueva información al Sub en la actividad, pero es mejor mantener la información como una variable `Process_Globals`. Esto permite que la actividad llame al Sub requerido (en este caso RefreshData) cuando quiera y obtenga la información (ya que la actividad puede estar en pausa cuando llegue la nueva información).

Nota: No es posible utilizar `CallSub` para acceder a los subs de un módulo de código.

Ejemplos de Proyectos Usando Servicios

En el sitio web de B4A hay ejemplos de proyectos que utilizan servicios:
Downloading a file using a service module (http://bit.ly/17yeXPZ) (Descarga de un archivo utilizando un módulo de servicio)
Periodically checking Twitter feeds (http://bit.ly/17yfyRP) (Comprobación periódica de los mensajes de Twitter)

Enlace actualizado nueva API de Twitter (https://www.b4x.com/android/forum/threads/twitter-v1-1-api-example-application-only-auth.30382/)

2.10 Publicando y Monetizando su App

Una vez que hayas desarrollado tu App, desearás distribuirla. Esto se puede hacer a través del sitio web de Google Play o a través de uno de los otros canales de distribución, como Amazon, o distribuyendo el archivo APK desde un sitio web o por correo electrónico.
Este capítulo le guiará a través de todo el proceso de preparación de su App para su publicación, incluyendo formas de ganar dinero con ella y luego enviarla al mundo.

Ayuda al Usuario

Los usuarios probablemente necesitarán ayuda sobre cómo usar la App de la manera más efectiva. Puede proporcionar alguna información en una pantalla de bienvenida (http://bit.ly/13WB1xW), en una actividad o en una página web que se muestra en un WebView (p.489).

Branding and Marketing (estrategia de marca y comercialización)

Antes de empezar a distribuir su App, tendrá que pensar cómo llamarla, si necesita su propio sitio web y, en caso afirmativo, si el nombre de dominio está disponible, el diseño de su logotipo, si necesita registrar la marca comercial y cómo va a publicitar y comercializar el producto. Para hacer todas estas cosas con eficacia se requiere un conjunto de habilidades diferente a programar, y es posible que desee encontrar un socio que pueda dedicar tiempo a estos aspectos importantes de la distribución de Apps.

Configurando los Parámetros del Proyecto

Antes de generar el APK, debe comprobar que los siguientes parámetros están configurados correctamente:

Nombre del Paquete

Esto se configura en [Proyecto > Configuración de Compilación]. Vea Nombre del Paquete (p.125) para lo que se requiere.

Atributos del Proyecto

En la Región de Atributos del Proyecto, en la parte superior de la Actividad Main, se deben establecer una serie de atributos. Vea aquí (p.121) para más detalles.

Configuración de Iconos

Su aplicación necesitará varios iconos antes de poder distribuirla. Hay varios tipos de iconos que puede considerer, entre otros: de Inicio, menú, barra de acciones, barra de estado, pestaña, diálogo e iconos de vista de lista,.... Es posible que su aplicación también necesite mostrar iconos en el área de Notificaciones (p.415). A continuación discutiremos algunos de ellos. Para más detalles, ver aquí (http://bit.ly/1CMQc3a).
Aquí encontrarás consejos sobre los iconos de Inicio (http://bit.ly/1DSoPic) y una vista más amplia de los iconos de Android.

Icono de Google Play Store

Para la tienda Google Play Store necesitará un icono de 512x512 píxeles, PNG de 32 bits con un canal alfa y un tamaño máximo de 1024KB (más detalles aquí (http://bit.ly/1GjjK4Q)).

Icono de Inicio

Cada aplicación necesita un icono de Inicio para que el usuario pueda identificarlo y ejecutarlo. Este icono se mostrará en varios lugares del dispositivo del usuario:

- en el panel de instalación
- en la barra de título (para versiones recientes de Android)
- en la página de inicio
- en la lista [Ajustes > Aplicaciones]

El Icono de Inicio debe tener una silueta distintiva, debe tener un aspecto tridimensional como si se viera de frente, con una ligera perspectiva como si se viera desde arriba para que los usuarios perciban algo de profundidad.

El ícono de Inicio siempre se muestra con 48x48 dip (p.178), pero cuando se transforma a píxeles en pantallas con diferentes resoluciones, esto puede convertirse en 48, 72, 96, 144 o incluso 192 píxeles cuadrados.
Idealmente, debería proporcionar versiones de su icono en todos estos tamaños, distribuidos en carpetas cuyos nombres incluyan la palabra **mipmap**. Afortunadamente esto es fácil de hacer usando el Generador de Iconos de Inicio (http://bit.ly/1CH1rZM) en Internet. Esto no sólo genera las imágenes sino que las coloca en las carpetas correctas.
Cuando se ejecuta la App, Android puede comprobar las características de la pantalla del dispositivo y cargar los archivos, con la densidad específica, adecuados para la aplicación.
Puede que decida que sería más fácil simplemente crear un solo icono a alta resolución, como 192 píxeles, que el dispositivo reducirá a menor escala. Esto funciona para mostrar un logotipo simple, pero puede haber circunstancias en las que Android pueda sacar una parte de su logotipo y mostrarla, creando una impresión poco profesional.
¿Vale la pena usar mipmap? Puedes probar el resultado de usar un icono de inicio fijo usando 48x48 o 192x192 píxeles en varios dispositivos y compararlo con el resultado de usar mipmap usando las tres aplicaciones de ejemplo incluidas en la página (http://bit.ly/1IjLiwC) de recursos de este libro.
Como describimos a continuación, es muy fácil implementar mipmap, pero en caso de que decidas usar un solo icono, discutiremos esto primero, y luego explicaremos cómo implementar mipmap más adelante.

[Proyecto > Elegir Icono]

Si decide utilizar un solo logotipo, puede configurar el icono de Inicio con el menú[Proyecto > Elegir icono]. Puede navegar a cualquier carpeta y elegir cualquier archivo con una extensión de BMP, JPG, GIF o PNG.
El archivo se copiará en la carpeta **Objects\res\drawable** del proyecto y se renombrará automáticamente a icon.xxx, donde xxx es la extensión original del nombre del archivo. Android buscará un archivo con este nombre para utilizarlo como icono de Inicio, por lo que no debe renombrarlo una vez copiado, aunque puede seleccionar un nuevo icono de Inicio en cualquier momento.
La ubicación de este archivo se especifica en realidad en el Manifest:

```
SetApplicationAttribute(android:icon, "@drawable/icon")
```

No tendrá que cambiar esto si utiliza la opción [Proyecto > Elegir icono].

Iconos Action Bar

Puede mostrar iconos en la Action Bar (p.134). Cada uno debe tener 32 dip. Google proporciona un Conjunto de Iconos para la Action Bar (http://bit.ly/1gOMCZ9) que se puede descargar.

Crear Iconos

Un icono es un archivo en formato BMP, JPG, GIF o PNG.

Puede crear un archivo PNG usando el programa gratuito Inkscape (http://inkscape.org/). Esto le permite controlar la transparencia (canal alfa) de su imagen, que es importante para lograr un buen resultado, como se explica aquí (http://bit.ly/1DSoPic).

.

Sugerencia: utilice nombres de archivo que contengan sólo letras minúsculas, números y guiones bajos, de modo que cuando exporte la imagen a PNG, su nombre será válido para B4A.
Debido a que necesitará generar iconos de varios tamaños, se recomienda que inicie su diseño con una resolución de 864x864 píxeles, luego reduzca la escala para adaptarse a los distintos tamaños requeridos.

Fuentes de Iconos

Puede encontrar algunos iconos ya preparados en iconarchive.com (http://bit.ly/1IjPGMi)

Implementando MipMap

MipMap es muy fácil de implementar. Si decide implementar mipmap, no necesita usar [Proyecto > Elegir Icono]. En su lugar, necesita generar una imagen maestra para su icono. Dado que también necesitará una imagen de 512x512 píxeles en formato PNG de 32 bits para Google Play, podría decider iniciar su obra de arte en ese tamaño y luego redimensionarla para producir las imágenes de formato más pequeño. Pero podría ser mejor empezar con una imagen de 864x864 píxeles, que puede reducirse con precisión a todos los tamaños que necesita mipmap.
Puede convertir su icono a imágenes con tamaños de 48, 72, 96, 144 y 192 píxeles cuadrados listos para mipmap usando el Generador de Iconos de Inicio (http://bit.ly/1CH1rZM) en línea. Esto también creará una carpeta llamada \res que contiene otras carpetas llamadas \mipmap-hdpi, \mipmap-mdpi y así sucesivamente.
Cada una de estas carpetas contiene una imagen con el mismo nombre pero con diferentes tamaños. Pueden tener cualquier nombre, pero el nombre más común es ic_launcher.png
Necesitarás copiar estas carpetas a la carpeta Objects\res de tu proyecto, así que tendrás \Objects\res\mipmap-hdpi etc. Una vez copiados, debe configurar estas carpetas y archivos para que sean de sólo lectura seleccionando todas las carpetas, haciendo clic con el botón derecho del ratón y seleccionando Propiedades en el menú emergente y luego marcando la opción *Sólo lectura.* O, si edita sus iconos con frecuencia, puede utilizar el atributo **`#CustomBuildAction`** para marcarlos como de sólo lectura. Para marcar todos los archivos de la carpeta **res** como de sólo lectura:

```
#CustomBuildAction: 1, c:\windows\system32\attrib.exe, +r res\*.* /s
```

El paso final es que Android sepa dónde buscar tus iconos editando el Android Manifest. Editar la línea

```
SetApplicationAttribute(android:icon, "@drawable/icon")
```

Y cambiarla a

```
SetApplicationAttribute(android:icon, "@mipmap/ic_launcher")
```

Donde la palabra `ic_launcher` coincide con los nombres de sus iconos. No es necesario especificar la extensión del archivo.

Recomendaciones para iconos de Notificación

Los iconos de notificación se muestran en el área de notificación en la parte superior de la pantalla. Deben ser de 24x24 dip.
La tabla siguiente lo convierte en píxeles para varias resoluciones de pantalla.
Puede especificar qué icono utilizar utilizando la propiedad notification Icon (p.416).

Medidas de los Iconos

Proporciona iconos para usar dentro de tu aplicación en todos los tamaños indicados para asegurarte de que se vea bien en todas las resoluciones. De lo contrario, Android puede reducir el tamaño de las imágenes grandes, pero eso puede resultar en bordes irregulares. Más información aquí (http://bit.ly/1MzwvvE).

Además, si utiliza iconos grandes, es posible que se recorten en lugar de cambiar su tamaño cuando se muestren en la lista desplegable de notificaciones, lo que provocará imágenes incorrectas. Sin embargo, si por alguna razón sólo puede proporcionar un solo icono, el mejor tamaño a utilizar es 48x48 píxeles. Parece aceptable en la mayoría de los dispositivos.

Resoluciones Recomendadas

Hay varias resoluciones recomendadas, y cada una tiene su propio tamaño de icono aconsejado, como se muestra a continuación. **Nota**: "**px**" significa píxeles. La referecnia es MDPI. Los iconos de los dispositivos con menor resolución se generarán automáticamente a partir de esto. El significado de Folder se explica más arriba.

MDPI

dpi.. 160
Scale... 1
Notification Drawable (px)............ 22x22
Notification Icon Size (px)............. 24x24
Launcher Icon Size (px).................48x48
Folder.. drawable-mdpi

HDPI

dpi.. 240
Scale... 1.5
Notification Drawable (px)............ 33x33
Notification Icon Size (px)............. 36x36
Launcher Icon Size (px)................ 72x72
Folder.. drawable-hdpi

XHDPI

dpi.. 320
Scale... 2
Notification Drawable (px)............ 44x44
Notification Icon Size (px)............. 48x48
Launcher Icon Size (px)................ 96x96
Folder.. drawable-xhdpi

XXHDPI

dpi.. 480
Scale... 3
Notification Drawable (px)............ 66x66
Notification Icon Size (px)............. 72x72
Launcher Icon Size (px)................ 144x144
Folder.. drawable-xxhdpi

XXXHDPI

dpi.. 640
Scale... 4
Notification Drawable (px)............ 88x88
Notification Icon Size (px)............. 96x96
Launcher Icon Size (px)................ 192x192
Folder.. drawable-xxxhdpi

Instalación de Iconos

Consulte la sección Implementando MipMap más arriba para obtener detalles sobre cómo instalar los iconos.

Generando su APK

Ahora está listo para crear su APK.

Archivo APK

El APK es un paquete que contiene el código fuente compilado y los archivos de recursos (imagines, bases de datos, etc…). El apk se coloca en la carpeta Objects.
Tenga en cuenta que el nombre del apk será el mismo que el nombre del archivo b4a a menos que el nombre del archivo b4a contenga espacios, en cuyo caso el apk se llamará **result.apk**

Claves y Certificados

Los documentos electrónicos (como los APK) pueden "firmarse" utilizando otros documentos electrónicos llamados Certificados. Los certificados contienen la identidad del propietario y una clave. Los certificados se presentan en pares, uno con una clave privada y el otro con una clave pública. Algunos certificados son emitidos por autoridades de certificación, que autentican la identidad del propietario. Otros certificados son simplemente generados por el propietario, sin ninguna autenticación.

Firma

Android requiere que todas las aplicaciones instaladas **estén firmadas** antes de que puedan instalarse. Detalles en el sitio web de Android Developer (http://bit.ly/1CMQUNW). Los dispositivos Android no instalarán un APK sin firmar. El sistema Android utiliza certificados como medio para identificar al autor de una aplicación y establecer relaciones de confianza entre aplicaciones. El certificado no se utiliza para controlar qué aplicaciones puede instalar el usuario.
El desarrollador firma su aplicación usando la clave privada y luego la distribuye junto con el certificado que contiene la clave pública. Después de firmar una aplicación, no es posible modificarla sin la clave privada que se utilizó para firmarla.
Nota importante: No utilice la clave B4A para firmar su aplicación. Google Play no lo aceptará. En su lugar, siga las siguientes instrucciones para crear y utilizar su propia clave.

Certificados de Depuración

Para probar y depurar tu aplicación, B4A la firma con una clave de depuración especial creada por las herramientas de compilación del SDK de Android. B4A utiliza una "clave de depuración" predeterminada para firmar las aplicaciones. Esta tecla es correcta durante la depuración. Sin embargo, Google Play no acepta archivos APK firmados con esta clave.
Para una aplicación llamada "abc", la clave de depuración se almacenaría en un archivo llamado **abc_DEBUG.apk** en la carpeta **Objetcs** del proyecto **abc**.

Durante las pruebas, la instalación fallará si intenta instalar la versión de distribución de su aplicación en un dispositivo en el que previamente instaló una versión de depuración utilizando la propia clave de B4A. En ese caso, deberá desinstalar manualmente la aplicación existente del dispositivo antes de poder instalarla con su propia clave.

La Firma para Distribución

Un certificado Android no necesita estar firmado por una autoridad de certificación; es perfectamente válido, y típico, que las aplicaciones Android usen certificados autofirmados, pero antes de que pueda distribuir su aplicación, debe firmarlo con un certificado del que posea la clave privada. Además, es muy importante que mantenga este certificado a salvo. Véase más adelante.

Creación o Carga de una Clave Privada

Por lo tanto, necesita crear su propia clave privada. B4A facilita la creación de esta clave.
Selecciona [Herramientas > Clave de Firma Privada] par aver el siguiente diálogo:

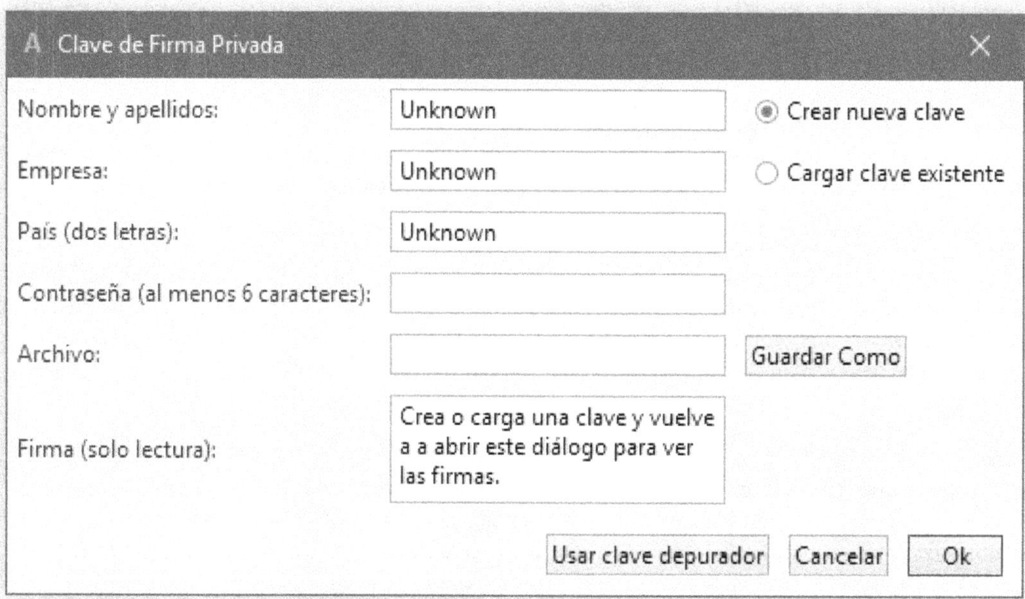

Puede crear una nueva clave, cargar una existente o utilizar la clave de depuración.

Creación de una Nueva Clave

Si crea una nueva clave, debe incluir su código de país de dos letras. Hay una lista de códigos aquí (http://bit.ly/1CMQYgH). A continuación encontrará más información sobre los depósitos de claves (keystores[35]).
La clave privada que genera B4A tendrá una fecha de caducidad establecida en el máximo permitido por el sistema de certificados, una fecha de unos 38 años. B4A utiliza el algoritmo DSA 1024 para generar claves.

El Depósito de Claves (KeyStore)

Las claves se almacenan en un archivo "keystore". Puede almacenar la clave en cualquier archivo con cualquier nombre que desee. Puede ser una buena idea darle la extensión "keystore" para que sepa lo que es. No es posible leer un archivo de este tipo sin su contraseña, así que **asegúrese de recordar la contraseña**.

Una vez que haya creado un nuevo archivo de depósito de claves, B4A utilizará esta clave para todos sus proyectos. **Deberías tener mucho cuidado con este archivo. Si pierde este archivo, no podrá actualizar sus aplicaciones en el mercado. Tendrá que publicar las actualizaciones como nuevas aplicaciones**. Por lo tanto, se recomienda hacer una copia de seguridad de este archivo.

[35] NT:Aunque lo traducimos, utilizaremos muchas veces la propia palabra en inglés ya que es un tecnicismo adoptado por los desarrolladores.

Nota: aunque es posible tener varios depósito de claves, se hace difícil hacer un seguimiento de qué clave está en cada depósito de claves. Probablemente es mejor usar una sola clave en un solo depósito de claves para firmar todas tus Apps. Sin embargo, pueden surgir problemas si desea vender su aplicación a otro desarrollador en el futuro, ya que tendría que darles una copia de su almacén de claves y su contraseña. Después de firmar, puede continuar depurando. Su clave privada se utilizará para firmar el APK. Si lo desea, puede volver a utilizar una clave de depuración, pero no es necesario.

Explorador de Keystore

Si es necesario, el Exploador der Keystore le permite explorar su depósito de llaves. Descárguelo gratis aquí (`http://bit.ly/1IjPP2m`). Tenga en cuenta que la primera vez que lo ejecute probablemente tendrá que actualizar su Java SE con la extensión de criptografía Java (JCE: Java Cryptography Extension). Para esto, le aconsejamos que ejecute por primera vez el Explorador de Keystore como Administrador, para darle los permisos necesarios.

Compilando el APK

Compile su aplicación, ya sea en Modo Release o en Modo Release Obfuscated[36]. Consulte la sección Modos de Compilación (p.188) para obtener más detalles.
Esto creará un archivo APK en la carpeta Objetcs de su proyecto.

Huella digital del certificado SHA1

A veces es necesario conocer la huella digital SHA1 de su certificado. Por ejemplo, si desea utilizar una de las API de Google en su aplicación. Para más detalles ver aquí (`http://bit.ly/1CMRdZa`).
Para encontrar la huella digital SHA1, debe abrir el archivo de almacenamiento de claves con el Explorador de depósito de claves (véase anteriormente keystore), hacer doble clic en el certificado o hacer clic con el botón derecho del ratón en el certificado y seleccionar [Ver detalles > Detalles de la cadena de certificados]. Los detalles de la cadena del certificado incluyen la huella digital, que se puede ver en varios formatos, incluido SHA-1. Copia la cadena, que sera algo similar a esto:
45:B5:E4:6F:36:AD:0A:98:94:B4:02:66:2B:12:17:F2:56:26:A0:E0
Para crear la clave del API de Google, también debes indicar el nombre del paquete de tu aplicación, que procede de [Proyecto > Configuración de Compilación]. Debe añadir esto a la huella digital, separado por un punto y coma.

Monetizando su App

Antes de publicar su aplicación, debe considerar si va a tratar de ganar dinero con ella. Si no es así, puede saltarse esta sección.

Formas de Monetizar su App

Hay varias maneras de ganar dinero con tu aplicación:
- Regala tu aplicación pero incluye publicidad
- Venderla, tal vez como una alternativa libre de publicidad (ad-free).
- Pedir donaciones si la gente encuentra su aplicación de utilidad.
- Utilizar la facturación in-app
- Verificar que el usuario tiene licencia para usar la aplicación
- Encuentre un patrocinador y vincule su aplicación a su sitio.
- Escribir una aplicación para un cliente y cobrar por su desarrollo

[36] NT:Dejamos los Modos tal cual aparecen en la Barra de Herramientas de B4A en el Modo de Compilación.

- Utilice la librería PayPal (p.672)

Librerías de soporte a la Publicidad

Hay varias librerías B4A que le permiten incluir fácilmente anuncios en su App. Algunas son librerías oficiales (es decir, producidas por Anywhere Software) pero no están incluidas en la distribución principal, por lo que requieren que la librería (o la envoltura de esta –wrapper-) se descargue.
Otras son desarrolladas por los usuarios. La publicidad móvil es un campo en rápido desarrollo y rentable, por lo que lo siguiente puede no incluir los últimos desarrollos u oportunidades.
Tenga presente que los anuncios ocupan espacio en la pantalla del dispositivo, por lo que debe tener en cuenta las implicaciones a la hora de diseñar la interfaz de usuario.

AdMob

Anuncios de Google en sus Apps. Esto tiene la ventaja de que también puede utilizar Google Analytics para analizar los resultados. Tenga en cuenta que esta librería requiere recursos que forman parte de los Servicios de Google Play (p.670).

Librería y Tutorial

Descargue la librería de AdMob aquí (http://bit.ly/19UeAy4). Esta librería también requiere configuración. Por supuesto, para obtener sus anuncios y que le paguen, tendrá que registrarse en el sitio Admob de Google. Vea aquí (http://bit.ly/19UeDcY) un tutorial con todos los detalles.

AdBuddiz

Este sitio (http://bit.ly/1CMTrHR) proporciona una librería B4A que ofrece anuncios intersticiales[37] a toda página. Vea aquí (http://bit.ly/1CMTmDW) una discusión sobre su uso en una aplicación B4A.

AdiQuity

AdiQuity es otra solución de publicidad. Vea aquí (http://bit.ly/1CMRXgN) para detalles de Adiquity y aquí (http://bit.ly/19UgZbZ) para la librería y un tutorial.

TapForTap

Tap for Tap ofrece una forma de promocionar tu aplicación y una forma de generar ingresos publicitarios, o quizás de hacer ambas cosas. Cuando los usuarios "tocan" un enlace en tu aplicación e instalan una App anunciada en la bolsa de intercambio, puedes ganar créditos (y por lo tanto hacer que tu aplicación sea anunciada) o puedes ganar dinero; o puedes elegir una combinación de estas opciones.
Para obtener más información sobre el servicio, vea aquí (https://tapfortap.com/). Consulte aquí (http://bit.ly/14Lhsrc) la envoltura (*wrapper*) B4A del SDK.

AppLovin

Este sitio (http://bit.ly/1OwfbJh) proporciona anuncios que toman los datos de clientes existentes de los anunciantes y utiliza anuncios móviles enfocados a encontrar consumidores similares. Además, un cliente que compró un vestido en su aplicación podría entonces ver anuncios que promocionan un oferta de zapatos a juego.
Vea aquí (http://bit.ly/1CMSyPG) una librería B4A que soporta este servicio.

---

[37] NT: Son anuncios que permiten mostrar información interactiva al usuario y están diseñados para colocarse especialmente entre transiciones de pantallas en la App, cambios de estado (inicio y fin de juegos,…), etc. Puedes ver una guía de Google aquí.

Vender su App

Google Play (http://bit.ly/1OwfeVp) es el principal lugar al que acuden los usuarios para encontrar nuevas Apps, aunque puedes distribuir tu app app a través de otros canales. Si cobra por su aplicación, entonces el distribuidor le cobrará un importe por transacción.
Nota: una vez que publiques una aplicación como gratuita en Google Play, no podrás cambiarla a una de pago. Sin embargo, puede vender una licencia dentro de su aplicación a través de la facturación in-app.

Facturación In-App

Google Play proporciona un servicio de facturación in-app que puede utilizar para aceptar pagos desde su App. Define sus productos (utilizando Consola del Desarrollador de Google Play) incluyendo tipo de producto, SKU, precio, descripción, etc. Esto podría incluir una clave que elimine los anuncios.
Los productos In-app, que se declaran en la consola de Desarrollador de Google Play, pueden incluir licencias, suscripciones y elementos gestionados que su aplicación puede utilizar. Normalmente se implementa el consumo de artículos que se pueden comprar varias veces (como moneda del juego, combustible o hechizos mágicos). Una vez adquirido, no se puede volver a comprar un artículo gestionado hasta que lo consuma, enviando una solicitud de consumo a Google Play. Lea la documentación oficial aquí (http://bit.ly/1GyiGIy). Consigue la librería aquí (http://bit.ly/19UimHB) y lee el tutorial aquí (http://bit.ly/19UidUJ).

Licencias

Una buena forma de proteger su aplicación es utilizar Google Play App Licensing, un servicio que te permite aplicar políticas de licencias para las aplicaciones que publiques en Google Play. La aplicación puede consultar Google Play en tiempo de ejecución para obtener el estado de licencia del usuario actual y, a continuación, permitir o denegar el uso posterior, según corresponda. De esta manera puedes estar seguro de que el usuario tiene el derecho de usar tu aplicación. Para más información sobre licencias, mire aquí (http://bit.ly/14Li2VV). Para descargar la librería ver aquí (http://bit.ly/14LiaF2). Para un tutorial sobre cómo usarlo, siga este enlace (http://bit.ly/14LikMx).

Registrarse como Desarrollador en Google Play

Ya sea que quieras vender tu aplicación o regalarla, la mejor salida para las Apps de Android es la tienda Google Play, y antes de que puedas publicarla allí, debes registrarte como desarrollador. Tiene una cuota de inscripción única de $25 y una vez que se haya registrado puede distribuir cualquier número de Apps.

Como registrarse como un Desarrollador en Google Play

Necesitará una cuenta de Google. Accede y accede a la página de registro (http://bit.ly/1Iheh4n) de Google Play Developer.
Revisa y acepta el acuerdo de distribución (http://bit.ly/1VorOe9) de Google Play Developer, que incluirá información importante sobre la privacidad del usuario y sus derechos legales.
Revise los países donde puede distribuir y vender aplicaciones para asegurarse de que puede vender en sus mercados de destino.
Compruebe si puede tener una cuenta de vendedor en su país.
Pague su cuota de inscripción única de $25, paraa lo que necesitará una tarjeta de crédito si aún no la ha registrado en Google Wallet (http://bit.ly/1Owfofy).

Cuenta de Vendedor

Si está planeando vender aplicaciones o productos in-app, necesitará una Cuenta de vendedor, por lo que antes de registrarse como desarrollador, debe comprobar si puede tener una cuenta de vendedor en su país.

Si dispone de una Google Wallet (http://bit.ly/1Owfofy), se utilizará automáticamente como cuenta de vendedor.

Prepare la página de inicio de su App en Google Play

Debe cargar al menos dos capturas de pantalla de su aplicación en formatos permitidos y un icono grande de 512 x 512 píxeles para su aplicación, así como una lista de detalles e información de la App. Vale la pena dedicar algo de tiempo a estos detalles, ya que representarán la totalidad de su "escaparate" en Google Play.

Apoyo al Usuario

Antes de empezar a vender tu aplicación (o incluso distribuirla gratuitamente), piensa cómo vas a dar soporte a tus usuarios. En Google Play, por ejemplo, usted será el único responsable de la asistencia y el mantenimiento de sus productos, así como de las reclamaciones relacionadas con ellos. Su información de contacto se mostrará en cada página de detalles de la App y se pondrá a disposición de los usuarios para fines de atención al cliente. Deberá responder a las quejas rápidamente o de lo contrario sus calificaciones bajarán.

Consola de desarrollador de Google Play

Para obtener información sobre cómo utilizar la Consola de Desarrollador de Google Play para cargar y administrar su App, consulta esta página (http://bit.ly/1OjzGYO).

Subir su App a Google Play

Tendrá que elegir un título y decidir si quiere subir el APK o preparar la ficha de la tienda. La App que suba será un borrador hasta que la publique, momento en el que Google Play pone a disposición de los usuarios la página con la ficha de tu tienda y la App. Puede despublicar la aplicación en cualquier momento.

Distribuir Apps por otros canales

Hay varias otras formas de distribuir tu aplicación además de Google Play.

Preparación del dispositivo del usuario

Si obtienen la aplicación desde cualquier lugar que no sea Google Play, los usuarios deberán permitir que su dispositivo la ejecute seleccionando
o bien:[Ajustes > Aplicaciones > Fuentes desconocidas]
o:[Ajustes > Seguridad > Fuentes desconocidas]
(¡Esto puede asustar a algunos usuarios!)

Amazon Appstore

El Programa de distribución de App de Amazon Mobile permite a los desarrolladores poner sus aplicaciones a la venta en cualquier dispositivo Android que ejecute Android 2.2 o superior. Esto cuesta $99 al año, aunque el primer año puede ser gratis. Detalles aquí (http://amzn.to/1RM6UWW). Términos y condiciones aquí (http://amzn.to/1MEYUAw).
Para instalar su aplicación, los usuarios necesitan instalar una aplicación llamada "Appstore for Android". Está preinstalado en los dispositivos Kindle Fire o se puede descargar desde el sitio web de Amazon a otros dispositivos Android. Los sitios están aquí (http://amzn.to/1Sz3SQT) o aquí (http://amzn.to/1CMXbsO).

Por Correo Electrónico

Si adjuntas tu aplicación a un mensaje de correo electrónico, cuando un usuario que ejecuta Gmail en Android 4 intenta descargar el archivo adjunto, se le preguntará si desea instalarlo.

Descarga desde un sitio web

Si subes tu aplicación a un servidor web, puedes publicar un enlace a tu App en cualquier página web. Si un usuario pulsa en el enlace, el navegador guardará el archivo, entonces su dispositivo mostrará una notificación (en la barra de estado en la parte superior de la pantalla) que puede tocar para instalar la App.

Otros publicadores de Apps

Otros lugares en los que podrías considerar publicar tu aplicación incluyen los siguientes y en alguno de ellos tendrá que pagar para anunciarse. El problema es que los usuarios pueden ser reticentes a la hora de descargar APKs debido a problemas de seguridad.

La mención de sitios en esta lista NO significa ningún tipo de promoción o respados a estos sitios:
android.brothersoft.com (http://bit.ly/1Owftjc)
appszoom.com/android (http://bit.ly/1OwfzaJ)
androidfreedownload.net (http://bit.ly/1OwfAvb)
androidfreeware.net (http://bit.ly/1OwfDr2)
appsapk.com (http://bit.ly/1OwfKD0)
freewarelovers.com (http://bit.ly/1OwfMdO)
mobogenie.com (http://bit.ly/1OwgrMA)
softonic.com (http://bit.ly/1OwgwQb)

2.11 Obtener más ayuda

Anywhere Software

Los creadores de B4A ofrecen un excelente nivel de asistencia, respondiendo por lo general muy rápidamente a las preguntas a través del Foro (véase más abajo).
La documentación en línea de B4A está disponible aquí (http://bit.ly/1CMZ6xz).

Foro

El principal lugar para encontrar ayuda y apoyo está aquí (http://bit.ly/1CMZ9JU).
Existe una comunidad en línea muy activa, compuesta de entusiastas desarrolladores de B4A que no sólo aportan sus propias Librerías Adicionales (p.668), sino que también ayudan a otros usuarios respondiendo a sus preguntas. Esta es una de las razones por las que B4A es una herramienta de desarrollo tan valiosa.
Aquí puede encontrar información sobre actualizaciones, obtener respuestas a preguntas y, si ha comprado una copia de B4A, descargar las Librerías Adicionales.

Sala de Chat

Puedes chatear en vivo con otros entusiastas de B4A y obtener ayuda y soporte. Siga este enlace (http://bit.ly/1JQSFMC) para encontrarlo.
Cuando veas la pantalla de inicio de sesión...

AJAX Chat

Usuario:

Contraseña*:

Canal:
B4Achat

Idioma:
Español

Conectar

* Usuarios Registrados

AJAX Chat © blueimp.net

...simplemente introduzca un nombre de usuario. Puede entrar sin contraseña.
Las horas más concurridas son entre las 17:00 y las 00:00 GMT. Para convertir 17:00 GMT a su hora local, puede utilizar este sitio web (http://bit.ly/1edIaoa).

Video Tutoriales

Andy McAdam ha publicado varios tutoriales en YouTube (http://bit.ly/1edIeUG). Erel Uziel también ha puesto algunos videos en YouTube (http://bit.ly/15IGy13).

Tutoriales en Línea

El sitio web de B4A incluye muchos tutoriales que cubren muchos aspectos del desarrollo de Apps y el uso del IDE. Vea aquí (http://bit.ly/1edIkfd) una lista. Andy McAdam es un desarrollador que está tan interesado en ayudar a otros a utilizar B4A que ha creado un sitio web (http://bit.ly/1edIoLQ) que contiene tutoriales.

Facebook

La página de Facebook de B4A está aquí (http://bit.ly/1pyo6CH).

Twitter

B4A has a Twitter (http://bit.ly/1edIwuJ) account @Basic4Android.

Linked In

Hay un pequeño grupo de LinkedIn llamado Basic4Android Developers.

Documentación en Línea

La principal fuente de documentación en línea está aquí (http://bit.ly/1CMZ6xz).

Guías en PDF

Aunque la mayor parte del material se trata en este libro, es posible que desee consultar la valiosa ayuda de B4A que se puede encontrar en las siguientes dos guías, escritas por Klaus Christl: su Guía para principiantes, cuyo archivo zip (http://bit.ly/1RMaYXn) incluye muchos programas de ejemplo y un pdf con tutoriales; y la Guía del Usuario (http://bit.ly/1GynRZ3), que explica las características avanzadas y también incluye programas de ejemplo y archivos adjuntos.

Explorador de Librerías

Los archivos XML que describen una librería en B4A contienen descripciones de los miembros del objeto y a veces una descripción general de la propia librería y de cada objeto dentro de la librería. Esta información se muestra en la ayuda en línea pero no es accesible en el IDE. Hay dos programas que puede descargar a su PC que navegarán a través de los archivos XML de la librería:

B4a Object Browser

Vader ha creado el B4A Object Browser (http://bit.ly/12RRrcI) (también llamado DocLoader Help Documentation) que le permite examinar la información de ayuda contenida en los archivos XML de la librería de instalación de B4A, de forma similar al Visual Studio Object Browser. Para que funcione, es necesario que .NET Framework 3.5 y B4A estén instalados en su PC.

B4AHelp

B4AHelp es otro programa de navegación XML escrito por Andrew Graham (agraham) que muestra esta información de ayuda. Se puede descargar aquí (`http://bit.ly/13uEAxN`).

Parte 3: Lenguaje y Objetos básicos de B4A

Esta Parte 3 incluye material de referencia que cubre cada aspecto del lenguaje de B4A y sus objetos básicos (es decir, objetos accesibles desde cualquier aplicación).

También comparamos el lenguaje de B4A con el Visual Basic de Microsoft, y explicamos la forma de integrar Java directamente dentro de su código BASIC.

3.1 El Lenguaje de B4A

BASIC

B4A es un dialecto de BASIC (Beginner's All-purpose Symbolic Instruction Code), una familia de lenguajes de programación de alto nivel diseñados para ser fáciles de usar. Creado en 1964, en una época en la que la programación todavía era técnicamente difícil, BASIC fue diseñado para ser fácil de usar y se generalizó con la introducción de los microordenadores.
Aparecieron muchos dialectos y los escritos por la nueva Microsoft fueron especialmente populares. Visual Basic de la compañía es muy utilizado para desarrollar programas para Windows.

B4A

En 2005, la empresa israelí Anywhere Software creó "Basic for PPC", un sistema para el desarrollo de aplicaciones para ordenadores Pocket PC. En 2010, apareció una versión que podía crear Apps para dispositivos Android y que se convirtió en Basic4Android en 2011, rebautizada como B4A en 2014.

Reglas del Léxico

Las reglas del Léxico determinan cómo debe escribirse el código. Las reglas básicas son:

- B4A no distingue entre mayúsculas y minúsculas. El editor cambiará automáticamente el caso de las palabras clave.
- A diferencia de algunos idiomas, no se requiere un punto y coma (;) al final de cada línea. Simplemente se terminan con un retorno de carro.

Separador de declaraciones

Se pueden escribir dos sentencias en una línea separándolas con dos puntos:

```
Dim intX As Int: If intY > 3 Then intX = 2 Else intX = 9
```

(Debería considerar que su código es más fácil de leer si se colocan en líneas separadas).

Comentarios

Para muchas aplicaciones, se gasta más tiempo en mantener y mejorar el código que el que se empleó incialmente en escribirlas, por lo que es esencial que sean fáciles de leer y entender. Para este propósito, los comentarios son importantes. Explican el propósito de las variables y subs. Se utiliza una única comilla para añadir un comentario en una línea. Por ejemplo:

```
'Enviar una solicitud POST con el archivo proporcionado como datos del
mensaje.
' Este método no funciona con archivos de recursos (assets).
Public Sub PostFile(Link As String, Dir As String, FileName As String)
 If Dir = File.DirAssets Then ' Dir no es válido
  Msgbox("No se pueden enviar archivos de la carpeta de recursos.",
"Error")
     Return
 Else
  '...
 End If
End Sub
```

Esto ilustra algunos principios importantes que facilitarán el mantenimiento de su código:

Nombres Representativos

Elija nombres con significado para variables y subs, con el objetivo que su función sea clara.

Comentarios como Documentación

Documente sus subs, agregando comentarios antes de ellas. Vea aquí para más información (p.98).

Dividir líneas muy largas

Las largas líneas de código son difíciles de leer:

```
Sub dblSecsToJ2000 (intYear As Int, intMonth As Int, intDay As Int,
intHour As Int, intMin As Int, intSec As Int, floLat As Float, floLong
As Float, bRound As Boolean) As Double
```

El carácter de subrayado se puede utilizar para dividir líneas largas. Por ejemplo:

```
Sub dblSecsToJ2000 ( _
 intYear As Int, intMonth As Int, intDay As Int, _
 intHour As Int, intMin As Int, intSec As Int, _
 floLat As Float, floLong As Float, bRound As Boolean _
) As Double
```

Tenga en cuenta que Smart Strings (p.422) puede definir cadenas multilínea sin necesidad de carácter de subrayado.

Variables

Una **variable** es un nombre simbólico dado a una cierta cantidad o información para permitir que los datos sean fácilmente manipulados y modificados.

Constantes

Para definir una constante, utilice la palabra clave `Const`:

```
Dim Const dblDiameterEarth As Double = 12756.2
```

Una vez declarado, el valor de una constante no puede modificarse

Tipos

El **tipo** de una variable es el tipo de datos que puede asignarsele. El tipo de variables en B4A se deriva directamente del sistema de tipos de Java. Hay dos tipos de variables: primitivas y no primitivas.

Tipos Primitivos

Estos son los tipos fundamentales en B4A.
En la siguiente lista de tipos primitivos con sus rangos, "~" significa "aproximadamente igual a"

Boolean

Tipo...................................... Boolean
valor min.............................. FALSE
valor max.............................. TRUE
Note que FALSE se almacena como 0.

Byte

Tipo...................................... 8 bits (1 byte con signo)
valor min.............................. $-2^{7} = -128$
valor max.............................. $2^{7} - 1 = 127$

Short

Tipo...................................... integer 16 bits (2 bytes con signo)
valor min.............................. $-2^{15} = -32768$
valor max.............................. $2^{15} - 1 = 32767$

Int

Tipo...................................... integer 32 bits (4 bytes con signo)
valor min.............................. $-2^{31} = -2147483648$
valor max.............................. $2^{31} - 1 = 2147483647$

Long

Tipo...................................... long integer 64 bits (8 bytes con signo)
valor min.............................. $-2^{63} = -9,223,372,036,854,775,808$
valor max.............................. $2^{63} - 1 = 9,223,372,036,854,775,807$

Float

Tipo...................................... floating point number 32 bits (4 bytes, ~7 digits)
valor negativo max................. $-(2 - 2^{-23}) * 2^{127} \sim -3.4028235*10^{38}$
valor negativo min................. $-2^{-149} \sim -1.4*10^{-45}$
valor positivo min................. $2^{-149} \sim 1.4*10^{-45}$
valor positivo max................. $(2 - 2^{-23}) * 2^{127} \sim 3.4028235*10^{38}$

Double

Tipo...................................... número de doble precisión de 64 bits (8 bytes, ~15 digits)
valor negativo max................. $-(2 - 2^{-52}) * 2^{1023} \sim -1.7976931348623157*10^{308}$
valor negativo min................. $-2^{-1074} \sim -2.2250738585072014*10^{-308}$
valor positivo min................. $2^{-1074} \sim 2.2250738585072014*10^{-308}$
valor positivo max................. $(2 - 2^{-52}) * 2^{1023} \sim 1.7976931348623157*10^{308}$

Char

Tipo...................................... caracteres, 2 bytes sin signo

String

Tipo...................................... array de caracteres

Literales Hexadecimales

B4A soporta la escritura de números enteros en notación hexadecimal, (a menudo acortada a "hex"). Para más detalles sobre el hex, ver aquí (https://es.wikipedia.org/wiki/Sistema_hexadecimal).
Debe poner como prefijo el número con 0x (el 0 es el número cero). Por lo tanto, puede escribir

```
Dim iSize As Int
iSize = 0x2C
Log (iSize) ' muestra 44
```

Tipos No-Primitivos

Todos los demás tipos, incluidas los arrays (p.298) de tipos primitivos, se clasifican como tipos no-primitivos.

Tipos Básicos

En las siguientes secciones, damos detalles de los tipos no-primitivos incluidos en B4A; los llamados Tipos Básicos.

Pasar por Referencia los tipos No-Primitivos

Cuando se pasa una variable de tipo no-primitivo a un Sub, o cuando se asigna un no-primitivo a una variable diferente, se pasa una referencia a la variable[38]. Esto significa que los datos en sí no están duplicados. Para ejemplos, vea abajo Pasar por Referencia (p.296).

Conversión de Tipos

En B4A, los tipos de variables se convierten automáticamente según se necesiten. Por ejemplo:

```
Dim str As String
Dim i As Int
i = 3
str = i ' conversión automatic de tipo
Log (str) ' muestra 3

' conversión de cadena a entero
str = "4"
i = str ' conversión automatic de tipo
Log (i) ' muestra 4
```

Error al convertir cadena a entero

```
str = "hello"
i = str
```

La última línea no se puede ejecutar y produce un error en tiempo de ejecución (p.320):
NumberFormatException
Este problema se puede resolver usando código como:

```
If IsNumber(str) Then
 i = str
End If
```

Error convertiendo números en Coma Flotante a Cadenas de texto

Los números en coma flotante (Floats y Doubles) sólo se mantienen como valores aproximados en B4A, y por lo tanto convertirlos en cadenas puede causar errores:

```
Dim flt As Float = 1.23
Dim str As String = flt
Log ("str desde flt da " & str)
```

El log muestra

```
str desde flt da 1.2300000190734863
```

Errores similares pueden aparecer al convertir Double a Cadena.
La solución es utilizar Round2 (p.341) or NumberFormat (p.338) or NumberFormat2 (p.338), por ejemplo:

```
Dim flt As Float = 1.23
str = Round2(flt, 4)
Log ("Round2 flt da " & str)
```

El log muestra

```
Round2 flt da 1.23
```

Rank

Puede que a veces vea un error en tiempo de compilación tal como:

```
Cannot cast type: {Type=Int,Rank=0} to: {Type=Int,Rank=1}
```

Rank=0 es una variable simple, Rank=1 se refiere a un array (p.298).

---

[38] Por referencia se entiende como un enlace a la propia variable (como un puntero a su posición en memoria)

Creando sus propios Tipos

Puede crear un nuevo tipo utilizando la palabra clave Type. Vea aquí para más detalles (p.301).

Objectos

Un objeto es un concepto útil en programación ya que nos permite representar objetos del mundo real en nuestro código. Esto nos ayuda a diseñar mejores aplicaciones y más robustas. Los objetos pueden tener atributos (también llamados propiedades) y comportamientos (también llamados funciones o métodos). En B4A, estos se denominan colectivamente Miembros.

Además, un objeto puede responder a las acciones del usuario invocando Eventos, que describimos en otra sección (p.316).

Por ejemplo, un botón tiene atributos `Left` y `Top` (que determinan su posición en la pantalla), y tiene comportamientos que determinan cómo responde a los comandos.

```
Dim btn As Button
btn.Initialize("Menu")
btn.Left = 20dip
btn.BringToFront
```

Si no estamos seguros de qué tipo de variable vamos a tratar, podemos declarar una variable como Objeto. Un Objeto puede contener cualquier tipo de variable.

```
Dim objThing As Object
```

Más tarde podemos comprobar su tipo:

```
If objThing Is Bitmap Then
```

Si una variable que contiene un Objeto se asigna a una segunda variable, ambas se referirán al mismo objeto:

```
Dim btnTest As Button
Dim btnSameAsTest As Button
btnSameAsTest = btnTest
```

Ahora cualquier cosa que haga para `btnSameAsTest` también afecta a `btnTest`. Este es un ejemplo de pasar por referencia (p.296).

Una colección, como un `List` o un `Map`, opera con objetos y por lo tanto puede almacenar cualquier tipo de datos. No es necesario que todos sus elementos contengan el mismo tipo. Por otro lado, un array (p.298) puede almacenar un solo tipo en todos sus elementos.

Inicialización de Objetos

Los Objetos deben inicializarse (es decir, asignarle un valor) antes de su utilización. De lo contrario, no se pueden utilizar. Considere por ejemplo un botón. Primero lo declaramos:

```
Sub Globals
 Dim btnAddRoute As Button
End Sub
```

Luego lo inicializamos y declaramos el nombre del evento que se utilizará para gestionar sus eventos:

```
Sub Activity_Create(FirstTime As Boolean)
 btnAddRoute.Initialize("GetPath")
End Sub
```

Luego creamos subs para gestionar cada evento que se requiera:

```
Sub GetPath_click
  ' hacer algo
End Sub
Sub GetPath_LongClick
 ' hacer algo
End Sub
```

El IDE proporciona el sistema de AutoCompletado (p.97), que es una forma fácil de crear estos subs y asegurarse de que tienen los argumentos correctos.

Declaración de Variables

Por "declarar una variable" se entiende "decir a B4A el nombre, tipo y (quizás) número de dimensiones de una variable".

Sentencia Dim

La forma de declarar una variable es usar la sentencia Dim. La palabra "Dim" viene de "dimension" porque, si se desea utilizar un array (p.298), hay que declararlo y especificar el número de dimensiones.

En B4A, no es esencial declarar una variable antes de usarla, pero es una práctica recomendable. Esta es una buena manera de reducir errores lógicos dentro de su código, ya que le dice al compilador que permita sólo asignar valores del tipo específico a esa variable. Si no declara una variable antes de usarla, B4A asume que es un tipo **String**.

Las variables se declaran con la palabra clave **Dim** seguida del nombre de la variable, la palabra clave **As** y el **tipo** de variable. Si se trata de un array, el nombre de la variable va seguido de paréntesis que encierran el número de dimensiones. Las variables también se pueden inicializar cuando se declaran.

Ejemplos:

```
Dim dblCapital As Double
Dim dblExpenses(10) As Double
Dim i = 0 As Int
Dim intData(3, 5, 10) As Int
```

Las variables del mismo tipo pueden declararse junto con sus nombres separados por comas y seguidos de la declaración de tipo. Se pueden inicializar al mismo tiempo:

```
Dim dblCapital, dblInterest, dblRate As Double
Dim i = 0, j = 2, k = 5 As Int
```

Se pueden declarar variables de diferentes tipos en la misma línea:

```
Dim txt As String, value As Double, flag As Boolean
```

Sin embargo, esto puede ser complicado de leer:

```
Dim txt = "test" As String, value = 1.05 As Double, flag = False As
Boolean
```

Éstas deberían distribuirse mejor en varias sentencias Dim. Por lo general, lo mejor es hacer que tu código sea lo más simple posible para que los humanos puedan leerlo y entenderlo, especialmente tú mismo, ¡cuando tengas que mantener tu propia aplicación!.

Visibilidad o Ámbito de las Variables

Además de la sentencia Dim, también puede declarar variables utilizando las palabras clave **Public** o **Private**, que se describen aquí (p.246).

No Opción Explicita

A veces los desarrolladores pueden perder tiempo buscando errores causados por nombres de variables mal escritos. A diferencia de Microsoft Visual Basic, no hay ninguna Opción Explícita en B4A. La Opción Explícita requería que antes de usar una variable, esta fuera declarada usando la sentencia, pero en B4A no tiene que declarar variables. Por lo tanto, las siguientes líneas compilarán sin problema con B4A:

```
Sub Activity_Create(bFirstTime As Boolean)
 intX = 16
 Log (intX)
End Sub
```

Avisos del editor sobre variables no declaradas

El editor IDE resalta una variable no declarada en rojo (como `intX` que se muestra arriba) como advertencia de que se está usando antes de que haya sido declarada, y también pone ese mensaje en el área de advertencia en la parte superior de la ventana Logs (p.105), pero sin embargo el código si compilará. **Nota**: `intX` se declarará automáticamente como un `String`, lo que claramente ¡no es la intención del desarrollador!

Asignación de Valores

Para asignar un valor a una variable, escriba su nombre seguido del signo igual, seguido del valor, por ejemplo:

```
Capital = 1200
LastName = "SMITH"
```

Nota: los valores de las strings (p.422), como `LastName`, deben escribirse entre comillas dobles.

Verificación de Tipo

El principal beneficio de declarar una variable es que, si se intenta asignar un tipo (p.289) incorrecto de datos a una variable (lo que indica un error lógico de su parte):

```
Dim yourAge As Int
yourAge = "Seventeen"
```

se producirá un error de ejecución y el programa se detendrá, mostrando el error en la ventana Log:

```
Error occurred on line: 35 (Main)
java.lang.NumberFormatException: Invalid double: "Seventeen"
```

Estos errores deben detectarse durante los test, ¡si su testeo es eficaz!

Uso de Variables no asignadas

Las variables, declaradas o no, no pueden utilizarse antes de que se les asigne un valor. Lo siguiente (que escribe mal el nombre de la variable) producirá un error cuando intente compilar el código:

```
myAge = 16
yourAge = myAg * 2
```

El error que se produce será:

```
Parsing code.    Error
Error parsing program.
Error description: Undeclared variable 'myag' is used before it was
assigned any value.
Occurred on line: 37
yourAge = myag * 2
```

Pasar por Valor

Los tipos primitivos siempre se pasan por valor a otros subs o cuando se asignan a otras variables. La alternativa, pasando una referencia a una variable primitiva, no se ha implementado. Esto significa que no se puede alterar el valor original desde dentro de una subrutina.

Ejemplo:

```
Sub S1
 Dim A As Int
 A = 12
 ' pasar una copia del valor de A a la rutina S2
 S2(A)
 Log(A)
 ' Muestra 12. Este valor de A no se modifica
End Sub

Sub S2(A As Int)
 ' Esta A es una copia local
 A = 45
 ' Sólo se modifica el valor de la copia local
End Sub
```

Pasar por Referencia

Los tipos no-primitivos, tales como arrays, objetos y tipos siempre se pasan a otros subs por referencia. Si se modifica la referencia, se modifica el objeto original. Por ejemplo:

```
Sub S1
 Dim A(3) As Int
 A(0) = 12
 ' pasar una referencia de A a la rutina S2
 S2(A)
 Log(A(0))
 ' Muestra 45
End Sub

Sub S2(B() As Int)
 ' Esta B es una referencia al original
 B(0) = 45
 ' Se modifica el valor original A(0)
End Sub
```

Lo mismo es cierto cuando un tipo no-primitivo como un array se asigna a otra variable. La segunda variable es una referencia a la primera. Ejemplo:

```
Dim A(3), B(3) As Int
A(0) = 12
B = A
' B es una referencia a A
Log(B(0)) ' Muestra 12
' Cambiar tanto A como B
A(0) = 45
Log(B(0)) ' Muestra 45
```

Lo mismo es cierto para cualquier variable de tipo no-primitivo, como un objeto:

```
Dim lbl1, lbl2 As Label
lbl1.Initialize("")
lbl2.Initialize("")
lbl1.TextSize = 20
Log (lbl1.TextSize) ' muestra 20
lbl2 = lbl1
' lbl2 es una referencia a lbl1
' si cambia lbl2 cambiará también lbl1
lbl2.TextSize = 40
Log (lbl1.TextSize) ' muestra 40
```

Nombres de Variables

Debe identificar sus variables dándoles nombres. Un nombre de variable debe comenzar con una letra y debe estar compuesto de los siguientes caracteres: A-Z, a-z, 0-9, y guión bajo "_". No se pueden utilizar espacios, paréntesis, etc.
Los nombres de variables no distinguen entre mayúsculas y minúsculas. Esto significa que "Var" y "var" se refieren a la misma variable. El editor cambia automáticamente el caso de un nombre de variable para que coincida con el caso que usó cuando lo declaró.
No puede utilizar palabras reservadas (palabras clave listadas en este capítulo) como nombres de variables. Sin embargo, puede utilizar tipos de objeto como Bitmap. Así:

```
Dim Int As Int            ' Esto es erróneo
Dim Bitmap As Bitmap      ' Esto es correcto, aunque no una práctica
                          ' recomendable
Dim Bitmap1 As Bitmap     ' Esto está mejor
Dim bmpMyPhoto As Bitmap ' Esto es Perfecto
```

Nota: el uso de tipos de objeto como nombres de variables (Bitmap, por ejemplo) es ampliamente considerado como una mala práctica, ya que puede causar confusión; por ejemplo, el IDE aplicará erróneamente el color la variable . La mejor práctica es utilizar la notación húngara (punto siguiente).

Notación Húngara

Puede ayudar a recordar qué tipo de datos necesita una variable utilizando la llamada notación húngara. En Hungría (y en otras culturas), el apellido se cita antes del nombre. Por lo tanto, en las variables que usan esta convención, la primera parte del nombre de la variable le dice qué tipo de objeto está manejando. Por ejemplo, un entero podría llamarse intMyAge, una cadena podría llamarse strMyName y así sucesivamente. Algunos prefijos sugeridos:

```
Dim bMale As Boolean
Dim btnNext As Button
Dim byteMyData As Byte
Dim chkFavorite As CheckBox
Dim chrInitial As Char
Dim dblSunDistance As Double
Dim edtInterest As EditText
Dim fltWeight As Float
Dim intAge As Int
Dim lblCapital As Label
Dim lngDate As Long
Dim lstNames As List
Dim mapPeople As Map
Dim pnlBackground As Panel
Dim shrtAge As Short
Dim strName As String
Dim spnChoice As Spinner
Dim wbvMyPage As WebView
```

Arrays (Matrices)

Un array es una colección de valores u objetos del mismo tipo. Estos elementos se mantienen dentro del array en un orden fijo y los elementos individuales pueden ser seleccionados especificando su posición usando un número de índice.

Dimensiones

Los arrays pueden tener múltiples dimensiones. Piense en un array como una matriz unidimensional de una fila de objetos (vector). Escoge uno de ellos contando a lo largo de la fila hasta que encuentres el que quieres. Consideraremos matriz al array multidimensional. Una matriz bidimensional es como un tablero de ajedrez con cada cuadrado conteniendo un objeto. Para seleccionar uno de ellos, debe especificar dos números, uno para la posición horizontal y otro para la vertical. Este plan puede extenderse a cualquier número de dimensiones, ¡aunque cada vez son más difíciles de imaginar!

Declarando un Array

Una array unidimensional se declara como sigue:

```
Dim strLastName(50) As String
```

La declaración contiene la palabra clave `Dim` seguida del nombre de la variable `strLastName`, las dimensiones entre paréntesis `(50)`, la palabra clave `As` y, opcionalmente, el tipo de variable por ejemplo `String`. Este array puede contener un total de 50 cadenas, desde `strLastName(0)` hasta `strLastName(49)`.

Tipo por Defecto

Si se omite el tipo, por defecto será String.

```
Dim arr(3) ' este array puede almacenar 3 Strings
```

Otros Ejemplos

Un array de dos dimensiones (matriz) de tipo Doubles, con un total de 9 elementos.

```
Dim dblMatrix(3, 3) As Double
```

Un array de tres dimensiones (matriz) de tipo integer, con un total de 150 elementos.

```
Dim intData(3, 5, 10) As Int
```

No se puede cambiar las dimensiones

A diferencia de Visual Basic, no es posible cambiar el número de dimensiones de un array. Si necesita esto, sería mejor usar un tipo list o map.

Guardando y Recuperando Datos

Para almacenar datos en un array, debe especificar en qué posición desea almacenarlos. Esto se hace dando un número de índice, comenzando con 0 como primera posición.

```
Dim strLastName(2) As String
strLastName(0) = "Jones"
strLastName(1) = "Smith"
```

Puede leer datos de un array si conoce su posición dentro de dicho array. Por ejemplo, para elegir el primer elemento, usted diría:

```
Dim strPatient As String
strPatient = strLastName(0)
```

Ahora **strPatient** es "Jones"

En un array, el primer índice de cada dimension empieza en 0:

```
strLastName(0), dblMatrix(0,0), intData(0,0,0)
```

El ultimo índice de una dimension es el número de elementos (establecido en la declaración) menos 1.

```
Dim dblMatrix(3,3) As Double
dblMatrix(2,2) = 1.233
Dim intData(3,5,10) As Int
intData(2,4,9) = 36676
```

El siguiente ejemplo muestra cómo acceder a todos los elementos de un array tridimensional:

```
Dim intData(3,5,10) As Int
For i = 0 To 2
 For j = 0 To 4
  For k = 0 To 9
   intData(i,j,k) = i + j + k
  Next
 Next
Next
```

Las dimensiones se pueden especificar con variables

El ejemplo anterior demuestra que puede utilizar variables (i, j y k) para especificar el índice cuando almacena o recupera datos. También se pueden usar variables para especificar el número de elementos cuando se declara un array, como se muestra en la última línea de este código:

```
Dim intFriends As Int
' leer el número de amigos desde la entrada del usuario
intFriends = txtNumFriends.Text
' Declarar array para guardar los nombres de los amigos
Dim strLastName(intFriends) As String
```

Rellenar un array utilizando la palabra clave Array

Un array se puede declarar sin especificar su tamaño:

```
Dim strNames() As String
```

Y se puede rellenar después utilizando la palabra clave **Array**:

```
strNames = Array As String("Miller", "Smith", "Johnson", "Jordan")
```

De hecho, esto crea un nuevo array y luego establece strNames como referencia.

Tamaño de un Array

Puede determinar cuántos elementos hay en un array utilizando el método Length:

```
Dim strNames() As String = Array As String( _
 "Miller", "Smith", "Johnson", "Jordan")
Log(strNames.Length) ' muestra 4
```

Tenga en cuenta que Length sólo le dice cuántos elementos hay en la primera dimensión, así que

```
Dim x(3,4) As Int
Log(x.Length) ' muestra 3
```

Arrays de Objetos

Las vistas u otros objetos pueden ser almacenados en un Array. Se muestra un ejemplo en la sección Gestor de Eventos Compartidos (p.317). Si la palabra clave Array se usa sin un tipo, entonces se asume Objeto:

```
Dim person() As Object = Array ("Tom", 37, tomsPhoto)
```

Las Dimensiones del Array son Fijas

Una de las limitaciones de los arrays es que sus dimensiones son fijas. Una vez que se ha creado un array, el número de elementos que puede contener es fijo. No puede decidir más tarde hacerlo más grande a menos que lo reemplace por un nuevo array:

```
strNames = Array As String("Jones", "Windor")
' reemplazar los datos originales con algunas cadenas nuevas
strNames = Array As String("Miller", "Smith", "Johnson", "Jordan")
```

El array ha cambiado sus dimensiones pero los datos originales se pierden.

Esta limitación puede evitarse utilizando `Lists` o `Maps`, que le permiten añadir datos a las estructuras existentes:

Lists (Listas)

Las listas `Lists` son similares a los arrays pero son dinámicas: puede añadir y eliminar elementos de una lista y su tamaño cambiará:

```
Dim lstNames As List
lstNames.Initialize
lstNames.Add("David")
lstNames.Add("Goliath")
```

Las listas se asemejan a los arrays en el sentido de que se accede a sus elementos utilizando un número de índice. Fíjese que el índice de una lista empieza también en cero:

```
Dim strName As String
strName = lstNames.Get(1)
Log(strName) ' Muestra Goliath
lstNames.RemoveAt(0) ' elimina David
```

Hay otros beneficios de usar listas. Por ejemplo, las listas pueden contener cualquier tipo de objeto. Una descripción detallada de todas las funciones se encuentra en la Sección List (p.404).

Maps (Mapas)

Un `Map` se asemeja a un `List`, pero accedes a sus miembros no sólo con un número de índice sino también con una clave. Una clave puede ser una cadena o un número. Al igual que un `List`, un `Map` puede almacenar cualquier tipo de objeto.

```
Dim mapPerson As Map
mapPerson.Initialize
Dim photo As Bitmap
...
mapPerson.Put("name", "smith")
mapPerson.Put("age", 23)
mapPerson.Put("photo", photo)
```

Más detalles en la Sección Map (p.408).

Type. Definir tipos de variables

La palabra clave **Type** se utiliza para crear sus propios tipos o estructuras. Puede utilizar estos tipos para crear estructuras simples que agrupen algunos valores. Sin embargo, también se puede utilizar para crear colecciones más complejas. Defina un tipo con la palabra clave **Type**:

```
Sub Process_Globals
 Type Person( _
   LastName As String, FirstName As String, Age As Int, _
   Address As String, City As String _
 )
End Sub
```

Podemos declarar variables individuales o arrays de este tipo:

```
Dim CurrentUser As Person
Dim User(10) As Person
```

Para acceder a un elemento en particular, utilizamos el nombre de la variable y su nombre del campo de datos, separados por un punto:

```
CurrentUser.FirstName = "Wyken"
CurrentUser.LastName = "Seagrave"
```

Si la variable es un array, entonces el nombre es seguido por el índice deseado entre paréntesis:

```
User(1).LastName = "Seagrave"
```

Es posible asignar un elemento de un tipo determinado a otra variable del mismo tipo:

```
CurrentUser = User(1)
```

Declaración de Tipos

Un Tipo no puede ser privado. Los tipos deben declararse en Process_Globals.
Una vez declarado, está disponible en todas partes (similar a los módulos Class).

Tipos Recursivos

Es posible utilizar el tipo actual como tipo para uno de los campos de la variable.

```
Sub Process_Globals
 Type Element (NextElement As Element, Val As Int)
 Dim Head As Element 'declarar una variable de este tipo
 Dim Last As Element
End Sub
```

La capacidad de declarar tales tipos recursivos es muy potente. El ejemplo anterior podría utilizarse para una lista enlazada, como se explica en este tutorial en línea (http://bit.ly/13uxb1r)

Inicialización de un Tipo Recursivo

Antes de poder acceder a cualquiera de los campos de tipo en un tipo recursivo, se debe inicializar llamando a su método Initialize:

```
Head.Initialize
```

Nota: si su tipo sólo incluye campos y cadenas numéricas, entonces no hay necesidad de llamar a *Initialize* (aunque no hay nada malo en llamarlo).

Casting

Casting significa cambiar el tipo (p.289) de un objeto. B4A cambia de tipo automáticamente según sea necesario. También convierte números en cadenas y viceversa automáticamente. A veces es necesario convertir explícitamente un objeto a un tipo específico.

Por ejemplo, puede tener un Gestor de eventos que necesite leer datos del objeto que generó el evento. Puede obtener una referencia a ese objeto usando la palabra clave Sender, pero para usar las propiedades de ese objeto, debe convertirlo al tipo correcto. Esto se puede hacer asignando el objeto a una variable del tipo requerido.

```
Sub Btn_Click
  ' Crear un objeto del tipo correcto para que podamos acceder a sus
propiedades
 Dim btn As Button
  ' Copia el Objeto que generó este evento.
  '  Esto cambiará su tipo a Button
 btn = Sender
  ' Ahora podemos acceder a sus propiedades
 btn.Color = Colors.RGB(Rnd(0, 255), Rnd(0, 255), Rnd(0, 255))
End Sub
```

Visibilidad de las Variables

Discutimos esta cuestión aquí (p.246).

Expresiones y Operadores

Una expresión es una combinación de valores, constantes, variables, operadores y funciones que se combinan utilizando operadores para producir un valor, por ejemplo:

```
2 + intAge
strName.Length - 1
```

Expresiones matemáticas

Los operadores matemáticos ("+", "-", etc.) deben ejecutarse en un orden determinado. Esto se llama precedencia. **La precedencia 1 es la más alta**. El Nivel de Precedencia se abrevia PL en la siguiente tabla:

Operador	Ejemplo	PL	Operación
Power	Power(x,y)	1	Power of, x^y
Mod	x Mod y	2	Módulo
*	x * y	2	Multiplicación
/	x / y	2	División
+	x + y	3	Suma
-	x - y	3	Resta

Así, por ejemplo, en la expresión 4 + 5 * 3 + 2, primero se evalúa la multiplicación, para obtener 4 + 15 + 2, con lo que se obtiene 21.
`Power` significa "Potencia", multiplicar un número por sí mismo varias veces, así que Power (2,3) significa 2 * 2 * 2.
`Mod` (abreviatura de modulo) devuelve el resto después de una división. Así, 11 Mod 4 es el resto de 11 / 4, por lo que devuelve 3.

Operadores Relacionales

Los operadores relacionales comparan dos valores y deciden si son iguales, si uno es más grande que el otro, etc. Estos operadores devuelven `True` o `False`.

Operador	Ejemplo	Devuelve `True` si
=	x = y	Los dos valores son iguales
<>	x <> y	Los dos valores no son iguales
>	x > y	el valor de la expresión izquierda es mayor que el de la derecha
<	x < y	el valor de la expresión izquierda es menor que el de la derecha
>=	x >= y	el valor de la expresión izquierda es mayor o igual que el de la derecha
<=	x <= y	el valor de la expresión izquierda es menor o igual que el de la derecha

Operadores Lógicos

Los operadores lógicos o "booleanos" se utilizan para determinar si una expresión es verdadera o falsa. Se usan típicamente en sentencias condicionales como `If-Then`. Devuelven valores de `True` o `False`

Operador	Ejemplo	Devuelve `True` si
Or	X Or Y	si X o Y es `True`, o si ambos son `True`
And	X And Y	`True` solo si X e Y son `True`
Not ( )	Not(X)	`True` solo si X es `False`

Expresiones Regulares

Las Expresiones Regulares se presentan varias veces en B4A, y proporcionan un método muy poderoso (aunque no muy fácil de programar) de especificar un patrón (a veces muy complejo) para buscar dentro de una cadena. Por ejemplo:

- para buscar un carácter de tabulación se utiliza la expresión "\t".
- para que coincida con cualquier carácter, utilice un punto "."
- para que coincida con uno o más caracteres se utilizará ".*"

Así, por ejemplo:
"c.t" coincidiría "cat" y "cot" pero no con "cart"
"c.*t" coincidiría "cat", "cot" y "cart" pero no con "ct"
Hay muchas reglas como estas.
También hay varios tipos de expresiones regulares. B4A utiliza el tipo de Java.

En B4A, las expresiones regulares pueden ser procesadas usando el objeto Regex (p.418) y su Objeto Matcher (p.412) asociado.
Las expresiones regulares se utilizan en los delimitadores de la Librería de Funciones de Cadena (http://bit.ly/15HuBDW).
Hay un tutorial de B4A sobre expresiones regulares aquí (http://bit.ly/1BSPux0).

Ejemplo de Constructores de Regex en tipo Java

La siguiente es una lista incompleta:

x	El carácter x
\\	El carácter de barra invertida
.	Cualquier carácter (puede o no coincidir con los caracteres de final de línea)
X*	X, cero o más veces
X?	X, una o ninguna vez
X+	X, una o más veces
[abc]	a, b, o c (clase simple)
[^abc]	Cualquier carácter excepto a, b, o c (negación)
[a-z]	a to z inclusive (range)
\d	Un dígito: [0-9]
\D	Un carácter que no sea un dígito: [^0-9]
\s	Un espacio en blanco: [\t\n\x0B\f\r]
\S	Un carácter que no sea un espacio en blanco.: [^\s]
\w	Un carácter alfanumérico: [a-zA-Z_0-9]
\W	Un carácter no alfanumérico: [^\w]
^	Principio de una cadena
$	Final de una cadena
\b	posición de una palabra entre espacios en blanco, puntuación o el inicio/final de una cadena.
\B	posición entre dos caracteres alfanuméricos o dos no-alfanuméricos

Ejemplo simple de uso

```
' comprobar que la fecha tiene formato nn-nn-nnnn
If Regex.IsMatch("\d\d-\d\d-\d\d\d\d", "26-12-16") Then
 Log ("Valida")
Else
 Log ("Invalida")
End If
' log muestra Invalid
```

Cómo obtener más ayuda con las expresiones regulares

Para un resumen en línea vea aquí (http://bit.ly/1TO2bSb). Para una lista completa de las construcciones de regex en Java vea aquí (http://bit.ly/1KfNbtY).
Puedes probar tus expresiones regulares B4A en línea aquí (http://bit.ly/1TO2ah0).
Si necesitas usar expresiones regulares de forma habitual, le recomiendo que invierta algo de tiempo en RegexBuddy (http://bit.ly/1OwgCr1). No sólo proporciona una herramienta para crear y probar expresiones regulares, sino que tiene tutoriales útiles (aunque no fáciles de asimilar) para explicar las partes más abstractas de la compleja sintaxis.

Sentencias Condicionales

En B4A se dispone de varias sententcias condicionales.

If – Then

Una comprobación simple que ejecuta una sola sentencia cuando la condición es `True`,

```
If intA = 20 Then intA = intA - 3
```

If-Then-End If

Si es necesario ejecutar varias sentencias cuando la evaluación es verdadera, es común escribirlas en líneas separadas y terminarlas con una sentencia `End If` :

```
If intA = 20 Then
 intA = intA - 3
 intB = intB + 3
End If
```

If-Then-Else-End If

Si se requiere ejecutar alguna sentencia cuando evaluación es falsa, se utiliza `Else`:

```
If intA = 20 Then
 intA = intA - 3
Else
 intA = intA + 1
End If
```

Tenga en cuenta que esto podría escribirse como:

```
If intA = 20 Then intA = intA - 3 Else intA = intA + 1
```

Pero para que el código sea más legible, es recomendable utilizar varias líneas de programa.

Explicación detallada de como funciona If-Then-Else-End If

Considere este caso general:

```
If test1 Then
  ' código1
Else If test2 Then
  ' código2
' más test son posibles
Else
  ' códigoN
End If
```

- Al llegar a la línea con la palabra clave `If`, se evalúa "test1". El test puede ser cualquier tipo de sentencia condicional con dos posibilidades: `True` o `False`.
- Si el resultado de la evaluación test1 es `True`, se ejecuta el "código1" hasta la línea con la palabra clave `Else If`, y luego la ejecución continúa en la línea siguiente a la palabra clave `End If`.
- Si el resultado del test1 es falso, se evalúa "test2".
- Se repite lo mismo.
- Si todas las evaluaciones de test son falsas, entonces se ejecuta el "códigoN" después de la palabra clave `Else`.

Diferencias entre B4A y Visual Basic

1. B4A usa `Else If` mientras que VB usa: `ElseIf`
2. La siguiente línea se interpreta de manera diferente en B4A y VB:

```
If b = 0 Then a = 0: c = 1
```

En B4A es equivalente a:

```
If b = 0 Then
```

```
    a = 0
  End If
  c = 1
```

Pero en VB es:

```
  If b = 0 Then
    a = 0
    c = 1
  End If
```

Select – Case

La estructura **Select - Case** le permite comparar una expresión de evaluación con otras expresiones y ejecutar diferentes secciones de código de acuerdo a las coincidencias con la expresión que se evalúa. Esto es similar al comando **switch** en C, PHP y otros lenguajes.

```
Select TestExpression
  Case ExpressionList1
    ' código1
  Case ExpressionList2
    ' código2
  Case Else
    ' código3
End Select
```

"TestExpression" es cualquier expresión o valor.
"ExpressionList1" es una lista de cualquier expresión o valor, separados por comas.
La estructura **Select - Case** funciona como se muestra a continuación:

- "TestExpression" se evalúa.
- Si uno de los elementos de la "ExpressionList1" coincide con "TestExpression", se ejecuta el "código1" y el control pasa a la línea que sigue a la palabra clave **End Select**.
- De lo contrario, si uno de los elementos de la "ExpressionList2" coincide con "TestExpression", se ejecuta " código2" y el control pasa a la línea que sigue a la palabra clave **End Select**.
- De lo contrario, si ninguna expresión coincide con "TestExpression", se ejecuta " código3" y el control continúa en la línea que sigue a la palabra clave **End Select**.

Nota: el tipo de cada valor en cada ExpressionList tiene que ser el mismo que el tipo de TestExpression. De lo contrario, se producirá un error de compilación o un error en tiempo de ejecución. Algunos ejemplos:

```
Dim intA As Int
intA  = Rnd(1,100)
Select intA
  Case 1, 2, 99
  ' código
  Case 5
  ' código
  Case Else
  ' código
End Select
```

Nota: si accidentalmente usa la misma expresión en dos Sentencias de Case, se produce un error de compilación. Algunos ejemplos más:

```
Dim intA, intB  As Int
intA = Rnd(1,100)
intB = Rnd(1,100)
Select intA + intB
Case 2,3,4,5
 Log("small")
Case Else
 Log("big")
End Select
'----------
Dim strCode As String
Select strCode
 Case "walk"
 ' código
 Case "run"
 ' código
 Case Else
 ' código
End Select
'----------
Sub Activity_Touch (Action As Int, X As Float, Y As Float)
 Select Action
  Case Activity.ACTION_DOWN
   ' código
  Case Activity.ACTION_MOVE
   ' código
  Case Activity.ACTION_UP
   ' código
 End Select
End Sub
```

Diferenciass entre B4A y Visual Basic:

- B4A usa `Select`, donde VB usa `Select Case`.
- B4A sólo permite una lista, por ejemplo: `Case 1,2,3`, donde VB también permite un rango como por ejemplo: `Case 1 To 3`

Estructuras de Bucle

Basic dispone de varias estructuras para bucles:

For – Next

En un bucle `For-Next`, el mismo código se ejecutará un número de veces controlado por una variable llamada "iterador". Por ejemplo:

```
For i = 1 To 9 Step 2
  ' Su código
Next
```

En este caso i es el iterador. Así es como se ejecuta el código:

- El Iterador `i` se establece en el primer valor `1` y se ejecutará `su código`.
- Cuando la ejecución llegue a `Next`, la ejecución volverá a la sentencia `For` e `i` se incrementará con el valor de `Step 2` a 1+2 o 3.

- Si `i` es menor o igual que el valor superior 9, entonces `su código` se ejecutará de nuevo.
- Se repetirá hasta que `i` sea mayor que el valor superior.
- El control entonces pasa la línea después de `Next`.

Así `su código` en el ejemplo anterior se ejecutará exactamente cinco veces, cuando `i` = 1,3,5,7 y 9.
Si la variable iterador i no fue declarada previamente, será de tipo Int.
Nota: los límites de los bucles (en el caso anterior, 1 y 9) pueden ser expresiones que dependen de variables. En ese caso, sólo se calcularán una vez, antes de la primera iteración.

El Valor Step

Nota: si se omite el valor de `Step`, entonces se asume que es 1, sin importar cuál sea el valor inicial del iterador. Así que:

```
For i = 1 To 10
```

Es lo mismo que

```
For i = 1 To 10 Step 1
```

La variable `Step` puede ser negativa:

```
For i = 10 To 6 Step -1
```

Iteradores No-enteros

Tenga en cuenta que el iterador (`i` en los ejemplos anteriores) se supone que es un número entero, a menos que se declare previamente. Pero si se declara correctamente, se puede utilizar cualquier valor numérico como iterador:

```
Dim i As Float
For i = 1.1 To 1.4 Step 0.1
' Su código
Next
```

Exit

Es posible salir de un bucle `For-Next` con la palabra clave `Exit`. Cuando la ejecución del código encuentra la palabra clave `Exit`, continúa en la línea después de `Next`. Lo siguiente mostrará desde 1 hasta 4 en el log:

```
For i = 1 To 10
  If i = 5 Then Exit
  Log (i)
Next
```

Continue

Si desea detener la ejecución de la iteración actual pero continuar con la siguiente, utilice `Continue`:

```
For i = 1 To 10
  If i = 5 Then Continue
  Log (i)
Next
```

Mostrará en el log 1-4 y 6-10, pero no 5.

Diferencias entre B4A y Visual Basic

- B4A usa `Next`, mientras VB usa `Next i`
- B4A usa `Exit`, VB usa `Exit For`

For-Each

`For-Each` es una variante del bucle `For-Next`. Mientras que `For-Next` se limita a usar un número para controlar el bucle, `For-Each` puede usar arrays, listas, mapas o cualquier otro "IterableList" que pueda crear.

Ejemplo:

```
Dim strName() As String = Array As String("a", "b", "c")
For Each name As String In strName
 Log (name)
Next
```

Cada valor de strName se asigna, a su vez, al nombre de la variable, por lo que el resultado es:

```
a
b
c
```

Un ejemplo de iteración con un `Map`:

```
Dim balances As Map
balances.Initialize
balances.Put("Fred", 123.45)
balances.Put("Tom", 543.21)
Dim value As Float
For Each Person As String In balances.Keys
 value = balances.Get(Person)
 Log (Person & " tiene de saldo " & value)
Next
```

También puede obtener los valores en un map como una lista iterable:

```
For Each v As Int In map1.Values
  Log(v)
Next
```

Los objetos views de una actividad son una lista iterable:

```
For Each vw As View In Activity
 ' verificar su tipo
 If vw Is Button Then
 ' necesita un objeto con el tipo correcto para
 ' poder acceder a las propiedades
Dim btn As Button
 ' hacer copia de la vista original
 btn = vw
 Log (btn.Text)
 End If
Next
```

También puede iterar todas las vistas pertenecientes a un panel:

```
For Each vw As View In pnlMain.GetAllViewsRecursive
 vw.Color = Colors.RGB(Rnd(0,255), Rnd(0,255), Rnd(0,255))
Next
```

Do-While

Puede realizar un bucle mientras una determinada condición es `True`. Por ejemplo, esto disminuirá aleatoriamente un número que comienza con 10000 y registrará el resultado mientras sea mayor que 0:

```
Dim i As Int = 10000
Do While i > 0
 ' disminuye aleatoriamente i
 i = i - Rnd(20, 200)
 Log (i)
Loop
```

`Do-While` es útil si conoce la condición de inicio cuando comienza el bucle. Por ejemplo, cuando lee un archivo de texto. Lo siguiente lee un archivo de texto y lo usa como texto para una `Label`:

```
Dim lbl As Label
Dim strLines As String
Dim tr As TextReader
tr.Initialize(File.OpenInput(File.DirAssets, "test.txt"))
lbl.Initialize("")

strLines = tr.ReadLine
Do While strLines <> Null
 lbl.Text = lbl.Text & CRLF & strLines
 strLines = tr.ReadLine
Loop
tr.Close
Activity.AddView(lbl, 10dip, 10dip, 100dip, 100dip)
```

Do-While podría no ser ejecutado

Nota: en algunos lenguajes, como C, la sintaxis hace que un bucle do-while se ejecute siempre al menos una vez, porque la condición que controla el bucle no se prueba hasta **después** de ejecutar el código. Por ejemplo:

```
// Ejemplo de código en C
do {
 /* "¡Hola mundo!" se muestra al menos una vez
 Incluso aunque la condición sea falsa */
 printf( "¡Hola mundo!\n" );
} while ( x != 0 );
```

Por otra parte, en B4A, la condición se comprueba **antes** de ejecutar el bucle. Por ejemplo, el siguiente código B4A NO producirá salidas en el log:

```
Dim i As Int = 0
Do While i > 3
 Log (i)
 i = i - 1
Loop
```

Do-Until

A veces, no sabemos el valor inicial que queremos utilizar. Sólo sabemos cuándo queremos detener el bucle. En este caso, usamos el bucle `Do Until`:

```
i = Rnd(20, 200)
Do Until i <= 0
' disminuye aleatoriamente i
 i = i - Rnd(20, 200)
 Log (i)
Loop
```

Salir de un Bucle

Es posible salir de cualquiera de estas estructuras Do-Loop utilizando la palabra clave `Exit`.

```
Dim i As Int = 10000
Dim magicNumber As Int = 1234
Do While i > 0
' disminuye aleatoriamente i
 i = i - Rnd(20, 200)
 Log (i)
 If i = magicNumber Then
  Log ("Alcanzado el número mágico para terminar el bucle")
  Exit
 Else
  Log (i)
 End If
Loop
```

Diferencias entre B4A y Visual Basic

En Visual Basic, el tipo de bucle se especifica después de **Exit**, por ejemplo, **Exit Loop**
En B4A, solo se utiliza **Exit**.
Visual Basic también acepta los siguientes bucles:

```
Do ... Loop While test
Do ... Loop Until test
```

Que NO son soportados en B4A.

Subs

Una subrutina ("**Sub** ") es un fragmento de código. Tiene un nombre propio y una visibilidad definida (como se discutió anteriormente (p.247)). En B4A, una subrutina se llama **Sub**, y es equivalente a procedimientos, funciones, métodos y subs en otros lenguajes de programación.
Puede ayudar a que su código sea más legible y más robusto utilizando Subs para encapsularlo en unidades lógicas y podrá probar cada **Sub** por separado del resto del código No es recomendable que los Subs sean demasiado largos, ya que tienden a ser menos legibles.

Declarando un Sub

Un Sub se declara de la siguiente manera:

```
Sub CalcInterest(Capital As Double, Rate As Double) As Double
 Return Capital * Rate / 100
End Sub
```

Comienza con la palabra clave **Sub**, seguido por el nombre del Sub **CalcInterest**, seguido por una lista de parámetros entre paréntesis (**Capital As Double, Rate As Double**), seguido por el tipo de valor a devolver **Double**. Esto es seguido por el código que el sub ejecuta. El sub termina con las palabras clave **End Sub**.
No hay límite en el número de subs que puede añadir a su programa, pero no se le permite tener dos subs con el mismo nombre en el mismo módulo.
Los subs se declaran siempre en el nivel superior del módulo. Es decir, NO SE PUEDEN anidar dos sub uno dentro del otro.

Nombre de un Sub

Para un Sub, puede usar cualquier nombre que sea legal para una variable (p.297). Es muy recomendable nombrar al Sub con un nombre significativo para que su código se autodocumente.

LLamar a un Sub

Cuando desee ejecutar un Sub en el mismo módulo, simplemente utilice el nombre del Sub.

```
Sub Activity_Resume
 doSomething
End Sub

Sub doSomething
 ' el código va aquí
End Sub
```

LLamar a un Sub desde otro Módulo

Como discutiremos más extensamente en la sección Visibilidad de Subrutinas (p.247), los subs públicos dentro de una clase o módulo de código pueden ser llamados directamente por llamadas en cualquier otro tipo de módulo como `CodeModule.mySub` o `myClassInstance.mySub`.

Los Subs declarados en los módulos de Actividad y Servicio, por otra parte, **no pueden** llamarse directamente como se muestra arriba, pero pueden llamarse por cualquier otro módulo usando las funciones CallSub (p.325) o CallSubDelayed (p.326), siempre y cuando la actividad no esté en pausa o el servicio haya comenzado.

Parámetros

Los parámetros de entrada se pueden transmitidos al Sub. Esto le permite hacer que el sub haga diferentes cosas dependiendo de sus parámetros de entrada. La lista de parámetros se incluye entre paréntesis y sus tipos son obligatorios:

```
Sub CalcInterest(Capital As Double, Rate As Double) As Double
 Return Capital * Rate / 100
End Sub
```

Para invocar un sub que necesita parámetros, añada los parámetros a la llamada:

```
Interest = CalcInterest(1234.56, 3.2)
```

Si un Sub no necesita parámetros, entonces los paréntesis no son necesarios cuando se define o cuando llama al Sub:

```
i = getRate
...
Sub getRate
 Return 3
End Sub
```

Valor de retorno

Un sub puede devolver un valor. Este puede ser cualquier objeto. La devolución de un valor se realiza con la palabra clave `Return`. El tipo de valor de retorno se define después de la lista de parámetros. Así que lo siguiente devolverá un `Double`

```
Sub CalcInterest(Capital As Int, Rate As Int) As Double
```

Creando Tooltips para Subs

Puede crear un tooltip para documentar lo que hace un Sub. Consulte Comentarios como Documentación (p.98) para obtener más información.

Subs Reanudables

Se pueden pausar

Los subs reanudables simplifican drásticamente el manejo de tareas asíncronas.
Un Sub reanudable es aquel que puede ser pausado sin pausar el hilo de ejecución, y luego ser reanudado. El programa no espera a que el sub reanudable continúe. El resto de eventos se evocan y ejecutan como de costumbre.

Contiene Sleep o Wait For

Lo que hace que un Sub resumeable es que contiene una o más llamadas a **Sleep** o **Wait For**. El IDE muestra una flecha circular junto a una declaración del sub reanudable:

```
Sub Countdown (Start As Int)
    For i = Start To 0 Step -1
        Label1.Text = i
        Sleep(1000) 'sleep for 1 second
    Next
End Sub
```

El Sub reanudable está en pausa

Cada vez que se llama a **Sleep** o **Wait For**, el sub reanudable se detiene y el control se devuelve al que llama. El gestor de eventos interno se encarga de reanudar el sub pausado cuando se produce el evento. Si el evento nunca se produce, el sub nunca se reanudará. El programa seguirá funcionando correctamente.

Tipo ResumableSub

Debido a que el Sub reanudable está en pausa y el control ya ha sido devuelto al Sub de llamada, no puede utilizar simplemente **Return** para devolver un valor al Sub de llamada.

Por ejemplo el siguiente código:

```
Sub Button1_Click
 Sum(1, 2)
 Log("después de la suma")
End Sub

Sub Sum(a As Int, b As Int)
 Sleep(100) 'esto causará que el flujo de código regrese al padre
 Log(a + b)
End Sub
```

Dará el resultado:
después de la suma
3

La solución es utilizar un subconjunto con el tipo de **ResumableSub**

```
Sub Button1_Click
 Wait For(Sum(1, 2)) Complete (Result As Int)
 Log("resultado: " & Result)
 Log("después de la suma ")
End Sub
Sub Sum(a As Int, b As Int) As ResumableSub
```

```
 Sleep(100)
 Log(a + b)
 Return a + b
End Sub
```

Dará el resultado:
3
resultado: 3
después de la suma

Nota: puede declarar una variable como `ResumableSub`. Así que `Button1_Click` podría escribirse como:

```
Sub Button1_Click
 Dim rs As ResumableSub = Sum(1, 2)
 Wait For(rs) Complete (Result As Int)
 Log("resultado: " & Result)
 Log("después de la suma ")
End Sub
```

Nota: también es posible utilizar `CallSubDelayed2` para producir un resultado similar, pero lo anterior es una mejor solución.
Hay dos maneras de hacer que una llamada se reanude: mediante el uso de `Sleep` o `Wait For`.

Sleep

Puede pausar un sub durante un número específico de milisegundos utilizando la palabra clave `Sleep`:

```
  Sleep(1000)
```

Una llamada a `Sleep` o `Wait For` en un sub reanudable hace que el flujo de código vuelva al padre. Por lo tanto, no es posible que un sub reanudable simplemente devuelva un valor al final del sub.
Consulte el apartado `Tipo ResumableSub` anteriormente para obtener información sobre la forma en que un sub reanudable puede devolver un valor al sub que lo ha llamado.
Nota: usar `Wait For` para esperar un evento es mejor que llamar a `Sleep` en un bucle. Véase más adelante.

Sleep como Sustituto de DoEvents

`Sleep(0)` es un sustituto útil de la palabra clave ya obsoleta `DoEvents`. Sirve para lo mismo, permitir la actualización de la interfaz de usuario.

```
  Sub ShowProgress
      Dim iMax As Int = 100000
      Dim i As Int
      For i = 1 To iMax
          If i Mod 1000 = 0 Then
              progBar.Progress = i * 100 / iMax
              Sleep(0) ' actualizar pantalla
          End If
      Next
  End Sub
```

Múltiple Instancias de Sub Reanudables

Cada llamada a un sub reanudable crea una instancia diferente que no se ve afectada por otras llamadas.

```
  Sub btn_Action
    Dim b As Button = Sender
    For i = 10 To 0 Step - 1
```

```
      b.Text = i
      Sleep(100)
    Next
    b.Text = "Takeoff!"
End Sub
```

Wait For

B4A es orientado a eventos (véase la siguiente sección). Las tareas asíncronas se ejecutan en segundo plano y generan un evento cuando la tarea se completa. Con la palabra clave `Wait For` puede manejar el evento dentro del sub actual:

```
Wait For activity_keypress (keycode As Int)
Msgbox ( keycode, "You clicked")
```

Una llamada a `Wait For` o `Sleep` en un sub reanudable hace que el flujo de código vuelva al padre. Por lo tanto, no es posible que un sub reanudable simplemente devuelva un valor al final del mismo. Consulte el apartado `Tipo ResumableSub` más arriba para obtener información sobre la forma en que un sub reanudable puede devolver un valor al sub que realiza la llamada.

Identificación del Evento (Event Signature)

En el primer ejemplo anterior, el parámetro `activity_keypress (keycode As Int)` es una firma de evento. La estructura de una firma de evento variará dependiendo de qué evento se espera.

Una firma de evento más compleja (utilizando el objeto FTP en la Librería adicional de Red (p.671)) podría ser:

```
Wait For FTP_ListCompleted (ServerPath As String, Success As Boolean,
Folders() As FTPEntry, Files() As FTPEntry)
```

Sub está en Pausa

Si más tarde se llama a `Wait For` con el mismo evento, la nueva instancia del sub reemplazará a la anterior. Vea la siguiente sección para ver una forma de permitir que un sub reanudable maneje eventos de diferentes emisores.

Esperar por un evento específico

Es posible que necesitemos llamar varias veces a un sub que contenga `Wait For` para procesar los eventos generados por varios emisores. En este caso, el sub debe ser capaz de identificar qué objeto provocó el evento. Para ello debemos utilizar un parámetro opcional que especifique el objeto emisor:

```
Wait For (Sender) <Event Signature>
```

Nota: los paréntesis se requieren alrededor del emisor.

El siguiente ejemplo usa la librería OkHttpUtils2 (p.575) para descargar dos imágenes en dos `ImageViews`:

```
Sub Activity_Create(FirstTime As Boolean)
  Activity.LoadLayout("Layout1")
  DownloadImage("https://www.b4x.com/images3/android.png", ImageView1)
  DownloadImage("https://www.b4x.com/images3/apple.png", ImageView2)
End Sub

Sub DownloadImage(Link As String, iv As ImageView)
    Dim job As HttpJob
    job.Initialize("", Me)
    job.Download(Link)
    Wait For (job) JobDone(job As HttpJob)
    If job.Success Then
          iv.Bitmap = job.GetBitmap
```

```
    End If
    job.Release
End Sub
```

Más Información

Más información sobre los subs reanudables en línea aquí (http://bit.ly/2qLcON1).

Eventos

Los objetos B4A pueden reaccionar a los eventos. Estas pueden ser acciones del usuario o eventos generados por el sistema. El número y el tipo de eventos que un objeto puede provocar depende del tipo de objeto.

Eventos básicos de los Objetos

Muchos objetos básicos de B4A generan eventos. Ejemplos son **Animation**, **AudioRecordApp**, **Camera**, **DayDream**, **GameView**, **GPS**, **HTTPClient**, **IME**, **MediaPlayerStream**, **Timer**, etc. Consulte la documentación de cada uno de estos objetos para descubrir qué eventos pueden generar.

Respuesta a un Evento

Para responder a un evento, se debe escribir una subrutina con el nombre correcto. Debe escribir un Sub con el nombre del objeto que está generando el evento, seguido de un guión bajo seguido del nombre del evento. Por ejemplo:

```
Sub Timer1_Tick
```

Timer1 es el nombre del objeto que está invocando el evento. Este nombre se decide al inicializar el objeto, por ejemplo

```
Timer1.Initialize("Timer1", 1000)
```

La parte **Tick** del nombre de la subrutina es el nombre del evento. Esto viene determinado por el propio objeto. Es necesario consultar la documentación del objeto para descubrir qué eventos puede provocar. Algunos objetos pueden producir múltiples eventos.

Debe unir estas dos partes del nombre junto con un guión bajo _, por ejemplo **Timer1_Tick**.

Nota: el IDE proporciona una forma sencilla de Autocompletar Subrutinas de Eventos (p.97).

Ejemplo

Para dar un ejemplo concreto, un **Timer** se ejecutará en segundo plano hasta que haya terminado su tarea, y luego generará un evento (en este caso **Tick**) al que su código necesita responder. Por ejemplo, Timer1_Tick como en el siguiente ejemplo:

```
Sub Process_Globals
 ' Declarar aquí para no obtener múltiples timers cuando la actividad
es recreada
 Dim Timer1 As Timer
End Sub

Sub Globals
End Sub

Sub Activity_Create(FirstTime As Boolean)
 ' hacer que el temporizador dure 1000 milisegundos
 Timer1.Initialize("Timer1", 1000)
 ' Iniciar el temporizador
 Timer1.Enabled = True
End Sub

Sub Timer1_Tick
 ' el temporizador ha terminado
 Log ("temporizador ha terminado ")
End Sub
```

Gestor de Eventos Compartido

Puede usar un solo Sub para manejar los eventos de muchos objetos. Por ejemplo, puede tener varios botones, todos los cuales realizan una función similar, por lo que sólo necesita un único gestor de eventos. Puede determinar qué objeto generó el evento utilizando la palabra clave **Sender**. Lo siguiente produce una columna de botones etiquetados Test 1 a Test 7, todos los cuales comparten el mismo sub gestor `Buttons_Click`:

```
Sub Globals
 Dim b1, b2, b3, b4, b5, b6, b7 As Button
 Dim Buttons() As Button
End Sub

Sub Activity_Create(FirstTime As Boolean)
 ' índice para manejar los botones
 Dim i As Int
 Buttons = Array As Button(b1, b2, b3, b4, b5, b6, b7)

 For i = 0 To 6
  ' todos los botones comparten el gestor de evento Buttons_Click
  Buttons(i).Initialize("Buttons")
  ' usar el índice para posicionar correctamente los botones
  Activity.AddView(Buttons(i), 10dip, 10dip + i * 60dip, _
   150dip, 50dip)
  ' añadir etiqueta para poder identificar qué botón es
  Buttons(i).Tag = i + 1
  Buttons(i).Text = "Test " & (i + 1)
 Next
End Sub
```

```
Sub Buttons_Click
 ' gestor de eventos para todos los botones
 Dim btn As Button
 btn = Sender
 Activity.Title = "Botón " & btn.Tag & " pulsado"
End Sub
```

View Events

Muchos eventos son generados por Views (p.487) los cuales son procesados por su código de la misma manera que los Eventos de Objetos Básicos. El Diseñador es capaz de generar los esqueletos de subs (p.157), tales como:

```
Sub btnTest_Click
 ' añade tu código aquí
End Sub
```

Aquí hay un resumen de los eventos para diferentes vistas:

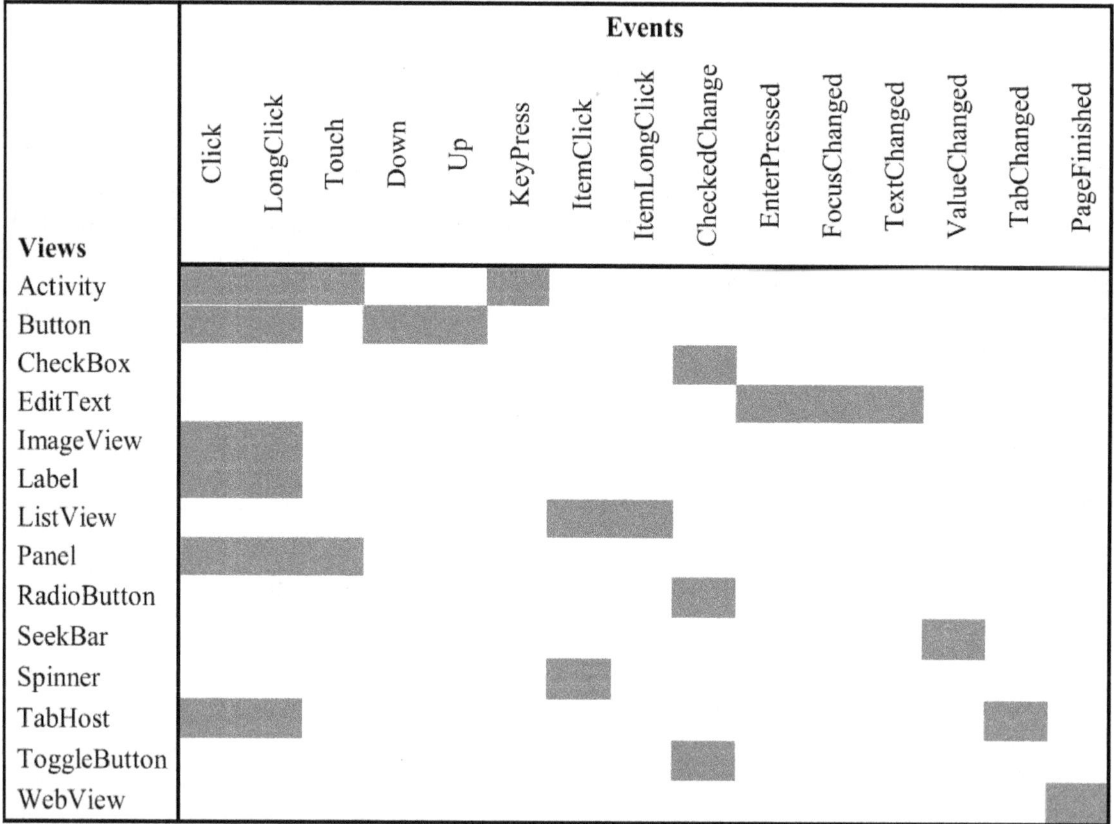

Views	Click	LongClick	Touch	Down	Up	KeyPress	ItemClick	ItemLongClick	CheckedChange	EnterPressed	FocusChanged	TextChanged	ValueChanged	TabChanged	PageFinished
Activity	X	X	X			X									
Button	X	X		X	X										
CheckBox									X						
EditText										X	X	X			
ImageView	X	X													
Label	X	X													
ListView							X	X							
Panel	X	X	X												
RadioButton									X						
SeekBar													X		
Spinner							X								
TabHost	X	X												X	
ToggleButton									X						
WebView															X

Eventos de vista más comunes

Los eventos más comunes son los siguientes. Tenga en cuenta que los eventos admitidos varían según el tipo de vista:

Click

Evento que se produce cuando el usuario hace clic en la vista. Ejemplo:

```
Sub Button1_Click
  ' Su código
End Sub
```

LongClick

Evento que se produce cuando el usuario hace clic en la vista y la mantiene pulsada durante aproximadamente un segundo. Ejemplo:

```
Sub Button1_LongClick
 ' Su código
End Sub
```

Touch(Action As Int, X As Float, Y As Float)

Evento que se produce cuando el usuario toca la pantalla.
Se gestionan tres acciones diferentes:

- Activity.Action_DOWN: el usuario toca la pantalla.
- Activity.Action_MOVE: el usuario mueve el dedo sin levanter el contacto de la pantalla.
- Activity.Action_UP: el usuario deja de tocar la pantalla.

Se indican las coordenadas X e Y de la posición del dedo. Ejemplo:

```
Sub Activity_Touch (Action As Int, X As Float, Y As Float)
  Select Action
  Case Activity.ACTION_DOWN
    ' Su código para la acción DOWN
  Case Activity.ACTION_MOVE
    ' Su código para la acción MOVE
  Case Activity.ACTION_UP
    ' Su código para la acción UP
  End Select
End Sub
```

CheckChanged (Checked As Boolean)

Evento que se produce cuando el usuario pulsa sobre un `CheckBox` o un `RadioButton`.
Checked es `True` si la vista está marcada o `False` si no lo está.
Ejemplo:

```
Sub CheckBox1_CheckedChange(Checked As Boolean)
  If Checked = True Then
    ' Su código si está marcado CheckBox1
  Else
    ' Su código si CheckBox1 no está marcado
  End If
End Sub
```

KeyPress (KeyCode As Int) As Boolean

Este evento (que sólo pertenece al objeto `Activity`) se produce cuando el usuario pulsa una tecla física o virtual (excepto la tecla Home, que llama `Activity_Pause`).
KeyCode es el código de la tecla pulsada. Puede obtener una lista de estos en el IDE escribiendo `KeyCodes` y un punto, o en este libro aquí (p.365).
Su evento `KeyPress` debe devolver `True`, en cuyo caso el evento se consume y nunca llega al sistema operativo, o `False`, en cuyo caso el evento se pasa al sistema para acciones posteriores.
Ejemplo:

```
Sub Activity_KeyPress(KeyCode As Int) As Boolean
  ' Confirmar que el usuario desea salir si pulsa la tecla de retorno
  Dim Answ As Int
```

```
  Dim Txt As String

  ' Compruebe si KeyCode es BackKey
  If KeyCode = KeyCodes.KEYCODE_BACK Then
   ' Confirmar que el usuario desea salir
   Txt = "¿Realmente quieres salir del programa?"
   Answ = Msgbox2(Txt, "A T E N C I Ó N", "Si", "", "No", Null)
   If Answ = DialogResponse.POSITIVE Then
    ' El usuario desea salir
    Return False
   Else
    ' No salir
    Return True
   End If
  End If
End Sub
```

Control de Errores

Errores en Tiempo de Ejecución

Algunos errores son capturados por el compilador, pero otros errores más sutiles sólo son descubiertos cuando el código se ejecuta. Este "error en tiempo de ejecución" se produce en el siguiente ejemplo:

```
Dim str As String
Dim i As Int
str = "hello"
i = str
```

La última línea produce un error de ejecución porque Java (que es lo que usa Android) no puede convertir una cadena no numérica en un número.

Excepciones

Cuando se produce un error en tiempo de ejecución, se genera una Excepción (p.388) en lenguaje Java. Puedes añadir código Try-Catch a tu aplicación para gestionar las Excepciones. Si no ha añadido este código, cuando se produce una Excepción el programa se detiene y se muestra un error en el dispositivo o emulador, como se describe a continuación.

Excepciones en tiempo de ejecución no capturadas

Si se produce un error en tiempo de ejecución fuera de un bloque Try-Catch, lo que vea el usuario dependerá de cómo se haya distribuido la aplicación.

Gestión de excepciones en tiempo de ejecución no capturadas por defecto

Si distribuyes a través de Google Play y su aplicación genera un error que no se captura internamente, se pedirá al usuario que envíe un informe de error. Esto sucede automáticamente. Si el usuario acepta enviar el informe, puede ver el resultado en Google Play Developer Console (p.282).

Si distribuye su aplicación directamente con un archivo apk y su aplicación genera un error que no se captura internamente, y el error ocurre dentro de una actividad, por defecto el usuario verá un informe de error que le preguntará si desea continuar, como se muestra a continuación.

Error occurred
An error has occurred in sub:
main_btntest_click (java line:
282)
java.lang.
NumberFormatException:
Hello
Continue?
Yes
No

Pero el usuario no sabe si la aplicación puede continuar correctamente después de la excepción no capturada. El diálogo también es inconsistente, ya que sólo aparece cuando el error ocurre dentro de una Actividad, pero no dentro de cualquier otro tipo de módulo.

Mejor Gestión de Excepciones en tiempo de ejecución no capturado

Por lo tanto, es preferible anular este comportamiento y manejar el error usted mismo, por ejemplo, enviando el error por correo electrónico.
Esto requiere que su aplicación contenga un Servicio Starter (p.120). Por defecto, el Servicio Starter contiene un Sub llamado `Application_Error`:

```
'Devuelve true para permitir que el manejador de excepciones por
defecto del sistema operativo gestione la excepción no capturada.
Sub Application_Error (Error As Exception, StackTrace As String) As
Boolean
     Return True
End Sub
```

Puede usar este Sub para, por ejemplo, capturar el log y enviarlo por correo electrónico o usar HttpUtils2 para enviar el StackTrace (volcado de la pila de llamadas) a su servidor y luego matar el proceso en el evento JobDone.
Aquí (http://bit.ly/2OGnuJZ) se muestra un ejemplo de envío de los logs por correo electrónico.
Observe lo siguiente
Si devuelve True desde `Sub Application_Error` entonces se llama al controlador de excepciones por defecto del sistema operativo. El resultado es que la aplicación se detendrá y el informe del fallo se enviará a Google Play (si el usuario lo permite). Probablemente, esta sea la mejor manera de gestionar la mayoría de los errores.
Si devuelve False, no se llamará al controlador de excepciones predeterminado y la aplicación seguirá ejecutándose.
Sub Application_Error sólo se llamará en modo Release. En el modo Debug el programa mostrará el mensaje de error en los logs y terminará.
Los errores que ocurran al iniciar la aplicación, antes de que el servicio Starter esté listo, no son capturados. El controlador de excepciones por defecto del SO manejará esos errores.
El servicio Starter debe estar en marcha para que este sub se lance. Estará funcionando a menos que lo detenga explícitamente.

Try-Catch

B4A proporciona un mecanismo para gestionar los errores de ejecución, denominado bloque `Try-Catch`.
Ejemplo:

```
Try
  ' bloque de sentencias
Catch
  Log(LastException.Message)
  ' gestionar el problema si es necesario
End Try
```

Ahora cuando la Excepción ocurre en el bloque `Try`, el control se mueve al bloque `Catch`. Su programa puede tomar medidas para gestionar el problema.

Cuando utilizar un Try-Catch

`Try-Catch` no debe usarse para protegerse de errores de programación. Debe asegurarse de que su código es lógica y sintácticamente correcto probándolo antes de su distribución.
`Try-Catch` sólo debe utilizarse cuando exista un problema que no pueda controlar. Por ejemplo, cuando analiza un archivo descargado, el propio archivo puede tener problemas. O cuando se intenta actualizar una base de datos utilizando una Transacción (p.239) y hay un problema. Por ejemplo:

```
SQL.BeginTransaction
Try
  'bloque de sentencias
  For i = 1 To 10
  SQL.ExecNonQuery2("INSERT INTO demo VALUES (?,?)", Array As Object(i,
"Tom Brown"))
  Next
  SQL.TransactionSuccessful
Catch
  Log(LastException.Message) 'no se realizan los cambios
End Try
SQL.EndTransaction
```

`Try-Catch` se utiliza fundamentalmente durante el desarrollo.
Nota: si se detecta un error en medio de una subrutina muy larga, no se puede realizar una corrección y, a continuación, retroceder y reanudar la ejecución donde se produjo el error. Sólo se ejecuta el código en el bloque `Catch`.

Manipulación de cadenas

B4A permite manipulaciones de cadenas como otros lenguajes Basic, pero con algunas diferencias. Estas manipulaciones se pueden hacer directamente en la propia cadena.
Ejemplo:

```
strTxt = "123,234,45,23"
strTxt = strTxt.Replace(",", ";")
```

Resultado: `123;234;45;23`

Cadenas Mutables

La manipulación repetitiva de las cadenas puede ser muy lenta. Dado que son inmutables (p.422), se debe crear una nueva cadena cada vez que se desee modificarla. Si está haciendo una gran cantidad de manipulación de cadenas, debería considerar el uso de StringBuilder (p.427).

Las funciones de Cadenas

Aquí enumeramos las funciones de cadena. Para más detalles, ver más abajo (p.422).

CharAt(Index)
.... Devuelve el carácter en la posición dada por `Index`, donde el primer carácter es 0.
CompareTo(Other)
.... Compara lexicográficamente la cadena con la cadena `Other`
Contains(SearchFor)
.... Devuelve `True` si la cadena contiene la cadena dada en `SearchFor`.
EndsWith(Suffix)
.... Devuelve `True` si la cadena finaliza con la subcadena dada en `Suffix`.
EqualsIgnoreCase(Other)
.... Devuelve `True` si ambas cadenas son iguales ignorando mayúsculas y minúsculas. Ejemplo:

```
If firstString.EqualsIgnoreCase("Abc") Then
```

GetBytes(Charset)
.... Codifica la cadena `Charset` en un nuevo array de bytes.
IndexOf(SearchFor)
.... Devuelve el índice de la primera aparición de `SearchFor` en la cadena, o `-1` si no se encuentra.
IndexOf2(SearchFor, Index)
.... Devuelve el índice de la primera aparición de `SearchFor` en la cadena, o `-1` si no se encuentra. Comienza la búsqueda desde el `Index` dado.
LastIndexOf(SearchFor)
.... Devuelve el índice de la primera aparición de `SearchFor` en la cadena, o `-1` si no se encuentra. Comienza la búsqueda desde el final de la cadena.
Length
.... Devuelve el número de caracteres en la cadena.
Replace(Target, Replacement)
.... Devuelve una nueva cadena, como resultado de la sustitución de todas las ocurrencias de Target por Replacement.
StartsWith(Prefix)
.... Devuelve `True` si esta cadena comienza con el `Prefix` dado.
Substring(BeginIndex)
.... Devuelve una nueva cadena que es una subcadena de la cadena original. La nueva cadena incluirá el carácter en `BeginIndex` y se extenderá hasta el final de la cadena.
Substring2(BeginIndex,EndIndex)
.... Devuelve una nueva cadena que es una subcadena de la cadena original. La nueva cadena incluirá el carácter en `BeginIndex` y se extenderá al carácter anterior a `EndIndex`.
ToLowerCase
.... Devuelve una nueva cadena que es el resultado de convertir a minúsculas todos los caracteres.
ToUpperCase
.... Devuelve una nueva cadena que es el resultado de convertir a mayúsculas todos los caracteres.
Trim
.... Devuelve una copia de la cadena original sin los espacios en blanco iniciales y finales.

Formateado de números

Los números se pueden mostrar como cadenas con diferentes formatos. Hay dos palabras clave: `NumberFormat` y `NumberFormat2`.

NumberFormat (p.338) (Number As Double, MinimumIntegers As Int, MaximumFractions As Int)
Pinche el enlace para ver el significado de los argumentos. Ejemplos:

```
NumberFormat(12345.6789, 0, 2)
' produce 12,345.68
NumberFormat(1, 3, 0)
' produce 001
NumberFormat(Value, 3, 0)
' se pueden usar variables.
NumberFormat(Value + 10, 3, 0)
' se pueden usar operaciones aritméticas.
NumberFormat((lblscore.Text + 10), 0, 0)
' paréntesis necesarios Si una variable Es una cadena.
```

NumberFormat2 (p.338)(Number As Double, MinimumIntegers As Int, MaximumFractions As Int, MinimumFractions As Int, GroupingUsed As Boolean)
Pinche el enlace para ver el significado de los argumentos. Ejemplo:

```
NumberFormat2(12345.67, 0, 3, 3, True)
' Esto producirá "12,345.670".
```

Palabras Clave

En esta sección enumeramos alfabéticamente las palabras clave utilizadas por B4A y definimos sus funciones. Éstas están disponibles sin importar que librerías incluya.
Estas palabras se definen en la Librería Principal (p.495). Se listan por separado los objectos (p.353) que se incluyen en la Librería Principal. Se listan las palabras clave de la librería en otras libreríasen la sección Librerías (p.495).

Abs (Number As Double) As Double

Devuelve el valor absoluto de un número, es decir, el valor del número positivo (si es negativo, se le cambia el signo). Por lo tanto, ambos ejemplos siguientes muestran 123.45:

```
Log (Abs(123.45))
Log (Abs(-123.45))
```

ACos (Value As Double) As Double

Dado un coseno, esta función devuelve el ángulo, medido como radianes. Así

```
Log (ACos(0.5))
```

producirá 1.0471975511965979 ya que 60° es un poco más de 1 radián.

ACosD (Value As Double) As Double

Dado un coseno, esto devuelve el ángulo medido en grados. Así

```
Log (ACosD(0.5))
```

producirá 60 (o algo muy próximo).

Array

Crea un array unidimensional del tipo especificado.
La sintaxis es: Array As type (lista de valores).
Ejemplo

```
Dim Days() As String
Days = Array As String("Lunes", "Martes", ...)
```

Ver Arrays (p.298) para más detalles.

Asc (Char As Char) As Int

Devuelve el unicode code point (http://bit.ly/10alZFl) del character dado o el primer character dela cadena dada. Así, `Log(Asc("A"))` y `Log(Asc("ABC"))` ambos mostrarán 65. Aquí (http://bit.ly/1OwgFDm) encontrará una lista de caracteres y sus códigos.

ASin (Value As Double) As Double

Dado el seno de un ángulo, esta función devuelve el ángulo medido en radianes.

ASinD (Value As Double) As Double

Dado el seno de un ángulo, esta función devuelve el ángulo medido en grados.

ATan (Value As Double) As Double

Dada la tangente de un ángulo, esta función devuelve el ángulo medido en radianes. Así, el siguiente ejemplo muestra 0.7853981633974483

```
Log (ATan(1))
```

ATan2 (Y As Double, X As Double) As Double

Dados los lados Y opuestos y los lados X adyacentes de un triángulo rectángulo, esta función devuelve la tangente del ángulo medido en radianes. Así, `Log (ATan2(1,1))` devuelve 0,7853981633974483

ATan2D (Y As Double, X As Double) As Double

Dados los lados Y opuestos y los lados X adyacentes de un triángulo rectángulo, esta función devuelve el ángulo medido en grados. Así, el `Log (ATan2D(1,1))` devuelve 45

ATanD (Value As Double) As Double

Dada la tangente de un ángulo, esta función devuelve el ángulo medido en grados. Así, el `Log(ATanD(1))` devuelve 45

BytesToString (Data() As Byte, StartOffset As Int, Length As Int, CharSet As String) As String

Decodifica el array de bytes dado como una cadena.
Data – El array de bytes.
StartOffset – El primer byte a leer.
Length – Número de bytes a leer.
CharSet - El nombre del juego de caracteres. Vea Codificación de texto (p.391) para más detalles.
El siguiente ejemplo producirá ABCDE:

```
Dim Buffer() As Byte = Array As Byte(65,66,67,68,69)
Dim str As String
str = BytesToString(Buffer, 0, Buffer.Length, "UTF-8")
Log (str)
```

CallSub (Component As Object, Sub As String) As String

CallSub permite que una actividad llame a un Sub en un módulo de servicio o que un servicio llame a un Sub en una actividad. Sin embargo, sólo se llamará al sub si el otro módulo no está en pausa. En ese caso, se devolvería una cadena vacía. Puede utilizar **`IsPaused`** para probar si un módulo está en pausa. Esto significa que una actividad no puede llamar a un sub de una actividad diferente, ya que la actividad seguramente se detendrá.
También se puede utilizar CallSub para llamar a los subs del módulo actual. Pasando **`Me`** como el componente en ese caso.

Component - nombre de un módulo. No debería ser una cadena.
Sub – nombre del Sub a llamar. Debe ser una cadena.
Ejemplo:

```
CallSub(Main, "RefreshData")
```

La librería CallSubUtils (p.529) permite llamar a este Sub después de un retardo.
Observe que no es posible llamar a subs que pertenezcan a módulos de código. Para llamar a un Sub en un módulo de código, use una llamada como `moduleName.subName`
Cuando se utiliza CallSub desde un módulo de clase, el emisor está establecido.

CallSub2 (Component As Object, Sub As String, Argument As Object) As String

Similar a `CallSub`. Llama a un sub con un solo argumento.
La Librería CallSubUtils (p.529) proporciona una función similar que se puede llamar después de un retardo.

CallSub3 (Component As Object, Sub As String, Argument1 As Object, Argument2 As Object) As String

Similar a `CallSub`. Llama a un sub con dos argumentos.

CallSubDelayed (Component As Object, Sub As String)

`CallSubDelayed` es una combinación de `StartActivity`, `StartService` y `CallSub`.
A diferencia de CallSub (que sólo funciona con componentes que se están ejecutando actualmente), CallSubDelayed iniciará primero el componente de destino si fuera necesario.
CallSubDelayed también se puede utilizar para llamar a los subs del módulo actual. En lugar de llamar a estos subs directamente, se generará un evento y se enviará un mensaje a la cola de mensajes.
Se llamará al sub cuando se procese el mensaje de evento. Esto es útil en los casos en los que se desea hacer algo "justo después" del sub actual (normalmente relacionado con eventos de la interfaz de usuario).
CallSubDelayed es una forma muy útil de **pasar mensajes entre actividades y servicios**, eliminando la necesidad de utilizar variables globales y haciendo que el código sea más limpio. Más detalles aquí (http://bit.ly/2jZNDHT).
Nota: si llama a una Actividad mientras toda la aplicación está en segundo plano (sin actividades visibles), el sub se ejecutará una vez que se reanude la actividad objetivo. El sub se llamará antes de Activity_Resume.
La Librería CallSubUtils (p.529) permite llamar a esta palabra clave después de un retardo.
Cuando se utiliza CallSubDelayed desde un módulo de clase, el emisor está establecido. Por ejemplo:

En el Módulo Activity

```
Dim clsTest As MakeCallSub
clsTest.Initialize ("Test")
clsTest.callTestSub
...
Sub testSub
     Log ("Sender = " & Sender)
End Sub
```

En la Clase MakeCallSub

```
Public Sub callTestSub
     CallSubDelayed (Main, "testSub")
End Sub
```

Log Mostrará

Sender = [main=null, name=Test, starter=null]

CallSubDelayed2 (Component As Object, Sub As String, Argument As Object)

Similar a CallSubDelayed. Llama a un sub con un solo argumento.
La Librería CallSubUtils (p.529) proporciona una función similar que se puede llamar después de un retardo.

CallSubDelayed3 (Component As Object, Sub As String, Argument1 As Object, Argument2 As Object)

Similar a `CallSubDelayed`. Llama a un sub con dos argumentos.

CancelScheduledService (Service As Object)

Cancela las tareas previamente planificadas para este servicio.

Catch

Cualquier excepción lanzada dentro de un bloque `Try` quedará atrapada en el bloque de `Catch`.
Llame a LastException para obtener la excepción capturada. Ver Try-Catch (p.322) para más detalles.
Sintaxis

```
Try
...
Catch
...
End Try
```

cE As Double

e (base del logaritmo natural), aproximadamente 2,71828182828459045

Ceil (Number As Double) As Double

Devuelve el número entero más pequeño que es mayor o igual que el número especificado. Por lo tanto, `Ceil(4.321)` devolverá 5. La palabra es una abreviatura de "techo". Para la función opuesta, vea Floor (p.331).

CharsToString (Chars() As Char, StartOffset As Int, Length As Int) As String

Crea una nueva cadena copiando los caracteres del array `Chars()`.
La copia se inicia desde `StartOffset` y el número de caracteres copiados se especifica por `Length`. Lo siguiente mostrará "cd":

```
Dim chars() As Char
chars = Array As Char("a", "b", "c", "d", "e")
Log (CharsToString(chars,2,2))
```

Chr (UnicodeValue As Int) As Char

Devuelve el carácter representado por el valor unicode indicado. Así, el `Log(Chr(65))` nos dará "A".
Aquí (http://bit.ly/1OwgFDm) encontrará una lista de caracteres y sus códigos.

ConfigureHomeWidget (LayoutFile As String, EventName As String, UpdateIntervalMinutes As Int, WidgetName As String) As RemoteViews

En el momento de la compilación, el compilador genera los archivos XML necesarios basándose en los argumentos de esta palabra clave. En tiempo de ejecución, este comando crea un objeto `RemoteViews` basado en el archivo `LayoutFile`. Tenga en cuenta que todos los parámetros deben ser cadenas o números (no variables) para que se puedan leer por el compilador.

LayoutFile - El archivo de diseño del widget.
EventName - Establece el `Sub` que manejará los eventos de `RemoteViews`, como el evento `RequestUpdate` en el siguiente ejemplo.
UpdateIntervalMinutes - Establece el intervalo de actualización en minutos. Indique 0 para desactivar las actualizaciones automáticas. De lo contrario, el valor mínimo es 30.
WidgetName - El nombre del widget tal y como aparecerá en la lista de widgets.

Ejemplo

```
Sub Process_Globals
 Dim rv As RemoteViews
End Sub

Sub Service_Create
 rv = ConfigureHomeWidget("LayoutFile", "rv", 0, "Widget Name")
End Sub

Sub rv_RequestUpdate
 rv.UpdateWidget
End Sub
```

Referencia

Vea aquí para más información (p.143) sobre Widgets.

Continue

Detiene la ejecución de la iteración actual y continúa con la siguiente. Lo siguiente mostrará 1-4 y 6-10 pero no 5:

```
For i = 1 To 10
 If i = 5 Then Continue
 Log (i)
Next
```

Compare con Exit.

Cos (Radians As Double) As Double

Calcular el coseno del ángulo dado en radianes.

CosD (Degrees As Double) As Double

Calcular el coseno del ángulo dado en grados.

cPI As Double

El PI constante, aproximadamente 3,141592653589793

CreateMap() As Map

Crear y cargar una variable Map. Por ejemplo:

```
Dim mapPerson As Map = CreateMap("name": "smith", "age": 23, "photo":
photo)
```

CRLF As String

El carácter de salto de línea cuyo valor es Chr(10).
Nota: El nombre CRLF a veces causa confusión. A pesar de su nombre, esta NO es la combinación de CR = Retorno de carro = Chr(13) y LF = Line Feed =Chr(10)
¡El cual Windows utiliza en sus documentos! Android es un sistema basado en Linux en el que las líneas terminan sólo con un LF.

Density As Float

Devuelve la densidad de la pantalla, que es el número de puntos por pulgada / 160.
Puede obtener más información sobre la pantalla utilizando GetDeviceLayoutValues

Dim

Declara una variable.
Declarar una sola variable:
Dim nombre variable [As tipo]

```
Dim intSize As Int
```

El tipo por defecto es String.

Para declarar e inicializar una sola variable, son posibles dos alternativas:
Dim nombre variable [As tipo] [= expresión]
Dim nombre variable [=expresión] [As tipo]

```
Dim intA As Int = 1
Dim intB = 2 As Int
```

Para declarar múltiples variables, todas del mismo tipo:
Dim variable1 [=expresión], variable2 [=expresión], ..., [As tipo]

```
Dim intA, intB, intC As Int
Dim intA = 1, intB = 2, intC = 3 As Int
```

Declarar un array y especificar el tamaño de cada dimensión:

Dim variable(size1, size2, ...) [As tipo]

```
Dim strDayNames(7) As String
```

El tamaño puede omitirse para arrays de longitud cero:

```
Dim payments() As Long
Log(payments.Length) ' Se mostrará 0
```

DipToCurrent (Length As Int) As Int

DipToCurrent(Length as Int) escala la longitud dada en dips (p.178). Por ejemplo, el siguiente código establecerá el valor de ancho de un EditText a 1 pulgada de ancho en todos los dispositivos.

```
EditText1.Width = DipToCurrent(160)
```

Nota: existe una sintaxis abreviada para este método. Cualquier número seguido por la cadena dip (p.178) se convertirá de la misma manera (no se permiten espacios entre el número y "dip (p.178)").
Así que el código anterior es equivalente a

```
EditText1.Width = 160dip
```

DoEvents

Advertencia: DoEvents está obsoleto. En su lugar, use Sleep (p.314)(0). Se mostrará una advertencia para las llamadas de `DoEvents`.

`DoEvents` se utilizaba anteriormente para procesar mensajes en espera en la cola de mensajes. DoEvents se llamaba dentro de largos bucles para permitir a su aplicación actualizar la pantalla. Otros eventos en espera no se gestionan por `DoEvents`. `DoEvents` todavía está disponible y las aplicaciones existentes funcionarán exactamente igual que antes, pero se recomienda encarecidamente no utilizarlo porque:
1. Era una fuente importante de problemas de inestabilidad, que conducian a fallos difíciles de depurar o diálogos de ANR (application not responding : la aplicación no responde). Tenga en cuenta que esto también es cierto para los diálogos modales (como Msgbox e InputList).
2. Hay mejores maneras de mantener el hilo principal libre. Por ejemplo, utilice los métodos SQL asíncronos en lugar de los métodos síncronos.

3. No hacía lo que muchos desarrolladores esperaban que hiciera. Como sólo maneja mensajes relacionados con la interfaz de usuario, la mayoría de los eventos no pueden ser originados por una llamada de `DoEvents`.
4. Ahora es posible llamar a `Sleep(0)` para hacer una pausa en el sub actual y reanudarlo después de que se procesen los mensajes en espera. La implementación de Sleep es completamente diferente a `DoEvents`. No mantiene el hilo. En su lugar, lo libera al mismo tiempo que preserva el estado del sub. A diferencia de `DoEvents`, que sólo procesaba mensajes relacionados con la interfaz de usuario, con `Sleep` todos los mensajes serán procesados y otros eventos se podrán producir.

Exit

Sale del bucle más interno. Lo siguiente registrará 1-4:

```
For i = 1 To 10
  If i = 5 Then Exit
  Log (i)
Next
```

Compare con Continue.

ExitApplication

Finaliza inmediatamente la aplicación y detiene el proceso. La mayoría de las aplicaciones no deberían usar este método, con el uso de `Activity.Finish` es el método recomendado para permitir a Android decidir cuándo se eliminará el proceso. Vea Activity.Finish vs ExitApplication (p.259) para una explicación más completa.

False As Boolean

Una constante que se puede utilizar para comparar o fijar valores lógicos, por ejemplo:

```
#Region  Activity Attributes
 #FullScreen: False
 #IncludeTitle: True
#End Region
```

File As File

Métodos relacionados con los archivos. Vea el Objeto File (p.393) para detalles de sus miembros y aquí (p.389) para una explicación de su uso.

Floor (Number As Double) As Double

Devuelve el número entero más grande que es menor o igual que el número especificado. Así, `Floor(123.456)` es 123.
Es la función opuesta a Ceil (p.327).

For

Inicia un bucle controlado por una variable llamada "iterador". Sintaxis:

```
For variable = value1 To value2 [Step interval]
  ...
Next
```

`Step` es opcional. Si no se especifica, el valor predeterminado es 1. Ejemplo:

```
For i = 1 To 10
 Log(i) ' Imprimirá de 1 a 10 (incluido).
Next
```

Si la variable iterador `i` no fue declarada previamente, será de tipo `Int`.
Nota: los límites de bucle sólo se calcularán una vez, antes de la primera iteración.

For Each

Itera un bucle sobre una IterableList. Sintaxis:

```
For Each variable As Type In collection
  ...
Next
```

Ejemplos

```
Dim strName() As String = Array As String("a", "b", "c")
For Each name As String In strName
 Log (name)
Next

For Each vw As View In Activity
 If vw Is Button Then
 ...
 End If
Next
```

GetDeviceLayoutValues As LayoutValues

Devuelve los valores de la pantalla del dispositivo en LayoutValues (p.403). Por ejemplo:

```
Dim lv As LayoutValues
lv = GetDeviceLayoutValues
Log(lv)
Dim scale As Float
scale = lv.Scale
```

Esto mostrará la siguiente línea en el log:
320 x 480, scale = 1.0 (160 dpi)

GetType (object As Object) As String

Devuelve una cadena que representa el tipo java del objeto.

If

Línea simple

```
If condición Then Sentencia-True [Else Sentencia-False]
```

Multilínea

```
If condición Then
 Sentencias
 ...
Else If condición Then
 Sentencias
 ...
Else
 Sentencias
 ...
End If
```

InputList (Items As List, Title As String, CheckedItem As Int) As Int

Se recomienda utilizar InputListAsync en lugar de esta palabra clave. Consulte Diálogos Asíncronos (p.146) para obtener más detalles.

Muestra un diálogo modal con una lista de elementos y botones de opción. Presionando sobre un elemento se cerrará el diálogo y se devuelve el índice del ítem seleccionado o `DialogResponse.Cancel` si el usuario presionó la tecla Atrás.

List – Elementos a mostrar.

Title – Título del Diálogo.

CheckedItem - El índice del ítem que será preseleccionado. Si desea que se seleccione el elemento superior, establezca esta opción en 0. Pase -1 si no se debe preseleccionar ningún elemento.

Ejemplo que hace que una etiqueta actúe como un spinner (p.475):

```
Sub tgtLabel_Click
  Dim myarray(4) As String
  myarray(0)="Enero"
  myarray(1)="Febrero"
  myarray(2)="Marzo"
  myarray(3)="Abril"
  choice = InputList(myarray, "Elige mes", 1)
  tgtlabel.Text = myarray(choice)
End Sub
```

InputListAsync (Items As List, Title As CharSequence, CheckedItem As Int, Cancelable As Boolean) As Object

Muestra un diálogo no modal con una lista de elementos y botones de opción. Al presionar sobre un elemento se cerrará el diálogo.

Devuelve el índice del elemento seleccionado o `DialogResponse.Cancel` si el usuario presionó la tecla atrás.

El evento `InputList_Result` se disparará con el resultado.

List – Elementos a mostrar.

Title – Título del Diálogo.

CheckedItem - El índice del ítem que será preseleccionado. Pase -1 si no se debe preseleccionar ningún elemento.

Cancelable - Si es true entonces el diálogo puede ser cancelado haciendo clic en la tecla Atrás o fuera del diálogo. El objeto devuelto puede ser usado como el parametro de Filtrado del objeto Emisor en el `Wait For`.

Vea un ejemplo en Diálogos Asíncronos (p.146).

InputMap (Items As Map, Title As String)

Se recomienda utilizar InputMapAsync en lugar de esta palabra clave. Consulte Diálogos Asíncronos (p.146) para obtener más detalles.
Muestra un diálogo modal con un título, una lista de elementos y casillas de verificación, y un botón **Ok**. El usuario puede seleccionar varios elementos. El diálogo se cierra cuando el usuario pulsa **Ok** o el botón **Atrás**.
El texto que se muestra son las claves de los **elementos** del objeto Map. Los valores de este map determinan si están seleccionados o no. Los elementos a `True` se marcarán.
Cuando el usuario marca o desmarca un elemento, se actualiza el valor del elemento relacionado.
Los valores actualizados se devuelven cuando el usuario pulsa **Ok** o **Atrás**.
Items - Un objeto Map con los elementos como claves y su valores de estado si estarán marcados o no.
Para un ejemplo vea Modal Dialogs (p.148).

InputMapAsync (Items As Map, Title As CharSequence, Cancelable As Boolean) As Object

Muestra un diálogo no modal con una lista de elementos y casillas de verificación. El usuario puede seleccionar varios elementos. El diálogo se cierra pulsando el botón "Ok". El objeto devuelto se puede utilizar como parámetro *sender* de `Wait For`. Los elementos mostrados son las claves del map y se marcarán aquellos con un valor de `True`. Cuando el usuario marca o desmarca un elemento, se actualizará el valor del elemento relacionado.
Items - Un `Map` con los elementos como claves y su estado para el marcado s/n, como valores.
Cancelable - Si es `True` entonces el diálogo puede cerrarse haciendo clic en la tecla Atrás o fuera del diálogo. Si el usuario ha realizado algún cambio en la selección, lo devolverá al sub de llamada aunque se haya cancelado el diálogo.
Vea un ejemplo en Diálogos Asíncronos (p.146).

InputMultiList (Items As List, Title As String) As List

Muestra un diálogo modal con un título, una lista de elementos y casillas de verificación, y un botón **Ok**. El usuario puede seleccionar varios elementos. El diálogo se cierra cuando el usuario pulsa **Ok** o **Atrás**.
Si el usuario pulsa **Ok**, devuelve una lista con los índices de los elementos seleccionados, ordenados en orden ascendente.
Devuelve una lista vacía en el caso de que el usuario haya presionado la tecla Atrás.
Vea un ejemplo en Diálogos Modales (p.148).

Is

Devuelve `TRUE` si el objeto es del tipo dado. Ejemplo:

```
For i = 0 To Activity.NumberOfViews - 1
  If Activity.GetView(i) Is Button Then
     Dim b As Button
     b = Activity.GetView(i)
     b.Color = Colors.Blue
  End If
Next
```

IsBackgroundTaskRunning (ContainerObject As Object, TaskId As Int) As Boolean

Devuelve `TRUE` si se está ejecutando una tarea al fondo que fue enviada por el objeto contenedor (ContainerObject) y con el TaskId especificado. Ejemplo:

```
Dim hc As HttpClient
Dim req As HttpRequest
Dim TaskID As Int = 1

req.InitializePost2("http://abc.com/query.php",Query.GetBytes("UTF8"))
hc.Execute(req, TaskId)

If IsBackgroundTaskRunning(hc, TaskId) Then
 ToastMessageShow("Espere que termine la llamada anterior.", False)
End If
```

IsDevTool (ToolName As String) As Boolean

Devuelve **TRUE** si ToolName = "b4a" (se ignora mayúsculas/minúsculas). Permite al desarrollador que está reutilizando el mismo código a través de las herramientas de desarrollo de Anywhere Software (http://www.b4x.com/) (B4A, B4J o B4I) comprobar cuál de estas herramientas se está ejecutando actualmente y realizar los ajustes adecuados.

```
If IsDevTool("B4A") Then ' returns TRUE
If IsDevTool("B4J") Then ' returns FALSE
```

IsNumber (Text As String) As Boolean

Devuelve **TRUE** si la cadena especificada puede convertirse en un número.

IsPaused (Component As Object) As Boolean

Devuelve **TRUE** si el componente dado está en pausa. También devolverá **TRUE** para los componentes que aún no se han arrancado. Ejemplo:

```
If IsPaused(Main) = False Then CallSub(Main, "RefreshData")
```

LastException As Exception

Devuelve la última excepción (p.388) capturada (si existe). Si no ha habido una excepción, `LastException` no se inicializará. Por lo tanto, sólo debe comprobar `LastException` dentro del bloque `Catch` de un Try-Catch (p.322). Ejemplo:

```
Try
 'bloque de sentencias
Catch
 Log(LastException.Message)
 ' manejar el problema si es necesario
End Try
```

LoadBitmap (Dir As String, FileName As String) As Bitmap

Carga el mapa de bits (p.375). **Nota**: el sistema de archivos Android distingue entre mayúsculas y minúsculas.
Debería utilizar LoadBitmapSample si el tamaño de la imagen es grande o desconocido.
El tamaño real del archivo no es relevante ya que las imágenes se almacenan normalmente comprimidas.
Nota: La carga de archivos de mapas de bits con `LoadBitmap` se considera un error de programación, ya que puede conducir fácilmente a errores de memoria. La memoria necesaria para cargar un mapa de bits no está relacionada con el tamaño del archivo sino con el tamaño de la imagen. Es aproximadamente *ancho x alto x 4*
Ejemplo:

```
Activity.SetBackgroundImage(LoadBitmap(File.DirAssets,"SomeFile.jpg"))
```

LoadBitmapResize (Dir As String, FileName As String, Width As Int, Height As Int, KeepAspectRatio As Boolean) As Bitmap

Carga el mapa de bits (p.375) y establece su tamaño. La escala de mapa de bits será la misma que la escala del dispositivo.
Si el parámetro `KeepAspectRatio` está ajustado a `True` (en la mayoría de los casos debería estarlo), la relación de aspecto se mantendrá. En ese caso, el ancho o el alto podrían ser menores que los valores pasados.
La escala de mapa de bits se establece en función de la escala del dispositivo.
A diferencia de `LoadBitmapSample`, que requiere que la propiedad `Gravity` del objeto contenedor se ajuste a `FILL`, `LoadBitmapResize` proporciona mejores resultados cuando `Gravity` se ajusta a `CENTER`.
Ejemplo:

```
Dim bd As BitmapDrawable = Activity.SetBackgroundImage( _
  LoadBitmapResize(File.DirAssets, "venus.jpg", 100%x, 100%y, True))
bd.Gravity = Gravity.CENTER
```

LoadBitmapSample (Dir As String, FileName As String, MaxWidth As Int, MaxHeight As Int) As Bitmap

Carga y devuelve el mapa de bits (p.375) especificado cuyo tamaño es igual o mayor que los valores ancho y alto pasados. Esto significa que al propiedad *gravity* del contenedor debe ser ajustada a FILL (este es el valor por defecto). De lo contrario, la imagen podría ser más grande que el contenedor. Esto también significa que se perderá la relación de aspecto.
Si MaxWidth o MaxHeight es menor que las dimensiones del mapa de bits, entonces el decodificador submuestreará el mapa de bits, lo que puede ahorrar mucha memoria al cargar imágenes grandes. La relación ancho/alto se mantiene. Ejemplo:

```
Activity.SetBackgroundImage(LoadBitmapSample(File.DirAssets, _
  "SomeFile.jpg", Activity.Width, Activity.Height))
```

Log (Message As String)

Muestra un mensaje de log. Al depurar, el log se puede ver en la pestaña Logs. Cuando el Modo de Compilación es *Release*, este comando no tiene ningún efecto.

Logarithm (Number As Double, Base As Double) As Double

La potencia a la que necesitas elevar la Base para obtener el parámetro *Number*. Ejemplos:

```
Logarithm(10,10) is 1, Logarithm(8,2) is 3 and Logarithm(100,10) is 2.
```

LogColor (Message As String, Color As int) As void

Muestra un mensaje de log. l mensaje se mostrará en el IDE con el color especificado.

Max (Number1 As Double, Number2 As Double) As Double

Compara dos números y devuelve el mayor.

Me As Object

Para clases: devuelve una referencia a la instancia actual.
Para actividades y servicios: devuelve una referencia a un objeto que se puede utilizar con las funciones CallSub, CallSubDelayed y SubExists. Ejemplo:

```
CallSub(Me, "test")
```

No se puede utilizar en módulos de código.

Min (Number1 As Double, Number2 As Double) As Double

Compara dos números y devuelve el menor.

Msgbox (Message As CharSequence, Title As CharSequence)

Se recomienda utilizar MsgboxAsync en lugar de esta palabra clave. Ver Diálogos Asícronos (p.146) para más detalles.
Muestra un cuadro de mensaje modal con el mensaje y el título especificados.
El diálogo mostrará un botón OK.
Ejemplo:

```
Msgbox("Hola Mundo", "Esto es el título")
```

Ver Diálogos Modales (p.148) para más información.

Msgbox2 (Message As CharSequence, Title As CharSequence, Positive As String, Cancel As String, Negative As String, Icon As Bitmap) As Int

Se recomienda utilizar Msgbox2Async en lugar de esta palabra clave. Ver Diálogos Asícronos (p.146) para más detalles.
Muestra un cuadro de mensaje modal con el mensaje y el título especificados.
Message - El mensaje del diálogo.
Title - El título del diálogo.
Positive - El texto a mostrar para el botón "positivo". Pase "" si no quiere mostrar el botón.
Cancel - El texto a mostrar para el botón "cancelar". Pase "" si no quiere mostrar el botón.
Negative - El texto a mostrar para el botón "negativo". Pase "" si no quiere mostrar el botón.
Icon - Un mapa de bits que se dibujará cerca del título. Pase Null si no desea mostrar un icono.
Devuelve uno de los valores de DialogResponse. Ejemplo:

```
Dim bmp As Bitmap
Dim choice As Int
bmp.Initialize(File.DirAssets, "question.png")
choice = Msgbox2("¿Desea seleccionar una ruta?", "Por favor,
especifique su elección", "Sí, por favor", "", "No, gracias", bmp)
If choice = DialogResponse.POSITIVE Then ...
```

Ver Diálogos Modales (p.148) para más información.

MsgboxAsync (Message As CharSequence, Title As CharSequence, Positive As String)

Muestra un cuadro de mensaje no modal con el mensaje y el título especificados. El diálogo mostrará un botón OK. Puede usar `Wait For` para esperar el evento `Msgbox_Result` si desea continuar el flujo de código después de que el diálogo se cierre. Tenga en cuenta que los servicios no pueden mostrar diálogos. Vea un ejemplo en Diálogos Asíncronos (p.146).

Msgbox2Async (Message As CharSequence, Title As CharSequence, Positive As String, Cancel As String, Negative As String, Icon As Bitmap, Cancelable As Boolean) As Object

Muestra un cuadro de mensaje no modal con el mensaje y título especificados y tres botones para que el usuario pueda responder de forma positiva, negativa o neutral. Se lanzará el evento `Msgbox_Result` con el resultado.

Message - El mensaje del diálogo.
Title - El título del diálogo.
Positive - El texto a mostrar para el botón "positivo". Pase "" si no quiere mostrar el botón.
Cancel - El texto a mostrar para el botón "cancelar". Pase "" si no quiere mostrar el botón.
Negative - El texto a mostrar para el botón "negativo". Pase "" si no quiere mostrar el botón.
Icon - Un mapa de bits que se dibujará cerca del título. Pase Null si no desea mostrar un icono.
Cancelable - Si es true entonces el diálogo se puede cancelar haciendo clic en la tecla Atrás o fuera del diálogo.
El objeto devuelto se puede utilizar como parámetro de filtro emisor (sender) de `Wait For`.
Vea un ejemplo en Diálogos Asíncronos (p.146).

Not (Value As Boolean) As Boolean

Invierte el valor del booleano dado. Ejemplo:

```
If Not (startMarker.IsInitialized) Then
```

Null As Object

El valor de un objeto que no existe. Se devolverá, por ejemplo, si intenta acceder a una clave inexistente en un Map. En el siguiente código, el objeto tiene el valor nulo:

```
Dim m As Map
m.Initialize
Dim obj As Object
obj = m.Get("test")
If obj = Null Then ...
```

NumberFormat (Number As Double, MinimumIntegers As Int, MaximumFractions As Int) As String

Convierte `Number` en una cadena con un número con al menos `MinimumIntegers` mínimo de dígitos enteros y un número `MaximumFractions` máximo de decimales. Ejemplos:

```
NumberFormat(12345.6789, 0, 2) '12,345.68
NumberFormat(1, 3, 0)          '001
```

NumberFormat2 (Number As Double, MinimumIntegers As Int, MaximumFractions As Int, MinimumFractions As Int, GroupingUsed As Boolean) As String

Convierte `Number` en una cadena con un número con al menos `MinimumIntegers` mínimo de dígitos enteros, un número `MaximumFractions` máximo de decimales y un `MinimumFractions` de dígitos decimales. Ejemplos:
GroupingUsed - Determina si se debe agrupar cada tres enteros con el separador de miles. Ejemplo:

```
NumberFormat2(12345.67, 0, 3, 3, false) ' 12345.670
NumberFormat2(12345, 0, 2, 2, True)     ' 12,345.00
```

PerXToCurrent (Percentage As Float) As Int

Devuelve el tamaño real del porcentaje dado del ancho de la actividad.
Ejemplo: establece el ancho del Button1 en el 50% del ancho de la actividad actual:

```
EditText1.Width = PerXToCurrent(50)
```

Existe una sintaxis abreviada para este método. Cualquier número seguido de %x se convertirá de la misma manera.

Así que el código anterior es equivalente a

```
EditText1.Width = 50%x
```

Nota: no hay espacio entre el 0 y el %.

PerYToCurrent (Percentage As Float) As Int

Devuelve el tamaño real del porcentaje dado de la altura de la actividad.
Ejemplo: ajuste la altura del Botón1 al 50% de la actividad actual:

```
EditText1.Height = PerYToCurrent(50)
```

Existe una sintaxis abreviada para este método. Cualquier número seguido de %x se convertirá de la misma manera.
Así que el código anterior es equivalente a

```
EditText1.Height = 50%y
```

Nota: no hay espacio entre el 0 y el %.

Power (Base As Double, Exponent As Double) As Double

Devuelve el valor *Base* elevado a la potencia *Exponent*.

ProgressDialogHide

Oculta un cuadro de diálogo de progreso visible. No hace nada si no hay ningún diálogo de progreso visible.

ProgressDialogShow (Text As String)

Muestra un diálogo con circulo giratorio y el texto especificado en **Text**.
A diferencia de los métodos `Msgbox` e `InputList`, el código no se bloqueará, es decir, el programa continuará ejecutándose y no esperará a que el usuario tome alguna acción.
Debe llamar a `ProgressDialogHide` para ocultar el diálogo.
El diálogo también se ocultará si el usuario pulsa la tecla **Atrás**.

ProgressDialogShow2 (Text As String, Cancelable As Boolean)

Muestra un diálogo con circulo giratorio y el texto especificado en **Text**.

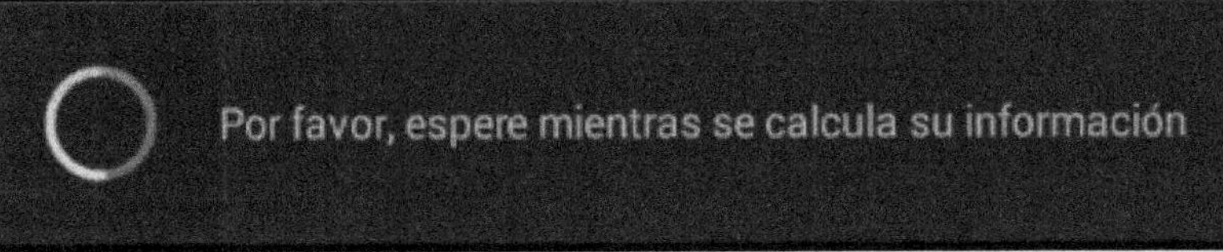
Por favor, espere mientras se calcula su información

A diferencia de los métodos `Msgbox` e `InputList`, el código no se bloqueará, es decir, el programa continuará ejecutándose y no esperará a que el usuario tome alguna acción.
Debe llamar a `ProgressDialogHide` para ocultar el diálogo.
Cancelable - Si el usuario puede cerrar el diálogo presionando la tecla **Atrás**.

QUOTE As String

El caracter comillas. El valor de Chr(34).

Regex As Regex

Regex es un objeto predefinido que contiene métodos relacionados con la expresión regular (p.303). Siga el enlace para obtener más información sobre este tema. Todos los métodos reciben una cadena de patrón.
Supongamos que queremos comprobar que el usuario ha introducido una fecha en el formato 99-99-9999.
Podríamos usar la expresión:

```
If Not(Regex.IsMatch("\d\d-\d\d-\d\d\d\d", strText)) Then
```

Para obtener más información sobre las estructuras utilizadas en las expresiones regulares, consulte aquí (p.304).

Regex Options

CASE_INSENSITIVE

Esta opción permite que no se distingua entre mayúsculas y minúsculas cuando se utiliza en **`IsMatch2`** y **`Split2`**.

MULTILINE

Normalmente el carácter regex ^ coincide con el inicio de una cadena y $ con el final, pero la opción MULTILINE los cambia para que coincidan con el inicio y el final de cada línea en lugar de la cadena completa cuando se usa en **`IsMatch2`** y **`Split2`**.

Estas dos opciones se pueden aplicar usando

```
Bit.Or(Regex.MULTILINE, Regex.CASE_INSENSITIVE)
```

Regex Methods

IsMatch (Pattern As String, Text As String) As Boolean

Comprueba si todo el Texto en **`Text`** es el mismo que el **`Pattern`**. Véase el ejemplo anterior.

Utilice un objeto `Matcher` `(p.412)` si necesita encontrar una subcadena que coincida con el patrón.

IsMatch2 (Pattern As String, Options As String, Text As String)

Comprueba si el Texto coincide con el Patrón.

Options - Una o más opciones de patrón. Estas opciones se pueden combinar con Bit.Or.

Matcher (Pattern As String, Text As String) As Matcher

Esto crea un objeto Matcher (p.412) que se puede udar para encontrar coincidencias del Patrón en el Texto.

Matcher2 (Pattern As String, Options As String, Text As String)

Igual que Matcher con las opciones de patrones adicionales.

Split (Pattern As String, Text As String)

Divide el texto en las coincidencias del patrón. Ejemplo:

```
Dim components() As String
components = Regex.Split(",", "abc,def,,ghi")
```

El resultado es "abc", "def", "", "ghi"

Split2 (Pattern As String, Options As String, Text As String)

Igual que Split con el patrón adicional **Options**.

Return [value]

Retorna desde el Sub actual y opcionalmente devuelve el valor dado.

Sintaxis: Return [value]

Rnd (Min As Int, Max As Int) As Int

Devuelve un número entero aleatorio entre Min (incluido) y Max (excluido).

RndSeed (Seed As Long)

Establece el valor de la semilla para la generación de números aleatorios.

Este método se puede utilizar para la depuración, ya que le permite obtener los mismos resultados en cada ejecución.

Round (Number As Double) As Long

Devuelve el número de tipo long más cercano al número indicado.

Round2 (Number As Double, DecimalPlaces As Int) As Double

Redondear **Number**, con el número máximo de dígitos decimales especificado en *DecimalPlaces*.

```
Log(Round2(1234.5678, 2)) ' result is 1234.57
Log(Round2(1234, 2)) ' result is 1234
```

Select

Compara un valor con multiples valores. Ejemplo

```
Dim value As Int
value = Rnd(-10, 10)
Log("Valor = " & value)
Select value
 Case 1
   Log("Uno")
 Case 2, 4, 6, 8
   Log("Par positivo")
 Case 3, 5, 7, 9
   Log("Impar positivo")
 Case Else
  If value < 1 Then
   Log("Menor que 1")
  Else
   Log("Mayor que 9")
  End If
End Select
```

Sender As Object

Devuelve el objeto que provocó el evento. Sólo es válido mientras se encuentre dentro del Sub del evento. Ejemplo:

```
Sub Button_Click
 Dim b As Button
 b = Sender
 b.Text = "¡Me han pulsado!"
End Sub
```

Tenga en cuenta que `Sender` gestiona correctamente los eventos de varios hilos.

Sin (Radians As Double) As Double

Calcula la función trigonométrica del seno. Ángulo medido en radianes.

SinD (Degrees As Double) As Double

Calcula la función trigonométrica del seno. Ángulo medido en grados.

Sleep (Milliseconds As int) As void

Pausa la ejecución de la subactual y la reanuda después del tiempo especificado.
Para obtener más información, consulte Subs reanudables (p.314).

SmartStringFormatter (Format As String , Value As Object) As String

Palabra clave interna usada por el texto Smart String.

Sqrt (Value As Double) As Double

Devuelve la raíz cuadrada positiva.

StartActivity (Activity As Object)

Inicia una actividad o la trae al frente si ya está cargada y existe.
La actividad de destino se iniciará una vez que el programa esté libre para procesar su cola de mensajes.
La **Actividad** puede ser una cadena con el nombre de la actividad de destino o puede ser la actividad actual.
Después de esta llamada, la actividad actual se detendrá y se reanudará la actividad deseada.
Este método también se puede utilizar para enviar objetos Intents (p.401) al sistema.
Nota: normalmente **no** debería llamar a `StartActivity` desde un Servicio.
Ejemplo: `StartActivity (Activity2)`

StartService (Service As Object)

Inicia el **Servicio** determinado. El **Servicio** se creará primero si no se ha iniciado previamente.
El **Servicio** de destino se iniciará una vez que el programa esté libre para procesar su cola de mensajes.
Servicio - El módulo de servicio o el nombre del servicio.
Nota: no puede mostrar un Msgbox después de esta llamada y antes de que se inicie el servicio.
Ejemplo: `StartService(SQLService)`

StartServiceAt (Service As Object, Time As Long, DuringSleep As Boolean)

Programa el **Servicio** indicado para que se inicie a la **Hora** establecida. Esta es una alternativa al uso de un temporizador (objeto timer (p.428)). Un servicio tiene la ventaja de que continúa ejecutándose cuando la aplicación no se está ejecutando e incluso puede ejecutarse cuando el dispositivo está durmiendo.
A partir de Android 4.4, el sistema operativo puede agrupar las tareas programadas para ahorrar batería y, por lo tanto, no utilizar el tiempo exacto. Si necesita utilizar la hora exacta, debe utilizar `StartServiceAtExact`.

Service - El módulo de servicio o nombre del servicio. Pase una cadena vacía cuando llame desde un módulo de servicio que se programe a sí mismo.

Time - La hora de inicio del servicio, especificada como un `Long`. Puede utilizar el objeto DateTime (p.372) para calcularlo, por ejemplo, para especificar 1 hora a partir de este mismo momento.

```
DateTime.Now + 3600 * 1000
```

.... Si el tiempo seleccionado ya ha pasado, el **Servicio** se iniciará inmediatamente.

DuringSleep - Si se debe iniciar el **Servicio** cuando el dispositivo esté durmiendo. Si está configurado en `False` y el dispositivo está inactivo a la hora especificada, el **Servicio** se iniciará cuando el dispositivo se encienda.

`StartServiceAt` puede utilizarse para programar una tarea que se repite. Debe llamarlo en `Sub Service_Start` para programar la siguiente tarea. Esta llamada cancela tareas programadas anteriormente (para el mismo servicio).
Ejemplo:

```
StartServiceAt(SQLService, DateTime.Now + 30 * 1000, false) 'se
iniciará después de 30 segundos.
```

StartServiceAtExact (Service As Object, Time As Long, DuringSleep As Boolean)

Para Android hasta 4.3 (API 18) incluida, esta función es lo mismo que `StartServiceAt`.
En Android 4.4 y posteriores, donde `StartServiceAt` puede no activarse a la hora exacta, `StartServiceAtExact` si obliga al sistema operativo a iniciar el servicio a la hora exacta. Este método tendrá un mayor gasto de la batería comparándolo con StartServiceAt.
Los parámetros son los mismos que `StartServiceAt`.

StopService (Service As Object)

Detiene el servicio dado. Se llamará a `Sub Service_Destroy`. Si se llama después a `StartService` se creará primero el **Servicio**.
Service - El módulo de servicio o nombre del servicio. Pase una cadena vacía para detener el servicio actual (desde el módulo de servicio).
Ejemplo:

```
StopService(SQLService)
```

Sub

Declara un Sub con los parámetros y el tipo a retornar. Sintaxis:

```
Sub name [(list of parameters)] [As return-type]
```

Los parámetros que se indican deben incluir un nombre y un tipo. Puede pasar un array como parámetro pero debe ser unidimensional. No se debe incluir el tamaño de la dimensión. No se permiten arrays multidimensionales. Por ejemplo, un sub que requiere un parámetro `iScores` que es una array unidimensional se declararía como:

```
Sub dWeightedMean (strName As String, iScores() As Int) As Double
```

Un sub puede devolver un objeto de cualquier tipo. También puede devolver un array unidimensional. Por ejemplo, un sub que devuelve un array de Double sería declarado como:

```
Sub getArray (iCount As Int) As Double()
```

SubExists (Object As Object, Sub As String) As Boolean

Devuelve `TRUE` si el objeto **Object** incluye el método especificado.
Devuelve `False` si el Objeto **Object** no fue inicializado, o no es una instancia de una clase de usuario.

TAB As String

Caracter de tabulación equivalente a Chr(9).

Tan (Radians As Double) As Double

Calcula la función trigonométrica tangente. Ángulo medido en radianes.

TanD (Degrees As Double) As Double

Calcula la función trigonométrica tangente. Ángulo medido en grados.

ToastMessageShow (Message As String, LongDuration As Boolean)

Muestra un pequeño mensaje que se desvanece automáticamente.
Message – El texto del mensaje que debe mostrarse.
LongDuration – Si es `True`, muestra el mensaje un period de tiempo largo. Si es `False`, muestra el mensaje un period breve de tiempo.

True As Boolean

Una constante que se puede utilizar para comparar o fijar valores lógicos, por ejemplo:

```
ToastMessageShow("Correo electrónico enviado", True)
```

Try

Cualquier excepción lanzada dentro de un bloque de `Try` quedará atrapada en el bloque de `Catch`. Llame a `LastException` para obtener la excepción capturada. Sintaxis:

```
Try
...
Catch
...
End Try
```

Ver Try-Catch (p.322) para más información.

Type

Declara una estructura. Sólo se puede utilizar dentro de `Sub Globals` o `Sub Process_Globals`. Sintaxis:

```
Type type-name (field1, field2, ...)
```

Los campos deben incluir su nombre y tipo. Ejemplo:

```
Type MiTipo (Name As String, Items(10) As Int)
Dim a, b As MiTipo
a.Initialize
a.Items(2) = 123
```

Ver aquí para más detalles (p.301).

Until

Bucles hasta que la condición sea `True`. Sintaxis:

```
Do Until condicion
...
Loop
```

Ver Do-Until (p.310) para más detalles.

Wait For [(Sender)] <Event Signature>

Pone en pausa el Sub actual y lo reanuda cuando se produce el evento.
Sender: Argumento opcional para especificar el objeto que provocó el evento. Los paréntesis son obligatorios.
Event Signature: La estructura de la definición de un evento variará en función del evento que se esté esperando. Ejemplos:

```
Wait For activity_keypress (keycode As Int)
Wait For (job) JobDone(job As HttpJob)
```

Para más información ver Subs reanudables (p.315).

While

Bucles mientras la condición sea `True`. Sintaxis:

```
Do While condicion
...
Loop
```

Ver Do-While (p.309) para más detalles.

3.2 VB6 versus B4A

Hay algunas diferencias entre B4A y Visual Basic de Microsoft. El siguiente análisis de las diferencias entre B4A y Visual Basic 6 se ha extraído del trabajo de nfordbscndrd, miembro del foro de B4A. Destaca algunas de las diferencias entre los dos IDEs y sus lenguajes Puede ser útil para desarrolladores experimentados de VB6.

Controless vs. Vistas

Los objetos a los que B4A llama Vistas (Views (p.487) : botones, texto de edición, etiquetas, etc.) se llaman Controles en Visual Basic.
En la ventana de código VB6, la lista desplegable de la parte superior izquierda contiene todos los controles que ha colocado en el formulario actual y la lista de la derecha contiene todos los eventos para cada control. El equivalente en B4A se puede encontrar haciendo clic en el menú Diseñador[Herramientas > Generar miembros]. Una vez que haya creado Subs en la ventana de codificación del programa, la ventana de Módulos listará cada uno de los Subs en el módulo actual, debajo de la lista de todos los módulos.
En B4A, se empieza escribiendo "Sub" seguido de un espacio. El IDE le pedirá más detalles. Esto se describe en la sección Autocompletado de Subroutines de Eventos (p.97).
En VB6, puede nno poner ". Text" después de los nombres de los controles (Propiedad por defecto) cuando le asigna una cadena, pero esto no está permitido en B4A.

Dim

VB6: Dim name(n) le dará n+1 elementos con índice 0 a n. Por ejemplo, `Dim strName(12)` le dará 13 cadenas.
B4A: Dim name(n) le dará n elementos con índice 0 a n-1. Esto puede ser confuso ya que, para `Dim strName(12)`, el último elemento es realmente `strName(11)`.

ReDim

VB6: ReDim name(n) no existe en B4A, donde simplemente usaría otro `Dim name(n)`. Tampoco existe VB6 "ReDim Preserve". Si necesita esto, sería mejor usar una lista o mapa.

Operaciones Boleanas

Supongamos que lo siguiente se ha declarado en cualquiera de los dos lenguajes:

```
Dim i Int
Dim b as Boolean
```

Not

VB6 no requiere paréntesis: "`If Not b Then`"
En B4A, se requieren paréntesis: `If Not(b) Then`

Uso de números enteros como booleanos

En VB6, un entero que sea igual a cero se considera igual que un Booleano FALSE; cualquier cosa que no sea cero es TRUE. Por ejemplo: " `If i Then`"
En B4A, NO SE PUEDE utilizar un valor booleano en una función matemática. En su lugar, debe probar el valor de una variable, por ejemplo:

```
If i > 0 Then
```

Global Const

B4A no tiene función Global Const.
En VB6 puedes poner

```
Global Const x=1
```

En B4A pones
Sub Globals

```
Dim x as Int = 1
```

Sin embargo, x no es una constante. Su valor se puede cambiar.

Estructuras de repetición

For...Next

VB6: For i...Next i
B4A: For i…Next

Loops, If-Then, Select Case

VB6: Loop…Until, Loop…While
Esta estructura no está permitida en B4A. Sin embargo, puede utilizar el formato alternativo:
B4A: Do While…Loop, Do Until… Loop
Ver Do-While (p.309) y Do-Until (p.310) para más detalles.

Exit

VB6: Exit Do/For
B4A: Exit

ElseIf/EndIf

VB6: ElseIf/EndIf
B4A: Else If/End If

Colores

En VB6, los colores tienen nombres como "vbRed". En B4A, se utiliza el objeto Colores, por ejemplo: `Colors.Red`

Subroutinas

Declaración de Sub

VB6: Sub SubName()
B4A: Sub SubName() As Int/String/etc.

LLamando una Sub

VB6: SubName x, y
B4A: SubName(x, y)

Funciones

Las funciones no existen en B4A. En su lugar, cualquier `Sub` se puede usar como una Función añadiendo un tipo de variable.

VB6: Function FName() As Int
B4A: **`Sub FName() As Int`**
Si no se devuelve valor con **`Return`**, entonces se devuelve cero, **`False`** o "" (cadena vacía).

Exit Sub

Exit Sub no existe en B4A. Utilice Return en su lugar.
VB6: Exit Sub / Exit Function
B4A: Return / Return [value]

DoEvents

Mientras que **`DoEvents`** existe en B4A, llamar a DoEvents en un bucle consume muchos recursos y demasiada energía de la batería porque Android nunca volverá al "bucle inactivo" principal donde se ejecutan las medidas de ahorro de energía del hardware. Además, **`DoEvents`** no permite que el sistema procese correctamente todos los mensajes en espera. En resumen, **siempre que sea possible debe evitarse en dispositivos móviles utilizar bucles durante periodos largos de tiempo**.

Format

VB6: Format()
B4A: NumberFormat (p.338) & NumberFormat2 (p.338)

InputBox

En VB6, InputBox() muestra un cuadro de diálogo y espera a que el usuario introduzca texto o haga clic en un botón, y luego devuelve una cadena que contiene el contenido del cuadro de texto.
B4A no tiene ningún cuadro de diálogo que permita al usuario introducir texto. En su lugar, se crea algo similar utilizando un EditText en un layout, o puede utilizar una de las siguientes opciones:

- La Librería de Diálogos (p.675) creada por un usuario, que ofrece InputDialog para texto, TimeDialog para horas, DateDialog para fechas, ColorDialog y ColorPickerDialog para colores, NumberDialog para números, FileDialog para carpetas y nombres de archivos y CustomDialog.
- InputList (p.333) para mostrar un diálogo modal con una lista de opciones y botones de selección y devolver un índice indicando cuál ha seleccionado el usuario.
- InputMultiList (p.334) para mostrar una lista donde el usuario puede seleccionar varios elementos antes de volver.
- InputMap (p.334) para mostrar un diálogo modal con una lista de elementos y casillas de verificación. El usuario puede seleccionar varios elementos.

Bucle

VB6: Loop … Until / While
B4A: Do While / Do Until … Loop

MsgBox

VB6: MsgBox "text" / i=MsgBox()
B4A: Tiene varias alternativas:
MsgBox (p.337)("texto", "título")
MsgBox2 (p.337)(Message, Title, Positive, Cancel, Negative, Icon) as Int

ToastMessageShow (p.343)(text, b)

Números aleatorios

Los números aleatorios generados por ordenadores no son realmente aleatorios. Son "pseudo-aleatorios" y se crean utilizando un algoritmo que parte de un número, la "semilla", para generar el siguiente.

Rnd

En VB6, `Rnd()` devuelve un número flotante < 1.

En B4A, `Rnd(min, max)` devuelve un entero >= min y < max.

RndSeed

Si # es un número, entonces en VB6, Rnd(-#) pone la "semilla" del generador de números aleatorios en #. Después de esta llamada, Rnd devolverá la misma secuencia de números cada vez.

En B4A, `RndSeed(#)` establece la semilla del generador de números aleatorios de la misma manera. # debe ser un número de tipo Long.

Randomize

Si # es un número, entonces en VB6, Randomize(#) usa # para inicializar el generador de números aleatorios de la función Rnd, usando # como nuevo valor semilla. Randomize() sin el número utiliza el valor devuelto por el temporizador del sistema como nuevo valor semilla. Si no se utiliza Randomize, la función Rnd (sin argumentos) siempre utiliza el mismo número como semilla la primera vez que se llama, y a partir de entonces utiliza el último número generado como valor de semilla.

En B4A, no hay equivalente a Randomize, porque la semilla de Rnd siempre es aleatoria automáticamente.

Round

VB6: Round(n) donde n es un número en coma flotante.

B4A: `Round(n)` o `Round2(n, x)` donde n es un `Double` y x=número de posiciones decimales.

Val()

VB6: i = Val(string)

B4A: If IsNumber(string) Then i = string Else i = 0

Un intento de usar i=string provoca una excepción de NumberFormatException si la cadena no es un número válido.

SetFocus

VB6: control.SetFocus

B4A: `view.RequestFocus`

Divide por Zero

VB6 lanza una excepción para la división por 0. B4A devuelve 2147483647 o Infinito, dependiendo de si el resultado es un entero o una cadena:

```
Dim i As Int
i = 12/0
Log (i) ' 2147483647

Dim str As String
str = 12/0
Log (str) ' Infinity
```

Shell

VB6: x = Shell("...")
B4A: Ver "Intent (p.401)".
Esto no es un sustituto completo, pero permite códigos como los siguientes:

```
Dim Intent1 As Intent
Intent1.Initialize(Intent1.ACTION_MAIN, "")
Intent1.SetComponent("com.google.android.youtube/.HomeActivity")
StartActivity(Intent1)
```

Timer

VB6: t = Timer
B4A: `t = DateTime.Now`, que devuelve el número de milisegundos desde 1-1-70

TabIndex

En VB6, TabIndex puede configurarse para controlar el orden en el que los controles se enfocan en un formulario cuando se pulsa Tab.
En un dispositivo Android, se maneja la secuencia de acuerdo a su posición. Sin embargo, en el Diseñador o en el código, puede establecer `EditText.ForceDone` a `True` en todos sus EditTexts: `EditText1.ForceDoneButton = True`. Esto obliga al teclado virtual a mostrar el botón *Listo*. A continuación, puede capturar el evento `EditText_EnterPressed` y establecer explícitamente el foco en la siguiente vista (con `EditText.RequestFocus`).

Ajuste de Transparencia de Label[39]

Puede controlar la transparencia de una label (etiqueta)e como se indica a continuación:
VB6: [Properties > Back Style]
B4A Designer: [Drawable > Nivel Alfa]

Label Properties	
Drawable	ColorDrawable
Color	Default color
Nivel Alfa	0

Constantes

Hay varias constantes predefinidas útiles en VB6, por ejemplo,
VB6: vbCr, vbCrLf
B4A: CRLF (p.329) (El equivalente en Android del CRLF de Windows, aunque en realidad es el carácter de salto de línea Chr(10)).

---

[39] NT: Seguimos manteniendo el nombre del objeto en inglés para una mejor compresión.

String "Members"

VB6 el primer caracter es la posición 1.
B4A la función CharAt() utiliza la posición 0 como primer caracter.
Todas las líneas siguientes producen "a":
VB6: Mid$("abcde", 1)
VB6: Mid$("abcde", 1, 1)
B4A: "abcde".CharAt(0)
B4A: "abcde".SubString2(0,1)
Las siguientes producen "abc":
VB6: Mid$("abcde", 1, 3)
B4A: "abcde". SubString2(0, 3)

Left$ y Right$

Estos no existen en B4A. Puede recrearlos como se indica a continuación:
VB6: Left$("abcde", 3)
B4A: "abcde".SubString2(0, 3)

VB6: Right$("abcde", 2)
B4A: "abcde".SubString("abcde".Length - 2)

VB6: If Right$(text, n) = text2
B4A: If text.EndsWith(text2)...

VB6: If Left$(text, n) = text2
B4A: If text.StartsWith(text2)...

VB6: If Lcase$(text) = Lcase$(text2)
B4A: If text.EqualsIgnoreCase(text2)

Len

VB6: x = Len(text)
B4A: x = text.Length

Replace

VB6: text = Replace(text, str, str2)
B4A: text.Replace(str, str2)

Case

VB6: Lcase(text)
B4A: text.ToLowerCase
VB6: Ucase(text)
B4A: text.ToUpperCase

Trim

VB6: Trim(text)
B4A: text.Trim
No hay LTrim o RTrim en B4A

Instr

VB6: Instr(text, string)
B4A: text.IndexOf (p.426)(string)

VB6: Instr(int, text, string)
B4A: text.IndexOf2 (p.426)(string, int)

VB6: If Lcase$(x) = Lcase$(y)
B4A: If x.EqualsIgnoreCase(y)

VB6: text = Left$(text, n) & s & Right$(Text, y)
B4A: text.Insert(n, s)

Intercepción de errores

VB6

```
Sub SomeSub
  On [Local] Error GoTo ErrorTrap
   ...algún código...
  On Error GoTo 0 [Fin opcional de captura de errores]
  ...código adicional opcional...
  Exit Sub [para evitar ejecutar el código de ErrorTrap]
ErrorTrap:
  ...Código opcional para correction de errores...
  Resume [opcional: "Resume Next" o "Resume [etiqueta de la línea]".
End Sub
```

B4A

```
Sub SomeSub
  Try
   ...algún código...
  Catch [Solo se ejecuta si se produce error]
   Log(LastException) [opcional]
   ...Código opcional para correction de errores...
  End Try
  ...código adicional opcional...
End Sub
```

Con B4A, si se detecta un error en medio de una subrutina grande, NO SE PUEDE hacer una corrección y reanudar dentro del código que se estaba ejecutando. Sólo se ejecuta el código en "Catch". Esto puede parecer que hace que `Try-Catch-End Try` se use principalmente durante el desarrollo.

"Immediate Window" vs. Pestaña "Logs"

Comentarios, valores de variables, etc., se pueden mostrar en *Ventana* Inmediato de VB6 utilizando "Debug.Print ...." en el código.
En B4A, mostrar valores de variables, etc. en la Pestaña de eventos Logs (p.64).
Tanto VB6 como B4A permiten un paso a paso a través del código mientras se está ejecutando y viendo los valores de las variables. VB6 también permite cambiar el valor de las variables, cambiar el código, saltar a otras líneas desde la línea actual, etc. Debido a que B4A se ejecuta en un PC mientras que la aplicación se ejecuta en un dispositivo separado, B4A actualmente no puede duplicar todas estas características de depuración de VB6.

3.3 Objetos básicos

Estos objetos están en la librería básica del IDE y se pueden usar sin hacer referencia a ninguna otra librería.
Por ejemplo, su código puede decir simplemente:

```
Sub Globals
  Dim map1 As Map
  Dim match1 As Matcher
  Dim mediaPlayer1 As MediaPlayer
End Sub
```

Lista de Objetos básicos

En las siguientes listas, agrupamos los objetos principales (y constantes) según su función cuando es posible. El resto lo agrupamos en "General".

General

Activity
Application (p.361)
Bit (p.362)
CSBuilder (p.368)
DateTime (p.372)
Exception (p.388)
Intent (p.401)
LayoutValues (p.403)
List (p.404)
Matcher (p.412)
Map (p.408)
MediaPlayer (p.414)
Notification (p.415)
RemoteViews (p.420)
Regex (p.418)
Service (p.421)
String (p.422)
StringBuilder (p.427)
Timer (p.428)

Constants

Colors (p.364)
DialogResponse (p.364)
Gravity (p.365)
KeyCodes (p.365)
Typeface (p.367)

Drawing Objects

Bitmap (p.375)
BitmapDrawable (p.377)
Canvas (p.377)
ColorDrawable (p.383)

Files

Views

Actividad

Las actividades son los componentes principales de su aplicación. Describimos su uso en el Capítulo de El concepto de Actividad (p.252). En la siguiente sección, detallamos sus eventos y miembros. Observe que su aplicación puede tener múltiples actividades (p.140).

Vistas dentro de una Actividad

Si itera sobre una Actividad, encontrará cada una de las vistas que la componen:

```
For Each vw As View In Activity
  ' Chequea su tipo
  If vw Is Button Then
    ' necesita un objeto con el tipo correcto así
    ' puede tener acceso a las propiedades
    Dim btn As Button
    ' hace una copia de la vista original
    btn = vw
    Log (btn.Text)
  End If
Next
```

Eventos de Actividad

ActionBarHomeClick

Este evento se genera cuando el usuario toca el Up Button (p.135), el Icono de la Barra de Acciones (p.136) el Título de la Barra de Acciones (p.136). Sustituye al evento **ButtonClicked** de la librería StdActionBar (p.672), que ya ha dejado de funcionar en Android 5 (API 21).

Click

Este evento se genera cuando el usuario toca la pantalla, siempre que ninguna otra vista haya consumido el evento (como un **EditText**), y siempre que no exista ningún controlador para el evento **Touch**. **Touch** tiene prioridad sobre el **Click**.

KeyPress (KeyCode As Int) As Boolean

KeyUp (KeyCode As Int) As Boolean

Los eventos **KeyPress** y **KeyUp** se producen cuando el usuario presiona o suelta una tecla en el teclado Android, asumiendo que ninguna otra vista ha consumido este evento (como EditText). Al manejar el evento KeyPress o KeyUp, debe devolver un valor booleano que indique si el evento fue consumido. Para consumir el evento hay que devolver **True**. Por ejemplo, si el usuario presionó la tecla Atrás y tu código devuelve **True**, entonces Android no cerrará su actividad.

```
Sub Activity_KeyPress (KeyCode As Int) As Boolean
 If KeyCode = KeyCodes.KEYCODE_BACK Then
   Return True
 Else
   Return False
 End If
End Sub
```

LongClick

Este evento se genera cuando el usuario toca la pantalla durante más tiempo (alrededor de un segundo) siempre que ninguna otra vista haya consumido el evento (como un **EditText**), y siempre que no exista ningún controlador para el evento **Touch**. **Touch** tiene prioridad sobre el **LongClick**.

PermissionResult (Permission As String, Result As Boolean)

Este evento sólo se produce si ha implementado Permisos en Tiempo de Ejecución (p.144) en su aplicación (Android 6.0+).
Aquí (http://bit.ly/2aFAfjE) se muestra un ejemplo de su uso.

Touch (Action As Int, X As Float, Y As Float)

El evento Touch se puede utilizar para gestionar toques de usuario. Si existe un controlador para el evento Touch, los controladores para los eventos `Click` y `LongClick` no se ejecutarán.
Los valores de los parámetros de **Action** pueden ser:

- Activity.ACTION_DOWN: El usuario ha tocado la pantalla en X,Y.
- Activity.ACTION_MOVE: El toque del usuario se ha movido a X,Y.
- Activity.ACTION_UP: El usuario ha terminado de tocar la pantalla en X,Y.

Utilice este valor para determinar la acción actual del usuario.

WindowFocusChanged (Focused As Boolean)

El evento WindowFocusChanged se genera durante las transiciones. Para capturer este evento:

```
Sub Activity_WindowFocusChanged(HasFocus As Boolean)
  If HasFocus Then
    ' this app has the focus
  End If
End Sub
```

Miembros de Activity

ACTION_DOWN As Int

ACTION_MOVE As Int

ACTION_UP As Int

AddMenuItem (Title As String, EventName As String)

Añade un elemento de menú a la actividad. En los dispositivos que ejecutan una version de Android inferior a la 3.0, el menú se evoca pulsando la tecla de menú. En 3.0 y superior se muestra 3 puntos verticales como simbolo de despliegue de opciones (overflow) (p.136) en la Barra de Acción (p.134).

Title – Texto que se muestra en el menú.
EventName - El nombre del prefijo del sub que gestionará el evento de click.
Este método sólo debe invocarse dentro de `Sub Activity_Create`.
Nota: La palabra clave `Sender` `(p.341)` dentro del evento de click es igual al texto del elemento de menú en el que se ha hecho clic.
Ejemplo:

```
Activity.AddMenuItem("Test Menu", "TestMenu")
' ...
Sub TestMenu_Click
 Log (Sender) ' Mostrará "Test Menu"
End Sub
```

AddMenuItem2 (Title As String, EventName As String, Bitmap1 As Bitmap)

Añade un elemento de menú con un mapa de bits (`Bitmap`) a la actividad. Vea el tema anterior para más detalles.

Title – Texto mostrado en el menú. Si está en blanco, sólo se mostrará `Bitmap1`.
EventName – El nombre del prefijo del sub que gestionará el evento de click.
Bitmap – Bitmap para dibujar como fondo del elemento.
Sólo los primeros cinco (o seis si hay un total de seis) elementos de menú muestran iconos.
Este método sólo debe ser utilizado dentro de `Sub Activity_Create`.
Nota: La palabra clave `Sender` dentro del evento de click es igual al texto del elemento de menú en el que se ha hecho clic.
Ejemplo:

```
Activity.AddMenuItem2("Open File", "OpenFile",
LoadBitmap(File.DirAssets, "SomeImage.png"))
...
Sub OpenFile_Click
...
End Sub
```

AddMenuItem3 (Title As String, EventName As String, Bitmap1 As Bitmap, AddToActionBar As Boolean)

Agrega un elemento de menú con un mapa de bits `Bitmap1` a la actividad, con la opción de agregar la Barra de Acción (p.134) en dispositivos Android 3.00+. Vea a continuación para más información.
Title – Texto mostrado en el menú. Si está en blanco, sólo se mostrará `Bitmap1`.
EventName – El nombre del prefijo del sub que gestionará el evento de click.
Bitmap – Bitmap para dibujar como fondo del elemento.
AddToActionBar – Si es `True` y hay suficiente espacio, el elemento se mostrará en la Barra de Acción (p.134) (en dispositivos Android 3.0+). Si no hay suficiente espacio, el elemento se mostrará junto con los otros elementos del menú en el despliegue de opciones (overflow) (p.136). Para más información sobre el menú de opciones de Android 3.0+, consulta este enlace (http://bit.ly/19E7ppF).
Nota: La palabra clave `Sender` dentro del evento de click es igual al texto del elemento de menú en el que se ha hecho clic.
Ejemplo

```
Dim bm As Bitmap
bm.Initialize (File.DirAssets, "menuIcon.png")
Activity.AddMenuItem3 ( "Open File", "OpenFile", bm, True)
...
Sub OpenFile_click()
...
End Sub
```

AddView (View1 As View, Left As Int, Top As Int, Width As Int, Height As Int)
Añade una vista a esta Actividad.

Background As Drawable
Recupera o establece el fondo dibujable.

CloseMenu
Cierra el menú por programa.

Color As Int [write only]
Define el fondo de la vista para que sea un `ColorDrawable` con el color asignado. Se mantendrán las esquinas redondeadas si el fondo actual es del tipo `GradientDrawable` o `ColorDrawable`.

DisableAccessibility (Disable As Boolean)
Este método se agregó como solución para un error que hacía que la App en Android se interrumpiera al ordenar la vista hija si la accesibilidad está habilitada. Al establecer el parámetro *Disable* a True, las vistas hijo de todas las Actividades no se añadirán a la lista de accesibilidad activada.

Finish
Cierra esta actividad. Para más detalles sobre cuándo debe utilizar Finalizar vea Activity.Finish vs ExitApplication (p.259).

GetAllViewsRecursive As IterableList
Devuelve un iterador que recorre todas las vistas pertenecientes a la Actividad, incluyendo las vistas que son hijos de otras vistas. Ejemplo:

```
For Each vw As View In Activity.GetAllViewsRecursive
 vw.Color = Colors.RGB(Rnd(0,255), Rnd(0,255), Rnd(0,255))
Next
```

GetStartingIntent As Intent
(Avanzado) Obtiene el objeto *Intent* que inició esta Actividad.
Esto se puede utilizar junto con `SetActivityResult` para devolver los resultados a aplicaciones de terceros.

GetView (Index As Int) As View
Recupera la vista que está almacenada en el índice especificado.

Height As Int
Devuelve o establece la altura de la actividad.

Initialize (EventName As String)
Inicializa la Actividad y establece los subs que se encargarán de gestionar los eventos.
Nota: esta función nunca es necesaria puesto que la Actividad se inicializará automáticamente. Sólo existe porque, técnicamente, la Actividad es un subtipo de Vista.

Invalidate
Invalida toda la Actividad, forzando a la vista a redibujarse a sí misma. El redibujado sólo se producirá cuando el programa pueda procesar la cola de mensajes, lo que ocurre normalmente cuando termina de ejecutar el código actual.
Si sólo necesita redibujar parte de la vista, normalmente es más rápido usar `Invalidate2` o `Invalidate3`.

Invalidate2 (Rect1 As Rect)
Invalida cualquier cosa dentro del rectángulo dado que es parte de esta Actividad. El redibujado sólo se producirá cuando el programa pueda procesar la cola de mensajes, lo que ocurre normalmente cuando termina de ejecutar el código actual.

Invalidate3 (Left As Int, Top As Int, Right As Int, Bottom As Int)
Invalida cualquier cosa dentro del rectángulo dado que es parte de esta Actividad. El redibujado sólo se producirá cuando el programa pueda procesar la cola de mensajes, lo que ocurre normalmente cuando termina de ejecutar el código actual.

IsInitialized As Boolean
Esto siempre devuelve `True`. Sólo existe porque, técnicamente, la Actividad es un subtipo de Vista.

Left As Int
Siempre es 0 para una Actividad.

LoadLayout (Layout As String) As LayoutValues
Carga un archivo layout (.bal). Devuelve los LayoutValues de la variante de layout actual que se cargó.

NumberOfViews As Int [read only]
Devuelve el número de vistas hijas.

OpenMenu
Abre el menú por programa.

Padding () As Int
Obtiene o establece el relleno de la vista (distancia entre el borde y el contenido). Los datos se almacenan en una matriz de 4 elementos con los siguientes valores: izquierda, arriba, derecha e inferior. Asegúrese de utilizar 'dip' al ajustar el relleno. Ejemplo:

```
Button1.Padding = Array As Int (30dip, 10dip, 10dip, 10dip)
```

Parent As Object
Devuelve el padre de la vista. En la mayor parte de los casos, el valor devuelto se puede asignar a un Panel. Devuelve Null si no hay ningún padre.

RemoveAllViews
Suprime todas las vistas hijas.

RemoveViewAt (Index As Int)
Elimina la vista almacenada en el índice especificado. Ejemplo:

```
Dim vw As View
For i = 0 To Activity.NumberOfViews - 1
 vw = Activity.GetView(i)
 If vw.Tag = "btnNew" Then
  Activity.RemoveViewAt(i)
 End If
Next
```

RequestFocus As Boolean

Esta función no es necesaria. Siempre devuelve `False`. Sólo existe porque, técnicamente, la Actividad es un subtipo de Vista.

RerunDesignerScript (Layout As String, Width As Int, Height As Int)

Vuelve a ejecutar el código programado en el Diseñador con la anchura y la altura especificadas. Para obtener más información, consulte el capítulo de código del Diseñador (p.177).

SendToBack

Esta función no es necesaria. Sólo existe porque, técnicamente, la Actividad es un subtipo de Vista.

SetActivityResult (Result As Int, Data As Intent)

Esta función avanzada permite que una Actividad devuelva un resultado a una App externa que llama a `startActivityForResult` para iniciar nuestra App y obtener un resultado. Por ejemplo, puede usarlo para construir una aplicación de selección de archivos con una API externa definida.
`SetActivityResult` establece el resultado quc obtcndrá la actividad de llamada después de ejecutar `StartActivityForResult`.
Nota: `IOnActivityResult`, `OnActivityResult`, `SetActivityResult` y `StartActivityForResult` son funciones avanzadas que están fuera del alcance de este libro. Puede obtener más información aquí (http://bit.ly/1gvOvso).

SetBackgroundImage (Bitmap1 As Bitmap) As BitmapDrawable

Crea un objeto `BitmapDrawable` con el mapa de bits del parámetro dado y lo establece como fondo de la vista. La forma de relleno (Gravedad) está ajustada a FILL (rellena el fondo completo de la vista). Se devuelve el `BitmapDrawable`. Se puede utilizar para la forma de relleno (Gravity).

SetColorAnimated (Duration As Int , FromColor As Int , ToColor As Int)

Cambia el color de fondo con una transición animada entre los colores `FromColor` y `ToColor`.
La transición se basa en el espacio de color de saturación y tono HSV (http://bit.ly/1Owhw6Y). Esta animación sólo funcionará cuando se ejecute en dispositivos Android 3+.
Duration - Duración de la animación medida en milisegundos.

SetLayout (Left As Int, Top As Int, Width As Int, Height As Int)

Cambia la posición y el tamaño de la vista.

SetLayoutAnimated (Duration As Int , Left As Int , Top As Int , Width As Int , Height As Int)

Similar a SetLayout, cambia la posición y el tamaño de la vista de su posición actual a la especificada por los parámetros `Left, Top, Width` y `Height` (Izquierda, Superior, Anchura y Altura), animada durante un período especificado en el parámetro `Duration` en milisegundos.
Nota: la animación sólo funcionará en dispositivos que ejecuten Android 3 o posterior. En los dispositivos anteriores, la vista se mueve repentinamente.

SetVisibleAnimated (Duration As Int , Visible As Boolean)

Cambia la visibilidad de la vista con una animación de fundido de entrada o salida a la especificada por `Visible` durante un período de `Duration` milisegundos.
Duration - Duración de la animación en milisegundos.
Visible - Nuevo estado de visibilidad.
Nota: la animación sólo funcionará en dispositivos que ejecuten Android 3 o posterior. En los dispositivos anteriores, la visualización cambia repentinamente.

Tag As Object

Obtiene o establece el valor de la etiqueta (propiedad *Tag*) de la Actividad. Esto se puede utilizar para almacenar datos adicionales.

Title As CharSequence

Obtiene o establece el título de la Actividad.

TitleColor As Int

Obtiene o establece el color del título.
Nota: el color del título no tiene ningún efecto en los dispositivos que utilizan el estilo Holo, que se introdujo en Android 4. Para obtener más información sobre los temas, consulte aquí (p.138).

Top As Int

Siempre es 0 para una Actividad.

Width As Int

Obtiene o establece el ancho de la vista.

Application

Utilizando este objeto, su programa podrá leer varios parámetros relativos a su aplicación.

Miembros de Application

Icon As Bitmap

Devuelve el icon (p.273)o de la aplicación como un mapa de bits.

LabelName As String

Devuelve el nombre de la aplicación, indicado en el atributo #ApplicationLabel (p.122).

PackageName As String

Devuelve el nombre del paquete de la aplicación, indicado en [Proyecto > Configuración de Compilación (p.186)].

VersionCode As Int
Devuelve el código de versión de la aplicación, indicado en el atributo #VersionCode (p.125).

VersionName As String
Devuelve el nombre de versión de la aplicación, indicado en el atributo #VersionName (p.125).

Bit
`Bit` es un objeto predefinido que contiene métodos relacionados con operaciones con bits.
Ejemplo:

```
Dim flags As Int
flags = Bit.Or(100, 200)
```

Operaciones de bits
En las operaciones binarias, los números se convierten primero a su forma binaria (digitos 1 y 0). Entonces la operación se realiza en cada par de dígitos binarios, y el resultado se une en un nuevo número binario que luego se convierte de nuevo en una forma decimal. Por ejemplo, `Bit.AND(3,6)` se procesaría como sigue para producir el número decimal 2:
- 3 se convierte a binario 011
- 6 se convierte a binario 110
- Se hace la operación AND con los dígitos de la izquierda: 0 AND 1 genera 0
- Se hace la operación AND con los dígitos del centro: 1 AND 1 genera 1
- Se hace la operación AND con los dígitos de la derecha: 1 AND 0 genera 0
- Los tres resultados se unen para completer el número binario 010
- El número binario 010 se convierte al decimal 2

Miembros:

And (N1 As Int, N2 As Int) As Int
Devuelve la operación binaria **AND** de los dos valores. Para cada par de bits correspondientes en N1 y N2, el resultado es 1 si ambos bits son 1, de lo contrario es 0.

ArrayCopy (SrcArray As Object, SrcOffset As Int, DestArray As Object, DestOffset As Int, Count As Int) As Void
Copia elementos de SrcArray a DestArray.
SrcArray – Array origen.
SrcOffset - Índice del primer elemento del array de origen.
DestArray – Array destino.
DestOffset - Índice del primer elemento del array de destino.
Count – Número de elementos a copiar.

InputStreamToBytes (In As Inputstream) As Byte()
Lee datos de un flujo de entrada, los escribe en un array de bytes, cierra el flujo y devuelve el array.

```
Dim input As InputStream
input = File.OpenInput (File.DirRootExternal, "source.xxx")
Dim bytes() As Byte
bytes = Bit.InputStreamToBytes(input)
```

Not (N As Int) As Int

Devuelve la operación binaria `NOT` del valor pasado en el parámetro. Para cada bit en N1, el bit correspondiente en el resultado tiene el valor opuesto (1s es reemplazado por 0s y 0s por 1s).

Or (N1 As Int, N2 As Int) As Int

Devuelve la operación binaria `OR` de los dos valores. Para cada par de bits correspondientes en N1 y N2, el resultado es 0 si ambos bits son 0, de lo contrario es 1.

ParseInt (Value As String, Radix As Int) As Int

Convierte `Value` en la base indicada en `Radix` a base 10. El siguiente ejemplo convertirá 100 en base 2 a base 10, dando 4 como resultado:

```
Log ( Bit.ParseInt("100",2))
```

Radix toma valores de 2 a 36. Otros ejemplos:

```
Log ( Bit.ParseInt("100",8))  ' 64
Log ( Bit.ParseInt("100",10)) ' 100
Log ( Bit.ParseInt("100",13)) ' 169
```

ShiftLeft (N As Int, Shift As Int) As Int

Desplaza los bits de **N** hacia la izquierda. Los nuevos bits del extremo derecho se establecen a 0.
Shift – Número de posiciones a desplazar.

ShiftRight (N As Int, Shift As Int) As Int

Desplaza los bits de **N** a la derecha. Mantiene el signo del valor original, lo que significa que los nuevos bits más a la izquierda tienen el mismo valor que el bit más a la izquierda original.
Shift - Número de posiciones a desplazar.

ToBinaryString (N As Int) As String

Devuelve una cadena de caracteres de N en base 2.

ToHexString (N As Int) As String

Devuelve una cadena de caracteres de **N** en base 16.

ToOctalString (N As Int) As String

Devuelve una cadena de caracteres de **N** en base 8.

UnsignedShiftRight (N As Int, Shift As Int) As Int

Desplaza **N** a la derecha e inserta un cero en la posición más a la izquierda para cada desplazamiento realizado.
Shift - Número de posiciones a desplazar.

Xor (N1 As Int, N2 As Int) As Int

Devuelve el resultado de la operación binaria "OR exclusivo" de los dos valores. Para cada par de bits, el resultado es 1 si sólo uno de los dos es 1, de lo contrario el resultado es 0.

Constantes

Colors

Un objeto predefinido que contiene constantes de color.
Por ejemplo: `Activity.Color = Colors.Green`

Miembros:

ARGB (Alpha As Int, Red As Int, Green As Int, Blue As Int) As Int

Devuelve un valor entero que representa el color construido a partir de los tres componentes **Red** (Rojo), **Green** (Verde) y **Blue** (Azul), y con el valor **Alpha** especificado, que determina la transparencia del color. Cada componente debe ser un valor de 0 a 255 (incluido).
Alpha – Valor de 0 a 255, donde 0 es totalmente transparente y 255 totalmente opaco.
Nota: puedes obtener el mismo resultado usando un literal hexadecimal (p.290). Por lo tanto, Colors.ARGB(255,0,0,0) es lo mismo que 0xFF000000.

Black As Int

Blue As Int

Cyan As Int

DarkGray As Int

Gray As Int

Green As Int

LightGray As Int

Magenta As Int

Red As Int

RGB (Red As Int, Green As Int, Blue As Int) As Int

Devuelve un valor entero que representa el color construido a partir de los tres componentes **Red** (Rojo), **Green** (Verde) y **Blue** (Azul), y con el valor **Alpha** especificado, que determina la transparencia del color. Cada componente debe ser un valor de 0 a 255 (incluido). Esto es lo mismo que ARGB con Alpha ajustado a 255 (opaco).
Nota: puedes obtener el mismo resultado usando un literal hexadecimal (p.290). Por lo tanto, Colors.RGB(255,0,0) es lo mismo que 0xFF0000.

Transparent As Int

White As Int

Yellow As Int

DialogResponse

Un objeto predefinido que contiene los posibles valores que devuelve el diálogo. Por ejemplo:

```
Dim result As Int
result = Msgbox2("¿Guardar los cambios?", "", "Si", "", "No", Null)
If result = DialogResponse.POSITIVE Then
  'guardar los cambios
End If
```

CANCEL As Int

NEGATIVE As Int

POSITIVE As Int

Gravity

Objeto predefinido que contiene valores de "gravity". Estos valores afectan la alineación del texto o de las imágenes.
Ejemplo:

```
Dim EditText1 As EditText
EditText1.Initialize("")
EditText1.Gravity = Gravity.CENTER
```

BOTTOM As Int

CENTER As Int

CENTER_HORIZONTAL As Int

CENTER_VERTICAL As Int

FILL As Int

LEFT As Int

NO_GRAVITY As Int

RIGHT As Int

TOP As Int

KeyCodes

Un objeto predefinido con las constantes `KeyCode`. Estas constantes se pasan, por ejemplo, al evento `Activity KeyPressed`:

```
Sub Activity_KeyPress(KeyCode As Int) As Boolean
  If KeyCode = KeyCodes.KEYCODE_BACK Then
    Log ("KEYCODE_BACK")
    Return False
  End If
End Sub
```

Eventos

Ninguno

Miembros

Todas las siguientes son constantes enteras:

KEYCODE_0

KEYCODE_1

KEYCODE_2

KEYCODE_3

KEYCODE_4

KEYCODE_5

KEYCODE_6

KEYCODE_7

KEYCODE_8

KEYCODE_9

KEYCODE_A

KEYCODE_ALT_LEFT

KEYCODE_ALT_RIGHT
KEYCODE_APOSTROPHE
KEYCODE_AT
KEYCODE_B
KEYCODE_BACK
KEYCODE_BACKSLASH
KEYCODE_C
KEYCODE_CALL
KEYCODE_CAMERA
KEYCODE_CLEAR
KEYCODE_COMMA
KEYCODE_D
KEYCODE_DEL
KEYCODE_DPAD_CENTER
KEYCODE_DPAD_DOWN
KEYCODE_DPAD_LEFT
KEYCODE_DPAD_RIGHT
KEYCODE_DPAD_UP
KEYCODE_E
KEYCODE_ENDCALL
KEYCODE_ENTER
KEYCODE_ENVELOPE
KEYCODE_EQUALS
KEYCODE_EXPLORER
KEYCODE_F
KEYCODE_FOCUS
KEYCODE_G
KEYCODE_GRAVE
KEYCODE_H
KEYCODE_HEADSETHOOK
KEYCODE_HOME
KEYCODE_I
KEYCODE_J
KEYCODE_K
KEYCODE_L
KEYCODE_LEFT_BRACKET
KEYCODE_M
KEYCODE_MEDIA_FAST_FORWARD
KEYCODE_MEDIA_NEXT
KEYCODE_MEDIA_PLAY_PAUSE
KEYCODE_MEDIA_PREVIOUS
KEYCODE_MEDIA_REWIND
KEYCODE_MEDIA_STOP
KEYCODE_MENU
KEYCODE_MINUS
KEYCODE_MUTE
KEYCODE_N
KEYCODE_NOTIFICATION
KEYCODE_NUM
KEYCODE_O
KEYCODE_P
KEYCODE_PERIOD
KEYCODE_PLUS
KEYCODE_POUND
KEYCODE_POWER
KEYCODE_Q
KEYCODE_R
KEYCODE_RIGHT_BRACKET
KEYCODE_S
KEYCODE_SEARCH
KEYCODE_SEMICOLON
KEYCODE_SHIFT_LEFT
KEYCODE_SHIFT_RIGHT
KEYCODE_SLASH
KEYCODE_SOFT_LEFT
KEYCODE_SOFT_RIGHT
KEYCODE_SPACE

KEYCODE_STAR
KEYCODE_SYM
KEYCODE_T
KEYCODE_TAB
KEYCODE_U
KEYCODE_UNKNOWN
KEYCODE_V
KEYCODE_VOLUME_DOWN
KEYCODE_VOLUME_UP
KEYCODE_W
KEYCODE_X
KEYCODE_Y
KEYCODE_Z

Typeface

`Typeface` es un objeto predefinido que contiene los estilos tipográficos y las fuentes instaladas por defecto.
Nota: a diferencia de la mayoría de los otros objetos predefinidos, puede declarar nuevos objetos de este tipo.
Ejemplo:

```
EditText1.Typeface = Typeface.DEFAULT_BOLD
```

Eventos

Ninguno

Miembros

CreateNew (Typeface1 As Typeface, Style As Int) As Typeface

Devuelve un tipo de letra con el estilo especificado en el parámetro **Style** . Ejemplo:

```
Typeface.CreateNew(Typeface.MONOSPACE, Typeface.STYLE_ITALIC)
```

DEFAULT As Typeface

DEFAULT_BOLD As Typeface

FONTAWESOME As Typeface

IsInitialized As Boolean

Si este objeto se ha inicializado llamando a `LoadFromAssets`.

LoadFromAssets (FileName As String) As Typeface

Carga un archivo de fuente que se agregó con el administrador de archivos. Ejemplo:

```
Dim MyFont As Typeface
MyFont = Typeface.LoadFromAssets("MyFont.ttf")
EditText1.Typeface = MyFont
```

Los archivos ttf definen las fuentes de formato TrueType (http://bit.ly/1OwgLef). Las fuentes gratuitas están disponibles en muchas partes, por ejemplo dafont.com (http://www.dafont.com/).

MATERIALICONS As Typeface

MONOSPACE As Typeface

SANS_SERIF As Typeface

SERIF As Typeface

STYLE_BOLD As Int

STYLE_BOLD_ITALIC As Int

STYLE_ITALIC As Int

STYLE_NORMAL As Int

CSBuilder

Un objeto CSBuilder crea una CharSequence (ver abajo) de forma similar a como StringBuilder crea una cadena regular. El nombre CSBuilder significa "CharSequence Builder".
Hay dos maneras de crear CharSequences: la Librería RichString (http://bit.ly/2qzTBO3) de agraham o el objeto CSBuilder que se describe aquí mismo.

CharSequence

CharSequence es una interfaz nativa en el SDK de Android. Una cadena es una implementación de CharSequence, pero hay otras implementaciones que proporcionan más características y le permiten formatear la cadena de caracteres, añadir imágenes e incluso que se pueda hacer click en partes del texto. Muchos métodos aceptan CharSequence en lugar de String. El código existente funcionará correctamente ya que puede pasar cadenas regulares, pero ahora también puedes pasar CharSequences.

Nota para desarrolladores de librerías

Si su librería realiza llamadas a API que funcionan con CharSequences, debería cambiar las firmas de método para que esperen CharSequence en lugar de String. Esto permitirá a los desarrolladores formatear el texto.

Estilo con CSBuilder

Los objetos CSBuilder incluyen información de estilo. Todos los métodos de estilo (excepto el método Image) comienzan un "valor". Cada tramo debe cerrarse llamando a Pop o PopAll. Pop elimina el último valor que se agregó. Es como utilizar una pila de valores. Ejemplo:

```
Dim cs As CSBuilder
cs.Initialize
cs.Color(Colors.Red).Bold.Append("Red+Bold ")
cs.Pop ' eliminar negrita (bold)
cs.Color(Colors.Green) 'esto oculta el color rojo (Red)
cs.Append("Green ")
cs.Pop ' quita el verde y muestra el rojo
cs.Append("Red ")
cs.Pop ' quitar el rojo que era el único valor restante
cs.Append("Plain text")
Label1.Text = cs
```

El resultado será:

Red+Bold Green Red Plain text

PopAll es muy recomendable

Si no se cierran todos los tramos, ¡ninguno de los estilos se aplicará!
Así que el siguiente ejemplo falla en el estilo del texto:

```
Dim cs As CSBuilder
cs.Initialize.Color(Colors.Red).Bold.Append("Plain text because no
Pops nor PopAll!")
Label1.Text = cs
```

Por lo tanto, **es muy recomendable llamar a PopAll** al final de cada secuencia de CSBuilder. Esto le ahorrará la molestia de calcular cuántos Pops necesita.

Encadenamiento de Métodos CSBuilder

Casi todos los métodos de CSBuilder devuelven el objeto en si mismo. Esto le permite encadenar llamadas de métodos:

```
cs.Initialize.Color(Colors.Red).Bold.Append("¡Rojo y Negrita porque se
llama PopAll!").PopAll
```

Uso de un objeto CSBuilder

Puede usar CSBuilder para formatear muchos textos, por ejemplo el Título de una Actividad, el texto de una Etiqueta, Botón, ListView, Mensaje Toast, etc. Añada un retorno de carro con `Append(CRLF)`.

Observe que al usar un CSBuilder con un ListView, el texto escrito en un SearchView (p.672) se resaltará en color.

Iconos

Usando el Selector de Iconos (p.77) puede añadir iconos de fuentes FontAwesome y Material Icons, como se muestra en el siguiente ejemplo:

```
Dim cs As CSBuilder
Activity.Title = cs.Initialize.Append("Texto con MaterialIcons:
").Typeface(Typeface.MATERIALICONS).VerticalAlign(5dip).Append(Chr(0xE
925)).PopAll
Label1.Text = cs.Initialize.Append("Texto con FontAwesome:
").Typeface(Typeface.FONTAWESOME).Append(Chr(0xF2B5)).PopAll
```

El resultado es

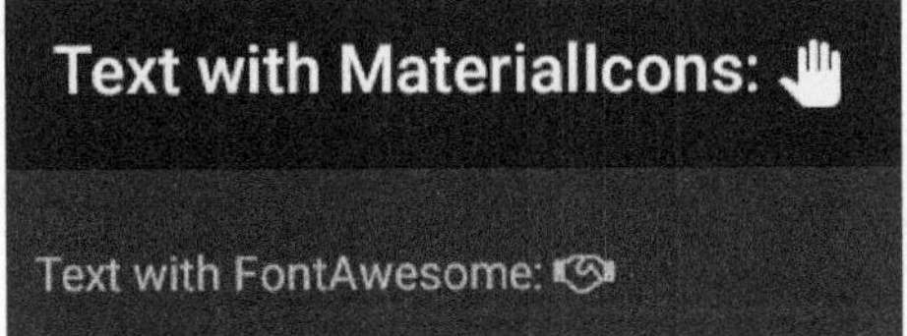

Reutilización de un CSBuilder

El ejemplo anterior también ilustra que se puede reutilizar el mismo CSBuilder que está inicializado y cerrado con PopAll cada vez.

Imagenes

Puede integrar imágenes con su texto, como por ejemplo:

```
Dim cs As CSBuilder
cs.Initialize.Size(30).Typeface(Typeface.MONOSPACE)
cs.Append("B4A: ").Image(LoadBitmap(File.DirAssets, "B4A-40x40.png"),
40dip, 40dip, False)
cs.PopAll
Activity.Title = cs
```

Presentará lo siguiente en el Título de la Actividad

Eventos:

Click (Tag As Object)

Miembros:

Alignment (Alignment As android.text.Layout.Alignment) As CSBuilder

Inicia un campo de alineación.
Alignment – Una de las siguientes cadenas: ALIGN_NORMAL, ALIGN_OPPOSITE o ALIGN_CENTER.

Append (Text As java.lang.CharSequence) As CSBuilder

Añade la cadena o secuencia de caracteres proporcionada.

BackgroundColor (Color As int) As CSBuilder

Inicia un tramo con el color de fondo.

Bold As CSBuilder

Inicia un tramo en negrita.

Clickable (EventName As String, Tag As Object) As CSBuilder

Inicia un tramo en el que se puede hacer click. Para que se genere el evento, debe llamar al método EnableClickEvents.
EventName - el nombre del evento que se va a evocar
Tag - el parámetro a enviar al Sub que procesa este evento.
Ejemplo:

```
Dim cs As CSBuilder
cs.Initialize.Size(20).Append("Haga clic en la palabra subrayada: ")
cs.Clickable("csClickable", 1).Underline.Append("Uno").Pop.Pop
cs.Append(", ")
cs.Clickable("csClickable ", 2).Underline.Append("Dos").PopAll
cs.EnableClickEvents(Label1)
Label1.Text = cs

Sub csClickable_Click (Tag As Object)
 ToastMessageShow($"Ha pulsado en la palabra: ${Tag}"$, True)
End Sub
```

Color (Color As int) As CSBuilder

Inicia un tramo con el color en primer plano.

EnableClickEvents (Label As android.widget.TextView) As void

Este método debe llamarse cuando se utilizan tramos en los que se puede hacer clic. Consulte el método Clickable anterior para ver un ejemplo.

Image (Bitmap As Bitmap, Width As Int, Height As Int, Baseline As Boolean) As CSBuilder

Añade un tramo de imagen. Este método agregará un carácter de espacio como marcador de posición para la imagen. A diferencia de los otros métodos, **no es necesario llamar a Pop** para cerrar este intervalo, ya que se cierra automáticamente. Pero tenga en cuenta que debe llamar a PopAll antes de usar el CSBuilder, de lo contrario es posible que algunos tramos abiertos no estén cerrados.
Bitmap – La imagen a añadir.
Width / **Height** – Las dimensiones de la imagen.
Baseline - Si es true, la imagen se alineará basándose en el alineamiento de referencia. De lo contrario, se alineará en base al nivel más bajo del texto.

Initialize As CSBuilder

Inicializa el constructor. Este método se puede llamar varias veces para crear nuevas CharSequences y como la mayoría de los otros métodos, devolverá el objeto actual.

IsInitialized As Boolean

Comprueba si ya se ha inicializado CSBuilder.

Length As Int [read only]

Le devuelve el número de caracteres en el CSBuilder.

Pop As CSBuilder

Cierra el tramo más reciente. Todos los tramos deben estar cerrados. Puede llamar a PopAll para cerrar todos los tramos abiertos.

PopAll As CSBuilder

Cierra todos los tramos abiertos.

RelativeSize (Proportion As float) As CSBuilder

Inicia un tramo de tamaño relativo. El tamaño actual del texto se multiplicará por el parámetro **Proportion**.

ScaleX (Proportion As float) As CSBuilder

Inicia un tramo con escala X que ajusta la escala del texto horizontalmente.

Size (Size As int) As CSBuilder

Inicia un tramo de texto con ese tamaño. Recuerde que no debe utilizar unidades 'dip' con medidas de tamaño de texto.

Strikethrough As CSBuilder

Inicia un tramo de terxto tachado.

ToString As java.lang.String

Devuelve una cadena con los caracteres.

Typeface (Typeface As android.graphics.Typeface) As CSBuilder

Inicia un tramo de tipo de letra typeface (p.367) personalizada. Por ejemplo
`cs.Typeface(Typeface.MATERIALICONS)`

Underline As CSBuilder

Inicia un tramo de terxto subrayado.

VerticalAlign (Shift As int) As CSBuilder

Inicia un tramo de alineación vertical. Hace que el icono descienda en la cantidad especificada en el parámetro **Shift**. Ejemplo:

```
cs.Initialize.Append("VerticalAlign 0, 5, 10: ")
cs.Typeface(Typeface.MATERIALICONS)
cs.Append(Chr(0xE531))
cs.VerticalAlign(5dip).Append(Chr(0xE531)).Pop
cs.VerticalAlign(10dip).Append(Chr(0xE531)).Pop
cs.PopAll
```

El resultado es

VerticalAlign 0, 5, 10:

DateTime

Métodos relacionados con la fecha y la hora. DateTime es un objeto predefinido. No debe declararlo usted mismo. Los valores de fecha y hora se guardan como ticks.

Ticks

Los ticks son el número de milisegundos desde el 1 de enero de 1970 00:00:00:00 UTC (Tiempo Universal Coordinado). **Este valor es demasiado grande para ser almacenado en una variable Int. Sólo debe almacenarse en una variable Long**. Los métodos `DateTime.Date` y `DateTime.Time` convierten el valor de ticks en una cadena. Puede obtener la hora actual con `DateTime.Now`.

Ejemplo:

```
Dim now As Long
now = DateTime.Now
Msgbox("La fecha es: " & DateTime.Date(now) & CRLF & _
  "y la hora: " & DateTime.Time(now), "")
```

Eventos:

TimeChanged

El evento `DateTime_TimeChanged` se generará cuando cambie el uso horario del dispositivo o cuando se ajusta la hora. Vea `ListenToExternalTimeChanges`.

Miembros:

Add (Ticks As Long, Years As Int, Months As Int, Days As Int) As Long

Devuelve un valor de ticks que es el resultado de añadir los valores de tiempo especificados en los parámetros, al parámetro Ticks indicado en primer lugar. Si quiere restar fechas puede pasar valores negativos. Ejemplo:

```
Dim Tomorrow As Long
Tomorrow = DateTime.Add(DateTime.Now, 0, 0, 1)
Log("La fecha de mañana es: " & DateTime.Date(Tomorrow))
```

Date (Ticks As Long) As String

Devuelve una cadena que representa la fecha del valor de los **Ticks**. El formato de fecha se puede establecer con la palabra clave DateFormat. Ejemplo:

```
Log("Today is: " & DateTime.Date(DateTime.Now))
```

DateFormat As String

Recupera o establece el formato utilizado para analizar las cadenas de fecha. Vea el siguiente enlace para los patrones soportados: formatos (http://bit.ly/1VEl1gr). El patrón por defecto es MM/dd/yyyy (por ejemplo 04/23/2002).

DateParse (Date As String) As Long

Analiza la cadena **Date** dada y devuelve su valor en ticks. Si el análisis falla provocará una excepción. Ejemplo:

```
Dim SomeTime As Long
SomeTime = DateTime.DateParse("02/23/2007")
```

DateTimeParse (Date As String, Time As String) As Long

Analiza las cadenas **Date** y **Time** dadas y devuelve el valor en ticks.

DeviceDefaultDateFormat As String [read only]

Devuelve el formato de fecha predeterminado basado en el idioma utilizado por el dispositivo Android.

DeviceDefaultTimeFormat As String [read only]

Devuelve el formato de hora predeterminado basado en el idioma utilizado por el dispositivo Android.

GetDayOfMonth (Ticks As Long) As Int

Devuelve el día del mes a partir del valor de los ticks.
Los valores van del 1 al 31.

GetDayOfWeek (Ticks As Long) As Int

Devuelve el día de la semana a partir del valor de los ticks.
Los valores van del 1 al 7, donde 1 es domingo.
Puede utilizar la librería AHLocale (http://bit.ly/2nMOzAL) si necesita cambiar el primer día de la semana.

GetDayOfYear (Ticks As Long) As Int

Devuelve el día del año a partir del valor de los ticks.
Los valores van del 1 al 366.

GetHour (Ticks As Long) As Int
Devuelve la hora del día a partir del valor de los ticks.
Los valores van del 0 al 23.

GetMinute (Ticks As Long) As Int
Devuelve el minuto de la hora del día a partir del valor de los ticks.
Los valores van del 0 al 59.

GetMonth (Ticks As Long) As Int
Devuelve el mes del año a partir del valor de los ticks.
Los valores van del 0 al 12.

GetSecond (Ticks As Long) As Int
Devuelve los segundos del minuto a partir del valor de los ticks.
Los valores van del 0 al 59.

GetTimeZoneOffsetAt (Date As Long) As Double
Devuelve la diferencia en horas, entre el tiempo en el dispositivo Android y el tiempo UTC (Tiempo Universal Coordinado, equivalente al Tiempo Medio de Greenwich). Puede especificar la Fecha (parámetro **Date**) desea utilizar para el cálculo. El offset puede cambiar debido a los cambios de horario de invierno y verano para el ahorro energético. Por ejemplo, si estuvieras en París en verano, el siguiente código daría de resultado 2, porque Francia está 1 hora por delante de UTC en invierno y otra hora más por delante en verano:

```
Log(DateTime.GetTimeZoneOffsetAt(DateTime.Now))
```

GetYear (Ticks As Long) As Int
Devuelve el año a partir del valor de los ticks.

ListenToExternalTimeChanges
Crea un receptor de la difusión de los eventos "cambio de zona horaria" y "ajuste de la hora". Al llamar a este método, el huso horario se actualizará automáticamente cuando cambie en el dispositivo. El evento `DateTime_TimeChanged` se producirá cuando el huso horario cambie o cuando se cambie la hora.

Now As Long [read only]
Devuelve la fecha actual en ticks (milisegundos desde el 1 de enero de 1970)

SetTimeZone (OffsetHours As Double)
Establece la zona horaria que utiliza su aplicación para convertir las fechas en ticks y viceversa. **Nota**: la zona horaria utilizada por el dispositivo Android no cambia.

TicksPerDay As Long
Milisegundos por día: 86400000

TicksPerHour As Long
Milisegundos por hora: 3600000

TicksPerMinute As Long
Milisegundos por minuto: 60000

TicksPerSecond As Long
Milisegundos por segundo: 1000

Time (Ticks As Long) As String
Devuelve una cadena de caracteres con la hora (dada como parámetro en ticks).
El formato de hora se puede establecer con la palabra clave TimeFormat.
Ejemplo:
```
Log("La hora es: " & DateTime.Time(DateTime.Now))
```

TimeFormat As String
Devuelve o establece el formato utilizado para analizar las cadenas de hora. El patrón por defecto es HH:mm:ss (por ejemplo 23:45:12). Puede ver los patrones soportados en formatos (http://bit.ly/1ErmQmQ).

TimeParse (Time As String) As Long
Analiza la cadena de hora dada en **Time** y basándose en la fecha actual, devuelve su representación de ticks. Ejemplo:
```
Log(DateTime.TimeParse("13:45:57"))
```
Nota: si el formato de la hora no coincide con el formato especificado por `DateTime.TimeFormat`, se producirá una excepción ParseException y la App fallará.

TimeZoneOffset As Double [read only]
Devuelve el offset actual medido en horas desde el UTC (Tiempo Universal Coordinado).

Objetos para dibujar

Bitmap
Un objeto que contiene una imagen de mapa de bits. El mapa de bits se puede cargar desde un archivo u otro tipo de flujo de entrada, o se puede fijar desde un mapa de bits distinto. Puede mostrar el Bitmap al usuario asignándolo a un ImageView (p.450).
La carga de mapas de bits grandes puede provocar fácilmente excepciones por falta de memoria. Esto es cierto incluso si el archivo está comprimido y no es grande, ya que el mapa de bits se almacena sin comprimir en la memoria. Para imágenes grandes, puede utilizar `InitializeSample` y cargar una imagen con una resolución más baja.

Miembros:

AntiAlias As Boolean
Determina si se aplicará antialiasing o no.

Crop (Left As Int, Top As Int, Width As Int, Height As Int) As Bitmap
Devuelve un nuevo mapa de bits recortado obtenido del original.

GetPixel (x As Int, y As Int) As Int
Devuelve el color del píxel en la posición especificada.

Height As Int [read only]
Devuelve la altura del mapa de bits.

Initialize (Dir As String, FileName As String)
Lee la imagen del archivo dado y la usa para crear el `Bitmap`. Tenga en cuenta que la imagen se reducirá si no hay suficiente memoria disponible. Ejemplo:

```
Dim Bitmap1 As Bitmap
Bitmap1.Initialize(File.DirAssets, "X.jpg")
```

Initialize2 (InputStream As java.io.InputStream)
Inicializa el bitmap desde el flujo de entrada indicado.

Initialize3 (Bitmap1 As Bitmap)
Inicializa el bitmap con una copia de la imagen original (si es necesario se realiza la copia).

InitializeMutable (Width As Int, Height As Int)
Crea un nuevo mapa de bits modificable con las dimensiones especificadas. Puede utilizar un objeto Canvas para dibujar en este mapa de bits.

InitializeResize (Dir As String, FileName As String, Width As Int, Height As Int, KeepAspectRatio As Boolean)
Inicializa el mapa de bits y establece su tamaño. Tenga en cuenta que la escala de mapa de bits será la misma que la escala del dispositivo.
Si `KeepAspectRatio` es `True` entonces el ancho o el alto (no ambos) puede ser menor que los valores pasados.

InitializeSample (Dir As String, FileName As String, MaxWidth As Int, MaxHeight As Int)
Inicializa el mapa de bits desde el archivo dado. El decodificador realizará un submuestreo del bitmap si `MaxWidth` o `MaxHeight` son más pequeños que las dimensiones del bitmap. Esto puede ahorrar mucha memoria al cargar imágenes grandes. Tenga en cuenta que las dimensiones reales pueden ser mayores que las especificadas.

IsInitialized As Boolean
Devuelve si el `Bitmap` ha sido inicializado o no usando uno de los métodos `Initialize`.

Resize (Width As Int, Height As Int, KeepAspectRatio As Boolean)
Devuelve un nuevo bitmap con la anchura y la altura dadas.
Tenga en cuenta que la escala de bitmap será la misma que la escala del dispositivo.

Rotate (Degrees As Float) As Bitmap
Devuelve un nuevo bitmap derivado del original pero girado en el sentido de las agujas del reloj.

Scale As Int [read only]
Devuelve la escala del bitmap.

Width As Int [read only]
Devuelve el ancho del bitmap.

WriteToStream (OutputStream As java.io.OutputStream, Quality As Int, Format As CompressFormat)
Escribe el mapa de bits en el flujo de salida.
Quality - Valor de 0 (tamaño más pequeño, calidad más baja) a 100 (tamaño más grande, calidad más alta), lo que le indica al compresor la calidad que debe sacar.
Format – puede ser "JPEG" o "PNG". Cualquier otro formato producirá una excepción de tiempo de ejecución.
Notas: "JPG" no es un formato permitido, pero si lo desea puede utilizar ".jpg" como extensión de nombre de archivo. También puede leer una imagen en un formato y escribirla en otro. Ejemplo:

```
Dim bm As Bitmap
bm.Initialize(File.DirAssets, "caballo.png")
Dim Out As OutputStream
Out = File.OpenOutput(File.DirRootExternal, "caballo.jpg", False)
bm.WriteToStream(Out, 100, "JPEG")
Out.Close
```

BitmapDrawable

Un dibujable que dibuja un mapa de bits. El mapa de bits se define durante la inicialización. Puede cambiar la forma en que aparece el mapa de bits cambiando la propiedad Gravity (p.365). Ejemplo:

```
Dim bd As BitmapDrawable
bd.Initialize(LoadBitmap(File.DirAssets, "algunaimagen.png"))
bd.Gravity = Gravity.FILL
Activity.Background = bd
```

Este es un objeto `Activity`; no puede declararse en `Sub Process_Globals`.

Miembros:

Bitmap As Bitmap [read only]

Devuelve el Bitmap interno.

Gravity As Int

Devuelve o ajusta el valor de *gravity*. Este valor afecta a la forma en que se mostrará la imagen.
Ejemplo:

```
BitmapDrawable1.Gravity = Gravity.FILL
```

Initialize (Bitmap1 As Bitmap)

IsInitialized As Boolean

Si se ha inicializado `BitmapDrawable` utilizando uno de los métodos `Initialize`.

Canvas

Un `Canvas` es un objeto que dibuja en otras vistas (objetos views) o mapas de bits (objetos bitmaps) que son editables (conocidos como "mutable").
Cuando el canvas se inicializa y se define para dibujar en una vista, se crea un nuevo mapa de bits mutable para el fondo de esa vista, el fondo de la vista actual se copia al nuevo mapa de bits y el canvas se establece para dibujar en el nuevo mapa de bits.
Los dibujos en canvas no se actualizan inmediatamente en la pantalla. Para que se actualice la vista, debe llamar al método `Invalidate` de la vista de destino. Esto es útil ya que le permite hacer varios dibujos y después actualizar la pantalla.
El canvas se puede limitar temporalmente a una región específica (y por lo tanto sólo afectar a esta región). Esto se hace llamando a `ClipPath`. Para quitar el recorte, llame a `RemoveClip`. Puede obtener el mapa de bits en el que se basa el lienzo con la propiedad `Bitmap`.
Este es un objeto `Activity`; no puede declararse en `Sub Process_Globals`.

Miembros:

AntiAlias As Boolean

Obtiene o establece si se aplicará el antialiasing.

Bitmap As Bitmap [read only]

Devuelve el bitmap sobre el que se dibuja el lienzo. El siguiente ejemplo guarda el dibujo en un archivo:

```
Dim Out As OutputStream
Out = File.OpenOutput(File.DirRootExternal, "Test.png", False)
Canvas1.Bitmap.WriteToStream(out, 100, "PNG")
Out.Close
```

ClipPath (Path1 As Path)

Recorta el área de dibujo al trazado dado.
Ejemplo: Rellena una forma de diamante con un color degradado.

```
Dim Canvas1 As Canvas
Dim DestRect As Rect
Dim Gradient1 As GradientDrawable
Dim Clrs(2) As Int
Clrs(0) = Colors.Black
Clrs(1) = Colors.White
Gradient1.Initialize("TOP_BOTTOM", Clrs)
Dim Path1 As Path
Path1.Initialize(50%x, 100%y)
Path1.LineTo(100%x, 50%y)
Path1.LineTo(50%x, 0%y)
Path1.LineTo(0%x, 50%y)
Path1.LineTo(50%x, 100%y)
Canvas1.Initialize(Activity)
Canvas1.ClipPath(Path1) 'Recortar el área de dibujo a la trazada
DestRect.Initialize(0%y,0%y,100%x,100%y)
Canvas1.DrawDrawable(Gradient1, DestRect) 'rellenar el área de dibujo
con el degradado.
Activity.Invalidate
```

DrawBitmap (Bitmap1 As Bitmap, SrcRect As Rect, DestRect As Rect)

Dibuja un mapa de bits.
SrcRect - La parte del mapa de bits que se dibujará. Si es `Null`, entonces se dibujará el mapa de bits completo.
DestRect - El rectángulo al que se dibujará el mapa de bits.
El siguiente ejemplo primero dibuja el mapa de bits completo, luego dibuja sólo la mitad izquierda. La imagen debe estar incluida en la carpeta Files del proyecto:

```
Dim Canvas1 As Canvas
Canvas1.Initialize(Activity)

'dibujar todo el mapa de bits a la mitad superior de la Actividad
Dim Bitmap1 As Bitmap
Bitmap1.Initialize(File.DirAssets, "caballo.png")
Dim DestRect As Rect
DestRect.Initialize(0, 0, 100%x, 50%y)
Canvas1.DrawBitmap(Bitmap1, Null, DestRect)
```

```
'dibujar la mitad izquierda del mapa de bits en la mitad inferior de
la Actividad
Dim SrcRect As Rect
SrcRect.Initialize(0, 0, Bitmap1.Width / 2, Bitmap1.Height)
DestRect.Top = 50%y
DestRect.Bottom = 100%y
Canvas1.DrawBitmap(Bitmap1, SrcRect, DestRect)
Activity.Invalidate
```

DrawBitmapFlipped (Bitmap1 As Bitmap, SrcRect As Rect, DestRect As Rect, Vertically As Boolean, Horizontally As Boolean)

Voltea el mapa de bits y lo dibuja.

SrcRect - La parte del mapa de bits que se dibujará. Si es `Null`, entonces se dibujará el mapa de bits completo.
DestRect - El rectángulo al que se dibujará el mapa de bits.
Vertically - Si se debe voltear el mapa de bits verticalmente.
Horizontally - Si se debe voltear el mapa de bits horizontalmente.
Ejemplo:

```
Canvas1.DrawBitmapFlipped(Bitmap1, Null, DestRect, False, True)
```

DrawBitmapRotated (Bitmap1 As Bitmap, SrcRect As Rect, DestRect As Rect, Degrees As Float)

Gira el mapa de bits y lo dibuja.
SrcRect - La parte del mapa de bits que se dibujará. Si es `Null`, entonces se dibujará el mapa de bits completo.
DestRect - El rectángulo al que se dibujará el mapa de bits.
Degrees - Grados para girar el mapa de bits en el sentido de las agujas del reloj. Los números negativos girarán en sentido contrario a las agujas del reloj.
Ejemplo:

```
Dim Canvas1 As Canvas
Canvas1.Initialize(Activity)
Dim Bitmap1 As Bitmap
Bitmap1.Initialize(File.DirAssets, "caballo.png")
Dim DestRect As Rect
DestRect.Initialize(0, 0, 100%x, 50%y)
' dibujar el mapa de bits girado en 70 grados
Canvas1.DrawBitmapRotated(Bitmap1, Null, DestRect, 70)
```

DrawCircle (x As Float, y As Float, Radius As Float, Color As Int, Filled As Boolean, StrokeWidth As Float)

Dibuja un circulo.
x - el lado izquierdo del círculo
y - la parte superior del círculo
Filled - Si el círculo se rellenará.
StrokeWidth - El ancho de la línea (sólo relevante cuando Filled = `False`)

Ejemplo:
```
Dim Canvas1 As Canvas
Canvas1.Initialize(Activity)
Canvas1.DrawCircle(150dip, 150dip, 20dip, Colors.Red, False, 10dip)
```

DrawColor (Color As Int)
Rellena todo el canvas con el color indicado.
Ejemplo:
```
' relleno de color rojo semitransparente
Canvas1.DrawColor(Colors.ARGB(100, 255, 0, 0))
Activity.Invalidate
```

DrawDrawable (Drawable1 As Drawable, DestRect As Rect)
Dibuja un Drawable en el rectángulo especificado.
Ejemplo:
```
' Rellenar un rectángulo con un Gradiente
Dim Canvas1 As Canvas
Dim DestRect As Rect
Dim Gradient1 As GradientDrawable
Dim Clrs(2) As Int

Canvas1.Initialize(Activity)
DestRect.Initialize(0, 0, 100%x, 100%y)
Clrs(0) = Colors.Green
Clrs(1) = Colors.Blue
Gradient1.Initialize("TOP_BOTTOM", Clrs)
Canvas1.DrawDrawable(Gradient1, DestRect)
Activity.Invalidate
```

DrawDrawableRotate (Drawable1 As Drawable, DestRect As Rect, Degrees As Float)
Gira y dibuja un Drawable dentro de un rectángulo especificado.
Degrees - Grados para girar el mapa de bits en el sentido de las agujas del reloj. Los números negativos girarán en sentido contrario a las agujas del reloj.

DrawLine (x1 As Float, y1 As Float, x2 As Float, y2 As Float, Color As Int, StrokeWidth As Float)
Dibuja una línea desde (x1, y1) a (x2, y2). StrokeWidth determina el ancho de la línea.
x1 - la parte izquierda del punto de partida
y1 - la parte superior del punto de partida
x2 - la parte izquierda del punto final
y2 - la parte superior del punto final
Ejemplo:
```
Canvas1.DrawLine(100dip, 100dip, 200dip, 200dip, Colors.Red, 10dip)
Activity.Invalidate
```

DrawOval (Rect1 As Rect, Color As Int, Filled As Boolean, StrokeWidth As Float)
Dibuja una forma ovalada.
Filled - Si el óvalo se rellenará.
StrokeWidth - El ancho de la línea. Relevante cuando Filled = `False`.

Ejemplo:

```
Dim Rect1 As Rect
Rect1.Initialize(100dip, 100dip, 200dip, 150dip)
Canvas1.DrawOval(Rect1, Colors.Gray, False, 5dip)
Activity.Invalidate
```

DrawOvalRotated (Rect1 As Rect, Color As Int, Filled As Boolean, StrokeWidth As Float, Degrees As Float)

Gira el óvalo y lo dibuja.
Filled - Si el óvalo se rellenará.
StrokeWidth - El ancho de la línea. Relevante cuando Filled = `False`.
Degrees - Grados para girar el óvalo en el sentido de las agujas del reloj. Los números negativos girarán en sentido contrario a las agujas del reloj.

DrawPath (Path1 As Path, Color As Int, Filled As Boolean, StrokeWidth As Float)

Dibuja el trazado indicado en *Path1*
Filled - Si el trazado se rellenará.
StrokeWidth - El ancho de la línea. Relevante cuando Filled = `False`.
Ejemplo:

```
' Dibujar un diamante magenta
Dim Canvas1 As Canvas
Dim DestRect As Rect
Dim Path1 As Path

Canvas1.Initialize(Activity)
DestRect.Initialize(0, 0, 100%x, 50%y)
Path1.Initialize(50%x, 100%y)
Path1.LineTo(100%x, 50%y)
Path1.LineTo(50%x, 0%y)
Path1.LineTo(0%x, 50%y)
Path1.LineTo(50%x, 100%y)
Canvas1.DrawPath(Path1, Colors.Magenta, False, 10dip)
```

DrawPoint (x As Float, y As Float, Color As Int)

Dibuja un punto en la posición y el color especificados. Ejemplo para dibujar un punto en el centro de la pantalla.
x - la parte izquierda del punto
y - la parte superior del punto
Ejemplo:

```
Dim Canvas1 As Canvas
Canvas1.Initialize(Activity)
Canvas1.DrawPoint(50%x, 50%y, Colors.Yellow)
```

DrawRect (Rect1 As Rect, Color As Int, Filled As Boolean, StrokeWidth As Float)

Dibuja un rectángulo.
Filled - Si el rectángulo se rellenará.
StrokeWidth - El ancho de la línea. Relevante cuando Filled = `False`.
Ejemplo para dibujar un rectángulo con contorno:

```
Dim Canvas1 As Canvas
Dim Rect1 As Rect
Canvas1.Initialize(Activity)
Rect1.Initialize(100dip, 100dip, 200dip, 150dip)
Canvas1.DrawRect(Rect1, Colors.Gray, False, 5dip)
Activity.Invalidate
```

DrawRectRotated (Rect1 As Rect, Color As Int, Filled As Boolean, StrokeWidth As Float, Degrees As Float)

Gira el rectángulo y lo dibuja.
Filled - Si el rectángulo se rellenará.
StrokeWidth - El ancho de la línea. Relevante cuando Filled = `False`.
Degrees - Grados para girar el rectángulo en el sentido de las agujas del reloj. Los números negativos girarán en sentido contrario a las agujas del reloj.

DrawText (Text As String, x As Float, y As Float, Typeface1 As Typeface, TextSize As Float, Color As Int, Align1 As Align)

Dibuja el texto.
Text – El texto a dibujar.
x - la parte izquierda del punto de partida
y - la parte superior del punto de partida
Typeface1 - Tipo de letra (font) a utilizar.
TextSize - Este valor se escalará automáticamente, por lo que no debe hacerlo usted mismo.
Color – Color del texto.
Align - La alineación referida al origen. Uno de los siguientes valores: "LEFT", "CENTER", "RIGHT" ("IZQUIERDA", "CENTRO", "DERECHA"). Ejemplo para dibujar texto en medio de la pantalla:

```
Dim Canvas1 As Canvas
Canvas1.Initialize(Activity)
Canvas1.DrawText("¡B4A es fantástico!", _
 50%x, 50%y, Typeface.DEFAULT_BOLD, 20, Colors.Blue, "CENTER")
Activity.Invalidate
```

DrawTextRotated (Text As String, x As Float, y As Float, Typeface1 As Typeface, TextSize As Float, Color As Int, Align1 As Align, Degree As Float)

Gira el texto y lo dibuja.
Text - El texto a dibujar.
x - la parte izquierda del punto de partida
y - la parte superior del punto de partida
Typeface1 - Tipo de letra (font) a utilizar.
TextSize - Este valor se escalará automáticamente, por lo que no debe hacerlo usted mismo.
Color – Color del texto.
Align - La alineación referida al origen. Uno de los siguientes valores: "LEFT", "CENTER", "RIGHT" ("IZQUIERDA", "CENTRO", "DERECHA").
Degrees - Grados para girar en el sentido de las agujas del reloj. Los números negativos girarán en sentido contrario a las agujas del reloj.

Ejemplo para dibujar texto girado en el centro de la pantalla:

```
Dim Canvas1 As Canvas
Canvas1.Initialize(Activity)
Canvas1.DrawTextRotated("¡B4A es fantástico!", _
 50%x, 50%y, Typeface.DEFAULT_BOLD, 20, Colors.Blue, "CENTER", 90)
Activity.Invalidate
```

Initialize (Target As View)

Inicializa el canvas para dibujar en una vista.
El fondo de la vista se dibujará en el canvas durante la inicialización.
Tenga en cuenta que no debe cambiar el fondo de la vista después de llamar a este método. Ejemplo:

```
Dim Canvas1 As Canvas
Canvas1.Initialize(Activity) 'este canvas se dibujará sobre el fondo
de la actividad
```

Initialize2 (Bitmap1 As Bitmap)

Inicializa el canvas para dibujar en este bitmap. El mapa de bits debe ser mutable. Los mapas de bits creados a partir de archivos o canales de entrada NO son mutables.

MeasureStringHeight (Text As String, Typeface As Typeface, TextSize As Float) As Float

Devuelve la altura del texto dado en el parámetro *Text*. Ejemplo de dibujo de un texto azul con un rectángulo blanco como fondo:

```
Dim Canvas1 As Canvas
Dim Rect1 As Rect
Dim width, height As Float
Dim t As String
Canvas1.Initialize(Activity)
t = "Texto a Escribir"
width = Canvas1.MeasureStringWidth(t, Typeface.DEFAULT, 14)
height = Canvas1.MeasureStringHeight(t, Typeface.DEFAULT, 14)
Rect1.Initialize(100dip, 100dip, 100dip + width, 100dip + height)
Canvas1.DrawRect(Rect1, Colors.White, True, 0)
Canvas1.DrawText(t, Rect1.Left, Rect1.Bottom, Typeface.DEFAULT, 14,
Colors.Blue, "LEFT")
Activity.Invalidate
```

MeasureStringWidth (Text As String, Typeface1 As Typeface, TextSize As Float) As Float

Devuelve el ancho del texto dado. Vea MeasureStringHeight arriba para un ejemplo.

RemoveClip

Elimina la región recortada previamente.

ColorDrawable

Un dibujable que tiene un color sólido y puede tener esquinas redondeadas. Ejemplo para colorear un botón verde:

```
Dim Button1 As Button
Dim cd As ColorDrawable
Button1.Initialize("test")
Activity.AddView(Button1, 10dip, 10dip, 80dip, 50dip)
cd.Initialize(Colors.Green, 5dip)
Button1.Background = cd
Button1.Text = "Test"
Activity.Invalidate
```

Este es un objeto `Activity`; no puede declararse en `Sub Process_Globals`.

Initialize (Color As Int, CornerRadius As Int)

Inicializa el dibujable con el color y el radio de la esquina indicados.

Initialize2 (Color As Int, CornerRadius As Int, BorderWidth As Int, BorderColor As Int)

Inicializa el dibujable con el color y el radio de la esquina dados, y con un borde de la anchura y el color especificados. Cambiando `cd.Initialize` en el ejemplo de arriba a:

```
cd.Initialize2(Colors.Green, 5dip, 5dip, Colors.Red)
```

Producirá lo siguiente:

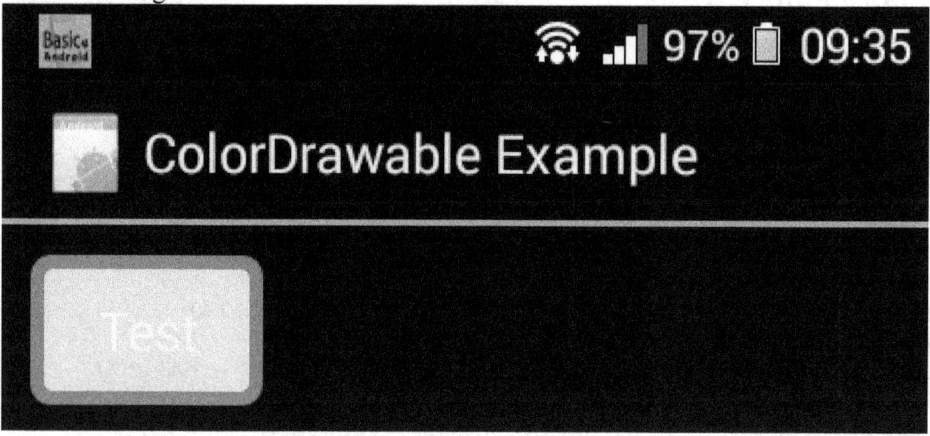

IsInitialized As Boolean

Si se ha inicializado `ColorDrawable` utilizando el método `Initialize`.

GradientDrawable

Un dibujable que tiene un color degradado y puede tener esquinas redondeadas.
Este es un objeto `Activity`; no puede declararse en `Sub Process_Globals`.
Ejemplo para dibujar un gradiente, con esquinas redondeadas, dentro de un panel:

```
' crear el panel para recibir el gradiente
Dim pnlTest As Panel
pnlTest.Initialize("")
Activity.AddView(pnlTest,20dip,20dip,100dip,100dip)
' Crea un gradient de color
Dim cols(2) As Int
cols(0) = Colors.Red
cols(1) = Colors.Blue
' crear el gradiente
Dim gd1 As GradientDrawable
gd1.Initialize("TL_BR",cols)
gd1.CornerRadius = 20dip
' añadir el gradiente al panel
pnlTest.Background=gd1
```

Miembros:

CornerRadius As Float [write only]

Define el radio de las esquinas del "rectángulo". Se ajusta a 0 para las esquinas cuadradas. Ejemplo:

```
Gradient1.CornerRadius = 20dip
```

Initialize (Orientation1 As Orientation, Colors() As Int)

Inicializa este objeto.

Orientation - La orientación del gradiente. Puede ser uno de los siguientes valores:
"TOP_BOTTOM"
"TR_BL" (Top-Right a Bottom-Left)
"RIGHT_LEFT"
"BR_TL" (Bottom-Right a Top-Left)
"BOTTOM_TOP"
"BL_TR" (Bottom-Left a Top-Right)
"LEFT_RIGHT"
"TL_BR" (Top-Left a Bottom-Right)
Colors - Un array con los colores del gradiente.
Ejemplo:

```
Dim Gradient1 As GradientDrawable
Dim Clrs(2) As Int
Clrs(0) = Colors.Black
Clrs(1) = Colors.White
Gradient1.Initialize("TOP_BOTTOM", Clrs)
```

IsInitialized As Boolean

Si se ha inicializado `GradientDrawable` utilizando el método `Initialize`.

Path

Un `Path` es un conjunto de puntos que representan un trayecto conectado. El primer punto se establece cuando se inicializa la trayectoria, y luego se añaden otros puntos con `LineTo`.

Miembros:

Initialize (x As Float, y As Float)

Inicializa la ruta y fija el valor del primer punto.
x - la parte izquierda del punto de partida
y - la parte superior del punto de partida

IsInitialized As Boolean
Si `Path` ha sido inicializado utilizando el método `Initialize`.

LineTo (x As Float*, y* As Float*)*
Añade una línea desde el último punto hasta el punto especificado.
x - la izquierda del punto final
y - a parte superior del punto final.

Rect
Contiene cuatro coordenadas que representan un rectángulo.

Miembros:

Bottom As Int

CenterX As Int *[read only]*
Devuelve el centro horizontalmente medido desde la izquierda.

CenterY As Int *[read only]*
Devuelve el centro verticalmente medido desde arriba.

Height As Int

Initialize (Left As Int*, Top* As Int*, Right* As Int*, Bottom* As Int*)*

IsInitialized As Boolean
Si se ha inicializado `Rect` utilizando el método `Initialize`.

Left As Int

Right As Int

Top As Int

Width As Int

StateListDrawable
Un drawable que contiene otros drawables y elige el actual basado en el estado de la vista, tal como `State_Checked`. Este es un objeto `Activity`; no puede declararse en `Sub Process_Globals`.
Se puede definir en código de la siguiente forma:

```
Dim sld As StateListDrawable
```

o en el Diseñador como la propiedad `Background` de `Buttons`.
Hay dos opciones para la propiedad `Drawable` de un botón:
- `DefaultDrawable`, que se configure por defecto y usa colores predeterminados
- `StatelistDrawable`, le permite elegir los colores personalizados

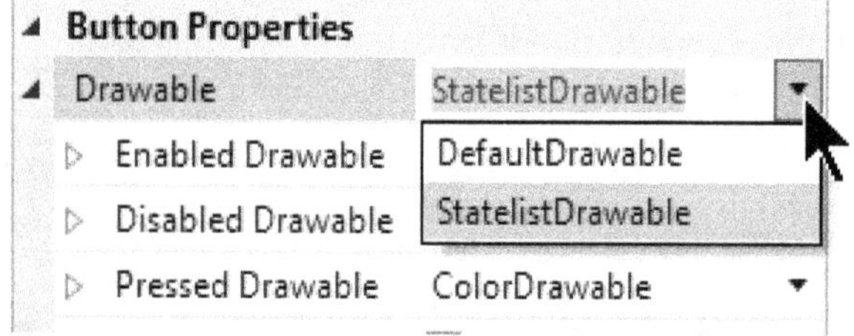

Un botón con la propiedad StatelistDrawable tiene tres estados:
- Enabled Drawable – Lo que ves cuando el botón está habilitado
- Disabled Drawable – Lo que ves cuando está deshabilitado
- Pressed Drawable – Lo que se ve cuando se pulsa

Cada estado tiene su propio Drawable, que puede ser **ColorDrawable**, **GradientDrawable** o **BitmapDrawable**.

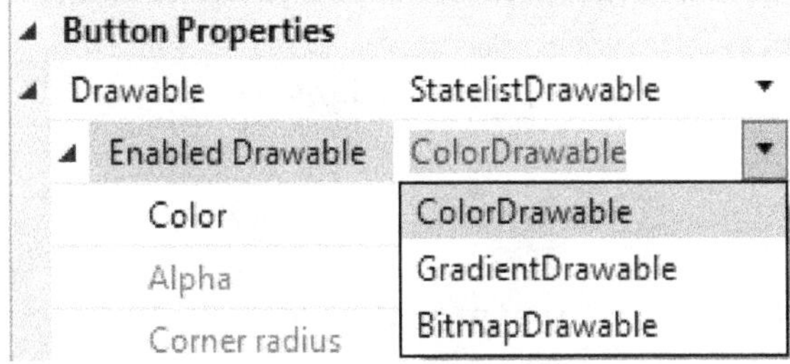

Ejemplo:

```
' crear un botón para usar StateListDrawable como fondo
Dim tb As ToggleButton
tb.Initialize("")
tb.Checked = False
tb.TextColor = Colors.Blue
tb.TextSize = 20
tb.Typeface = Typeface.DEFAULT_BOLD
' crear colorDrawables
Dim checked, unchecked As ColorDrawable
checked.Initialize(Colors.Green, 10dip)
unchecked.Initialize(Colors.Red, 10dip)
' crear StateListDrawable
Dim sld As StateListDrawable
sld.Initialize
' añadir colorDrawables a StateListDrawable
sld.AddState(sld.State_Checked, checked)
sld.AddState(sld.State_Unchecked, unchecked)
' añadir StateListDrawable al botón
tb.Background = sld
' mostrar botón
Activity.AddView(tb, 100dip, 100dip, 100dip, 100dip)
```

Proyecto de Ejemplo

Puede descargar el proyecto ButtonStateDrawables de la página (http://bit.ly/1IjLiwC) de recursos de este libro, para tener un proyecto de ejemplo que utiliza código y un diseño elaborado con el diseñador para crear botones con **StateListDrawable** y establecer **ColorDrawable, GradientDrawable** y **BitmapDrawable.**

Miembros:

AddCatchAllState (Drawable1 As Drawable)

Añade el **Drawable** que se usará si ningún otro estado coincide con el estado actual.
Nota: este debe ser siempre el último estado. Los estados añadidos después de éste no se utilizarán nunca.

AddState (State As Int, Drawable1 As Drawable)

Añade un par de estado **State** y un dibujable **Drawable**. Ejemplo (ver arriba para el código completo):

```
sld.AddState(sld.State_Checked, checked)
```

Nota: si añade el mismo estado dos veces, se utilizará el primero añadido.

AddState2 (State() As Int, Drawable1 As Drawable)

Añade un par de estado **State** y un dibujable **Drawable**. El estado se compone de una combinación de estados.

Nota: No debe reutilizar el array especificado ya que se usa internamente por `StateListDrawable`.

Nótese también: el orden de los estados es muy importante. Se usará el primer estado que coincida.

Initialize

Inicializa el objeto.

IsInitialized As Boolean

Si `StateListDrawable` se ha inicializado utilizando el método `Initialize`.

State_Checked As Int

State_Disabled As Int

State_Enabled As Int

State_Focused As Int

State_Pressed As Int

State_Selected As Int

State_Unchecked As Int

Exception

Tiene la excepción producida. Puede acceder a la última excepción llamando a `LastException`. Ejemplo:

```
Try
  Dim in As InputStream
  in = File.OpenInput(File.DirInternal, "SomeMissingFile.txt")
  ' etc
Catch
  ' salta aquí si hay una excepción
  Log(LastException.Message)
End Try
If in.IsInitialized Then in.Close
```

Miembros:

IsInitialized As Boolean

Si `Exception` se ha inicializado. Ejemplo:

```
If LastException.IsInitialized Then
```

Message As String [solo lectura]

Files

Muchas aplicaciones requieren acceso a almacenamiento persistente. Los dos tipos de almacenamiento más comunes son los archivos y las bases de datos. Aquí nos ocuparemos de los archivos. Las bases de datos tienen un capítulo propio (p.228).
En esta sección explicamos cómo utilizar los archivos.
A continuación se enumeran los métodos que pertenecen a los siguientes objetos relacionados con los archivos:
File Object (p.393)
Input Stream (p.397)
OutputStream (p.398)
TextReader (p.398)
TextWriter (p.400)

Nombre de Archivos

Los nombres de archivos Android permiten los siguientes caracteres:
a hasta z, A hasta Z, 0 hasta 9 . _ + - % &
No se permite; Espacios, "*" y "?".
Tenga en cuenta que los nombres de archivos Android distinguen entre mayúsculas y minúsculas, de modo que "MyFile.txt" es diferente de "myfile.txt".

Añadiendo Archivos a su Proyecto

Si quiere incluir archivos con su App, debe añadirlos a la carpeta Files de su proyecto. Una forma de hacerlo es usando la ventana del Administrador de Archivos (p.103) en el IDE y haciendo clic en "Añadir Archivos".

Ubicaciones de Carpetas en el Dispositivo

Tu aplicación puede acceder a las siguientes carpetas en tu dispositivo:

File.DirAssets

La carpeta que incluye los archivos que se agregaron a la carpeta Files en su proyecto. **Estos archivos son de sólo lectura**. Estos archivos se almacenan en el APK en la memoria principal del dispositivo.
Nota: también se pueden encontrar copias de estos archivos en una carpeta virtual_assets de `File.DirDefaultExternal`.
Si tiene un archivo de base de datos en la carpeta DirAssets, antes de poder usarlo necesita copiarlo a otra carpeta. Para lo que puede utilizar la función DBUtils.CopyDBFromAssets (p.233).

Almacenamiento "Interno"

Hay dos ubicaciones que usan almacenamiento "interno" o privado. Es "privado" porque otras aplicaciones y el usuario normalmente no pueden verlo. **Sin embargo**, si el usuario ha "rooteado" el dispositivo, si podrá verlo.
Nota: dado que el almacenamiento interno ofrece la máxima protección para los datos almacenados, debe almacenar los datos confidenciales en el almacenamiento interno. Específicamente, los archivos de configuración y de registro sólo deben almacenarse en `File.DirInternal` donde puedan ser protegidos más adecuadamente.
El almacenamiento interno se encuentra en la memoria principal del dispositivo.

File.DirInternalCache

File.DirInternalCache es un directorio "interno" (ver arriba) donde su aplicación debería guardar los archivos temporales de caché en lugar de almacenarlos de forma persistente.

Cuando el dispositivo tiene poco espacio de almacenamiento interno, Android puede eliminar estos archivos de caché para recuperar espacio.
Pero tenga en cuenta que no debe confiar en que el sistema se encargue de limpiar estos archivos por usted. Siempre debería mantener los archivos de caché manualmente y mantenerse dentro de un límite razonable de espacio consumido, como 1 MB.
Cuando el usuario desinstala la aplicación, estos archivos se eliminan.
Una ubicación típica es:
/data/data/<Build Configuration Package Name>/cache

File.DirInternal

Véase la nota anterior sobre el almacenamiento "Interno".
Aquí es donde se almacenan los datos privados de su App, como los archivos de configuración y de registro.
Una ubicación típica es:
/data/data/<Build Configuration Package Name>/files

Almacenamiento "Externo"

Las dos siguientes localizaciones son almacenamiento público en la memoria principal del dispositivo. El usuario y otras aplicaciones pueden ver y modificar estos datos.
Nota: El uso de la palabra "External" puede ser confuso, ya que este directorio se encuentra en el almacenamiento interno del dispositivo, no en la tarjeta SD externa.
El acceso a la tarjeta de almacenamiento externo ha cambiado a medida que se ha ido desarrollando Android.
A partir de Android 1.0, el acceso de escritura está protegido con el permiso WRITE_EXTERNAL_STORAGE.
A partir de Android 4.1, el acceso de lectura está protegido con el permiso READ_EXTERNAL_STORAGE.
A partir de Android 4.4, las aplicaciones pueden gestionar sus directorios específicos de paquetes en almacenamiento externo sin necesidad de permisos WRITE_EXTERNAL_STORAGE. Más detalles aquí (http://bit.ly/1HjxTxQ).
Con B4A, puede comprobar estos permisos con `File.ExternalReadable` y `File.ExternalWritable`.
Nota: puesto que el almacenamiento externo ofrece una protección mínima para los datos almacenados, no debe almacenar datos confidenciales en un almacenamiento externo. En particular, los archivos de configuración y de registro sólo deben almacenarse en `File.DirInternal`, donde pueden protegerse de forma más eficaz.

File.DirRootExternal

Véase la nota anterior sobre el almacenamiento "externo".
Esta es la carpeta utilizada por muchas aplicaciones ya que es fácil para el usuario encontrar y conocer su origen.
Nota: Si va a utilizar esta ubicación, seguramente necesitará crear una carpeta aquí, ya que de lo contrario sus archivos tenderán a saturar la raíz de esta carpeta junto con otros archivos.
Una ubicación típica es: /storage/emulated/0

File.DirDefaultExternal

Véase la nota anterior sobre el almacenamiento "externo".
Esta es una subcarpeta dentro de `File.DirRootExternal` (ver arriba) que Android crea para tu App.
Al igual que `File.DirRootExternal`, es de lectura pública, pero es más difícil de encontrar para el usuario que una carpeta almacenada allí.

Puede chequear si se puede leer o escribir con **`File.ExternalReadable`** y **`File.ExternalWritable`**.
Como se mencionó anteriormente, las copias de **`File.DirAssets`** pueden almacenarse aquí, dentro de una carpeta virtual_assets.
Una ubicación típica de **`File.DirDefaultExternal`** es:
/storage/emulated/0/Android/data/<Build Configuration Package Name >/files

SD Card

Almacenamiento específico para su App en la tarjeta SD, si esta existe. Puede encontrarla usando **`getExternalFilesDirs`**, como se muestra en el siguiente código.
Una ubicación típica es:
/storage/external_SD/Android/data/<Build Configuration Package Name >/files

Cómo encontrar la localización de sus carpetas

Puede encontrar todas las ubicaciones de las carpetas anteriores con el siguiente código. Tenga en cuenta que **`getExternalFilesDirs`** devolverá la misma ubicación que **`file.DirDefaultExternal`** y luego la ubicación del almacenamiento de su aplicación en la tarjeta SD, si esta existe:

```
Sub Activity_Create(FirstTime As Boolean)
  Log("File.DirInternal=" & File.DirInternal)
  Log("file.DirDefaultExternal=" & File.DirDefaultExternal)
  Log("File.DirRootExternal=" & File.DirRootExternal)
  Log("File.DirInternalCache=" & File.DirInternalCache)

  Log("Using getExternalFilesDirs")
  Dim paths() As Object = GetContext.RunMethod( _
    "getExternalFilesDirs", Array(Null))
  For Each p As Object In paths
    Log(p)
  Next
End Sub

Sub GetContext As JavaObject
  Return GetBA.GetField("context")
End Sub

Sub GetBA As JavaObject
  Dim jo As JavaObject
  Dim cls As String = Me
  cls = cls.SubString("class ".Length)
  jo.InitializeStatic(cls)
  Return jo.GetFieldJO("processBA")
End Sub
```

Codificación de Texto

A veces es útil leer o escribir archivos de texto usando B4A. Hay dos objetos que le ayudarán a hacerlo: TextReader (p.398) y TextWriter (p.400). Aquí describimos cómo se codifica y almacena el texto dentro de un archivo. Puesto que su aplicación puede trabajar con diferentes idiomas y puede importar archivos con varios formatos, una conocimiento básico puede ayudar a superar algunos posibles problemas.

La codificación es una forma de convertir un conjunto de caracteres en datos binarios en un formato estándar para que los datos puedan ser intercambiados entre sistemas.

Unicode

Originalmente, (en 1963), los caracteres en inglés estaban codificados en ASCII. A medida que la informática se extendía a otros idiomas, se inventó el sistema Unicode (en 1988), que permitía codificar todos los idiomas del mundo. Vea aquí (http://bit.ly/1OwgFDm) una lista de caracteres y sus códigos Unicode.
Unicode puede ser implementado por diferentes sistemas de codificación (también llamados Páginas de Código o Juegos de Caracteres). Las codificaciones más utilizadas son UTF-8 y UTF-16.

Juego de Caracteres de Android

Android puede utilizar los siguientes juegos de caracteres:

- UTF-8 - juego de caracteres por defecto en Android
- UTF-16
- UTF-16 BE
- UTF-LE
- US-ASCII - ASCII juego de caracteres
- ISO-8859-1 - casi equivalente al juego de caracteres ANSI
- Windows-1252

El juego de caracteres por defecto en Android es Unicode UTF-8.

Juego de Caracteres de Windows

En Windows, los juegos de caracteres más comunes son ASCII y Windows-1252 .

ASCII

ASCII es una codificación de 7 bits, que permite definiciones de 128 caracteres. 33 son caracteres de control que no se imprimen (ahora en su mayoría obsoletos) y que afectan a la forma en que se procesa el texto y el caracter de espacio.

Windows-1252

Windows-1252 o CP-1252, (a menudo erróneamente denominado ANSI), es una codificación de caracteres del alfabeto latino, utilizado por defecto en los componentes heredados de Microsoft Windows en inglés y algunos otros idiomas occidentales con 256 definiciones (un byte). Los primeros 128 caracteres son los mismos que en la codificación ASCII. Vea aquí (http://bit.ly/1JgIvmS) o aquí (http://bit.ly/1JgIxv5) para más información.
Muchos archivos generados por los programas de Windows están codificados con el juego de caracteres Windows-1252 en los países occidentales, por ejemplo, de forma predeterminada los archivos CSV de Excel y los archivos de Bloc de notas. (Tenga en cuenta que el Bloc de notas también puede guardar archivos con codificación UTF-8.)
Para leer archivos de Windows codificados con Windows-1252, debe usar el juego de caracteres Windows-1252. Si necesita escribir archivos para usarlos con Windows, también debe usar el juego de caracteres Windows-1252.
Para leer o escribir archivos con una codificación diferente, debe utilizar los objetos TextReader (p.398) o TextWriter (p.400) con los métodos `Initialize2`.

El Carácter(es) de fin de línea

Otra diferencia entre Windows y Android es el carácter de fin de línea. En Android (siguiendo el modelo Linux), sólo se añade el carácter Line Feed LF, Chr(10) al final de una línea.
El símbolo B4A para el final de línea es **`CRLF`**.:

```
lblComments.Text = "Introduzca el resultado" & CRLF & "y pulse OK"
```

Su forma de denominarlo puede ser ligeramente confusa, ya que en realidad es sólo el carácter LF Chr(10). Se eligió el nombre porque tiene el mismo efecto que CR+LF en Windows.

En Windows, se añaden dos caracteres, Carriage Return CR, Chr(13) y LF, al final de cada línea. Por lo tanto, si necesita escribir archivos para Windows, debe agregar CR usted mismo:

```
str = str.Replace(CRLF, Chr(13) & Chr(10))
```

Leyendo y Escribiendo Archivos Excel

Excel puede guardar hojas de cálculo en formato CSV ("Comma Separated Values"). Hay dos funciones, `LoadCSV` y `LoadCSV2` en la librería de StringUtils, que pueden leer archivos CSV y una que puede guardar un archivo CSV. Consulte la documentación de la librería StringUtils (p.635) para ver ejemplos. NO es necesario cambiar el formato de los archivos cuando se transfieren estos archivos CSV entre un PC con Windows y un dispositivo Android.

Marcas de orden de bytes (BOM. Byte Order Marks)

Los programas de Windows como NotePad o NotePad++ (http://bit.ly/1OwgPuy) pueden guardar archivos con varias codificaciones como ANSI (más correctamente llamado Windows-1252), Unicode, Unicode big endian y UTF-8.

- Si guarda un archivo codificado como Windows-1252, sólo se guarda el texto.
- Si codifica con Unicode, se añaden 0xFF 0xFE al principio y 0x00 bytes entre cada uno de los caracteres de Windows-1252.
- Si codifica con Unicode big endian, se añaden 0xFE 0xFF al principio y 0x00 bytes entre cada uno de los caracteres de Windows-1252.
- Si codifica con UTF-8 (el estándar Android), se añaden 0xEF,0xBB,0xBF al principio pero no se añaden bytes adicionales entre caracteres.

Puede examinar el contenido hexadecimal de un archivo utilizando un editor como HexEdit4 (http://bit.ly/1CWG73p).

Los bytes adicionales añadidos al principio del archivo se denominan caracteres BOM (Byte Order Mark (http://bit.ly/1TTblNc)). Si guarda un archivo con codificación UTF-8 y abre en un editor de texto o navegador web que interpreta el texto como Windows-1252, los caracteres `ï»¿` se mostrarán al principio. Para evitar esto, codifique en Windows-1252.

Para cambiar el texto de Windows-1252 a UTF-8, use código B4A como:

```
Dim var, result As String
var = "Gestión"
Dim arrByte() As Byte
arrByte = var.GetBytes("Windows-1252")
result = BytesToString(arrByte, 0, arrByte.Length, "UTF8")
```

File Object

File es un objeto predefinido que contiene métodos para trabajar con archivos. El objeto File incluye varios métodos para escribir en archivos y leer de ellos. Para poder leer o escribir en un archivo, debe estar abierto.

"Predefinido" significa que no necesita declararlo usted mismo. Por lo tanto, para cada una de las siguientes opciones, debe anteponer File al método. Por ejemplo, `File.Exists`.

Nota: el sistema de archivos Android distingue entre mayúsculas y minúsculas.

Miembros:

Combine (Dir As String, FileName As String) As String

Devuelve la ruta completa al archivo indicado.

Este método no admite archivos en la carpeta de recursos.

Copy (DirSource As String, FileSource As String, DirTarget As String, FileTarget As String)

Copia el archivo de origen especificado al nombre del archivo de destino.

Nota: no es posible copiar archivos a la carpeta de recursos.

Copy2 (In As java.io.InputStream, Out As java.io.OutputStream)

Copia todos los datos disponibles del flujo de entrada al flujo de salida.
El flujo de entrada se cierra automáticamente al final, pero para el flujo de salida es necesario que lo cierre.

Copy2Async (In As java.io.InputStream, Out As java.io.OutputStream) As Object

Copia asincrónicamente todos los datos disponibles del flujo de entrada al flujo de salida. El flujo de entrada se cierra automáticamente al final. Devuelve un objeto que debería utilizarse como filtro de remitente. Ejemplo:

```
Wait For (File.Copy2Async(in, out)) Complete (Success As Boolean)
Log("Éxito: " & Success)
```

CopyAsync (DirSource As String, FileSource As String, DirTarget As String, FileTarget As String) As Object

Copia asincrónicamente el archivo de origen a la ruta de destino. Fíjese que no es posible copiar archivos a la carpeta de Recursos. Devuelve un objeto que debería utilizarse como filtro de remitente. Ejemplo:

```
Wait For (File.CopyAsync(File.DirAssets, "1.txt", File.DirInternal,
"1.txt")) Complete (Success As Boolean)
Log("Éxito: " & Success)
```

Delete (Dir As String, FileName As String) As Boolean

Elimina el archivo especificado **FileName** en el directorio especificado **Dir**. Si FileName es el nombre de un directorio, debe estar vacío para poder ser eliminado. Devuelve True si el archivo se ha eliminado correctamente. Ejemplo:

```
File.MakeDir(File.DirRootExternal, "A123Test")
If File.Delete(File.DirRootExternal, "A123Test") Then
  ToastMessageShow("Success", False)
Else
  ToastMessageShow("NO Success", False)
End If
```

Nota: los archivos de la carpeta de recursos no se pueden eliminar.

DirAssets As String [read only]

Devuelve una referencia a los archivos añadidos a la pestaña Archivos. Estos archivos son de sólo lectura. Consulte Ubicaciones de Carpetas en el Dispositivo (p.389) para obtener más detalles.

DirDefaultExternal As String [read only]

Devuelve la carpeta "external" predeterminada de la aplicación, que se basa en el nombre del paquete.
La carpeta se crea si es necesario. Consulte Ubicaciones de Carpetas en el Dispositivo (p.389) para obtener más detalles.

DirInternal As String [read only]

Devuelve la carpeta del almacenamiento "interno" del dispositivo que se utiliza para guardar los datos privados de la aplicación. Consulte Ubicaciones de Carpetas en el Dispositivo (p.389) para obtener más detalles.

DirInternalCache As String [read only]

Devuelve la carpeta del almacenamiento "interno" del dispositivo que se utiliza para guardar los datos de la caché de aplicaciones.
Estos datos se borrarán automáticamente cuando el dispositivo se quede sin almacenamiento. Consulte Ubicaciones de Carpetas en el Dispositivo (p.389) para obtener más detalles.

DirRootExternal As String [read only]
Devuelve la carpeta raíz del medio de almacenamiento externo. Consulte Ubicaciones de Carpetas en el Dispositivo (p.389) para obtener más detalles.

Exists (Dir As String, FileName As String) As Boolean
Devuelve `True` si el **FileName** especificado existe en el **Dir**.
Recuerde siempre que el sistema de archivos Android distingue entre mayúsculas y minúsculas.
Ejemplo:

```
If File.Exists(File.DirDefaultExternal, "MyFile.txt") Then ...
```

ExternalReadable As Boolean [read only]
Devuelve `True` si el medio de almacenamiento "externo" puede leerse. Consulte Ubicaciones de Carpetas en el Dispositivo (p.389) para obtener más detalles.

ExternalWritable As Boolean [read only]
Devuelve `True` si el medio de almacenamiento "externo" puede escribirse (y también leerse). Consulte Ubicaciones de Carpetas en el Dispositivo (p.389) para obtener más detalles.

```
Dim directory As String
If File.ExternalWritable Then
  directory = File.DirDefaultExternal
Else
  directory = File.DirInternal
End If
```

GetText (Dir As String, FileName As String) As String
Lee el archivo completo y devuelve su texto. Se supone que el archivo está codificado con UTF8.

IsDirectory (Dir As String, FileName As String) As Boolean
Devuelve `TRUE` si el archivo especificado es un directorio.

LastModified (Dir As String, FileName As String) As Long
Devuelve la última fecha de modificación del archivo especificado. Este método no admite archivos en la carpeta de recursos.
Ejemplo:

```
Dim d As Long
d = File.LastModified(File.DirRootExternal, "1.txt")
Msgbox(DateTime.Date(d), "Last modified")
```

ListFiles (Dir As String) As List
Devuelve una lista de sólo lectura con todos los archivos y directorios que se almacenan en la ruta especificada. Ejemplo:

```
Dim List1 As List
List1 = File.ListFiles(File.DirRootExternal)
```

List1 se puede declarar en `Sub Globals`.
Se devolverá una lista no inicializada si la carpeta no es accesible.

ListFilesAsync (Dir As String) As Object
Versión asíncrona de ListFiles. Debe utilizarse con Wait For. Ejemplo:

```
Wait For (File.ListFilesAsync(Dir)) Complete (Success As Boolean,
Files As List)
```

MakeDir (Parent As String, Dir As String)
Crea la carpeta indicada. Ejemplo:

```
File.MakeDir(File.DirInternal, "Pictures")
```

También puede crear una subcarpeta. Todas las carpetas se crearán según sea necesario. Ejemplo:

```
File.MakeDir(File.DirInternal, "music/90/pop/favorites")
```

Para acceder a un archivo de la carpeta, utilice

```
ImageView1.Bitmap = LoadBitmap(File.DirInternal &
"/music/90/pop/favorites", "test1.png")
```

O

```
ImageView1.Bitmap = LoadBitmap(File.DirInternal,
"/music/90/pop/favorites/test1.png")
```

OpenInput (Dir As String, FileName As String) As InputStream

Abre el archivo para su lectura. El archivo, especificado por **FileName**, se encuentra en la carpeta especificada por **Dir**.

Nota: el sistema de archivos Android distingue entre mayúsculas y minúsculas.

OpenOutput (Dir As String, FileName As String, Append As Boolean) As OutputStream

Abre para escritura (o lo crea si no existe) el archivo especificado por **FileName** que se encuentra en la carpeta **Dir**. Si **Append** es `True`, los nuevos datos se escribirán al final del archivo existente.

Ejemplo:

```
Dim outFile As TextWriter
outFile.Initialize(File.OpenOutput(strMyFolder,"temp.txt",False))
outFile.Write("hello")
outFile.Close
```

ReadBytes (Dir As String, FileName As String) As Byte()

Lee los datos del archivo indicado.

ReadList (Dir As String, FileName As String) As List

Lee el archivo completo y devuelve todas las líneas como una lista de cadenas de texto.

Ejemplo:

```
Dim List1 As List
List1 = File.ReadList(File.DirDefaultExternal, "1.txt")
For i = 0 to List1.Size - 1
  Log(List1.Get(i))
Next
```

ReadMap (Dir As String, FileName As String) As Map

Lee un archivo que ha sido escrito previamente por `File.WriteMap`. `ReadMap` procesa cada línea como un par clave-valor (de cadenas) y las añade a un objeto Map, que luego devuelve.

```
mapCopy = File.ReadMap(File.DirDefaultExternal, "savedMap")
```

El mapCopy original se sobrescribe con los datos guardados. Tenga en cuenta que el orden de las entradas devueltas puede ser diferente al orden original.

ReadMap2 (Dir As String, FileName As String, Map As Map) As Map

Igual que `ReadMap`, excepto que los elementos recuperados del archivo se añaden al mapa existente.

ReadString (Dir As String, FileName As String) As String

Lee el archivo y devuelve su contenido como una cadena. Ejemplo:

```
Dim text As String
text = File.ReadString(File.DirRootExternal, "1.txt")
```

Size (Dir As String, FileName As String) As Long

Devuelve el tamaño en bytes del archivo especificado. Este método no admite archivos en la carpeta de recursos.

WriteBytes (Dir As String, FileName As String, Data As Byte)

Escribe los datos en el archivo indicado.

WriteList (Dir As String, FileName As String, List As List)

Escribe cada elemento de la lista **List** como una sola línea en el archivo de salida. Todos los valores se convierten al tipo de cadena si es necesario. Cada valor se almacenará en una línea separada. Si el archivo ya existe, se sobrescribirá.
Nota: un valor en Lista **List** que contenga CRLF, o un nuevo carácter de línea, se guardará como dos líneas. Al leer posteriormente el archivo con `ReadList`, se leerán como dos elementos.
Ejemplo:

```
File.WriteList (File.DirInternal, "mylist.txt", List1)
```

WriteMap (Dir As String, FileName As String, Map1 As Map)

Toma un objeto **Map** (que almacena pares de elementos clave y valor), convierte todos los valores en cadenas, crea un nuevo archivo de texto y almacena los pares clave/valor, cada par como una sola línea. Este formato de archivo facilita la edición manual del archivo. El archivo se sobrescribirá si ya existe.
Un uso habitual de `File.WriteMap` es guardar un objeto Map con las "configuraciones" en un archivo. Puede utilizar `File.ReadMap` para leer este archivo.

WriteString (Dir As String, FileName As String, Text As String)

Escribe el texto dado a un archivo. Si el archivo ya existe, se sobrescribirá.
Ejemplo:

```
File.WriteString(File.DirRootExternal, "1.txt", "Some text")
```

InputStream

Un flujo del que se puede leer. Normalmente pasará el flujo a un objeto de "nivel superior" como `TextReader` que se encargará de la lectura. Puede utilizar `File.OpenInput` para obtener un flujo de entrada de archivos.
Ejemplo:

```
Dim streamInput As InputStream
streamInput = File.OpenInput(File.DirAssets, "test.txt")
Dim tr As TextReader
tr.Initialize(streamInput)
```

Miembros:

BytesAvailable As Int

Devuelve una estimación del número de bytes disponibles.
Nota: si llama a `InputStream.ReadBytes` en un flujo de red, entonces el hilo esperará a que al menos un único byte esté disponible. ¡En la mayoría de los casos esto hará que su aplicación se cuelgue! Por lo tanto, siempre debe utilizar `InputStream.BytesAvailable` antes de llamar a `ReadBytes`, para evitar bloquear el hilo principal.

Close

Cierra el flujo.

InitializeFromBytesArray (Buffer() As Byte, StartOffset As Int, MaxCount As Int)

Utilice `File.OpenInput` para obtener un flujo de entrada de archivos. Este método se debe utilizar para inicializar el flujo de entrada y configurarlo para que lea desde el array de bytes **Buffer()** .
StartOffset - El primer byte a leer.
MaxCount - Número máximo de bytes a leer.

IsInitialized As Boolean

Si el InputStream se ha inicializado utilizando `InitializeFromBytesArray`.

ReadBytes (Buffer() As Byte, StartOffset As Int, MaxCount As Int) As Int

Lee hasta un máximo de **MaxCount** bytes del flujo y lo escribe en el **Buffer** dado. El primer byte se escribirá en **StartOffset**. Devuelve el número de bytes leídos realmente. Devuelve -1 si no hay más bytes que leer. De lo contrario, devuelve al menos un byte.
Nota: si llama a `InputStream.ReadBytes` en un flujo de red, entonces el hilo esperará a que al menos un byte esté disponible. ¡En la mayoría de los casos esto hará que su App se cuelgue! Por lo tanto, siempre debe utilizar `InputStream.BytesAvailable` antes de llamar a `ReadBytes`, para evitar bloquear el hilo principal.
Ejemplo:

```
Dim buffer(1024) As byte
count = InputStream1.ReadBytes(buffer, 0, buffer.length)
```

OutputStream

Un flujo al que puedes escribir. Normalmente, pasará el flujo a un objeto de "nivel superior" como `TextWriter` el cual se encargará de la escritura.
Use `File.OpenOutput` para obtener un flujo de salida de archivos.

Miembros:

Close

Cierra el flujo.

Flush

Elimina cualquier dato almacenado en el búfer.

InitializeToBytesArray (StartSize As Int)

Use `File.OpenOutput` para obtener un flujo de salida de archivos. Este método se debe utilizar para escribir datos en un byte-array.
StartSize - El tamaño inicial del byte-array interno. El tamaño aumentará si es necesario.

IsInitialized As Boolean

Si el `OutputStream` se ha inicializado usando `InitializeFromBytesArray`.

ToBytesArray As Byte()

Devuelve una copia del byte-array interno. Sólo se puede utilizar cuando el flujo de salida se ha inicializado con `InitializeToBytesArray`.

WriteBytes (Buffer() As Byte, StartOffset As Int, Length As Int)

Escribe el búfer al flujo de salida. El primer byte a escribir es Buffer(StartOffset), y el último es Buffer(StartOffset + Length - 1).

TextReader

Lee texto del flujo correspondiente. Ejemplo:

```
Dim streamInput As InputStream
streamInput = File.OpenInput(File.DirAssets, "test.txt")
Dim tr As TextReader
tr.Initialize(streamInput)
Dim strLine As String
strLine = tr.ReadLine
Do While strLine <> Null
 Log (strLine)
 strLine = tr.ReadLine
Loop
streamInput.Close
```

Miembros:

Close

Cierra el flujo.

Initialize (InputStream As java.io.InputStream)

Inicializa un TextReader como envoltura del **InputStream** dado, usando la codificación (p.391) UTF8. Ejemplo:

```
In = File.OpenInput(File.DirAssets, "myFile.txt")
txtReader.Initialize(In)
strRead = txtReader.ReadAll
```

Initialize2 (InputStream As java.io.InputStream, Encoding As String)

Inicializa este objeto como envoltura del **InputStream** dado, usando la codificación (p.391) especificada. Ejemplo:

```
Dim txt As String
Dim tr As TextReader
tr.Initialize2(File.OpenInput(File.DirAssets, "TestCSV1_W.csv"),
"Windows-1252")
txt = tr.ReadAll
tr.Close
```

IsInitialized As Boolean

Si el `TextReader` ha sido inicializado usando uno de los métodos de Inicialización.

Read (Buffer() As Char, StartOffset As Int, Length As Int) As Int

Lee hasta **Length** caracteres desde el flujo y los coloca en el búfer a partir de **StartOffset**. Devuelve el número real de caracteres leídos de la secuencia. Devuelve -1 si no hay más caracteres disponibles.

ReadAll As String

Lee todo el texto restante y cierra el flujo.

ReadLine As String

Lee la siguiente línea del flujo. No se devuelve ningún carácter de línea nueva al final de la línea. Devuelve Null si no hay más caracteres que leer. Ejemplo:

```
Dim Reader As TextReader
Reader.Initialize(File.OpenInput(File.InternalDir, "1.txt"))
Dim line As String
line = Reader.ReadLine
Do While line <> Null
 Log(line)
 line = Reader.ReadLine
Loop
Reader.Close
```

ReadList As List

Lee el texto restante y devuelve un objeto List con todas las líneas. Cierra el flujo cuando finaliza.

Ready As Boolean

Devuelve `TRUE` si hay al menos un carácter listo para leer sin detener la ejecución del programa (a menudo llamado bloqueo).

Skip (NumberOfCharacters As Int) As Int

Salta el número especificado de caracteres. Devuelve el número real de caracteres que se omitieron (que puede ser menor que el valor especificado).

TextWriter

Escribe texto en el flujo correspondiente.
Ejemplo:

```
Dim Writer As TextWriter
Writer.Initialize(File.OpenOutput(File.DirDefaultExternal, "1.txt",
False))
Writer.WriteLine("Esta es la primera línea.")
Writer.WriteLine("Esta es la segunda línea.")
Writer.Close
```

Miembros:

Close

Cierra el flujo.

Flush

Elimina cualquier dato almacenado en el búfer.

Initialize (OutputStream As java.io.OutputStream)

Inicializa un TextReader como envoltura del **OutputStream** dado, usando la codificación (p.391) UTF8.
Ejemplo:

```
Writer.Initialize(File.OpenOutput(File.DirRootExternal, "Test.txt",
False))
```

Initialize2 (OutputStream As java.io.OutputStream, Encoding As String)

Inicializa este objeto como envoltura del **OutputStream** dado, usando la codificación (p.391) especificada.

```
Dim strText As String
strText = "Hola Mundo"
Dim tw As TextWriter
tw.Initialize2(File.OpenOutput(File.DirInternal, "Test.txt", False),
"ISO-8859-1")
tw.Write(strText)
tw.Close
```

***IsInitialized** As Boolean*

Si se ha inicializado el `TextWriter` utilizando uno de los métodos de inicialización.

Write (Text** As String**)

Escribe el texto dado al flujo.

WriteLine (Text** As String**)

Escribe el texto dado en **Text** a al flujo, seguido de un carácter de nueva línea Chr(10).
Ejemplo:

```
Dim Writer As TextWriter
Writer.Initialize(File.OpenOutput(File.DirDefaultExternal, "1.txt",
False))
Writer.WriteLine("Esta es la primera línea.")
Writer.WriteLine("Esta es la segunda línea.")
Writer.Close
```

WriteList (**List As List**)

Escribe cada elemento de la Lista **List** como una sola línea. Todos los valores se convertirán en cadenas. **Nota**: un valor que contenga CRLF se guardará como dos líneas (que devolverán dos elementos cuando se lean con `ReadList`).

Intent[40]

Los objetos Intent son mensajes que puedes enviar a Android para realizar alguna acción externa. Un servicio también puede recibir un Intent de Android si es un receptor de diffusion (Broadcast Receiver). Para más información, consulte esta página (http://bit.ly/12QWZBw) en el sitio web de B4A. El objeto Intent debe enviarse con la `StartActivity`. Consulte esta página (http://bit.ly/1Owh0Ge) para obtener una lista de las constantes estándar de Android. Ejemplo para lanzar una aplicación de YouTube:

```
Dim Intent1 As Intent
Intent1.Initialize(Intent1.ACTION_MAIN, "")
Intent1.SetComponent("com.google.android.youtube/.HomeActivity")
StartActivity(Intent1)
```

Miembros:

Action As String

Obtiene o establece la acción del objeto Intent.

[40] NT: En algunos cursos y documentación técnica de Android traducen *Intent* por *Intención*. En la versión en castellano de este libro mantendremos el uso del termino en inglés.

ACTION_APPWIDGET_UPDATE As String
Vea aquí (p.143) para más información sobre Widgets y aquí (http://bit.ly/1Owh5tj) para más información sobre el Android AppWidgetmanager.

ACTION_CALL As String

ACTION_EDIT As String

ACTION_MAIN As String

ACTION_PICK As String

ACTION_SEND As String

ACTION_VIEW As String

AddCategory (Category As String)
Añade una categoría que describe el intent de la operación requerida.

ExtrasToString As String
Devuelve una cadena que contiene los elementos extra. Esto es útil para depurar.

Flags As Int
Obtiene o configura el componente **Flags**.

GetData As String
Recupera el componente de datos como un string.

GetExtra (Key As String) As Object
Devuelve el valor de la posición con la Clave **Key** dada.

HasExtra (Key As String) As Boolean
Devuelve `TRUE` si existe un ítem con la Clave **Key** dada.

Initialize (Action As String, URI As String)
Inicializa el objeto usando el **Action** dado y el dato **URI**.
Action - puede ser una de las constantes de acción o cualquier otra cadena.
URI – un "Identificador de recursos uniforme" (Uniform Resource Identifier) que identifica el recurso a inicializar. Pase una cadena vacía si no se requiere una URI.

Initialize2 (URI As String, Flags As Int)
Inicializa el objeto mediante la URI.
URI – el "Uniform Resource Identifier" que identifica el recurso a inicializar.
Flags - Valor entero adicional. Pase 0 si no es necesario.
Ejemplo:

```
Dim Intent1 As Intent
Intent1.Initialize2("http://www.basic4ppc.com", 0)
StartActivity(Intent1)
```

IsInitialized As Boolean

Si el `Intent` se ha inicializado utilizando uno de los métodos Inicializar.

PutExtra (Name As String, Value As Object)

Añade datos adicionales al intent.

SetComponent (Component As String)

Establece explícitamente el componente que manejará este intent.

SetPackage (PackageName As String)

Establece explícitamente el nombre del paquete de la aplicación.

SetType (Type As String)

Establece el tipo MIME (el tipo de medio de Internet). Vea aquí (http://bit.ly/1f1wI8U) los detalles de los tipos MIME.
Ejemplo:

```
Intent1.SetType("text/plain")
```

WrapAsIntentChooser (Title As String)

Envuelve el intent en otro "selector" de intent. Se mostrará un cuadro de diálogo al usuario con los servicios disponibles que pueden actuar según el intent.
`WrapAsIntentChooser` debe ser el último método al que se llama antes de enviar el intent.

LayoutValues

Este objeto contiene valores relacionados con la pantalla. Puede obtener los valores de la pantalla actual llamando al `GetDeviceLayoutValues`. Por ejemplo:

```
Dim lv As LayoutValues
lv = GetDeviceLayoutValues
Log(lv) 'imprimirá los valores en el log
Dim scale As Float
scale = lv.Scale
```

Imprimirá la siguiente línea en el log:

```
320 x 480, scale = 1.0 (160 dpi)
```

`Activity.LoadLayout` y `Panel.LoadLayout` devuelve un objeto `LayoutValues` con los valores de la variante de diseño seleccionada.

Miembros:

ApproximateScreenSize As Double [read only]

Devuelve el tamaño aproximado de la diagonal de pantalla en pulgadas.

Height As Int

La altura de la pantalla (en píxeles).

Scale As Float

El valor de escala del dispositivo que es igual a 'puntos por pulgada' / 160.

toString As String

Width As Int

El ancho de la pantalla (en píxeles).

List

Las listas (objetos List) son similares a los arrays dinámicos. Puede añadir y eliminar elementos de una lista y en consecuencia cambiará su tamaño. Una lista puede contener cualquier tipo de objeto. Salvo si la declara como objeto `Process_Globals`, en cuyo caso no puede contener objetos de actividad (como vistas). B4A convierte automáticamente los arrays regulares en listas. Por lo tanto, cuando se espera un parámetro de tipo List, puede pasar un array en su lugar. Por ejemplo:

```
Dim lstNumbers As List
lstNumbers.Initialize
lstNumbers.AddAll(Array As Int(1, 2, 3, 4, 5))
```

Utilice el método `Get` para obtener un elemento de la lista.

```
number = lstNumbers.Get(i)
```

Las listas se pueden guardar y cargar desde archivos utilizando `File.WriteList` y `File.ReadList`.
Puede usar un bucle `For` para iterar sobre todos los valores:

```
For i = 0 To lstNumbers.Size - 1
  Dim number As Int
  number = lstNumbers.Get(i)
  ...
Next
```

Índice empieza en Cero

El primer element der una lista es el índice cero. Así, para recuperar el primer elemento se usaría

```
number = lstNumbers.Get(0)
```

Como usar una Lista

Aquí resumimos los puntos principales. En la sección de referencia que figura a continuación se dan más detalles al respecto.

Initialize

Antes de que se pueda utilizar, se debe inicializar una lista con el método `Initialize`, como se muestra más arriba. Esto inicializará una lista vacía.

Añadir Elementos

Puede añadir y eliminar elementos de una lista y en consecuencia cambiará su tamaño.
Para añadir un valor al final de la lista:

```
lstNumbers.Add(Value)
```

Para añadir todos los elementos de un array al final de la lista:

```
lstNumbers.AddAll(Array As Int(1, 2, 3, 4, 5))
```

Para insertar un elemento determinado en el índice especificado y desplazar hacia abajo todos los elementos con un índice mayor para hacer espacio:

```
lstNumbers.InsertAt(5, Value)
```

Permite insertar todos los elementos de un array en la lista a partir de la posición dada:

```
lstNumbers.AddAllAt(3, Array As Int(1, 2, 3, 4, 5))
```

Eliminar Elementos

Eliminar de la lista un elemento indicado en la posición dada.

```
lstNumbers.RemoveAt(12)
```

Recuperar Elementos

Utilice el método `Get` para obtener un elemento de la lista con:

```
number = lstNumbers.Get(i)
```

Modificar un Elemento

Se puede modificar una posición con:

```
lstNumbers.Set(12, Value)
```

Obtener el tamaño de una Lista

```
lstNumbers.Size
```

Iterar una Lista

Puede usar un bucle `For` para iterar todos los valores:

```
Dim lstNumbers As List
lstNumbers.Initialize2(Array As Int(1, 2, 3, 4, 5))
For i = 0 To lstNumbers.Size - 1
  Log(lstNumbers.Get(i) )
Next
```

O puede usar un bucle `For Each`:

```
Dim lstNumbers As List
lstNumbers.Initialize2(Array As Int(1, 2, 3, 4, 5))
For Each i As Int In lstNumbers
  Log (i)
Next
```

Guardar y cargar desde archivos

Las listas se pueden guardar y cargar desde archivos:

```
File.WriteList(File.DirRootExternal, "Test.txt", lstNumbers)
lstNumbers = File.ReadList(File.DirRootExternal, "Test.txt")
```

Ordenar una Lista

Una lista cuyos elementos son números o cadenas de texto se puede ordenar con:

```
lstNumbers.Sort(True)          'orden ascendente
lstNumbers.Sort(False)         'orden descendente
lstNumbers.SortCaseInsensitive(True)
```

Borrar una Lista

```
lstNumbers.Clear
```

Convertir un array en una lista

Puede convertir un array en una lista utilizando `lstNumbers.Initialize2 (SomeArray)`

Es equivalente a `Dim lstNumbers As List = Array(1, 2, 3)`

Advertencia: en cualquier caso la lista será de un tamaño fijo, lo que significa que no podrá añadir o quitar elementos más adelante.

Miembros:

Add (Item As Object)

Añade un elemento (**item**) al final de la lista.

AddAll (List As List)

Añade todos los elementos de la lista **List** especificada al final de la lista.
Tenga en cuenta que puede añadir un array directamente.

Ejemplo:

```
List.AddAll(Array As String("value1", "value2"))
```

AddAllAt (Index As Int, List As List)

Añade todos los elementos de la colección especificada empezando por el índice indicado.

Clear

Elimina todos los elementos de la lista.

Get (Index As Int) As Object

Recupera el elemento en el índice especificado. El elemento no se elimina de la lista.

IndexOf (Item As Object) As Int

Devuelve el índice del elemento especificado, o `-1` si no se encontró.

Initialize

Inicializa una lista vacía.

Initialize2 (Array As List)

Inicializa una lista con los valores dados. Tenga en cuenta que si pasa una lista a este método, ambos objetos compartirán la misma lista. Observe también que, aunque este método se puede utilizar para convertir arrays en listas, la lista será de un tamaño fijo, lo que significa que no podrá añadir o quitar elementos más adelante. Ejemplo:

```
Dim lstFruit As List
lstFruit.Initialize2(Array As String("manzana", "naranja", "uva"))
'lstFruit es de tamaño fijo, así lo siguiente producirá un error
lstFruit.Add("pera") ' esto genera un error del compilador
```

InsertAt (Index As Int, Item As Object)

Inserta el elemento **Item** especificado en el índice especificado. Como resultado, todos los elementos con un índice mayor que el índice **Index** especificado se desplazan hacia abajo para dejar espacio.

IsInitialized As Boolean

Si se ha inicializado el objeto `List` utilizando uno de los métodos de inicializar.

RemoveAt (Index As Int)

Elimina el elemento en el índice especificado.

Set (Index As Int, Item As Object)

Reemplaza el elemento actual en el índice especificado por el nuevo elemento.

Size As Int [read only]

Devuelve el número de elementos de la lista.

Sort (Ascending As Boolean)

Ordena la lista. Todos los elementos deben ser números o strings.

Ascending - `True` para orden ascendente, `False` para orden descendente.

SortCaseInsensitive (Ascending As Boolean)

Ordena la lista alfabeticamente, ignorando las mayúsculas y minúsculas de los caracteres. Todos los elementos deben ser números o cadenas.

Ascending - `True` para orden ascendente, `False` para orden descendente.

SortType (FieldName As String, Ascending As Boolean)

Ordena una lista con elementos de tipo definido por el usuario. La lista se clasifica según el campo especificado.

FieldName - El nombre de campo que se utilizará para ordenar, distinguiendo entre mayúsculas y minúsculas. El campo debe contener números o cadenas.
Ascending - `True` para orden ascendente, `False` para orden descendente.
Ejemplo:

```
Sub Process_Globals
 Type Persona(Nombre As String, Edad As Int)
End Sub

Sub Activity_Create(FirstTime As Boolean)
 Dim Personas As List
 Personas.Initialize
 For i = 1 To 50
  Dim p As Persona
  p.Nombre = "Persona" & i
  p.Edad = Rnd(0, 121)
  Personas.Add(p)
 Next

Personas.SortType("Edad", True) 'Ordenar la lista según el campo Edad
 For i = 0 To Personas.Size - 1
  Dim p As Persona
  p = Personas.Get(i)
  Log(p)
 Next
End Sub
```

SortTypeCaseInsensitive (FieldName As String, Ascending As Boolean)

Ordena una lista con elementos de tipo definido por el usuario. La lista se ordenará según el campo especificado.
FieldName - El nombre de campo que se utilizará para la ordenación. Se ignorarán mayúsculas y minúsculas en este campo. El campo debe contener números o cadenas.
Ascending - Si se debe ordenar ascendente o descendente.

Ejemplo:

```
Sub Process_Globals
  Type Persona(Nombre As String, Edad As Int)
End Sub

Sub Activity_Create(FirstTime As Boolean)
 Dim Personas As List
 Personas.Initialize
 Personas.Add(CrearPersona("dick"))
 Personas.Add(CrearPersona("Harry"))
 Personas.Add(CrearPersona("alex"))
 Personas.Add(CrearPersona("Brigit"))
 Personas.Add(CrearPersona("tom"))
 ' Ordenar por nombre sin distinguir entre mayúsculas y minúsculas
 Personas.SortTypeCaseInsensitive("Nombre", True)
 For i = 0 To Personas.Size - 1
  Dim p As Person
  p = Personas.Get(i)
  Log(p.Nombre & "," & p.Edad)
 Next
End Sub

Sub CrearPersona(strNombre As String) As Persona
 ' crear una persona con nombre de pila y edad aleatoria
 Dim p As Persona
 p.Initialize
 p.Nombre = strNombre
 p.Edad = Rnd(0, 121)
 Return p
End Sub
```

Map

Una colección que almacena pares de claves y valores. Las claves pueden ser cadenas o números. Las cadenas distinguen entre mayúsculas y minúsculas. Las claves son únicas, lo que significa que si añade un par clave/valor y la colección ya contiene una entrada con la misma clave, la entrada anterior se eliminará del mapa. Similar a una lista, los valores de un mapa pueden ser cualquier tipo de objeto.

```
Dim mapPersona As Map
mapPersona.Initialize
Dim foto As Bitmap
foto.Initialize(File.DirAssets, "smith.bmp")
mapPersona.Put("nombre", "smith")
mapPersona.Put("edad", 23)
mapPersona.Put("foto", foto)
```

También puede crear y rellenar un Mapa al mismo tiempo utilizando la palabra clave `CreateMap`. Por lo tanto, el siguiente código es equivalente al anterior:

```
Dim mapPersona As Map = CreateMap("nombre": "smith", "edad": 23, "
foto": photo)
```

La búsqueda de un elemento se realiza buscando su clave.

```
photo = mapPerson.Get("photo")
```

El acceso a los datos de un objeto map suele ser una operación muy rápida en comparación con el uso de un array, ya que se utiliza un sistema llamado "hashing". A veces se hace referencia a un Map como Diccionario, Hashtable o HashMap. Normalmente se usará `Put` para añadir elementos y `Get` o `GetDefault` para obtener los valores basados en la clave.

Si necesita iterar sobre todos los elementos, puede usar un bucle `For Each` uno:

```
For Each key As String In mapPersona.Keys
 Log (key & "=" & mapPersona.Get(key))
Next
```

Tenga en cuenta que esta iteración no devuelve necesariamente los elementos en el mismo orden en que fueron añadidos.
Al igual que una lista, si una valiable mapa se declara en `Process_Globals` no puede contener objetos de actividad (como vistas). Los mapas son muy útiles para almacenar la configuración de las aplicaciones. Puede guardar y cargar mapas con `File.WriteMap` y `File.ReadMap`.

Como usar un Map

Resumiremos aquí los puntos principales. En la sección de referencia que figura a continuación se dan más detalles al respecto.

Initialize

Un mapa debe ser inicializado antes de que pueda utilizarse.

```
Dim Map1 As Map
Map1.Initialize
```

Observe que si se utiliza la palabra clave CreateMap, el mapa se inicializa automáticamente. Véase más arriba.

Añadir Entrada

Añadir una nueva entrada con Put(Key As Object, Value As Object)

```
Map1.Put("Idioma", "English")
```

Obtener Entrada

Get(Key As Object)

```
Idioma = Map1.Get("Idioma")
```

Iteración

Puede obtener cada uno de los elementos de un mapa de dos maneras diferentes:

Método 1

`GetKeyAt` y `GetValueAt` recuperan elementos con un índice determinado y se pueden utilizar para iterar sobre todos los elementos:

```
For i = 0 To mapPersona.Size - 1
  Log("Clave: " & mapPersona.GetKeyAt(i))
  Log("Valor: " & mapPersona.GetValueAt(i))
Next
```

Método 2

```
For Each key As String In mapPersona.Keys
  Log ("Clave: " & key)
  Log ("Valor: " & mapPersona.Get(key))
Next
```

El orden en el que se obtienen los elementos puede ser diferente para estos dos métodos.

Verificar si un Mapa contiene una entrada

```
If Map1.ContainsKey("Idioma") Then ...
```

Suprimir una entrada

```
Map1.Remove("Idioma")
```

Borrar todos los elementos del mapa

```
Map1.Clear
```

Guardar y cargar desde un archivo

El Objeto File (p.393) contiene algunas funciones útiles para leer y escribir mapas.
Guardar un mapa en un archivo:

```
File.WriteMap(File.DirInternal, "settings.txt", mapSettings)
```

Leerlo desde el archivo:

```
mapSettings = File.ReadMap(File.DirInternal, "settings.txt")
```

El orden en el que los elementos de un mapa leídos del archivo no será necesariamente el mismo que el del mapa original. Normalmente esto no es un problema. Si desea fijar el orden, consulte más abajo.

Añadir a un Mapa

Puede utilizar `File.ReadMap2` para agregar elementos a un mapa.

```
mapCopy.Put("NuevoElemento", "AlgunValor")
mapCopy = File.ReadMap2(File.DirDefaultExternal, "savedMap", mapCopy)
```

Los elementos leídos del archivo se añaden a los elementos existentes y si un elemento existente tiene el mismo nombre que un elemento en el archivo, su valor se sobreescribirá.

Fijar el orden en un Mapa

Normalmente no nos preocupa el orden en el que se almacenan los elementos en un Mapa, pero si el orden fuera importantc, podrá usar `File.ReadMap2` para forzar la incorporación de los elementos en un determinado orden. El truco es crear primero un Mapa con las claves en el orden deseado pero sin valores. A continuación, lea los datos del archivo. Los valores del archivo se añadirán a las claves que haya especificado (suponiendo que las claves sean las mismas).

```
Dim mapCopy As Map
mapCopy.Initialize
' añadir elementos vacíos para fijar su orden en el mapa
mapCopy.Put("Elemento #1", "")
mapCopy.Put("Elemento #2", "")
' ahora leer los elementos del archivo
mapCopy = File.ReadMap2(File.DirInternal, "settings.txt", mapCopy)
```

Miembros:

Clear

Borra todos los elementos del mapa.

ContainsKey (Key As Object) As Boolean

Devuelve `TRUE` si hay un elemento con la clave indicada.
Ejemplo:

```
If Map.ContainsKey("alguna clave") Then ...
```

Get (Key As Object) As Object

Devuelve el valor del elemento con la clave indicada. Si la clave no existe, devuelve `Null`.

GetDefault (Key As Object, Default As Object) As Object

Devuelve el valor del elemento con la clave indicada. Si no existe tal elemento, se devuelve el valor por defecto especificado.

GetKeyAt (Index As Int) As Object

Devuelve la clave del elemento en la posición indicada por *Index*. `GetKeyAt` y `GetValueAt` deben utilizarse para iterar todos los elementos. Estos métodos están optimizados para iterar sobre los elementos en orden ascendente. Ejemplo:

```
For i = 0 to Map.Size - 1
  Log("Clave: " & Map.GetKeyAt(i))
  Log("Valor: " & Map.GetValueAt(i))
Next
```

GetValueAt (Index As Int) As Object

Devuelve el valor del elemento en la posición indicada por *Index*. `GetKeyAt` y `GetValueAt` deben utilizarse para iterar todos los elementos. Estos métodos están optimizados para iterar sobre los elementos en orden ascendente. Ejemplo:

```
For i = 0 to Map.Size - 1
  Log("Clave: " & Map.GetKeyAt(i))
  Log("Valor: " & Map.GetValueAt(i))
Next
```

Initialize

Inicializa el objeto.
Ejemplo:

```
Dim Map1 As Map
Map1.Initialize
```

IsInitialized As Boolean

Si el `Map` se ha inicializado utilizando el método `Initialize`.

Keys As IterableList

Devuelve un objeto que puede ser usado para iterar por todas las claves con un bucle `For Each`.
Ejemplo:

```
For Each k As String In map1.Keys
  Log(k)
Next
```

Put (Key As Object, Value As Object) As Object

Coloca un par clave/valor en el mapa y si existe sobreescribe el elemento anterior con esta clave. Devuelve el íte elemento m anterior con esta llave o nulo si no existía dicho element. Tenga en cuenta que si está utilizando cadenas como claves, las claves distinguen entre mayúsculas y minúsculas. Ejemplo:

```
Map1.Put("Clave", "Valor")
```

Remove (Key As Object) As Object

Si existe, elimina el elemento con la clave indicada. Devuelve el elemento eliminado o null si no se encontró ningún elemento que coincidiera.

Size As Int [read only]

Devuelve el número de elementos almacenados en el mapa.

Values As IterableList

Devuelve un objeto que se puede usar para iterar sobre todos los valores con un bucle `For Each`.
Ejemplo:

```
For Each v As Int In map1.Values
  Log(v)
Next
```

Objeto Matcher

Un objeto Matcher se puede usar para encontrar coincidencias en el texto del patrón dado. Se crea por el objeto Regex (p.339).
Si tiene que ejecutar regex varias veces contra algún texto entonces necesita crear un objeto Matcher. Por Ejemplo:

```
strPattern = "\d"
strText = "La fecha es 26-12-16"
matcher1 = Regex.Matcher(strPattern, strText)
Do While matcher1.Find
  Log("Encontrado: " & matcher1.Match)
Loop
```

Resultado:

```
Encontrado: 2
Encontrado: 6
Encontrado: 1
Encontrado: 2
Encontrado: 1
Encontrado: 6
```

Vea el objeto Matcher para más información.

Grupos Matcher (coincidencias)

Puede buscar grupos de caracteres, que están entre paréntesis ( ).
Ejemplo:

```
'Comprobar dos números y cambiar si es primero > segundo
strPattern = "(\d+)-(\d+)"
strText = "456-123"
matcher1 = Regex.Matcher(strPattern, strText)
matcher1.Find
Log("GroupCount: " & matcher1.GroupCount)
If matcher1.Group(1) <= matcher1.Group(2) Then
 strOutput = strText
Else
 ' intercambio de números
 strOutput = matcher1.Group(2) & "-" & matcher1.Group(1)
End If
Log ("Resultado: " & strOutput)
```

El resultado es:

```
GroupCount: 2
Resultado: 123-456
```

Métodos de comparación:

Find As Boolean

Busca la siguiente subcadena que coincida con el patrón.
Devuelve True si se ha encontrado una coincidencia.

GetEnd (Index As Int) As Int

Devuelve la posición final del tramo especificado seleccionado. Ejemplo:

```
strPattern = "(\d+-\d+)"
strText = "123:456-789:000"
matcher1 = Regex.Matcher(strPattern, strText)
If matcher1.Find Then
 Log("Grupo(1): " & matcher1.Group(1))
 Log("El Inicio del grupo(1): " & matcher1.GetStart(1))
 Log("El final del grupo(1): " & matcher1.GetEnd(1))
Else
 Log("Coincidencias no encontradas")
End If
```

Resultado:

```
Grupo(1): 456-789
El inicio del grupo(1): 4
El final del grupo(1): 11
```

Utilice GetEnd(0) para obtener el desplazamiento final de toda la coincidencia.

GetStart (Index As Int) As Int

Devuelve el desplazamiento de inicio del tramo seleccionado. Vea el ejemplo GetEnd.
Utilice GetStart(0) para obtener el desplazamiento de inicio de toda la coincidencia.

Group (Index As Int) As Int

Devuelve el valor del tramo especificado seleccionado. Ver Grupos de coincidencias anterior para ejemplo.
Group(0) devuelve el resultado completo. Ejemplo:

```
strPattern = "(\d+)-(\d+)"
strText = "123-456-789-000"
matcher1 = Regex.Matcher(strPattern, strText)
matcher1.Find
Log("grupo(0): " & matcher1.Group(0))
```

Resultado
grupo(0): 123-456

GroupCount As Int

Devuelve el número de grupos de detectados en el patrón. Ver Grupos de coincidencias anterior para un ejemplo.
Tenga en cuenta que el número devuelto no incluye el group(0), que es el resultado completo.

IsInitialized As Boolean

Si se ha inicializado el objeto a comparar.

Match

Devuelve el valor coincidente. Esto es lo mismo que si se llamara al Grupo(0).

MediaPlayer

El MediaPlayer se puede utilizar para reproducir archivos de audio. Consulte el tutorial (http://bit.ly/1Owhhc1) del reproductor multimedia para obtener más información.
Nota: El reproductor multimedia debe ser declarado como un objeto en `Process_Globals`.

Evento:

Complete

El evento `Complete` se produce cuando finaliza la reproducción. Sólo se producirá si inicializa el objeto con `Initialize2`.

Miembros:

Duration As Int [read only]

Devuelve la duración total del archivo cargado (en milisegundos).

Initialize

Inicializa el objeto. Debe utilizar `Initialize2` si quiere gestionar el evento `Complete`. Ejemplo:

```
Dim MP As MediaPlayer 'should be done in Sub Process_Globals
MP.Initialize2("MP")
MP.Load(File.DirAssets, "SomeFile.mp3")
MP.Play
```

Initialize2 (EventName As String)

Similar a Inicializar, pero lanza el evento `Complete` cuando se termina la reproducción.
EventName - El Sub que gestionará el evento `Complete`.

IsInitialzied As Boolean

Devuelve `True` si el reproductor multimedia ha sido inicializado.

IsPlaying As Boolean

Devuelve `True` si el reproductor multimedia está reproduciendo en ese momento.

Load (Dir As String, FileName As String)

Carga un archivo de audio y lo prepara para su reproducción.

Looping As Boolean

Determina si el reproductor de medios reiniciará la reproducción automáticamente.

Pause

Pausa la reproducción. Puede reanudar la reproducción desde la posición actual llamando a `Play`.

Play

Inicia (o reanuda) la reproducción del archivo de audio cargado.

Position As Int

Obtiene o ajusta la posición actual (en milisegundos).

Release

Libera todos los recursos que tiene asignados el reproductor multimedia.

SetVolume (Right As Float, Left As Float)

Ajusta el volumen de reproducción para cada canal. Los valores deben estar entre 0 y 1.

Stop

Detiene la reproducción. Debe llamar a Load antes de intentar reproducir de nuevo.

Notificación

Un objeto de notificación permite que una Actividad o un Servicio muestre un icono a la izquierda de la Barra de Estado (p.133) en la parte superior de la pantalla del dispositivo:

El usuario puede deslizar hacia abajo la pantalla de notificaciones y pulsar sobre la notificación.

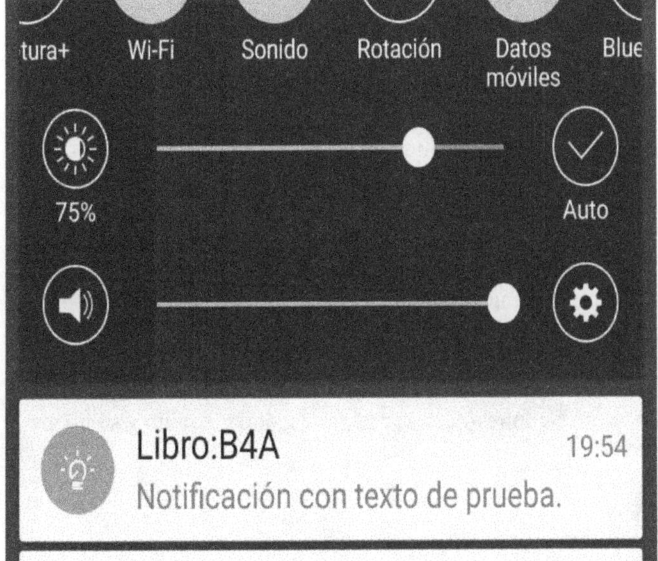

Las notificaciones en proceso no se eliminan si el usuario pulsa "Borrar", mientras que las notificaciones normales sí lo hacen. Pulsando la notificación se iniciará una actividad tal y como se establece en el comando `SetInfo` del objeto de notificación. Los Servicios suelen utilizar las notificaciones porque no se espera que estos inicien directamente las Actividades. La notificación **debe** tener un icono y su "info" **debe** estar definido.

Ejemplo:

```
Dim n As Notification
n.Initialize
n.Icon = "icon"
n.SetInfo("Libro:B4A", "Notificación con texto de prueba.", Main)
'Cambia Main a "" si este código está en el modulo Main.
n.Notify(1)
```

Notas

Notification.SetInfo o SetInfo2 deben ser las últimas llamadas antes de utilizar la notificación.

Las notificaciones estándar creadas con versiones de B4A anteriores a la 8.0 no funcionarán en Android 8+ cuando targetSdkVersion sea 26+.
Existe una clase oficial llamada NB6 que permite crear notificaciones más complejas. Consulte aquí (http://bit.ly/2Hw2BM5) para más información.

Permisos:

android.permission.VIBRATE

Miembros:

AutoCancel As Boolean [write only]

Establece si la notificación se cancelará automáticamente cuando el usuario haga clic en ella.

Cancel (Id As Int)

Cancela la notificación con el Id.

Icon As String [write only]

Establece el icono que se visualiza. El valor del icono es el nombre del archivo de imagen sin la extensión.
El nombre distingue entre mayúsculas y minúsculas.
Nota: el archivo de imagen debe copiarse manualmente en la siguiente carpeta dentro de su proyecto:

```
\Objects\res\drawable
```

Puede utilizar el "icono" para especificar el icono de la aplicación (que también se encuentra en esta carpeta):

```
n.Icon = "icon"
```

IMPORTANCE_DEFAULT As Int

El nivel de importancia por defecto de la notificación: Se muestra en todas partes, emite sonido, pero no es intrusiva (no molesta visulamente).

IMPORTANCE_HIGH As Int

El nivel más alto de la importancia de la notificación: Se muestra en todas partes, emite sonido y se puede ver. Puede utilizar *intents* de pantalla completa.

IMPORTANCE_LOW As Int

Nivel bajo de importancia de la notificación: Se muestra en todas partes, pero no es intrusiva.

IMPORTANCE_MIN As Int

Mínino nivel de importancia de la notificación: Solo se muestra bajo el desplegado de la barra superior. No se puede utilizar con Servicios en primer plano.

Initialize

Inicializa la notificación. Por defecto, la notificación reproduce un sonido, muestra una luz y hace vibrar el teléfono.

Initialize2 (ImportanceLevel As Int)

Inicializa la notificación y fija el nivel de importancia del canal de notificación.
Observe que el nivel de importancia sólo afecta a los dispositivos Android 8+.

```
Dim no As Notification
no.Initialize2(no.IMPORTANCE_DEFAULT)
```

Insistent As Boolean [write only]

Establece si el sonido se reproducirá continuamente hasta que el usuario abra la pantalla de notificaciones.

IsInitialized As Boolean

Si la `Notification` se ha inicializado utilizando el método `Initialize`.

Light As Boolean [write only]

Establece si la notificación mostrará una luz. Ejemplo:

```
n.Light = False
```

Notify (Id As Int)

Muestra la notificación.
Id - El identificador de la notificación. Necesita generar y guardar este número. Se puede utilizar para actualizar posteriormente esta `Notification` (llamando de nuevo a Notificar con el mismo Id), o para cancelar la `Notification`.

Number As Int

Obtiene o establece un número que se mostrará en el icono. Esto es útil para representar varios eventos en una sola notificación.

OnGoingEvent As Boolean [write only]

Establece si esta notificación es un "evento en ejecución". La notificación se mostrará en la sección en curso y no se borrará.

SetInfo (Title As String, Body As String, Activity As Object)

Establece el texto y la acción del mensaje. También acepta CharSequences para poder trabajar con CSBuilder.
Title - El título del mensaje.
Body - El cuerpo del mensaje.
Activity - La actividad a iniciar cuando el usuario pulsa sobre la notificación.
Pasar una cadena vacía para iniciar la actividad actual (cuando se llama desde un módulo de actividad).
Ejemplo:

```
n.SetInfo("Some title", "Some text", Main)
```

Nota: Notification.SetInfo o SetInfo2 deben ser las últimas llamadas antes de utilizar la notificación.

SetInfo2 (Title As String, Body As String, Tag As String, Activity As Object)

Similar a SetInfo. También establece una cadena que puede ser recuperada posteriormente en `Activity_Resume`.
Nota: Esta debe ser la última llamada que haga antes de mostrar la notificación.
Title - El título del mensaje.
Body - El cuerpo del mensaje.
Tag - Una cadena arbitraria que se puede recuperar más tarde cuando el usuario hace clic en la notificación.
Activity - La actividad a iniciar cuando el usuario pulsa sobre la notificación.
Pasar una cadena vacía para iniciar la actividad actual (cuando se llama desde un módulo de actividad).
Ejemplo de recuperación de la etiqueta:

```
Sub Activity_Resume
 Dim in As Intent
 in = Activity.GetStartingIntent
 If in.HasExtra("Notification_Tag") Then
  Log(in.GetExtra("Notification_Tag")) 'Registrara la etiqueta
 End If
End Sub
```

Nota: Notification.SetInfo o SetInfo2 deben ser las últimas llamadas antes de utilizar la notificación.

Sound As Boolean [write only]

Establece si la notificación reproducirá un sonido.
Ejemplo:

```
n.Sound = False
```

Vibrate As Boolean [write only]

Establece si la notificación vibrará.
Ejemplo:

```
n.Vibrate = False
```

Regex

Regex As Regex

El objeto Regex le permite acceder a métodos relacionados con expresiones regulares (p.303), lo que le permite buscar dentro de una cadena para encontrar subcadenas que coincidan con expresiones complejas. Un ejemplo simple:

```
' comprobar que la fecha es de formato nn-nn-nnnn
strPattern = "\d\d-\d\d-\d\d\d\d"
strText = "26-12-16"
If Regex.IsMatch(strPattern, strText) Then
  Log ("Válido")
Else
  Log ("Inválido")
End If
```

Resultado: `Inválido`

Más sobre Regex

Hay varios tipos de expresiones regulares. B4A utiliza el motor de expresiones regulares de Java. Aquí (p.304) mostramos algunas de las construcciones más importantes. Puede encontrar más información sobre el motor Java regex aquí (http://bit.ly/1BSPhtW). Para un tutorial sobre el uso de Regex en B4A ver aquí (http://bit.ly/1BSPux0). Puedes probar las expresiones regulares B4A aquí (http://bit.ly/1TO2ah0).

Opciones

Algunos de los Miembros pueden tener Opciones. Hay dos opciones predefinidas: CASE_INSENSITIVE y MULTILINE que se pueden combinar con

```
Bit.Or(Regex.MULTILINE, Regex.CASE_INSENSITIVE)
```

Miembros Regex:

CASE_INSENSITIVE

Esta constante se utiliza como una opción para hacer que el patrón de coincidencia no sea sensible a mayúsculas y minúsculas.

IsMatch (Pattern As String, Text As String) As Boolean

Comprueba si todo el texto `Text` coincide con el patron `Pattern`. Si desea buscar una subcadena de texto que coincida con el patrón, utilice Matcher. Ejemplo:

```
If Regex.IsMatch("\d\d\d", EditText1.Text) = False Then ...
```

IsMatch2 (Pattern As String, Options As Int, Text As String) As Boolean

Comprueba si el Texto `Text` coincide con el Patrón `Pattern`.
`Options` – Una o más opciones de patron.

Matcher (Pattern As String, Text As String) As Matcher

Devuelve un objeto Matcher (p.412) que se puede utilizar para encontrar coincidencias del patrón `Pattern` en texto `Text`.
Para un ejemplo sencillo, vea la sección Objeto Matcher anterior.

Matcher2 (Pattern As String, Options As Int, Text As String) As Matcher

Igual que Matcher con el patrón adicional Opciones (ver opciones).

MULTILINE

Normalmente el patrón ^ coincidirá con el principio de la cadena de texto y & coincidirá con el final. Utilizando la opción MULTILINE, estos elementos coinciden con el principio y el final de cada línea en lugar de con toda la cadena.

Replace (Pattern As String, Text As String, Template As String) As String()

Reemplaza todas las coincidencias del texto según el patrón y la plantilla especificados.
El siguiente ejemplo producirá: -1- -2- -3- -4-

```
Log(Regex.Replace("\d", "1 2 3 4", "-$0-"))
```

Replace2 (Pattern As String, Options As Int, Text As String, Template As String) As String()

Similar a *Replace*. Permite configurar el patrón regex `Options` (ver opciones).

Split (Pattern As String, Text As String) As String()

Divide el texto `Text` alrededor de las coincidencias del patron `Pattern`. Ejemplo:

```
componentes = Regex.Split(",", "abc,def,,ghi")
'devuelve: "abc", "def", "", "ghi"
```

Split2

Igual que Split con el patrón adicional `Options` (ver opciones).

RemoteViews

RemoteViews permite el acceso indirecto a un widget de la pantalla de inicio. También llamado widget de aplicación.
Vea aquí para más información (p.143) sobre Widgets.
Para un tutorial sobre como crear widget utilizando RemoveViews en B4A, vea aquí (http://bit.ly/14Lm40H) para parte 1 y un programa de ejemplo. Para un ejemplo más completo vea aquí (http://bit.ly/16TSq09) la parte 2 del turotial.

Eventos:

RequestUpdate

Disabled

Miembros:

HandleWidgetEvents (StartingIntent As Intent) As Boolean

Comprueba si el *intent* que inició este servicio fue enviado desde el widget y genera eventos basados en el *intent*.
Devuelve `True` si se ha ocurrido un evento.
Vea aquí para más información (p.143) sobre Widgets.

SetImage (ImageViewName As String, Image As Bitmap)

Cambia la imagen del ImageView dado. Ejemplo:

```
rv.SetImage("ImageView1", LoadBitmap(File.DirAssets, "1.jpg"))
```

SetProgress (ProgressBarName As String, Progress As Int)

Establece el valor de progreso de la barra de progreso indicada. El valor debe ser de 0 a 100.
Ejemplo:

```
rv.SetProgress("ProgressBar1", 50)
```

SetText (ViewName As String, Text As String)

Establece el texto de la vista indicada. Ejemplo:

```
rv.SetText("Label1", "New text")
```

SetTextColor (ViewName As String, Color As Int)

Define el color del texto del botón o de la etiqueta. Ejemplo:

```
rv.SetTextColor("Label1", Colors.Red)
```

SetTextSize (ViewName As String, Size As Float)

Establece el tamaño del texto (p.178) del botón o de la etiqueta. Ejemplo:

```
rv.SetTextSize("Label1", 20)
```

SetVisible (ViewName As String, Visible As Boolean)

Establece la visibilidad de la vista indicada.
Ejemplo:

```
rv.SetVisibile("Button1", False)
```

UpdateWidget

Actualiza el widget con los cambios realizados. Este método también es responsable de configurar los eventos.
Vea aquí para más información (p.143) sobre Widgets.

Servicio

Cada módulo de Servicio (p.266) incluye un objeto de Servicio que se utiliza para ponerlo en primer plano o quitarlo de ese estado. Consulte la sección módulo de Servicios para obtener más información.

Miembros:

AUTOMATIC_FOREGROUND_ALWAYS As Int

Entrar siempre en modo de primer plano al iniciar el servicio. Es útil cuando se quiere asegurar de que el sistema operativo no mate el proceso hasta que la tarea se complete.

AUTOMATIC_FOREGROUND_NEVER As Int

No entrar nunca en el modo de primer plano automático. Esto implica que debes gestionarlo tú mismo para evitar que la aplicación se bloquee.

AUTOMATIC_FOREGROUND_WHEN_NEEDED As Int

Cuando sea necesario se ajustará el modo de primer plano automático. Esto sucederá únicamente en los dispositivos Android 8+ cuando se inicie el servicio mientras la aplicación esté en segundo plano.

AutomaticForegroundMode As Int

Establece el modo de primer plano automático. Debe ser una de las constantes AUTOMATIC_FOREGROUND. El valor por defecto es AUTOMATIC_FOREGROUND_WHEN_NEED. Debe fijarse en Service_Create.

AutomaticForegroundNotification As Notification

La notificación que se mostrará al entrar en estado de primer plano automático. Si no está configurado, se mostrará una notificación predeterminada.

StartForeground (Id As Int, Notification1 As Notification)

Hace que el servicio actual pase al primer plano y muestra la notificación proporcionada.
Id - El Identificador de la notification (p.417).
Notification - La notificación (p.415) que se mostrará.

StopAutomaticForeground

Detiene el estado de primer plano automático. No hace nada si el servicio no estaba en ese estado. Puede llamar a este método al final de la tarea que se ejecutaba al fondo como una alternativa a la llamada de `StopService(Me)`.

StopForeground (Id As Int)

Desactiva el servicio actual del estado de primer plano y cancela la notificación con el identificador **Id** dado.

Cadenas

Cadenas Inmutables

Los strings son inmutables en B4A, lo que significa que se puede modificar el valor de una variable de cadena, pero no se puede modificar el texto almacenado en un objeto de cadena. Así que métodos como `SubString`, `Trim` y `ToLowerCase` devuelven una nueva cadena; **no cambian el valor de la cadena actual**. Uso típico:

```
Dim s As String
s = "algún texto"
s = s.Replace("a", "b")
```

Puedes usar `StringBuilder` si necesitas una cadena mutable. **Tenga en cuenta** que los literales de cadena también son objetos de cadena:

```
Log("algún texto ".Trim)
```

Cadenas Mutables

La manipulación repetitiva de las cadenas puede ser muy lenta. Dado que son inmutables, se debe crear un nuevo string cada vez que se desee modificar un string. Si está haciendo una gran cantidad de trabajo con cadenas, debería utilizar StringBuilder (p.427).

Formateado de números

Los números se pueden mostrar como cadenas con diferentes formatos. Hay dos palabras clave:
- NumberFormat (p.338) (Number As Double, MinimumIntegers As Int, MaximumFractions As Int) As String
- NumberFormat2 (p.338) (Number As Double, MinimumIntegers As Int, MaximumFractions As Int, MinimumFractions As Int, GroupingUsed As Boolean) As String

Smart Strings

Smart strings o cadenas inteligentes, son funcionalidades útiles de B4A que no se encuentran en la mayoría de las otras implementaciones de BASIC. Una cadena inteligente te permite:
- Crear cadenas de texto multilínea.
- Incluir comillas dentro de las cadenas.
- Incluir marcadores de posición para variables (técnicamente llamados "interpolación de cadenas").
- Especificar el formato de los marcadores de posición numéricos

Observe que esta es una funcionalidad de tiempo de compilación. Por ejemplo, no puede cargar cadenas inteligentes desde un archivo.

Una cadena inteligente comienza con $" y termina con "$.

```
Dim strExample As String = $"Esta es una cadena inteligente"$
```

Cadena Multilínea

Las cadenas inteligentes pueden extenderse por varias líneas sin requerir un caracter _ para extender la línea:

```
Dim strQuery As String = $"
     SELECT name FROM user
     WHERE usernumber >= 3456
     AND address ISNOTNULL
"$
```

Incluir Comillas

Las cadenas inteligentes pueden incluir una o las dos marcas de comillas simples y dobles.

```
Dim strQuotes As String = $"Una cadena inteligente puede incluir
comillas 'simples' o "dobles"."$
Log ("strQuotes=" & strQuotes)
' strQuotes = Una cadena inteligente puede incluir comillas 'simples'
o "dobles".
```

Marcadores para variables[41]

Las cadenas inteligentes pueden incluir marcadores para variables. Los marcadores simples se formatean como

```
${variable}
```

Por ejemplo:

```
Dim strInput As String = "mundo"
Dim strOutput As String = $"Hola ${strInput}"$
Log (strOutput)
```

La salida será **Hola mundo**.

Marcadores para Cálculos

Los marcadores también pueden incluir cálculos. Por ejemplo:

```
Dim iValue = 3 As Int
Dim strCalc As String = $"5 * ${iValue} = ${5 * iValue}"$
Log ("strCalc=" & strCalc)
```

La salida será **strCalc=5 * 3 = 15**

Otro ejemplo:

```
Dim iAngle = 5 As Int
strCalc = $"Sin of ${iAngle} = ${Sin(iAngle)}"$
Log ("strCalc=" & strCalc)
' strCalc=Sin of 5 = -0.9589242746631385
```

Formateado de Números

Las cadenas inteligentes pueden incluir un formato de número opcional que permite establecer el número mínimo de números enteros y el número máximo de dígitos decimales que debe generar la cadena inteligente. Es similar a la palabra clave NumberFormat (p.338). El formateador de números tiene la estructura:

```
$MinIntegers.MaxIntegers MaxFractions{number}
```

MinIntegers especifica el número mínimo de números enteros a ser generados. Si es mayor que el número de dígitos disponibles, se rellenan con ceros y se separan por comas.

MaxFractions especifica el número máximo de dígitos decimales que se generarán. Nótese que este componente es opcional. Si se omite, se incluirán todos los valores decimales.

Ejemplos:

---

[41] NT: Las partes variables de una *Smart String* se denominan *placeholders* o marcadores y utilizan la sintaxis ${ } para diferenciarse del resto de la cadena. Esto es similar a otros lenguajes y dentro de las partes variables de la cadena se puede incluir cualquier expresión válida e interpolar algunas operaciones matemáticas sencillas.

```
Dim dExample = 123.45678 As Double
Log ($"dExample= $5{dExample}"$)
' dExample= 00,123.45678
Log ($"dExample= $0.2{dExample}"$)
' dExample= 123.46
```

Conversión automática de cadena a número

Si una cadena contiene un valor numérico, la cadena inteligente la convierte automáticamente en un número:

```
Dim iNum As Int = 12
Dim strNum As String = "3"
Log($"$1.2{iNum*strNum}"$)
' resultado: 36
```

Generación de Excepciones

Si un cálculo no devuelve un número, el dispositivo devuelve un error y el programa falla con NumberFormatException:

```
Dim iNum As Int = 12
Dim strNum As String = "Algo que no es un número"
Log($"$1.2{iNum*strNum}"$)
```

Formateo de Fecha y Hora

Hay tres modificadores de formato que permiten que una cadena inteligente extraiga fácilmente la fecha, la hora o ambas, fecha y hora de un número long. **Observe** que estos modificadores no distinguen entre mayúsculas y minúsculas.

$Date – Equivalente a DateTime.Date (p.373):

```
Log($"La fecha actual es $date{DateTime.Now}"$)
'Exactamente lo mismo que
Dim strDate As String = DateTime.Date(DateTime.Now)
Log("La fecha actual es " & strDate)
```

$Time – Equivalente a DateTime.Time (p.375):

```
Log($"La hora actual es $time{DateTime.Now}"$)
'Exactamente lo mismo que
Dim strDate As String = DateTime.time(DateTime.Now)
Log("La hora actual es " & strDate)
```

$DateTime – Equivalente a DateTime.Date & " " & DateTime.Time:

```
Log($"La fecha y hora actual es $datetime{DateTime.Now}"$)
'Exactamente lo mismo que
Dim strDate As String = DateTime.Date(DateTime.Now) & " " & _
DateTime.time(DateTime.Now)
Log("La fecha y hora actual es " & strDate)
```

Secuencias de "escape" en XML / HTML

Las cadenas inteligentes también pueden "escapar"[42] el código XML. "Escapar" una cadena es reducir la ambigüedad y así hacer que la cadena sea segura para el uso de los analizadores. Lo realiza convirtiendo ciertos caracteres dentro de la cadena en otros caracteres.

Las cadenas inteligentes pueden escapar cinco caracteres utilizados por XML:

" comilla doble, se convierte a "

---

[42] NT: se trata de crear secuencias de "*escape*" que se pueden incluir en las cadenas con caracteres que no se pueden escribir directamente o para conversiones.

' comilla simple, se convierte a '
< el signo *menor que*, se convierte a <
> el signo *mayor que*, se convierte a >
& ampersand, se convierte a &

Recuerde que si está utilizando la librería XMLBuilder (http://bit.ly/1663zXh) no necesita escapar el XML, pero si estás creando tu propio XML, esto puede serle útil.

Tomemos este ejemplo, en el que se solicita el nombre del usuario para crear el archivo XML:

```
Dim dlg As InputDialog
Dim strInputName As String
dlg.Show("¿Cómo te llamas?", " Por favor, introduzca ", "Enter", "",
"", Null)
strInputName = dlg.Input
Dim strXML As String = "<name>" & strInputName & "</name>"
File.WriteString(File.DirRootExternal, "user.xml", strXML)
```

Si el usuario introduce una cadena que contiene < o > o cualquiera de los otros caracteres XML listados anteriormente, su XML no será válido. Puede evitarlo al escapar la entrada de usuario antes de guardarla, cambiando la penúltima línea a:

```
Dim strXML As String = $"<name>$xml{strInputName}</name>"$
```

La cadena inteligente $xml es idéntica a la función PHP htmlspecialchars con el parámetro ENT_QUOTES, y a la función Java org.apache.commons.lang escapeXml.

Miembros:

Librería de funciones de cadena

Además de los siguientes miembros propios, es útil la Librería de Funciones de Cadena (http://bit.ly/15HuBDW) generada por el usuario.

CharAt (Index As Int) As Char

Devuelve el carácter en el índice dado.

CompareTo (Other As String) As Int

Compara alfabeticamente las dos cadenas, es decir, como aparecerían en un diccionario. Devuelve un valor inferior a 0 si la cadena actual es anterior a **Other**. Devuelve 0 si ambas cadenas son iguales. Devuelve un valor mayor que 0 si la cadena actual viene después de **Other**. **Nota**: los caracteres en mayúsculas preceden a los caracteres en minúsculas. El valor exacto devuelto depende en parte de los valores unicode de las cadenas implicadas.

Ejemplos:

```
"abc".CompareTo("da")   ' < 0
"abc".CompareTo("Abc")  ' > 0
"abc".CompareTo("abca")' < 0
```

Contains (SearchFor As String) As Boolean

Devuelve `TRUE` si la cadena contiene el parámetro de cadena dado.

EndsWith (Suffix As String) As Boolean

Devuelve `True` si esta cadena termina con el Sufijo dado *Suffix*.

EqualsIgnoreCase (other As String) As Boolean

Devuelve `True` si ambas cadenas son iguales (ignorando mayúsculas y minúsculas).

GetBytes (Charset As String) As Byte()

Codifica la cadena en un nuevo array de bytes. Ejemplo:

```
Dim Data() As Byte
Data = "Alguna Cadena".GetBytes("UTF8")
```

IndexOf (SearchFor As String) As Int

Devuelve el índice de la primera aparición de **SearchFor** en la cadena. Devuelve -1 si no encuentra **SearchFor**.

IndexOf2 (SearchFor As String, Index As Int) As Int

Devuelve el índice de la primera aparición de **SearchFor** en la cadena. Inicia la búsqueda desde el valor del parámetro **Index**. Devuelve -1 si no encuentra **SearchFor**.

LastIndexOf (SearchFor As String) As Int

Devuelve el índice de la primera aparición de **SearchFor** en la cadena. La búsqueda comienza desde el final de la cadena y avanza hasta el principio.

LastIndexOf2 (SearchFor As String, Index As Int) As Int

Devuelve el índice de la primera aparición de **SearchFor** en la cadena. La búsqueda comienza en **Index** y prosigue hasta el principio.

Length As Int

Devuelve la longitud de esta cadena.

Replace (Target As String, Replacement As String) As String

Devuelve una nueva cadena resultante de la sustitución de todas las apariciones de **Target** con **Replacement**.

StartsWith (Prefix As String) As Boolean

Devuelve `True` si esta cadena comienza con el prefijo dado.

SubString (BeginIndex As Int) As String

Devuelve una nueva cadena que es una subcadena de la cadena original. La nueva cadena incluirá el carácter en **BeginIndex** y se extenderá hasta el final de la cadena
Ejemplo:

```
"012345".SubString(2) devuelve "2345"
```

SubString2 (BeginIndex As Int, EndIndex As Int) As String

Devuelve una nueva cadena que es una subcadena del original. La nueva cadena incluirá el carácter en **BeginIndex**, donde el primer carácter cuenta como índice 0. El último carácter devuelto será el que precede a **EndIndex**
Ejemplos:

```
Log("ABCDEF".SubString2(0, 3)) 'el resultado es "ABC"
Log("ABCDEF".SubString2(2, 4)) 'el resultado es "CD"
```

ToLowerCase As String

Devuelve una nueva cadena que es el resultado de poner todos los caracteres en minúsculas.

ToUpperCase As String

Devuelve una nueva cadena que es el resultado de poner todos los caracteres en mayúsculas.

Trim As String
Devuelve una copia de la cadena original sin espacios en blanco al principio o al final.

StringBuilder
StringBuilder es una cadena mutable, a diferencia de las cadenas normales que son inmutables. StringBuilder es especialmente útil cuando necesita concatenar muchas cadenas. El siguiente código demuestra el aumento del rendimiento de StringBuilder:

```
Dim start As Long
start = DateTime.Now
'Regular string
Dim s As String
For i = 1 To 5000
 s = s & i
Next
Log(DateTime.Now - start)
'StringBuilder
start = DateTime.Now
Dim sb As StringBuilder
sb.Initialize
For i = 1 To 5000
 sb.Append(i)
Next
Log(DateTime.Now - start)
```

Probado en un dispositivo real, el primer 'bucle for' tardó unos 20 segundos y el segundo menos de una décima de segundo. La razón es que el código: `s = s & i` crea una nueva cadena en cada iteración porque las cadenas son inmutables.
El método `StringBuilder.ToString` convierte el objeto en una cadena.

Miembros:

Append (Text As String) As StringBuilder
Añade el texto especificado al final. Devuelve el mismo objeto, por lo que puede encadenar métodos. Ejemplo:

```
sb.Append("First line").Append(CRLF).Append("Second line")
```

Initialize
Inicializa el objeto. Ejemplo:

```
Dim sb As StringBuilder
sb.Initialize
sb.Append("El valor es: ").Append(SomeOtherVariable).Append(CRLF)
```

Insert (Offset As Int, Text As String) As StringBuilder
Inserta el texto especificado en la posición indicada en el parámetro **offset**.

IsInitialized As Boolean
Si se ha inicializado `StringBuilder` utilizando el método Initialize.

Length As Int [read only]
Devuelve el número de caracteres.

Remove (StartOffset As Int, EndOffset As Int) As StringBuilder

Elimina los caracteres indicados.
StartOffset – El primer caracter a eliminar.
EndOffset - El índice de fin. Este carácter no se eliminará.
Ejemplos:

```
Dim sb As StringBuilder
sb.Initialize
sb.Append("ABCDEF")
Log(sb.Remove(0, 3)) 'el resultado es "DEF"
sb.Initialize
sb.Append("ABCDEF")
Log(sb.Remove(2, 4)) 'el resultado es "ABEF"
```

ToString As String

Convierte el objeto en una cadena.

Timer

Un objeto temporizador (`Timer`) genera eventos `Tick` en intervalos especificados. Usar un temporizador es una buena alternativa a un bucle largo, ya que permite que el hilo de la Interfaz de Usuario (p.44) maneje otros eventos y mensajes. La propiedad `Enabled` del tempoorizador está definida como `False` de forma predeterminada. Para iniciar el temporizador, debe cambiar `Enabled` a `True`.
Nota: los eventos de temporizador no se dispararán mientras el hilo de UI esté ocupado ejecutando otro código a menos que llame a la palabra clave `DoEvents` (desactualizado, mejor emplear `sleep(0)`) dentro de un bucle. Además, los eventos de temporizador no se dispararán cuando la actividad esté en pausa, o si hay un cuadro de diálogo de bloqueo (como Msgbox) visible. Una solución alternativo, que evita esta limitación, es iniciar un servicio (p.421) en un momento dado utilizando StartServiceAt (p.342).
Los objetos Timer deben ser declarados en Sub Process_Globals. En caso contrario, es posible que se ejecuten varios temporizadores cuando se vuelva a crear la actividad. **También es importante** desactivar el temporizador cuando la actividad está en pausa y luego activarlo cuando se reanuda. Así ahorraremos CPU y batería.
El objeto Timer debe ser declarado en una rutina Sub Process_Globals.

```
Sub Process_Globals
' Declarar aquí para que no se obtengan temporizadores múltiples
cuando se vuelva a crear la actividad
 Dim Timer1 As Timer
End Sub
```

Debe inicializarse los temporizadores en la rutina Activity_Create del módulo en el que se utiliza la rutina de eventos tick del temporizador.

```
Sub Activity_Create(FirstTime As Boolean)
 If FirstTime = True Then
  ' Llama cada 1000 milisegundos
  Timer1.Initialize("Timer1", 1000)
  Timer1.Enabled = True
 End If
End Sub
```

Event: Tick

Cuando un temporizador está activado `Enabled = True`, el evento Tick se llama después del intervalo de tiempo establecido por el método `Initialize`. Continuará ejecutándose el evento `Tick` hasta que `Enabled` esté en `False`.

Ejemplo:

```
Timer1.Initialize("Timer1", 1000)
Timer1.Enabled = True
' ...
Sub Timer1_Tick
 'Gestionar eventos Tick
 ProgressBar1.Progress = ProgressBar1.Progress + 10
 If ProgressBar1.Progress = 100 Then
  Timer1.Enabled = False
 End If
End Sub
```

Ejemplo:

Encontrará un ejemplo de uso de un temporizador en el programa de ejemplo RotatingNeedle disponible en el sitio web (http://bit.ly/1IjLiwC) de recursos de este libro.

Miembros:

Enabled As Boolean

Determina si el temporizador está activado (ticking). **Por defecto está a Falso**, lo que significa que para iniciar un temporizador debe ejecutar:

```
Timer1.Enabled = True
```

Initialize (EventName As String, Interval As Long)

Inicializa el temporizador con el prefijo en el sub del evento y el intervalo especificado (en milisegundos).

Importante: este objeto se debe declarar en `Sub Process_Globals`.

EventName - El nombre usado para el evento Tick, por ejemplo, `Sub Timer1_Tick`.

Interval - Ajusta el intervalo del temporizador en milisegundos. El intervalo se puede cambiar llamando a `TimerName.Interval = Interval`, Por ejemplo:

```
Sub Process_Globals
  Dim timer1 As Timer
End Sub

Sub Activity_Create(FirstTime As Boolean)
 timer1.Initialize("Timer1", 1000)
 timer1.Enabled = True
End Sub

Sub Timer1_Tick
 'Gestionar eventos Tick. Reducir el intervalo del temporizador
 timer1.Interval = timer1.Interval - 10
 If Timer1.Interval <= 0 Then
  Timer1.Enabled = False
 End If
End Sub
```

Interval As Long

Determina en milisegundos el intervalo entre los eventos Tick.

IsInitialized As Boolean

Si se ha inicializado el temporizador.

Vistas (Views)

La mayoría de las vistas son objetos que se pueden añadir a un diseño (layout) utilizando el Diseñador Visual (p.155) o por código. Aquí enumeramos todas las vistas y damos sus métodos. Las clases de vista son:
AutoCompleteEditText, Button (p.435), CheckBox (p.438), CustomView (p.441), EditText (p.443), ImageView (p.450), HorizontalScrollView (p.447), Label (p.452), ListView (p.455), Panel (p.461), ProgressBar (p.464), RadioButton (p.467), ScrollView (p.470), SeekBar (p.472), Spinner (p.475), TabHost (p.479), ToggleButton (p.483), WebView (p.489)
Tenga en cuenta que las vistas contienen una referencia a la Actividad padre y, por lo tanto, no se pueden declarar en `Process_Globals`. Esto se explica con más detalle en el capítulo Ciclo de visa de una Actividad (p.254).

AutoCompleteEditText

Una versión mejorada de EditText que muestra al usuario una lista desplegable con todos los elementos que coinciden con los caracteres actualmente introducidos. Las coincidencias son elementos que comienzan con la entrada actual o elementos que incluyen una palabra que comienza con la entrada actual (las palabras deben estar separadas por espacios).

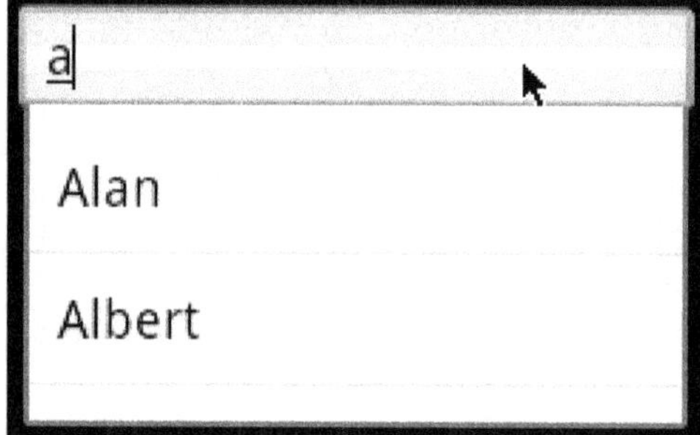

Llamar a `SetItems` con la lista de elementos posibles.
Nota: la clase SearchView (p.672) ofrece funcionalidad similar pero con búsqueda más rápida y más beneficios.
Ejemplo:

```
Sub Process_Globals
End Sub
Sub Globals
  Dim ACT As AutoCompleteEditText
End Sub
Sub Activity_Create(FirstTime As Boolean)
  ACT.Initialize("ACT")
  Activity.AddView(ACT, 10dip, 10dip, 500dip, 80dip)
  Dim people() As String
  people = Array As String( _
     "Alan", "Albert", "Algernon", "Alice", "Andorra")
  ACT.SetItems(people)
End Sub
Sub Activity_Pause (UserClosed As Boolean)
End Sub
```

Eventos:

ItemClick (Value As String)

El evento `ItemClick` se genera cuando el usuario hace clic en un elemento de la lista.

TextChanged (Old As String, New As String)

Esto se activa cada vez que el usuario edita el texto en el AutoCompleteEditText. Los parámetros **Old** y **New** contienen el texto antes y después de la edición.

EnterPressed

Este evento se produce cuando el usuario pulsa las teclas " Done " o " Enter " del teclado.

FocusChanged (HasFocus As Boolean)

Este evento se genera cuando el usuario toca el texto AutoCompleteEditText, en cuyo caso **HasFocus** será `True`, o cuando el usuario se mueve de aquí a otra vista (**HasFocus** será `False`).

Miembros:

Background As Drawable

Recupera o establece el fondo dibujable.

BringToFront

Cambia el orden Z de esta vista y la trae al frente.

Color As Int [write only]

Define el fondo de la vista para que sea un `ColorDrawable` con el color dado. Si el fondo actual es del tipo `GradientDrawable` o `ColorDrawable`, se mantendrán las esquinas redondeadas.

DismissDropDown

Hace que la lista desplegable desaparezca.

Ellipsize As String

Obtiene o establece el modo de truncamiento de la cadena, es decir, donde se ubicará el indicador de tres puntos (...) sobre la cadena mostrada. Solo afecta campos con el modo de línea simple. Posibles valores:
NONE
START - Los tres puntos aparecen al principio.
MIDDLE - Los tres puntos aparecen en el centro.
END - Los tres puntos aparecen al final.

Enabled As Boolean

Si se pone a `True`, el `AutoCompleteEditText` responderá a los eventos y se ignorarán si se establece a `False`.

ForceDoneButton As Boolean [write only]

Por defecto, Android configura la tecla de acción del teclado virtual para que muestre `Done` o `Next` según el diseño (layout) específico. Puede forzarlo a que muestre `Done` ajustando este valor a `True`. Ejemplo:

```
EditText1.ForceDoneButton = True
```

Gravity As Int

Obtiene o ajusta el valor de la propiedad gravity (p.365). Este valor afecta la forma en que se dibujará el texto.

Height As Int

Devuelve o establece la altura de la vista.

Hint As String

Devuelve o establece el texto que aparecerá cuando EditText esté vacío. Ejemplo:

```
EditText1.Hint = "Introduzca nombre de usuario"
```

HintColor As Int

Devuelve o define el color del texto de la sugerencia.
Ejemplo:

```
EditText1.HintColor = Colors.Gray
```

Initialize (EventName As String)

Inicializa la vista y establece los subs que manejarán los eventos.
Las vistas añadidas con el diseñador NO deben ser inicializadas. Estas vistas se inicializan cuando se carga el diseño (layout).

INPUT_TYPE_DECIMAL_NUMBERS As Int

Aparecerá el teclado numérico. Se aceptan números, punto decimal y signo menos.

INPUT_TYPE_NONE As Int

No se mostrará ningún teclado. Esto podría ser útil, por ejemplo, si utiliza un texto `AutoCompleteEditText` de sólo lectura para el cual no desea que se muestre un teclado.

INPUT_TYPE_NUMBERS As Int

Aparecerá el teclado numérico. Sólo se aceptarán números.

INPUT_TYPE_PHONE As Int

El teclado se mostrará en el modo teléfono.

INPUT_TYPE_TEXT As Int

Modo de texto por defecto.

InputType As Int

Devuelve o fija el indicador de tipo de entrada. Esta bandera se utiliza para determinar la configuración del teclado virtual. **Observe** que al cambiar el tipo de entrada, el EditText se encontrará en modo de línea simple. Ejemplo:

```
EditText1.InputType = EditText1.INPUT_TYPE_NUMBERS
```

Invalidate

Invalida la vista completa forzandola a redibujarse. El redibujado sólo se producirá cuando el programa pueda procesar mensajes, lo que ocurre normalmente cuando termina de ejecutar el código actual.

Si sólo necesita redibujar parte de la vista, normalmente es más rápido usar `Invalidate2` o `Invalidate3`.

Invalidate2 (Rect1 As Rect)

Invalida cualquier cosa dentro del rectángulo indicado que sea parte de esta vista. El redibujado sólo se producirá cuando el programa pueda procesar mensajes, normalmente cuando termine de ejecutar el código actual.

Invalidate3 (Left As Int, Top As Int, Right As Int, Bottom As Int)

Invalida cualquier cosa dentro del rectángulo indicado que sea parte de esta vista. El redibujado sólo se producirá cuando el programa pueda procesar mensajes, normalmente cuando termine de ejecutar el código actual.

IsInitialized As Boolean

Si este objeto se ha inicializado llamando a `Initialize`.

Left As Int

Obtiene o determina la posición izquierda de la vista.

PasswordMode As Boolean [write only]

Determina si el EditText debe estar en modo contraseña y oculta los caracteres reales.

Padding (Left As Int, Top As Int, Right As Int, Bottom As Int)

Devuelve o establece el relleno de la vista (distancia entre el borde y el contenido).
Siempre debe usar unidades en 'dip' para establecer la distancia de relleno. Ejemplo:

```
AutoCompleteEditText1.Padding = Array As Int (30dip, 10dip, 10dip,
10dip)
```

Parent As Object

Devuelve el padre de la vista. En la mayor parte de los casos, el valor devuelto se puede asignar a un Panel.
Devuelve Null si no hay ningún padre.

PasswordMode

Determina si el EditText debe estar en modo contraseña y oculta los caracteres reales.

RemoveView

Elimina esta vista de su vista padre.

RequestFocus As Boolean

Intenta fijar el foco en esta vista.
Devuelve `True` si se ha ajustado el enfoque.

SelectAll

Selecciona todo el texto.

SelectionLength As Int

Obtiene la longitud del texto seleccionado.

SelectionStart As Int

Recupera o fija la posición de inicio de la selección (o la posición del cursor). Devuelve `-1` si no hay selección o cursor.

SendToBack

Cambia el orden Z de esta vista y la envía al fondo.

SetBackgroundImage (Bitmap1 As Bitmap) As BitmapDrawable

Crea un `BitmapDrawable` con el mapa de bits dado y lo establece como fondo de la vista. La propiedad Gravity está ajustada a FILL (relleno). Se devuelve el `BitmapDrawable`. Puedes usarlo para cambiar la propiedad Gravity.

SetColorAnimated (Duration As Int , FromColor As Int , ToColor As Int)

Cambia el color de fondo con una transición animada entre los colores `FromColor` y `ToColor`.
La transición se basa en el espacio de color de saturación y tono HSV (http://bit.ly/1Owhw6Y). Esta animación sólo funcionará cuando se ejecute en dispositivos Android 3+.
Duration - Duración de la animación medida en milisegundos.

SetItems (Items As List)

Define la lista de posibles elementos. El estilo visual de los elementos será el mismo que el del texto principal.

SetItems2 (Items As List, Typeface1 As Typeface, Gravity As Int, TextSize As Float, TextColor As Int)

Define la lista de posibles elementos y especifica su estilo.
Gravity: Ajusta el valor de la propiedad gravity (p.365). Este valor afecta la forma en que se dibujará el texto.
Ejemplo:

```
Dim act As AutoCompleteEditText
act.Initialize("act")
Activity.AddView(act, 10dip, 10dip, 200dip, 80dip)
act.SetItems2(Array As String("aab", "abc"), act.Typeface,
Gravity.LEFT, 12, Colors.Green)
```

SetLayout (Left As Int, Top As Int, Width As Int, Height As Int)

Cambia la posición y el tamaño de la vista.

SetSelection (Start As Int , Length As Int)

Establece el texto seleccionado.

SetTextColorAnimated (Duration As Int , ToColor As Int)

Cambia el color del texto del color actual al color `ToColor`, con una transición animada durante un período de `Duration` en milisegundos. La transición se basa en el espacio de color de los valores de tonalidad de saturación (HSV (http://bit.ly/1Owhw6Y), hue-saturation-value).
Nota: la animación sólo funcionará en dispositivos que ejecuten Android 3 o posterior. En los dispositivos anteriores, el color cambia repentinamente.
Duration - Duración de la animación en milisegundos.

SetTextSizeAnimated (Duration As Int , TextSize As Float)

Cambia el tamaño del texto (p.178) a `TextSize` (en píxeles), con una transición animada durante un período de `Duration` en milisegundos.

SetVisibleAnimated (Duration As Int , Visible As Boolean)

Cambia la visibilidad de la vista con una animación de fundido de entrada o salida a la especificada por `Visible` durante un período de `Duration` milisegundos.
Duration - Duración de la animación en milisegundos.
Visible - Nuevo estado de visibilidad.
Nota: la animación sólo funcionará en dispositivos que ejecuten Android 3 o posterior. En los dispositivos anteriores, la visualización cambia repentinamente.

ShowDropDown
Fuerza a que aparezca la lista desplegable.

SingleLine As Boolean [write only]
Establece si el EditText debe estar en modo de una sola línea o en modo multilínea.

Tag As Object
Recupera o establece el valor de la propiedad Tag. Se puede utilizar para almacenar datos adicionales.

Text As String

TextColor As Int

TextSize As Float

Top As Int
Recupera o establece la posición superior de la vista.

Typeface As Typeface

Visible As Boolean
Si el Objeto es visible y el usuario puede verlo.

Width As Int
Recupera o establece el ancho de la vista.

Wrap As Boolean [write only]
Establece si el contenido de texto se ajustará dentro de los límites de EditText. Relevante cuando el EditText está en modo multilínea. Ejemplo:

```
EditText1.Wrap = False
```

Button
Una vista de Botón. Si cambias el fondo del botón, deberías usar `StateListDrawable` que te permite establecer el Drawable "default" (por defecto) y el "pulsado".
Es un objeto `Activity`; no puede declararse en `Sub Process_Globals`.

Eventos:

Down
Se produce cuando el usuario pulsa por primera vez el botón.

Up
Se produce cuando el usuario suelta el botón.

Click
Se produce cuando el usuario pulsa y suelta el botón. Los eventos Down (Abajo) y Up (Arriba) también se disparan. Se llaman en esta secuencia: Down, Up, Click.

LongClick
Se produce cuando el usuario pulsa el botón durante aproximadamente un segundo. Los eventos Down (Abajo) y Up (Arriba) también se disparan. Se llaman en esta secuencia: Down, LongClick, Up.

Miembros:

Background As Drawable
Devuelve o establece el fondo dibujable.

BringToFront
Cambia el orden Z de esta vista y la trae al frente.

Color As Int [write only]
Define el fondo de la vista para que sea un `ColorDrawable` con el color dado. Si el fondo actual es del tipo `GradientDrawable` o `ColorDrawable`, se mantendrán las esquinas redondeadas.

Ellipsize As String
Obtiene o establece el modo de truncamiento de la cadena, es decir, donde se ubicará el indicador de tres puntos (...) sobre la cadena mostrada. Solo afecta campos con el modo de línea simple. Posibles valores:
NONE
START - Los tres puntos aparecen al principio.
MIDDLE - Los tres puntos aparecen en el centro.
END - Los tres puntos aparecen al final.

Enabled As Boolean
Si se establece en `True`, el botón `Button` responderá a los eventos. Si se establece en `False`, los eventos se ignoran.

Gravity As Int
Obtiene o ajusta el valor de la propiedad gravity (p.365). Este valor afecta la forma en que se dibujará el texto.

Height As Int
Devuelve o establece la altura de la vista.

Initialize (EventName As String)
Inicializa la vista y establece los subs que manejarán los eventos.
Las vistas añadidas con el diseñador NO deben ser inicializadas. Estas vistas se inicializan cuando se carga el diseño (layout).

Invalidate
Invalida la vista completa forzandola a redibujarse. El redibujado sólo se producirá cuando el programa pueda procesar mensajes, lo que ocurre normalmente cuando termina de ejecutar el código actual.
Si sólo necesita redibujar parte de la vista, normalmente es más rápido usar `Invalidate2` o `Invalidate3`.

Invalidate2 (Rect1 As Rect)
Invalida cualquier cosa dentro del rectángulo indicado que sea parte de esta vista. El redibujado sólo se producirá cuando el programa pueda procesar mensajes, normalmente cuando termine de ejecutar el código actual.

Invalidate3 (Left As Int, Top As Int, Right As Int, Bottom As Int)
Invalida cualquier cosa dentro del rectángulo indicado que sea parte de esta vista. El redibujado sólo se producirá cuando el programa pueda procesar mensajes, normalmente cuando termine de ejecutar el código actual.

IsInitialized As Boolean
Si este objeto se ha inicializado llamando a `Initialize`.

Left As Int
Obtiene o determina la posición izquierda de la vista.

Padding (Left As Int, Top As Int, Right As Int, Bottom As Int)
Devuelve o establece el relleno de la vista (distancia entre el borde y el contenido).
Siempre debe usar unidades en 'dip' para establecer la distancia de relleno.
Ejemplo:
```
Button1.Padding = Array As Int (30dip, 10dip, 10dip, 10dip)
```

Parent As Object
Devuelve el padre de la vista. En la mayor parte de los casos, el valor devuelto se puede asignar a un Panel. Devuelve Null si no hay ningún padre.

RemoveView
Elimina esta vista de su vista padre.

RequestFocus As Boolean
Intenta fijar el foco en esta vista. Devuelve `True` si se ha ajustado el enfoque.

SendToBack
Cambia el orden Z de esta vista y la envía al fondo.

SetBackgroundImage (Bitmap1 As Bitmap) As BitmapDrawable
Crea un `BitmapDrawable` con el mapa de bits dado y lo establece como fondo de la vista. La propiedad Gravity está ajustada a FILL (relleno). Se devuelve el `BitmapDrawable`. Puedes usarlo para cambiar la propiedad Gravity.

SetColorAnimated (Duration As Int , FromColor As Int , ToColor As Int)
Cambia el color de fondo con una transición animada entre los colores `FromColor` y `ToColor`.
La transición se basa en el espacio de color de saturación y tono HSV (http://bit.ly/1Owhw6Y). Esta animación sólo funcionará cuando se ejecute en dispositivos Android 3+.
Duration - Duración de la animación medida en milisegundos.

SetLayout (Left As Int, Top As Int, Width As Int, Height As Int)
Cambia la posición y el tamaño de la vista.

SetLayoutAnimated (Duration As Int , Left As Int , Top As Int , Width As Int , Height As Int)
Similar a SetLayout, cambia la posición y el tamaño de la vista de su posición actual a la especificada por los parámetros `Left, Top, Width` y `Height` (Izquierda, Superior, Anchura y Altura), animada durante un período especificado en el parámetro `Duration` en milisegundos.
Nota: la animación sólo funcionará en dispositivos que ejecuten Android 3 o posterior. En los dispositivos anteriores, la vista se mueve repentinamente.

SetTextColorAnimated (Duration As Int , ToColor As Int)
Cambia el color del texto del color actual al color `ToColor`, con una transición animada durante un período de `Duration` en milisegundos. La transición se basa en el espacio de color de los valores de tonalidad de saturación (HSV (http://bit.ly/1Owhw6Y), hue-saturation-value).
Nota: la animación sólo funcionará en dispositivos que ejecuten Android 3 o posterior. En los dispositivos anteriores, el color cambia repentinamente.
Duration - Duración de la animación en milisegundos.

SetTextSizeAnimated (Duration As Int , TextSize As Float)
Cambia el tamaño del texto (p.178) a `TextSize` (en píxeles), con una transición animada durante un período de `Duration` en milisegundos.

SetVisibleAnimated (Duration As Int , Visible As Boolean)
Cambia la visibilidad de la vista con una animación de fundido de entrada o salida a la especificada por `Visible` durante un período de `Duration` milisegundos.
Duration - Duración de la animación en milisegundos.
Visible - Nuevo estado de visibilidad.
Nota: la animación sólo funcionará en dispositivos que ejecuten Android 3 o posterior. En los dispositivos anteriores, la visualización cambia repentinamente.

SingleLine As Boolean
Establece si el EditText debe estar en modo de una sola línea o en modo multilínea.

Tag As Object
Recupera o establece el valor de la propiedad Tag. Se puede utilizar para almacenar datos adicionales.

Text As String

TextColor As Int

TextSize As Float

Top As Int
Recupera o establece la posición superior de la vista.

Typeface As Typeface

Visible As Boolean
Si el Objeto es visible y el usuario puede verlo.

Width As Int
Recupera o establece el ancho de la vista.

CheckBox
Una vista `CheckBox`. A diferencia de los `RadioButtons`, cada CheckBox puede ser verificado independientemente.
Este es un objeto `Activity`; no puede declararse en `Sub Process_Globals`.

Eventos:
CheckedChange(Checked As Boolean)

Miembros:

Background As Drawable
Recupera o establece el fondo dibujable.

BringToFront
Cambia el orden Z de esta vista y la trae al frente.

Checked As Boolean

Color As Int [write only]
Define el fondo de la vista para que sea un `ColorDrawable` con el color dado. Si el fondo actual es del tipo `GradientDrawable` o `ColorDrawable`, se mantendrán las esquinas redondeadas.

Ellipsize As String
Obtiene o establece el modo de truncamiento de la cadena, es decir, donde se ubicará el indicador de tres puntos (...) sobre la cadena mostrada. Solo afecta campos con el modo de línea simple. Posibles valores:

NONE
START - Los tres puntos aparecen al principio.
MIDDLE - Los tres puntos aparecen en el centro.
END - Los tres puntos aparecen al final.

Enabled As Boolean

Si se pone a `True`, el `CheckBox` responderá a los eventos y se ignorarán si se establece a `False`.

Gravity As Int

Obtiene o ajusta el valor de la propiedad gravity (p.365). Este valor afecta la forma en que se dibujará el texto.

Height As Int

Devuelve o establece la altura de la vista.

Initialize (EventName As String)

Inicializa la vista y establece los subs que manejarán los eventos.
Las vistas añadidas con el diseñador NO deben ser inicializadas. Estas vistas se inicializan cuando se carga el diseño (layout).

Invalidate

Invalida la vista completa forzandola a redibujarse. El redibujado sólo se producirá cuando el programa pueda procesar mensajes, lo que ocurre normalmente cuando termina de ejecutar el código actual.
Si sólo necesita redibujar parte de la vista, normalmente es más rápido usar `Invalidate2` o `Invalidate3`.

Invalidate2 (Rect1 As Rect)

Invalida cualquier cosa dentro del rectángulo indicado que sea parte de esta vista. El redibujado sólo se producirá cuando el programa pueda procesar mensajes, normalmente cuando termine de ejecutar el código actual.

Invalidate3 (Left As Int, Top As Int, Right As Int, Bottom As Int)

Invalida cualquier cosa dentro del rectángulo indicado que sea parte de esta vista. El redibujado sólo se producirá cuando el programa pueda procesar mensajes, normalmente cuando termine de ejecutar el código actual.

IsInitialized As Boolean

Si este objeto se ha inicializado llamando a `Initialize`.

Left As Int

Obtiene o determina la posición izquierda de la vista.

Padding (Left As Int, Top As Int, Right As Int, Bottom As Int)

Devuelve o establece el relleno de la vista (distancia entre el borde y el contenido).
Siempre debe usar unidades en 'dip' para establecer la distancia de relleno. Ejemplo:

```
CheckBox1.Padding = Array As Int (30dip, 10dip, 10dip, 10dip)
```

Parent As Object

Devuelve el padre de la vista. En la mayor parte de los casos, el valor devuelto se puede asignar a un Panel. Devuelve Null si no hay ningún padre.

RemoveView

Elimina esta vista de su vista padre.

RequestFocus As Boolean
Intenta fijar el foco en esta vista. Devuelve `True` si se ha ajustado el enfoque.

SendToBack
Cambia el orden Z de esta vista y la envía al fondo.

SetBackgroundImage (Bitmap1 As Bitmap) As BitmapDrawable
Crea un `BitmapDrawable` con el mapa de bits dado y lo establece como fondo de la vista. La propiedad Gravity está ajustada a FILL (relleno). Se devuelve el `BitmapDrawable`. Puedes usarlo para cambiar la propiedad Gravity.

SetColorAnimated (Duration As Int , FromColor As Int , ToColor As Int)
Cambia el color de fondo con una transición animada entre los colores `FromColor` y `ToColor`.
La transición se basa en el espacio de color de saturación y tono HSV (http://bit.ly/1Owhw6Y). Esta animación sólo funcionará cuando se ejecute en dispositivos Android 3+.
Duration - Duración de la animación medida en milisegundos.

SetLayout (Left As Int, Top As Int, Width As Int, Height As Int)
Cambia la posición y el tamaño de la vista.

SetLayoutAnimated (Duration As Int , Left As Int , Top As Int , Width As Int , Height As Int)
Similar a SetLayout, cambia la posición y el tamaño de la vista de su posición actual a la especificada por los parámetros `Left, Top, Width` y `Height` (Izquierda, Superior, Anchura y Altura), animada durante un período especificado en el parámetro `Duration` en milisegundos.
Nota: la animación sólo funcionará en dispositivos que ejecuten Android 3 o posterior. En los dispositivos anteriores, la vista se mueve repentinamente.

SetTextColorAnimated (Duration As Int , ToColor As Int)
Cambia el color del texto del color actual al color `ToColor`, con una transición animada durante un período de `Duration` en milisegundos. La transición se basa en el espacio de color de los valores de tonalidad de saturación (HSV (http://bit.ly/1Owhw6Y), hue-saturation-value).
Nota: la animación sólo funcionará en dispositivos que ejecuten Android 3 o posterior. En los dispositivos anteriores, el color cambia repentinamente.
Duration - Duración de la animación en milisegundos.

SetTextSizeAnimated (Duration As Int , TextSize As Float)
Cambia el tamaño del texto (p.178) a `TextSize` (en píxeles), con una transición animada durante un período de `Duration` en milisegundos.

SetVisibleAnimated (Duration As Int , Visible As Boolean)
Cambia la visibilidad de la vista con una animación de fundido de entrada o salida a la especificada por `Visible` durante un período de `Duration` milisegundos.
Duration - Duración de la animación en milisegundos.
Visible - Nuevo estado de visibilidad.
Nota: la animación sólo funcionará en dispositivos que ejecuten Android 3 o posterior. En los dispositivos anteriores, la visualización cambia repentinamente.

SingleLine As Boolean
Establece si el EditText debe estar en modo de una sola línea o en modo multilínea.

Tag As Object
Recupera o establece el valor de la propiedad Tag. Se puede utilizar para almacenar datos adicionales.

Text As String

TextColor As Int

TextSize As Float

Top As Int

Recupera o establece la posición superior de la vista.

Typeface As Typeface

Visible As Boolean

Si el Objeto es visible y el usuario puede verlo.

Width As Int

Recupera o establece el ancho de la vista.

CustomView

Una vista personalizada le permite crear sus propios tipos de vistas que puede implementar como una clase (p.260) o en Java. Su clase también puede compilarse como una librería. A continuación, puede configurar las propiedades de la Vista personalizada en el Diseñador visual. Sin embargo, observe que el Diseñador visual no mostrará los detalles de la Vista personalizada, sino sólo un rectángulo.
La Librería estándar ViewsEx (p.646) incluye varios ejemplos de vistas personalizadas.
Numpad es un ejemplo práctico de cómo crear una vista personalizada usando una clase, disponible para descargar desde la página (http://bit.ly/1IjLiwC) de recursos de este libro. Para que funcione, deberá actualizar la Librería estándar de ViewsEx a la versión 1.11, que se incluye en el archivo Numpad.zip.

Pasos para crear una clase de vista personalizada

1) Añada un módulo de clase CustomView a su proyecto:

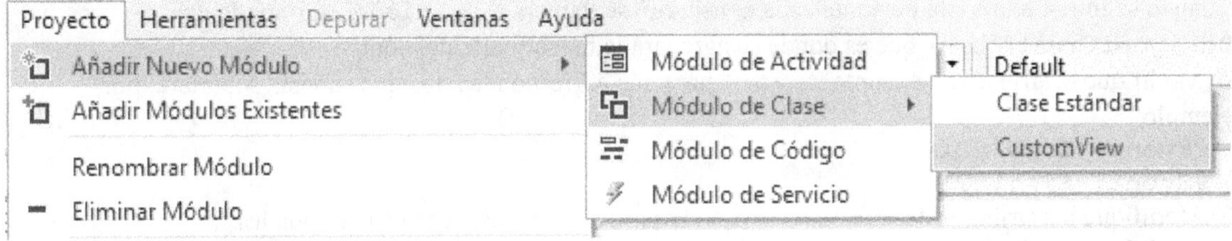

Utilizando la opción de menú [Proyecto > Añadir Nuevo Módulo > Módulo de Clase > CustomView]. Esto creará un módulo que contendrá el siguiente código:

```
#Event: ExampleEvent (Value As Int)
#DesignerProperty: Key: BooleanExample, DisplayName: Boolean Example,
FieldType: Boolean, DefaultValue: True, Description: Example of a
boolean property.
#DesignerProperty: Key: IntExample, DisplayName: Int Example,
FieldType: Int, DefaultValue: 10, MinRange: 0, MaxRange: 100,
Description: Note that MinRange and MaxRange are optional.
#DesignerProperty: Key: StringWithListExample, DisplayName: String
With List, FieldType: String, DefaultValue: Sunday, List:
Sunday|Monday|Tuesday|Wednesday|Thursday|Friday|Saturday
#DesignerProperty: Key: StringExample, DisplayName: String Example,
FieldType: String, DefaultValue: Text
```

```
#DesignerProperty: Key: ColorExample, DisplayName: Color Example, FieldType: Color, DefaultValue: 0xFFCFDCDC, Description: You can use the built-in color picker to find the color values.
#DesignerProperty: Key: DefaultColorExample, DisplayName: Default Color Example, FieldType: Color, DefaultValue: Null, Description: Setting the default value to Null means that a nullable field will be displayed.
Sub Class_Globals
    Private mEventName As String 'ignore
    Private mCallBack As Object 'ignore
    Private mBase As Panel
    Private Const DefaultColorConstant As Int = -984833 'ignore
End Sub
Public Sub Initialize (Callback As Object, EventName As String)
    mEventName = EventName
    mCallBack = Callback
End Sub
Public Sub DesignerCreateView (Base As Panel, Lbl As Label, Props As Map)
    mBase = Base
End Sub
Public Sub GetBase As Panel
    Return mBase
End Sub
```

No debe cambiar los argumentos de Subs `Initialize`, `DesignerCreateView` o `GetBase`. Cuando se muestre la Vista Personalizada al usuario, se llamará a `Initialize` seguido de `DesignerCreateView`, que es donde se agregará la mayor parte del código.

2) Modifique el atributo de ejemplo `#Event` para que corresponda a los que su vista soportará, por ejemplo:

```
#Event: DoubleClick
#Event: SingleClick
```

3) Modifique los atributos de #DesignerProperty para que se ajusten a sus necesidades.

4) Modifique `Initialize` si es necesario. Por ejemplo, es posible que desee inicializar un temporizador si lo utiliza. El argumento

```
Public Sub Initialize (vCallback As Object, vEventName As String)
```

Callback - hace referencia al módulo que carga el archivo de diseño.

EventName - la propiedad del nombre del evento tal y como se establece en el Diseñador visual. Esto puede ser útil si tiene varias copias de su Vista personalizada y necesita identificar con cuál está tratando.

5) Modifique el sub `DesignerCreateView`:

```
Public Sub DesignerCreateView (Base As Panel, Lbl As Label, Props As Map)
```

Base - el panel que será el padre para su vista personalizada. El fondo y el diseño del panel se basarán en los valores del diseñador. Tenga en cuenta que es libre de hacer lo que necesite con este panel.

Lbl - el propósito de la etiqueta es mantener todas las propiedades relacionadas con el texto que usted estableció en el Diseñador Visual. La etiqueta no se mostrará al usuario (a menos que la añada explícitamente).

Props - un mapa de las propiedades que ha creado con los atributos #DesignerProperty.

6) Agregue cualquier otra subs y variables que necesite para que su CustomView funcione.

7) Abra el Diseñador Visual

8) Utilice el menú [Añadir Vista > CustomView] para añadir una vista personalizada a un diseño.
9) Seleccione el tipo personalizado de la lista. El nombre será el mismo que el nombre de la clase que ha creado.
10) Defina las propiedades de la vista y, si es necesario, utilícela en el script del diseñador.
Observe que el código por defecto para una clase CustomView incluye varias propiedades de ejemplo. Cuando agregue su Vista Personalizada al Diseñador Visual, verá estas propiedades en una sección de CustomView de la lista de Propiedades del diseñador. Por ejemplo, las propiedades por defecto anteriores se verían así (suponiendo que la clase se llamara "CustomViewClass"):

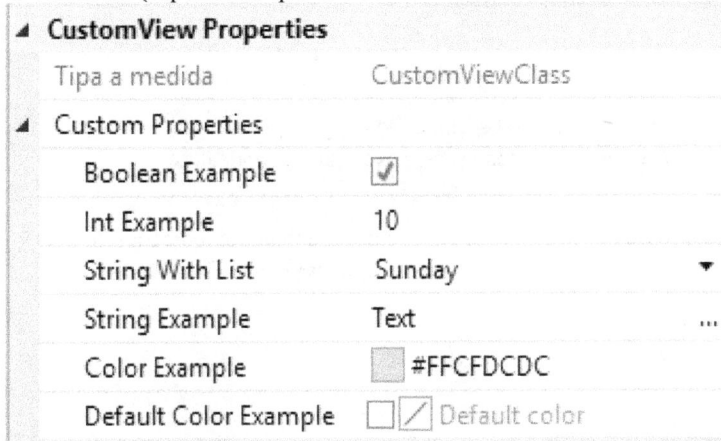

CustomView Properties	
Tipa a medida	CustomViewClass
Custom Properties	
Boolean Example	☑
Int Example	10
String With List	Sunday ▾
String Example	Text ...
Color Example	#FFCFDCDC
Default Color Example	Default color

Tenga en cuenta también que las Vistas Personalizadas soportan "colores anulables" (nullable colors), como el ejemplo que se muestra al crear un nuevo módulo CustomView:

```
#DesignerProperty: Key: DefaultColorExample
```

En muchos casos es mejor no establecer ningún color y utilizar el sistema por defecto.
11) Utilice el menú Diseñador [Herramientas > Generar Miembros] o el menú de contexto en el Diseñador Abstracto (p.175) para generar sentencias Dim en su **Módulo de Actividad** para la Vista personalizada.

EditText

EditText es una vista que permite al usuario escribir texto libre (similar a TextBox en formularios Visual Basic). El EditText tiene dos modos: `SingleLine` y `MultiLine`. Puede configurarlo para que sea multilínea llamando a `EditText1.SingleLine = False`

En la mayoría de los dispositivos, el teclado de software se mostrará automáticamente cuando el usuario pulse en el EditText. Puede utilizar la propiedad InputType para cambiar el tipo de teclado que aparece. Por ejemplo:

```
EditText1.InputType = EditText1.INPUT_TYPE_NUMBERS
```

Esto hará que aparezca el teclado numérico cuando el usuario pulse sobre el EditText. En este caso el EditText sólo aceptará números. Tenga en cuenta también que la mayoría de las vistas no tiene posibilidad de foco. Por ejemplo, pulsar un botón no cambiará el estado de enfoque de un EditText.
Este es un objeto `Activity`; no puede declararse en `Sub Process_Globals`.

Eventos:

TextChanged (Old As String, New As String)

El evento **TextChanged** se dispara cada vez que el texto cambia e incluye las cadenas old (Antigua) y new (nueva).

EnterPressed

El evento **EnterPressed** se produce cuando el usuario pulsa las teclas " Done " o " Enter " del teclado.

FocusChanged (HasFocus As Boolean)

El evento FocusChanged se genera cuando la vista tiene el enfoque o pierde el enfoque. El valor del parámetro **HasFocus** se ajustará en consecuencia.

Miembros:

Background As Drawable

Recupera o establece el fondo dibujable.

BringToFront

Cambia el orden Z de esta vista y la trae al frente.

Color As Int [write only]

Define el fondo de la vista para que sea un `ColorDrawable` con el color dado. Si el fondo actual es del tipo `GradientDrawable` o `ColorDrawable`, se mantendrán las esquinas redondeadas.

Ellipsize As String

Obtiene o establece el modo de truncamiento de la cadena, es decir, donde se ubicará el indicador de tres puntos (...) sobre la cadena mostrada. Solo afecta campos con el modo de línea simple. Posibles valores:
NONE
START - Los tres puntos aparecen al principio.
MIDDLE - Los tres puntos aparecen en el centro.
END - Los tres puntos aparecen al final.

Enabled As Boolean

Si se pone a `True`, el `EditText` responderá a los eventos y se ignorarán si se establece a `False`.

ForceDoneButton As Boolean [write only]

Por defecto, Android configura la tecla de acción del teclado virtual para que muestre `Done` o `Next` según el diseño (layout) específico. Puede forzarlo a que muestre `Done` ajustando este valor a `True`.
Ejemplo:

```
EditText1.ForceDoneButton = True
```

Gravity As Int

Obtiene o ajusta el valor de la propiedad gravity (p.365). Este valor afecta la forma en que se dibujará el texto.

Height As Int

Devuelve o establece la altura de la vista.

Hint As String

Devuelve o establece el texto que aparecerá cuando EditText esté vacío. Ejemplo:
Ejemplo:

```
EditText1.Hint = " Introduzca nombre de usuario "
```

HintColor As Int

Devuelve o define el color del texto de la sugerencia.
Ejemplo:

```
EditText1.HintColor = Colors.Gray
```

Initialize (EventName As String)

Inicializa la vista y establece los subs que manejarán los eventos.
Las vistas añadidas con el diseñador NO deben ser inicializadas. Estas vistas se inicializan cuando se carga el diseño (layout).

INPUT_TYPE_DECIMAL_NUMBERS As Int
Aparecerá el teclado numérico. Se aceptan números, punto decimal y signo menos.

INPUT_TYPE_NONE As Int
No se mostrará ningún teclado y al hacer clic en el EditText no hará nada.

INPUT_TYPE_NUMBERS As Int
Aparecerá el teclado numérico. Sólo se aceptarán números.

INPUT_TYPE_PHONE As Int
El teclado se mostrará en el modo teléfono.

INPUT_TYPE_TEXT As Int
Modo de texto por defecto.

InputType As Int
Devuelve o fija el indicador de tipo de entrada. Esta bandera se utiliza para determinar la configuración del teclado virtual. **Observe** que al cambiar el tipo de entrada, el EditText se encontrará en modo de línea simple.
Ejemplo:

```
EditText1.InputType = EditText1.INPUT_TYPE_NUMBERS
```

Invalidate
Invalida la vista completa forzandola a redibujarse. El redibujado sólo se producirá cuando el programa pueda procesar mensajes, lo que ocurre normalmente cuando termina de ejecutar el código actual.
Si sólo necesita redibujar parte de la vista, normalmente es más rápido usar `Invalidate2` o `Invalidate3`.

Invalidate2 (Rect1 As Rect)
Invalida cualquier cosa dentro del rectángulo indicado que sea parte de esta vista. El redibujado sólo se producirá cuando el programa pueda procesar mensajes, normalmente cuando termine de ejecutar el código actual.

Invalidate3 (Left As Int, Top As Int, Right As Int, Bottom As Int)
Invalida cualquier cosa dentro del rectángulo indicado que sea parte de esta vista. El redibujado sólo se producirá cuando el programa pueda procesar mensajes, normalmente cuando termine de ejecutar el código actual.

IsInitialized As Boolean
Si este objeto se ha inicializado llamando a `Initialize`.

Left As Int
Obtiene o determina la posición izquierda de la vista.

Padding (Left As Int, Top As Int, Right As Int, Bottom As Int)
Devuelve o establece el relleno de la vista (distancia entre el borde y el contenido).
Siempre debe usar unidades en 'dip' para establecer la distancia de relleno. Ejemplo:

```
EditText1.Padding = Array As Int (30dip, 10dip, 10dip, 10dip)
```

Parent As Object [read only]
Devuelve el padre de la vista. En la mayoría de los casos, el valor devuelto se puede asignar a un Panel.
Devuelve Nulo si no hay padre.

PasswordMode As Boolean [write only]
Determina si el EditText debe estar en modo contraseña y oculta los caracteres actuales.

RemoveView
Elimina esta vista de su vista padre.

RequestFocus As Boolean
Intenta fijar el foco en esta vista. Devuelve `True` si se ha ajustado el enfoque.

SelectAll
Selecciona todo el texto.

SelectionLength As Int [read only]
Obtiene la longitud del texto seleccionado.

SelectionStart As Int
Recupera o fija la posición de inicio de la selección (o la posición del cursor). Devuelve `-1` si no hay selección o cursor.

SendToBack
Cambia el orden Z de esta vista y la envía al fondo.

SetBackgroundImage (Bitmap1 As Bitmap) As BitmapDrawable
Crea un `BitmapDrawable` con el mapa de bits dado y lo establece como fondo de la vista. La propiedad Gravity está ajustada a FILL (relleno). Se devuelve el `BitmapDrawable`. Puedes usarlo para cambiar la propiedad Gravity.

SetColorAnimated (Duration As Int, FromColor As Int, ToColor As Int)
Cambia el color de fondo con una animación de transición entre los colores FromColor y ToColor.
La transición se basa en el espacio de color HSV (http://bit.ly/1Owhw6Y). Esta animación sólo se aplicará cuando se ejecute en dispositivos Android 3+.
Duration - Duración de la animación medida en milisegundos.

SetLayout (Left As Int, Top As Int, Width As Int, Height As Int)
Cambia la posición y el tamaño de la vista.

SetLayoutAnimated (Duration As Int, Left As Int, Top As Int, Width As Int, Height As Int)
Similar a SetLayout, cambia la posición y el tamaño de la vista de su posición actual a la especificada por los parámetros `Left, Top, Width` y `Height` (Izquierda, Superior, Anchura y Altura), animada durante un período especificado en el parámetro `Duration` en milisegundos.
Nota: la animación sólo funcionará en dispositivos que ejecuten Android 3 o posterior. En los dispositivos anteriores, la vista se mueve repentinamente.

SetSelection (Start As Int, Length As Int)
Establece el texto seleccionado.

SetTextColorAnimated (Duration As Int, ToColor As Int)
Cambia el color del texto del color actual al color `ToColor`, con una transición animada durante un período de `Duration` en milisegundos. La transición se basa en el espacio de color de los valores de tonalidad de saturación (HSV (http://bit.ly/1Owhw6Y), hue-saturation-value).
Nota: la animación sólo funcionará en dispositivos que ejecuten Android 3 o posterior. En los dispositivos anteriores, el color cambia repentinamente.
Duration - Duración de la animación en milisegundos.

SetTextSizeAnimated (Duration As Int, TextSize As Float)
Cambia el tamaño del texto (p.178) a `TextSize` (en píxeles), con una transición animada durante un período de `Duration` en milisegundos.
Nota: la animación sólo funcionará en dispositivos que ejecuten Android 3 o posterior. En los dispositivos anteriores, el color cambia repentinamente.

SetVisibleAnimated (Duration As Int , Visible As Boolean)
Cambia la visibilidad de la vista con una animación de fundido de entrada o salida a la especificada por `Visible` durante un período de `Duration` milisegundos.
Duration - Duración de la animación en milisegundos.
Visible - Nuevo estado de visibilidad.
Nota: la animación sólo funcionará en dispositivos que ejecuten Android 3 o posterior. En los dispositivos anteriores, la visualización cambia repentinamente.

SingleLine As Boolean [write only]
Establece si el EditText debe estar en modo de una sola línea o en modo multilínea.

Tag As Object
Recupera o establece el valor de la propiedad Tag. Se puede utilizar para almacenar datos adicionales.

Text As String

TextColor As Int

TextSize As Float

Top As Int
Recupera o establece la posición superior de la vista.

Typeface As Typeface

Visible As Boolean
Si el Objeto es visible y el usuario puede verlo.

Width As Int
Recupera o establece el ancho de la vista.

Wrap As Boolean [write only]
Establece si el contenido de texto se ajustará dentro de los límites de EditText. Relevante cuando el EditText está en modo multilínea. Ejemplo:

```
EditText1.Wrap = False
```

HorizontalScrollView
HorizontalScrollView es una vista que contiene otras vistas y permite al usuario desplazarse horizontalmente por ellas. El HorizontalScrollView es similar al ScrollView que se desplaza verticalmente.
Vea el tutorial (http://bit.ly/1Owhtbg) de ScrollView para más información.
El HorizontalScrollView tiene un panel interior que contiene las vistas hijas.
Puede añadir vistas llamando: `HorizontalScrollView1.Panel.AddView(...)`
Tenga en cuenta que no es posible anidar las vistas que se desplazan.
Este es un objeto `Activity`; no puede declararse en `Sub Process_Globals`.

Eventos:
ScrollChanged(Position As Int)

Miembros:

Background As Drawable
Recupera o establece el fondo dibujable.

BringToFront
Cambia el orden Z de esta vista y la trae al frente.

Color As Int [write only]
Define el fondo de la vista para que sea un `ColorDrawable` con el color dado. Si el fondo actual es del tipo `GradientDrawable` o `ColorDrawable`, se mantendrán las esquinas redondeadas.

Enabled As Boolean
Si se pone a `True`, el `EditText` responderá a los eventos y se ignorarán si se establece a `False`.

FullScroll (Right As Boolean)
Defina `True` para desplazarse por la vista hacia la derecha. Seleccione `False` para desplazarse hacia la izquierda.

Height As Int
Devuelve o establece la altura de la vista.

Initialize (Width As Int, EventName As String)
Inicializa el objeto.
Width - El ancho del panel interior.
EventName - Fija el Sub que manejará el evento.

Invalidate
Invalida la vista completa forzandola a redibujarse. El redibujado sólo se producirá cuando el programa pueda procesar mensajes, lo que ocurre normalmente cuando termina de ejecutar el código actual.
Si sólo necesita redibujar parte de la vista, normalmente es más rápido usar `Invalidate2` o `Invalidate3`.

Invalidate2 (Rect1 As Rect)
Invalida cualquier cosa dentro del rectángulo indicado que sea parte de esta vista. El redibujado sólo se producirá cuando el programa pueda procesar mensajes, normalmente cuando termine de ejecutar el código actual.

Invalidate3 (Left As Int, Top As Int, Right As Int, Bottom As Int)
Invalida cualquier cosa dentro del rectángulo indicado que sea parte de esta vista. El redibujado sólo se producirá cuando el programa pueda procesar mensajes, normalmente cuando termine de ejecutar el código actual.

IsInitialized As Boolean
Si este objeto se ha inicializado llamando a `Initialize`.

Left As Int
Obtiene o determina la posición izquierda de la vista.

Padding (Left As Int, Top As Int, Right As Int, Bottom As Int)
Devuelve o establece el relleno de la vista (distancia entre el borde y el contenido).
Siempre debe usar unidades en 'dip' para establecer la distancia de relleno. Ejemplo:

```
hsv.Padding = Array As Int (30dip, 10dip, 10dip, 10dip)
```

Panel As Panel [read only]

Devuelve el panel al que puede añadir vistas. Ejemplo:

```
HorizontalScrollView1.Panel.AddView(..)
```

Parent As Object

Devuelve el padre de la vista. En la mayor parte de los casos, el valor devuelto se puede asignar a un Panel. Devuelve Null si no hay ningún padre.

RemoveView

Elimina esta vista de su vista padre.

RequestFocus As Boolean

Intenta fijar el foco en esta vista. Devuelve `True` si se ha ajustado el enfoque.

ScrollPosition As Int

Obtiene o ajusta la posición de desplazamiento. Si está configurado, desplaza la Vista con animación.

ScrollToNow (Scroll As Int)

Desplaza inmediatamente el HorizontalScrollView sin animación.

SendToBack

Cambia el orden Z de esta vista y la envía al fondo.

SetBackgroundImage (Bitmap1 As Bitmap) As BitmapDrawable

Crea un `BitmapDrawable` con el mapa de bits dado y lo establece como fondo de la vista. La propiedad Gravity está ajustada a FILL (relleno). Se devuelve el `BitmapDrawable`. Puedes usarlo para cambiar la propiedad Gravity.

SetColorAnimated (Duration As Int , FromColor As Int , ToColor As Int)

Cambia el color de fondo con una transición animada entre los colores `FromColor` y `ToColor`.
La transición se basa en el espacio de color de saturación y tono HSV (http://bit.ly/1Owhw6Y). Esta animación sólo funcionará cuando se ejecute en dispositivos Android 3+.
Duration - Duración de la animación medida en milisegundos.

SetLayout (Left As Int, Top As Int, Width As Int, Height As Int)

Cambia la posición y el tamaño de la vista.

SetLayoutAnimated (Duration As Int , Left As Int , Top As Int , Width As Int , Height As Int)

Similar a SetLayout, cambia la posición y el tamaño de la vista de su posición actual a la especificada por los parámetros `Left, Top, Width` y `Height` (Izquierda, Superior, Anchura y Altura), animada durante un período especificado en el parámetro `Duration` en milisegundos.
Nota: la animación sólo funcionará en dispositivos que ejecuten Android 3 o posterior. En los dispositivos anteriores, la vista se mueve repentinamente.

SetVisibleAnimated (Duration As Int , Visible As Boolean)

Cambia la visibilidad de la vista con una animación de fundido de entrada o salida a la especificada por `Visible` durante un período de `Duration` milisegundos.
Duration - Duración de la animación en milisegundos.
Visible - Nuevo estado de visibilidad.
Nota: la animación sólo funcionará en dispositivos que ejecuten Android 3 o posterior. En los dispositivos anteriores, la visualización cambia repentinamente.

Tag As Object
Recupera o establece el valor de la propiedad Tag. Se puede utilizar para almacenar datos adicionales.

Top As Int
Recupera o establece la posición superior de la vista.

Visible As Boolean
Si el Objeto es visible y el usuario puede verlo.

Width As Int
Recupera o establece el ancho de la vista.

ImageView
Una vista que muestra una imagen. Puede asignar un mapa de bits (p.375) utilizando la propiedad `Bitmap`.
La propiedad `Gravity` cambia la forma en que aparece la imagen. Los dos valores más relevantes son:
`Gravity.FILL` (que hará que la imagen llene toda la vista)
y `Gravity.CENTER` (que dibujará la imagen en el centro de la vista).
Este es un objeto `Activity`; no puede declararse en `Sub Process_Globals`.

Eventos:

Click
Se produce cuando el usuario pulsa y suelta el ImageView.

LongClick
Se produce cuando el usuario pulsa el ImageView durante aproximadamente un segundo

Miembros:

Background As Drawable
Devuelve o establece el fondo dibujable.

Bitmap As Bitmap
Recupera o establece el mapa de bits asignado a ImageView.
Ejemplo:
```
ImageView1.Bitmap = LoadBitmap(File.DirAssets, "someimage.jpg")
```

BringToFront
Cambia el orden Z de esta vista y la trae al frente.

Color As Int [write only]
Define el fondo de la vista para que sea un `ColorDrawable` con el color dado. Si el fondo actual es del tipo `GradientDrawable` o `ColorDrawable`, se mantendrán las esquinas redondeadas.

Enabled As Boolean
Si se pone a `True`, el `ImageView` responderá a los eventos y se ignorarán si se establece a `False`.

Gravity As Int
Obtiene o ajusta el valor de la propiedad gravity (p.365) asignada al mapa de bits.
Ejemplo:
```
ImageView1.Gravity = Gravity.Fill
```

Height As Int
Devuelve o establece la altura de la vista.

Initialize (EventName As String)
Inicializa la vista y establece los subs que manejarán los eventos.
Las vistas añadidas con el diseñador NO deben ser inicializadas. Estas vistas se inicializan cuando se carga el diseño (layout).

Invalidate
Invalida la vista completa forzandola a redibujarse. El redibujado sólo se producirá cuando el programa pueda procesar mensajes, lo que ocurre normalmente cuando termina de ejecutar el código actual.
Si sólo necesita redibujar parte de la vista, normalmente es más rápido usar `Invalidate2` o `Invalidate3`.

Invalidate2 (Rect1 As Rect)
Invalida cualquier cosa dentro del rectángulo indicado que sea parte de esta vista. El redibujado sólo se producirá cuando el programa pueda procesar mensajes, normalmente cuando termine de ejecutar el código actual.

Invalidate3 (Left As Int, Top As Int, Right As Int, Bottom As Int)
Invalida cualquier cosa dentro del rectángulo indicado que sea parte de esta vista. El redibujado sólo se producirá cuando el programa pueda procesar mensajes, normalmente cuando termine de ejecutar el código actual.

IsInitialized As Boolean
Si este objeto se ha inicializado llamando a `Initialize`.

Left As Int
Obtiene o determina la posición izquierda de la vista.

Padding (Left As Int, Top As Int, Right As Int, Bottom As Int)
Devuelve o establece el relleno de la vista (distancia entre el borde y el contenido).
Siempre debe usar unidades en 'dip' para establecer la distancia de relleno. Ejemplo:

```
imageView1.Padding = Array As Int (30dip, 10dip, 10dip, 10dip)
```

Parent As Object
Devuelve el padre de la vista. En la mayor parte de los casos, el valor devuelto se puede asignar a un Panel. Devuelve Null si no hay ningún padre.

RemoveView
Elimina esta vista de su vista padre.

RequestFocus As Boolean
Intenta fijar el foco en esta vista. Devuelve `True` si se ha ajustado el enfoque.

SendToBack
Cambia el orden Z de esta vista y la envía al fondo.

SetBackgroundImage (Bitmap1 As Bitmap) As BitmapDrawable
Crea un `BitmapDrawable` con el mapa de bits dado y lo establece como fondo de la vista. La propiedad Gravity está ajustada a FILL (relleno). Se devuelve el `BitmapDrawable`. Puedes usarlo para cambiar la propiedad Gravity.

SetColorAnimated (Duration As Int , FromColor As Int , ToColor As Int)
Cambia el color de fondo con una transición animada entre los colores `FromColor` y `ToColor`.
La transición se basa en el espacio de color de saturación y tono HSV (http://bit.ly/1Owhw6Y). Esta animación sólo funcionará cuando se ejecute en dispositivos Android 3+.

Duration - Duración de la animación medida en milisegundos.

SetLayout (Left As Int, Top As Int, Width As Int, Height As Int)

Cambia la posición y el tamaño de la vista.

SetLayoutAnimated (Duration As Int , Left As Int , Top As Int , Width As Int , Height As Int)

Similar a SetLayout, cambia la posición y el tamaño de la vista de su posición actual a la especificada por los parámetros `Left, Top, Width` y `Height` (Izquierda, Superior, Anchura y Altura), animada durante un período especificado en el parámetro `Duration` en milisegundos.
Nota: la animación sólo funcionará en dispositivos que ejecuten Android 3 o posterior. En los dispositivos anteriores, la vista se mueve repentinamente.

SetVisibleAnimated (Duration As Int , Visible As Boolean)

Cambia la visibilidad de la vista con una animación de fundido de entrada o salida a la especificada por `Visible` durante un período de `Duration` milisegundos.
Duration - Duración de la animación en milisegundos.
Visible - Nuevo estado de visibilidad.
Nota: la animación sólo funcionará en dispositivos que ejecuten Android 3 o posterior. En los dispositivos anteriores, la visualización cambia repentinamente.

Tag As Object

Recupera o establece el valor de la propiedad Tag. Se puede utilizar para almacenar datos adicionales.

Top As Int

Recupera o establece la posición superior de la vista.

Visible As Boolean

Si el Objeto es visible y el usuario puede verlo.

Width As Int

Recupera o establece el ancho de la vista.

Label

Una vista de Etiqueta (Label) que muestra texto de sólo lectura.
Este es un objeto `Activity`; no puede declararse en `Sub Process_Globals`.

Eventos:

Click

Se produce cuando el usuario pulsa sobre la etiqueta y suelta.

LongClick

Se produce cuando el usuario pulsa la etiqueta durante aproximadamente un segundo.

Miembros:

Background As Drawable

Devuelve o establece el fondo dibujable.

BringToFront

Cambia el orden Z de esta vista y la trae al frente.

Color As Int [write only]

Define el fondo de la vista para que sea un `ColorDrawable` con el color dado.

Si el fondo actual es del tipo `GradientDrawable` o `ColorDrawable`, se mantendrán las esquinas redondeadas.

***Ellipsize** As String*

Obtiene o establece el modo de truncamiento de la cadena, es decir, donde se ubicará el indicador de tres puntos (...) sobre la cadena mostrada. Solo afecta campos con el modo de línea simple. Posibles valores:
NONE
START - Los tres puntos aparecen al principio.
MIDDLE - Los tres puntos aparecen en el centro.
END - Los tres puntos aparecen al final.

***Enabled** As Boolean*

Si se establece en `True`, el botón label responderá a los eventos `Click` y `LongClick`. Si se establece en `False`, los eventos se ignoran.

***Gravity** As Int*

Obtiene o ajusta el valor de la propiedad gravity (p.365). Este valor afecta la forma en que se dibujará el texto.

***Height** As Int*

Devuelve o establece la altura de la vista.

Initialize (EventName** As String**)

Inicializa la vista y establece los subs que manejarán los eventos.
Las vistas añadidas con el diseñador NO deben ser inicializadas. Estas vistas se inicializan cuando se carga el diseño (layout).

Invalidate

Invalida la vista completa forzandola a redibujarse. El redibujado sólo se producirá cuando el programa pueda procesar mensajes, lo que ocurre normalmente cuando termina de ejecutar el código actual.
Si sólo necesita redibujar parte de la vista, normalmente es más rápido usar `Invalidate2` o `Invalidate3`.

Invalidate2 (Rect1** As Rect**)

Invalida cualquier cosa dentro del rectángulo indicado que sea parte de esta vista. El redibujado sólo se producirá cuando el programa pueda procesar mensajes, normalmente cuando termine de ejecutar el código actual.

Invalidate3 (Left** As Int**, Top** As Int**, Right** As Int**, Bottom** As Int**)

Invalida cualquier cosa dentro del rectángulo indicado que sea parte de esta vista. El redibujado sólo se producirá cuando el programa pueda procesar mensajes, normalmente cuando termine de ejecutar el código actual.

***IsInitialized** As Boolean*

Si este objeto se ha inicializado llamando a `Initialize`.

***Left** As Int*

Obtiene o determina la posición izquierda de la vista.

Padding (Left** As Int**, Top** As Int**, Right** As Int**, Bottom** As Int**)

Devuelve o establece el relleno de la vista (distancia entre el borde y el contenido).
Siempre debe usar unidades en 'dip' para establecer la distancia de relleno. Ejemplo:

```
Lbl1.Padding = Array As Int (30dip, 10dip, 10dip, 10dip)
```

Parent As Object
Devuelve el padre de la vista. En la mayor parte de los casos, el valor devuelto se puede asignar a un Panel. Devuelve Null si no hay ningún padre.

RemoveView
Elimina esta vista de su vista padre.

RequestFocus As Boolean
Intenta fijar el foco en esta vista.
Devuelve `True` si se ha ajustado el enfoque.

SendToBack
Cambia el orden Z de esta vista y la envía al fondo.

SetBackgroundImage (Bitmap1 As Bitmap) As BitmapDrawable
Crea un `BitmapDrawable` con el mapa de bits dado y lo establece como fondo de la vista. La propiedad Gravity está ajustada a FILL (relleno). Se devuelve el `BitmapDrawable`. Puedes usarlo para cambiar la propiedad Gravity.

SetColorAnimated (Duration As Int , FromColor As Int , ToColor As Int)
Cambia el color de fondo con una transición animada entre los colores `FromColor` y `ToColor`.
La transición se basa en el espacio de color de saturación y tono HSV (http://bit.ly/1Owhw6Y). Esta animación sólo funcionará cuando se ejecute en dispositivos Android 3+.
Duration - Duración de la animación medida en milisegundos.

SetLayout (Left As Int, Top As Int, Width As Int, Height As Int)
Cambia la posición y el tamaño de la vista.

SetLayoutAnimated (Duration As Int , Left As Int , Top As Int , Width As Int , Height As Int)
Similar a SetLayout, cambia la posición y el tamaño de la vista de su posición actual a la especificada por los parámetros `Left, Top, Width` y `Height` (Izquierda, Superior, Anchura y Altura), animada durante un período especificado en el parámetro `Duration` en milisegundos.
Nota: la animación sólo funcionará en dispositivos que ejecuten Android 3 o posterior. En los dispositivos anteriores, la vista se mueve repentinamente.

SetTextColorAnimated (Duration As Int , ToColor As Int)
Cambia el color del texto del color actual al color `ToColor`, con una transición animada durante un período de `Duration` en milisegundos. La transición se basa en el espacio de color de los valores de tonalidad de saturación (HSV (http://bit.ly/1Owhw6Y), hue-saturation-value).
Nota: la animación sólo funcionará en dispositivos que ejecuten Android 3 o posterior. En los dispositivos anteriores, el color cambia repentinamente.
Duration - Duración de la animación en milisegundos.

SetTextSizeAnimated (Duration As Int , TextSize As Float)
Cambia el tamaño del texto (p.178) a `TextSize` (en píxeles), con una transición animada durante un período de `Duration` en milisegundos.

SetVisibleAnimated (Duration As Int , Visible As Boolean)
Cambia la visibilidad de la vista con una animación de fundido de entrada o salida a la especificada por `Visible` durante un período de `Duration` milisegundos.

Duration - Duración de la animación en milisegundos.
Visible - Nuevo estado de visibilidad.
Nota: la animación sólo funcionará en dispositivos que ejecuten Android 3 o posterior. En los dispositivos anteriores, la visualización cambia repentinamente.

SingleLine As Boolean
Establece si el EditText debe estar en modo de una sola línea o en modo multilínea.

Tag As Object
Recupera o establece el valor de la propiedad Tag. Se puede utilizar para almacenar datos adicionales.

Text As String
Obtiene o establece el texto que se muestra en esta etiqueta.

TextColor As Int
El color (p.364) del texto utilizado por esta etiqueta.

TextSize As Float
El tamaño del texto que utiliza esta etiqueta.

Top As Int
Recupera o establece la posición superior de la vista.

Typeface As Typeface
El tipo de letra (p.367) que utiliza esta etiqueta.

Visible As Boolean
Si el Objeto es visible y el usuario puede verlo.

Width As Int
Recupera o establece el ancho de la vista.

ListView
ListView es una vista que muestra listas. Este es un objeto `Activity`; no puede declararse en `Sub Process_Globals`.

Tres Tipos
Un ListView puede contener tres tipos diferentes de elementos: una sola línea, dos líneas y dos líneas y mapa de bits.
Puede mezclar los tres tipos de líneas en un solo ListView:

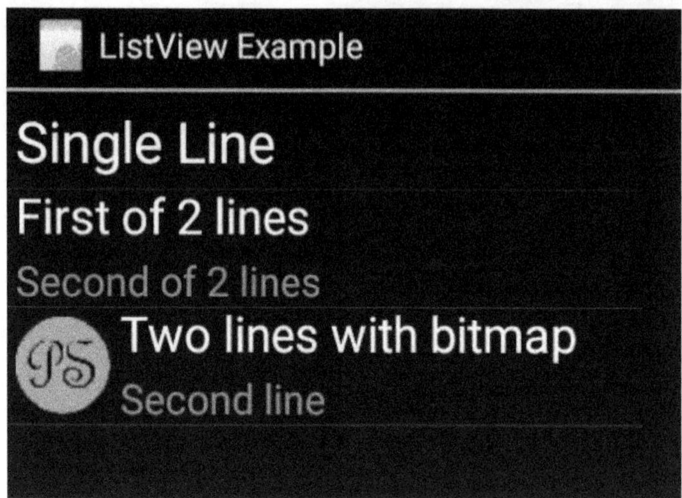

Cada uno de los tres tipos se puede personalizar. El cambio afectará a todos los elementos de ese tipo.
El ListView tiene tres "modelos" que se almacenan en:
- SingleLineLayout (p.460)
- TwoLinesAndBitmap (p.486)
- TwoLinesLayout (p.486)

Cada uno de estos tipos tiene una propiedad ItemHeight, una propiedad Background y una o más propiedades de vistas. Si cambia cualquiera de estas propiedades, afectará a todos los elementos de este tipo.

Changing Text Appearance

Puede modificar el aspecto de cada uno de estos tres tipos de línea editando el diseño (layout), Por ejemplo:

```
Dim label1 As Label
label1 = ListView1.SingleLineLayout.Label
label1.TextSize = 20
label1.TextColor = Colors.Blue
```

Esto cambiará la apariencia de todos los elementos de la lista con SingleLineLayout.
Observe que un elemento TwoLine tiene dos etiquetas, una para cada línea:

```
Dim Label1 As Label
Label1 = ListView1.TwoLinesLayout.SecondLabel
Label1.TextSize = 20
Label1.TextColor = Colors.Green
```

ListView como un Menú

Puede utilizar un ListView como un menú desplegable en cualquier Actividad.
Por ejemplo:

```
Sub Globals
 ' Puede crear o en un Layout o aquí
 Dim lstMenu As ListView
End Sub

Sub Activity_Create(FirstTime As Boolean)
 Activity.LoadLayout("main")

 lstMenu.Initialize("lstMenu")
```

```
  Activity.AddView(lstMenu, 10%x, 10%y, 80%x, 80%y)
  lstMenu.AddSingleLine2("Help", "help")
  lstMenu.AddSingleLine2("Settings", "settings")
  ' Configurar colores. El fondo predeterminado es transparente
  lstMenu.Color = Colors.White
  Dim lstLabel As Label
  lstLabel = lstMenu.SingleLineLayout.Label
  ' El color predeterminado del texto es blanco
  lstLabel.TextColor = Colors.Black
  lstMenu.Visible = False
End Sub

Sub btnTest_Click
  ' StartActivity(test) ocultará esta actividad
  ' Activity.LoadLayout("testActivity")
  lstMenu.Visible = True
End Sub

Sub lstMenu_ItemClick (Position As Int, Value As Object)
  Select Value
  Case "help"
    lstMenu.Visible = False
    StartActivity("help")
  Case "settings"
    lstMenu.Visible = False
    StartActivity("settings")
  End Select
End Sub
```

Tutorial

Vea el tutorial ListView (http://bit.ly/181bNV6) para más información.

Eventos:

ListView tiene dos eventos que le permiten determinar sobre que elemento hizo clic el usuario. Desafortunadamente, no puede responder cambiando la apariencia del elemento seleccionado, por lo que en este caso podría utilizar un Custom List View (p.669).

ItemClick (Position As Int, Value As Object)

`ItemClick` se genera cuando se pulsa sobre un elemento y se suelta.

ItemLongClick (Position As Int, Value As Object)

`ItemLongClick` se genera cuando se pulsa y se mantiene pulsado un elemento.

Miembros:

AddSingleLine (Text As String)

Añade un element de una línea.
Ejemplo:

```
ListView1.AddSingleLine("Domingo")
```

AddSingleLine2 (Text As String, ReturnValue As Object)

Añade un element de una línea.
El valor de retorno especificado se devolverá al llamar a `GetItem` o en el evento `ItemClick`.

Ejemplo:

```
ListView1.AddSingleLine2("Domingo ", 1)
```

AddTwoLines (Text1 As String, Text2 As String)

Añade un element de dos líneas.

Ejemplo:

```
ListView1.AddTwoLines("Esta es la primera línea.","Y esta la segunda")
```

AddTwoLines2 (Text1 As String, Text2 As String, ReturnValue As Object)

Añade un elemento de dos líneas. Se devolverá **ReturnValue** cuando llame a `GetItem` o en el evento `ItemClick`.

AddTwoLinesAndBitmap (Text1 As String, Text2 As String, Bitmap1 As Bitmap)

Añade un elemento de dos líneas y un mapa de bits.

Ejemplo:

```
ListView1.AddTwoLinesAndBitmap("Primera línea", "Segunda línea",
LoadBitmap( File.DirAssets, "AlgunaImagen.png"))
```

AddTwoLinesAndBitmap2 (Text1 As String, Text2 As String, Bitmap1 As Bitmap, ReturnValue As Object)

Añade un elemento de dos líneas y un mapa de bits. Se devolverá **ReturnValue** cuando llame a `GetItem` o en el evento `ItemClick`.

Background As Drawable

Recupera o establece el fondo dibujable.

BringToFront

Cambia el orden Z de esta vista y la trae al frente.

Clear

Elimina todos los elementos de la lista.

Color As Int [write only]

Define el fondo de la vista para que sea un `ColorDrawable` con el color dado.

Si el fondo actual es del tipo `GradientDrawable` o `ColorDrawable`, se mantendrán las esquinas redondeadas.

Enabled As Boolean

Si se pone a `True`, el `ListView` responderá a los eventos `ItemClick` y `ItemLongClick` y se ignorarán si se establece a `False`.

FastScrollEnabled As Boolean

Determina si el icono de desplazamiento rápido aparecerá cuando el usuario se desplace por la lista.

El valor por defecto es `False`.

GetItem (Index As Int) As Object

Devuelve el valor del elemento en la posición especificada. Devuelve el "valor de retorno" si se estableció, y si no, devuelve el texto de la primera línea.

Height As Int

Devuelve o establece la altura de la vista.

Initialize (EventName As String)
Inicializa la vista y establece los subs que manejarán los eventos.
Las vistas añadidas con el diseñador NO deben ser inicializadas. Estas vistas se inicializan cuando se carga el diseño (layout).

Invalidate
Invalida la vista completa forzandola a redibujarse. El redibujado sólo se producirá cuando el programa pueda procesar mensajes, lo que ocurre normalmente cuando termina de ejecutar el código actual.
Si sólo necesita redibujar parte de la vista, normalmente es más rápido usar `Invalidate2` o `Invalidate3`.

Invalidate2 (Rect1 As Rect)
Invalida cualquier cosa dentro del rectángulo indicado que sea parte de esta vista. El redibujado sólo se producirá cuando el programa pueda procesar mensajes, normalmente cuando termine de ejecutar el código actual.

Invalidate3 (Left As Int, Top As Int, Right As Int, Bottom As Int)
Invalida cualquier cosa dentro del rectángulo indicado que sea parte de esta vista. El redibujado sólo se producirá cuando el programa pueda procesar mensajes, normalmente cuando termine de ejecutar el código actual.

IsInitialized As Boolean
Si este objeto se ha inicializado llamando a `Initialize`.

Left As Int
Obtiene o determina la posición izquierda de la vista.

Padding (Left As Int, Top As Int, Right As Int, Bottom As Int)
Devuelve o establece el relleno de la vista (distancia entre el borde y el contenido).
Siempre debe usar unidades en 'dip' para establecer la distancia de relleno. Ejemplo:

```
lst1.Padding = Array As Int (30dip, 10dip, 10dip, 10dip)
```

Parent As Object
Devuelve el padre de la vista. En la mayor parte de los casos, el valor devuelto se puede asignar a un Panel. Devuelve Null si no hay ningún padre.

RemoveAt (Index As Int)
Elimina el elemento en la posición especificada.

RemoveView
Elimina esta vista de su vista padre.

RequestFocus As Boolean
Intenta fijar el foco en esta vista. Devuelve `True` si se ha ajustado el enfoque.

ScrollingBackgroundColor As Int [write only]
Establece el color de fondo que se utilizará mientras se desplaza por la lista. Esta es una optimización que se hace para que el desplazamiento sea más suave. Ajuste a `Colors.Transparent` si el fondo detrás de la lista no es un color sólido. El valor predeterminado es negro.

SendToBack
Cambia el orden Z de esta vista y la envía al fondo.

SetBackgroundImage (Bitmap1 As Bitmap) As BitmapDrawable

Crea un `BitmapDrawable` con el mapa de bits dado y lo establece como fondo de la vista. La propiedad Gravity está ajustada a FILL (relleno). Se devuelve el `BitmapDrawable`. Puedes usarlo para cambiar la propiedad Gravity.

SetColorAnimated (Duration As Int , FromColor As Int , ToColor As Int)

Cambia el color de fondo con una transición animada entre los colores `FromColor` y `ToColor`.
La transición se basa en el espacio de color de saturación y tono HSV (http://bit.ly/1Owhw6Y). Esta animación sólo funcionará cuando se ejecute en dispositivos Android 3+.
Duration - Duración de la animación medida en milisegundos.

SetLayout (Left As Int, Top As Int, Width As Int, Height As Int)

Cambia la posición y el tamaño de la vista.

SetLayoutAnimated (Duration As Int , Left As Int , Top As Int , Width As Int , Height As Int)

Similar a SetLayout, cambia la posición y el tamaño de la vista de su posición actual a la especificada por los parámetros `Left, Top, Width` y `Height` (Izquierda, Superior, Anchura y Altura), animada durante un período especificado en el parámetro `Duration` en milisegundos.
Nota: la animación sólo funcionará en dispositivos que ejecuten Android 3 o posterior. En los dispositivos anteriores, la vista se mueve repentinamente.

SetSelection (Position As Int)

Fija el elemento que actualmente está seleccionado. Llamar a este método hará que este elemento se haga visible. Si el usuario está interactuando con la lista por medio del teclado, el elemento también se seleccionará visiblemente. Ejemplo:

```
ListView1.SetSelection(10)
```

SetVisibleAnimated (Duration As Int , Visible As Boolean)

Cambia la visibilidad de la vista con una animación de fundido de entrada o salida a la especificada por `Visible` durante un período de `Duration` milisegundos.
Duration - Duración de la animación en milisegundos.
Visible - Nuevo estado de visibilidad.
Nota: la animación sólo funcionará en dispositivos que ejecuten Android 3 o posterior. En los dispositivos anteriores, la visualización cambia repentinamente.

SingleLineLayout As SingleLineLayout [read only]

Un diseño con una sola línea perteneciente a un ListView.
Devuelve el diseño (layout) que se utiliza para mostrar elementos de línea simple. Puede modificar los valores del diseño para modificar el aspecto de dichos elementos de la lista. Ejemplo:

```
Dim Label1 As Label
Label1 = ListView1.SingleLineLayout.Label
Label1.TextSize = 20
Label1.TextColor = Colors.Green
```

Size As Int [read only]

Devuelve el número de elementos almacenados en la lista.

Tag As Object

Recupera o establece el valor de la propiedad Tag. Se puede utilizar para almacenar datos adicionales.

Top As Int

Recupera o establece la posición superior de la vista.

TwoLinesAndBitmap As TwoLinesAndBitmapLayout [read only]
Devuelve el diseño que se utiliza para mostrar elementos que contienen dos líneas y mapa de bits. Puede modificar los valores de diseño para modificar el aspecto de estos elementos. Por ejemplo, si desea eliminar la segunda etiqueta (en todas los elementos con este diseño):

```
ListView1.TwoLinesAndBitmap.SecondLabel.Visible = False
```

TwoLinesLayout As TwoLinesLayout [read only]
Devuelve el diseño que se utiliza para mostrar los elementos de dos líneas.

Se puede modificar los valores del diseño para modificar el aspecto de dichos elementos.
Ejemplo:

```
Dim Label1 As Label
Label1 = ListView1.TwoLinesLayout.SecondLabel
Label1.TextSize = 20
Label1.TextColor = Colors.Green
```

Visible As Boolean
Si el Objeto es visible y el usuario puede verlo.

Width As Int
Recupera o establece el ancho de la vista.

Panel
Un Panel es una vista que contiene otras vistas hijas. Puedes añadir una vista hija por programa o cargando un archivo de diseño.
Este es un objeto `Activity`; no puede declararse en `Sub Process_Globals`.

Eventos:

Touch (Action As Int, X As Float, Y As Float)
Cuando el usuario toca un Panel, se produce el evento Touch. El primer parámetro de este evento es la Acción que es una de las constantes de acción de la Actividad (ACTION_DOWN, ACTION_MOVE y ACTION_UP). X e Y indican dónde se tocó el panel.
Si el usuario sigue tocando el panel, continuará provocando el evento Touch.
Devuelva `True` desde el Sub de evento Touch para consumir el evento (de lo contrario, otras vistas detrás del Panel recibirán el evento).

Click
Si no hay ningún controlador de eventos Touch en tu App, Android activará el evento Click si el usuario toca brevemente el panel.

LongClick
Si no hay ningún controlador de eventos Touch en tu aplicación, Android activará el evento LongClick si el usuario toca el panel durante un periodo prolongado.

Miembros:

ACTION_DOWN As Int

ACTION_MOVE As Int

ACTION_UP As Int

AddView (View1 As View, **Left** As Int, **Top** As Int, **Width** As Int, **Height** As Int**)**

Añade una vista a este panel.

Background As Drawable

Devuelve o establece el fondo dibujable.

BringToFront

Cambia el orden Z de esta vista y la trae al frente.

Color As Int **[write only]**

Define el fondo de la vista para que sea un `ColorDrawable` con el color dado. Si el fondo actual es del tipo `GradientDrawable` o `ColorDrawable`, se mantendrán las esquinas redondeadas.

Elevation As Float

Recupera o ajusta la elevación del panel en dip. Sólo es efectivo en Android 5 o posterior.

Enabled As Boolean

Si se pone a `True`, el Panel responderá a los eventos y se ignorarán si se establece a `False`.

GetAllViewsRecursive As IterableList

Devuelve un iterador que itera todas las vistas pertenecientes al panel, incluyendo las vistas que son hijos de otras vistas. Ejemplo:

```
For Each vw As View In pnlMain.GetAllViewsRecursive
  vw.Color = Colors.RGB(Rnd(0,255), Rnd(0,255), Rnd(0,255))
Next
```

GetView (Index As Int**)** As View

Recupera la vista que está almacenada en el índice indicado.

Height As Int

Devuelve o establece la altura de la vista.

Initialize (EventName As String**)**

Inicializa la vista y establece los subs que manejarán los eventos.

Las vistas añadidas con el diseñador NO deben ser inicializadas. Estas vistas se inicializan cuando se carga el diseño (layout).

Invalidate

Invalida la vista completa forzandola a redibujarse. El redibujado sólo se producirá cuando el programa pueda procesar mensajes, lo que ocurre normalmente cuando termina de ejecutar el código actual.

Si sólo necesita redibujar parte de la vista, normalmente es más rápido usar `Invalidate2` o `Invalidate3`.

Invalidate2 (Rect1 As Rect**)**

Invalida cualquier cosa dentro del rectángulo indicado que sea parte de esta vista. El redibujado sólo se producirá cuando el programa pueda procesar mensajes, normalmente cuando termine de ejecutar el código actual.

Invalidate3 (Left As Int, Top As Int, Right As Int, Bottom As Int)

Invalida cualquier cosa dentro del rectángulo indicado que sea parte de esta vista. El redibujado sólo se producirá cuando el programa pueda procesar mensajes, normalmente cuando termine de ejecutar el código actual.

IsInitialized As Boolean

Si este objeto se ha inicializado llamando a `Initialize`.

Left As Int

Obtiene o determina la posición izquierda de la vista.

LoadLayout (Layout As String) As LayoutValues

Carga un archivo de diseño en este panel. Devuelve el valor de la variante de diseño seleccionada.

NumberOfViews As Int [read only]

Devuelve el número de vistas hijas (objetos View).

Padding (Left As Int, Top As Int, Right As Int, Bottom As Int)

Devuelve o establece el relleno de la vista (distancia entre el borde y el contenido).
Siempre debe usar unidades en 'dip' para establecer la distancia de relleno. Ejemplo:

```
Pnl1.Padding = Array As Int (30dip, 10dip, 10dip, 10dip)
```

Parent As Object

Devuelve el padre de la vista. En la mayor parte de los casos, el valor devuelto se puede asignar a un Panel. Devuelve Null si no hay ningún padre.

RemoveAllViews

Se eliminan todas las vistas hijas.

RemoveView

Elimina esta vista de su vista padre.

RemoveViewAt (Index As Int)

Elimina la vista almacenada en el índice indicado.

RequestFocus As Boolean

Intenta fijar el foco en esta vista. Devuelve `True` si se ha ajustado el enfoque.

SendToBack

Cambia el orden Z de esta vista y la envía al fondo.

SetBackgroundImage (Bitmap1 As Bitmap) As BitmapDrawable

Crea un `BitmapDrawable` con el mapa de bits dado y lo establece como fondo de la vista. La propiedad Gravity está ajustada a FILL (relleno). Se devuelve el `BitmapDrawable`. Puedes usarlo para cambiar la propiedad Gravity.

SetColorAnimated (Duration As Int , FromColor As Int , ToColor As Int)

Cambia el color de fondo con una transición animada entre los colores `FromColor` y `ToColor`.
La transición se basa en el espacio de color de saturación y tono HSV (http://bit.ly/1Owhw6Y). Esta animación sólo funcionará cuando se ejecute en dispositivos Android 3+.
Duration - Duración de la animación medida en milisegundos.

SetElevationAnimated (Duration As Int, Elevation As Int)

Establece la duración en segundos y la altura en dip para la animación de la elevación del panel. Sólo funciona en Android 5 o posterior.

Nota: es probable que esto no tenga ningún efecto en un emulador, por lo que es posible que necesite un dispositivo real para probarlo. Tenga en cuenta que puede establecer la propiedad de elevación inicial de un panel en el Diseñador Visual.

SetLayout (Left As Int, Top As Int, Width As Int, Height As Int)

Cambia la posición y el tamaño de la vista.

SetLayoutAnimated (Duration As Int , Left As Int , Top As Int , Width As Int , Height As Int)

Similar a SetLayout, cambia la posición y el tamaño de la vista de su posición actual a la especificada por los parámetros `Left, Top, Width` y `Height` (Izquierda, Superior, Anchura y Altura), animada durante un período especificado en el parámetro `Duration` en milisegundos.
Nota: la animación sólo funcionará en dispositivos que ejecuten Android 3 o posterior. En los dispositivos anteriores, la vista se mueve repentinamente.

SetVisibleAnimated (Duration As Int , Visible As Boolean)

Cambia la visibilidad de la vista con una animación de fundido de entrada o salida a la especificada por `Visible` durante un período de `Duration` milisegundos.
Duration - Duración de la animación en milisegundos.
Visible - Nuevo estado de visibilidad.
Nota: la animación sólo funcionará en dispositivos que ejecuten Android 3 o posterior. En los dispositivos anteriores, la visualización cambia repentinamente.

Tag As Object

Recupera o establece el valor de la propiedad Tag. Se puede utilizar para almacenar datos adicionales.

Top As Int

Recupera o establece la posición superior de la vista.

Visible As Boolean

Si el Objeto es visible y el usuario puede verlo.

Width As Int

Recupera o establece el ancho de la vista.

ProgressBar

Una vista de barra de progreso que le permite mostrar el avance de un proceso a largo.
Ejemplo:

```
Sub Activity_Create(FirstTime As Boolean)
  Activity.LoadLayout("Main")
  ProgressBar1.Progress = 0
  Timer1.Initialize("Timer1", 1000)
  Timer1.Enabled = True
End Sub
```

```
Sub timer1_Tick
  'Controlar eventos tick
  ProgressBar1.Progress = ProgressBar1.Progress + 10
  If ProgressBar1.Progress = 100 Then
  Timer1.Enabled = False
  End If
End Sub
```

La naturaleza exacta de la barra visible dependerá del dispositivo y del tamaño que haya elegido. He aquí un ejemplo:

La propiedad Progress establece el valor de progreso de 0 a 100.
Este es un objeto `Activity`; no puede declararse en `Sub Process_Globals`.

Miembros:

Background As Drawable
Devuelve o establece el fondo dibujable.

BringToFront
Cambia el orden Z de esta vista y la trae al frente.

Color As Int [write only]
Define el fondo de la vista para que sea un `ColorDrawable` con el color dado. Si el fondo actual es del tipo `GradientDrawable` o `ColorDrawable`, se mantendrán las esquinas redondeadas.

Enabled As Boolean
Esta propiedad no tiene efecto ya que una `ProgressBar` no tiene eventos.

Height As Int
Devuelve o establece la altura de la vista.

Indeterminate As Boolean
Devuelve o establece si la barra de progreso está en modo indeterminado (animación cíclica).

Initialize (EventName As String)
Inicializa la vista y establece los subs que manejarán los eventos.
Las vistas añadidas con el diseñador NO deben ser inicializadas. Estas vistas se inicializan cuando se carga el diseño (layout).

Invalidate
Invalida la vista completa forzandola a redibujarse. El redibujado sólo se producirá cuando el programa pueda procesar mensajes, lo que ocurre normalmente cuando termina de ejecutar el código actual.
Si sólo necesita redibujar parte de la vista, normalmente es más rápido usar `Invalidate2` o `Invalidate3`.

Invalidate2 (Rect1 As Rect)
Invalida cualquier cosa dentro del rectángulo indicado que sea parte de esta vista. El redibujado sólo se producirá cuando el programa pueda procesar mensajes, normalmente cuando termine de ejecutar el código actual.

Invalidate3 (Left As Int, Top As Int, Right As Int, Bottom As Int)
Invalida cualquier cosa dentro del rectángulo indicado que sea parte de esta vista. El redibujado sólo se producirá cuando el programa pueda procesar mensajes, normalmente cuando termine de ejecutar el código actual.

IsInitialized As Boolean
Si este objeto se ha inicializado llamando a `Initialize`.

Left As Int
Obtiene o determina la posición izquierda de la vista.

Padding (Left As Int, Top As Int, Right As Int, Bottom As Int)
Devuelve o establece el relleno de la vista (distancia entre el borde y el contenido).
Siempre debe usar unidades en 'dip' para establecer la distancia de relleno.
Ejemplo:

```
progBar.Padding = Array As Int (30dip, 10dip, 10dip, 10dip)
```

Parent As Object
Devuelve el padre de la vista. En la mayor parte de los casos, el valor devuelto se puede asignar a un Panel.
Devuelve Null si no hay ningún padre.

Progress As Int
Devuelve o define el valor de progreso.

RemoveView
Elimina esta vista de su vista padre.

RequestFocus As Boolean
Intenta fijar el foco en esta vista.
Devuelve `True` si se ha ajustado el enfoque.

SendToBack
Cambia el orden Z de esta vista y la envía al fondo.

SetBackgroundImage (Bitmap1 As Bitmap) As BitmapDrawable
Crea un `BitmapDrawable` con el mapa de bits dado y lo establece como fondo de la vista. La propiedad Gravity está ajustada a FILL (relleno). Se devuelve el `BitmapDrawable`. Puedes usarlo para cambiar la propiedad Gravity.

SetColorAnimated (Duration As Int , FromColor As Int , ToColor As Int)
Cambia el color de fondo con una transición animada entre los colores `FromColor` y `ToColor`.
La transición se basa en el espacio de color de saturación y tono HSV (http://bit.ly/1Owhw6Y). Esta animación sólo funcionará cuando se ejecute en dispositivos Android 3+.
Duration - Duración de la animación medida en milisegundos.

SetLayout (Left As Int, Top As Int, Width As Int, Height As Int)
Cambia la posición y el tamaño de la vista.

SetLayoutAnimated (Duration As Int , Left As Int , Top As Int , Width As Int , Height As Int)
Similar a SetLayout, cambia la posición y el tamaño de la vista de su posición actual a la especificada por los parámetros `Left, Top, Width` y `Height` (Izquierda, Superior, Anchura y Altura), animada durante un período especificado en el parámetro `Duration` en milisegundos.

Nota: la animación sólo funcionará en dispositivos que ejecuten Android 3 o posterior. En los dispositivos anteriores, la vista se mueve repentinamente.

SetVisibleAnimated (Duration As Int , Visible As Boolean)

Cambia la visibilidad de la vista con una animación de fundido de entrada o salida a la especificada por `Visible` durante un período de `Duration` milisegundos.
Duration - Duración de la animación en milisegundos.
Visible - Nuevo estado de visibilidad.
Nota: la animación sólo funcionará en dispositivos que ejecuten Android 3 o posterior. En los dispositivos anteriores, la visualización cambia repentinamente.

Tag As Object

Recupera o establece el valor de la propiedad Tag. Se puede utilizar para almacenar datos adicionales.

Top As Int

Recupera o establece la posición superior de la vista.

Visible As Boolean

Si el Objeto es visible y el usuario puede verlo.

Width As Int

Recupera o establece el ancho de la vista.

RadioButton

Una vista RadioButton. Sólo se puede seleccionar un RadioButton en un grupo. Cuando se marca un RadioButton diferente, todos los demás serán desmarcados automáticamente.
Observe que el evento `CheckedChange` sólo se ejecuta para el botón que se ha seleccionado.
La agrupación se realiza añadiendo RadioButtons a la misma Actividad o Panel.
Este es un objeto `Activity`; no puede declararse en `Sub Process_Globals`.

Evento:

CheckedChange(Checked As Boolean)

Observe que el evento CheckedChange sólo se ejecuta para el botón que se ha seleccionado. Por lo tanto, el parámetro **Checked** nunca es `False`, y su código debería verificar si cada RadioButton ha sido marcado.

Miembros:

Background As Drawable

Devuelve o establece el fondo dibujable.

BringToFront

Cambia el orden Z de esta vista y la trae al frente.

Checked As Boolean

Color As Int [write only]

Define el fondo de la vista para que sea un `ColorDrawable` con el color dado. Si el fondo actual es del tipo `GradientDrawable` o `ColorDrawable`, se mantendrán las esquinas redondeadas.

Ellipsize As String

Obtiene o establece el modo de truncamiento de la cadena, es decir, donde se ubicará el indicador de tres puntos (...) sobre la cadena mostrada. Solo afecta campos con el modo de línea simple. Posibles valores:
NONE

START - Los tres puntos aparecen al principio.
MIDDLE - Los tres puntos aparecen en el centro.
END - Los tres puntos aparecen al final.

Enabled As Boolean

Si se pone a `True`, el `RadioButton` responderá a los eventos y se ignorarán si se establece a `False`.

Gravity As Int

Obtiene o ajusta el valor de la propiedad gravity (p.365). Este valor afecta la forma en que se dibujará el texto.

Height As Int

Devuelve o establece la altura de la vista.

Initialize (EventName As String)

Inicializa la vista y establece los subs que manejarán los eventos.
Las vistas añadidas con el diseñador NO deben ser inicializadas. Estas vistas se inicializan cuando se carga el diseño (layout).

Invalidate

Invalida la vista completa forzandola a redibujarse. El redibujado sólo se producirá cuando el programa pueda procesar mensajes, lo que ocurre normalmente cuando termina de ejecutar el código actual.
Si sólo necesita redibujar parte de la vista, normalmente es más rápido usar `Invalidate2` o `Invalidate3`.

Invalidate2 (Rect1 As Rect)

Invalida cualquier cosa dentro del rectángulo indicado que sea parte de esta vista. El redibujado sólo se producirá cuando el programa pueda procesar mensajes, normalmente cuando termine de ejecutar el código actual.

Invalidate3 (Left As Int, Top As Int, Right As Int, Bottom As Int)

Invalida cualquier cosa dentro del rectángulo indicado que sea parte de esta vista. El redibujado sólo se producirá cuando el programa pueda procesar mensajes, normalmente cuando termine de ejecutar el código actual.

IsInitialized As Boolean

Si este objeto se ha inicializado llamando a `Initialize`.

Left As Int

Obtiene o determina la posición izquierda de la vista.

Padding (Left As Int, Top As Int, Right As Int, Bottom As Int)

Devuelve o establece el relleno de la vista (distancia entre el borde y el contenido).
Siempre debe usar unidades en 'dip' para establecer la distancia de relleno. Ejemplo:

```
radio.Padding = Array As Int (30dip, 10dip, 10dip, 10dip)
```

Parent As Object

Devuelve el padre de la vista. En la mayor parte de los casos, el valor devuelto se puede asignar a un Panel.
Devuelve Null si no hay ningún padre.

RemoveView

Elimina esta vista de su vista padre.

RequestFocus As Boolean

Intenta fijar el foco en esta vista. Devuelve `True` si se ha ajustado el enfoque.

SendToBack
Cambia el orden Z de esta vista y la envía al fondo.

SetBackgroundImage (Bitmap1 As Bitmap) As BitmapDrawable
Crea un `BitmapDrawable` con el mapa de bits dado y lo establece como fondo de la vista. La propiedad Gravity está ajustada a FILL (relleno). Se devuelve el `BitmapDrawable`. Puedes usarlo para cambiar la propiedad Gravity.

SetColorAnimated (Duration As Int , FromColor As Int , ToColor As Int)
Cambia el color de fondo con una transición animada entre los colores `FromColor` y `ToColor`.
La transición se basa en el espacio de color de saturación y tono HSV (http://bit.ly/1Owhw6Y). Esta animación sólo funcionará cuando se ejecute en dispositivos Android 3+.
Duration - Duración de la animación medida en milisegundos.

SetLayout (Left As Int, Top As Int, Width As Int, Height As Int)
Cambia la posición y el tamaño de la vista.

SetLayoutAnimated (Duration As Int , Left As Int , Top As Int , Width As Int , Height As Int)
Similar a SetLayout, cambia la posición y el tamaño de la vista de su posición actual a la especificada por los parámetros `Left, Top, Width` y `Height` (Izquierda, Superior, Anchura y Altura), animada durante un período especificado en el parámetro `Duration` en milisegundos.
Nota: la animación sólo funcionará en dispositivos que ejecuten Android 3 o posterior. En los dispositivos anteriores, la vista se mueve repentinamente.

SetTextColorAnimated (Duration As Int , ToColor As Int)
Cambia el color del texto del color actual al color `ToColor`, con una transición animada durante un período de `Duration` en milisegundos. La transición se basa en el espacio de color de los valores de tonalidad de saturación (HSV (http://bit.ly/1Owhw6Y), hue-saturation-value).
Nota: la animación sólo funcionará en dispositivos que ejecuten Android 3 o posterior. En los dispositivos anteriores, el color cambia repentinamente.
Duration - Duración de la animación en milisegundos.

SetTextSizeAnimated (Duration As Int , TextSize As Float)
Cambia el tamaño del texto (p.178) a `TextSize` (en píxeles), con una transición animada durante un período de `Duration` en milisegundos.

SetVisibleAnimated (Duration As Int , Visible As Boolean)
Cambia la visibilidad de la vista con una animación de fundido de entrada o salida a la especificada por `Visible` durante un período de `Duration` milisegundos.
Duration - Duración de la animación en milisegundos.
Visible - Nuevo estado de visibilidad.
Nota: la animación sólo funcionará en dispositivos que ejecuten Android 3 o posterior. En los dispositivos anteriores, la visualización cambia repentinamente.

SingleLine As Boolean
Establece si el texto debe estar en modo de una sola línea o en modo multilínea.

Tag As Object
Recupera o establece el valor de la propiedad Tag. Se puede utilizar para almacenar datos adicionales.

***Text** As String*

***TextColor** As Int*

***TextSize** As Float*

***Top** As Int*

Recupera o establece la posición superior de la vista.

***Typeface** As Typeface*

***Visible** As Boolean*

Si el Objeto es visible y el usuario puede verlo.

***Width** As Int*

Recupera o establece el ancho de la vista.

ScrollView

ScrollView es una vista que contiene otras vistas y permite al usuario desplazarse verticalmente por ellas. Vea el ejemplo de ScrollView (http://bit.ly/ZQMe5Q) para más información.
El ScrollView tiene un panel interior que contiene las vistas hijas. Puede añadir vistas llamando:
`ScrollView1.Panel.AddView(...)`
Tenga en cuenta que no puede utilizar el Diseñador para añadir vistas a un ScrollView, ya que el panel que realmente contiene sub-vistas no está disponible en la fase de diseño. Debe agregar vistas al panel de ScrollView usando código como

```
scrollViewMenu.Panel.AddView (...)
```

Observe también que no es posible anidar las vistas de desplazamiento. Por ejemplo, un texto de edición multilínea no se puede ubicar dentro de un ScrollView.
Este es un objeto `Activity`; no puede declararse en `Sub Process_Globals`.

Eventos:

ScrollChanged(Position As Int)

Miembros:

Background** As **Drawable

Devuelve o establece el fondo dibujable.

BringToFront

Cambia el orden Z de esta vista y la trae al frente.

Color** As Int **[write only]

Define el fondo de la vista para que sea un `ColorDrawable` con el color dado. Si el fondo actual es del tipo `GradientDrawable` o `ColorDrawable`, se mantendrán las esquinas redondeadas.

***Enabled** As Boolean*

Si se pone a `True`, el `ScrollView` responderá a los eventos y se ignorarán si se establece a `False`.

FullScroll (Bottom** As Boolean**)

Desplaza el ScrollView hasta arriba del todo o abajo.

***Height** As Int*

Devuelve o establece la altura de la vista.

Initialize (Height As Int)
Inicializa el ScrollView y ajusta la altura de su panel interior a la altura dada. Más tarde puede cambiar esta altura llamando a ScrollView.Panel.Height.

```
Dim ScrollView1 As ScrollView
ScrollView1.Initialize(1000dip)
```

Initialize2 (Height As Int, EventName As String)
Similar a Initialize. Establece el Sub que manejará el evento ScrollChanged.

Invalidate
Invalida la vista completa forzandola a redibujarse. El redibujado sólo se producirá cuando el programa pueda procesar mensajes, lo que ocurre normalmente cuando termina de ejecutar el código actual.
Si sólo necesita redibujar parte de la vista, normalmente es más rápido usar `Invalidate2` o `Invalidate3`.

Invalidate2 (Rect1 As Rect)
Invalida cualquier cosa dentro del rectángulo indicado que sea parte de esta vista. El redibujado sólo se producirá cuando el programa pueda procesar mensajes, normalmente cuando termine de ejecutar el código actual.

Invalidate3 (Left As Int, Top As Int, Right As Int, Bottom As Int)
Invalida cualquier cosa dentro del rectángulo indicado que sea parte de esta vista. El redibujado sólo se producirá cuando el programa pueda procesar mensajes, normalmente cuando termine de ejecutar el código actual.

IsInitialized As Boolean
Si este objeto se ha inicializado llamando a `Initialize`.

Left As Int
Obtiene o determina la posición izquierda de la vista.

Padding (Left As Int, Top As Int, Right As Int, Bottom As Int)
Devuelve o establece el relleno de la vista (distancia entre el borde y el contenido).
Siempre debe usar unidades en 'dip' para establecer la distancia de relleno. Ejemplo:

```
Btn1.Padding = Array As Int (30dip, 10dip, 10dip, 10dip)
```

Panel As Panel [read only]
Devuelve el panel (p.461) al que puede añadir vistas. Ejemplo:

```
ScrollView1.Panel.AddView(...)
```

Parent As Object
Devuelve el padre de la vista. En la mayor parte de los casos, el valor devuelto se puede asignar a un Panel.
Devuelve Null si no hay ningún padre.

RemoveView
Elimina esta vista de su vista padre.

RequestFocus As Boolean
Intenta fijar el foco en esta vista.
Devuelve `True` si se ha ajustado el enfoque.

ScrollPosition As Int
Recupera o ajusta la posición de desplazamiento. Si está configurado, desplaza la Vista con animación.

ScrollToNow (Scroll As Int)
Desplaza inmediatamente el ScrollView sin animación.

SendToBack
Cambia el orden Z de esta vista y la envía al fondo.

SetBackgroundImage (Bitmap1 As Bitmap) As BitmapDrawable
Crea un `BitmapDrawable` con el mapa de bits dado y lo establece como fondo de la vista. La propiedad Gravity está ajustada a FILL (relleno). Se devuelve el `BitmapDrawable`. Puedes usarlo para cambiar la propiedad Gravity.

SetColorAnimated (Duration As Int , FromColor As Int , ToColor As Int)
Cambia el color de fondo con una transición animada entre los colores `FromColor` y `ToColor`.
La transición se basa en el espacio de color de saturación y tono HSV (http://bit.ly/1Owhw6Y). Esta animación sólo funcionará cuando se ejecute en dispositivos Android 3+.
Duration - Duración de la animación medida en milisegundos.

SetLayout (Left As Int, Top As Int, Width As Int, Height As Int)
Cambia la posición y el tamaño de la vista.

SetLayoutAnimated (Duration As Int , Left As Int , Top As Int , Width As Int , Height As Int)
Similar a SetLayout, cambia la posición y el tamaño de la vista de su posición actual a la especificada por los parámetros `Left, Top, Width` y `Height` (Izquierda, Superior, Anchura y Altura), animada durante un período especificado en el parámetro `Duration` en milisegundos.
Nota: la animación sólo funcionará en dispositivos que ejecuten Android 3 o posterior. En los dispositivos anteriores, la vista se mueve repentinamente.

SetVisibleAnimated (Duration As Int , Visible As Boolean)
Cambia la visibilidad de la vista con una animación de fundido de entrada o salida a la especificada por `Visible` durante un período de `Duration` milisegundos.
Duration - Duración de la animación en milisegundos.
Visible - Nuevo estado de visibilidad.
Nota: la animación sólo funcionará en dispositivos que ejecuten Android 3 o posterior. En los dispositivos anteriores, la visualización cambia repentinamente.

Tag As Object
Recupera o establece el valor de la propiedad Tag. Se puede utilizar para almacenar datos adicionales.

Top As Int
Recupera o establece la posición superior de la vista.

Visible As Boolean
Si el Objeto es visible y el usuario puede verlo.

Width As Int
Recupera o establece el ancho de la vista.

SeekBar

Una vista que permite al usuario establecer un valor utilizando un deslizador. Similar a WinForms TrackBar. El evento ValueChanged se activa cada vez que se cambia el valor. El parámetro UserChanged

se puede utilizar para distinguir entre los cambios realizados por el usuario y los cambios realizados por programación.
Este es un objeto `Activity`; no puede declararse en `Sub Process_Globals`.

Eventos:

ValueChanged (Value As Int, UserChanged As Boolean)

Miembros:

Background As Drawable

Devuelve o establece el fondo dibujable.

BringToFront

Cambia el orden Z de esta vista y la trae al frente.

Color As Int [write only]

Define el fondo de la vista para que sea un `ColorDrawable` con el color dado. Si el fondo actual es del tipo `GradientDrawable` o `ColorDrawable`, se mantendrán las esquinas redondeadas.

Enabled As Boolean

Si se pone a `True`, el `SeekBar` responderá a los eventos y se ignorarán si se establece a `False`.

Height As Int

Devuelve o establece la altura de la vista.

Initialize (EventName As String)

Inicializa la vista y establece los subs que manejarán los eventos.
Las vistas añadidas con el diseñador NO deben ser inicializadas. Estas vistas se inicializan cuando se carga el diseño (layout).

Invalidate

Invalida la vista completa forzandola a redibujarse. El redibujado sólo se producirá cuando el programa pueda procesar mensajes, lo que ocurre normalmente cuando termina de ejecutar el código actual.
Si sólo necesita redibujar parte de la vista, normalmente es más rápido usar `Invalidate2` o `Invalidate3`.

Invalidate2 (Rect1 As Rect)

Invalida cualquier cosa dentro del rectángulo indicado que sea parte de esta vista. El redibujado sólo se producirá cuando el programa pueda procesar mensajes, normalmente cuando termine de ejecutar el código actual.

Invalidate3 (Left As Int, Top As Int, Right As Int, Bottom As Int)

Invalida cualquier cosa dentro del rectángulo indicado que sea parte de esta vista. El redibujado sólo se producirá cuando el programa pueda procesar mensajes, normalmente cuando termine de ejecutar el código actual.

IsInitialized As Boolean

Si este objeto se ha inicializado llamando a `Initialize`.

Left As Int

Obtiene o determina la posición izquierda de la vista.

Max As Int

Devuelve o establece el valor máximo permitido.

Padding (Left As Int, Top As Int, Right As Int, Bottom As Int)

Devuelve o establece el relleno de la vista (distancia entre el borde y el contenido).
Siempre debe usar unidades en 'dip' para establecer la distancia de relleno. Ejemplo:

```
Seek1.Padding = Array As Int (30dip, 10dip, 10dip, 10dip)
```

Parent As Object

Devuelve el padre de la vista. En la mayor parte de los casos, el valor devuelto se puede asignar a un Panel.
Devuelve Null si no hay ningún padre.

RemoveView

Elimina esta vista de su vista padre.

RequestFocus As Boolean

Intenta fijar el foco en esta vista. Devuelve `True` si se ha ajustado el enfoque.

SendToBack

Cambia el orden Z de esta vista y la envía al fondo.

SetBackgroundImage (Bitmap1 As Bitmap) As BitmapDrawable

Crea un `BitmapDrawable` con el mapa de bits dado y lo establece como fondo de la vista. La propiedad Gravity está ajustada a FILL (relleno). Se devuelve el `BitmapDrawable`. Puedes usarlo para cambiar la propiedad Gravity.

SetColorAnimated (Duration As Int , FromColor As Int , ToColor As Int)

Cambia el color de fondo con una transición animada entre los colores `FromColor` y `ToColor`.
La transición se basa en el espacio de color de saturación y tono HSV (http://bit.ly/1Owhw6Y). Esta animación sólo funcionará cuando se ejecute en dispositivos Android 3+.
Duration - Duración de la animación medida en milisegundos.

SetLayout (Left As Int, Top As Int, Width As Int, Height As Int)

Cambia la posición y el tamaño de la vista.

SetLayoutAnimated (Duration As Int , Left As Int , Top As Int , Width As Int , Height As Int)

Similar a SetLayout, cambia la posición y el tamaño de la vista de su posición actual a la especificada por los parámetros `Left, Top, Width` y `Height` (Izquierda, Superior, Anchura y Altura), animada durante un período especificado en el parámetro `Duration` en milisegundos.
Nota: la animación sólo funcionará en dispositivos que ejecuten Android 3 o posterior. En los dispositivos anteriores, la vista se mueve repentinamente.

SetVisibleAnimated (Duration As Int , Visible As Boolean)

Cambia la visibilidad de la vista con una animación de fundido de entrada o salida a la especificada por `Visible` durante un período de `Duration` milisegundos.
Duration - Duración de la animación en milisegundos.
Visible - Nuevo estado de visibilidad.
Nota: la animación sólo funcionará en dispositivos que ejecuten Android 3 o posterior. En los dispositivos anteriores, la visualización cambia repentinamente.

Tag As Object

Recupera o establece el valor de la propiedad Tag. Se puede utilizar para almacenar datos adicionales.

Top As Int

Recupera o establece la posición superior de la vista.

Value As Int
Devuelve o establece el valor actual.

Visible As Boolean
Si el Objeto es visible y el usuario puede verlo.

Width As Int
Devuelve o establece el ancho de la vista.

SingleLineLayout
Es uno de los tres tipos de diseño (o "modelos") que se pueden incluir en una vista de lista.

Metodos:

Background As Drawable
El fondo de cada uno de los elementos de este diseño.

ItemHeight As Int
Obtiene o establece la altura de los elementos de este diseño.

Label As Label
La etiqueta que se utiliza para la primera línea (y la única en el caso de SingleLineLayout).

Spinner
Una lista desplegable que se abre cuando el usuario hace clic en ella y permite al usuario elegir un elemento. Similar al ComboBox en WinForms.
Este es un objeto `Activity`; no puede declararse en `Sub Process_Globals`.
Un spinner se comporta y se parece a un InputList (p.333).

Ejemplo

```
Sub Globals
 Dim i As Int
 Dim tgtlabel As Label
 Dim tgtspin As Spinner
 Dim myarray(4) As String
End Sub

Sub Activity_Create(FirstTime As Boolean)
 Activity.LoadLayout("main")
 myarray(0)="Enero"
 myarray(1)="Febrero"
 myarray(2)="Marzo"
 myarray(3)="Abril"
 tgtspin.Initialize("spin")
 tgtspin.AddAll(myarray)
 Activity.AddView(tgtspin,10dip,10dip,200dip,40dip)
End Sub

Sub spin_ItemClick (Position As Int, Value As Object)
  ' Que hacer si el usuario selecciona una opción
End Sub
```

Tenga en cuenta que el número de elementos en una lista spinner está determinado por el tamaño del array utilizado para crearla. Por lo tanto, puede contener elementos en blanco si a los elementos del array nunca se les asigna un valor.

Evento:

ItemClick (Position As Int, Value As Object)

El evento `ItemClick` se produce cada vez que un usuario pulsa sobre un elemento (incluso si el elemento ya está seleccionado). Los argumentos indican el elemento en el que se ha pulsado, tanto su posición dentro de la lista de elementos como su valor.

Miembros:

Add (Item As String)

Añade un elemento.
Ejemplo:

```
Spinner1.Add("Domingo")
```

AddAll (List As List)

Añade varios elementos.
Ejemplo:

```
Spinner1.AddAll(Array As String("Domingo", "Lunes", ...))
```

Background As Drawable

Devuelve o establece el fondo dibujable.

BringToFront

Cambia el orden Z de esta vista y la trae al frente.

Clear

Borra todos los elementos.

Color As Int [write only]

Define el fondo de la vista para que sea un `ColorDrawable` con el color dado. Si el fondo actual es del tipo `GradientDrawable` o `ColorDrawable`, se mantendrán las esquinas redondeadas.

DropdownBackgroundColor As Int

Devuelve o establece el color del fondo detrás de los elementos desplegables del spinner.

DropdownTextColor As Int

Devuelve o establece el color del texto de los elementos desplegables del spinner.

Enabled As Boolean

Si se pone a `True`, el `Spinner` responderá a los eventos y se ignorarán si se establece a `False`.

GetItem (Index As Int) As String

Devuelve el elemento en el índice especificado.

Height As Int

Devuelve o establece la altura de la vista.

IndexOf (value As String) As Int

Devuelve el índice del elemento dado.

Initialize (EventName As String)

Inicializa la vista y establece los subs que manejarán los eventos.
Las vistas añadidas con el diseñador NO deben ser inicializadas. Estas vistas se inicializan cuando se carga el diseño (layout).

Invalidate

Invalida la vista completa forzandola a redibujarse. El redibujado sólo se producirá cuando el programa pueda procesar mensajes, lo que ocurre normalmente cuando termina de ejecutar el código actual.
Si sólo necesita redibujar parte de la vista, normalmente es más rápido usar `Invalidate2` o `Invalidate3`.

Invalidate2 (Rect1 As Rect)
Invalida cualquier cosa dentro del rectángulo indicado que sea parte de esta vista. El redibujado sólo se producirá cuando el programa pueda procesar mensajes, normalmente cuando termine de ejecutar el código actual.

Invalidate3 (Left As Int, Top As Int, Right As Int, Bottom As Int)
Invalida cualquier cosa dentro del rectángulo indicado que sea parte de esta vista. El redibujado sólo se producirá cuando el programa pueda procesar mensajes, normalmente cuando termine de ejecutar el código actual.

IsInitialized As Boolean
Si este objeto se ha inicializado llamando a `Initialize`.

Left As Int
Obtiene o determina la posición izquierda de la vista.

Padding (Left As Int, Top As Int, Right As Int, Bottom As Int)
Devuelve o establece el relleno de la vista (distancia entre el borde y el contenido).
Siempre debe usar unidades en 'dip' para establecer la distancia de relleno. Ejemplo:

```
spn.Padding = Array As Int (30dip, 10dip, 10dip, 10dip)
```

Parent As Object
Devuelve el padre de la vista. En la mayor parte de los casos, el valor devuelto se puede asignar a un Panel. Devuelve Null si no hay ningún padre.

Prompt As String
Devuelve o establece el título que se mostrará cuando se abra el spinner.
No visible para SDK 14 o posterior. Debe añadir este indicador como primer elemento y asegurarse de que el usuario no lo selecciona.

RemoveAt (Index As Int)
Elimina el elemento en el índice indicado.

RemoveView
Elimina esta vista de su vista padre.

RequestFocus As Boolean
Intenta fijar el foco en esta vista. Devuelve `True` si se ha ajustado el enfoque.

SelectedIndex As Int
Devuelve o establece el índice del elemento seleccionado. Devuelve -1 si no hay ningún elemento seleccionado.

SelectedItem As String [read only]
Devuelve el valor del elemento seleccionado.

SendToBack
Cambia el orden Z de esta vista y la envía al fondo.

SetBackgroundImage (Bitmap1 As Bitmap) As BitmapDrawable
Crea un `BitmapDrawable` con el mapa de bits dado y lo establece como fondo de la vista. La propiedad Gravity está ajustada a FILL (relleno). Se devuelve el `BitmapDrawable`. Puedes usarlo para cambiar la propiedad Gravity.

SetColorAnimated (Duration As Int , FromColor As Int , ToColor As Int)
Cambia el color de fondo con una transición animada entre los colores `FromColor` y `ToColor`.
La transición se basa en el espacio de color de saturación y tono HSV (http://bit.ly/1Owhw6Y). Esta animación sólo funcionará cuando se ejecute en dispositivos Android 3+.
Duration - Duración de la animación medida en milisegundos.

SetLayout (Left As Int, Top As Int, Width As Int, Height As Int)
Cambia la posición y el tamaño de la vista.

Size As Int [read only]
Devuelve el número de elementos.

SetLayoutAnimated (Duration As Int , Left As Int , Top As Int , Width As Int , Height As Int)
Similar a SetLayout, cambia la posición y el tamaño de la vista de su posición actual a la especificada por los parámetros `Left, Top, Width` y `Height` (Izquierda, Superior, Anchura y Altura), animada durante un período especificado en el parámetro `Duration` en milisegundos.
Nota: la animación sólo funcionará en dispositivos que ejecuten Android 3 o posterior. En los dispositivos anteriores, la vista se mueve repentinamente.

SetVisibleAnimated (Duration As Int , Visible As Boolean)
Cambia la visibilidad de la vista con una animación de fundido de entrada o salida a la especificada por `Visible` durante un período de `Duration` milisegundos.
Duration - Duración de la animación en milisegundos.
Visible - Nuevo estado de visibilidad.
Nota: la animación sólo funcionará en dispositivos que ejecuten Android 3 o posterior. En los dispositivos anteriores, la visualización cambia repentinamente.

Tag As Object
Recupera o establece el valor de la propiedad Tag. Se puede utilizar para almacenar datos adicionales.

TextColor As Int
Devuelve o establece el color del texto. El color se debe establecer antes de añadir elementos. Configurar el color a transparente hará que el spinner utilice el color de texto predeterminado.

TextSize As Float
Devuelve o establece el tamaño del texto (p.178). El tamaño debe ajustarse antes de añadir elementos.

Top As Int
Recupera o establece la posición superior de la vista.

Visible As Boolean
Si el Objeto es visible y el usuario puede verlo.

Width As Int
Devuelve o establece el ancho de la vista.

TabHost
TabHost es una vista que contiene varias pestañas. Cada pestaña contiene otras vistas hijas.

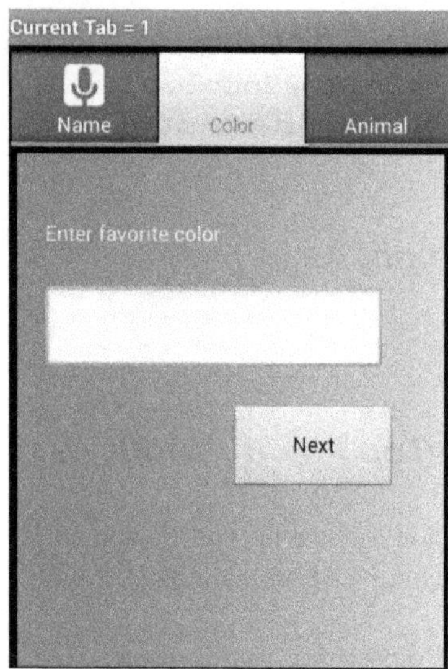

Actualmente puede utilizar el Diseñador para añadir un TabHost a un Layout, pero debe utilizar código para añadirle páginas. La forma más sencilla de hacerlo es crear diseños separados para cada página. Por ejemplo, si el diseño "main" contiene TabHost1 y "page1", "page2" y "page3" contienen las páginas que hay que añadirle, entonces su código podría ser el siguiente:

```
Activity.LoadLayout("main")
TabHost1.AddTab("Nombre", "page1")
TabHost1.AddTab("Color", "page2")
TabHost1.AddTab("Animal", "page3")
```

Un TabHost es un objeto `Activity`; no puede declararse en `Sub Process_Globals`.
Consulte el tutorial (http://bit.ly/1OwhtYZ) de TabHost para obtener más información. **Note** que la Librería TabHostExtras (p.684) es una extensión de esta vista generada por un usuario, que le da más posibilidades sobre su apariencia.

Eventos:

TabChanged

Este evento se produce cuando el usuario pulsa en el menú TabHost para seleccionar una página diferente.

Click

Este evento no se produce nunca. Existe porque se hereda del objeto Vista.

LongClick

Este evento se produce cuando el usuario pulsa y mantiene pulsada una de las páginas del TabHost.

Miembros:

AddTab (Title As String, LayoutFile As String)

Añade una pestaña.
Title - El título de la página.
LayoutFile - Un archivo de diseño que describe el diseño de la página.
Ejemplo:

```
TabHost1.AddTab("Pág. 1", "page1.bal")
```

AddTab2 (Title As String, View1 As View)

Añade una pestaña.
Title - El título de la página.

View - El contenido de la página. Normalmente la vista debería ser un panel que contenga otras vistas.

AddTabWithIcon (Title As String, DefaultBitmap As Bitmap, SelectedBitmap As Bitmap, LayoutFile As String)

Añade una pestaña. El título de la pestaña incluye un icono.
Title - El título de la página.
DefaultBitmap - El icono que se dibujará cuando la página no esté seleccionada.
SelectedBitmap - El icono que se dibujará cuando se seleccione la página.
LayoutFile - Un archivo de diseño que describe el diseño de la página.
Ejemplo:

```
Dim bmp1, bmp2 As Bitmap
bmp1 = LoadBitmap(File.DirAssets, "ic.png")
bmp2 = LoadBitmap(File.DirAssets, "ic_selected.png")
TabHost1.AddTabWithIcon("Page 1", bmp1, bmp2,"tabpage1.bal")
```

AddTabWithIcon2 (Title As String, DefaultBitmap As Bitmap, SelectedBitmap As Bitmap, View1 As View)

Añade una pestaña. El título de la pestaña incluye un icono.
Title - El título de la página.
DefaultBitmap - El icono que se dibujará cuando la página no esté seleccionada.
SelectedBitmap - El icono que se dibujará cuando se seleccione la página.
View - El contenido de la página. Normalmente la vista debería ser un panel que contenga otras vistas.

Background As Drawable

Devuelve o establece el fondo dibujable.

BringToFront

Cambia el orden Z de esta vista y la trae al frente.

Color As Int [write only]

Define el fondo de la vista para que sea un `ColorDrawable` con el color dado. Si el fondo actual es del tipo `GradientDrawable` o `ColorDrawable`, se mantendrán las esquinas redondeadas.

CurrentTab As Int

Devuelve o establece la pestaña actual.
Ejemplo:

```
TabHost1.CurrentTab = (TabHost1.CurrentTab + 1) Mod TabHost1.TabCount
'cambiar a la siguiente pestaña.
```

Enabled As Boolean

Si se pone a `True`, el `TabHost` responderá a los eventos y se ignorarán si se establece a `False`.

Height As Int

Devuelve o establece la altura de la vista.

Initialize (EventName As String)

Inicializa la vista y establece los subs que manejarán los eventos.
Las vistas añadidas con el diseñador NO deben ser inicializadas. Estas vistas se inicializan cuando se carga el diseño (layout).

Invalidate

Invalida la vista completa forzandola a redibujarse. El redibujado sólo se producirá cuando el programa pueda procesar mensajes, lo que ocurre normalmente cuando termina de ejecutar el código actual.

Si sólo necesita redibujar parte de la vista, normalmente es más rápido usar **`Invalidate2`** o **`Invalidate3`**.

Invalidate2 (Rect1 As Rect)

Invalida cualquier cosa dentro del rectángulo indicado que sea parte de esta vista. El redibujado sólo se producirá cuando el programa pueda procesar mensajes, normalmente cuando termine de ejecutar el código actual.

Invalidate3 (Left As Int, Top As Int, Right As Int, Bottom As Int)

Invalida cualquier cosa dentro del rectángulo indicado que sea parte de esta vista. El redibujado sólo se producirá cuando el programa pueda procesar mensajes, normalmente cuando termine de ejecutar el código actual.

IsInitialized As Boolean

Si este objeto se ha inicializado llamando a **`Initialize`**.

Left As Int

Obtiene o determina la posición izquierda de la vista.

Padding (Left As Int, Top As Int, Right As Int, Bottom As Int)

Devuelve o establece el relleno de la vista (distancia entre el borde y el contenido).
Siempre debe usar unidades en 'dip' para establecer la distancia de relleno. Ejemplo:

```
tabHost.Padding = Array As Int (30dip, 10dip, 10dip, 10dip)
```

Parent As Object

Devuelve el padre de la vista. En la mayor parte de los casos, el valor devuelto se puede asignar a un Panel. Devuelve Null si no hay ningún padre.

RemoveView

Elimina esta vista de su vista padre.

RequestFocus As Boolean

Intenta fijar el foco en esta vista. Devuelve **`True`** si se ha ajustado el enfoque.

SendToBack

Cambia el orden Z de esta vista y la envía al fondo.

SetBackgroundImage (Bitmap1 As Bitmap) As BitmapDrawable

Crea un **`BitmapDrawable`** con el mapa de bits dado y lo establece como fondo de la vista. La propiedad Gravity está ajustada a FILL (relleno). Se devuelve el **`BitmapDrawable`**. Puedes usarlo para cambiar la propiedad Gravity.

SetColorAnimated (Duration As Int , FromColor As Int , ToColor As Int)

Cambia el color de fondo con una transición animada entre los colores **`FromColor`** y **`ToColor`**.
La transición se basa en el espacio de color de saturación y tono HSV (http://bit.ly/1Owhw6Y). Esta animación sólo funcionará cuando se ejecute en dispositivos Android 3+.
Duration - Duración de la animación medida en milisegundos.

SetLayout (Left As Int, Top As Int, Width As Int, Height As Int)

Cambia la posición y el tamaño de la vista.

SetLayoutAnimated (Duration As Int , Left As Int , Top As Int , Width As Int , Height As Int)

Similar a SetLayout, cambia la posición y el tamaño de la vista de su posición actual a la especificada por los parámetros `Left, Top, Width` y `Height` (Izquierda, Superior, Anchura y Altura), animada durante un período especificado en el parámetro `Duration` en milisegundos.
Nota: la animación sólo funcionará en dispositivos que ejecuten Android 3 o posterior. En los dispositivos anteriores, la vista se mueve repentinamente.

SetVisibleAnimated (Duration As Int , Visible As Boolean)

Cambia la visibilidad de la vista con una animación de fundido de entrada o salida a la especificada por `Visible` durante un período de `Duration` milisegundos.
Duration - Duración de la animación en milisegundos.
Visible - Nuevo estado de visibilidad.
Nota: la animación sólo funcionará en dispositivos que ejecuten Android 3 o posterior. En los dispositivos anteriores, la visualización cambia repentinamente.

TabCount As Int [read only]

Devuelve el número de pestañas.

Tag As Object

Recupera o establece el valor de la propiedad Tag. Se puede utilizar para almacenar datos adicionales.

Top As Int

Recupera o establece la posición superior de la vista.

Visible As Boolean

Si el Objeto es visible y el usuario puede verlo.

Width As Int

Devuelve o establece el ancho de la vista.

ToggleButton

Una vista de ToggleButton. Esta vista, que es similar a un botón, tiene dos modos: ON y OFF. Cuando el usuario lo pulse, cambiará de modo. Puede definir el texto con las propiedades `TextOn` y `TextOff`.
Este es un objeto `Activity`; no puede declararse en `Sub Process_Globals`.

Evento:

CheckedChange(Checked As Boolean)

Miembros:

Background As Drawable

Devuelve o establece el fondo dibujable.

BringToFront

Cambia el orden Z de esta vista y la trae al frente.

Checked As Boolean

Color As Int [write only]

Define el fondo de la vista para que sea un `ColorDrawable` con el color dado. Si el fondo actual es del tipo `GradientDrawable` o `ColorDrawable`, se mantendrán las esquinas redondeadas.

Ellipsize As String
Obtiene o establece el modo de truncamiento de la cadena, es decir, donde se ubicará el indicador de tres puntos (...) sobre la cadena mostrada. Solo afecta campos con el modo de línea simple. Posibles valores:
NONE
START - Los tres puntos aparecen al principio.
MIDDLE - Los tres puntos aparecen en el centro.
END - Los tres puntos aparecen al final.

Enabled As Boolean
Si se pone a `True`, el `ToggleButton` responderá a los eventos y se ignorarán si se establece a `False`.

Gravity As Int
Obtiene o ajusta el valor de la propiedad gravity (p.365). Este valor afecta la forma en que se dibujará el texto.

Height As Int
Devuelve o establece la altura de la vista.

Initialize (EventName As String)
Inicializa la vista y establece los subs que manejarán los eventos.
Las vistas añadidas con el diseñador NO deben ser inicializadas. Estas vistas se inicializan cuando se carga el diseño (layout).

Invalidate
Invalida la vista completa forzandola a redibujarse. El redibujado sólo se producirá cuando el programa pueda procesar mensajes, lo que ocurre normalmente cuando termina de ejecutar el código actual.
Si sólo necesita redibujar parte de la vista, normalmente es más rápido usar `Invalidate2` o `Invalidate3`.

Invalidate2 (Rect1 As Rect)
Invalida cualquier cosa dentro del rectángulo indicado que sea parte de esta vista. El redibujado sólo se producirá cuando el programa pueda procesar mensajes, normalmente cuando termine de ejecutar el código actual.

Invalidate3 (Left As Int, Top As Int, Right As Int, Bottom As Int)
Invalida cualquier cosa dentro del rectángulo indicado que sea parte de esta vista. El redibujado sólo se producirá cuando el programa pueda procesar mensajes, normalmente cuando termine de ejecutar el código actual.

IsInitialized As Boolean
Si este objeto se ha inicializado llamando a `Initialize`.

Left As Int
Obtiene o determina la posición izquierda de la vista.

Padding (Left As Int, Top As Int, Right As Int, Bottom As Int)
Devuelve o establece el relleno de la vista (distancia entre el borde y el contenido).
Siempre debe usar unidades en 'dip' para establecer la distancia de relleno. Ejemplo:

```
togl.Padding = Array As Int (30dip, 10dip, 10dip, 10dip)
```

Parent As Object
Devuelve el padre de la vista. En la mayor parte de los casos, el valor devuelto se puede asignar a un Panel.
Devuelve Null si no hay ningún padre.

RemoveView
Elimina esta vista de su vista padre.

RequestFocus As Boolean
Intenta fijar el foco en esta vista. Devuelve `True` si se ha ajustado el enfoque.

SendToBack
Cambia el orden Z de esta vista y la envía al fondo.

SetBackgroundImage (Bitmap1 As Bitmap) As BitmapDrawable
Crea un `BitmapDrawable` con el mapa de bits dado y lo establece como fondo de la vista. La propiedad Gravity está ajustada a FILL (relleno). Se devuelve el `BitmapDrawable`. Puedes usarlo para cambiar la propiedad Gravity.

SetColorAnimated (Duration As Int , FromColor As Int , ToColor As Int)
Cambia el color de fondo con una transición animada entre los colores `FromColor` y `ToColor`.
La transición se basa en el espacio de color de saturación y tono HSV (http://bit.ly/1Owhw6Y). Esta animación sólo funcionará cuando se ejecute en dispositivos Android 3+.
Duration - Duración de la animación medida en milisegundos.

SetLayout (Left As Int, Top As Int, Width As Int, Height As Int)
Cambia la posición y el tamaño de la vista.

SetLayoutAnimated (Duration As Int , Left As Int , Top As Int , Width As Int , Height As Int)
Similar a SetLayout, cambia la posición y el tamaño de la vista de su posición actual a la especificada por los parámetros `Left, Top, Width` y `Height` (Izquierda, Superior, Anchura y Altura), animada durante un período especificado en el parámetro `Duration` en milisegundos.
Nota: la animación sólo funcionará en dispositivos que ejecuten Android 3 o posterior. En los dispositivos anteriores, la vista se mueve repentinamente.

SetTextColorAnimated (Duration As Int , ToColor As Int)
Cambia el color del texto del color actual al color `ToColor`, con una transición animada durante un período de `Duration` en milisegundos. La transición se basa en el espacio de color de los valores de tonalidad de saturación (HSV (http://bit.ly/1Owhw6Y), hue-saturation-value).
Nota: la animación sólo funcionará en dispositivos que ejecuten Android 3 o posterior. En los dispositivos anteriores, el color cambia repentinamente.
Duration - Duración de la animación en milisegundos.

SetTextSizeAnimated (Duration As Int , TextSize As Float)
Cambia el tamaño del texto (p.178) a `TextSize` (en píxeles), con una transición animada durante un período de `Duration` en milisegundos.

SetVisibleAnimated (Duration As Int , Visible As Boolean)
Cambia la visibilidad de la vista con una animación de fundido de entrada o salida a la especificada por `Visible` durante un período de `Duration` milisegundos.
Duration - Duración de la animación en milisegundos.
Visible - Nuevo estado de visibilidad.
Nota: la animación sólo funcionará en dispositivos que ejecuten Android 3 o posterior. En los dispositivos anteriores, la visualización cambia repentinamente.

SingleLine As Boolean
Establece si el texto debe estar en modo de una sola línea o en modo multilínea.

***Tag** As Object*

Recupera o establece el valor de la propiedad Tag. Se puede utilizar para almacenar datos adicionales.

***TextColor** As Int*

***TextOff** As String*

Devuelve o establece el texto que aparecerá en el modo OFF.

***TextOn** As String*

Devuelve o establece el texto que aparecerá en el modo ON.

***TextSize** As Float*

***Top** As Int*

Recupera o establece la posición superior de la vista.

*Typeface **As** Typeface*

***Visible** As Boolean*

Si el Objeto es visible y el usuario puede verlo.

***Width** As Int*

Recupera o establece el ancho de la vista.

TwoLinesAndBitmapLayout

Es uno de los tres tipos de diseño (o "modelos") que se pueden incluir en un ListView.

Métodos:

***Backg ound** As Drawable*

El fondo de cada uno de los elementos de este diseño.

***Image iew** As Imageview*

El ImageView que almacena el mapa de bits.

***ItemH ight** As Int*

Devuelve o establece el alto de los elementos con este diseño.

***Label** As Label*

La etiqueta que se utiliza para la primera línea (y la única en el caso de SingleLineLayout).

***Secon Label** As Label*

La etiqueta que se utiliza para la segunda línea.

TwoLinesLayout

Es uno de los tres tipos de diseño (o "modelos") que se pueden incluir en un ListView.

Métodos:

***Backg ound** As Drawable*

El fondo de cada uno de los elementos de este diseño.

***ItemH ight** As Int*

Devuelve o establece el alto de los elementos con este diseño.

***Label** As Label*

La etiqueta que se utiliza para la primera línea (y la única en el caso de SingleLineLayout).

SeconLabel As Label

La etiqueta que se utiliza para la segunda línea.

View

View es un tipo especial de objeto. No puede crear nuevos objetos de Vista. Sin embargo, todas los tipos de vista pueden asignarse a una variable View. Esto le permite acceder a las propiedades compartidas de todas las vistas. Por ejemplo, este código oculta todas las vistas de una actividad:

```
For Each vw As View In Activity.GetAllViewsRecursive
   vw.Visible = False
Next
```

Este es un objeto `Activity`; no puede declararse en `Sub Process_Globals`.
Tenga en cuenta que existen cinco formas de animar (p.138) vistas en dispositivos con Android 3 o posterior.

Eventos:

Click

Este evento se produce cuando el usuario pulsa sobre la Vista.

LongClick

Este evento se produce cuando el usuario pulsa sobre la Vista y la mantiene pulsada durante aproximadamente un segundo.

Miembros:

Background As Drawable

Recupera o establece el fondo dibujable.

BringToFront

Cambia el orden Z de esta vista y la trae al frente.

Color As Int [write only]

Define el fondo de la vista para que sea un `ColorDrawable` con el color dado. Si el fondo actual es del tipo `GradientDrawable` o `ColorDrawable`, se mantendrán las esquinas redondeadas.

Enabled As Boolean

Si se pone a `True`, el objeto `View` responderá a los eventos y se ignorarán si se establece a `False`.

Height As Int

Devuelve o establece la altura de la vista.

Initialize (EventName As String)

Inicializa la vista y establece los subs que manejarán los eventos.
Las vistas añadidas con el diseñador NO deben ser inicializadas. Estas vistas se inicializan cuando se carga el diseño (layout).

Invalidate

Invalida la vista completa forzandola a redibujarse. El redibujado sólo se producirá cuando el programa pueda procesar mensajes, lo que ocurre normalmente cuando termina de ejecutar el código actual.
Si sólo necesita redibujar parte de la vista, normalmente es más rápido usar `Invalidate2` o `Invalidate3`.

Invalidate2 (Rect1 As Rect)
Invalida cualquier cosa dentro del rectángulo indicado que sea parte de esta vista. El redibujado sólo se producirá cuando el programa pueda procesar mensajes, normalmente cuando termine de ejecutar el código actual.

Invalidate3 (Left As Int, Top As Int, Right As Int, Bottom As Int)
Invalida cualquier cosa dentro del rectángulo indicado que sea parte de esta vista. El redibujado sólo se producirá cuando el programa pueda procesar mensajes, normalmente cuando termine de ejecutar el código actual.

IsInitialized As Boolean
Si este objeto se ha inicializado llamando a `Initialize`.

Left As Int
Obtiene o determina la posición izquierda de la vista.

Padding (Left As Int, Top As Int, Right As Int, Bottom As Int)
Devuelve o establece el relleno de la vista (distancia entre el borde y el contenido).
Siempre debe usar unidades en 'dip' para establecer la distancia de relleno. Ejemplo:

```
vw.Padding = Array As Int (30dip, 10dip, 10dip, 10dip)
```

Parent As Object
Obtiene la vista padre. Sólo lectura.

RemoveView
Elimina esta vista de su vista padre. Si esta vista tiene vistas hijas, entonces también se eliminan.

RequestFocus As Boolean
Intenta fijar el foco en esta vista. Devuelve `True` si se ha ajustado el enfoque.

SendToBack
Cambia el orden Z de esta vista y la envía al fondo.

SetBackgroundImage (Bitmap1 As Bitmap) As BitmapDrawable
Crea un `BitmapDrawable` con el mapa de bits dado y lo establece como fondo de la vista. La propiedad Gravity está ajustada a FILL (relleno). Se devuelve el `BitmapDrawable`. Puedes usarlo para cambiar la propiedad Gravity.

SetColorAnimated (Duration As Int, FromColor As Int, ToColor As Int)
Cambia el color (p.364) de fondo con una transición animada de `FromColor` a `ToColor`, durante un período de `Duration` milisegundos. La transición se basa en el espacio de color de saturación y tono (HSV (http://bit.ly/1Owhw6Y)).
Nota: la animación sólo funcionará en dispositivos que ejecuten Android 3 o posterior. En los dispositivos anteriores, el color cambia repentinamente.
Ejemplo:

```
Activity.SetColorAnimated(1000, Colors.White, Colors.Red)
```

SetLayout (Left As Int, Top As Int, Width As Int, Height As Int)
Cambia la posición y el tamaño de la vista.

SetLayoutAnimated (Duration As Int, Left As Int, Top As Int, Width As Int, Height As Int)

Similar a SetLayout, cambia la posición y el tamaño de la vista de su posición actual a la especificada por los parámetros `Left, Top, Width` y `Height` (Izquierda, Superior, Anchura y Altura), animada durante un período especificado en el parámetro `Duration` en milisegundos.
Nota: la animación sólo funcionará en dispositivos que ejecuten Android 3 o posterior. En los dispositivos anteriores, la vista se mueve repentinamente.

SetVisibleAnimated (Duration As Int, Visible As Boolean)

Cambia la visibilidad de la vista con una animación de fundido de entrada o salida a la especificada por `Visible` durante un período de `Duration` milisegundos.
Duration - Duración de la animación en milisegundos.
Visible - Nuevo estado de visibilidad.
Nota: la animación sólo funcionará en dispositivos que ejecuten Android 3 o posterior. En los dispositivos anteriores, la visualización cambia repentinamente.

Tag As Object

Recupera o establece el valor de la propiedad Tag. Se puede utilizar para almacenar datos adicionales.

Top As Int

Recupera o establece la posición superior de la vista.

Visible As Boolean

Si el Objeto es visible y el usuario puede verlo.

Width As Int

Recupera o establece el ancho de la vista.

WebView

La vista WebView utiliza el motor WebKit interno para mostrar las páginas HTML. La página mostrada puede ser una página en línea cargada con `LoadUrl` o una cadena HTML cargada con `LoadHtml`. Este es un objeto `Activity`; no puede declararse en `Sub Process_Globals`.

Permisos:

android.permission.INTERNET

Eventos:

PageFinished (Url As String)

El evento PageFinished se genera después de cargar la página.

OverrideUrl (Url As String) As Boolean

OverrideUrl se llama antes de cargar cualquier URL. Si este método devuelve `True`, entonces la **Url** dada no se cargará. Puede utilizar este evento como una forma de gestionar los eventos de clics en su código.

UserAndPasswordRequired (Host As String, Realm As String) As String()

Este evento se produce cuando se accede a un sitio que requiere autenticación básica. Debe devolver un array de cadenas con el nombre de usuario como primer elemento y la contraseña como segundo elemento.
Por ejemplo:

```
Return Array As String("someuser", "password123")
```

Devolviendo `Null` se cancelará la solicitud. El envío de credenciales incorrectas hará que este evento se vuelva a producir.

Miembros:

Back
Vuelve a la URL anterior.

Background As Drawable
Devuelve o establece el fondo dibujable.

BringToFront
Cambia el orden Z de esta vista y la trae al frente.

CaptureBitmap As BitmapWrapper
Devuelve la página HTML completa como un mapa de bits (una imagen bitmap).

Color As Int **[write only]**
Define el fondo de la vista para que sea un `ColorDrawable` con el color dado. Si el fondo actual es del tipo `GradientDrawable` o `ColorDrawable`, se mantendrán las esquinas redondeadas.

Enabled As Boolean
Si se pone a `True`, el `WebView` responderá a los eventos. Si se establece en `False`, los eventos se ignoran.

Forward
Pasa a la siguiente URL.

Height As Int
Devuelve o establece la altura de la vista.

Initialize (EventName As String**)**
Inicializa la vista y establece los subs que manejarán los eventos.
Las vistas añadidas con el diseñador NO deben ser inicializadas. Estas vistas se inicializan cuando se carga el diseño (layout).

Invalidate
Invalida la vista completa forzandola a redibujarse. El redibujado sólo se producirá cuando el programa pueda procesar mensajes, lo que ocurre normalmente cuando termina de ejecutar el código actual.
Si sólo necesita redibujar parte de la vista, normalmente es más rápido usar `Invalidate2` o `Invalidate3`.

Invalidate2 (Rect1 As Rect**)**
Invalida cualquier cosa dentro del rectángulo indicado que sea parte de esta vista. El redibujado sólo se producirá cuando el programa pueda procesar mensajes, normalmente cuando termine de ejecutar el código actual.

Invalidate3 (Left As Int**, Top** As Int**, Right** As Int**, Bottom** As Int**)**
Invalida cualquier cosa dentro del rectángulo indicado que sea parte de esta vista. El redibujado sólo se producirá cuando el programa pueda procesar mensajes, normalmente cuando termine de ejecutar el código actual.

IsInitialized As Boolean
Si este objeto se ha inicializado llamando a `Initialize`.

JavaScriptEnabled As Boolean
Determina si JavaScript está habilitado o no.
JavaScript está activado de forma predeterminada.

Left As Int
Devuelve o establece la posición izquierda de la vista.

LoadHtml (HTML As String)
Carga el HTML dado. Ejemplo:
```
WebView1.LoadHtml("<html><body>¡Hola Mundo!</body></html>")
```
Puede utilizar "file:///android_asset" para acceder a los archivos añadidos con el gestor de archivos:
```
WebView1.LoadHtml("<html><body><img
src='file:///android_asset/someimage.jpg'/></body></html>")
```
Tenga en cuenta que los archivos añadidos con el administrador de archivos deben accederse con el nombre en minúsculas.

LoadUrl (Url As String)
Carga la **Url** dada. Ejemplo:
```
WebView1.LoadUrl("http://www.google.com")
```

Padding (Left As Int, Top As Int, Right As Int, Bottom As Int)
Devuelve o establece el relleno de la vista (distancia entre el borde y el contenido).
Siempre debe usar unidades en 'dip' para establecer la distancia de relleno. Ejemplo:
```
webVw.Padding = Array As Int (30dip, 10dip, 10dip, 10dip)
```

Parent As Object
Devuelve el padre de la vista. En la mayor parte de los casos, el valor devuelto se puede asignar a un Panel.
Devuelve Null si no hay ningún padre.

RemoveView
Elimina esta vista de su vista padre.

RequestFocus As Boolean
Intenta fijar el foco en esta vista.
Devuelve `True` si se ha ajustado el enfoque.

SendToBack
Cambia el orden Z de esta vista y la envía al fondo.

SetBackgroundImage (Bitmap1 As Bitmap) As BitmapDrawable
Crea un `BitmapDrawable` con el mapa de bits dado y lo establece como fondo de la vista. La propiedad Gravity está ajustada a FILL (relleno). Se devuelve el `BitmapDrawable`. Puedes usarlo para cambiar la propiedad Gravity.

SetColorAnimated (Duration As Int , FromColor As Int , ToColor As Int)
Cambia el color de fondo con una transición animada entre los colores `FromColor` y `ToColor`.
La transición se basa en el espacio de color de saturación y tono HSV (http://bit.ly/1Owhw6Y). Esta animación sólo funcionará cuando se ejecute en dispositivos Android 3+.
Duration - Duración de la animación medida en milisegundos.

SetLayout (Left As Int, Top As Int, Width As Int, Height As Int)
Cambia la posición y el tamaño de la vista.

SetLayoutAnimated (Duration As Int , Left As Int , Top As Int , Width As Int , Height As Int)
Similar a SetLayout, cambia la posición y el tamaño de la vista de su posición actual a la especificada por los parámetros `Left, Top, Width` y `Height` (Izquierda, Superior, Anchura y Altura), animada durante un período especificado en el parámetro `Duration` en milisegundos.

Nota: la animación sólo funcionará en dispositivos que ejecuten Android 3 o posterior. En los dispositivos anteriores, la vista se mueve repentinamente.

SetVisibleAnimated (Duration As Int , Visible As Boolean)

Cambia la visibilidad de la vista con una animación de fundido de entrada o salida a la especificada por `Visible` durante un período de `Duration` milisegundos.
Duration - Duración de la animación en milisegundos.
Visible - Nuevo estado de visibilidad.
Nota: la animación sólo funcionará en dispositivos que ejecuten Android 3 o posterior. En los dispositivos anteriores, la visualización cambia repentinamente.

StopLoading

Detiene la carga actual.

Tag As Object

Recupera o establece el valor de la propiedad Tag. Se puede utilizar para almacenar datos adicionales.

Top As Int

Recupera o establece la posición superior de la vista.

Url As String [read only]

Devuelve la URL actual.

Visible As Boolean

Si el Objeto es visible y el usuario puede verlo.

Width As Int

Recupera o establece el ancho de la vista.

Zoom (In As Boolean) As Boolean

Aumenta o disminuye el zoom según el valor de **In**.
Devuelve `True` si el zoom ha cambiado.

ZoomEnabled As Boolean

Determina si la función de zoom interno está activada o no.
La función de zoom está activada de forma predeterminada.

3.4 Código en Línea

B4A convierte en Java el código BASIC que escribes . Aunque en la mayoría de los casos BASIC es más fácil de escribir, en ciertas ocasiones es útil poder escribir directamente en Java.
Para hacer esto, necesita incluir la librería JavaObject (p.558) en su proyecto, y luego escribir código como:

```
Sub Process_Globals
 Private nativeMe As JavaObject
End Sub

Sub Activity_Create(FirstTime As Boolean)
 If FirstTime Then
  nativeMe.InitializeContext
 End If
 nativeMe.RunMethod("SetTitle", Null)
End Sub

#If JAVA
 public void SetTitle() {
  BA.Log("Main SetTitle");
  setTitle("El Título ha cambiado");
 }
#End IF
```

Tenga en cuenta que BA es un objeto especial que puede utilizar para escribir en el log, generar eventos y acceder a la actividad del usuario, el contexto de la aplicación y otros recursos.
Se recomienda usar código en línea para escribir sólo pequeñas cantidades de código Java, o para acceder a las librerías (p.497).
Más detalles sobre cómo escribir y usar código en línea aquí (http://bit.ly/1JQNpse). Necesitará saber cómo programar en Java. Si desea acceder a la funcionalidad de Android dentro de su código en línea, puede que le resulte útil consultar la documentación de Android aquí (http://bit.ly/1JQRDA5).
Probablemente necesitará utilizar algunas de las funcionalidades utilizadas para crear Librerías B4A. La referencia principal es esta introducción en línea (http://bit.ly/1HFLZtW).

Devolviendo datos a B4A

Si su código en línea genera algunos datos que desea que estén disponibles dentro del código B4A, necesitará crear un Sub y enviarle los datos mediante un evento. Por ejemplo:

```
Sub processData (data As Byte, message As String)
...
End Sub
#If JAVA
...
processBA.raiseEvent(null, "processdata"), myData, myMessage);
```

Nota: dentro de Java, el nombre del Sub **debe** estar en minúsculas.
Los objetos BA y processBA se crean automáticamente.

Parte 4: Librerías

En esta sección, tratamos el tema de las librerías, y explicamos cómo crear sus propias librerías y compartirlas con otros (si lo desea).

Le damos todos los detalles de las Librerías y discutimos algunas de las muchas Librerías y Módulos Adicionales, incluyendo todas las Librerías "Oficiales" creadas por Anywhere Software, que puede descargar desde el sitio web de B4A. También presentamos las librerías B4X que normalmente contienen componentes reutilizables para su uso en distintas plataformas.

4.1 Librerías

Introducción

Las librerías son la clave para obtener el máximo aprovechamiento de B4A.

¿Qué es una librería?

Una librería B4A es una encapsulación de parte o la totalidad de un proyecto en un jar y un archivo XML que puede ser fácilmente reutilizado y compartido con otros. Puede crear uno propio, como se describe a continuación.

Tipos de Librerías

Hay varios tipos de librerías en B4A: la Librería Principal, las Librerías Estándar, las Librerías Oficiales Adicionales, las Librerías de Usuario Adicionales y las Librerías B4X..

Librería Principal

Define los Objetos básicos (p.353) o principales. Siga el enlace para obtener más información.

Librerías Estándar

Las Librerías Estándar (p.501) se guardan en la carpeta Librerías de la carpeta de programas B4A. Normalmente se encuentran en: C:\Program Files\Anywhere Software\B4A\Libraries o C:\Program Files (x86)\Anywhere Software\B4A\Libraries

Librerías Oficiales Adicionales

Las Librerías Oficiales Adicionales (p.668) son realizadas por Anywhere Software (los creadores de B4A) pero no están incluidas en el IDE. Para obtener una lista de estas, con enlaces a la fuente para descargar, consulte la sección Librerías Oficiales Adicionales (p.668).

Librerías B4X

B4X es la versión de Visual Basic utilizada por B4A y todos los otros IDEs desarrollados por AnywhereSoftware. Las librerías B4X (p.687) generalmente contienen componentes reutilizables para su empleo en distintas plataformas. Si desea más información, siga el enlace.

Librerías de Usuario Adicionales

Otras Librerías de Usuario Adicionales (p.673) han sido producidas por usuarios entusiastas y generosos de B4A que han publicado sus propias librerías para el beneficio de otros. Estos refuerzan significativamente las capacidades del producto.

Carpeta de librerías adicionales

Es necesario que configure una carpeta especial para guardar las librerías adicionales, Por ejemplo: C:\B4A\AddLibraries.
Al instalar una nueva versión de B4A, todas las librerías estándar se actualizan automáticamente, pero las librerías adicionales no están incluidas. La ventaja de la carpeta especial es que esta carpeta no se ve afectada cuando se instala la nueva versión de B4A.

Como indicar al IDE dónde se encuentran las librerías adicionales

Cuando se inicia el IDE, busca primero las librerías disponibles en la carpeta *Libraries* de B4A y luego en la carpeta de las librerías adicionales.
Si configura una carpeta especial de librerías adicionales, debe especificarla en el menú IDE [Herramientas > Configurar Rutas]. El cuadro de diálogo le permite especificar la carpeta de Librerías Adicionales.

Mensaje de error "*¿Falta una referencia de librería*?"

Si obtiene este mensaje en el cuadro de diálogo Compilar & Depurar, significa que se olvidó de marcar la librería especificada en la ventana Administrador de Librerías (p.102), o que la librería no está en la carpeta.

Actualización de las Librerías Internas

Hay una útil lista en línea de cambios en las librerías internas y enlaces para descargar las últimas versiones aquí (http://bit.ly/2iMExf5). Entre ellas se incluyen tanto las librerías básicas como las estándar.

Referenciando Librerías

Antes de poder utilizar los tipos y funciones dentro de una librería, es necesario añadir una referencia a la misma en el proyecto. Utilice el Administrador de Librerías (p.102) dentro del IDE.

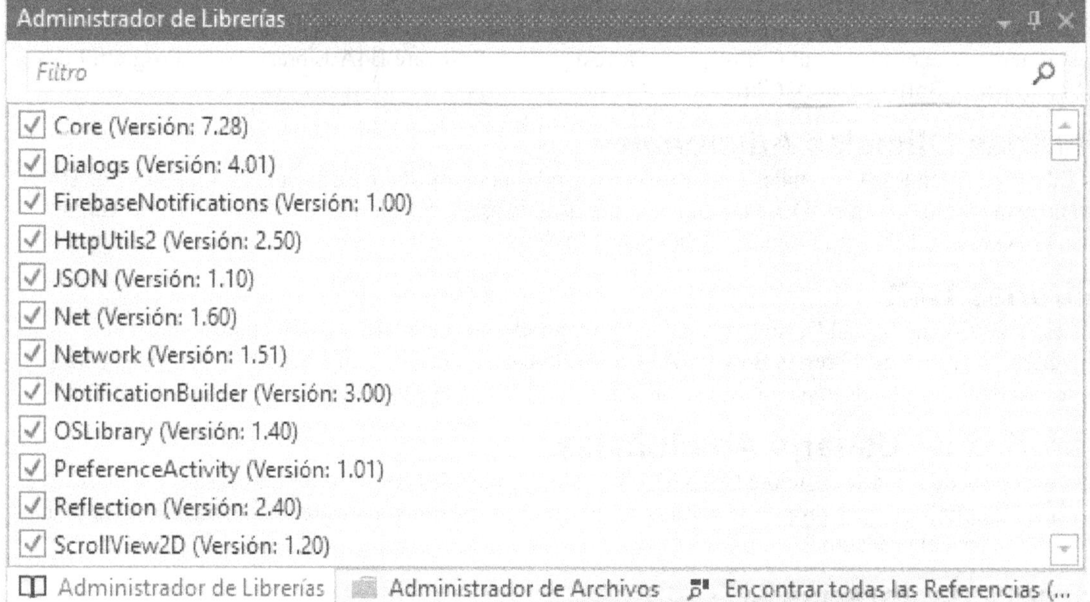

Si se trata de una librería adicional (p.668), es posible que tenga que descargarla e instalarla primero. Consulte la nota sobre Actualización de Librerías Adicionales a continuación.

Aviso sobre las Librerías no Utilizadas

Si hace referencia a una librería pero no la enlaza en su proyecto, verá una advertencia en la ventana Logs cuando la compile.

Uso de Librerías

Si no dispone de documentación completa para una librería, puede averiguar los objetos y métodos contenidos en una librería leyendo el archivo xml. Por ejemplo, el archivo **phone.xml** comienza

```
<?xml version="1.0" encoding="UTF-8"?>
<root>
    <doclet-version-NOT-library-version>1.04</doclet-version-NOT-
library-version>
    <class>
        <name>anywheresoftware.b4a.phone.SmsWrapper</name>
        <shortname>SmsMessages</shortname>
```

Esto le dice que hay un objeto (clase) llamado SmsMessages, así que en su código puede declarar:

```
Dim msgs As SmsMessages
```

Actualización de Librerías Adicionales

Las librerías adicionales se actualizan periódicamente por sus autores. Esto es particularmente cierto después de una nueva versión de B4A, cuando las nuevas características podrían tener un impacto en algunas librerías. Por lo tanto, vale la pena comprobar si tiene las últimas versiones de las librerías adicionales. Una forma de hacerlo es buscar una actualización de una librería con la URL:

https://www.b4x.com/android/forum/pages/results/?query=subscribe-to-library-updates XXXXX

Donde XXXXX es el nombre de la librería.

También puede suscribirse a las notificaciones sobre actualizaciones yendo al foro para suscribirse a las librerías (http://bit.ly/18WJsgk) haciendo clic en "Watch Thread". Tenga en cuenta que para ello debe primero registrarse e iniciar sesión en los foros de la Comunidad de B4A. Puede elegir entre recibir notificaciones por correo electrónico o simplemente tener actualizaciones en su área de Alertas.

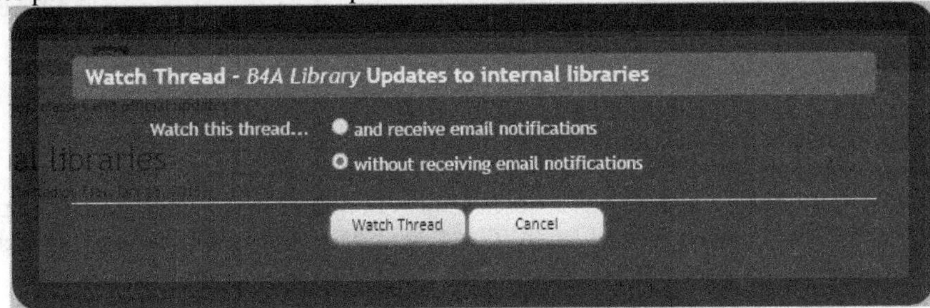

Tenga en cuenta que esto le proporcionará actualizaciones sobre todas las librerías, no sólo sobre las que utiliza.

Uso del código en línea para acceder a las librerías

También puede acceder a los objetos y métodos de las librerías utilizando el código en línea (p.493). Por ejemplo:

```
Sub Process_Globals
 Private nativeMe As JavaObject
End Sub

Sub Globals
 Dim ID As PhoneId
```

```
End Sub

Sub Activity_Create(FirstTime As Boolean)
 If FirstTime Then
  nativeMe.InitializeContext
 End If

 Dim strPhoneNumber As String
 strPhoneNumber = nativeMe.RunMethod("GetNumber", Array (ID))
 Log ("strPhoneNumber=" & strPhoneNumber)
End Sub

#If JAVA
 public String GetNumber(anywheresoftware.b4a.phone.Phone.PhoneId x) {
  return x.GetLine1Number();
 }
#End If
```

Para que esto funcione, necesita no sólo revisar la librería Phone sino también la librería JavaObject (p.558).

Creación de Librerías

Puede crear sus propias librerías dentro de B4A y puede compartirlas, si lo desea, con otros desarrolladores a través del sitio web de B4A. O quizás has encontrado algún código Java que deseas compilar en una librería para poder reutilizarlo en tus proyectos B4A.
Hay dos maneras de construir librerías: la fácil y la difícil.
La forma más fácil es escribir su código en B4A y compilar módulos de su proyecto en una librería. Lo describimos a continuación.
La forma difícil es escribir y depurar el código en Java, quizás usando Eclipse (http://www.eclipse.org/). Aunque es más difícil que B4A, escribir en Java te permite añadir características que no son posibles usando el método anterior.
A continuación, deberá compilar su librería para que B4A pueda utilizarla, ya sea siguiendo las instrucciones aquí (http://bit.ly/1DpMoBg) si desea utilizar Eclipse o aquí (http://bit.ly/1DpIhoR) si desea utilizar el compilador de librerías simples (SLC) de Anywhere Software. Descargue el archivo al final de la primera sección.

Beneficios de la creación de Librerías

Hay varios beneficios de compilar su propia librería:
Código modular: Si su proyecto es grande, será más fácil crearlo y mantenerlo si puede dividirlo en varios proyectos más pequeños.
Componentes reutilizables: Puede reutilizar módulos en varios proyectos.
Compartir componentes: Puedes compartir tu trabajo con otros desarrolladores.
Proteger su código: Una vez compilada, la librería puede ser distribuida a otros sin revelar el código fuente.
Crear diferentes versiones: Puede tener varias versiones de una aplicación, por ejemplo, "Gratis" y "Pagado", reutilizando la misma librería principal.

Preparación de su Librería

Excluir la Actividad *Main*

A excepción de la región de los Atributos del Proyecto, la Actividad principal *Main* no está incluida en su librería. Esto es necesario porque los proyectos en los que se reutilizará su librería ya contienen una Actividad Main.
La Actividad principal de su copia de desarrollo de la librería puede utilizarse para añadir código para probar la librería. Por lo tanto, debe agregar módulos para contener el código de su librería.
Para más detalles sobre lo que se debe introducir en los Atributos del Proyecto, consulte más abajo.

Atributos Específicos de Librería

Los siguientes atributos son específicos para la compilación de librerías:

Atributos del Proyecto

Éstos se ubican en la región de Atributos del Proyecto de la actividad principal Main:
#LibraryAuthor: El autor de la librería. Este valor se añade al archivo XML de la librería.
#LibraryName: El nombre de la librería compilada. Establece el nombre de la librería en lugar de mostrar el diálogo de guardar.
#LibraryVersion: Un número que representa la versión de la librería. Este número aparecerá junto al nombre de la librería en la lista de librerías.

Atributos del Módulo

#ExcludeFromLibrary: Si se debe excluir este módulo durante la compilación de la librería. Valores: `True` o `False`.
Nota: la Actividad principal Main siempre se excluye.

Atributos de Clases

Event: Añade un evento a la lista de eventos. Este atributo se puede utilizar varias veces. Tenga en cuenta que la lista de eventos sólo afecta a la función Autocompletar (p.96) de los eventos del IDE.

Como compilar una Librería

- Primero seleccione el modo de compilación (p.188) que desea utilizar: Release o Release Obfuscated (p.188). (Tenga en cuenta que las cadenas no serán ofuscadas.)
- Seleccione el menú[Proyecto > Compilar a Librería] o pulse Alt+5. Al elegir esta opción, todos los módulos excepto la actividad principal Main se compilan en una librería. Puede excluir otros módulos con el atributo ExcludeFromLibrary.
- La actividad principal Main (y los otros módulos excluidos) ahora se pueden utilizar para probar la librería. Puede hacer referencia a la librería de otros proyectos y acceder a la misma funcionalidad que en el proyecto original. Hay más información sobre la creación de sus propias librerías en la web aquí (http://bit.ly/1DpMoBg).

Salida

Cuando selecciona el menú[Proyecto > Compilar a Librería], se crean dos archivos, ambos con el mismo nombre que el proyecto:
- un archive jar (Java) con el código compilado
- un archive XML que incluye los metadatos que son necesarios para el IDE.

Estos dos archivos se guardarán en la carpeta Librerías Adicionales especificada en el cuadro de diálogo del menú [Herramientas > Configurar Rutas].

Librerías de widgets sin pantalla de inicio

Los servicios que tienen widgets de pantalla de inicio no pueden compilarse en una librería. Vea aquí para más información (p.143) sobre Widgets.

Como publicar su librería

Si desea compartir su librería, o una actualización de una librería existente, publique un nuevo tema en el foro (http://bit.ly/29RB77E) de Librerías adicionales, clases y actualizaciones oficiales. Recuerde que esto está disponible sólo para usuarios con licencia de B4X. Póngase en contacto con support@basic4ppc.com si no tiene acceso.
Para obtener información sobre el impacto del uso de las librerías, consulte este (http://bit.ly/1OwhEU8) tema.

4.2 Librerías Estándar

Introducción

Las siguientes librerías se guardan en la carpeta *Libraries* de la carpeta de programas B4A y normalmente se encuentran en:
C:\Program Files\Anywhere Software\B4A\Libraries o
C:\Program Files (x86)\Anywhere Software\B4A\Libraries
Para usar un objeto de una de estas librerías, necesita hacer referencia a su librería en la ventana Administrador de Librerías (p.102) del IDE.
De hecho, la librería Core también está incluida en la instalación, pero como no necesita hacer referencia a ella, tratamos sus objetos en el Capítulo de Objetos Básicos (p.353).

Lista de Librerías Estándar

Accessibility
Administrator
Animation (p.504)
Audio (p.506)
B4XEncryption (p.517)
BitmapCreator (p.517)
BLE2 (p.527)
CallSubUtils (p.529)
Camera (p.531)
Camera2 (p.532)
ContentResolver (p.534)
Core (p.495)
DateUtils (p.537)
Daydream (p.539)
FirebaseAdMob (p.539)
FirebaseAnalytics (p.546)
FirebaseAuth (p.547)
FirebaseNotifications (p.548)
FirebaseStorage (p.549)
GameView (p.550)
GPS (p.553)
HTTP (p.556)
HttpUtils2 (p.556)
IME (p.556)
JavaObject (p.558)
JSON (p.560)
KeyValueStore2 (p.562)
LiveWallpaper (p.564)
Network (p.565)
NFC (p.570)
OkHttp (p.572)
OkHttpUtils2 (p.575)
Phone (p.579)

Librería de Accesibilidad

Librería versión 1.02
Esta librería está incluida en el paquete de instalación del IDE. Incluye varios métodos relacionados con la accesibilidad.

Lista de tipos:

Accessiblity ().

Accesibilidad

Esta librería incluye varios métodos relacionados con la accesibilidad. Los métodos `SetNextFocus` le permiten establecer explícitamente el orden del foco. Este orden es importante cuando el usuario navega por su aplicación con un controlador direccional (como el D-Pad). `SetContentDescription` establece el contenido que utilizarán los servicios de accesibilidad como TalkBack para describir la interfaz.
Nota: ¡la ortografía es inusual!

Miembros:

GetUserFontScale As Float

Devuelve la escala de fuentes configurada por el usuario. El usuario puede ajustar esta escala en la configuración del dispositivo.
Esta escala se aplica automáticamente a todas las vistas basadas en texto.

SetContentDescription (View1 As View, Content As CharSequence)

Establece la descripción de la vista. Este texto será utilizado por los servicios de accesibilidad para describir la vista.

SetNextFocusDown (ThisView As View, NextView As View)

Establece la siguiente vista que obtendrá el foco cuando el usuario presione la tecla abajo (cuando esta vista tendrá el foco). Ejemplo:

```
Dim Access As Accessibility
Access.SetNextFocusDown(Button1, Button2) 'Cuando el foco está en
Button1 y el usuario pulsa la tecla abajo,
'el foco se moverá a Button2.
```

SetNextFocusLeft (ThisView As View, NextView As View)

Establece la siguiente vista que obtendrá el foco cuando el usuario presione la tecla izquierda (cuando esta vista tendrá el foco).

SetNextFocusRight (ThisView As View, NextView As View)

Establece la siguiente vista que obtendrá el foco cuando el usuario presione la tecla derecha (cuando esta vista tendrá el foco).

SetNextFocusUp (ThisView As View, NextView As View)

Establece la siguiente vista que obtendrá el foco cuando el usuario presione la tecla arriba (cuando esta vista tendrá el foco).

Librería Administrador

Librería versión 1.10
Esta librería está incluida en el paquete de instalación del IDE. A partir de Android 2.2 (api nivel 8), Android permite registrar una aplicación como administrador (conocido como usuario root). Las aplicaciones de administrador tienen las siguientes características especiales

- Bloquear manualmente la pantalla
- Establecer la longitud y calidad mínima de la contraseña
- Limpiar todo el dispositivo
- Ajustar el tiempo máximo permitido antes de que el dispositivo se bloquee
- Solicitar al usuario que cambie la contraseña
- Establecer manualmente una nueva contraseña
- Desactivar la cámara
- Seguimiento de los cambios de contraseña
- Algunas otras características de seguridad como se describen aquí (https://developer.android.com/guide/topics/admin/device-admin)

Tenga en cuenta que la contraseña es la contraseña de bloqueo de pantalla. Las demás contraseñas no se verán afectadas. El usuario necesita habilitarla antes de que pueda tener privilegios especiales. Esto se hace llamando a Manager.Enable o desde la página Configuración de Seguridad.

Enlace en línea

Para obtener más información sobre el uso de la Librería de Administrador y un programa de ejemplo, consulte aquí (http://bit.ly/15k06pn).

AdminManager

Miembros:

Disable

Desactiva la política de administrador.

Enable (Explanation As String)

Activa la política de administrador. Al usuario se le mostrará un diálogo con las características solicitadas. Este método sólo se puede llamar desde una Actividad.

Explanation - Un mensaje que se muestra en la parte superior del cuadro de diálogo.

Enabled As Boolean [read only]

Devuelve `True` si la política de administrador está activa.

LockScreen

Bloquea inmediatamente la pantalla. Requiere la opción force-lock en el archivo de políticas.

MaximumTimeToLock As Long [write only]

Establece el tiempo máximo (medido en milisegundos) antes de que el dispositivo se bloquee. Esto limita el tiempo máximo que el usuario puede establecer en el menú Seguridad:
[Ajustes > Seguridad > Bloquear automáticamente]. Esto no está disponible en las primeras versiones de Android. Requiere la opción force-lock en el archivo de políticas.

PASSWORD_QUALITY_ALPHABETIC As Int

PASSWORD_QUALITY_ALPHANUMERIC As Int

PASSWORD_QUALITY_NUMERIC As Int

PASSWORD_QUALITY_UNSPECIFIED As Int

PasswordSufficient As Boolean [read only]

Devuelve `TRUE` si la contraseña actual cumple los requisitos. Requiere la opción limit-password en el archivo de políticas.

RequestNewPassword

Muestra la actividad de nueva contraseña. Tenga en cuenta que el usuario puede cancelar el cambio.

ResetPassword (NewPassword As String) As Boolean

Establece la contraseña dada como contraseña del dispositivo. Requiere la opción de restablecer contraseña en el archivo de políticas.

SetPasswordQuality (QualityFlag As Int, MinimumLength As Int)

Establece la longitud y calidad mínima permitida para las contraseñas de los dispositivos. Estos ajustes afectarán a las nuevas contraseñas. Requiere la etiqueta limit-password en el archivo de políticas.
QualityFlag - Uno de los indicadores de calidad de contraseña que se muestran arriba.
MinimumLength - Longitud mínima de la contraseña.
Ejemplo:

```
manager.SetPasswordQuality(manager.PASSWORD_QUALITY_ALPHANUMERIC, 4)
```

Librería de Animación

Librería versión 1.02
Esta librería es una de las varias formas en que se puede lograr la animación (p.138). Está incluida en el paquete de instalación del IDE.

Animation

El objeto Animation le permite animar vistas (controles). Estas pequeñas animaciones pueden mejorar la impresión general del usuario de su aplicación. Hay varios tipos de animaciones. Los métodos `Initialize` determinan el tipo de animación.
Este es un objeto `Activity`; no puede declararse en `Sub Process_Globals`.
Para ver un ejemplo de un programa de demostración de animaciones, consulte aquí (http://bit.ly/1dcOZ6u).

Evento: AnimationEnd

Puede utilizar este evento para iniciar otra animación cuando finalice la actual. Ejemplo:

```
Dim a6, a7, a8 As Animation
a6.InitializeTranslate("Animation", 0, 0, 0dip, 200dip)

Sub Animation_AnimationEnd
 If Sender = a6 Then
  a7.Start(Button6)
 Else If Sender = a7 Then
  a8.Start(Button6)
 End If
End Sub
```

Miembros:

Duration As Long

Obtiene o establece la duración de la animación. El valor se mide en milisegundos. Ejemplo:

```
Animation1.Duration = 1000
```

InitializeAlpha (EventName As String, FromAlpha As Float, ToAlpha As Float)

Inicializa una animación alfa. Esta animación afecta a la transparencia de la vista (efecto de fundido). Los valores **alpha** son de 0 a 1, donde 0 es totalmente transparente y 1 es totalmente opaco.

FromAlpha – El primer valor de la animación.

ToAlpha - El último valor de la animación.

InitializeRotate (EventName As String, FromDegrees As Float, ToDegrees As Float)

Inicializa una animación de rotación. La vista rotará entre los valores dados. El eje de rotación se ajusta en la esquina superior izquierda.

FromDegrees – El primer valor de inicio de la rotación.

ToDegrees - El último valor de inicio de la rotación.

InitializeRotateCenter (EventName As String, FromDegrees As Float, ToDegrees As Float, View1 As View)

Similar a `InitializeRotate`, con el eje ajustado al centro de la vista.

InitializeScale (EventName As String, FromX As Float, FromY As Float, ToX As Float, ToY As Float)

Inicializa una animación de escalado de tamaño. La vista se escalará (redimensionará) durante la animación. El centro de escala se establecerá en la esquina superior izquierda de la vista.

FromX – El primer valor horizontal de la escala.

FromY - El primer valor vertical de la escala.

ToX - El último valor horizontal de la escala.

ToY - El último valor vertical de la escala.

InitializeScaleCenter (EventName As String, FromX As Float, FromY As Float, ToX As Float, ToY As Float, View1 As View)

Similar a `InitializeScale` con el centro de escala establecido en el centro de la vista.

InitializeTranslate (EventName As String, FromDX As Float, FromDY As Float, ToDX As Float, ToDY As Float)
Inicializa una animación de traslado. La vista se moverá según los valores.
FromDX - Primera posición horizontal con respecto a la posición original.
FromDY - Primera posición vertical con respecto a la posición original.
ToDX - Última posición horizontal con respecto a la posición original.
ToDY - Última posición vertical con respecto a la posición original.

IsInitialized As Boolean
Si este objeto se ha inicializado llamando a uno de los métodos `Initialize`.

REPEAT_RESTART As Int
Una constante utilizada por `RepeatMode`.

REPEAT_REVERSE As Int
Una constante utilizada por `RepeatMode`.

RepeatCount As Int
Recupera o establece el número de veces que se repetirá la animación después de la primera reproducción. Un valor de 0 significa que se reproducirá una vez. Un valor de 1 significa que se reproducirá y luego se repetirá una vez.
Se define a -1 para que la animación no se detenga.
Ejemplo: `Animation1.RepeatCount = 1`

RepeatMode As Int
Obtiene o establece el modo de repetición. Sólo es relevante cuando RepeatCount no es 0. El valor por defecto es REPEAT_RESTART, lo que significa que la animación se reiniciará cada vez. REPEAT_REVERSE hace que la animación se repita al revés cada vez.
Por ejemplo, si la animación mueve la vista a la derecha 100 píxeles, en la siguiente repetición se moverá a la izquierda. Ejemplo:

```
Animation1.RepeatMode = Animation1.REPEAT_REVERSE
```

Start (View1 As View)
Comienza a animar la vista indicada. Tenga en cuenta que una animación no debe aplicarse a más de una vista a la vez. Ejemplo:

```
Animation1.Start(Button1)
```

Stop (View1 As View)
Detiene la animación de la vista indicada.

Librería Audio
Librería versión 1.63
Esta librería está incluida en el paquete de instalación del IDE.

Lista de tipos:

VideoRecordApp (p.513)
VideoView (p.515)

AudioRecordApp

AudioRecordApp le permite utilizar la aplicación de grabación de audio por defecto para grabar audio. Después de inicializar el objeto, debe llamar a **Record** para que se inicie la grabación. Ejemplo:

```
Sub Process_Globals
 Dim audioRecorder As AudioRecordApp
 Dim videoRecorder As VideoRecordApp
End Sub
Sub Globals
 Dim vv As VideoView
End Sub
Sub Activity_Create(FirstTime As Boolean)
 If FirstTime Then
  audioRecorder.Initialize("audioRecorder")
  videoRecorder.Initialize("videoRecorder")
 End If
 vv.Initialize("vv")
 Activity.AddView(vv, 0, 0, 100%x, 100%y)
 Activity.AddMenuItem("Grabar Video", "RecordVideo")
 Activity.AddMenuItem("Grabar Audio", "RecordAudio")
 ToastMessageShow("Pulsa en el botón Menú...", True)
End Sub
Sub RecordVideo_Click
 videoRecorder.Record(File.DirRootExternal, "1.mp4")
End Sub
Sub RecordAudio_Click
 audioRecorder.Record(File.DirRootExternal, "1.3gpp")
End Sub
Sub videoRecorder_RecordComplete (Success As Boolean)
 Log(Success)
 If Success Then
  vv.LoadVideo(File.DirRootExternal, "1.mp4")
  vv.Play
 End If
End Sub
Sub audioRecorder_RecordComplete (Success As Boolean)
 Log(Success)
 If Success Then
  vv.LoadVideo(File.DirRootExternal, "1.3gpp")
  vv.Play
 End If
End Sub
```

Evento:

RecordComplete (Success As Boolean)

El evento RecordComplete se activará cuando finalice la grabación.

Permiso:

android.permission.WRITE_EXTERNAL_STORAGE

Miembros:

Initialize (EventName As String)
Inicializa el objeto y establece el Sub que gestionará el evento.

Record (Dir As String, FileName As String)
Llama a la aplicación de grabación. **Dir** y **FileName** establecen la ubicación del archivo de salida.

AudioStreamer

Eventos:

RecordBuffer (Data() As Byte)

PlaybackComplete

Error

Permiso:
android.permission.RECORD_AUDIO

Miembros:

Initialize (EventName As String, SampleRate As Int, Mono As Boolean, Encoding As Int, VolumeChannel As Int)
Inicializa el objeto.
EventName - Establece los subs que se encargarán de los eventos.
SampleRate - Frecuencia de muestreo en Hz. Valores comunes: 44100, 22050 y 11025.
Mono - True para mono, false para estéreo.
Encoding - 8 para 8 bits o 16 para 16 bits. **Por ahora sólo se soportan 16 bits.**
VolumeChannel - El canal de salida. Una de las constantes de VOLUMEN.

Initialize2 (AudioSource As Int, EventName As String, SampleRate As Int, Mono As Boolean, Encoding As Int, VolumeChannel As Int)
Similar a Inicializar. Le permite ajustar la fuente de audio. Los valores se listan aquí (http://developer.android.com/reference/android/media/MediaRecorder.AudioSource.html).

PlayerBufferSize As Int
Devuelve el tamaño del búfer de reproducción. Este es el tamaño máximo que se puede escribir a un mismo tiempo.

StartPlaying
Empieza a reproducir. Debe llamar a Write para escribir los datos del PCM mientras se está reproduciendo.

StartRecording
Inicia la grabación. Durante la grabación se generará el evento RecordBuffer.

StopPlaying
Detiene la reproducción.

StopRecording
Detiene la grabación.

VOLUME_ALARM As Int
Canal de alarmas.

***VOLUME_MUSIC* As Int**
Canal de música.

***VOLUME_NOTIFICATION* As Int**
Canal de notificaciones.

***VOLUME_RING* As Int**
Canal de timbre del teléfono.

***VOLUME_SYSTEM* As Int**
Canal de sonido del sistema.

***VOLUME_VOICE_CALL* As Int**
Canal de llamadas de voz.

Write (Data() As Byte) As Boolean
Escribe los datos en la cola del reproductor. El tamaño del array debe ser menor que PlayerBufferSize. Devuelve False si la cola interna está llena. En ese caso, los datos no se escribieron. Escribir Nulo en la cola detendrá el reproductor cuando se procese el mensaje y luego provocará el evento PlaybackComplete.

Beeper

Reproduce un sonido "bip" con la duración y frecuencia dadas. Ejemplo:

```
Dim b As Beeper
b.Initialize(300, 500)
b.Beep
```

Miembros:

Beep
Reproduce el sonido.

Initialize (Duration As Int, Frequency As Int)
Inicializa el objeto con la duración dada, medida en milisegundos, y la frecuencia dada, medida en hercios. Se utilizará el volumen del canal de música.

Initialize2 (Duration As Int, Frequency As Int, VoiceChannel As Int)
Similar a Inicializar. Le permite ajustar el volumen del canal.

Release
Libera los recursos utilizados por este reproductor de sonido "bip".

***VOLUME_ALARM* As Int**
Canal de alarmas.

***VOLUME_MUSIC* As Int**
Canal de música.

***VOLUME_NOTIFICATION* As Int**
Canal de notificaciones.

***VOLUME_RING* As Int**
Canal de timbre del teléfono.

***VOLUME_SYSTEM* As Int**
Canal de sonido del sistema.

VOLUME_VOICE_CALL As Int
Canal de llamadas de voz.

JetPlayer
JET es un reproductor de música interactivo para pequeños dispositivos integrados. Funciona junto con el Sintetizador de Audio Embebido (EAS) de SONiVOX, que es el dispositivo de reproducción MIDI para Android. Tanto JET como EAS son motores incluidos en la plataforma integrada de Android a través de la clase JetPlayer, así como parte integrante de la aplicación JET Creator. Como tal, el autor del contenido JET puede estar seguro de que la reproducción sonará exactamente igual tanto en el JET Creator como en la aplicación final Android que se esté reproduciendo en los dispositivos móviles Android. Más detalles aquí (http://bit.ly/1OwhHiM).

Eventos:

CurrentUserIdChanged (UserId As Int, RepeatCount As Int)

QueuedSegmentsCountChanged (Count As Int)

Miembros:

ClearQueue
Borra los segmentos de la cola de espera.

CloseFile
Cierra los recursos relacionados con el archivo cargado.

Initialize (EventName As String)
Inicializa el objeto y establece los Subs que gestionarán los eventos JetPlayer.

IsInitialized As Boolean
Si este objeto se ha inicializado llamando a `Initialize`.

LoadFile (Dir As String, File As String)
Carga un archivo JET.

MaxTracks As Int [read only]
Devuelve el número máximo de pistas simultáneas.

Pause
Pausa la reproducción.

Play
Inicia la reproducción de la cola de segmentos.

QueueSegment (SegmentNum As Int, LibNum As Int, RepeatCount As Int, Transpose As Int, MuteArray() As Boolean, UserId As Byte)
Añade un segmento a la cola. No se permiten más de 3 segmentos.
SegmentNum - El identificador de segmento.
LibNum - El índice del banco de sonidos asociado a este segmento. Pasa `-1` si no hay banco de sonidos
RepeatCount - Número de veces que se repetirá el segmento. 0 significa que se reproducirá una vez. Pasa `-1` para repetir indefinidamente.
Transpose - La transición de tono. Debe ser entre -12 y 12.
MuteArray – Un array de valores booleanos que establece el valor de silencio de cada pista. La longitud del array debe ser igual al valor de MaxTracks.

UserId - Un identificador dado a este segmento. Cuando el segmento actual cambia, el evento `CurrentUserIdChanged` se genera con este id (asumiendo que el id del segmento anterior era diferente).

Release

Libera todos los recursos asignados al JetPlayer.

SetMute (MuteArray() As Boolean, Sync As Boolean)

Establece el estado de silencio de las pistas.

MuteArray – Un array de valores booleanos que establece el estado de silencio de cada pista. La longitud del array debe ser igual al valor de MaxTracks.

Sync - Si es `False`, el cambio se aplicará tan pronto como sea posible, de lo contrario, el cambio se aplicará al inicio del siguiente segmento o siguiente repetición.

SetTrackMute (Track As Int, Mute As Boolean, Sync As Boolean)

Similar a SetMute pero cambia sólo el estado de una pista.

MediaPlayerStream

MediaPlayerStream es similar a MediaPlayer, pero a diferencia de este, que reproduce archivos locales, MediaPlayerStream reproduce secuencias de audio que están disponibles en línea. Otra diferencia entre los objetos es que, en este caso, el método de carga `Load` es asincrónico. Sólo cuando el archivo esté listo, se disparará el evento `StreamReady` y podrá comenzar la reproducción. Según la documentación de Android, el recurso en línea debe soportar la descarga progresiva.

Ejemplo:

```
Sub Process_Globals
  Dim mp As MediaPlayerStream
End Sub
Sub Globals
End Sub
Sub Activity_Create(FirstTime As Boolean)
  If FirstTime Then
     mp.Initialize("mp")
  End If
  mp.Load("http://www...")
End Sub
Sub mp_StreamReady
  Log("empieza a jugar ")
  mp.Play
End Sub
Sub mp_StreamError (ErrorCode As String, ExtraData As Int)
  Log("Error: " & ErrorCode & ", " & ExtraData)
  ToastMessageShow("Error: " & ErrorCode & ", " & ExtraData, True)
End Sub
Sub mp_StreamBuffer(Percentage As Int)
  Log(Percentage)
End Sub
```

Permisos:

android.permission.INTERNET

Eventos:

Complete
Este evento se dispara cuando el flujo ha terminado de reproducirse.

StreamBuffer(Percentage As Int)
Porcentaje de un flujo que se ha descargado.

StreamError (ErrorCode As String, ExtraData As Int)
Este evento se desencadena cuando hay un error en el flujo. Por ejemplo, si la URL de destino no existe, obtendrá un error con ErrorCode= MEDIA_ERROR_UNKNOWN y ExtraData= -1004. Consulte aquí (http://bit.ly/GVziCW) para obtener más información sobre los errores de MediaPlayer y las listas de códigos de error y constantes de EstraData.

StreamReady
Se produce cuando el archivo está listo para reproducirse. Una vez que se haya producido este evento, llame a `Play` para iniciar la reproducción del flujo.

Miembros:

Duration As Int [read only]

Initialize (EventName As String)
Inicializa el objeto.
EventName - Nombre de los Subs que gestionarán los eventos.

IsPlaying As Boolean

Load (Url As String)
Comienza a cargar el recurso desde la **Url** dada. El evento `StreamReady` se lanzará cuando el flujo esté listo.

Looping As Boolean

Pause

Play

Release

SetVolume (Right As Float, Left As Float)
Ajusta el volumen de reproducción para cada canal. El valor debe estar entre 0 y 1.

Stop

SoundPool
SoundPool contiene una colección de sonidos cortos que se pueden reproducir con baja latencia. Cada sonido tiene dos valores Id con los que debe trabajar. El primero es el `LoadId`, que se devuelve al cargar el sonido con `Load`. El segundo es el `PlayId`, que se devuelve cuando se llama `Play`. Cuando se trabaja con SoundPool, es útil ver el LogCat sin filtrar (p.106) en busca de mensajes (por ejemplo, cuando el sonido es demasiado largo).

Miembros:

Initialize (MaxStreams As Int)
Inicializa SoundPool y establece el número máximo de flujos simultáneos.

IsInitialized As Boolean
Si este objeto se ha inicializado llamando a `Initialize`.

Load (Dir As String, File As String) As Int
Carga un archivo de sonido y devuelve el LoadId. Ejemplo:

```
Dim LoadId As Int
LoadId = SP.Load(File.DirAssets, "sonido.wav")
```

Pause (PlayId As Int)
Pausa la reproducción con el PlayId dado.

Play (LoadId As Int, LeftVolume As Float, RightVolume As Float, Priority As Int, Loop As Int, Rate As Float) As Int
Reproduce el sonido con el LoadId correspondiente y devuelve el PlayId. Devuelve 0 si hubo un error.
LoadId - El valor devuelto al cargar el archivo.
LeftVolume / RightVolume - El valor del volumen (0 - 1)
Priority - Un valor de prioridad que se asigna a este sonido. Cuanto mayor sea el valor, mayor será la prioridad. Se detendrá el flujo de menor prioridad cuando el número de flujos simultáneos es mayor que el valor establecido en `Initialize`.
Loop - Número de repeticiones. `-1` para repetir indefinidamente.
Rate - Velocidad de reproducción (0 - 2).

Release
Libera todos los recursos asignados a este objeto.

Resume (PlayId As Int)
Reanuda el flujo con el PlayId dado.

SetRate (PlayId As Int, Rate As Float)
Establece la velocidad del flujo con el PlayId dado. El parámetro `Rate` va de 0 a 2.

SetVolume (PlayId As Int, Left As Float, Right As Float)
Ajusta el volumen del flujo con el PlayId dado. `Left` y `Right` van de 0 a 1.

Stop (PlayId As Int)
Detiene la transmisión con el PlayId indicado.

Unload (LoadId As Int)
Descarga el flujo con el LoadId indicado.

VideoRecordApp
VideoRecordApp le permite utilizar la aplicación de grabación de vídeo definida por defecto para grabar. Después de inicializar el objeto, debe llamar a `Record` para iniciar la grabación. Ejemplo:

```
Sub Process_Globals
  Dim audioRecorder As AudioRecordApp
  Dim videoRecorder As VideoRecordApp
End Sub

Sub Globals
  Dim vv As VideoView
End Sub
```

```
Sub Activity_Create(FirstTime As Boolean)
  If FirstTime Then
     audioRecorder.Initialize("audioRecorder")
     videoRecorder.Initialize("videoRecorder")
  End If
  vv.Initialize("vv")
  Activity.AddView(vv, 0, 0, 100%x, 100%y)
  Activity.AddMenuItem("Grabar Video", "GrabarVideo")
  Activity.AddMenuItem("Grabar Audio", "GrabarAudio")
  ToastMessageShow("Pulsa en el botón de Menu...", True)
End Sub

Sub GrabarVideo_Click
  videoRecorder.Record(File.DirRootExternal, "1.mp4")
End Sub

Sub GrabarAudio_Click
  audioRecorder.Record(File.DirRootExternal, "1.3gpp")
End Sub

Sub videoRecorder_RecordComplete (Success As Boolean)
  Log(Success)
  If Success Then
     vv.LoadVideo(File.DirRootExternal, "1.mp4")
     vv.Play
  End If
End Sub

Sub audioRecorder_RecordComplete (Success As Boolean)
  Log(Success)
  If Success Then
     vv.LoadVideo(File.DirRootExternal, "1.3gpp")
     vv.Play
  End If
End Sub

Sub Activity_Resume
End Sub

Sub Activity_Pause (UserClosed As Boolean)
End Sub
```

Evento: RecordComplete (Success As Boolean)

El producirá el evento `RecordComplete` cuando se complete la grabación.

Miembros:

Initialize (EventName As String)

Inicializa el objeto y establece el Sub que gestionará el evento.

Record (Dir As String, FileName As String)
Llama a la aplicación de grabación. **Dir** y **FileName** establecen la ubicación del archivo de salida.

Record2 (Dir As String, FileName As String, MaxLengthSeconds As Int)
Llama a la aplicación de grabación. Dir y FileName establecen la ubicación del archivo de salida.
MaxLengthSeconds - Establece la duración máxima (en segundos).

VideoView
VideoView es una vista que le permite reproducir vídeo dentro de su aplicación. Opcionalmente, el VideoView muestra un controlador multimedia cuando el usuario toca la vista. El evento `Complete` se produce cuando finaliza la reproducción. Un ejemplo simple de cómo usar VideoView:

```
Sub Globals
  Dim vv As VideoView
End Sub
Sub Activity_Create(FirstTime As Boolean)
  vv.Initialize("vv")
  Activity.AddView(vv, 10dip, 10dip, 250dip, 250dip)
  vv.LoadVideo(File.DirRootExternal, "archivo.mp4")
  vv.Play
End Sub
Sub vv_Complete
  Log("Reproducción Completada")
End Sub
```

Este es un objeto `Activity`; no puede declararse en `Sub Process_Globals`.

Evento: Complete
El evento *Complete* se produce cuando finaliza la reproducción.

Miembros:

Background As Drawable

BringToFront

Color As Int [write only]

Duration As Int [read only]
Obtiene la duración del vídeo (en milisegundos).

Enabled As Boolean
Si se establece en `True`, `VideoView` responderá a los eventos. Si se establece en `False`, los eventos se ignoran.

Height As Int

Initialize (EventName As String)
Inicializa el objeto y establece el nombre de los subs que gestionarán los eventos.

Invalidate
Invalida toda la Actividad, forzando a la vista a redibujarse a sí misma. El redibujado sólo se producirá cuando el programa pueda procesar la cola de mensajes, lo que ocurre normalmente cuando termina de ejecutar el código actual.
Si sólo necesita redibujar parte de la vista, normalmente es más rápido usar `Invalidate2` o `Invalidate3`.

Invalidate2 (Rect1 As Rect)

Invalida cualquier cosa dentro del rectángulo dado que es parte de esta Actividad. El redibujado sólo se producirá cuando el programa pueda procesar la cola de mensajes, lo que ocurre normalmente cuando termina de ejecutar el código actual.

Invalidate3 (Left As Int, Top As Int, Right As Int, Bottom As Int)

Invalida cualquier cosa dentro del rectángulo dado que es parte de esta Actividad. El redibujado sólo se producirá cuando el programa pueda procesar la cola de mensajes, lo que ocurre normalmente cuando termina de ejecutar el código actual.

IsInitialized As Boolean

Si este objeto se ha inicializado llamando a `Initialize`.

IsPlaying As Boolean

Devuelve `TRUE` si el vídeo se está reproduciendo en este momento.

Left As Int

LoadVideo (Dir As String, FileName As String)

Carga un archivo de vídeo y lo prepara para su reproducción. No es posible cargar archivos desde la carpeta de recursos.

Avanzado: puede pasar "http" al parámetro Dir y luego una URL completa (incluyendo http) al FileName. En este caso, el video en línea será reproducido. Tenga en cuenta que para que esto funcione necesita añadir el permiso (p.144) INTERNET.

MediaControllerEnabled As Boolean [write only]

Establece si el controlador multimedia está habilitado. Por defecto está habilitado. **Advierta** que el reproductor multimedia se conecta al VideoView padre.

Pause

Pausa la reproducción.

Play

Inicia o reanuda la reproducción.

Position As Int

Obtiene o establece la posición de reproducción (en milisegundos).

RemoveView

RequestFocus As Boolean

SendToBack

SetBackgroundImage (Bitmap1 As Bitmap) As BitmapDrawable

Crea un `BitmapDrawable` con el mapa de bits dado y lo establece como fondo de la vista. La propiedad Gravity está ajustada a FILL (relleno). Se devuelve el `BitmapDrawable`. Puedes usarlo para cambiar la propiedad Gravity.

SetLayout (arg0 As Int, arg1 As Int, arg2 As Int, arg3 As Int)

Stop

Detiene la reproducción.

***Tag* As Object**

***Top* As Int**

***toString* As String**

***Visible* As Boolean**

Si el usuario puede ver el objeto.

***Width* As Int**

Librería B4XEncryption

Librería versión 1.00
Esta librería está incluida en el paquete de instalación del IDE.
Incluye un tipo: B4XCipher.

B4XCipher

B4XCipher utiliza el Estándar de Cifrado Avanzado (AES (http://bit.ly/1OwhKuQ) Advanced Encryption Standard) con un vector aleatorio de semilla e inicialización para cifrar los datos. Los métodos son compatibles con las librerías de cifrado B4J jB4XEncryption y B4i, lo que significa que puede cifrar los datos en una plataforma y descifrarlos en otra.

Miembros:

Decrypt (Data() As Byte, Password As String) As Byte()

Descifra los datos proporcionados con la contraseña indicada.
Nota: en Android 4.3 y versiones posteriores, la contraseña sólo debe incluir caracteres ASCII.
La semilla y el vector de inicialización se almacenan en los datos devueltos.

Encrypt (Data() As Byte, Password As String) As Byte()

Encripta los datos proporcionados con la contraseña indicada.
Nota: en Android 4.3 y versiones posteriores, la contraseña sólo debe incluir caracteres ASCII.
La semilla y el vector de inicialización se almacenan en los datos devueltos.

Librería BitmapCreator

Librería versión 4.50
Esta librería está incluida en el paquete de instalación del IDE.

Lista de tipos:

ARGBColor
BCBrush
BCPath
BitmapCreator
CompressedBC
DrawTask
InternalAntiAliasingBuffer
InternalBCColumn
InternalBCPathColumnData
InternalBCPathPointData
InternalCanvasDrawTask
InternalCompressedBCCache

PremultipliedColor

ARGBColor

Un ARGBColor se define por cuatro números enteros que especifican los valores Alfa, Rojo, Verde y Azul del color.
Alpha Channel - Indica la transparencia, donde 0 corresponde a totalmente transparente y 255 a totalmente opaco.

Miembros:

***a** As int*

***b** As int*

***g** As int*

***Initialize** As void*

Inicializa los campos a su valor por defecto.

***IsInitialized As** Boolean*

Comprueba si el objeto se ha inicializado.

***r** As int*

BCBrush

Miembros

Initialize

Inicializa los campos a sus valores por defecto.

***BlendAll** As Boolean*

***BlendBorders** As Boolean*

***ColorPM** As PreMultipliedColor*

***IsColorSource** As Boolean*

***IsInitialized** As Boolean*

Comprueba si el objeto se ha inicializado.

***Source** As BitmapCreator*

***SrcOffsetX** As Int*

***SrcOffsetY** As Int*

BCPath

Miembros:

***Class_Globals** As String*

***Clone** As BCPath*

Crea una copia de la trayectoria. Esto lo utiliza BitmapCreator.AsyncDrawPath.

***FindBoundingRect** As B4XRect*

Devuelve el rectángulo delimitador de la trayectoria.

Initialize (X As Float , Y As Float) As BCPath
Inicializa la trayectoria y fija el primer punto.

Invalidate As String
Llama a Invalidate si has modificado la lista de Puntos directamente.

LineTo (X As Float , Y As Float) As BCPath
Añade un alínea al punto dado.

PrepareForFilling As String
Sub interno.

RemoveLastPoint As String
Elimina el último punto.

Reset (X As Float , Y As Float) As BCPath
Restablece la trayectoria.

IsInitialized As Boolean
Comprueba si el objeto se ha inicializado.

Fields: BlueBoxIcon

_drawconnectionsegments As Boolean

_internalcounterclockwise As Boolean

_points As List

BitmapCreator

Eventos:

BitmapReady (bmp As B4XBitmap)

Miembros:

ARGBToColor (ARGB As ARGBcolor) As Int
Convierte un valor ARGB a un valor numérico entero de color (int).

ARGBToPremultipliedColor (ARGB As ARGBcolor, PM As PremultipliedColor) As PremultipliedColor
Convierte un color ARGB a PremultipliedColor. El parámetro Result mantendrá la salida.

AsyncDrawCircle (X As Float , Y As Float , Radius As Float , Brush As BCbrush , Filled As Boolean , StrokeWidth As Int) As DrawTask
Dibuja asincrónicamente un círculo. Devuelve un DrawTask que debería añadirse a la lista de tareas de dibujo.

AsyncDrawLine (X0 As Float , Y0 As Float , X1 As Float , Y1 As Float , Brush As BCbrush , StrokeWidth As Int) As DrawTask
Dibuja asincrónicamente una línea. Devuelve un DrawTask que debería añadirse a la lista de tareas de dibujo.

AsyncDrawPath (Path As BCPath, Brush As BCbrush , Filled As Boolean , StrokeWidth As Int) As DrawTask

Dibuja asincrónicamente una trayectoria. Devuelve un DrawTask que debería añadirse a la lista de tareas de dibujo. Tenga en cuenta que no debe modificar la trayectoria mientras se dibuja. Puede utilizar BCPath.Clone para crear una copia.

AsyncDrawRect (Rect As B4XRect , Brush As BCBrush , Filled As Boolean , StrokeWidth As Int) As DrawTask

Dibuja asincrónicamente un rectángulo. Devuelve un DrawTask que debería añadirse a la lista de tareas de dibujo.

AsyncDrawRectRounded (Rect As B4XRrect , Brush As BCBrush , Filled As Boolean , StrokeWidth As Int , CornersRadius As Int) As DrawTask

Dibuja asincrónicamente un rectángulo con esquinas redondeadas. Devuelve un DrawTask que debería añadirse a la lista de tareas de dibujo.

Bitmap As B4XBitmap

Convierte el búfer de bytes en un mapa de bits (bitmap) de sólo lectura.

BlendPixel (Source As BitmapCreator, SrcX As int, SrcY As int, TargetX As int, TargetY As int) As String

Copia un solo píxel desde el origen a este BitmapCreator. Si el píxel no es opaco, se mezclará con el píxel actual.

BlendPixel2 (SrcPM As Premultipliedcolor , TargetX As Int , TargetY As Int) As String

Buffer As Byte

Obtiene el búfer interno. Sólo lectura.

Class_Globals As String

ColortoARGB (Clr As int, Result As ARGBColor) As ARGBColor

Convierte el color *int* a un objeto ARGBColor. El parámetro *Result* mantendrá la salida.

CopyPixel (Source As BitmapCreator, SrcX As int, SrcY As int, TargetX As int, TargetY As int) As String

Copia un solo píxel desde el origen a este BitmapCreator.

CopyPixelIgnoreSemiTransparent (Source As BitmapCreator , SrcX As Int , SrcY As Int, TargetX As Int, TargetY As Int, SkipBlending As Boolean) As String

CopyPixelsFromBitmap (SourceBitmap As B4XBitmapWrapper) As String

Extrae los píxeles del SourceBitmap y los copia. Observe que el bitmap de origen se redimensiona primero, si es necesario, para que coincida con las dimensiones del BitmapCreator.

CreateBrushFromBitmap (Bmp As B4XBitmapWrapper) As BCBrush

Crea un BCBrush a partir del mapa de bits dado. Puede reutilizar el pincel.

CreateBrushFromBitmapCreator (BC As BitmapCreator) As BCBrush
Crea un BCBrush desde el BitmapCreator dado. Puedes reutilizar el pincel. Tenga en cuenta que el BitmapCreator no se copia.

CreateBrushFromColor (Color As Int) As BCBrush
Crea un BCBrush a partir del color dado. Puede reutilizar el pincel.

CreateDrawTask (Source As BitmapCreator, SrcRect As B4XRect, TargetX As Int, TargetY As Int, SkipBlending As Boolean) As DrawTask
Crea un objeto `DrawTask`.

DrawBitmap (Bmp As B4XBitmapWrapper, TargetRect1 As B4XRect, SkipBlending As boolean) As String
Dibuja un mapa de bits al búfer.
SkipBlending - Si los píxeles no opacos en el mapa de bits de origen deben mezclarse con el fondo.

DrawBitmapCreator (Source As BitmapCreator, SrcRect AsB4XRect, TargetX As Int, TargetY As Int, SkipBlending As Boolean) As String
Dibuja la imagen almacenada en el BitmapCreator de origen a este BitmapCreator.
Source – BitmapCreator origen.
SrcRect - Define la región en el BitmapCreador de origen que se copiará.
TargetX / TargetY - Punto superior izquierdo en el BC de destino.
SkipBlending - Si los píxeles no opacos en el mapa de bits de origen deben mezclarse con el fondo.

DrawBitmapCreatorsAsync (DrawTasks As List) As Resumablesubwrapper
Dibuja asincrónicamente todas las tareas de dibujado. Observe que no se deben hacer otros dibujos hasta que se produzca el evento *Complete*. Ejemplo:

```
Dim bc1 As BitmapCreator
Wait For (bc1.DrawBitmapCreatorsAsync(tasks)) Complete (bmp As
B4XBitmap)
```

DrawBitmapCreatorTransformed (Task As Drawtask) As String
Dibuja un BitmapCreator escalado y/o girado.
`Task.TargetX` y `Task.TargetY` definen el centro de destino.
Nota: Esto es diferente al comportamiento en otros métodos.
`Task.SkipBlending = True` trata todos los píxeles con alfa >= 128 como colores sólidos y los demás píxeles como transparentes.

DrawCircle (X As Float , Y As Float , Radius As Float , Color As Int , Filled As Boolean , StrokeWidth As Int) As BCBrush
Dibuja un círculo. Devuelve el pincel de color.

DrawCircle2 (X As Float , Y As Float , Radius As Float , Brush As BCBrush , Filled As Boolean , StrokeWidth As Int) As BCBrush
Dibuja un círculo.

DrawCompressedBitmap (Source As CompressedBC, SrcRect As B4SRect , TargetX As Int , TargetY As Int) As String
Dibuja un objeto CompressedBC creado con BitmapCreator.ExtractCompressBC.

DrawLine (X0 As Float , Y0 As Float , X1 As Float , Y1 As Float , Color As Int , StrokeWidth As Int) As BCBrush

Dibuja una línea. Devuelve el pincel de color.

DrawLine2 (X0 As Float , Y0 As Float , X1 As Float , Y1 As Float , Brush As BCBrush , StrokeWidth As Int) As BCBrush

Dibuja una línea.

DrawPath (Path As BCPath, Color As Int , Filled As Boolean , StrokeWidth As Int) As BCBrush

Dibuja un BCPath. No confundir con B4XPath o Path. Devuelve el pincel de color creado.

DrawPath2 (Path As BCPath, Brush As BCBrush , Filled As Boolean , StrokeWidth As Int) As BCBrush

Dibuja un BCPath. No confundir con B4XPath o Path. Trayectorias incompletas: Los segmentos de conexión se dibujan entre cada dos líneas. Puede desactivarlo configurando BCPath.DrawConnectionSegments a False. Esto hará que el dibujo sea el doble de rápido (de todos modos en la mayoría de los casos será lo suficientemente rápido).

DrawRect (Rect As B4XRect , Color As Int , Filled As Boolean , StrokeWidth As Int) As BCBrush

Dibuja un rectángulo. Devuelve el pincel de color.

DrawRect2 (Rect As B4XRect , Brush As BCBrush , Filled As Boolean , StrokeWidth As Int) As BCBrush

Dibuja un rectángulo.

DrawRectRounded (Rect As B4XRect , Color As Int , Filled As Boolean , StrokeWidth As Int , CornersRadius As Int) As BCBrush

Dibuja un rectángulo con esquinas redondeadas. Devuelve el pincel de color.

DrawRectRounded2 (Rect As B4XRect , Brush As BCBrush , Filled As Boolean , StrokeWidth As Int , CornersRadius As Int) As BCBrush

Dibuja un rectángulo con esquinas redondeadas.

DrawRotatedCBC (cbc As CompressedBC, Degrees As Float , Width As Int , Height As Int , AABuffer As InternalAntialiasingBuffer) As String

Rotación con antialiasing.

ExtractCompressedBC (Rect As B4XRect , Cache As InternalCompressedBCCache) As CompressedBC

FillGradient (GradColors As Int, Rect As B4XRect, Orientation As String) As String

Rellena el rectángulo con un gradiente. Se salta la mezcla.
GradColors – Un array de dos o más colores que definen el gradiente.
Rect - La región que se llenará.
Orientation - Una de las siguientes: TL_BR, TOP_BOTTOM, TR_BL, LEFT_RIGHT, RIGHT_LEFT, BL_TR, BOTTOM_TOP, BR_TL and RECTANGLE.

FillRadialGradient (GradColors As Int, Rect As B4XRect) As String

Rellena el rectángulo con un gradiente radial. Se salta la mezcla.

FillRect (Color As Int, Rect As B4XRect) As String

Rellena el rectángulo dado. Se salta la mezcla.

FlipCompressedBitmap (Source As CompressedBC , Horizontal As Boolean , Vertical As Boolean) As CompressedBC

GetARGB (x As Int, y As Int, Result As ARGBcolor,) As ARGBcolor

Obtiene el color del punto dado como color ARGB. El parámetro Result almacena la salida.

GetColor (x As Int, y As Int) As Int

Obtiene el color del punto dado como un valor *int*.

GetPremultipliedColor (x As Int , y As Int , Result As PremultipliedColor) As PremultipliedColor

Obtiene el color del punto dado como un color premultiplicado. No se requiere conversión para este formato. El parámetro *Result* almacena la salida.

Initialize (Width As Int, Height As Int) As String

Inicializa el objeto y establece las dimensiones del mapa de bits. Nótese que también se debe hacer referencia a la Librería XUI.

IsInitialized As boolean

Comprueba si el objeto se ha inicializado.

IsTransparent (x As Int, y As Int) As boolean

Comprueba si un punto dado es completamente transparente.

MAX_SAME_COLOR_SIZE As Int

mHeight As Int

mWidth As Int

ReplaceSemiTransparentPixels (NewColor As Int , Rect As B4XRect) As String

Reemplaza todos los píxeles semitransparentes en *Rect* con *NewColor*. Esto puede ser útil para eliminar los efectos antialiasing.

SAME_COLOR_LENGTH_FOR_CACHE As Int

SetARGB (x As Int, y As Int, ARGB As ARGBColor) As String

Define el color del punto especificado.

SetBitmapToImageView (Bitmap As B4XBitmapWrapper , ImageView As B4XBitmapWrapper) As String

Similar a `B4XView.SetBitmap`. La diferencia está en B4A donde Gravity se ajusta a FILL en lugar de CENTER. Esto es útil cuando se desea utilizar un mapa de bits reducido. En la mayoría de los casos debería utilizar este método en lugar de `B4XView.SetBitmap`.

SetColor (x As Int, y As Int, Clr As Int,) As String,

Define el color del píxel indicado.

SetHSV (x As Int, y As Int, alpha As Int, h As Int, s As Float, v As Float) As String

Define el color del punto indicado.

SetPremultipliedColor (x As Int , y As Int , Premultiplied As PremultipliedColor) As String
Define el color del punto indicado.

TargetRect As B4XRect

CompressedBC

Cache As InternalCompressedBCCache

Initialize
Inicializa los campos a su valor por defecto.

IsInitialized As Boolean
Comprueba si el objeto se ha inicializado.

mBuffer () As Byte

mHeight As Int

mWidth As Int

Rows As List

TargetRect As B4XRect

DrawTask

Miembros:

CanvasTask As InternalCanvasDrawTask

Degrees As Int

IsCanvasTask As Boolean

IsCompressedSource As Boolean

Initialize
Inicializa los campos a su valor por defecto.

IsInitialized As Boolean
Comprueba si el objeto se ha inicializado.

SkipBlending As Boolean

Source As BitmapCreator

SrcRect As B4XRect

SrcScaleX As Float

SrcScaleY As Float

TargetX As Int

TargetY As Int

***TargetBC** As BitmapCreator*

***Transform** As Boolean*

InternalAntiAliasingBuffer

Initialize

Inicializa los campos a su valor por defecto.

***IntsArray ()** As Int*

***IsInitialized** As Boolean*

Comprueba si el objeto se ha inicializado.

InternalBCColumn

Initialize

Inicializa los campos a su valor por defecto.

Fields: BlueBoxIcon

***EndY** As Int*

***IsInitialized** As Boolean*

Comprueba si el objeto se ha inicializado.

***LeftSide** As Boolean*

***StartY** As Int*

***Values ()** As Float*

InternalBCPathColumnData

Initialize

Inicializa los campos a su valor por defecto.

***EndPoint** As Float*

***IsInitialized** As Boolean*

Comprueba si el objeto se ha inicializado.

***LastY** As Float*

***MaxY** As Float*

***MinY** As Float*

***SignY** As Float*

***StartPoint** As Float*

InternalBCPathPointData

Initialize

Inicializa los campos a su valor por defecto.

ColumnData **As** InternalBCPathColumnData

IsInitialized **As** Boolean

Comprueba si el objeto se ha inicializado.

X **As** Float

Y **As** Float

InternalCanvasDrawTask

Initialize

Inicializa los campos a su valor por defecto.

Brush **As** BCBrush

Code **As** Int

Filled **As** Boolean

IsInitialized **As** Boolean

Comprueba si el objeto se ha inicializado.

Values () **As** Float

InternalCompressedBCCache

Initialize

Inicializa los campos a su valor por defecto.

ColorsMap **As** Map

IsInitialized **As** Boolean

Comprueba si el objeto se ha inicializado.

mBuffer () **As** Byte

PremultipliedColor

Los canales alpha (p.518) se pueden interpretar de dos formas: premultiplicados o rectos (premultiplied or straight)

Canales rectos (o no saturados) - la información de transparencia se almacena sólo en el canal alfa, no en ninguno de los canales de color visibles. Con los canales rectos, los resultados de la transparencia no son visibles hasta que la imagen se muestra [y se interpreta correctamente] en una aplicación que admite canales rectos.

Canales premultiplicados (o en mate) - la información de transparencia se almacena en el canal alfa y también en los canales RGB visibles, que se multiplican con un color de fondo. A veces se dice que los canales premoldeados están matizados con color. Los colores de las áreas semitransparentes, como los bordes difuminados, se desplazan hacia el color de fondo en proporción a su grado de transparencia.

Miembros:

a As Int

b As Int

g As Int

Initialize As void
Inicializa los campos a su valor por defecto.

IsInitialized As boolean
Comprueba si el objeto se ha inicializado.

r As Int

BLE2 Library

Librería versión 1.37
Esta librería está incluida en el paquete de instalación del IDE.
Le permite buscar y conectarse a dispositivos Bluetooth de bajo consumo. Es compatible con Android 4.3+ (API 18). Vea aquí (http://bit.ly/2RU2fIZ) y aquí (http://bit.ly/2RX3WWc) para los foros de discusión en línea.

BleManager2

Permisos:

android.permission.BLUETOOTH
android.permission.BLUETOOTH_ADMIN

Eventos:

Connected (Services As List**)**

DeviceFound (Name As String**, DeviceId** As String**, AdvertisingData** As Map**, RSSI** As Double**)**

Disconnected

StateChanged (State As Int**)**

DataAvailable (ServiceId As String**, Characteristics** As Map**)**

RssiAvailable (Success As Boolean**, RSSI** As Double**)**

WriteComplete (Characteristic As String**, Status** As Int**)**

Miembros:

Connect (DeviceId As String **)**
Se conecta a un dispositivo con la identificación dada. Sólo puede conectarse a dispositivos descubiertos con anterioridad. Tenga en cuenta que se producirá el evento *Disconnected* si la conexión ha fallado.

Connect2 (DeviceId As String **, AutoConnect** As Boolean **)**
Similar a *Connect*. Le permite deshabilitar la auto conexión.

Disconnect

GetCharacteristicProperties (Service As String, Characteristic As String) As Int
Devuelve un valor numérico a partir del cual se pueden encontrar las propiedades de la característica especificada.

GetRecordsFromAdvertisingData (AdvertisingData As Map , Key As Int) As List
Devuelve una Lista con todos los registros con el tipo especificado. Esto es útil cuando puede haber varios registros con el mismo tipo. Cada elemento de la lista es una matriz de bytes.

Initialize (EventName As String)
Inicializa el objeto. El evento StateChanged se producirá después de este método con el estado BLE actual.

ReadData (Service As String)
Lee asincrónicamente todas las características del servicio dado. Se producirá el evento *DataAvailable* cuando los datos estén disponibles.

ReadData2 (Service As String , Characteristic As String)
Lee asincrónicamente el valor de la característica especificada. Se producirá el evento *DataAvailable* cuando los datos de esta característica estén disponibles.

ReadRemoteRssi
Lee el valor RSSI de un dispositivo conectado. El evento *RssiAvailable* se producirá cuando el valor esté disponible.

Scan (ServiceUUIDs As List)
Inicia la búsqueda de dispositivos. El evento *DeviceFound* se producirá cuando se encuentre un dispositivo. *ServiceUUIDs* - Una lista (o matriz) con los uuids de servicio. Los dispositivos que no anuncien estos uuids no se descubrirán. Pase Null para descubrir todos los dispositivos.

Scan2 (ServiceUUIDs As List , AllowDuplicates As Boolean)
Similar a Scan. Si *AllowDuplicates* es true se entonces se producirá el evento DeviceFound event si se recive un paquete.

SetIndication (Service As String , Characteristic As String , Notify As Boolean) As Boolean
Similar a SetNotify. Establece el valor del descriptor en 2 (indicación) en lugar de 1 (notificación). Devuelve True si tiene éxito.

SetNotify (Service As String , Characteristic As String , Notify As Boolean) As Boolean
Añade o elimina un oyente de notificación (receptor) que supervisa los cambios de valor. El evento DataAvailable se producirá cuando cambie el valor de la característica. Devuelve True si tiene éxito. *Service* - El identificador del servicio (como se devuelve en el evento Conectado). *Characteristic* - La identificación de la característica. Notify - True para añadir un oyente, falso para eliminarlo.

State As Int
Devuelve el estado actual del adaptador Bluetooth.

STATE_POWERED_OFF As Int

STATE_POWERED_ON As Int

STATE_UNSUPPORTED As Int

StopScan

Detiene el escaneado de nuevos dispositivos.

WriteData (Service As String , Characteristic As String , Data As Byte[])

Escribe los datos en *Data* a la característica especificada.

Librería CallSubUtils (heredada)

Librería versión 1.00
Esta librería está incluida en el paquete de instalación del IDE.
Esta librería está obsoleta. Se recomienda utilizar el Sleep en su lugar.
Incluye dos tipos: CallSubUtils y RunDelayedData.

CallSubUtils

CallSubUtils le permite llamar fácilmente a un Sub después de un lapso de unos segundos. Internamente utiliza un temporizador (de una sola ejecución) junto con cualquiera de las palabras clave CallSub (p.325) o CallSubDelayed (p.326).
Recuerde que CallSub permite que una actividad llame a un Sub en el módulo actual o en un módulo de servicio. También permite que un servicio llame a un sub en una actividad. Sólo funciona con los componentes que se están ejecutando en ese momento.
Recuerde también que CallSubDelayed es similar a CallSub excepto que primero iniciará el componente de destino si es necesario. Llama a un Sub enviando un mensaje a la cola de mensajes.
Siga los enlaces anteriores para obtener más información sobre CallSub y CallSubDelayed.
Hay cuatro métodos principales en CallSubUtils, que se resumen a continuación:

Método	Usos	Sub tiene parámetros
CallSubPlus	CallSub	No
CallSubPlus2	CallSub	Si
CallSubDelayedPlus	CallSubDelayed	No
CallSubDelayedPlus2	CallSubDelayed	Si

Declarar CallSubUtils en Servicio de Arranque (Servicio Starter)

El mejor lugar para declarar las CallSubUtils es en el Process_Globals del Servicio de Arranque (Starter Service (p.120)), ya que continuará ejecutándose incluso si la aplicación está en pausa. En los siguientes ejemplos se asume que se ha hecho esta declaración:

```
'En el Servicio Starter
Sub Process_Globals
    Dim csu As CallSubUtils
End Sub
```

Miembros:

CallSubPlus (Module As Object, SubName As String, Delay As Int) As String

De forma similar a CallSub, este método le permite establecer el retardo (en milisegundos). Ejemplo:

```
Starter.csu.CallSubPlus(Me, "Sub_1", 2000) 'se ejecutará en 2 segundos
...
Sub Sub_1
     Log($"Sub_1: $Time{DateTime.Now}"$)
End Sub
```

CallSubPlus2 (Module As Object, SubName As String, Delay As Int, Arg As Object()) As String

De forma similar a CallSub, este método le permite establecer el retardo (en milisegundos). El Sub de destino debe tener un parámetro con un tipo de Object( ). Ejemplo:

```
Starter.csu.CallSubPlus2(Me, "Sub_2", 1000, Array("Valor 1", "Valor 
2")) 'se ejecutará en un segundo
...
Sub Sub_2(args() As Object)
     Log($"Sub_2: $Time{DateTime.Now}, arg(0)=${args(0)}"$)
End Sub
```

CallSubDelayedPlus (Module As Object, SubName As String, Delay As Int) As String

Similar a CallSubDelayed, este método le permite establecer el retardo (en milisegundos).

CallSubDelayedPlus2 (Module As Object, SubName As String, Delay As Int, Arg As Object()) As String

Similar a CallSubDelayed, este método le permite establecer el retardo (en milisegundos). El Sub de destino debe tener un parámetro con un tipo de Object( ).

Class_globals As String

Initialize As String

Inicializa el objeto.

IsInitialized As boolean

Comprueba si el objeto se ha inicializado.

RunDelayedData

Este tipo es usado internamente por CallSubUtils y no es necesario para los desarrolladores.

Miembros:

Arg( ) As Object

Delayed As Boolean

Initialize

Inicializa los campos a su valor por defecto.

IsInitialized As Boolean

Comprueba si el objeto se ha inicializado.

Module As Object

SubName As String

Librería Camera

Librería versión 2.20
Esta librería está incluida en el paquete de instalación del IDE.

Clase CameraEx

Esta clase envuelve el objeto de la cámara y usando reflexión y otro código extiende su funcionalidad. Descargue la librería y encuentre más información aquí (http://bit.ly/2HKHR37). La clase CameraEx requiere Android 2.3+ y depende de la librería Camera v2.20+.
Observe que el evento de vista previa está desactivado de forma predeterminada en esta Clase. Busque Camera_Preview en la clase CameraEx y quite los comentarios del sub. A continuación, debe añadir un sub llamado `Camera1_Preview(Data() As Byte)` a la actividad principal.

Características de CameraEx

- Abre fácilmente la cámara trasera o frontal
- La vista previa de las imágenes y la orientación de las imágenes guardadas coincidirán con la orientación del dispositivo (todas las orientaciones son compatibles).
- Da acceso a la clase nativa de parámetros de la cámara (modo flash, tamaño de la imagen, efectos y otros ajustes).
- Incluye métodos para convertir imágenes de vista previa a JPEG y para guardar las imágenes tomadas.
- Debería ser sencillo añadir más métodos a esta clase

Lista de tipos:

Camera

Camera

El objeto *camera* le permite acceder a las cámaras del dispositivo. Esta librería es compatible con Android 1.6+.
Nota: Siempre que sea posible, se recomienda trabajar con la clase CameraEx (p.669) que contiene este objeto y añade muchas características. La clase CameraEx requiere Android 2.3+.
Camera es un objeto `Activity`; no puede declararse en `Sub Process_Globals`.

Permisos:

android.permission.CAMERA

Eventos:

Ready (Success As Boolean)

El evento *Ready* se producirá cuando la acción *Initialize* haya terminado de abrir la cámara.

PictureTaken (Data() As Byte)

El evento *PictureTaken* se producirá cuando finalice la acción *TakePicture* y la imagen esté lista.

Preview (Data() As Byte)

Una vez que se ha completado la acción *StartPreview* en una cámara, el evento *Preview* se genera cuando una imagen está lista.

FocusDone (Success As Boolean)

El evento *FocusDone* se activará cuando se complete el enfoque automático (*AutoFocus*).

Miembros:

AutoFocus

Inicia la función de enfoque automático. El evento *FocusDone* se producirá cuando finalice la operación. Puede comprobar si el modo de enfoque "auto" es compatible con la clase CameraEx.

CancelAutoFocus
Cancela la operación de enfoque automático. No hace nada si no hay ninguna operación en curso.

Initialize (Panel As ViewGroup, EventName As String)
Inicializa la cámara posterior. Si el dispositivo sólo tiene una cámara orientada hacia el frente, utilice `Initialize2`.
Panel - Las imágenes de vista previa se mostrarán en el panel.
EventName - Prefijo de los Sub para la gestión de los eventos.
El evento *Ready* se producirá cuando la cámara haya terminado de abrirse.

Initialize2 (Panel As ViewGroup, EventName As String, CameraId As Int)
Igual que `Initialize`, pero puede especificar que cámara usar.
CameraId - el Id del hardware de la cámara. Si sólo hay una cámara en el dispositivo, su Id. es 0. Si hay dos cámaras, utilice 0 para la cámara posterior y 1 para la orientada hacia adelante.
El evento *Ready* se producirá cuando la cámara haya terminado de abrirse.
Este método solo está disponible en Android 2.3+.

Release
Libera el objeto *camera* y permite que otros procesos accedan a la cámara.

StartPreview
Empieza a mostrar las imágenes de vista previa. Una vez que se ha realizado la acción *StartPreview* en una cámara, el evento *Preview* se produce en el momento que una imagen está lista.

StopPreview
Detiene la visualización de las imágenes de vista previa.

TakePicture
Toma una foto. Cuando la imagen esté lista y se generará el evento `PictureTaken`. Mientras se toma una foto, no debe llamar a `TakePicture`. Las imágenes de vista previa se detendrán después de llamar a este método, para reiniciarlas puede llamar a *StartPreview*.
La imagen se almacenará en la carpeta: /mnt/sdcard/DCIM/Camera.

Librería Camera2

Librería versión 1.11
Esta librería está incluida en el paquete de instalación del IDE.
La librería Camera2 está basada en el API de la Cámara introducida en Android 5 (API 21). Por lo tanto, es compatible con los dispositivos Android 5+. Requiere B4A v7.3+.
La librería está diseñada para trabajar en combinación con la clase CamEx2. La clase CamEx2 está pensada para ser ampliada.
La API nativa de Camera2 es muy grande y más compleja que la antigua API. Sin embargo, CamEx2 y la función de subs reanudables juntos hacen que sea muy fácil de usar. Para un tutorial que incluye la clase CamEx2, vea aquí (http://bit.ly/2HgH1Lm).

Camera2
Librería de cámaras basada en la API de Camera2. Se debe utilizar junto con la clase CamEx2.

Permiso:
android.permission.CAMERA

Eventos:

CameraState (Open As Boolean)

CameraClosed

CaptureComplete (CaptureResult As Object)

PictureTaken (Data() As Byte)

PreviewCaptureComplete (CaptureResult As Object)

PreviewTaken (Image As Object)

SurfaceReady

SessionConfigured (Success As Boolean)

Miembros:

AbortCaptures
Cancela las solicitudes anteriores.

AddCaptureRequest (Builder As Object) As Object
Añade una solicitud de captura.

CameraIDs() As String [read only]
Devuelve los identificadores de las cámaras disponibles.

CreateCaptureBuilder As Object
Crea un constructor de capturas de imágenes fijas.

CreateMediaRecorder (VideoSize As CameraSize, Dir As String, FileName As String) As Object

CreatePreviewBuilder As Object
Crea un constructor de solicitudes de vista previa.

CreateSurface As ConcreteViewWrapper
Crea la visualización de la textura (TextureView) que se utilizará para mostrar los marcos de vista previa. Debe añadirlo al diseño (layout) y esperar al evento SurfaceReady.

CreateVideoRequestBuilder As Object

FindCameraId (Front As Boolean) As String
Devuelve el identificador de la cámara correspondiente. Devuelve una cadena vacía si no se encuentra.

GetCameraCharacteristics (Id As String) As Object
Devuelve un objeto que contiene las características soportadas por la cámara.

GetSupportedCaptureSizes (Id As String) As List
Devuelve una lista con los tamaños de captura admitidos.

GetSupportedPreviewSizes (Id As String) As List
Devuelve una lista con los tamaños de vista previa admitidos.

GetSupportedVideoSizes (Id As String) As List

Initialize (EventName As String)

IsCameraOpen As Boolean [read only]

OpenCamera (Id As String)
Abre la cámara. Se generará el evento CameraState.

SetRepeatingRequest (Builder As Object) As Object
Establece una solicitud de repetición (solicitud de vista previa). Borra cualquier solicitud anterior que se repita.
Devuelve el objeto CaptureRequest.

StartSession (Surface As android.view.TextureView, PreviewSize As CameraSize, CaptureSize As CameraSize, CaptureFormat As Int, PreviewFormat As Int, Video As Boolean)
Inicia una sesión de captura. Se generará el evento SessionConfigured.

Stop
Detiene la cámara.

CameraSize

Miembros:

Height As Int [read only]

Initialize (Width As Int, Height As Int)

IsInitialized As Boolean

Width As Int [read only]

Librería ContentResolver

Librería versión 1.50.
La librería ContentResolver le permite acceder a aplicaciones de "proveedores de contenido".
Esta funcionalidad ya está disponible con objetos como: CallLog, Contacts, Contacts2 y otros. Con esta librería tienes más flexibilidad ya que puedes implementarla completamente en B4A.
Las clases de esta librería son similares a las clases Java y su propósito es facilitar la conversión de código Java. Tenga en cuenta que la mayoría de las constantes no están disponibles en esta envoltura. Esto significa que debe reemplazarlos por los valores permitidos.
Las características de ContentResolver son similares a las características de SQL. Las principales operaciones son: Consultar, Insertar, Actualizar y Eliminar. Para cada característica hay un método síncrono y un método asíncrono (QueryAsync, InsertAsync...). Los métodos asíncronos generan eventos cuando la operación se completa.
Note que normalmente necesita la librería SQL junto con esta librería.
Vea ejemplos en línea (http://bit.ly/1LKJb0l).

Lista de tipos:

ContentResolver
ContentValues
Uri (p.537) [43]

---

[43] NT: Recordar que **URI** es un "Identificador de recursos uniforme" (Uniform Resource Identifier) que identifica el recurso a inicializar.

ContentResolver

ContentResolver le permite interactuar con otros proveedores de contenido.

Eventos:

***DeleteCompleted (Success** As Boolean, **RowsAffected** As Int)*
***InsertCompleted (Success** As Boolean, **Uri** As Uri)*
***QueryCompleted (Success** As Boolean, **Crsr** As Cursor)*
ObserverChange (Uri** As **Uri)
***UpdateCompleted (Success** As Boolean, **RowsAffected** As Int)*

Miembros:

Delete (Uri As android.net.Uri, Where As String, SelectionArgs() As String) As Int

Borra filas según los criterios especificados.
Uri - El contenido Uri.
Where - Los criterios de selección. Puede incluir signos de interrogación.
SelectionArgs – Un array de cadenas que reemplazan los signos de interrogación de la cláusula *Where.*

Initialize (EventName As String)

Inicializa el objeto y fija los subs que manejarán las operaciones asíncronas.

Insert (Uri As Uri, Values As android.content.ContentValues) As Uri

Inserta una fila.
Uri – El contenido Uri.
Values – Los valores a insertar.

InsertAsync (Uri As Uri, Values As android.content.ContentValues)

Inicia un inserción asíncrona. El evento *InsertCompleted* se producirá cuando finalice la operación.

Query (Uri As Uri, Projection() As String, Selection As String, SelectionArgs() As String, SortOrder As String) As CursorWrapper

Consulta al proveedor de contenidos.
Uri – Contenido de Uri.
Project – Un array de cadenas. Las columnas a devolver.
Selection - Los criterios.
SelectionArgs - Un array de cadenas que reemplazan los signos de interrogación en la cadena de selección.
SortOrder - La columna de ordenación (o cadena vacía si no se requiere ordenación).

QueryAsync (Uri As Uri, Projection() As String, Selection As String, SelectionArgs() As String, SortOrder As String)

RegisterObserver (Uri As Uri, NotifyForDescendents As Boolean)

Registra un observador de contenido (normalmente en un módulo de servicio). El evento `ObserverChange` se generará siempre que haya un cambio relacionado con el Uri dado.
Uri - El Uri para detectar cambios.
NotifyForDescendents - Si se debe escuchar los cambios relacionados con de donde es el Uri.

Ejemplo:

```
Sub Service_Create
     Dim uri As Uri
     uri.Parse("content://com.android.contacts/contacts")
     cr.Initialize("cr")
     cr.RegisterObserver(uri, True)
End Sub

Sub cr_ObserverChange (Uri As Uri)
     Log("El proveedor de contactos ha informado de un cambio...")
End Sub
```

UnregisterObserver (Uri As Uri)
Parar de generar eventos cuando hay un cambio en el contenido del Uri objetivo del observador.

Update (Uri As Uri, Values As android.content.ContentValues, Where As String, SelectionArgs() As String) As Int
Actualiza las filas con los valores proporcionados.
Uri – Contenido de Uri.
Values – Valores a actualizar.
Where – Criterios de selección.
SelectionArgs - Un array de cadenas que sustituye a los signos de interrogación de la cláusula Where.

UpdateAsync (Uri As android.net.Uri, Values As android.content.ContentValues, Where As String, SelectionArgs() As String)
Inicia una actualización asincrónica. El evento UpdateCompleted se producirá cuando finalice la operación.

UpdateDelete (Uri As android.net.Uri, Where As String, SelectionArgs() As String)
Inicia un borrado asincrónico. El evento DeleteCompleted se producirá cuando finalice la operación.

ContentValues
Contiene pares de claves y valores.

Eventos:
Ninguno

Miembros:

Initialize

IsInitialized As Boolean

PutBoolean (Key As String, Value As Boolean)

PutByte (Key As String, Value As Byte)

PutBytes (Key As String, Value() As Byte)

PutDouble (Key As String, Value As Double)

PutFloat (Key As String, Value As Float)

PutInteger (Key As String, Value As Int)

PutLong (Key As String, Value As Long)

PutNull (Key As String)

PutShort (Key As String, Value As Short)

PutString (Key As String, Value As String)

Remove (Key As String)

Uri

Eventos:

Ninguno

Miembros:

FromParts (Scheme As String, SSP As String, Fragment As String)

Crea un nuevo Uri a partir de los parámetros proporcionados.

IsInitialized As Boolean

Parse (UriString As String)

Crea un nuevo Uri a partir de la cadena indicada.

ParseId As Long

Devuelve la parte Id del Uri actual.

WithAppendedId (BaseUri As android.net.Uri, Id As Long)

Crea un nuevo Uri añadiendo el Id al Uri dado.

WithAppendedPath (BaseUri As android.net.Uri, PathSegment As String)

Crea un nuevo Uri añadiendo la ruta indicada en PathSegment al Uri dado.

Librería DateUtils

Librería versión 1.05
Esta librería está incluida en el paquete de instalación del IDE.

DateUtils

Miembros:

AddPeriod (Ticks As Long, Per As Period) As Long

Añade un Período a la instancia de fecha dada. No olvide asignar el resultado.

GetDayOfWeekName (Ticks As Long) As String

Devuelve el nombre del día de la semana. GetDayOfWeek que devuelve el día de la semana como un entero.

GetDaysNames ( ) As List

Devuelve una lista con los nombres de los días de la semana, utilizando la configuración local del dispositivo.

GetMonthName (Ticks As Long) As String

Devuelve el nombre del mes de la fecha dada. Similar a DateTime.getMonth que devuelve el mes como un entero.

GetMonthsNames ( ) As List
Devuelve una lista con los nombres de los meses, utilizando la configuración local del dispositivo.

IsSameDay (Ticks1 As Long, Ticks2 As Long) As Boolean
Comprueba si los valores de los dos ticks representan el mismo día.

NumberOfDaysInMonth (Month As Int, Year As Int) As Int
Devuelve el número de días del mes indicado.

PeriodBetween (Start As Long, EndTime As Long) As Period
Calcula el período entre dos instancias de fecha. Este método devuelve un tipo de Período con años, meses, días, horas, minutos, segundos.

PeriodBetweenInDays (Start As Long, EndTime As Long) As Period
Calcula el período entre dos instancias de fecha. Este método devuelve un tipo de Período con días, horas, minutos, segundos.

Process_Globals As String

SetDate (Years As Int, Months As Int, Days As Int) As Long
Devuelve el valor de las marcas de la fecha dada (la hora será 00:00:00:00).

SetDateAndTime (Years As Int, Months As Int, Days As Int, Hours As Int, Minutes As Int, Seconds As Int) As Long
Devuelve el valor en ticks de la fecha y hora dadas.

SetDateAndTime2 (Years As Int, Months As Int, Days As Int, Hours As Int, Minutes As Int, Seconds As Int, TimeZone As Double) As Long
Devuelve el valor de ticks de la fecha y hora dadas con el desplazamiento de zona horaria especificado. El último parámetro es el desfase horario medido en horas.

TicksToString (Ticks As Long) As String

TicksToUnixTime (Ticks As Long) As Long
Convierte el valor de ticks en tiempo unix.

UnixTimeToTicks (UnixTime As Long) As Long
Convierte el tiempo de unix a valor de ticks.
Period

Miembros:

Days As Int

Hours As Int

Initialize
Inicializa los campos a su valor por defecto.

IsInitialized As Boolean
Comprueba si el objeto se ha inicializado.

***Minutes** As Int*

***Months** As Int*

***Seconds** As Int*

***Years** As Int*

Librería Daydream [44]

Librería versión 1.00
Esta librería está incluida en el paquete de instalación del IDE.

Daydream

Daydream es una nueva función de "salvapantallas" introducida en Android 4.2. Vea el tutorial de Daydream (http://bit.ly/15mgqWA) para más información.

Eventos:

DreamStarted

SizeChanged

DreamStopped

Miembros:

Canvas As CanvasWrapper [read only]
Un marcador de posición para Lienzo.

Finish
Termina manualmente.

FullScreen As Boolean
Determina si aparece la barra del Sistema (Pantalla completa).

Initialize (EventName As String)
Inicializa el objeto y establece los subs que gestionaran los eventos.

Interactive As Boolean
Determina si las interacciones del usuario serán gestionadas en lugar de terminar.

Panel As PanelWrapper [read only]
Devuelve el panel principal.

ScreenBright As Boolean
Determina si la pantalla debe permanecer brillante o no.

Librería FirebaseAdMob

Librería versión 1.52

---

[44] NT: Actualmente Daydream es todo un ecosistema de realidad virtual en Android. Literalmente es "soñar despierto" y se presentó en Google I/O 2016. Aquí es una librería para generar salva pantallas.

Esta librería está incluida en el paquete de instalación del IDE.
Para ver un ejemplo que muestra un anuncio de banner (AdView) y un anuncio intersticial (a pantalla completa) al pulsar sobre la actividad, consulte aquí (http://bit.ly/2sBhdUX).

Lista de tipos:

AdRequestBuilder

AddTestDevice (DeviceId As String) As AdRequestBuilder

Añade un dispositivo de prueba. Puede ver el ID de dispositivo actual en los registros sin filtrar.

Initialize As AdRequestBuilder

IsInitialized As Boolean

NonPersonalizedAds As AdRequestBuilder

Solicita anuncio no-personalizado.

AdView

Esto muestra un anuncio de banner. Es un 'Objeto de Actividad', no puede declararse en Sub Process_Globals.

Permisos:

android.permission.INTERNET
android.permission.ACCESS_NETWORK_STATE

Eventos:

AdScreenDismissed
FailedToReceiveAd (ErrorCode As String)
PresentScreen
ReceiveAd

Miembros:

Background As android.graphics.Drawable

BringToFront

Color As Int [write only]

Enabled As Boolean

Height As Int

Initialize (EventName As String, PublisherId As String)

Inicializa el AdView usando el tamaño por defecto 320dip x 50dip.
EventName - Nombre de los Subs que gestionarán los eventos.
PublisherId - El identificador de editor que recibió de AdMob.

Initialize2 (EventName As String, AdUnitId As String, Size As Object)
Inicializa el AdView.
EventName - Nombre de los Subs que gestionarán los eventos.
AdUnitId - El Id. de unidad de anuncio recibido de AdMob.
Size - Una de las constantes SIZE.

Invalidate

Invalidate2 (arg0 As android.graphics.Rect)

Invalidate3 (arg0 As Int, arg1 As Int, arg2 As Int, arg3 As Int)

IsInitialized As Boolean

Left As Int

LoadAd
Envía una solicitud a AdMob, pidiendo un anuncio.

LoadAdWithBuilder (Builder As AdRequestBuilder)
Solicita un anuncio configurado con `AdRequestBuilder`.

LoadAdWithTestDevice (TestDevice As String)
Solicita un anuncio.
TestDevice - La identificación del dispositivo de prueba. Puede ver el id en los logs no filtrados.

Padding () As Int

Parent As Object [read only]

Pause
Debe llamarse desde Activity_Pause.

RemoveView

RequestFocus As Boolean

Resume
Debe llamarse desde Activity_Resume.

SendToBack

SetBackgroundImage (arg0 As android.graphics.Bitmap)

SetColorAnimated (arg0 As Int, arg1 As Int, arg2 As Int)

SetLayout (arg0 As Int, arg1 As Int, arg2 As Int, arg3 As Int)

SetLayoutAnimated (arg0 As Int, arg1 As Int, arg2 As Int, arg3 As Int, arg4 As Int)

SetVisibleAnimated (arg0 As Int, arg1 As Boolean)

SIZE_BANNER As Object
320dip x 50dip (tamaño por defecto)

SIZE_IAB_BANNER As Object
468dip x 60dip – solo en tablet

SIZE_IAB_LEADERBOARD As Object
728dip x 90dip - solo en tablet

SIZE_IAB_MRECT As Object
300dip x 250dip - solo en tablet

SIZE_SMART_BANNER As Object
El anuncio utilizará automáticamente todo el ancho disponible.
Puede utilizar este código para añadir un anuncio de este tipo en la parte inferior de la pantalla:

```
Adview1.Initialize2("Ad", "xxxxxxxx", AdView1.SIZE_SMART_BANNER)
Dim height As Int
If GetDeviceLayoutValues.ApproximateScreenSize < 6 Then
  'móviles
  If 100%x > 100%y Then height = 32dip Else height = 50dip
Else
  'tabletas
  height = 90dip
End If
Activity.AddView(AdView1, 0dip, 100%y - height, 100%x, height)
```

Tag As Object

Top As Int

Visible As Boolean

Width As Int

ConsentManager

Eventos:
InfoUpdated (Success As Boolean)
FormResult (Success As Boolean, UserPrefersAdFreeOption As Boolean)

Properties:

Miembros:

AddTestDevice (DeviceId As String)
Añade un identificador de dispositivo de prueba. Puede ver el ID de dispositivo actual en los registros sin filtrar. Esto permite configurar la ubicación con SetDebugGeography.

ConsentState As String
Devuelve o establece el estado de consentimiento actual. El valor será una de las constantes STATE.

Initialize (EventName As String)

IsRequestLocationInEeaOrUnknown As Boolean
Devuelve True si el usuario se encuentra en Europa (Espacio Económico Europeo) o si su ubicación es desconocida.

RequestInfoUpdate (PublisherIds As List)
Comprueba el estado de autorización actual. Genera el evento InfoUpdated.

Ejemplo:

```
consent.RequestInfoUpdate(Array("pub-12633333333"))
Wait For consent_InfoUpdated (Success As Boolean)
If Success = False Then
  Log($"Error getting consent state: ${LastException}"$)
End If
```

SetDebugGeography (InEea As Boolean)

Establece la ubicación geográfica de los dispositivos de prueba.

ShowConsentForm (PrivacyURL As String , PersonalizedOption As Boolean , NonPersonalizedOption As Boolean , AdFreeOption As Boolean)

Muestra el formulario de consentimiento. Se debe utilizar desde una Actividad. Este método se debe llamar cuando sea necesario, después de disponer del estado actual de consentimiento. Genera el evento FormResult. *PrivacyURL* – Un enlace URL a su página de privacidad. *PersonalizedOption* – Si se muestra la opción de publicidad personalizada. *NonPersonalizedOption* – Se se muestra la opción de publicidad no-personalizada. *AdFreeOption* – Si se muestra la opción de publicidad gratis.

STATE_NON_PERSONALIZED As String

STATE_PERSONALIZED As String

STATE_UNKNOWN As String

InterstitialAd

Los anuncios intersticiales son anuncios a pantalla completa. Este es un Objeto Activity, no se puede declarar en Sub Process_Globals.

Ejemplo de ambos tipos de anuncios que utilizan identificadores de prueba. Muestra un banner y un anuncio intersticial (a pantalla completa) al hacer clic en la actividad.

```
Sub Process_Globals
End Sub
Sub Globals
     Private BannerAd As AdView
     Private IAd As InterstitialAd
End Sub

Sub Activity_Create(FirstTime As Boolean)
     Activity.LoadLayout("1")
     BannerAd.Initialize2("BannerAd", "ca-app-pub-
3940256099942544/6300978111", BannerAd.SIZE_SMART_BANNER)
     Dim height As Int
     If GetDeviceLayoutValues.ApproximateScreenSize < 6 Then
          'móviles
          If 100%x > 100%y Then height = 32dip Else height = 50dip
     Else
          'tabletas
          height = 90dip
     End If
     Activity.AddView(BannerAd, 0dip, 100%y - height, 100%x, height)
BannerAd.LoadAd IAd.Initialize("iad", "ca-app-pub-
3940256099942544/1033173712")
End Sub
```

```
Sub Activity_Resume
     IAd.LoadAd
End Sub

Sub Activity_Pause (UserClosed As Boolean)
End Sub

Sub Activity_Click
     If IAd.Ready Then IAd.Show Else IAd.LoadAd
End Sub

Sub IAD_AdClosed
   IAd.LoadAd 'preparar un anuncio nuevo
End Sub
```

Eventos:

AdOpened - El anuncio se ha hecho visible.
AdClosed - El usuario ha cerrado el anuncio.
AdLeftApplication - El usuario ha pulsado sobre el anuncio.
FailedToReceiveAd (ErrorCode As String)
ReceiveAd - Un anuncio está listo para mostrarse.

Miembros:

Initialize (EventName As String, AdUnitId As String)

Inicializa el objeto.
EventName - Establece los Subs que gestionarán los eventos.
AdUnitId - El id de la unidad publicitaria. Id. de prueba: ca-app-pub-3940256099942544/1033173712

IsInitialized As Boolean

LoadAd

Solicita un anuncio. Los eventos ReceiveAd o FailedToReceiveAd se generarán.

LoadAdWithBuilder (Builder As ADRequestBuilder)

Solicita un anuncio configurado con `AdRequestBuilder`.

Ready As Boolean [read only]

Comprueba si hay un anuncio listo para mostrarse.

Show

Muestra el anuncio cargado.

NativeExpressAd

Este es un 'Objeto de actividad', no se puede declarar en Sub Process_Globals.
Los anuncios nativos son similares a los anuncios de banner (AdView). Puede personalizar su apariencia en la consola de desarrollo de AdMob y su tamaño es dinámico. Para ver un ejemplo, vea aquí (http://bit.ly/2sFhnua).

Permisos:

android.permission.INTERNET

android.permission.ACCESS_NETWORK_STATE

Eventos:

Ninguno.

Miembros:

***Background** As android.graphics.Drawable*

BringToFront

Color** As Int **[write only]

***Enabled** As Boolean*

***Height** As Int*

Initialize (EventName** As String, **AdUnitId** As String, **Width** As Float, **Height** As Float**)

Inicializa la vista de anuncios.
EventName - Establece los Subs que gestionarán los eventos.
AdUnitId - ID de unidad de anuncio de un anuncio nativo.
Width - Ancho del anuncio solicitado.
Height - Alto del anuncio solicitado.

Invalidate

Invalidate2 (arg0** As android.graphics.Rect**)

Invalidate3 (arg0** As Int, **arg1** As Int, **arg2** As Int, **arg3** As Int**)

***IsInitialized** As Boolean*

***Left** As Int*

LoadAd

Envía una solicitud a AdMob, pidiendo un anuncio.

LoadAdWithBuilder (Builder** As ADRequestBuilder **)

Solicita un anuncio configurado con `AdRequestBuilder`.

LoadAdWithTestDevice (TestDevice** As String**)

Solicita un anuncio.
TestDevice - La identificación del dispositivo de prueba. Puede ver el id en los logs no filtrados.

***Padding ()** As Int*

Parent** As Object **[read only]

Pause

Debe llamarse desde Activity_Pause.

RemoveView

***RequestFocus** As Boolean*

Resume

Debe llamarse desde Activity_Resume.

SendToBack

SetBackgroundImage (arg0 As android.graphics.Bitmap)

SetColorAnimated (arg0 As Int, arg1 As Int, arg2 As Int)

SetLayout (arg0 As Int, arg1 As Int, arg2 As Int, arg3 As Int)

SetLayoutAnimated (arg0 As Int, arg1 As Int, arg2 As Int, arg3 As Int, arg4 As Int)

SetVisibleAnimated (arg0 As Int, arg1 As Boolean)

Tag As Object

Top As Int

Visible As Boolean

Width As Int

RewardedVideoAd

Un anuncio en vídeo en el que el usuario es gratificado si lo ve completamente, en cuyo caso se producirá el evento Rewarded.
Tenga en cuenta que AdMob no publica estos anuncios directamente. Necesita utilizar la función de mediación para añadir una red de anuncios que admita este tipo de anuncios. Para ver un ejemplo, consulte este tutorial (http://bit.ly/2sujy4K).
Este es un 'Objeto de actividad', no se puede declarar en Sub Process_Globals.

Eventos:
AdClosed
AdLeftApplication
AdOpened
FailedToReceiveAd (ErrorCode As String)
ReceiveAd
Rewarded (Item As Object) – El usuario ha visto completamente el anuncio.

Miembros:

Initialize (EventName As String)

IsInitialized As Boolean

LoadAd (AdUnitId As String)
Solicita un anuncio. Se producirán los eventos ReceiveAd o FailedToReceiveAd.

LoadAdWithBuilder (AdUnitId As String , Builder As ADRequestBuilder)
Solicita un anuncio configurado con `AdRequestBuilder`.

Ready As Boolean [read only]
Comprueba si hay un anuncio listo para mostrarse.

Show
Muestra el anuncio cargado.

Librería FirebaseAnalytics

Librería versión 1.02.

Esta librería está incluida en el paquete de instalación del IDE.

FirebaseAnalytics

Miembros:

Initialize

Inicializa el objeto. FirebaseAnalytics debe ser una variable global del proceso en el servicio Starter y debe inicializarse en el Sub Service_Create.

IsGooglePlayServicesAvailable As Boolean [read only]

Comprueba si los Servicios de Google Play están disponibles en el dispositivo.

IsInitialized As Boolean

SendEvent (EventName As String, Parameters As Map)

Envía un evento al servicio de análisis.
EventName – Nombre del evento.
Parameters – Objeto Map de parámetros. Pase Null si no es necesario.

Librería FirebaseAuth

Librería versión 1.06.
Esta librería está incluida en el paquete de instalación del IDE.
Le permite a los usuarios acceder a tu App con su cuenta de Google.
Hay un tutorial aquí (`http://bit.ly/2suaBIL`). Asegúrese de añadir el código de Firebase Auth requerido al Manifest.
Este servicio requiere que la firma de la clave de firma SHA1 se defina en la configuración del proyecto Firebase.
Nota: Se tiene previsto añadir más proveedores de servicios de identidad en el futuro.

FirebaseAuth

Eventos:

SignedIn (*Usuario como usuario de FirebaseUsuario****)***
TokenAvailable (User As FirebaseUser, Success As Boolean, TokenId As String)

Miembros:

CurrentUser As FirebaseUser [read only]

Devuelve el usuario que ha iniciado sesión en ese momento. Devuelve un objeto no inicializado si no hay usuario.

GetUserTokenId (User As FirebaseUser, ForceRefresh As Boolean)

Recupera el identificador del Token. Este token puede ser enviado a su servidor backend. El servidor puede usarlo para verificar al usuario.
En el Módulo actual se produciría el evento TokenAvailable.

Initialize (EventName As String)

Inicializa el objeto. Si ya hay un usuario registrado se producirá el evento SignedIn.

SignInWithGoogle

Inicia el proceso de identificación.

SignOutFromGoogle
Desconexión de Firebase y Google.

FirebaseUser

Miembros:

DisplayName As String [read only]

Email As String [read only]

IsInitialized As Boolean

PhotoUrl As String [read only]

Uid As String [read only]

Librería FirebaseNotifications

Librería versión 1.21.
Esta librería está incluida en el paquete de instalación del IDE.
El servicio de mensajería en la nube de Firebase (FCM) es una capa sobre el servicio de mensajería en la nube de Google.
Es muy sencillo añadir soporte para los mensajes push. Aunque no está claro en su documentación, no necesita ningún servidor adicional.
El envío de mensajes se realiza con una simple petición HTTP. También es posible enviar mensajes desde la consola Firebase, aunque no es muy útil y en realidad es más complicado que usar el API REST.
Para un tutorial consulte aquí (http://bit.ly/2suG7WN).

FirebaseMessaging

Eventos:

TokenRefresh (Token As String)
MessageArrived (Message As RemoteMessage)

Miembros:

HandleIntent (Intent As android.content.Intent) As Boolean
Debe llamarse desde Service_Start. Devuelve True si el *intent* fue tratado.

Initialize (EventName As String)

IsInitialized As Boolean

SubscribeToTopic (Topic As String)
Se suscribe al tema especificado.
Ejemplo:

```
fm.SubscribeToTopic("general")
```

Token As String [read only]
Devuelve el token del dispositivo. El token puede cambiar de vez en cuando. El evento TokenRefresh se genera cuando el token cambia.
El token sólo es necesario cuando se envían mensajes a un dispositivo específico.

UnsubscribeFromTopic (Topic As String)
Cancelar la suscripción a un tema.

RemoteMessage

Contiene los datos del mensaje push.

Miembros:

CollapseKey As String [read only]

Obtiene la clave de *collapse key*[45] (si está definida).

From As String [read only]

Devuelve el ID del remitente o el nombre del tema. En este último caso el valor comenzará con /topics/

GetData As Map

Devuelve un objeto mapa con la clave/valores configurados como datos del mensaje.

IsInitialized As Boolean

MessageId As String [read only]

Obtiene el identificador del mensaje.

SentTime As Long [read only]

Devuelve la hora a la que se envió el mensaje.

Librería FirebaseStorage

Librería versión 1.11.
Esta librería está incluida en el paquete de instalación del IDE.
El servicio FirebaseStorage es similar a un servidor FTP. Los clientes pueden cargar y descargar archivos.
FirebaseStorage lo lleva un poco más allá e incorpora una capa de autorización.
Google ofrece un paquete gratuito y un paquete de pago: https://firebase.google.com/pricing/
La oferta gratuita es bastante generosa.
FirebaseStorage trabaja junto con FirebaseAuth para el control de acceso.

FirebaseStorage

Eventos:

UploadCompleted (ServerPath As String, Success As Boolean)
DownloadCompleted (ServerPath As String, Success As Boolean)
MetadataCompleted (Metadata As StorageMetadata, Success As Boolean)
DeleteCompleted (ServerPath As String, Success As Boolean)

Miembros:

DeleteFile (ServerPath As String)

Elimina el recurso remoto. Se producirá el evento DeleteCompleted en el módulo actual.

DownloadFile (ServerPath As String, Dir As String, FileName As String)

Descarga el recurso remoto y lo escribe en el archivo especificado.
Se generará el evento DownloadCompleted en el módulo actual.

---

[45] NT: Un mensaje "contraíble" es aquel que se puede reemplazar por otro nuevo si todavía no se ha entregado al dispositivo. Por ejemplo un mensaje para una App de cotizaciones en bolsa indicándole que se sincronice con un servidor.

DownloadStream (ServerPath As String, OutputStream As java.io.OutputStream)

Descarga el recurso remoto y lo escribe en el OutputStream.
Se generará el evento DownloadCompleted en el módulo actual.

GetMetadata (ServerPath As String)

Recupera los metadatos del recurso remoto. Se generará el evento MetadataCompleted en el módulo actual.

Initialize (EventName As String, Bucket As String)

Inicializa el objeto.
Bucket - La url de la consola Firebase (ej: gs://yourapp.appspot.com)

UploadFile (Dir As String, FileName As String, ServerPath As String)

Lee los datos del archivo y los carga en el ServerPath especificado.
Se generará el evento UploadCompleted en el módulo actual.

UploadStream (InputStream As java.io.InputStream, ServerPath As String)

Lee los datos del flujo de entrada y los carga en el ServerPath especificado.
Se generará el evento UploadCompleted en el módulo actual.

StorageMetadata

Miembros:

IsInitialized As Boolean

Name As String [read only]

Devuelve el nombre del recurso.

Path As String [read only]

Devuelve la ruta del recurso.

Size As Long [read only]

Devuelve el tamaño del recurso en bytes.

Timestamp As Long [read only]

Devuelve la última vez que se actualizó en forma de ticks.

Librería GameView

Librería versión 0.90.
Esta librería está incluida en el paquete de instalación del IDE. GameView es una vista que permite dibujar gráficos acelerados por hardware, que son mucho más rápidos que los gráficos acelerados por software, de tal forma que así es posible crear juegos con animaciones suaves y en tiempo real.
Nota: el método de aceleración utilizado por GameView sólo está disponible desde Android 3.0 y superior. Esto también significa que, en [Herramientas > Configurar Rutas], debe hacer referencia a android.jar en la plataforma Android 11 o superior.

Tutorial

Para un tutorial sobre la creación de un juego 2D usando GameView, vea esta (http://bit.ly/1Owi4tr) página web.

Lista de tipos:

BitmapData
GameView

BitmapData

Miembros:

Bitmap As BitmapWrapper
El mapa de bits que se dibujará.

Delete As Boolean
Si *Delete* es `True`, los datos de mapa de bits se eliminarán de la lista cuando se vuelva a dibujar GameView.

DestRect As RectWrapper
El rectángulo de destino. Determina la ubicación y el tamaño del mapa de bits dibujado.

Flip As Int
Gira el mapa de bits basado en una de las constantes FLIP.

FLIP_BOTH As Int

FLIP_HORIZONTALLY As Int

FLIP_NONE As Int

FLIP_VERTICALLY As Int

Rotate As Int
Grados para rotar el mapa de bits.

SrcRect As RectWrapper
El rectángulo de origen. Determina la región del mapa de bits que se dibujará. El mapa de bits completo se dibujará si el rectángulo no está inicializado.

GameView

Una vista que se dibuja con gráficos acelerados por hardware. Adecuado para juegos 2d. Vea este (http://bit.ly/1Owi4tr) tutorial. El método de aceleración por hardware utilizado sólo está disponible en Android 3.0 y superior (nivel API 11 y superior).
Este es un objeto `Activity`; no puede declararse en `Sub Process_Globals`.

Eventos:

Touch (Action As Int, X As Float, Y As Float)

Miembros:

Background As Drawable

BitmapsData As List [read only]
Devuelve la lista de objetos BitmapData.

BringToFront

Color As Int [write only]

Enabled As Boolean

Si se establece en `True`, `GameView` responderá a los eventos. Si se establece en `False`, los eventos se ignoran.

Height As Int

Initialize (arg1 As String)

Invalidate

Invalida toda la Actividad, forzando a la vista a redibujarse a sí misma. El redibujado sólo se producirá cuando el programa pueda procesar la cola de mensajes, lo que ocurre normalmente cuando termina de ejecutar el código actual.
Si sólo necesita redibujar parte de la vista, normalmente es más rápido usar `Invalidate2` o `Invalidate3`.

Invalidate2 (Rect1 As Rect)

Invalida cualquier cosa dentro del rectángulo dado que es parte de esta Actividad. El redibujado sólo se producirá cuando el programa pueda procesar la cola de mensajes, lo que ocurre normalmente cuando termina de ejecutar el código actual.

Invalidate3 (Left As Int, Top As Int, Right As Int, Bottom As Int)

Invalida cualquier cosa dentro del rectángulo dado que es parte de esta Actividad. El redibujado sólo se producirá cuando el programa pueda procesar la cola de mensajes, lo que ocurre normalmente cuando termina de ejecutar el código actual.

IsHardwareAccelerated As Boolean [read only]

Returns `TRUE` if hardware acceleration is supported.

IsInitialized As Boolean

Si este objeto se ha inicializado llamando a `Initialize`.

Left As Int

RemoveView

RequestFocus As Boolean

SendToBack

SetBackgroundImage (Bitmap1 As Bitmap) As BitmapDrawable

Crea un `BitmapDrawable` con el mapa de bits dado y lo establece como fondo de la vista. La propiedad Gravity está ajustada a FILL (relleno). Se devuelve el `BitmapDrawable`. Puedes usarlo para cambiar la propiedad Gravity.

SetLayout (arg0 As Int, arg1 As Int, arg2 As Int, arg3 As Int)

Tag As Object

Top As Int

Visible As Boolean

Si el Objeto es visible y el usuario puede verlo.

Width As Int

Librería GPS

Librería versión 1.20.

Esta librería está incluida en el paquete de instalación del IDE. La librería GPS le permite obtener información del dispositivo GPS del teléfono. Hay tres tipos de objetos relevantes:

- El principal es el GPS. El GPS gestiona la conexión y los eventos.
- El segundo es la Location. Una Localización es una estructura que contiene los datos disponibles sobre un "fix[46]" específico.
  Nota: Un GPS "fix" es la información de localización que el sistema GPS proporciona para una ubicación específica.
  Los datos incluyen las coordenadas de latitud y longitud, el tiempo (expresado en ticks) de esta posición y otra información como rumbo, altitud, etc. Puede ocurrir que no toda la información esté disponible (debido a una mala recepción, por ejemplo). La Localización también incluye otras funcionalidades como calcular la distancia y el rumbo a otra ubicación y métodos para convertir los formatos de cadena de coordenadas. Por lo general, trabajará con los objetos de ubicación que se le pasaron en los eventos LocationChanged. Sin embargo, también puede inicializar tales objetos por ti mismo (esto es útil para calcular la distancia y la orientación entre ubicaciones).
- El tercer objeto relevante es el GPSSatellite. Se trata de una estructura que contiene información diversa sobre los satélites actualmente conocidos. Se le devuelve en el evento `GPSStatus`.

Consulte el tutorial (http://bit.ly/18OcTkc) de GPS para obtener más información sobre esta librería.

Lista de tipos:

GPS
GPSSatellite
Location

GPS

El objeto principal que genera eventos GPS.
Tenga en cuenta que esta librería requiere Android 2.0 o superior.

Permisos:

android.permission.ACCESS_FINE_LOCATION

Eventos:

GpsStatus (Satellites As List)

Este evento, que devuelve una lista de objetos GPSSatellite, se produce una vez por segundo, independientemente del parámetro **MinimumTime** del comando `Start`.

LocationChanged (Location1 As Location)

Este evento se genera cuando el GPS detecta que el dispositivo se ha movido. Su frecuencia depende de **MinimumDistance** del comando `Start`.
Location1 – La nueva ubicación del dispositivo.

NMEA (TimeStamp As Long, Sentence As String)

Este evento contiene **Sentencias** (líneas de datos) en formato NMEA (según lo especificado por la National Marine Electronics Association) que contienen detalles sobre el sensor GPS. Estos eventos se producen cada pocos segundos.

---

[46] NT: Podemos traducir *fix* como punto o ubicación en un GPS, pero mantendremos el término en inglés.

UserEnabled (Enabled As Boolean)

Este evento se genera cuando el usuario cambia el estado del sensor GPS.

Miembros:

GPSEnabled As Boolean [read only]

Devuelve `TRUE` si el usuario ha habilitado el GPS.

Initialize (EventName As String)

IsInitialized As Boolean

Si este objeto se ha inicializado llamando `Initialize`.

LocationSettingsIntent As Intent [read only]

Devuelve el *intent*[47] que se utiliza para mostrar la configuración de las ubicaciones globales.
Ejemplo:

```
If GPS1.GPSEnabled = False Then
StartActivity(GPS1.LocationSettingsIntent)
```

Start (MinimumTime As Long, MinimumDistance As Float)

Comienza a esperar eventos.
MinimumTime - El período más corto (medido en milisegundos) entre eventos (distinto de `GpsStatus`). Pasar 0 para la frecuencia más alta.
MinimumDistance - El cambio de distancia más corto (medido en metros) para el cual se produce el evento `LocationChanged`. Pase 0 para la frecuencia más alta.

Stop

Deja de escuchar el GPS. Normalmente deberás llamar a Stop dentro de `Sub Activity_Pause`.

GPSSatellite

El objeto GPSSatellite contiene información sobre un satélite GPS. Se pasa una lista con los satélites disponibles al evento GpsStatus.

Miembros:

Azimuth As Float [read only]

Devuelve el acimut del satélite en grados (0 - 360).

Elevation As Float [read only]

Devuelve la elevación del satélite en grados (0 - 90).

IsInitialized As Boolean

Si este objeto se ha inicializado llamando a `Initialize`.

Prn As Int [read only]

Devuelve el PRN (número pseudoaleatorio) del satélite.

Snr As Float [read only]

Devuelve la relación señal/ruido del satélite.

UsedInFix As Boolean [read only]

Devuelve `TRUE` si este satélite fue usado para calcular la corrección más reciente.

---

[47] NT: Como ya hemos indicado utilizamos *intents* en lugar de su traducción "intenciones" que aparece en documentaciones técnicas de Android en castellano.

Location

Un objeto *Location* de localización contiene información sobre un punto de GPS específico. En la mayoría de los casos, trabajará con ubicaciones que se pasan al evento GPS `LocationChanged`. El objeto *Location* también se puede utilizar para calcular la distancia y la orientación a otras posiciones.

Miembros:

Accuracy As Float
Devuelve o ajusta la precisión (metros).

AccuracyValid As Boolean [read only]
Devuelve `True` si la corrección incluye un valor de precisión.

Altitude As Double
Devuelve o establece la altitud fija (metros).

AltitudeValid As Boolean [read only]
Devuelve `True` si el ajuste incluye el valor de altitud.

Bearing As Float
Devuelve o establece la orientación de la posición actual con respecto a la posición anterior. El valor se da en grados medidos en el sentido de las agujas del reloj desde el Norte verdadero. Compruebe el valor de `BearingValid` antes de utilizar este valor.

BearingTo (TargetLocation As Location) As Float
Calcula la dirección a **TargetLocation** desde la posición actual, medida en grados en el sentido de las agujas del reloj, empezando por el Norte.

BearingValid As Boolean [read only]
Devuelve `True` si la posición incluye el valor del orientación o rumbo.

ConvertToMinutes (Coordinate As Double) As String
Convierte la coordenada del parámetro **Coordinate** a una cadena formateada con el siguiente formato:
[+-]DDD:MM.MMMMM (Minuto = 1 / 60 de grado)

ConvertToSeconds (Coordinate As Double) As String
Convierte la coordenada en el parámetro **Coordinate** a una cadena formateada con el siguiente formato:
[+-]DDD:MM:SS.SSSSS (Minuto = 1 / 60 de grado, Segundo = 1 / 3600 de grado)

DistanceTo (TargetLocation As Location) As Float
Devuelve la distancia desde la posición actual a la **TargetLocation** dada, medida en metros.

Initialize
Inicializa un objeto *Location* vacío.

Initialize2 (Latitude As String, Longitude As String)
Inicializa el objeto *Location* con los parámetros de Latitud **Latitude** y Longitud **Longitude** indicados.
Los valores pueden formatearse en cualquiera de los tres formatos:
Grados: [+-]DDD.DDDDD
Minutos: [+-]DDD:MM.MMMMM (Minuto = 1 / 60 de grado)
Segundos: [+-]DDD:MM:SS.SSSSS (Segundo = 1 / 3600 de grado)
Ejemplo:

```
Dim L1 As Location
L1.Initialize2("45:30:30", "45:20:15")
```

IsInitialized As Boolean
Si este objeto se ha inicializado llamando a uno de los métodos `Initialize`.

Latitude As Double
Devuelve o establece la latitud del punto fijo (grados de -90 (Polo Sur) a 90 (Polo Norte)).

Longitude As Double
Devuelve o establece la longitud del punto fijo (grados de -180 a 180, los valores positivos representan el hemisferio oriental).

Speed As Float
Devuelve o establece la velocidad del *fix* (metros/segundo).

SpeedValid As Boolean *[read only]*
Devuelve `True` si el *fix* incluye valor de velocidad.

Time As Long
Devuelve o establece la hora del GPS *fix*, dada en ticks (p.372).

Librería HTTP (Legacy)
Librería versión 1.36.
Esta librería está incluida en el paquete de instalación del IDE.
Esta librería está obsoleta. Se recomienda utilizar en su lugar la librería OkHttp (p.572).
Esta librería le permite comunicarse con servicios web y descargar recursos de la web. Debido a que la comunicación de red puede ser lenta y poco fiable, esta librería maneja las solicitudes y respuestas en segundo plano y genera eventos cuando una tarea está lista.
Note que HttpUtils2 amplía la funcionalidad de esta librería y facilita el acceso a los servicios web.

Librería HttpUtils2 (Legacy)
Librería versión 2.50.
Esta librería está incluida en el paquete de instalación del IDE.
Esta librería está obsoleta. Se recomienda utilizar en su lugar la librería OkHttpUtils2 (p.575).
Le permite usar POST y GET para recuperar datos de un servidor web, y luego manejar los datos cuando lleguen.

Librería IME
Librería versión 1.10.
Esta librería está incluida en el paquete de instalación del IDE.
Android tiene muy buen soporte para editores de métodos de entrada (IMEs) personalizados. La desventaja de esta potente función es que la interacción con el teclado virtual puede ser a veces bastante complicada. Esta librería, que se incluye en el paquete de instalación del IDE, incluye varias utilidades que le ayudarán a manejar mejor el teclado virtual. Un tutorial con un ejemplo práctico está disponible aquí (http://bit.ly/14hx2OB).

Ejemplo:

```
Sub Globals
  Dim IME1 As IME
End Sub
```

```
Sub Activity_Create(FirstTime As Boolean)
 IME1.Initialize("IME")
End Sub
```

IME

Este es un objeto `Activity`; no puede declararse en `Sub Process_Globals`.

Eventos:

HeightChanged (NewHeight As Int, OldHeight As Int)

Este evento se produce cuando cambia la altura del teclado.

HandleAction As Boolean

Este evento se genera por el EditText que es especificado por el miembro AddHandleActionEvent cuando el usuario hace clic en el action button (el botón que muestra Next o Done) en el teclado. Para ver un ejemplo, véase más abajo. El valor devuelto especifica si se debe mantener visible el teclado. Si se devuelve `True` lo mantendrá visible, si se devuelve `False` cerrará el teclado.

Miembros:

AddHandleActionEvent (EditText1 As EditText)

Añade el evento HandleAction al EditText pasado en el parámetro. Ejemplo:

```
Sub Activity_Create(FirstTime As Boolean)
 IME1.Initialize("IME1")
 IME1.AddHandleActionEvent(edtTextToSpeak)
End Sub

Sub IME1_HandleAction As Boolean
 Dim edtTxt As EditText
 edtTxt = Sender
 If edtTxt.Text.StartsWith("a") = False Then
  ToastMessageShow("El texto debe comenzar con 'a'", True)
  'Consumir el evento.
  'El teclado no se cerrará
  Return True
 Else
  Return False 'Se cerrará el teclado
 End If
End Sub
```

AddHeightChangedEvent

Activa el evento HeightChanged. Este evento se produce cuando cambia el estado del teclado virtual. Puede utilizar este evento para cambiar el tamaño de otras vistas para que se ajusten al nuevo tamaño de pantalla.
Note que este evento no se producirá en actividades a pantalla completa (una limitación de Android).

HideKeyboard

Oculta el teclado virtual si está visible.

Initialize (EventName As String)

Inicializa el objeto y establece los subs que gestionarán los eventos.

SetCustomFilter (EditText1 As EditText, DefaultInputType As Int, AcceptedCharacters As String)

Establece un filtro personalizado.
EditText - El EditText de destino.
DefaultInputType - Establece el modo de teclado.
AcceptedCharacters - Los caracteres aceptados.
Ejemplo: Crear un filtro que acepte direcciones IP (números con múltiples puntos)

```
IME.SetCustomFilter(EditText1, EditText1.INPUT_TYPE_NUMBERS,
"0123456789.")
```

SetLengthFilter (EditText As android.widget.Edittext, MaxLength As Int)

Establece un filtro que limita la longitud máxima al valor especificado.

ShowKeyboard (View1 As View)

Fija el foco en la vista indicada y abre el teclado virtual.
El teclado sólo se mostrará si la vista ha recibido el foco.

Librería JavaObject

Librería versión 2.05
Esta librería está incluida en el paquete de instalación del IDE.
La librería JavaObject es similar a la librería Reflection (p.615) ya que permite llamar a las APIs de Java basándose en funciones de reflexión, pero en la mayoría de los casos JavaObject es más fácil de usar. Sin embargo, JavaObject no sustituye a la librería Reflection, ya que no admite todas las mismas funciones. Tenga en cuenta que puede utilizar ambas librerías juntas. Ambas son librerías poco voluminosas. Vea aquí (http://bit.ly/18xHPub) para más detalles.
JavaObject también es necesaria cuando se utiliza código en línea (p.493).

JavaObject

Eventos:

Event (MethodName As String, Args() As Object) As Object.

Vea el miembro `CreateEvent` para un ejemplo.

Miembros:

CreateEvent (Interface As String, EventName As String, DefaultReturnValue As Object) As Object

Crea una instancia de la interfaz y la enlaza con el objeto.
Interface - El nombre completo de la interfaz. Puede encontrarlos en el sitio web de Android Developer, por ejemplo aquí (http://bit.ly/1IIPMHD).
EventName - El prefijo del sub del evento.
DefaultReturnValue - Este valor se devolverá si no se ha devuelto ningún valor del evento sub. Esto puede suceder si la actividad está en pausa.

Ejemplo:
```
Sub Activity_Create(FirstTime As Boolean)
 Dim b As Button
 b.Initialize("")
 Activity.AddView(b, 0, 0, 200dip, 200dip)
 Dim jo As JavaObject = b
 Dim e As Object = jo.CreateEvent("android.view.View.OnTouchListener",
"btouch", False)
 jo.RunMethod("setOnTouchListener", Array As Object(e))
End Sub

Sub btouch_Event (MethodName As String, Args() As Object) As Object
 Dim motion As JavaObject = Args(1) 'args(0) es la Vista
 Dim x As Float = motion.RunMethod("getX", Null)
 Dim y As Float = motion.RunMethod("getY", Null)
 Log(x & ", " & y)
 Return True
End Sub
```

CreateEventFromUI (Interface As String, EventName As String, ReturnValue As Object) As Object

Similar a CreateEvent. El evento será enviado a la cola de mensajes y luego será procesado (similar a CallSubDelayed).

GetField (Field As String) As Object

Devuelve el valor del campo dado.

GetFieldJO (Field As String) As JavaObject

Similar a GetField. Devuelve un JavaObject en lugar de Object.

InitializeArray (ClassName As String, Values() As Object) As JavaObject

Crea un array con la clase y los valores dados.

InitializeContext As JavaObject

B4A only method.
Inicializa el objeto con el contexto actual (Actividad o Servicio actual).

InitializeNewInstance (ClassName As String, Params() As Object) As JavaObject

Crea una nueva instancia de la clase dada.
ClassName - El nombre completo de la clase.
Params - Un array de objetos para pasar al constructor (o Null).

InitializeStatic (ClassName As String) As JavaObject

Inicializa el objeto. El objeto envolverá la clase dada (para acceso estático).
ClassName - El nombre completo de la clase.

IsInitialized As Boolean

RunMethod (MethodName As String, Params() As Object) As Object

Ejecuta el método dado y devuelve el valor de retorno del método.
MethodName - El nombre del método, se distingue entre mayúsculas y minúsculas.
Params - Parámetros del método (o Null).

RunMethodJO (MethodName As String, Params() As Object) As JavaObject
Similar a RunMethod. Devuelve un JavaObject en lugar de Object.

SetField (FieldName As String, Value As Object)
Establece el valor del campo dado.

Librería JSON

Librería versión 1.10
Esta librería está incluida en el paquete de instalación del IDE.

Acerca de JSON

JSON (JavaScript Object Notation) es una alternativa más sencilla y ligera de intercambio de datos que XML que pretende ser fácil de generar y analizar tanto para personas como para programas. Vea aquí (http://www.json.org/) y aquí (http://bit.ly/1DyrmyK) para descripciones de JSON.
JSON puede representar a una persona como:

```
{
  "firstName": "John",
  "lastName": "Smith",
  "address": {
    "streetAddress": "21 2nd Street",
    "city": "New York",
    "state": "NY",
    "postalCode": "10021-3100"
  }
}
```

JSON está formado por dos estructuras:
- Una colección de pares nombre/valor como `"firstName": "John"`. Estos pares pueden ser almacenados en un objeto o en un mapa (objeto map).
- Una lista ordenada de valores como los de un array o lista.

JsonTree (http://bit.ly/1Dysh2f) es una herramienta B4A que le ayudará cuando trabaje con JSON.
Vea también el método ExecuteJSON (p.234) en la librería DBUtils para un método de generar un mapa a partir de una base de datos SQLite que puede pasar a JSONGenerator para crear texto JSON.

JSONGenerator

Este objeto genera cadenas JSON. Se puede inicializar con un Mapa, un Array o una Lista. Pueden contener otros Mapas, Arrays o Listas. Vea el tutorial de B4A JSON (http://bit.ly/18clue0).

Miembros:

Initialize (Map As Map)
Inicializa el objeto con el Mapa dado.

Initialize2 (List As List)
Inicializa el objeto con la Lista o Array dado.

ToPrettyString (Indent As Int) As String

Crea una cadena JSON a partir del objeto inicializado. La cadena estará sangrada y será más fácil de leer.
Note que la cadena creada es una cadena JSON válida.
Indent - Número de espacios de sangrado a añadir a cada nivel.

ToString As String

Crea una cadena JSON a partir del objeto inicializado. Esta cadena no incluye ningún espacio en blanco adicional.

JSONParser

Analiza cadenas con formato JSON. Los objetos JSON se convierten a Mapas y los arrays JSON se convierten a Listas. Después de inicializar el objeto, normalmente llamará a NextObject para obtener un único objeto Map. Si el valor del nivel superior de la cadena JSON es un array, debe llamar a NextArray. Después, debe trabajar con el Mapa o la Lista y obtener los datos necesarios. Vea el tutorial JSON (http://bit.ly/18clue0) para más información. Código típico:

```
Dim JSON As JSONParser
Dim Map1 As Map
JSON.Initialize(File.ReadString(File.DirAssets, "example.json")) '
Leer el texto de un archivo.
Map1 = JSON.NextObject
```

Miembros:

Initialize (Text As String)

Inicializa el objeto y establece el texto que será analizado.

IsInitialized As Boolean

Si este objeto se ha inicializado llamando a `Initialize`.

NextArray As List

Analiza el texto asumiendo que el valor del nivel superior es un array.

NextObject As Map

Analiza el texto asumiendo que el valor de nivel superior es un objeto.

NextValue As Object

Analiza el texto asumiendo que el valor del nivel superior es un valor simple.

Librería KeyValueStore2

Librería versión 2.21
Esta librería está incluida en el paquete de instalación del IDE.
Un KeyValueStore es un almacenamiento de datos persistente basado en claves/valores. El almacenamiento de datos clave/valor (a veces llamado NoSQL) es una alternativa a las bases de datos relacionales (SQL). Ofrece una funcionalidad sencilla y permite almacenar todo tipo de valores, donde cada valor se asigna a una clave.
Esta librería estándar reemplaza a la antigua librería KeyValueStore. No es compatible con la versión anterior. No se puede utilizar con bases de datos creadas con la versión anterior.
El proyecto debe incluir las librerías SQL, RandomAccessFile y B4XEncryption, así como KeyValueStore2.
KeyValueStore utiliza una base de datos SQLite para almacenar y recuperar cualquier tipo de valores que necesite almacenar de forma persistente, como los parámetros de usuario. Un Keystore es muy similar a un Map (así como a un Diccionario, Hashtable, HashMap...). La principal diferencia es que el almacenamiento se realiza en el sistema de archivos.
Se puede utilizar para almacenar las preferencias del usuario antes de que Android llame a **`Activity_Pause`** y luego restaurarlas en **`Activity_Resume`**. Sin embargo, es aconsejable utilizar StateManager (p.672) para este propósito.
Declare e inicialice KeyValueStore una vez que se encuentre en su módulo de servicio Starter:

```
Sub Process_Globals
    Private kvs As KeyValueStore
End Sub

Sub Service_Create
    kvs.Initialize(File.DirInternal, "datastore2")
End Sub
```

Puede escribir o leer elementos con los métodos Put, Get o GetDefault. Por ejemplo, en su módulo principal:

```
Sub Activity_Create(FirstTime As Boolean)
    'guardar un valor simple
    Starter.kvs.Put("Hora", DateTime.Now)
End Sub
```

Puede utilizar PutEncrypted para cifrar el valor antes de almacenarlo. Utilice GetEncrypted para obtener un valor cifrado.
KeyValueStore utiliza RandomAccessFile.WriteObject o WriteEncryptedObject para guardar colecciones y tipos definidos por el usuario.
Si desea poner mapas de bits, use PutBitmap y GetBitmap.
Los tipos de objetos soportados son: Listas, Mapas, Cadenas, primitivas (números), tipos y Arrays definidos por el usuario (sólo se admiten arrays de bytes y arrays de objetos).
Los tipos personalizados deben declararse en el módulo principal Main:

```
Sub Process_Globals
    Type MyCustomType1 (Number As Int, Text As String)
End Sub
```

También puede utilizar combinaciones de estos tipos, por ejemplo, una lista que contenga mapas.

La librería utiliza B4XSerializator para serializar los valores y B4XCipher para cifrarlos.
Esto significa que se pueden compartir los datos entre B4A, B4J y B4i. Por ejemplo, puede crear el archivo de datos en B4J e incorporarlo a su App.

KeyValueStore

Class_Globals As String

Close As String

Cierra el almacenamiento.

ContainsKey (Key As String ***)*** As Boolean

Comprueba si hay una clave disponible en el almacenamiento.

DeleteAll As String

Borra todos los datos del almacenamiento.

Get (Key As String ***)*** As Object

GetBitmap (Key As String, ***)*** As Bitmap

GetDefault (Key As String, ***DefaultValue*** As Object ***)*** As Object

GetEncrypted (Key As String, ***Password*** As String ***)*** As Object

GetMapAsync (Keys As List ***)*** As ResumableSub

Recupera asincrónicamente los valores del almacenamiento. El resultado es un objeto mapa con las claves y los valores.

```
'para obtener todos los elementos:
Wait For (Starter.kvs.GetMapAsync(Starter.kvs.ListKeys)) Complete (Res
ult As Map)
Log(Result)
'para obtener elementos específicos:
Wait For (Starter.kvs.GetMapAsync(Array("Key1", "Key2", "Key3")) Compl
ete (Result As Map)
Log(Result)
```

Initialize (Dir As String, ***FileName*** As String ***)*** As String

Inicializa el almacenamiento y configura su archivo. Initialize creará el archivo para contener los datos si no existe ya, utilizando el código `SQL.Initialize()`. Observe que necesita especificar una carpeta en la que se pueda escribir (p.389) cuando llame a este método.

IsInitialized As Boolean

Comprueba si el objeto se ha inicializado.

ListKeys As List

Devuelve una lista con todas las claves.

Put (Key As String, ***Value*** As Object ***)*** As String

PutBitmap (Key As String, ***Value*** As Bitmap ***)*** As String

PutEncrypted (Key As String, ***Value*** As Object, ***Password*** As String ***)*** As String

PutMapAsync (Map As Map ***)*** As ResumableSub

Inserta asincrónicamente las claves y valores del mapa. Cada uno de los pares se inserta como un elemento separado. Llámalo con *Wait For* si quieres esperar a que se complete la inserción.

```
Wait For (Starter.kvs.PutMapAsync(map)) Complete (Success As Boolean)
```

Remove (Key As String) As String
Elimina la clave y el valor asignado a esta clave.

Librería LiveWallpaper

Librería versión 1.01
Esta librería está incluida en el paquete de instalación del IDE.

LWEngine

Representa una instancia de fondo de pantalla.
Un tutorial está disponible aquí (`http://bit.ly/1Owi7pk`).

Miembros:

Canvas As CanvasWrapper [read only]
Devuelve el lienzo que se utiliza para dibujar sobre el fondo de pantalla.
Los cambios no se mostrarán hasta que llame a Refresh o RefreshAll.

CurrentOffsetX As Int [read only]
Devuelve el desplazamiento horizontal en relación con todo el ancho del fondo de pantalla.

CurrentOffsetY As Int [read only]
Devuelve el desplazamiento vertical en relación con todo el alto del fondo de pantalla.

FullWallpaperHeight As Int [read only]
Devuelve la altura completa del fondo de pantalla.

FullWallpaperWidth As Int [read only]
Devuelve el ancho completo del fondo de pantalla. Un fondo de pantalla puede estar formado por varias pantallas.

IsInitialized As Boolean
Devuelve `TRUE` si este objeto está inicializado.

IsPreview As Boolean [read only]
Devuelve `TRUE` si este fondo de pantalla se está ejecutando en "modo de vista previa".

IsVisible As Boolean [read only]
Devuelve `TRUE` si este fondo de pantalla es visible.

Rect As RectWrapper
Un práctico objeto Rect que puede utilizar. Este objeto no se utiliza internamente.

Refresh (DirtyRect As Rect)
Refresca la región dada.

RefreshAll
Refresca la pantalla completa.

ScreenHeight As Int [read only]
Devuelve la altura de la pantalla.

ScreenWidth As Int [read only]
Devuelve la ancho de la pantalla.

Tag As Object

Devuelve o establece el valor de la propiedad *Tag*. Se trata de un lugar de almacenamiento que se puede utilizar para almacenar datos adicionales.

LWManager

Gestiona los eventos del fondo de pantalla y el timer. Tiene un tutorial disponible aquí (http://bit.ly/17dre8v).

Eventos:

SizeChanged (Engine As LWEngine)

Touch (Engine As LWEngine, Action As Int, X As Float, Y As Float)

VisibilityChanged (Engine As LWEngine, Visible As Boolean)

EngineDestroyed (Engine As LWEngine)

Tick (Engine As LWEngine)

OffsetChanged (Engine As LWEngine)

Miembros:

Initialize (EventName As String, TouchEventsEnabled As Boolean)

Inicializa el objeto.
EventName - Establece los Subs que gestionarán los eventos.
TouchEventsEnabled - Si el fondo de pantalla debería generar el evento Touch cuando el usuario toca la pantalla.

StartTicking (IntervalMs As Int)

Inicia el temporizador interno.
IntervalMs - Intervalo (en milisegundos).

StopTicking

Detiene el temporizador interno.

Librería Network

Librería versión 1.51
Esta librería, que se incluye en el paquete de instalación IDE, incluye dos objetos para trabajar con TCP (`Socket` y `ServerSocket`) y dos objetos para trabajar con UDP (`UDPSocket` y `UDPPacket`).
Usando un `Socket`, usted puede comunicarse con otros dispositivos y computadoras a través de TCP/IP. `ServerSocket` le permite escuchar las conexiones entrantes. Una vez establecida la conexión, recibirá un objeto `Socket` que se utilizará para gestionar esta conexión específica. Consulte el tutorial Network (http://bit.ly/17c4yY7) para obtener más información.
Un `UDPSocket` soporta el envío y recepción de `UDPPackets`.

Lista de tipos:

ServerSocket
Socket
UDPPacket (p.568)
UDPSocket (p.568)

ServerSocket

El objeto ServerSocket permite que otras máquinas se conecten a esta máquina.
El ServerSocket escucha un puerto específico. Una vez que llega una conexión, el evento NewConnection se genera con un objeto Socket. Este objeto Socket se debe usar para comunicarse con este cliente. Puede llamar a Listen de nuevo y recibir más conexiones. Un solo ServerSocket puede manejar muchas conexiones. Para cada conexión, debe haber un objeto Socket.

Permisos:

android.permission.INTERNET
android.permission.ACCESS_WIFI_STATE

Event: NewConnection (Successful As Boolean, NewSocket As Socket)

Miembros:

Close

Cierra el ServerSocket. Esto no cerrará ningún otro sockets.
Debería llamar Initialize si desea volver a utilizar este objeto.

GetMyIP As String

Devuelve la IP del servidor. Devolverá "127.0.0.1" (localhost) si no se encuentra ninguna otra IP. Este método devolverá la IP de la red Wifi si está disponible.

GetMyWifiIP As String

Devuelve la dirección IP de la red Wifi. Devuelve "127.0.0.1" (localhost) si no está conectado.

Initialize (Port As Int, EventName As String)

Inicializa el ServerSocket.
Port - El puerto que el servidor escuchará. Tenga en cuenta que debe llamar a Listen para empezar a escuchar. Los números de puerto inferiores a 1024 están restringidos por el sistema.
EventName - El nombre del prefijo Sub del evento.

IsInitialized As Boolean

Devuelve `TRUE` si el objeto está inicializado.

Listen

Inicia en segundo plano la escucha de las conexiones entrantes. Cuando se establece una conexión, se genera el evento `NewConnection`. Si la conexión es correcta, se pasará un objeto Socket en el evento. Llamar a `Listen` mientras el ServerSocket está escuchando no hará nada.

Socket

El objeto Socket es el punto final para la comunicación de red. Si se está conectando a un servidor, debe inicializar un objeto Socket y llamar a `Connect` con la dirección del servidor. El evento `Connected` se producirá cuando la conexión esté lista o si la conexión ha fallado.
El servidor también utiliza los sockets. Una vez que se establece una nueva conexión entrante, se producirá el evento `NewConnection` y se pasará un objeto Socket inicializado como parámetro.
Una vez que se conecta un socket, debe utilizar sus `InputStream` y `OutputStream` para comunicarse con la otra máquina.

Permisos:

android.permission.INTERNET

Evento:

Connected (Successful As Boolean)

Miembros:

Close

Cierra el socket y los flujos. Se puede llamar a este método varias veces de forma segura.

Connect (Host As String, Port As Int, TimeOut As Int)

Intenta conectarse a la dirección indicada. La conexión se realiza en segundo plano. El evento Connected se producirá cuando la conexión esté lista o haya fallado.
Host - El nombre de servidor o la IP.
Port Número del Puerto.
TimeOut - Tiempo de espera de la conexión. El valor se especifica en milisegundos. Pasar 0 para desactivar el timeout.

Connected As Boolean [read only]

Devuelve `TRUE` si el socket está conectado.

Initialize (EventName As String)

Inicializa un nuevo socket.

InitializeSSL (EventName As String, KeyStoreStream As java.io.Inputstream, Password As String)

Inicializa un nuevo socket SSL.
EventName - Establece el Sub que se encargará del evento Connected.
KeystoreStream - Un InputStream que apunta a un almacén de claves (*keystore*) alternativo. Pass Null para utilizar el *keystore* por defecto. El formato del *keystore* debe ser BKS
Password - Contraseña de almacenamiento de claves personalizada.

InitializeSSLAcceptAll (EventName As String)

Inicializa un nuevo socket SSL que acepta todos los certificados automáticamente. Este método es menos seguro ya que no se prueba el certificado del servidor.

InputStream As java.io.InputStream [read only]

Devuelve el InputStream del socket que se utiliza para leer datos.

IsInitialized As Boolean

Devuelve `TRUE` si el objeto fue inicializado.

OutputStream As java.io.OutputStream [read only]

Devuelve el OutputStream del socket que se utiliza para escribir datos.

ResolveHost (Host As String) As String

Resuelve el nombre del servidor y devuelve la dirección IP.
Este método es obsoleto y no funcionará correctamente en dispositivos Android 4+.

TimeOut As Int

Devuelve o establece el tiempo de espera o *timeout* del InputStream del socket. El valor se especifica en milisegundos. Por defecto no hay tiempo de espera.

UDPPacket

Un paquete de datos que se está enviando o recibiendo. Para enviar un paquete, llame a uno de los métodos de Inicialización y luego envíe el paquete pasándolo a `UDPSocket.Send`. Cuando llega un paquete, puede obtener los datos del paquete desde las propiedades disponibles.

Miembros:

Data() As Byte [read only]
Obtiene el array de datos recibidos.

Host As String [read only]
Este método es obsoleto y no funcionará correctamente en el dispositivo Android 4+.
Utilice HostAddress en su lugar.

HostAddress As String [read only]
Devuelve la dirección IP de la máquina emisora.

Initialize (Data() As Byte, Host As String, Port As Int)
Inicializa el paquete y lo prepara para el envío.
Data - Los datos que se enviarán.
Host - El nombre del servidor o la dirección IP de destino.
Port - El puerto de destino.

Initialize2 (Data() As Byte, Offset As Int, Length As Int, Host As String, Port As Int)
Similar a Inicializar. Los datos enviados se basan en los valores de los parámetros Offset aynd Length (Desplazamiento y Longitud).

IsInitialized As Boolean
Si este objeto se ha inicializado llamando a uno de los métodos `Initialize`.

Length As Int [read only]
Devuelve la longitud de los bytes disponibles en los datos. Esto puede ser más corto que la longitud del array.

Offset As Int [read only]
Devuelve el desplazamiento en el array de datos donde comienzan los datos disponibles.

Port As Int [read only]
Devuelve el puerto del equipo emisor.

toString As String

UDPSocket

UDPSocket soporta el envío y recepción de paquetes UDPP. El envío de paquetes se realiza llamando al método `Send`. Cuando llega un paquete, se produce el evento `PacketArrived` con el paquete.
Este ejemplo envía un mensaje de cadena a otra máquina. Cuando llega un paquete, lo convierte en cadena y lo muestra:

```
Sub Process_Globals
  Dim UDPSocket1 As UDPSocket
End Sub

Sub Globals
End Sub

Sub Activity_Create(FirstTime As Boolean)
  If FirstTime Then
     UDPSocket1.Initialize("UDP", 0, 8000)
  End If
  Dim Packet As UDPPacket
  Dim data() As Byte
  data = "Hola desde Android".GetBytes("UTF8")
  Packet.Initialize(data, "10.0.0.1", 5000)
  UDPSocket1.Send(Packet)
End Sub

Sub UDP_PacketArrived (Packet As UDPPacket)
  Dim msg As String
  msg = BytesToString(Packet.Data, Packet.Offset, Packet.Length,"UTF8")
  Msgbox("Mensaje recibido: " & msg, "")
End Sub
```

Permiso:

android.permission.INTERNET

Evento:

PacketArrived (Packet As UDPPacket)

Miembros:

Close

Cierra el socket.

Initialize (EventName As String, Port As Int, ReceiveBufferSize As Int)

Inicializa el socket y comienza a esperar paquetes.
EventName - El nombre del Sub que gestionará los eventos.
Port - Puerto local para escuchar. Pasar 0 hará que Android elija un puerto disponible automáticamente.
ReceiveBufferSize - El tamaño del paquete que se recibe. Los paquetes más grandes que este valor serán truncados. Pase 0 si no desea recibir ningún paquete.

IsInitialized As Boolean

Devuelve `TRUE` si este objeto está inicializado.

Port As Int [read only]

Devuelve el puerto local en el que este socket escucha.

Send (Packet As UDPPacket)

Envía un paquete. El paquete se enviará en segundo plano (asincrónicamente).

toString As String

Librería NFC

Librería versión 2.01
Esta librería está incluida en el paquete de instalación del IDE.

A cerca de NFC

Near field communication (NFC o comunicación de campo cercano) es el conjunto de protocolos que permite que los teléfonos inteligentes y otros dispositivos se comuniquen entre sí acercándolos más de 10 cm (3,9 pulgadas). Aquí (http://bit.ly/1DyxZ4a) para más información sobre NFC.
La librería NFC, que se incluye en el paquete de instalación IDE, requiere la versión 2.3.3 o superior de Android (nivel de API 10 o superior). Le permite leer etiquetas NFC formateadas en formato NDEF (NFC Data Exchange Format). Puede encontrar más información sobre el proceso interno aquí (http://bit.ly/1Owid05).

NdefRecord

Miembros:

GetAsTextType As String

Lee el contenido y devuelve el texto almacenado.

GetAsUriType As String

Lee el contenido y devuelve el URI almacenado ("Uniform Resource Identifier" identificando el recurso a obtener).

GetPayload As Byte()

Devuelve todo el contenido.

IsInitialized As Boolean

Si se ha inicializado este objeto.

NFC

Soporta la lectura y escritura de etiquetas NFC, así como el envío de mensajes entre dos dispositivos Android.

Permisos:

android.permission.NFC

Evento:

CreateMessage As List

Miembros:

CreateMimeRecord (Mime As String*, Data* As Byte[] *)* As Object

Crea un NdefMessage con el tipo de mime y los datos indicados. Advierta que este método sólo es compatible con Android 4.1+ (API 16).

CreateUriRecord (Uri As String *)* As Object

Crea un NdefMessage con un cuerpo de mensaje Uri.

DisableForegroundDispatch ( )

Ver EnableForegroundDispatch.

EnableForegroundDispatch ( )
Obliga a enviar todos los intentos de NFC a la actividad actual. Debe llamarse desde Activity_Resume. DisableForegroundDispatch debe llamarse desde Activity_Pause.

GetNdefRecords (Intent1 As Intent) As List
Recupera los NdefRecords almacenados en el objeto Intent.

GetTechList (Intent As Android.content.intent) As String[]
Devuelve un array con las tecnologías soportadas por la etiqueta NFC.

IsEnabled As Boolean
Devuelve true si NFC está soportado y habilitado. Si IsSupported devuelve True y IsEnabled devuelve False, puede mostrar la página de configuración de NFC:

```
Dim in As Intent in.Initialize("android.settings.NFC_SETTINGS", "")
StartActivity(in)
```

IsNdefIntent (Intent1 As Intent) As Boolean
Devuelve `TRUE` si el Intent contiene datos leídos de una etiqueta NDef.

PreparePushMessage (EventName As String)
Establece el sub que manejará el evento CreateMessage.

TagTechnology
Permite el acceso a una etiqueta escaneada.

Eventos:

Connected (Success As Boolean)

RunAsync (Flag As Int, Success As Boolean, Result As Object)

Miembros:

Close
Cierra la conexión.

Connect ( )
Conecta con la etiqueta. Se producirá el evento Connected.

Connected As Boolean
Devuelve true si hay una conexión activa.

Initialize (EventName As String, Tech As String, Intent As Intent)
Inicializa el objeto.
EventName - Establece los subs que gestionarán los eventos.
Tech - La tecnología NFC que se utilizará.
Intent – El *intent* recibido en `Activity_Resume`.

IsInitialized As Boolean

RunAsync (EventName As String, Method As String, Params( ) As Object, Flag As Int)
Ejecuta asincrónicamente el método indicado. Esto se puede utilizar para acceder a los métodos de E/S nativos.
EventName – El sub que gestionará el evento `RunAsync`.
Method - Nombre del método Java.

Params – Array de parámetros.
Flag - Número arbitrario que se pasará al evento `RunAsync`.

Librería OkHttp

Librería versión 1.20
Esta librería está incluida en el paquete de instalación del IDE.
La librería OkHttp le permite hacer peticiones Http. Está basada en el SDK de OkHttp:
http://square.github.io/okhttp/
Reemplaza a la antigua librería HTTP (p.556).
Las llamadas a la librería antigua deberían seguir funcionando cuando se usa la nueva, siempre que los nombres de los objetos se cambien prefijándolos con Ok, por ejemplo HttpClient se convierte en OkHttpClient. Observe que la librería HttpUtils2 también ha sido adaptada a una nueva versión, OkHttpUtils2.
El uso de esta librería requiere Android 2.3 o superior.
Note que las funciones de autentificación y proxy aún no se han implementado en la librería.
Para más información sobre esta librería, véase aquí (http://bit.ly/1Pp0lCg)
Observe también que la Librería HttpUtils también se ha portado a una nueva versión, OkHttpUtils2 (p.575).

Lista de tipos:

OkHttpClient
OkHttpRequest
OkHttpResponse

OkHttpClient

OkHttpClient le permite hacer peticiones HTTP. En lugar de usar OkHttpClient directamente, se recomienda usar módulos OkHttpUtil2 que son mucho más fáciles de usar.

Permisos:

android.permission.INTERNET

Eventos:

ResponseSuccess (Response As HttpResponse, TaskId As Int)

ResponseError (Response As HttpResponse, Reason As String, StatusCode As Int, TaskId As Int)

Miembros:

Execute (HttpRequest As HttpRequest, TaskId As Int) As Boolean

Ejecuta la OkHttpRequest asincrónicamente. Los eventos `ResponseSuccess` o `ResponseError` se desencadenan más tarde. Tenga en cuenta que en muchos casos el objeto Response pasado en el evento `ResponseError` será `Null`. Si hay una petición con el mismo **TaskId** ya ejecutándose, entonces este método devolverá `False` y la nueva petición no se enviará.

ExecuteCredentials (HttpRequest As HttpRequest, TaskId As Int, UserName As String, Password As String) As Boolean

El mismo comportamiento que **Execute**. El Nombre de usuario **UserName** y la Contraseña **Password** se utilizarán para la autenticación Básica o Implicita. La autenticación implicita sólo se admite para las solicitudes GET.

Initialize (EventName As String)
Inicializa este objeto. **IMPORTANTE**: este objeto debería declararse en `Sub Process_Globals`.
EventName - El prefijo que se usará para los eventos ResponseSuccess y ResponseError.

InitializeAcceptAll (EventName As String)
Similar a *Initialize*, con una diferencia importante. Todos los certificados SSL se aceptarán automáticamente.
Este método sólo debe utilizarse cuando se intente conectar a un servidor ubicado en una red segura.

IsInitialized As Boolean
Si este objeto se ha inicializado llamando a `Initialize`.

OkHttpRequest
Contiene la URL de destino y otros datos enviados al servidor web.
El tiempo de espera inicial o timeout es de 30000 milisegundos (30 segundos).

Miembros:

InitializeDelete (Url As String)
Inicializa la petición y la configura para que sea un método HTTP Delete.

InitializeDelete2 (URL As String , Data () As Byte)
Inicializa la petición y la configura para que sea un método HTTP Delete con el parámetro *Data* indicado.

InitializeGet (Url As String)
Inicializa la petición y la configura para que sea un método HTTP Get.

InitializeHead (Url As String)
Inicializa la petición y la configura para que sea un método HTTP Head.

InitializePatch (URL As String, InputStream As java.io.Inputstream, Length As Int)
Inicializa la petición y la configura para que sea un método Http Patch (para mas detalles consultar aquí (https://es.wikipedia.org/wiki/Protocolo_de_transferencia_de_hipertexto) en castellano y aquí (https://en.wikipedia.org/wiki/Patch_verb) más completo en inglés). Se leerá el InputStream especificado y se añadirá a la solicitud.

InitializePatch2 (URL As String, Data() As Byte)
Inicializa la petición y la configura para que sea un método Http Patch (vea *InitializePatch* anterior). El array de datos especificado se añadirá a la solicitud. A diferencia de InitializePost, este método permitirá que la solicitud vuelva a intentarlo y envíe los datos varias veces en caso de errores de E/S.

InitializePost (Url As String, InputStream As java.io.InputStream, Length As Int)
Inicializa la petición y la configura para que sea un método HTTP Post. Se leerá el InputStream especificado y se añadirá a la solicitud.

InitializePost2 (Url As String, Data() As Byte)
Inicializa la petición y la configura para que sea un método HTTP Post. El array de **datos** especificado se agregará a la solicitud. Al contrario que `InitializePost`, este método permitirá que la petición vuelva a intentarlo y envíe los datos varias veces en caso de errores de E/S.

InitializePut (Url As String, InputStream As java.io.InputStream, Length As Int)
Inicializa la petición y la configura para que sea un método HTTP Put. Se leerá el **InputStream** especificado y se añadirá a la solicitud.

InitializePut2 (Url As String, Data() As Byte)
Inicializa la petición y la configura para que sea un método HTTP Put. El array de **datos** especificado se agregará a la solicitud.

RemoveHeaders (Name As String)
Elimina todas las cabeceras con el nombre pasado en el parámetro Name.

SetContentEncoding (Encoding As String)
Establece el encabezado de codificación de la solicitud.
Este método sólo se debe utilizar con solicitudes Post o Put.

SetContentType (ContentType As String)
Establece el encabezado MIME de la solicitud. Este método sólo se debe utilizar con solicitudes Post o Put.

SetHeader (Name As String, Value As String)
Establece el valor de la primera cabecera con el nombre dado. Si no existe tal encabezado, entonces se agregará un nuevo encabezado.

Timeout As Int [write only]
Establece el tiempo de espera de la solicitud (medido en milisegundos).

OkHttpResponse
Un objeto que contiene la respuesta devuelta por el servidor. El objeto se pasa en el evento ResponseSuccess. Puede elegir entre leer la respuesta de forma sincrónica o asincrónica. **Es importante** liberar este objeto cuando ya no se utiliza llamando `Release`.

Evento:
StreamFinish (Success As Boolean, TaskId As Int)
Miembros:

ContentEncoding As String [read only]
Devuelve el encabezado de codificación de contenido.

ContentLength As Long [read only]
Devuelve la cabecera de la longitud del contenido.

ContentType As String [read only]
Devuelve la cabecera del tipo de contenido.

ErrorResponse As String
Devuelve la respuesta del servidor como una cadena (sólo para respuestas erróneas).

GetAsynchronously (EventName As String, Output As java.io.OutputStream, CloseOutput As Boolean, TaskId As Int) As Boolean
Lee asincrónicamente la respuesta y la escribe en el **OutputStream** dado. Si hay una petición con el mismo TaskId ya ejecutándose, entonces este método devolverá `False`, y el objeto de respuesta se liberará. El evento **StreamFinish** se producirá cuando la respuesta haya sido leída por completo.
EventName - El Sub que gestionará el evento StreamFinish.
Output - El flujo desde el servidor se escribirá en este flujo.

CloseOutput - Si se debe cerrar el flujo de salida especificado al terminar.
TaskId - El identificador de tarea asignado a esta tarea.
Ejemplo:

```
Sub Http_ResponseSuccess (Response As OkHttpResponse, TaskId As Int)
  Response.GetAsynchronously("ImageResponse", _
     File.OpenOutput(File.DirInternalCache, "image.jpg", False), True,
TaskId)
End Sub

Sub ImageResponse_StreamFinish (Success As Boolean, TaskId As Int)
  If Success = False Then
     Msgbox(LastException.Message, "Error")
     Return
  End If
  ImageView1.Bitmap = LoadBitmap(File.DirInternalCache, "image.jpg")
End Sub
```

GetHeaders As Map

Devuelve un objeto Map con las cabeceras de respuesta. Cada elemento está formado por una clave que es el nombre de cabecera y un valor que es una lista que contiene los valores (uno o más). Ejemplo:

```
Dim list1 As List
list1 = response.GetHeaders.Get("Set-Cookie")
For i = 0 To list1.Size - 1
  Log(list1.Get(i))
Next
```

Release

Libera los recursos asignados a este objeto.

StatusCode As Int [read only]

Devuelve el código HTTP de respuesta.

Librería OkHttpUtils2

Librería versión 2.80
Esta librería está incluida en el paquete de instalación del IDE.
Sustituye a la librería anterior HttpUtils2 (p.556).

Le permite usar POST y GET para recuperar datos de un servidor web, y luego manejar los datos cuando eventualmente lleguen. Tenga en cuenta que el evento `JobDone` se genera cuando el trabajo está terminado.
Ejemplo:

```
Sub getSomeData
     getPage("http://www.google.com")
     DownloadImage("https://www.b4x.com/images/Logo_on-dark.png",
ImageView1)
     getPage("https://www.b4x.com/")
End Sub
```

```
Sub getPage (url As String)
     Dim j As HttpJob
     j.Initialize("", Me)
     j.Download(url)
     wait for (j) JobDone(j As HttpJob)
     If j.Success Then
           Log(j.GetString)
     End If
End Sub

Sub DownloadImage(Link As String, iv As ImageView)
   Dim j As HttpJob
   j.Initialize("", Me)
   j.Download(Link)
   Wait For (j) JobDone(j As HttpJob)
   If j.Success Then
     iv.Bitmap = j.GetBitmap
   End If
   j.Release
End Sub
```

HttpJob

Evento:

El evento JobDone se genera cuando el trabajo está terminado.

Miembros:

Class_Globals As String

Módulo de Clases.

Complete (id As Int) As String

El servicio lo llama cuando se completa el trabajo.

Delete (Link As String) As String

Envía una petición HTTP DELETE. Esto borra el recurso especificado.

Delete2 (Link As String, Parameters() As String) As String

Envía una petición HTTP DELETE.
Codifica caracteres de parámetros ilegales. Consulte `Download2` para ver un ejemplo.

Download (Link As String) As String

Envía una petición HTTP GET.
Considere la posibilidad de utilizar Download2 si los parámetros deben escaparse (tienen secuencias escape).

Download2 (Link As String, Parameters() As String) As String

Envía una petición HTTP GET.
Codifica caracteres de parámetros ilegales.
Ejemplo:

```
job.Download2("http://www.example.com", _
 Array As String("key1", "value1", "key2", "value2"))
```

ErrorMessage As String

GetBitmap As Bitmap
Devuelve un mapa de bits como respuesta.

GetBitmapResize (Width As Int, Height As Int, KeepAspectRatio As Boolean) As Bitmap
Devuelve la respuesta como un mapa de bits cargado usando LoadBitmapResize (p.336).

GetBitmapSample (Width As Int , Height As Int) As Bitmapwrapper
Devuelve la respuesta como un mapa de bits cargado con LoadBitmapSample.
En su lugar, se recomienda utilizar GetBitmapResize.

GetInputStream As InputStreamWrapper

GetRequest As OkHttpRequest
Llamado por el servicio para obtener la solicitud.

GetString As String
Devuelve la respuesta como una cadena de texto codificada en UTF8.

GetString2 (Encoding As String) As String
Devuelve la respuesta como una cadena de texto.

Head (Link As String) As String
Envía una petición HEAD.

Initialize (Name As String, TargetModule As Object) As String
Inicializa el trabajo.
Name - El nombre del trabajo. Tenga en cuenta que el nombre es opcional y no necesita ser único.
TargetModule - La actividad o servicio que gestionará el evento JobDone.

IsInitialized As Boolean
Comprueba si el objeto se ha inicializado.

JobName As String

PatchBytes (Link As String, Data() As Byte) As String
Envía una petición PATCH con los datos dados en el array del parámetro Data.

PatchString (Link As String, Data As String) As String
Envía una petición PATCH con los datos dados en la cadena de texto del parámetro Data.

Password As String

PostBytes (Link As String, Data() As Byte) As String
Envía una petición POST con la cadena dada como los datos del mensaje.

PostFile (Link As String, Dir As String, FileName As String) As String
Envía una solicitud POST con el archivo dado como datos de envío.
Este método no funciona con archivos de recursos.

PostMultipart (Link As String, NameValues As Map, Files As List) As String
Envía una solicitud POST multiparte.

NameValues - Un mapa con las claves y los valores. Pase Null si no es necesario.
Files - Lista de elementos MultipartFileData. Pase Null si no es necesario.

***PostString (Link** As String**, Text** As String**)** As String*

Envía una solicitud POST con los datos indicados como datos de publicación.

***PutBytes (Link** As String**, Data()** As Byte **)** As String*

Envía una petición PUT con la cadena indicada como datos de publicación.

***PutString (Link** As String**, Text** As String **)** As String*

Envía una petición PUT con los datos indicados como datos de publicación.

Release *As String*

Debe llamarse para liberar los recursos de este trabajo.

Response *As OkHttpResponse*

Success *As Boolean*

Tag *As Object*

Username *As String*

HttpUtils2Service

Permisos:

android.permission.INTERNET

Miembros:

ProcessGlobals

Tempfolder *As String*

MultipartFileData

Miembros:

ContentType *As String*

Dir *As String*

FileName *As String*

Initialize

Inicializa los campos a su valor por defecto.

IsInitialized *As Boolean*

Verifica si el objeto ha sido inicializado.

KeyName *As String*

Librería Phone

Librería versión 2.50
Esta librería está incluida en el paquete de instalación del IDE.
La Librería *Phone* le permite el acceso a muchas funciones de Android. Contiene los siguientes objetos:

CallLog y **CallItem** dan acceso al registro de llamadas telefónicas.

Contacts2 (p.583) (o el antiguo **Contacts (p.582)**) da acceso a los contactos almacenados, recuperados como **Contact**.

ContentChooser (p.584) permite al usuario elegir contenido de otras aplicaciones. Por ejemplo, el usuario puede elegir una imagen de la aplicación Galería.

Email (p.585) ayuda a crear un *Intent* que envía un correo electrónico.

LogCat (p.586) hace un seguimiento de los registros internos del teléfono.

PackageManager (p.586) permite recuperar información de las aplicaciones instaladas.

Phone (p.587) incluye información sobre el dispositivo y también otras características generales.

PhoneAccelerometer (p.590) y **PhoneOrientation (p.594)** son objetos antiguos, ahora reemplazados por **PhoneSensors (p.594)**.

PhoneEvents (p.591) le permite manejar todo tipo de eventos del sistema.

PhoneId (p.593) da acceso a los valores específicos del teléfono.

PhoneIntents (p.593) y **PhoneCalls (p.590)** incluyen varios *Intents* útiles.

PhoneSensors (p.594) es compatible con muchos sensores, como el acelerómetro y la orientación.

PhoneSms (p.597) soporta el envío de mensajes SMS.

PhoneVibrate (p.598) hace vibrar el teléfono.

PhoneWakeState (p.598) permite forzar la pantalla y la alimentación para que permanezcan encendidas.

RingtoneManager (p.599) le permite controlar el tono de llamada.

SmsInterceptor (p.601) intercepta los mensajes SMS entrantes.

SmsMessages (p.602) junto con la ayuda de **Sms (p.601)** obtiene mensajes de la base de datos del teléfono.

VoiceRecognition (p.603) convierte el habla a texto.

Vea también la Librería Toggle (p.686) generada por el usuario que contiene muchas rutinas útiles para controlar las características del dispositivo.

CallItem

Representa una sola llamada en los registros de llamadas. Vea CallLog para más información.

Miembros:

CachedName As String

Devuelve el nombre asignado a este número de llamada en el momento de la llamada.
Devuelve una cadena vacía si no se asignó ningún nombre.

CallType As Int

El tipo de llamada. Este valor coincide con una de las constantes TYPE.

Date As Long

La fecha de llamada expresada en ticks.

Duration As Long

La duración de la llamada en segundos.

Id As Int
El id interno de la llamada.

Number As String
El número de teléfono de la llamada.

TYPE_INCOMING As Int
`CallType` para llamadas entrantes.

TYPE_MISSED As Int
`CallType` para llamadas perdidas.

TYPE_OUTGOING As Int
`CallType` para llamadas hechas desde este dispositivo.

CallLog
CallLog le permite examinar los registros de llamadas.
Las llamadas recuperadas siempre se ordenan por fecha descendente.
Ejemplo de uso:

```
Dim Calls As List
Dim CallLog1 As CallLog
Calls = CallLog1.GetAll(10) 'Recupera las últimas 10 llamadas
For i = 0 To Calls.Size - 1
  Dim c As CallItem
  c = Calls.Get(i)
  Dim callType, name As String
  Select c.CallType
     Case c.TYPE_INCOMING
         callType="Entrante"
     Case c.TYPE_MISSED
         callType = "Perdida"
     Case c.TYPE_OUTGOING
         callType = "Saliente"
  End Select
  name = c.CachedName
  If name = "" Then name = "N/A"
  Log("Número=" & c.Number & ", Nombre=" & name _
     & ", Tipo=" & callType & ", Fecha=" & DateTime.Date(c.Date))
Next
```

Permisos:
android.permission.READ_CONTACTS
android.permission.READ_CALL_LOG

Miembros:

GetAll (Limit As Int) As List
Devuelve todas las llamadas, ordenadas por fecha (descendente), como una lista `CallItems`.
Limit - Número máximo de `CallItems` a devolver. Pase 0 para devolver todos los elementos.

GetById (Id As Int) As CallItem
Devuelve el `CallItem` con el **Id** especificado.
Devuelve `Null` si no se encuentra ningún `CallItem` coincidente.

GetSince (Date As Long, Limit As Int) As List
Devuelve todos los `CallItems` con un valor de fecha en o después de la **Fecha** especificada.
Limit - Número máximo de elementos a devolver. Pase 0 para devolver todos los elementos.
Ejemplo:
```
Dim cl As CallLog
Dim logList As List
Dim startDate As Long
startDate = DateTime.DateParse("01/16/2013")
logList.Initialize2(cl.GetSince(startDate,0))
For Each call As CallItem In logList
 Log(DateTime.Date(call.Date))
Next
```

Contact
Representa un solo contacto. Los objetos Contacts o Contacts2 deben utilizarse para obtener listas de objetos Contactos.
Los tipos de correo electrónico disponibles se identifican mediante constantes denominadas EMAIL_x.
Los tipos de teléfono disponibles se identifican mediante constantes denominadas PHONE_x.

Miembros:

DisplayName As String
El nombre mostrado. Igual al nombre del contacto si el nombre no está vacío; de lo contrario, igual a la primera dirección de correo electrónico del contacto.

EMAIL_CUSTOM As Int

EMAIL_HOME As Int

EMAIL_MOBILE As Int

EMAIL_OTHER As Int

EMAIL_WORK As Int

GetEmails As Map
Devuelve un objeto mapa con las direcciones de correo electrónico del contacto como claves y los tipos de correo electrónico como valores. Se enviará una consulta al servicio de contactos del dispositivo, por lo que podría ser lento.

GetPhones As Map
Devuelve un objeto mapa con todos los números de teléfono del contacto como claves y los tipos de teléfono como valores. Se enviará una consulta al servicio de contactos del dispositivo, por lo que podría ser lento.

GetPhoto As BitmapWrapper
Devuelve la foto de contacto o Null si si el contacto no tiene foto. Esto enviará una consulta al servicio de contactos del dispositivo, por lo que podría ser lento.

Id As Int
Id interno.

LastTimeContacted As Long
La última vez que este contacto fue contactado. El valor se da en ticks (p.372).

Name As String
Nombre del contacto.

Notes As String

PHONE_CUSTOM As Int

PHONE_FAX_HOME As Int

PHONE_FAX_WORK As Int

PHONE_HOME As Int

PHONE_MOBILE As Int

PHONE_OTHER As Int

PHONE_PAGER As Int

PHONE_WORK As Int

PhoneNumber As String
Número de teléfono principal.

Starred As Boolean
Si este contacto es un contacto "favorito".

TimesContacted As Int
Número de veces que este contacto fue contactado.

Contacts [Objeto antiguo]

Este es un objeto antiguo y ha sido reemplazado por Contacts2. Para proyectos nuevos, podría ser mejor considerar usar el módulo ContactsUtils (http://bit.ly/18OA35y) con la Librería ContentResolver (http://bit.ly/1djfesb) en lugar de Contacts o Contacts2.
El objeto `Contacts` le permite acceder a los contactos guardados en el dispositivo.

Permisos:

android.permission.READ_CONTACTS

Miembros:

FindByMail (Email As String, **Exact** As Boolean**)** As List
Devuelve una Lista de objetos de Contacto con todos los contactos que coincidan con el correo electrónico dado.
Email - El email a buscar.
Exact - Si es `True`, sólo se devolverán los contactos con la dirección de **correo electrónico** exacta (distinguiendo entre mayúsculas y minúsculas); de lo contrario, se devolverán todas las direcciones de **correo electrónico** de los contactos que incluyan la cadena **Email** (sin distinción entre mayúsculas y minúsculas).

FindByName (Name As String, **Exact** As Boolean**)** As List
Devuelve una lista de objetos Contactos con todos los contactos que coincidan con el nombre dado.
Name – El nombre a buscar.
Exact - Si es `True`, sólo se devolverán los contactos con el **nombre** exacto (distinguiendo entre mayúsculas y minúsculas); de lo contrario, se devolverán el nombre de todos los contactos que incluyan la cadena **Name** (sin distinción entre mayúsculas y minúsculas).

GetAll As List
Devuelve una lista de objetos Contactos con todos los contactos. Esta lista puede ser muy grande.

GetById (Id As Int) As Contact
Devuelve el contacto con el Id. especificado. Devuelve `Null` si no se encuentra ningún contacto coincidente.

Contacts2
El objeto Contacts2 le permite acceder a los contactos almacenados en el dispositivo. **Este tipo se basa en una nueva API compatible con Android 2.0 y superior y sustituye al tipo Contact antiguo.** Para proyectos nuevos, podría ser mejor considerar usar el módulo ContactsUtils (http://bit.ly/180A35y) con la Librería ContentResolver (http://bit.ly/1djfesb) en lugar de Contacts2.
El siguiente ejemplo encuentra todos los contactos cuyo nombre contiene la cadena "john", y muestra sus campos en el Log y, si existen, también obtendrá la foto de contacto y otros detalles:

```
Dim allContacts As Contacts2
Dim listOfContacts As List
listOfContacts = allContacts.FindByName("John", False, True, True)
For i = 0 To listOfContacts.Size - 1
  Dim Contact1 As Contact
  Contact1 = listOfContacts.Get(i)
  Log(Contact1) 'mostrará los campos en el LogCat
  Dim photo As Bitmap
  photo = Contact1.GetPhoto
  If photo <> Null Then Activity.SetBackgroundImage(photo)
  Dim emails As Map
  emails = Contact1.GetEmails
  If emails.Size > 0 Then Log("Correo electrónico: " & emails)
  Dim phones As Map
  phones = Contact1.GetPhones
  If phones.Size > 0 Then Log("Números de teléfono: " & phones)
Next
```

Permisos:
android.permission.READ_CONTACTS

Eventos:
Complete (ListOfContacts As List)

Miembros:

FindByMail (Email As String, Exact As Boolean, IncludePhoneNumber As Boolean, IncludeNotes As Boolean) As List
Devuelve una Lista de objetos Contact con todos los contactos que coincidan con el **Email** dado.
Email - El email a buscar.
Exact - Si es `True`, sólo se devolverán los contactos con la dirección de **correo electrónico** exacta (distinguiendo entre mayúsculas y minúsculas); de lo contrario, se devolverán todas las direcciones de correo electrónico de los contactos que incluyan la cadena **Email** (sin distinción entre mayúsculas y minúsculas).
IncludePhoneNumber - Si se debe buscar el número de teléfono predeterminado.
IncludeNotes - Si se debe recuperar el campo de notas.

FindByName (Name As String, Exact As Boolean, IncludePhoneNumber As Boolean, IncludeNotes As Boolean) As List

Devuelve una lista de objetos Contact con todos los contactos que coincidan con el nombre dado.
Name - El nombre a buscar.
Exact - Si es `True`, sólo se devolverán los contactos con el **nombre** exacto (distinguiendo entre mayúsculas y minúsculas); de lo contrario, se devolverán el nombre de todos los contactos que incluyan la cadena **Name** (sin distinción entre mayúsculas y minúsculas).
IncludePhoneNumber - Si se debe buscar el número de teléfono predeterminado.
IncludeNotes - Si se debe recuperar el campo de notas.

GetAll (IncludePhoneNumber As Boolean, IncludeNotes As Boolean) As List

Devuelve una lista de objetos Contact con todos los contactos. Esta lista puede ser muy grande.

GetById (Id As Int, IncludePhoneNumber As Boolean, IncludeNotes As Boolean) As Contact

Devuelve el contacto con el Id. especificado. Devuelve `Null` si no se ha encontrado ningún contacto coincidente.
IncludePhoneNumber - Si se debe buscar el número de teléfono predeterminado.
IncludeNotes - Si se debe recuperar el campo de notas.

GetContactsAsync (EventName As String, Query As String, Arguments() As String, IncludePhoneNumber As Boolean, IncludeNotes As Boolean)

Este método es una versión asíncrona de GetContactsByQuery. Una vez que la lista esté lista, se generará el evento `Complete`. El parámetro **EventName** establece el sub que gestionará este evento.

GetContactsByQuery (Query As String, Arguments() As String, IncludePhoneNumber As Boolean, IncludeNotes As Boolean) As List

Devuelve una lista de contactos basada en la consulta y los argumentos especificados.
Query - La consulta SQL. Pasar una cadena vacía para devolver todos los contactos.
Arguments – Un array de cadenas de texto utilizadas para consultas parametrizadas. Pase `Null` si no es necesario.
IncludePhoneNumber - Si se debe buscar el número de teléfono de cada contacto.
IncludeNotes - Si se debe recuperar el campo de notas para cada contacto.

ContentChooser

El objeto ContentChooser permite al usuario seleccionar un tipo específico de contenido utilizando otras aplicaciones instaladas. Por ejemplo, el usuario puede utilizar la aplicación interna Galería para seleccionar una imagen. Si el usuario ha instalado un administrador de archivos, entonces el ContentChooser se puede utilizar para seleccionar archivos en general. Este objeto debería declararse normalmente como objeto `Sub Process_Globals`. Después de inicializar el objeto, puede dejar que el usuario seleccione el contenido llamando a Show con los tipos MIME adecuados.
El evento `Result` se producirá con un indicador `Success` y con el contenido `Dir` y `FileName`. Tenga en cuenta que estos valores pueden apuntar a recursos que no sean archivos normales. Aún así, puede pasarlos a los métodos que esperan `Dir` y `FileName`.
Sólo se admiten los tipos de contenido que se pueden abrir con un `InputStream`.

Evento:

Result (Success As Boolean, Dir As String, FileName As String)

Miembros:

Initialize (EventName As String)

Inicializa el objeto y establece el Sub que gestionará el evento Result.
Ejemplo:

```
Dim CC As ContentChooser
CC.Initialize("CC")
```

IsInitialized As Boolean

Si este objeto se ha inicializado llamando a `Initialize`.

Show (Mime As String, Title As String)

Envía la solicitud al sistema. Si hay más de una aplicación que soporta el tipo Mime dado, entonces se mostrará al usuario una lista con las aplicaciones. El evento *Result* se mostrará después de que el usuario elija un elemento o cancele el diálogo.
Mime - El tipo de contenido MIME.
Title - El título del diálogo de selección (cuando hay más de una aplicación).
Ejemplos:

```
CC.Show("image/*", "Elige una imagen")
CC.Show("audio/*", "Elige un archivo de sonido")
```

Email

Utilizando un objeto de correo electrónico, puede crear un *intent* que contenga un mensaje de correo electrónico completo. Posteriormente, puede iniciar la aplicación de correo electrónico llamando a StartActivity. Tenga en cuenta que el correo electrónico no se enviará de forma automática y el usuario deberá pulsar el botón "Enviar". Ejemplo:

```
Dim Message As Email
Message.To.Add("alguncorreo@ejemplo.com")
Message.Attachments.Add(File.Combine(File.DirRootExternal,
"AlgunArchivo.txt"))
StartActivity(Message.GetIntent)
```

Miembros:

Attachments As List

BCC As List

Body As String

CC As List

GetHtmlIntent As Intent

Devuelve el *Intent* que se debe enviar con StartActivity. El mensaje de correo electrónico será un mensaje HTML.

GetIntent As Intent

Devuelve el *Intent* que se debe enviar con StartActivity.

***Subject** As String*

***To** As List*

LogCat

LogCat le permite leer los registros internos del teléfono. Consulte la documentación (http://bit.ly/1OwixvZ) de LogCat para obtener más información sobre los argumentos opcionales. Cuando hay nuevos datos disponibles se generará el evento LogCatData. Debe utilizar BytesToString para convertir los bytes en bruto en cadenas.
Tenga en cuenta que el evento LogCatData se genera en un hilo diferente. Esto significa que sólo puede grabar en log los mensajes.
También puede utilizar la librería Threading para asignar los datos al hilo principal.

Permisos:

android.permission.READ_LOGS

Evento:

***LogCatData (Buffer()** As Byte, **Length** As Int)*

El evento LogCatData se genera cuando hay nuevos datos disponibles.

Miembros:

***LogCatStart (Args()** As String, **EventName** As String)*

Empieza a hacer el seguimiento de los registros.
Args - Argumentos (http://bit.ly/1OwixvZ) opcionales pasados al comando interno LogCat.
EventName - El Sub que gestionará el evento LogCatData.

LogCatStop

Detiene el seguimiento de los registros.

PackageManager

El *PackageManager* o Administrador de Paquetes le permite encontrar información sobre las aplicaciones instaladas. Las aplicaciones son referenciadas usando su nombre de paquete. Puede obtener una lista de todos los paquetes llamando a `GetInstalledPackages`.

Miembros:

***GetApplicationIcon (Package** As String) As Drawable*

Devuelve el icono de la aplicación. Ejemplo:

```
Dim pm As PackageManager
Activity.Background = pm.GetApplicationIcon(
"com.google.android.youtube")
```

***GetApplicationIntent (Package** As String) As IntentWrapper*

Devuelve un objeto Intent que se puede utilizar para iniciar la aplicación en cuestión. Ejemplo:

```
Dim In As Intent
Dim pm As PackageManager
In = pm.GetApplicationIntent("com.google.android.youtube")
If In.IsInitialized Then StartActivity(In)
```

***GetApplicationLabel (Package** As String) As String*

Devuelve la etiqueta de aplicación.

GetInstalledPackages As List
Devuelve una lista de los paquetes instalados. Ejemplo:
```
Dim pm As PackageManager
Dim packages As List
packages = pm.GetInstalledPackages
For i = 0 To packages.Size - 1
  Log(packages.Get(i))
Next
```

GetVersionCode (Package As String) As Int
Devuelve el código de la versión de la aplicación.

GetVersionName (Package As String) As String
Devuelve el nombre de la versión de la aplicación.

QueryIntentActivities (Intent1 As Intent) As List
Devuelve una lista de las actividades instaladas que pueden manejar el *Intent* indicado. Cada elemento de la lista es el "nombre del componente" de una actividad. Puede utilizar `Intent.SetComponent` para seleccionar explícitamente la actividad. El primer elemento se considera el que mejor encaja. Por ejemplo, el siguiente código enumera todas las actividades que pueden "ver" un archivo de texto:
```
Dim pm As PackageManager
Dim Intent1 As Intent
Intent1.Initialize(Intent1.ACTION_VIEW, "file://")
Intent1.SetType("text/*")
For Each cn As String In pm.QueryIntentActivities(Intent1)
 Log(cn)
Next
```

Phone

Miembros:

GetDataState As String
Devuelve el estado actual de la conexión de datos móviles.
Posibles valores: DISCONNECTED, CONNECTING, CONNECTED, SUSPENDED.

GetMaxVolume (Channel As Int) As Int
Devuelve el índice de volumen máximo (valor) para el canal en cuestión.
Channel - Una de las constantes de VOLUMEN dadas arriba.

GetNetworkOperatorName As String
Devuelve el nombre actual del operador registrado . Devuelve una cadena vacía si no está disponible.

GetNetworkType As String
Devuelve el tipo de red móvil que se está utilizando actualmente. Posibles valores:
1xRTT, CDMA, EDGE, EHRPD, EVDO_0, EVDO_A, EVDO_B, GPRS, HSDPA, HSPA, HSPAP, HSUPA, IDEN, LTE, UMTS, UNKNOWN.

GetPhoneType As String
Devuelve el tipo de radio del teléfono. Posibles valores: CDMA, GSM, NONE.

GetResourceDrawable (ResourceId As Int) As Drawable
Devuelve un objeto dibujable interno. Vea esta página web (http://bit.ly/1OwiMam) para una lista de recursos disponibles.

Ejemplo:

```
Dim p As Phone
Dim bd As BitmapDrawable
bd = p.GetResourceDrawable(17301618)
Activity.AddMenuItem2("Menu1", "Menu1", bd.Bitmap)
```

GetRingerMode As Int
Devuelve el modo de timbre del teléfono. El valor será una de las constantes RINGER.

GetSettings (Settings As String) As String
Devuelve el valor de la configuración de las preferencias del teléfono de la clave dada. Aquí se enumeran las posibles claves. Las claves están en minúsculas. Las aplicaciones pueden leer estas preferencias pero no pueden modificarlas.
Ejemplo:

```
Dim p As Phone
Log(GetSettings("android_id"))
```

GetSimOperator As String
Devuelve el código del proveedor de la tarjeta SIM. Devuelve una cadena vacía si no está disponible.

GetVolume (Channel As Int) As Int
Devuelve el volumen del canal especificado.
Channel - Una de las constantes de VOLUMEN.

HideKeyboard (Activity As ActivityWrapper)
Oculta el teclado virtual si está visible. Ejemplo:

```
Dim p As Phone
p.HideKeyboard(Activity)
```

IsAirplaneModeOn As Boolean
Devuelve `TRUE` si el "modo avión" del teléfono está activado.

IsNetworkRoaming As Boolean
Devuelve `True` si el dispositivo se está en roaming en la red actual.

Manufacturer As String [read only]

Model As String [read only]

Product As String [read only]

RINGER_NORMAL As Int
Modo de timbre de teléfono normal.

RINGER_SILENT As Int
El timbre del teléfono se silenciará y el dispositivo NO vibrará.

RINGER_VIBRATE As Int
El timbre del teléfono se silenciará y el dispositivo vibrará.

SdkVersion As Int [read only]
Devuelve un número entero que describe la versión del SDK.

SendBroadcastIntent (Intent1 As Intent)
Envía un Intent a todos los BroadcastReceivers que escuchan este tipo de Intent. Ejemplo de solicitud al escáner de medios que vuelva a explorar un archivo:

```
Dim i As Intent
i.Initialize("android.intent.action.MEDIA_SCANNER_SCAN_FILE", _
  "file://" & File.Combine(File.DirRootExternal, "pictures/1.jpg"))
Dim p As Phone
p.SendBroadcastIntent(i)
```

SetMute (Channel As Int, Mute As Boolean)

Silencia o vuelve a activar el canal dado.
Channel - Una de las constantes de VOLUMEN.
Mute - Si activar o desactivar el silencio del canal.

SetRingerMode (Mode As Int)

Establece el modo de timbre del teléfono.
Mode - Una de las constantes RINGER.
Ejemplo:

```
Dim p As Phone
p.SetRingerMode(p.RINGER_VIBRATE)
```

SetScreenBrightness (Value As Float)

Ajusta el brillo de la actividad actual. Este método no se puede llamar desde un módulo de servicio.
Value - Un tipo float de 0 a 1. Ajuste -1 para brillo automático.
Ejemplo:

```
Sub Process_Globals
  Dim phone1 As Phone
End Sub
Sub Globals
  Dim sb As SeekBar
End Sub
Sub Activity_Create(FirstTime As Boolean)
  sb.Initialize("sb")
  sb.Max = 100
  sb.Value = 50
  Activity.AddView(sb, 10dip, 10dip, 90%x, 30dip)
End Sub
Sub sb_ValueChanged (Value As Int, UserChanged As Boolean)
  phone1.SetScreenBrightness(Max(Value, 5) / 100)
End Sub
```

SetScreenOrientation (Orientation As Int)

Modifica la orientación de la actividad actual. Este método no se puede llamar desde un módulo de servicio.
Orientation - `-1` (menos 1) para *unspecified*, 0 para *landscape* y 1 para *portrait*.

SetVolume (Channel As Int, VolumeIndex As Int, ShowUI As Boolean)

Establece el volumen del canal especificado.
Channel - Una de las constantes de VOLUMEN.
VolumeIndex - El índice de volumen. GetMaxVolume se puede utilizar para encontrar el mayor valor posible.
ShowUI - Si mostrar o no las ventanas de interfaz de usuario de volumen.
Ejemplo:

```
Dim p As Phone
p.SetVolume(p.VOLUME_MUSIC, 3, True)
```

Shell (Command As String, Args() As String, StdOut As StringBuilder, StdErr As StringBuilder) As Int

Ejecuta un comando shell nativo. Muchos comandos son inaccesibles debido a las restricciones de seguridad del sistema operativo. Devuelve el valor del exit de proceso.
Command - Comando para ejecutar.
Args - Argumentos adicionales. Puede ser `Null` si no es necesario.
StdOut - Un StringBuilder que retendrá el valor de salida estándar. Puede ser `Null` si no es necesario.
StdErr - Un StringBuilder que retendrá el valor de error estándar. Puede ser `Null` si no es necesario.
Ejemplo:

```
Dim p As Phone
Dim sb As StringBuilder
sb.Initialize
p.Shell("df", Null, sb, Null)
Msgbox(sb.ToString, "Espacio libre:")
```

VOLUME_ALARM As Int

Canal de alarmas.

VOLUME_MUSIC As Int

Canal de música.

VOLUME_NOTIFICATION As Int

Canal de Notificaciones.

VOLUME_RING As Int

Canal de timbre del teléfono.

VOLUME_SYSTEM As Int

Canal de sonido del sistema.

VOLUME_VOICE_CALL As Int

Canal de llamadas de voz.

PhoneAccelerometer [Objeto antiguo]

Se trata de un objeto obsoleto y no debería utilizarse. El objeto PhoneSensors (p.594) proporciona mayor funcionalidad, soporta todos los sensores existentes y se ampliará para soportar los futuros. Debería usarse en su lugar.

PhoneCalls

Este objeto crea un Intent que lanza la aplicación del teléfono. La razón por la que no es parte de la librería de PhoneIntents es que requiere un permiso (p.144) adicional.

Permisos:

android.permission.CALL_PHONE

Miembro:

Call (PhoneNumber As String) As Intent

Crea un Intent que llamará a un número de teléfono.
Ejemplo:

```
Dim p As PhoneCalls
StartActivity(p.Call("1234567890"))
```

PhoneEvents

El sistema operativo Android envía todo tipo de mensajes para notificar a las aplicaciones de los cambios en el sistema. El objeto PhoneEvents le permite captar estos mensajes y manejar los eventos en su programa.
Normalmente, es recomendable añadir este objeto a un módulo de **Servicio** en lugar de a un módulo de **Actividad** para no perder los eventos que se producen mientras la actividad está en pausa. Debería declarar este objeto en `Sub Process_Globals` e inicializarlo en `Sub Service_Create`. Por ejemplo, para controlar el nivel de la batería se podría utilizar:

```
Sub Process_Globals
 Dim phoneEvent As PhoneEvents
End Sub

Sub Activity_Create(FirstTime As Boolean)
 phoneEvent.Initialize("phoneEvent")
End Sub

Sub phoneEvent_BatteryChanged (Level As Int, Scale As Int, _
    Plugged As Boolean, Intent As Intent)
 Log(Intent.GetExtra("level"))
End Sub
```

Eventos:

Tenga en cuenta que cada evento tiene un Intent (p.401), enviada por Android, con información adicional.

AirplaneModeChanged (State As Boolean, Intent As Intent)

Se genera cuando cambia el estado "modo avión".
State - `True` cuando el modo avión está activo.
Intent - este objeto se envía por Android.

BatteryChanged (Level As Int, Scale As Int, Plugged As Boolean, Intent As Intent)

Se genera cuando cambia el estado de la batería.
Level - El nivel actual.
Scale - El nivel máximo.
Plugged - Si el dispositivo está conectado a una toma de corriente.
Intent - este objeto se envía por Android.

ConnectivityChanged (NetworkType As String, State As String, Intent As Intent)

Hubo un cambio en el estado de la red WIFI o de la red MÓVIL (otra red).
NetworkType - WIFI o MÓVIL.
State - Uno de los siguientes valores: CONNECTING, CONNECTED, SUSPENDED, DISCONNECTING, DISCONNECTED, UNKNOWN.
Intent - este objeto se envía por Android.

DeviceStorageLow (Intent As Intent)

Se genera cuando el estado de la memoria interna del dispositivo es bajo.
Intent - este objeto se envía por Android.

DeviceStorageOk (Intent As Intent)

Se genera cuando la condición de memoria baja del dispositivo ya no existe.

Intent este objeto se envía por Android.

PackageAdded (Package As String, Intent As Intent)

Se instaló una aplicación.
Package - El nombre del paquete de la aplicación.
Intent - este objeto se envía por Android.

PackageRemoved (Package As String, Intent As Intent)

Se desinstaló una aplicación.
Package - El nombre del paquete de la aplicación.
Intent - este objeto se envía por Android.

PhoneStateChanged (State As String, IncomingNumber As String, Intent As Intent)

El estado del teléfono ha cambiado.
State - Uno de los tres valores: IDLE, OFFHOOK, RINGING. OFFHOOK indica que hay una llamada o que el teléfono está marcando.
IncomingCall - Disponible cuando el valor de estado es RINGING.
Intent - este objeto se envía por Android.

ScreenOff (Intent As Intent)

La pantalla se ha apagado.
Intent - este objeto se envía por Android.

ScreenOn (Intent As Intent)

La pantalla se ha encendido.
Intent - este objeto se envía por Android.

SmsDelivered (PhoneNumber As String, Intent As Intent)

Un mensaje SMS enviado por su aplicación fue entregado al destinatario.
PhoneNumber - El número de teléfono de destino.
Intent - este objeto se envía por Android.

SmsSentStatus (Success As Boolean, ErrorMessage As String, PhoneNumber As String, Intent As Intent)

Se produce después de que su aplicación envíe un mensaje SMS.
Success - Si el mensaje se ha enviado correctamente.
ErrorMessage - Uno de los siguientes valores: GENERIC_FAILURE, NO_SERVICE, RADIO_OFF, NULL_PDU o OK.
PhoneNumber - El número de teléfono de destino.
Intent - este objeto se envía por Android.

Shutdown (Intent As Intent)

El teléfono se está apagando (apagado, no sólo durmiendo).
Intent - este objeto se envía por Android.

TextToSpeechFinish (Intent As Intent)

El motor Text-To-Speech ha terminado de procesar los mensajes de la cola.
Intent - este objeto se envía por Android.

UserPresent (Intent As Intent)

El usuario ha desbloqueado la pantalla de bloqueo.
Intent - este objeto se envía por Android.

Miembros:

Initialize (EventName As String)

Inicializa el objeto y comienza a esperar eventos.
El PhoneStateEvent no se producirá. Utilice InitializeWithPhoneState en su lugar si es necesario.

InitializeWithPhoneState (EventName As String, PhoneId As PhoneId)

Inicializa el objeto y comienza a esperar los eventos y también se gestionará el PhoneStateEvent.
Ejemplo:

```
Dim PhoneId1 As PhoneId
Dim PE As PhoneEvents
PE.InitializeWithPhoneState("PE", PhoneId1)
```

StopListening

Detiene la escucha de eventos. Más tarde puede llamar a `Initialize` para comenzar a escuchar los eventos de nuevo.

PhoneId

Permisos:

android.permission.READ_PHONE_STATE

Miembros:

GetDeviceId As String

Devuelve un Id. de dispositivo único. Devuelve una cadena vacía si el Id. de dispositivo no está disponible (normalmente en dispositivos sólo Wifi).

GetLine1Number As String

Devuelve la cadena de números de teléfono de la línea 1 tal y como está configurada en la tarjeta SIM. Devuelve una cadena vacía si no está disponible.

GetSimSerialNumber As String

Devuelve el número de serie de la tarjeta SIM. Devuelve una cadena vacía si no está disponible.

GetSubscriberId As String

Devuelve el Id. de suscriptor único. Devuelve una cadena vacía si no está disponible.

PhoneIntents

Este objeto contiene métodos que crean objetos Intents. Un Intent no hace nada hasta que usted llame a StartActivity con el Intent. Llamar a StartActivity envía el Intent a Android.

Miembros:

OpenBrowser (URI As String) As Intent

Crea un intent que abrirá la URI especificada.
URI – un "Uniform Resource Identifier" (Identificador uniforme de recursos) que identifica la dirección web de la página a abrir.
Ejemplo:

```
StartActivity (PhoneIntents.OpenBrowser("http://www.google.com"))
```

PlayAudio (Dir As String, File As String) As Intent

Crea un intent que comenzará a reproducir el archivo de audio indicado con el reproductor que esté predeterminado.
Este método no puede trabajar con archivos internos.

PlayVideo (Dir As String, File As String) As Intent
Crea un intent que comenzará a reproducir el archivo de vídeo indicado con el reproductor que esté predeterminado.
Este método no puede trabajar con archivos internos.

PhoneOrientation [Objeto antiguo]
Se trata de un objeto obsoleto y no debería utilizarse. El objeto PhoneSensors proporciona mayor funcionalidad, soporta todos los sensores existentes y se ampliará para soportar los futuros. Debería utilizarse en su lugar.

PhoneSensors
La mayor parte de los dispositivos que emplean Android tienen sensores incorporados que miden el movimiento, la orientación y diversas condiciones ambientales. Consulte la lista de componentes a continuación para conocer los posibles tipos de sensores. Tenga en cuenta que la mayoría de los dispositivos no admiten todos los sensores posibles. El método `StartListening` devuelve `False` si no se admite el sensor especificado.
Los sensores son capaces de proporcionar datos con alta precisión y exactitud, y son útiles si desea comprobar el movimiento o la posición tridimensional del dispositivo, o si desea supervisar los cambios en el entorno cerca de un dispositivo.
El objeto PhoneSensors le permite escuchar los cambios en uno de los sensores del dispositivo.
Ejemplo para comprobar el acelerómetro y mostrar los valores:

```
Sub Process_Globals
 Dim accel As PhoneSensors
End Sub

Sub Globals
 Dim lbl As Label
End Sub

Sub Activity_Create(FirstTime As Boolean)
 If FirstTime Then
  ' Inicializar acelerómetro
  accel.Initialize(accel.TYPE_ACCELEROMETER)
 End If

 ' Preparar la etiqueta para recibir los datos
 lbl.Initialize("")
 lbl.TextColor = Colors.White
 Activity.AddView(lbl, 10dip, 10dip, 100%x - 10dip, 45dip)
End Sub

Sub Activity_Resume
 'Aquí empezamos a escuchar los eventos de SensorChanged.
 'Comprobando el valor devuelto sabemos si el sensor es compatible.
 If accel.StartListening("accel") = False Then
  lbl.Text = "El acelerómetro no es compatible."
  Log("El acelerómetro no es compatible.")
 End If
End Sub
```

```
Sub Activity_Pause (UserClosed As Boolean)
 'Dejar de escuchar los eventos.
 accel.StopListening
End Sub

Sub accel_SensorChanged (Values() As Float)
 Dim ps As PhoneSensors
 ' Obtener el objeto PhoneSensors que provocó este evento.
 ps = Sender
 If Sender = accel Then
  lbl.Text = "Datos del acelerómetro: " _
   & " X=" & NumberFormat(Values(0), 0, 3) _
   & ", Y=" & NumberFormat(Values(1), 0, 3) _
   & ", Z=" & NumberFormat(Values(2), 0, 3)
 Else
  Log ("xxx")
 End If
End Sub
```

Consulte aquí (http://bit.ly/16oqRsm) un ejemplo más detallado.

Evento:

SensorChanged (Values() As Float)

Después de inicializar el objeto y llamar a `StartListening`, el evento `SensorChanged` se producirá cada vez que cambie el valor del sensor. El valor se pasa como un array de Floats. Algunos sensores pasan un solo valor y otros pasan tres. Ejemplo:

```
Sub Sensor_SensorChanged (Values() As Float)
 Dim ps As PhoneSensors
 Dim sd As SensorData
 Dim lbl As Label
 'Obtener el objeto PhoneSensors que provocó este evento.
 ps = Sender
 sd = SensorsMap.Get(ps) 'Obtener el objeto SensorData asociado
 lbl = SensorsLabels.Get(ps) ' Obtener la etiqueta asociada
 If sd.ThreeValues Then
  lbl.Text = sd.Name & " X=" & NumberFormat(Values(0),0,3) _
    & ", Y=" & NumberFormat(Values(1), 0, 3) _
    & ", Z=" & NumberFormat(Values(2), 0, 3)
 Else
  lbl.Text = sd.Name & " = " & NumberFormat(Values(0), 0, 3)
 End If
End Sub
```

Miembros:

Accuracy As Int [read only]

Devuelve la precisión del evento actual, de 0 (poco fiable) a 3 (máxima precisión).

Initialize (SensorType As Int)

Inicializa el objeto y configura el tipo de sensor (una de las constantes **TYPE**).

```
Dim accel As PhoneSensors
accel.Initialize(accel.TYPE_ACCELEROMETER)
```

Initialize2 (SensorType As Int, SensorDelay As Int)

Inicializa el objeto y establece el tipo de sensor y la frecuencia de eventos del sensor.
SensorType - Una de las constantes **TYPE**.
SensorDelay - Un valor de 0 (tasa más rápida) a 3 (tasa más lenta). Esto es sólo una indicación para el sistema.

MaxValue As Float [read only]

Devuelve el valor máximo para este sensor.
Devuelve `-1` si este sensor no es compatible.

StartListening (EventName As String) As Boolean

Inicia la escucha de los eventos de los sensores. Devuelve `True` si el sensor es compatible. Por lo general, es aconsejable empezar a escuchar en `Sub Activity_Resume` y dejar de escuchar en `Sub Activity_Pause`.

StopListening

Detiene la escucha de eventos.

Timestamp As Long [read only]

Devuelve la marca de tiempo *timestamp* del evento actual medido en nanosegundos. Observe que el valor real tiene diferentes significados en diferentes dispositivos. Por lo tanto, sólo debe utilizarse para comparar entre eventos de sensor en el mismo dispositivo.

TYPE_ACCELEROMETER As Int

Una constante que identifica el sensor del acelerómetro.

```
Dim accel As PhoneSensors
accel.Initialize(accel.TYPE_ACCELEROMETER)
```

Cuando este tipo de sensor cambia, el evento SensorChanged recibe un array de tres valores. Véase el ejemplo anterior. Los valores dan la aceleración medida en Metros / Segundo ^ 2 para cada eje (X, Y y Z).

TYPE_GYROSCOPE As Int

Una constante identificando el sensor del Giroscopio. Cuando este tipo de sensor cambia, el evento SensorChanged recibe un array de tres valores. Véase el ejemplo anterior. Los valores dan la velocidad angular medida en Radianes / Segundo alrededor de cada uno de los tres ejes.

TYPE_LIGHT As Int

Una constante identificación del sensor de luz. Cuando este tipo de sensor cambia, el evento SensorChanged recibe un único valor. Véase el ejemplo anterior. Los valores indican el nivel de luz ambiental medido en unidades SI lux.

TYPE_MAGNETIC_FIELD As Int

Una constante que identifica al sensor de campo magnético. Cuando este tipo de sensor cambia, el evento SensorChanged recibe un array de tres valores. Véase el ejemplo anterior. Los valores dan el campo magnético ambiental medido en micro-Tesla para los ejes X, Y y Z.

TYPE_ORIENTATION As Int

Una constante que identifica el sensor de Orientación. Cuando este tipo de sensor cambia, el evento SensorChanged recibe un array de tres valores. Véase el ejemplo anterior. Los valores dan la orientación medida en grados para el acimut, la inclinación y el balanceo.

TYPE_PRESSURE As Int

Una identificación constante del sensor de presión. Cuando este tipo de sensor cambia, el evento SensorChanged recibe un único valor. Véase el ejemplo anterior. Los valores dan la presión atmosférica en unidades de hectoPascales (hPa) o, equivalente, milibares (mbar).

TYPE_PROXIMITY As Int

Una constante que identifica al Detector. Cuando este tipo de sensor cambia, el evento SensorChanged recibe un único valor. Véase el ejemplo anterior. Los valores dan la proximidad medida en centímetros. La mayoría de los dispositivos devolverán sólo dos valores posibles que representan "cerca" y "lejos". "lejos" debe coincidir con MaxRange y "cerca" debe ser un valor menor que MaxRange.

TYPE_TEMPERATURE As Int

Una constante que identifica el sensor de temperatura. Cuando este tipo de sensor cambia, el evento SensorChanged recibe un único valor. Véase el ejemplo anterior. Los valores indican la temperatura ambiente en grados centígrados.

PhoneSms

Permisos:

android.permission.SEND_SMS

Miembros:

Send (PhoneNumber As String, Text As String)

Envía un mensaje SMS. Tenga en cuenta que este método realmente envía el mensaje (a diferencia de la mayoría de los otros métodos que crean un objeto *Intent*). Puede utilizar `PhoneEvents` para gestionar los eventos `SmsSentStatus` y `SmsDelivered`. Este método es equivalente a llamar a `PhoneSms.Send2(PhoneNumber, Text, True, True)`

Send2 (PhoneNumber As String, Text As String, ReceiveSentNotification As Boolean, ReceiveDeliveredNotification As Boolean)

Envía un mensaje Sms sin notificación. Tenga en cuenta que este método realmente envía el mensaje (a diferencia de la mayoría de los otros métodos que crean un objeto *Intent*). Puede utilizar `PhoneEvents` para gestionar los eventos `SmsSentStatus` y `SmsDelivered`.
ReceiveSentNotification - Si es True entonces el SmsSentStatus PhoneEvent se producirá cuando se envíe el mensaje.
ReceiveDeliveredNotification - Si es True entonces el PhoneEvent SmsDelivered se producirá cuando se entregue el mensaje.
Ejemplo:

```
Sub Globals
 Dim Sms As PhoneSms
 Dim PE As PhoneEvents
 Dim btnTest As Button
 Dim strPhoneNumber As String = "01234567890"
End Sub

Sub Activity_Create(FirstTime As Boolean)
 PE.Initialize("PE")
 Sms.Send2(strPhoneNumber,"Este SMS fue enviado desde B4A",True,True)
End Sub
```

```
Sub PE_SmsDelivered (PhoneNumber As String, Intent As Intent)
 Log ("SMS entregado a " & PhoneNumber)
End Sub

Sub PE_SmsSentStatus (Success As Boolean, ErrorMessage As String,
PhoneNumber As String, Intent As Intent)
 If Success = True Then
  Log ("SMS enviado a " & PhoneNumber)
 Else
  Log ("No se ha podido enviar el SMS a " & PhoneNumber & ". Error = "
& ErrorMessage)
 End If
End Sub
```

PhoneVibrate

Permisos:

android.permission.VIBRATE

Miembros:

Vibrate (TimeMs As Long)

Vibra el teléfono durante el tiempo especificado.

PhoneWakeState

El objeto PhoneWakeState le permite evitar que el dispositivo apague la pantalla. Una vez que llame a `KeepAlive`, la pantalla del teléfono permanecerá encendida hasta que llame a `ReleaseKeepAlive`. Es importante liberarlo eventualmente. Un **uso recomendado** es llamar KeepAlive in `Activity_Resume` y `ReleaseKeepAlive` en `Activity_Pause`.
Note que el usuario todavía puede apagar la pantalla pulsando el botón de encendido.
Llamar a `PartialLock` evitará que la CPU pase a modo reposo (modo sleep) incluso si el usuario presiona el botón de encendido. Sin embargo, no afectará a la pantalla.

Permisos:

android.permission.WAKE_LOCK

Miembros:

KeepAlive (BrightScreen As Boolean)

Evita que el dispositivo entre en reposo. Llame a ReleaseKeepAlive para liberar el bloqueo de energía.
BrightScreen - Si se debe mantener la pantalla brillante o tenue.

PartialLock

Consigue un bloqueo parcial. Esto evitará que la CPU se ponga en reposo, incluso si el usuario pulsa el botón de encendido. **Asegúrese** de llamar a ReleasePartialLock eventualmente para liberar este bloqueo.

ReleaseKeepAlive

Desbloquea el bloqueo de energía y permite que el dispositivo entre en reposo.

ReleasePartialLock

Desbloquea un bloqueo parcial que se consiguió previamente llamando a `PartialLock`.

RingtoneManager

El objeto RingtoneManager le permite establecer u obtener el tono de llamada predeterminado y proporciona acceso al selector de tonos de llamada predeterminado. El evento **PickerResult** se producirá cuando el selector se cierre con el URI ("Uniform Resource Identifier", es decir, la dirección) del tono de llamada seleccionado. **Nótese** que se devolverá una cadena vacía si se ha seleccionado la opción "Silencio". Ejemplo de reproducción del tono de llamada seleccionado con MediaPlayer:

```
Sub Globals
  Private btnPlay As Button
  Dim rm As RingtoneManager
  Dim strUri As String
End Sub

Sub Activity_Create(FirstTime As Boolean)
  rm.ShowRingtonePicker("rm", rm.TYPE_RINGTONE, True, "")
End Sub

Sub rm_PickerResult (Success As Boolean, URI As String)
  If Success Then
     If URI = "" Then
         ToastMessageShow("Se eligió el silencio", True)
     Else
       strUri = uri
     End If
  Else
     ToastMessageShow("Error al cargar el tono de llamada.", True)
  End If
End Sub

Sub btnPlay_Click
    rtm.Play(strUri)
End Sub
```

Permisos:

android.permission.WRITE_SETTINGS

Evento: PickerResult (Success As Boolean, URI As String)

URI – el "Uniform Resource Identifier" (Identificador uniforme de recursos) especificando la dirección del tono de llamada seleccionado.

Miembros:

AddToMediaStore (Dir As String, FileName As String, Title As String, IsAlarm As Boolean, IsNotification As Boolean, IsRingtone As Boolean, IsMusic As Boolean) As String

Añade un archivo de sonido al almacenamiento multimedia interno y devuelve la URI (dirección) a la nueva entrada.

Dir - La carpeta de archivos. Debe ser una carpeta en la tarjeta de almacenamiento (carpeta pública).
FileName - El nombre del archivo.
Title - El título de la entrada.
IsAlarm - Si esta entrada debe añadirse a la lista sonora de alarmas.

IsNotification - Si esta entrada debe añadirse a la lista de sonido de notificaciones.
IsRingtone - Si esta entrada debe añadirse a la lista de tonos de llamada.
IsMusic - Si esta entrada debe añadirse a la lista de música.
Ejemplo:

```
Dim r As RingtoneManager
Dim u As String
u = r.AddToMediaStore(File.DirRootExternal, "bounce.mp3", "Bounce!",
True, True, True, True)
r.SetDefault(r.TYPE_RINGTONE, u)
```

DeleteRingtone (URI As String)

Elimina la entrada dada.
URI – el "Identificador Uniforme de Recursos" (la dirección) del tono de llamada a borrar.

GetContentDir As String

Devuelve una cadena que representa la carpeta de contenido virtual. Se puede utilizar para reproducir un tono de llamada con MediaPlayer.

GetContentDir As String

Devuelve una cadena que representa la carpeta de contenido virtual. Esto se puede utilizar para reproducir un tono de llamada con MediaPlayer.

GetDefault (Type As Int) As String

Devuelve la URI (dirección) del tono de llamada predeterminado de un tipo específico, o una cadena vacía si no hay ningún valor predeterminado disponible. Ejemplo:

```
Dim mp As MediaPlayer
mp.Initialize
Dim r As RingtoneManager
mp.Load(r.GetContentDir, r.GetDefault(r.TYPE_NOTIFICATION))
mp.Play
```

Play (URI As String)

Reproduce el tono de llamada con la URI dada. La URI se puede encontrar usando `ShowRingtonePicker`, como en el ejemplo anterior.

SetDefault (Type As Int, URI As String)

Establece el tono de timbre predeterminado para el tipo indicado.
URI - el "Uniform Resource Identifier" (la dirección) del nuevo tono por defecto. Para obtener la URI, debe utilizar `AddToMediaStore` (para sonidos nuevos) o `ShowRingtonePicker` (para sonidos existentes).

ShowRingtonePicker (EventName As String, Type As Int, IncludeSilence As Boolean, ChosenRingtone As String)

Muestra la actividad de selección del tono de llamada. El PickerResult se producirá después de que el usuario seleccione un tono de llamada.
EventName - Establece el sub que gestionará el evento PickerResult.
Type - Define el tipo o tipos de sonidos que se mostrarán en la lista. Se pueden configurar múltiples tipos usando Bit.Or.
IncludeSilence - Si se debe incluir la opción Silencio en la lista.
ChosenRingtone - La URI (dirección) del tono de llamada que se seleccionará cuando se abra el diálogo. Si no es necesario se debe pasar una cadena vacía.

***TYPE_ALARM* As Int**

***TYPE_NOTIFICATION* As Int**

***TYPE_RINGTONE* As Int**

Sms

Representa un mensaje SMS. Los mensajes SMS se recuperan utilizando un objeto SmsMessages.

Miembros:

***Address* As String**

La dirección del mensaje.

***Body* As String**

Cuerpo del mensaje.

***Date* As Long**

La fecha de este mensaje.

***Id* As Int**

Id interno del mensaje.

***PersonId* As Int**

La identificación de la persona que envió el mensaje. Será `-1` si falta este dato.
Puede encontrar más información sobre esta persona llamando a `Contacts.GetById`.

***Read* As Boolean**

Si este mensaje se ha leído.

***ThreadId* As Int**

El Id del hilo de ejecución (Thread).

***Type* As Int**

El tipo de mensaje. Una de las constantes de SmsMessages.

SmsInterceptor

A la escucha de los mensajes SMS entrantes. El evento MessageReceived se genera cuando llega un nuevo mensaje. Si se devuelve `True` desde el evento MessageReceived, el mensaje transmitido se cancelará. Esto se puede utilizar para evitar que el mensaje llegue a la aplicación SMS estándar.
Sin embargo, para que su aplicación reciba el mensaje antes que otras aplicaciones, debe utilizar Inicializar2 y establecer el valor de prioridad en un valor mayor que 0. Debe ser 999 según la documentación de Android.

Permisos:

android.permission.RECEIVE_SMS

Eventos:

MessageReceived (From As String, Body As String) As Boolean

MessageSent (MessageId As Int)

Miembros:

Initialize (EventName As String)

Inicializa el objeto y comienza a escuchar nuevos mensajes.

Initialize2 (EventName As String, Priority As Int)

Inicializa el objeto y comienza a escuchar nuevos mensajes. El parámetro **Priority** define la prioridad de la aplicación en comparación con otras aplicaciones que escuchan los mensajes entrantes.
De acuerdo con la documentación oficial de Android, para recibir el mensaje primero, debe establecer **Priority** a 999. Sin embargo, es posible que una aplicación de terceros haya utilizado un valor más alto. El valor más alto posible es el valor máximo de un Int, 2147483647.

ListenToOutgoingMessages

Escucha los mensajes de salida. El evento `MessageSent` se producirá cuando se envíe un mensaje. Puede llamar a `SmsMessages.GetByMessageId` para recuperar el mensaje.

StopListening

Detiene la escucha de eventos. Más tarde puede llamar a Inicializar para comenzar a escuchar de nuevo.

SmsMessages

Proporciona acceso a los mensajes SMS almacenados. **Tenga en cuenta** que puede utilizar PhoneSms para enviar mensajes SMS. Ejemplo de impresión de todos los mensajes de la última semana:

```
Dim SmsMessages1 As SmsMessages
Dim List1 As List
List1 = SmsMessages1.GetAllSince(DateTime.Add(DateTime.Now, 0, 0, -7))
For i = 0 To List1.Size - 1
  Dim Sms1 As Sms
  Sms1 = List1.Get(i)
  Log(Sms1)
Next
```

Permisos:

android.permission.READ_SMS

Miembros:

GetAll As List

Devuelve todos los mensajes almacenados.

GetAllSince (Date As Long) As List

Devuelve todos los mensajes desde la fecha dada incluida.

GetBetweenDates (StartDate As Long, EndDate As Long) As List

Devuelve todos los mensajes entre las fechas dadas, incluida la fecha **StartDate** y excluida la **EndDate** .

GetByMessageId (Id As Int) As List

GetByPersonId (PersonId As Int) As List

Devuelve una lista con todos los mensajes recibidos de la persona con el **PersonId** indicado.

GetByThreadId (ThreadId As Int) As List

Devuelve una lista con todos los mensajes con el ThreadId dado.

GetByType (Type As Int) As List

Devuelve una lista con todos los mensajes del tipo dado. El tipo debe ser una de las constantes **TYPE**.

GetUnreadMessages As List

Devuelve todos los mensajes no leídos.

***TYPE_DRAFT** As Int*

***TYPE_FAILED** As Int*

***TYPE_INBOX** As Int*

***TYPE_OUTBOX** As Int*

***TYPE_QUEUED** As Int*

***TYPE_SENT** As Int*

***TYPE_UNKNOWN** As Int*

VoiceRecognition

La mayoría de los dispositivos Android admiten el reconocimiento de voz (voz a texto). Normalmente, el servicio funciona enviando el flujo de audio a un servidor externo que lo analiza y devuelve los posibles resultados, para lo cual se requiere una conexión de datos.

Debe declarar un objeto VoiceRecognition como objeto `Sub Process_Globals` e inicializarlo en `Activity_Create` cuando `FirstTime` es `True`. Más tarde, cuando llame a `Listen`, aparecerá un cuadro de diálogo pidiéndole al usuario que hable.

Evento: Result (Success As Boolean, Texts As List)

El evento `Result` se generará con un indicador **Success** y una lista con los posibles resultados (normalmente un resultado). Necesitará un Sub para procesar el resultado:

```
Sub VR_Result (Success As Boolean, Texts As List)
 If Success = True Then
  ToastMessageShow(Texts.Get(0), True)
 End If
End Sub
```

Miembros:

Initialize (EventName As String)

Inicializa el objeto y establece el Sub que capturará el evento Ready. Ejemplo:

```
Dim VR As VoiceRecognition
VR.Initialize("VR")
```

IsSupported As Boolean

Devuelve `TRUE` si el dispositivo soporta el reconocimiento de voz.

Language As String [write only]

Establece el idioma utilizado. Por defecto, se utiliza el idioma predeterminado del dispositivo. Ejemplo:

```
VR.Language = "en"
```

Listen

Empieza a escuchar. El evento *Ready* se producirá cuando llegue el resultado.

Listen2 (RecognizeIntent As Android.content.intent)

Similar a Listen. Le permite construir el *intent* usted mismo.

Prompt As String [write only]

Define el mensaje que se muestra en el diálogo "Hable ahora" además del mensaje "Hable ahora".

Librería de Activity de Preferencias

Librería versión 1.01
Esta librería está incluida en el paquete de instalación del IDE.
La librería PreferenceActivity le permite presentar la interfaz de configuración estándar y proporciona una forma sencilla de gestionar la configuración de las aplicaciones.

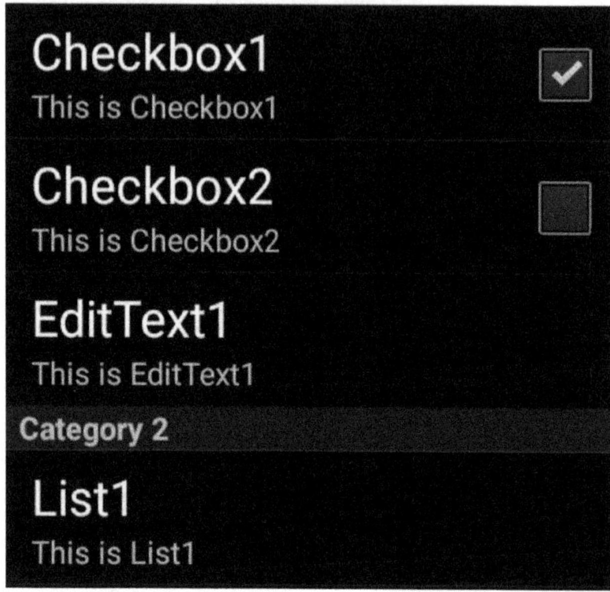

Para usar esta librería, necesita editar el archivo manifest (usando el Manifest Editor (p.126)) y agregar la línea:

```
AddApplicationText(<activity
android:name="anywheresoftware.b4a.objects.preferenceactivity"/>)
```

Consulte el tutorial (http://bit.ly/11jIyFd) (y el proyecto de ejemplo que contiene) para obtener más información sobre cómo utilizar esta librería. **Nota**: aunque la modificación del manifest no es visible en el proyecto de ejemplo (debido a que el manifest es de sólo lectura), sigue siendo necesaria en todos los proyectos que cree y que utilicen esta librería.

Limitaciones de PreferenceActivity

No puede especificar el formato del texto, como por ejemplo requerir que sea un número. Tampoco se puede establecer el ancho de la vista que se muestra. Siempre llena la pantalla completa.

Lista de tipos:

PreferenceCategory
PreferenceManager
PreferenceScreen

PreferenceCategory

PreferenceCategory contiene un grupo de otras preferencias.

Miembros:

AddCheckBox (Key As String, Title As String, Summary As String, DefaultValue As Boolean)

Añade una entrada de preferencia con una casilla de verificación. Los valores pueden ser `True` o `False`.
Key - La clave de preferencia asociada al valor.
Title - Título de la entrada.
Summary - Descripción de la preferencia (segunda fila).
DefaultValue - El valor por defecto de esta entrada de preferencia si la clave no existe ya.

AddEditText (Key As String, Title As String, Summary As String, DefaultValue As String)

Añade una entrada de preferencia que permite al usuario introducir texto libre.
Key - La clave de preferencia asociada al valor.
Title - Título de la entrada.
Summary - Descripción de la preferencia (segunda fila).
DefaultValue - El valor por defecto de esta entrada de preferencia si la clave no existe ya.

AddList (Key As String, Title As String, Summary As String, DefaultValue As String, Values As List)

Añade una entrada de preferencia que permite al usuario elegir un único elemento de una lista.
Key - La clave de preferencia asociada al valor.
Title - Título de la entrada.
Summary - Descripción de la preferencia (segunda fila).
DefaultValue - El valor por defecto de esta entrada de preferencia, si la clave no existe ya. Debe coincidir con una de las cadenas en el parámetro **Values**.
Values - Una lista de cadenas con los posibles valores.

AddPreferenceCategory (PreferenceCategory As PreferenceCategory)

Añade una PreferenceCategory. Una categoría de preferencia se compone de un título y un grupo de entradas. **Nótese** que una Categoría de Preferencia no puede contener otras Categorías de Preferencia.

AddPreferenceScreen (PreferenceScreen As PreferenceScreen)

Agrega una PreferenceScreen secundaria (Pantalla de Preferencias). Cuando el usuario pulse sobre esta entrada, aparecerá la segunda pantalla.

CreateIntent As Intent

Crea el objeto Intent que se requiere para mostrar la Actividad de Preferencias. Ejemplo:

```
StartActivity(PreferenceScreen1.CreateIntent)
```

Initialize (Title As String)

Inicializa el objeto y establece el título de la categoría.

PreferenceManager

Proporciona acceso a los ajustes guardados. Usando PreferenceManager, puede obtener los valores almacenados y modificarlos.

Miembros:

ClearAll

Borra todas las entradas almacenadas.

GetAll As Map
Devuelve un Objeto Map con todas las claves y valores. Tenga en cuenta que los cambios en este mapa no afectarán a los valores almacenados.

GetBoolean (Key As String) As Boolean
Devuelve el valor booleano asignado a la clave dada. Devuelve `False` si no se encuentra la clave.

GetString (Key As String) As String
Devuelve el valor de la cadena asignada a la clave dada. Devuelve una cadena vacía si no se encuentra la clave.

GetUpdatedKeys As List
Devuelve una lista con las claves que se actualizaron desde la última llamada a GetUpdatedKeys.
Hay que tener en cuenta que las claves actualizadas pueden incluir claves con valores inalterados. Si, por ejemplo, el usuario cambiara el valor de un elemento y lo restaurara al valor original, este elemento seguiría apareciendo en la lista de claves actualizadas.

SetBoolean (Key As String, Value As Boolean)
Asigna la clave al valor booleano dado.

SetString (Key As String, Value As String)
Asigna la clave al valor dado de Cadena.

PreferenceScreen

Miembros:

AddCheckBox (Key As String, Title As String, Summary As String, DefaultValue As Boolean)
Añade una entrada de preferencia con una casilla de verificación. Los valores pueden ser `True` o `False`.
Key - La clave de preferencia asociada al valor.
Title - Título de la entrada.
Summary - Descripción de la preferencia (segunda fila).
DefaultValue - El valor por defecto de esta entrada de preferencia si la clave no existe ya.

AddEditText (Key As String, Title As String, Summary As String, DefaultValue As String)
Añade una entrada de preferencia que permite al usuario introducir texto libre.
Key - La clave de preferencia asociada al valor.
Title - Título de la entrada.
Summary - Descripción de la preferencia (segunda fila).
DefaultValue - El valor por defecto de esta entrada de preferencia si la clave no existe ya.

AddList (Key As String, Title As String, Summary As String, DefaultValue As String, Values As List)
Añade una entrada de preferencia que permite al usuario elegir un único elemento de una lista.
Key - La clave de preferencia asociada al valor.
Title - Título de la entrada.
Summary - Descripción de la preferencia (segunda fila).
DefaultValue - El valor por defecto de esta entrada de preferencia si la clave no existe ya. Debe coincidir con una de las cadenas en el parámetro **Values**.
Values - Una lista de cadenas con los posibles valores.

AddPreferenceCategory (PreferenceCategory As PreferenceCategory)
Añade una PreferenceCategory. Una categoría de preferencia está formada por un título y un grupo de entradas. Obsérvese que una PreferenceCategories no puede contener otras PreferenceCategories.

AddPreferenceScreen (PreferenceScreen As PreferenceScreen)
Agrega una Pantalla de Preferencias secundaria. Cuando el usuario pulse sobre esta entrada, aparecerá la segunda pantalla.

CreateIntent As Intent
Crea el objeto Intent que se requiere para mostrar la PreferencesActivity. Ejemplo:
```
StartActivity(PreferenceScreen1.CreateIntent)
```

Initialize (Title As String, Summary As String)
Inicializa el objeto y establece el título que se mostrará. La descripción en el parámetro *summary* se mostrará para las pantallas PreferenceScreens secundarias.

Librería RandomAccessFile
Librería versión 2.32
Esta librería está incluida en el paquete de instalación del IDE.

AsyncStreams
El objeto AsyncStreams permite leer desde un InputStream y escribir en un OutputStream en segundo plano sin bloquear el hilo principal.
Vea el Tutorial de AsyncStreams aquí (http://bit.ly/1Owj5BS).

Modo Prefix
En este modo, los datos de entrada deben seguir el siguiente protocolo: cada mensaje debe empezar con la longitud del mensaje como un valor Int (4 bytes). Esta longitud no debe incluir los 4 bytes adicionales.

Eventos:

Error
El evento de *Error* se produce cuando se encuentra un error. Debe comprobar LastException para encontrar el error.

NewData (Buffer() As Byte)
El evento NewData se produce cuando hay nuevos datos disponibles, pero sólo con mensajes completos (sin incluir el valor de longitud de 4 bytes).

NewStream (Dir As String, FileName As String)
El evento NewStream sólo se produce en modo prefijo (*prefix*) cuando el otro lado envía un mensaje con WriteStream. Este evento se produce después de que el mensaje completo se haya recibido sin problemas. El evento incluye la carpeta y el nombre del mensaje guardado. Tenga en cuenta que el nombre del archivo es una cadena arbitraria.

Terminated
El evento *Terminated* se produce cuando el otro lado ha terminado la conexión.

Miembros:

Close
Cierra los flujos asociados.

Initialize (In As java.io.InputStream, Out As java.io.OutputStream, EventName As String)

Inicializa el objeto. A diferencia de lo que ocurre en el modo prefijo, el evento *NewData* se producirá con nuevos datos tan pronto como esté disponible.
In - El InputStream que se leerá. Pass `Null` si sólo quieres escribir con este objeto.
Out - El OutputStream que se utiliza para escribir los datos. Pase `Null` si sólo desea leer con este objeto.
EventName - Determina los Subs que gestionan los eventos NewData y Error.

InitializePrefix (In As java.io.InputStream, BigEndian As Boolean, Out As java.io.OutputStream, EventName As String)

Inicializa el objeto y lo pone en modo "prefijo". En este modo, los datos de entrada deben seguir el siguiente protocolo: cada mensaje debe comenzar con la longitud del mensaje como un valor Int (4 bytes). Esta longitud no debe incluir los 4 bytes adicionales.
El evento NewData sólo se producirá con mensajes completos (sin incluir el valor de longitud de 4 bytes).
El valor entero (Int) del prefijo se añadirá automáticamente a los mensajes de salida. Esto lo hace más fácil, ya que no tiene que ocuparse de mensajes no válidos.
In - El InputStream que se leerá. Pass `Null` si sólo quieres escribir con este objeto.
BigEndian - Si el valor de longitud está codificado en BigEndian o LittleEndian.
Out - El OutputStream que se utiliza para escribir los datos. Pase `Null` si sólo desea leer con este objeto.
EventName - Determina los Subs que gestionan los eventos NewData y Error.

IsInitialized As Boolean

Devuelve `TRUE` si se ha inicializado este objeto.

OutputQueueSize As Int [read only]

Devuelve el número de mensajes en espera en la cola de salida.

StreamReceived As Long [read only]

Devuelve el número de bytes del archivo recibido en ese momento. Sólo válido en modo prefijo.

StreamTotal As Long [read only]

Devuelve el número total de bytes del archivo recibido en ese momento. Sólo válido en modo prefijo.

Write (Buffer() As Byte) As Boolean

Añade el array de bytes del parámetro *Buffer* a la cola de flujo de salida. Si el objeto fue inicializado con `InitializePrefix`, entonces la longitud del array se añadirá antes del array. Devuelve `False` si la cola está llena y no es posible encolar los datos.

Write2 (Buffer() As Byte, Start As Int, Length As Int) As Boolean

Añade el array de bytes del parámetro *Buffer* a la cola de flujo de salida. Si el objeto fue inicializado con `InitializePrefix`, entonces la longitud del array se añadirá antes del array. Devuelve `False` si la cola está llena y no es posible encolar los datos.

WriteStream (In As Java.io.inputstream, Size As Long) As Boolean

Escribe el mensaje indicado. Este método sólo se admite en modo prefijo. La suma de comprobación se calculará y remitirá al otro tamaño. El evento NewStream se producirá, en el lado receptor, una vez que el envío se haya recibido sin problemas. Este método es más eficiente que enviar los mismos datos en partes. Puede procesar flujos de cualquier tamaño.
In - InputStream que será leído. Tenga en cuenta que el InputStream se cerrará después de enviar la transferencia de datos.
Size - Número de bytes a leer de la transmisión.

B4XSerializator

Eventos:

BytesToObject (Success As Boolean, NewObject As Object)

ObjectToBytes (Success As Boolean, Bytes() As Byte)

Miembros:

ConvertBytesToObject (Bytes() As Byte) As Object

Versión en memoria de RandomAccessFile.ReadB4XObject.

ConvertBytesToObjectAsync (Bytes() As Byte, EventName As String)

Convierte asincrónicamente los bytes en objetos. El evento BytesToObject se producirá cuando el objeto esté listo. No se debe volver a utilizar la misma instancia de B4XSerializator al llamar a métodos asíncronos.

ConvertObjectToBytes (Object As Object) As Byte

Versión en memoria de RandomAccessFile.WriteB4XObject. Se soportan los siguientes tipos: Listas, arrays de bytes y arrays de objetos, Mapas, Cadenas, tipos primitivos y tipos definidos por el usuario. Tenga en cuenta que los tipos definidos por el usuario deben declararse en el módulo *Main*.

ConvertObjectToBytesAsync (Object As Object, EventName As String)

Convierte asincrónicamente el objeto en bytes. El evento ObjectToBytes se producirá con los bytes serializados. No se debe volver a utilizar la misma instancia de B4XSerializator al llamar a métodos asíncronos.

Tag As Object [read only]

Devuelve o establece el valor de la Etiqueta (*Tag*). Se trata de un contenedor que puede utilizarse para almacenar datos adicionales.

CompressedStreams

El objeto CompressedStreams permite comprimir y descomprimir datos utilizando los métodos de compresión **gzip** o **zlib**. Para más información sobre estos, consulte aquí (http://bit.ly/1Owj94L) y aquí (http://bit.ly/1OwjdRS).

Hay dos opciones para trabajar con CompressedStreams:

- Envolver otro flujo llamando a WrapInputStream o WrapOutputStream.
- Comprimir o descomprimir los datos en memoria.

El siguiente ejemplo nos muestra el uso de este objeto:

```
Sub Activity_Create(FirstTime As Boolean)
   Dim sb As StringBuilder
   sb.Initialize
   'Las operaciones de concatenación son mucho más rápidas con
StringBuilder que con String.
   For i = 1 To 10000
      sb.Append("Jugando con flujos comprimidos.").Append(CRLF)
   Next
   Dim out As OutputStream
   Dim s As String
   Dim compress As CompressedStreams
   s = sb.ToString
   'Escribir la cadena sin comprimirla (podríamos haber usado
File.WriteString en su lugar).
```

```
  out = File.OpenOutput(File.DirRootExternal, "test.txt", False)
  WriteStringToStream(out, s)
  'Escribe la cadena con compresión gzip.
  out = File.OpenOutput(File.DirRootExternal, "test.gz", False)
  out = compress.WrapOutputStream(out, "gzip")
  WriteStringToStream(out, s)
  ' Escribe la cadena con compresión zlib.
  out = File.OpenOutput(File.DirRootExternal, "test.zlib", False)
  out = compress.WrapOutputStream(out, "zlib")
  WriteStringToStream(out, s)

  'Mostrar el tamaño de los archivos
  Msgbox("Sin compresión: " & File.Size(File.DirRootExternal,
"test.txt") & CRLF _
     & "Gzip: " & File.Size(File.DirRootExternal, "test.gz") & CRLF _
     & "zlib: " & File.Size(File.DirRootExternal, "test.zlib"),
"Tamaño de los archivos ")
  'Leer datos de un archivo comprimido
  Dim in As InputStream
  in = File.OpenInput(File.DirRootExternal, "test.zlib")
  in = compress.WrapInputStream(in, "zlib")
  Dim reader As TextReader
  reader.Initialize(in)
  Dim line As String
  line = reader.ReadLine
  Msgbox(line, "Primera Línea")
  reader.Close

  ' Compresión / descompresión en memoria
  Dim data() As Byte
  data = "Jugando con la compresión en memoria.".GetBytes("UTF8")
  Dim compressed(), decompressed() As Byte
  compressed = compress.CompressBytes(data, "gzip")
  decompressed = compress.DecompressBytes(compressed, "gzip")
  'En este caso, los datos comprimidos son más largos que los datos
descomprimidos.
  'Los datos son demasiado cortos para que la compresión sea útil.
  Log("Comprimido: " & compressed.Length)
  Log("Descomprimido: " & decompressed.Length)
  Msgbox(BytesToString(decompressed,0, decompressed.Length, "UTF8"),
"")
End Sub
Sub WriteStringToStream(Out As OutputStream, s As String)
  Dim t As TextWriter
  t.Initialize(Out)
  t.Write(s)
  t.Close 'También cierra el flujo interno
End Sub
```

Miembros:

CompressBytes (Data() As Byte, CompressMethod As String) As Byte()

Devuelve un array de bytes con los datos comprimidos.
Data - Datos a comprimir.
CompressMethod - El nombre del método de compresión (gzip o zlib).

DecompressBytes (CompressedData() As Byte, CompressMethod As String) As Byte()

Devuelve un array de bytes con los datos descomprimidos.
CompressedData - Los datos comprimidos que se deben descomprimir.
CompressMethod - El nombre del método de compresión (gzip o zlib).

WrapInputStream (In As java.io.InputStream, CompressMethod As String) As InputStreamWrapper

Envuelve un flujo de entrada y devuelve un flujo de entrada que descomprime automáticamente el flujo cuando se lee.
In - El flujo de entrada original.
CompressMethod - El nombre del método de compresión (gzip o zlib).

WrapOutputStream (Out As java.io.OutputStream, CompressMethod As String) As OutputStreamWrapper

Envuelve un flujo de salida y devuelve un flujo de salida que comprime automáticamente los datos cuando se escriben en el flujo.
Out - El flujo de salida original.
CompressMethod - El nombre del método de compresión (gzip o zlib).

CountingInputStream

`CountingInputStream` y `CountingOutputStream` le permiten supervisar el progreso de la lectura o escritura. Los flujos que cuentan envuelven el flujo actual y proporcionan una propiedad `Count` que le permite obtener el número de bytes leídos o escritos. Los flujos de conteo son útiles cuando las operaciones de lectura o escritura se realizan en segundo plano. A continuación, puede utilizar un temporizador para supervisar el progreso. Este ejemplo registra el progreso de la descarga:

```
Sub Process_Globals
  Dim hc As HttpClient
  Dim cout As CountingOutputStream
  Dim length As Int
  Dim timer1 As Timer
End Sub
Sub Globals
End Sub
Sub Activity_Create(FirstTime As Boolean)
  If FirstTime Then
     hc.Initialize("hc")
     timer1.Initialize("Timer1", 500)
  End If
  Dim req As HttpRequest
  req.InitializeGet("http://www.basic4ppc.com/android/files/b4a-
trial.zip")
  hc.Execute(req, 1)
End Sub
```

```
Sub hc_ResponseSuccess (Response As HttpResponse, TaskId As Int)
  cout.Initialize(File.OpenOutput(File.DirRootExternal, "1.zip",
False))
  Timer1.Enabled = True
  length = Response.ContentLength
  Response.GetAsynchronously("respuesta", cOut, True, TaskId)
End Sub
Sub hc_ResponseError (Response As HttpResponse, Reason As String,
StatusCode As Int, TaskId As Int)
  Log("Error: " & Reason)
  If Response <> Null Then
     Log(Response.GetString("UTF8"))
     Response.Release
  End If
End Sub
Sub Response_StreamFinish (Success As Boolean, TaskId As Int)
  timer1.Enabled = False
  If Success Then
     Timer1_Tick 'Mostrar el estado actual del contador
     Log("!Éxito!")
  Else
     Log("Error: " & LastException.Message)
  End If
End Sub
Sub Timer1_Tick
  Log(cout.Count & " de " & length)
End Sub
```

Miembros:

BytesAvailable As Int

Close

Count As Long

Devuelve o establece el número de bytes leídos.

Initialize (InputStream As java.io.InputStream)

Inicializa el flujo de recuento al envolver el flujo de entrada dado.

IsInitialized As Boolean

Si este objeto se ha inicializado llamando a. `Initialize`.

ReadBytes (args() As Byte, arg1 As Int, arg2 As Int) As Int

CountingOutputStream

Consulte CountingInputStream para obtener más información.

Miembros:

Close

Count As Long

Devuelve o establece el número de bytes escritos.

Flush

Initialize (OutputStream As java.io.OutputStream)
Inicializa el flujo de recuento al envolver el flujo de salida dado.

IsInitialized As Boolean
Si este objeto se ha inicializado llamando a `Initialize`.

ToBytesArray As Byte()

WriteBytes (arg0() As Byte, arg1 As Int, arg2 As Int)

RandomAccessFile
Con este objeto puede acceder de forma no secuencial a archivos y byte-arrays. También puede utilizarlo para codificar números en bytes (y viceversa). **Observe** que los archivos de recursos (archivos agregados con el administrador de archivos) no pueden abrirse con este objeto, ya que esos archivos están realmente empaquetados dentro del archivo APK. Un breve tutorial sobre los métodos de encriptación está disponible aquí (http://bit.ly/159hDmT).

Miembros:

Close
Cierra el flujo.

CurrentPosition As Long
Mantiene la posición actual del archivo. Este valor se actualiza automáticamente después de cada operación de lectura o escritura.

Flush
Descarta cualquier dato almacenado en caché.

Initialize (Dir As String, File As String, ReadOnly As Boolean)
Abre el archivo especificado. **Observe** que no es posible abrir un archivo guardado en la carpeta de recursos con este objeto. Si es necesario, puede copiar el archivo a otra ubicación y luego abrirlo.
ReadOnly - Si se abre el archivo en modo de sólo-lectura (de lo contrario, se podrá leer y escribir).
Ejemplo:
```
Dim raf As RandomAccessFile
raf.Initialize(File.DirInternal, "1.dat", false)
```

Initialize2 (Dir As String, File As String, ReadOnly As Boolean, LittleEndian As Boolean)
Igual que Inicializar con la opción de establecer el orden de bytes en Little Endian en lugar del Big Endian predeterminado. Esto puede ser útil cuando se comparten archivos con equipos con Windows.

Initialize3 (Buffer() As Byte, LittleEndian As Boolean)
Trata el búfer indicado como un archivo de acceso aleatorio con un tamaño constante. Esto le permite leer y escribir valores en un array de bytes.

ReadB4XObject (Position As Long) As Object
Lee un objeto que previamente fue escrito con WriteB4XObject.

ReadBytes (Buffer() As Byte, StartOffset As Int, Length As Int, Position As Long) As Int
Lee bytes del flujo y los carga en el array pasado por parámetro. Devuelve el número de bytes leídos (que es igual o menor que Longitud).

Buffer - Array de bytes en el que se escribirán los datos.
StartOffset - El primer byte leído se escribirá en Buffer (StartOffset).
Length - Número de bytes a leer.
Position - La posición del primer byte a leer.

ReadDouble (Position As Long) As Double
Lee un valor *Double* almacenado en la posición especificada. Lee 8 bytes.

ReadEncryptedObject (Password As String, Position As Long) As Object
Lee un objeto encriptado desde el flujo.
Password - La contraseña utilizada cuando se escribió el objeto.
Position - Posición en el flujo.

ReadFloat (Position As Long) As Float
Lee un valor *Float* almacenado en la posición especificada. Lee 4 bytes.

ReadInt (Position As Long) As Int
Lee un valor *Int* almacenado en la posición especificada. Lee 4 bytes.

ReadLong (Position As Long) As Long
Lee un valor *Long* almacenado en la posición especificada. Lee 8 bytes.

ReadObject (Position As Long) As Object
Lee un objeto desde el flujo. Consulte `WriteObject` para ver los tipos soportados.

ReadShort (Position As Long) As Short
Lee un valor *Short* almacenado en la posición especificada. Lee 2 bytes.

ReadSignedByte (Position As Long) As Byte
Lee un byte con signo (-128 a 127) almacenado en la posición especificada.

ReadUnsignedByte (Position As Long) As Int
Lee un byte sin signo (0 a 255) almacenado en la posición especificada. El valor devuelto es del tipo `Int` (porque un `Byte` sólo puede almacenar valores de -128 a 127).

Size As Long [read only]
Devuelve el tamaño del archivo.

WriteB4XObject (Object As Object, Position As Long)
Similar a WriteObject. Este método escribe el objeto en un formato soportado por B4i, B4A y B4J. Se aceptan los siguientes tipos: Listas, arrays de bytes y arrays de objetos, Mapas, Cadenas, tipos primitivos y tipos definidos por el usuario. Tenga en cuenta que los tipos definidos por el usuario deben declararse en el módulo *Main*.

WriteByte (Byte As Byte, Position As Long)
Escribe un valor de Byte en la posición especificada. Escribe 1 byte.

WriteBytes (Buffer() As Byte, StartOffset As Int, Length As Int, Position As Long) As Int
Escribe el búfer indicado en el flujo. El primer byte escrito es Buffer(StartOffset) y el último es Buffer (StartOffset + Length - 1). Devuelve el número de bytes escritos.

WriteDouble (Value As Double, Position As Long)
Escribe un *Double* en la posición especificada. Escribe 8 bytes.

WriteEncryptedObject (Object As Object, Password As String, Position As Long)
Similar a WriteObject. El objeto se encripta con AES-256 y a continuación se escribe en el flujo. **Note** que escribir un solo objeto grande es más rápido que escribir muchos objetos pequeños.
Object - El objeto que se escribirá.
Password - La contraseña que protege el objeto.
Position - La posición en el archivo en el que se escribirá este objeto.

WriteFloat (Value As Float, Position As Long)
Escribe un valor *Float* en la posición especificada. Escribe 4 bytes.

WriteInt (Value As Int, Position As Long)
Escribe un valor *Int* en la posición especificada. Escribe 4 bytes.

WriteLong (Value As Long, Position As Long)
Escribe un valor *Long* en la posición especificada. Escribe 8 bytes.

WriteObject (Object As Object, Compress As Boolean, Position As Long)
Escribe el objeto en cuestión al flujo. Este método es capaz de escribir los siguientes tipos de objetos: Listas, Arrays, Mapas, Cadenas (Lists, Arrays, Maps, Strings), tipos primitivos y tipos definidos por el usuario. También se admiten combinaciones de estos tipos. Por ejemplo, se puede escribir un mapa con varias listas de arrays. El tipo de elemento dentro de una colección debe ser de tipo String o primitivo. Observe que cambiar el nombre de su paquete (package name de la App) puede hacer que los archivos objeto más antiguos queden inutilizables (lo que implica tener que volver a escribirlos).
Object - El objeto que se escribirá.
Compress - Si comprime los datos antes de escribirlos. Debe ser `True` en la mayoría de los casos
Position - La posición en el archivo en el que se escribirá este objeto.

WriteShort (Value As Short, Position As Long)
Escribe un valor *Short* (2 bytes) en la posición especificada.

Librería Reflection

Librería versión 2.40
Esta librería está incluida en el paquete de instalación del IDE.
Esta librería está escrita por el usuario de B4A Andrew Graham y ha demostrado ser tan útil que ahora es una de las librerías principales de B4A. Contiene el objeto Reflector que permite el acceso a métodos y campos de objetos Android que no están expuestos en el lenguaje B4A. Para ello, utiliza una herramienta llamada "Reflection" que utiliza metadatos para los objetos incluidos en el paquete de aplicación y permite el acceso dinámico a campos y métodos en tiempo de ejecución.

Notas
La librería JavaObject (p.558) proporciona una funcionalidad parecida a la librería Reflection, pero normalmente es más fácil de usar, ya que ofrece un enfoque orientado a objetos, aunque carece de algunas de las funciones de la librería Reflection.

Reflector
Este es el objeto que hace el acceso. Para utilizarlo correctamente, necesitará conocer el uso de las clases Java y sus campos y métodos.
La documentación técnica (aunque a menudo carece de detalles explicativos útiles) está disponible en el sitio web (http://bit.ly/1LCIYA5) de Google Android.

Java distingue entre mayúsculas y minúsculas y, como se utiliza para Android, no admite propiedades. Las propiedades, tal y como se implementan en B4A, son en realidad métodos con prefijos en minúsculas 'set' y 'get'. Los métodos 'set' toman un único parámetro y devuelven vacío, los métodos 'get' no toman ningún parámetro y devuelven los valores solicitados. Cualquier otra nomenclatura de métodos es expuesta por B4A como métodos normales. Por ejemplo, la propiedad Left de una Vista se implementa en código Java como dos métodos, `int getLeft()` y `void setLeft(int left)`. El compilador B4A hace que parezcan una sola propiedad para el desarrollador.

Ejemplo

```
Sub RegexReplace(Pattern As String, Text As String, Replacement As
String) As String
' Ejemplo RegexReplace("abc(d)(e)", "abcde", "$2 $1")
 Dim m As Matcher
 m = Regex.Matcher(Pattern, Text)
 Dim r As Reflector
 r.Target = m
 Return r.RunMethod2("replaceAll", Replacement, "java.lang.String")
End Sub
```

Eventos:

Click(ViewTag As Object)

LongClick(ViewTag As Object) As Boolean

Focus(ViewTag As Object, Focus As Boolean)

Key(ViewTag As Object, KeyCode As Int, KeyEvent As Object) As Boolean

Touch(ViewTag As Object, Action As Int, X As Float, Y As Float, MotionEvent As Object) As Boolean

Miembros:

CreateObject (type As String) As Object

Crea y devuelve un nuevo objeto del tipo especificado utilizando el constructor por defecto.

CreateObject2 (type As String, args() As Object, types() As String) As Object

Crea y devuelve un nuevo objeto del tipo especificado usando el constructor que coincide con el array de nombres de tipos dados y le pasa los argumentos facilitados. El array de nombres de tipos es necesaria para encontrar el constructor correcto porque las primitivas pasadas en el array Args se encuentran encapsuladas y por lo tanto CreateNew no puede determinar si busca un constructor de destino que acepte un tipo de parámetro primitivo o un tipo de objeto primitivo encapsulado.

GetActivity As Activity

Devuelve la actividad actual, si la hubiera. Para evitar pérdidas o fugas de memoria, esto no debería utilizarse por un `Reflector` que sea un objeto `Sub Process_Globals`. Para utilizarlo se requiere un conocimiento de la estructura de una aplicación B4A.

GetActivityBA As BA

Devuelve la actividad BA de la actividad actual. Para usar esto se necesita un conocimiento de la estructura de una aplicación B4A y una explicación está más allá del alcance de este libro. Para evitar pérdidas de memoria no debería utilizarse por un `Reflector` que sea un objeto `Sub Process_Globals`.

GetArray (indices() As Int) As Object

Devuelve el Objeto en la posición(es) en un array especificado por el contenido del parámetro **indices**.
indices - debe ser un array de enteros del mismo rango que el array de destino o se producirá un error.

GetB4AClass (component As String) As Class

Devuelve la clase Java para el módulo especificado de actividad, servicio o código B4A. Para usar esto se requiere un conocimiento de la estructura de una aplicación B4A.

GetContext As Context

Devuelve el Contexto del Proceso al que pertenece el objeto Reflection, que es el objeto Application devuelto en Activity.getApplicationContext().

GetField (field As String) As Object

Devuelve el valor del campo del objetivo actual. Se puede acceder a los campos protegidos y privados si lo permite cualquier administrador de seguridad que exista. El objetivo debe ser una instancia de una Clase, no un objeto Clase.

GetField2 (fieldinfo As Field) As Object

Devuelve el valor del campo del objetivo actual. El objetivo debe ser una instancia de una Clase, no un objeto Clase.

GetFieldInfo (field As String) As Field

Encontrar un campo a partir de su representación de cadena es complicado, por lo que se puede utilizar este método para obtener el objeto de información del campo y guardarlo para múltiples accesos al mismo campo. Se puede acceder a los campos protegidos y privados si lo permite cualquier administrador de seguridad existente.

GetMethod (method As String, types() As String) As Method

Encontrar un método a partir de su representación de cadena es complicado, por lo que se puede utilizar este método para obtener el objeto de información del Método y guardarlo para múltiples accesos al mismo método.
El array de cadenas de nombres de tipos se necesita para encontrar la variante correcta del método.

GetMostCurrent (component As String) As Object

Devuelve la instancia actual del módulo de Actividad o Servicio B4A especificado. Esto podría devolver `Null` si la Actividad o Servicio no está instanciado. Tenga en cuenta que los módulos de código no tienen una instancia actual. Para usar esto requiere un conocimiento de la estructura de una aplicación B4A.

GetProcessBA (component As String) As BA

Devuelve la instancia processBA para el módulo de Actividad o Servicio B4A especificado. Para usar esto requiere un conocimiento de la estructura de una aplicación B4A.

GetProxy (interfacenames() As String, b4asubname As String) As Proxy

En Java, puede generar una interfaz en tiempo de ejecución y hacer que ejecute un método precompilado. Muchos eventos en Android se manejan a través de una interfaz que normalmente tiene un método "onXxxxxxx" al que se llama con algunos parámetros correspondientes al evento. La interfaz se establece normalmente con un objeto utilizando el método "setOnXxxxxxxListener" de dicho objeto.
Este método GetProxy crea dinámicamente una instancia de proxy que implementa una o más interfaces especificadas y que contiene el código para llamar a un Sub de B4A especificado cuando se llama a cualquiera de los métodos de interfaz.
Por lo general, esta instancia implementará uno o más *listeners* (oyentes) y luego se asignará a una instancia de objeto utilizando RunMethod4 y su método setOnXxxxxxxListener.

Cuando se llama a un método de una de las interfaces especificadas, el proxy llamará al Sub de B4A especificado pasando el nombre del método como una cadena y cualquier argumento en un array de objetos.
Observe que las interfaces declaradas como internas de una clase necesitarán un "$" en lugar de un "." como su separador final y todas las interfaces deben estar totalmente cualificadas.Por ejemplo, *android.view.View$OnTouchListener*.
El Sub de B4A al que se llama debe tener la estructura de *Sub CualquierNombre(method As String, anyargs() As Object) As Object*.

GetPublicField (field As String) As Object

Devuelve el valor del campo público del objeto actual. Esto es más eficiente que GetField pero sólo puede acceder a campos públicos. El objeto de destino debe ser una instancia de una Clase, no un objeto de Clase.

GetStaticField (classname As String, field As String) As Object

Devuelve el valor del campo estático indicado de la clase especificada. Se puede acceder a los campos protegidos y privados si así lo permite cualquier administrador de seguridad que pueda existir. También se puede acceder a los campos estáticos con GetField y una instancia de la clase.

InvokeMethod (instance As Object, method As Method, args() As Object) As Object

Invoca el método suministrado en la instancia del objeto proporcionado y devuelve el resultado.

IsNull As Boolean [read only]

Devuelve `True` si el valor actual de Target es `Null`.

RunMethod (method As String) As Object

Ejecuta el método especificado en el objetivo actual. Se puede acceder a los métodos protegidos y privados si lo permite cualquier administrador de seguridad que pueda existir.

RunMethod2 (method As String, arg1 As String, type1 As String) As Object

Ejecuta el método especificado en el objeto actual pasando el argumento proporcionado. Se puede acceder a los métodos protegidos y privados si lo permite el administrador de seguridad que se encuentre presente.

RunMethod3 (method As String, arg1 As String, type1 As String, arg2 As String, type2 As String) As Object

Ejecuta el método especificado en el objeto actual pasándole los argumentos proporcionados. Se puede acceder a los métodos protegidos y privados si lo permite el administrador de seguridad que se encuentre presente.

RunMethod4 (method As String, args() As Object, types() As String) As Object

Ejecuta el método especificado en el objeto actual pasando los argumentos proporcionados. Se puede acceder a los métodos protegidos y privados si lo permite cualquier responsable de seguridad que se encuentre presente.

RunPublicMethod (method As String, Args() As Object, types() As String) As Object

Ejecuta el método especificado en el objeto actual pasando los argumentos proporcionados. Esto es más eficiente que RunMethod4 pero el método debe ser público.

El array de tipo String de nombres de tipos es necesaria para encontrar el método correcto porque los tipos básicos pasados en el array Args son "empaquetados en cajas" (*Java boxing*[48]) y por lo tanto RunMethod no puede decir si buscar un método de destino que acepte un tipo de parámetro básico o un tipo de objeto básico "empaquetado".

RunStaticMethod (classname As String, method As String, args() As Object, types() As String) As Object

Ejecuta el método estático especificado de la clase que se especifica pasando los argumentos proporcionados. Se puede acceder a los métodos protegidos y privados si lo permite cualquier administrador de seguridad que pueda estar presente.
El array de tipo String de nombres de tipos es necesaria para encontrar el método correcto porque los tipos básicos pasados en el array Args son "empaquetados en cajas" (*Java boxing*) y por lo tanto RunMethod no puede decir si buscar un método de destino que acepte un tipo de parámetro básico o un tipo de objeto básico "empaquetado". Para métodos que no toman parámetros, puede pasarse `Null` en lugar de los arrays *args* y *types*.

SetArray (indices() As Int, value As String, type As String)

Establezca la posición o posicioneses en un array especificado por el contenido del array *indices* al valor especificado. El array *indices* debe ser un array de enteros del mismo rango que el array de destino, de lo contrario se producirá un error.

SetArray2 (indices() As Int, value As Object)

Establezca la posición o posicioneses en un array especificado por el contenido del array *indices* al valor especificado. El array *indices* debe ser un array de enteros del mismo rango que el array de destino, de lo contrario se producirá un error.

SetField (field As String, value As String, type As String)

Establece el campo especificado del objetivo actual en el valor proporcionado. Se puede acceder a los campos protegidos y privados si así lo permite cualquier administrador de seguridad que esté presente. El objetivo debe ser una instancia de una Clase, no un objeto Clase.

SetField2 (field As String, value As Object)

Establece el campo especificado del objetivo actual en el valor proporcionado. Se puede acceder a los campos protegidos y privados si así lo permite cualquier administrador de seguridad que esté presente. El objetivo debe ser una instancia de una Clase, no un objeto Clase.

SetField3 (fieldinfo As Field, value As String, type As String)

Establece el campo especificado del objetivo actual en el valor proporcionado. El objetivo debe ser una instancia de una Clase, no un objeto Clase.

SetField4 (fieldinfo As Field, value As Object)

Establece el campo especificado del objetivo actual en el valor proporcionado. El objetivo debe ser una instancia de una Clase, no un objeto Clase.

SetOnClickListener (sub As String)

El objetivo debe ser una vista de algún tipo. La mayor parte de las veces, B4A ya habrá expuesto esto como un evento Click. Establece el OnClickListener de la vista a un Sub que debe tener una firma de *Sub Whatever(viewtag As Object)*.

---

[48] NT: Java puede convertir un tipo básico (byte, short, int, long, float, double, char y boolean) en un objeto para poder utilizarlo donde no se permiten tipos básicos. Puedes consultar en internet "Java boxing".

SetOnCreateContextMenuListener (sub As String)
El objetivo debe ser una vista de cualquier tipo. Esto se incluye para completar todos los *listeners* (oyentes) que la clase View admite. Establece el OnCreateContextMenuListener de la vista a un Sub que debe tener una firma de Sub Whatever(viewtag As Object, menu As Object, menuinfo As Object) .

SetOnFocusListener (sub As String)
El objetivo debe ser una vista de cualquier tipo. Establece el onFocusChangeListener de la vista en un Sub que debe tener una firma de Sub Whatever(viewtag As Object, focus As Boolean).
Debe asegurarse de no llamar a DoEvents, Msgbox o cualquier Diálogo modal dentro de este evento ya que fallará en Android 4.0.3 y superior.
También puede fallar si Debug está en pausa en el evento en Android 4.0.3 y superior.

SetOnKeyListener (sub As String)
El objetivo debe ser una vista de cualquier tipo. Establece el onKeyListener de la vista en un Sub que debe tener una firma de Sub Whatever(viewtag As Object, keycode As Int, keyevent As Object) As Boolean.
Este Sub debe devolver `True` si quiere consumir el evento o `False` de otro modo.

SetOnLongClickListener (sub As String)
El objetivo debe ser una vista de cualquier tipo. La mayor parte de las veces, B4A ya habrá expuesto esto como un evento LongClick. Establece el OnLongClickListener de la vista a un Sub que debe tener una firma de *Sub Whatever(viewtag As Object)As Boolean.*
Este Sub debe devolver `True` si quiere consumir el evento o `False` de otro modo.

SetOnTouchListener (sub As String)
El objetivo debe ser una vista de cualquier tipo. Establece el onTouchListener de la vista en un Sub que debe tener una firma de Sub Whatever (viewtag As Object, action As Int, X As Float, Y As Float, motionevent As Object) As Boolean.
Este Sub debe devolver `True` si quiere consumir el evento o `False` de otro modo.
Es imprescindible, en Android 4.0.3 y superior, asegurarse de no llamar a DoEvents, Msgbox o cualquier Diálogo modal dentro de este evento ya que fallará. Si desea hacerlo, ponga el código en otro sub y lo debe llamar con CallSubDelayed.
También puede fallar si Debug está en pausa en el evento en Android 4.0.3 y superior.

SetPublicField (field As String, value As String, type As String)
Establece el campo especificado del objetivo actual en el valor que se proporciona. Esto es más eficiente que SetField pero sólo puede acceder a campos públicos. El objetivo debe ser una instancia de una Clase, no un objeto Clase.

SetPublicField2 (field As String, value As Object)
Establece el campo especificado del objetivo actual en el valor que se proporciona. Esto es más eficiente que SetField pero sólo puede acceder a campos públicos. El objetivo debe ser una instancia de una Clase, no un objeto Clase.

SetStaticField (classname As String, field As String, value As String, type As String)
Establece el campo estático especificado de la clase especificada en el valor que se proporciona. Se puede acceder a los campos protegidos y privados si así lo permite cualquier administrador de seguridad que se encuentre presente. También se puede acceder a los campos estáticos con SetField y una instancia de la clase.

SetStaticField2 (classname As String, field As String, value As Object)
Establece el campo estático especificado de la clase especificada en el valor que se proporciona. Se puede acceder a los campos protegidos y privados si así lo permite cualquier administrador de seguridad que se encuentre presente. También se puede acceder a los campos estáticos con SetField y una instancia de la clase.

Target As Object
Este campo contiene el objeto sobre el que se está trabajando. El objeto de destino se asigna a este campo, donde se puede manipular según se precise.

TargetRank As Int()
Devuelve un array cuya longitud es el número de dimensiones del array y cuyo contenido es la longitud del primer elemento de cada dimensión del array. Se devuelve un array de enteros de longitud cero si Target no es un array.

ToString As String
Devuelve el resultado de ejecutar el método "toString()" del objeto actual.

TypeName As String [read only]
Devuelve el nombre de la clase del objeto actual.

Version As Double [read only]
Devuelve el número de versión de la librería.

Librería RuntimePermissions

Librería versión 1.10
Esta librería está incluida en el paquete de instalación del IDE.
Esta librería sólo es relevante si decide implementar Permisos en tiempo de ejecución. Para obtener más información, consulte la sección Gestión de Permisos (p.144) anteriormente mencionada. Contiene sólo un objeto:

RuntimePermissions

Miembros:

Check (Permission As String) As boolean
Comprueba si a la aplicación se le ha concedido el permiso especificado. Este método se puede llamar desde un Servicio.

CheckAndRequest (Permission As String) As void
Comprueba si a la aplicación se le ha concedido el permiso especificado. Si no es así, se mostrará al usuario un cuadro de diálogo pidiendo permiso. Se ejecutará Activity_PermissionResult con el resultado (en todos los casos). Este método sólo se puede llamar desde una Actividad.

GetAllSafeDirsExternal (SubFolder As String) As String()
Devuelve un array con todas las carpetas externas disponibles en su aplicación. El primer elemento será el mismo que el valor devuelto por GetSafeDirDefaultExternal. En Android 4.4+ no se necesita ningún permiso para acceder a estas carpetas. En versiones anteriores sólo se devolverá una carpeta. Debe agregar el permiso como se explica en la documentación GetSafeDirDefaultExternal.
SubFolder - Una subcarpeta que se creará para su aplicación. Pase una cadena vacía si no es necesario.

GetSafeDirDefaultExternal (SubFolder As String) As String

Devuelve la ruta a la carpeta por defecto de la aplicación en el dispositivo de almacenamiento secundario. Se devolverá La ruta File.DirInternal si no hay ningún almacenamiento secundario disponible. Es mejor alternativa que File.DirDefaultExternal. En Android 4.4+ no es necesario ningún permiso para acceder a esta carpeta. Debe incorporar las siguientes líneas de código al editor de Manifest para añadir el permiso en versiones anteriores de Android:

```
AddManifestText(<uses-permission
android:name="android.permission.WRITE_EXTERNAL_STORAGE"
android:maxSdkVersion="18" /> )
```

SubFolder - Una subcarpeta que se creará para su aplicación. Pase una cadena vacía si no es necesario.

PERMISSION_ACCESS_CHECKIN_PROPERTIES As String

PERMISSION_ACCESS_COARSE_LOCATION As String

PERMISSION_ACCESS_FINE_LOCATION As String

PERMISSION_ADD_VOICEMAIL As String

PERMISSION_BODY_SENSORS As String

PERMISSION_CALL_PHONE As String

PERMISSION_CAMERA As String

PERMISSION_GET_ACCOUNTS As String

PERMISSION_PROCESS_OUTGOING_CALLS As String

PERMISSION_READ_CALENDAR As String

PERMISSION_READ_CALL_LOG As String

PERMISSION_READ_CONTACTS As String

PERMISSION_READ_EXTERNAL_STORAGE As String

PERMISSION_READ_PHONE_STATE As String

PERMISSION_READ_SMS As String

PERMISSION_RECEIVE_MMS As String

PERMISSION_RECEIVE_SMS As String

PERMISSION_RECEIVE_WAP_PUSH As String

PERMISSION_RECORD_AUDIO As String

PERMISSION_SEND_SMS As String

PERMISSION_USE_SIP As String

PERMISSION_WRITE_CALENDAR As String

PERMISSION_WRITE_CALL_LOG As String

PERMISSION_WRITE_CONTACTS As String

PERMISSION_WRITE_EXTERNAL_STORAGE As String

Librería Serial

Librería versión 1.31
Esta librería está incluida en el paquete de instalación del IDE.

Lista de tipos:

BluetoothAdmin
Serial

BluetoothAdmin

BluetoothAdmin le permite administrar el Bluetooth. Utilizando este objeto, puede activarlo o desactivarlo, controlar su estado y descubrir los dispositivos que se encuentran dentro de su alcance.

Permisos:

android.permission.BLUETOOTH
android.permission.BLUETOOTH_ADMIN
android.permission.ACCESS_COARSE_LOCATION

Eventos:

StateChanged (NewState As Int, OldState As Int)

El evento StateChanged se genera cada vez que cambia el estado del adaptador. Se pasa el nuevo estado y el estado anterior. Los valores corresponden a las constantes STATE_xxxx.

DiscoveryStarted / DiscoveryFinished

Los eventos DiscoveryStarted y DiscoveryFinished se originan cuando comienza o termina un proceso de búsqueda.

DeviceFound (Name As String, MacAddress As String)

El evento DeviceFound se produce cuando se descubre un dispositivo. Se pasan el nombre del dispositivo y la dirección MAC.

Miembros:

CancelDiscovery As Boolean

Cancela un proceso de búsqueda.
Devuelve `False` si la operación falla.

Disable As Boolean

Desactiva el adaptador Bluetooth, este no se desactivará inmediatamente. Debe utilizar el evento StateChanged para monitorizarlo.
Este método devuelve `False` si el adaptador si ya está desactivado o no se puede desactivar.

Enable As Boolean

Enciende el adaptador Bluetooth, que no estará listo de forma inmediata. Debe utilizar el evento StateChanged para saber cuándo está habilitado.
Este método devuelve `False` si el adaptador si ya está activado o no se puede activar.

Initialize (EventName As String)

Inicializa el objeto y establece los subs que manejarán los eventos.

IsEnabled As Boolean

Devuelve `TRUE` si el adaptador Bluetooth está activado.

IsInitialized As Boolean
Devuelve `TRUE` si el objeto está inicializado.

LastFoundIntent As Intent
Puede utilizarse en el evento DeviceFound para extraer más datos del *intent* recibido. Si no se recibe ningún *intent*, devolverá un objeto no inicializado.

StartDiscovery As Boolean
Inicia un proceso de búsqueda. Debe gestionar los eventos DiscoveryStarted, DiscoveryFinished y DeviceFound para obtener más información sobre el proceso. Devuelve `False` si la operación ha fallado.

STATE_OFF As Int

STATE_ON As Int

STATE_TURNING_OFF As Int

STATE_TURNING_ON As Int

Serial
La librería Serial le permite conectarse con otros dispositivos Bluetooth utilizando el protocolo de comunicación de radiofrecuencia RFCOMM (http://bit.ly/1dgYI19), que emula los puertos serie también denominado puerto serie virtual.
Esta librería requiere Android 2.0 (nivel 5 de la API) o superior.
El objeto Serial debe declararse como un objeto `Sub Process_Globals`. Después de inicializar el objeto, puede conectarse a otros dispositivos llamando a Connect con la dirección MAC del dispositivo de destino. Esto se puede realizar obteniendo primero el listado de dispositivos emparejados, que contiene el nombre y la dirección de cada uno de los dispositivos emparejados.
Para permitir que otros dispositivos se conecten a su propio dispositivo, primero debe llamar a `Listen`. Cuando se establece una conexión, se producirá el evento `Connected`. No existe ningún problema con escuchar las conexiones e intentar conectarse a un dispositivo diferente. Esto le permite usar la misma aplicación en dos dispositivos sin definir un servidor y un cliente.
Un objeto Serial puede manejar una sola conexión. En el caso de establecerse una nueva conexión, ésta reemplazará a la anterior. Vea este tutorial (http://bit.ly/19FCUCS) para más información.

Permisos:
android.permission.BLUETOOTH
android.permission.BLUETOOTH_ADMIN

Evento:

Connected (Success As Boolean)
El evento Connected se producirá después de que se ejecute el comando `Connect, Connect2, Listen` o `Listen2`, cuando la conexión esté lista (o falle).

Miembros:

Address As String [read only]
Devuelve la dirección MAC actual del dispositivo.

Connect (MacAddress As String)
Intenta conectarse a un dispositivo con la dirección indicada. La conexión se realiza en segundo plano. El evento Connected se producirá cuando la conexión esté lista (o falle).
El UUID utilizado para la conexión es el UUID predeterminado: 00001101-0000-1000-8000-00805F9B34FB.

Connect2 (MacAddress As String, UUID As String)

Intenta conectarse a un dispositivo con la dirección y UUID dados. La conexión se realiza en segundo plano. El evento Connected se producirá cuando la conexión esté lista (o falle).

Connect3 (MacAddress As String, Port As Int)

Este método es una solución alternativa para los dispositivos de hardware que no se conectan con Connect o Connect2. Vea este enlace (http://bit.ly/1Owjm7T) para más información.

ConnectInsecure (Admin As BluetoothAdmin, MacAddress As String, Port As Int)

Intenta conectarse a un dispositivo a través de una conexión no cifrada.
Admin – Objeto del tipo BluetoothAdmin.
MacAddress – La dirección del dispositivo remoto.
Port - Canal RFCOMM (http://bit.ly/1dgYl19).

Disconnect

Desconecta la conexión (si existe) y deja de escuchar las nuevas conexiones.

GetPairedDevices As Map

Devuelve un objeto *map* con los nombres de los dispositivos emparejados como claves y sus direcciones como valores. El siguiente código muestra una lista de dispositivos disponibles y permite al usuario conectarse a uno:

```
Dim PairedDevices As Map
PairedDevices = Serial1.GetPairedDevices
Dim l As List
l.Initialize
For i = 0 To PairedDevices.Size - 1
  l.Add(PairedDevices.GetKeyAt(i))
Next
Dim res As Int
'muestra lista de dispositivos emparejados
res = InputList(l,"Elige Dispositivo",-1)
If res <> DialogResponse.CANCEL Then
  'convierte el nombre en dirección MAC y conecta
  Serial1.Connect(PairedDevices.Get(l.Get(res)))
End If
```

Initialize (EventName As String)

Inicializar el objeto. Es mejor primero llamar a IsEnabled antes de intentar trabajar con el objeto.

InputStream As java.io.InputStream [read only]

Devuelve el InputStream que se utiliza para leer datos del otro dispositivo. Debe llamarse después de establecer una conexión.

IsEnabled As Boolean

Devuelve `TRUE` si el Bluetooth está activado.

IsInitialized As Boolean

Si este objeto se ha inicializado llamando `Initialize`.

Listen
Inicia la escucha de las conexiones entrantes utilizando el UUID predeterminado. El evento Connected se elevará cuando se establezca la conexión. No sucede nada si el dispositivo ya está escuchando las conexiones.

Listen2 (Name As String, UUID As String)
Inicia la escucha de las conexiones entrantes. El evento Connected se generará cuando se establezca la conexión. No sucede nada si el dispositivo ya está escuchando las conexiones.
Name - Una cadena arbitraria que se utilizará para el registro interno.
UUID - El UUID definido para esta conexión de entrada.

ListenInsecure (Admin As BluetoothAdmin, Port As Int)
Inicia la escucha de las conexiones entrantes no cifradas.
Admin - Un objeto del tipo BluetoothAdmin.
Port – El canal RFCOMM.

Name As String [read only]
Devuelve el nombre del dispositivo actual.

OutputStream As java.io.OutputStream [read only]
Devuelve el OutputStream que se utiliza para escribir datos en el otro dispositivo. Debe llamarse después de establecer una conexión.

StopListening
Detiene la escucha de las conexiones entrantes. Esto no desconectará ninguna conexión activa.

Librería Sip

Librería versión 1.00
Esta librería está incluida en el paquete de instalación del IDE. La librería Sip le permite hacer llamadas de audio usando servicios de Voz sobre Protocolo de Internet (Voip). Se añadieron funciones SIP en Android 2.3 (nivel 9 de la API). Tenga en cuenta que no todos los dispositivos por encima de Android 2.3 soportan funciones SIP. Para utilizar esta librería, deberá configurar android.jar en [Herramientas > Configurar rutas] a platform -9 o superior.
Esta librería está incluida en el paquete de instalación del IDE. Un tutorial está disponible aquí (http://bit.ly/14tU0mz).

Lista de tipos:
Sip
SipAudioCall

Sip
Sip es el objeto principal que gestiona los servicios Sip. Cuando haga una llamada o reciba una llamada entrante, obtendrá un objeto `SipAudioCall` que representa la llamada.

Permisos:
android.permission.USE_SIP
android.permission.INTERNET
android.permission.RECORD_AUDIO
android.permission.ACCESS_WIFI_STATE
android.permission.WAKE_LOCK
android.permission.MODIFY_AUDIO_SETTINGS

Eventos:

Registering

RegistrationDone (ExpiryTime As Long)

RegistrationFailed (ErrorCode As Int, ErrorMessage As String)

CallEstablished

CallEnded

Calling

CallError (ErrorCode As Int, ErrorMessage As String)

CallRinging (IncomingCall As SipAudioCall)

Miembros:

AutoRegistration As Boolean [write only]
Establece si el gestor Sip se registrará automáticamente si es necesario.

Close
Cierra la conexión.

DisplayName As String [write only]
Establece el nombre a mostrar para el usuario.

Initialize (EventName As String, User As String, Host As String, Password As String)
Inicializa el objeto.
EventName - Establece los subs que gestionarán los eventos.
User – Nombre del usuario.
Host - Nombre de equipo o dirección IP.
Password - Contraseña de la cuenta.

Initialize2 (EventName As String, URI As String, Password As String)
Inicializa el objeto.
EventName - Establece los subs que gestionarán los eventos.
URI – el "Uniform Resource Identifier" (dirección) del recurso del perfil, por ejemplo: "sip:zzz@iptel.org"
Password - Contraseña de la cuenta.

IsInitialized As Boolean [read only]
Devuelve `TRUE` si el objeto fue inicializado.

IsSipSupported As Boolean [read only]
Devuelve `TRUE` si el dispositivo admite API Sip.

IsVoipSupported As Boolean [read only]
Devuelve TRUE si Voip es compatible con este dispositivo.

MakeCall (TargetUri As String, TimeoutSeconds As Int) As SipAudioCall
Hace una llamada de audio. Este método sólo debe llamarse después de registrarse.
TargetUri - La dirección del destino.
TimeoutSeconds - El tiempo de espera máximo (medido en segundos).

OutboundProxy As String [write only]
Establece la dirección proxy de salida.

Port As Int [write only]
Configura el puerto de conexión.

ProfileName As String [write only]
Establece el nombre del perfil definido por el usuario.

Protocol As String [write only]
Establece el protocolo. Puede ser "TCP" o "UDP".

Register
Envía una solicitud de registro al servidor. Se generarán los siguientes eventos: o bien `Registering` y `RegistrationDone`, o bien `RegistrationFail`.

SendKeepAlive As Boolean [write only]
Establece si se enviarán automáticamente los mensajes para mantener activa la llamada.

SipAudioCall

Representa una llamada de audio. Este objeto se crea llamando a `Sip.MakeCall` o desde el evento `CallRinging`.

Miembros:

AnswerCall (TimeoutSeconds As Int)
Contesta una llamada entrante.
TimeoutSeconds - Tiempo permitido para que se establezca la llamada.

EndCall
Finaliza la llamada actual.

IsInCall As Boolean [read only]
Devuelve `TRUE` si la llamada se estableció.

IsInitialized As Boolean
Si se ha inicializado este objeto.

IsMuted As Boolean [read only]
Devuelve `TRUE` si el micrófono está silenciado.

PeerUri As String [read only]
Obtiene la dirección del otro participante de la llamada.

SendDtmf (Code As Int)
Envía un tono Dtmf. Los valores pueden ser 0-15, donde 0-9 son los dígitos, 10 es "*", 11 es "#" y 12-15 son "A"-"D"'.

SpeakerMode As Boolean [write only]
Ajusta el modo del altavoz.

StartAudio
Inicia el audio de la llamada. Debe llamarse en el evento CallEstablished.

ToggleMute
Activa el modo silencio del micrófono.

Librería SQL

Librería versión 1.50
Esta librería (incluida en el paquete de instalación del IDE) le permite crear y gestionar bases de datos SQLite. Consulte el Capítulo Base de Datos (p.228) para obtener más información.

Lista de tipos:

Cursor
ResultSet
SQL (p.632)

Cursor

Un cursor es el objeto que se devuelve desde una consulta de base de datos y en un conjunto de registros y un puntero al registro actual. Es similar a un **recordset** en Visual Basic.
Tenga en cuenta que ResultSet es una extensión de Cursor, que soporta los mismos métodos más el método NextRow.

Miembros:

Close

Cierra el cursor y libera recursos.

ColumnCount As Int [read only]

Obtiene el número de columnas en el ResultSet.

GetBlob (ColumnName As String) As Byte()

Recupera el valor del nombre de la columna indicada. Ejemplo:

```
Dim Buffer() As Byte
Buffer = Cursor.GetBlob("col1")
```

GetBlob2 (Index As Int) As Byte()

Recupera el valor de la columna indicada por el parámetro Index. Ejemplo:

```
Dim Buffer() As Byte
Buffer = Cursor.GetBlob2(0)
```

GetColumnName (Index As Int) As String

Devuelve el nombre de la columna especificada por el parámetro Index. El índice de la primera columna es 0.

GetDouble (ColumnName As String) As Double

Devuelve el valor de tipo Double almacenado en la columna con el nombre indicado. El valor se convertirá en Double si es de otro tipo. Ejemplo:

```
Log(Cursor.GetDouble("col2"))
```

GetDouble2 (Index As Int) As Double

Devuelve el valor de tipo Double almacenado en la columna indicada por el parámetro Index. El valor se convertirá en Double si es de otro tipo. Ejemplo:

```
Log(Cursor.GetDouble2(0))
```

GetInt (ColumnName As String) As Int

Devuelve el valor de tipo Int almacenado en la columna con el nombre indicado. El valor se convertirá en Int si es de otro tipo.
Ejemplo:

```
Log(Cursor.GetInt("col2"))
```

GetInt2 (Index As Int) As Int

Devuelve el valor de tipo Int almacenado en la columna indicada por el parámetro Index. El valor se convertirá en Int si es de otro tipo. Ejemplo:

```
Log(Cursor.GetInt2(0))
```

GetLong (ColumnName As String) As Long

Devuelve el valor de tipo Long almacenado en la columna con el nombre indicado. El valor se convertirá en Long si es de otro tipo. Ejemplo:

```
Log(Cursor.GetLong("col2"))
```

GetLong2 (Index As Int) As Long

Devuelve el valor de tipo Long almacenado en la columna indicada por el parámetro Index. El valor se convertirá en Long si es de otro tipo. Ejemplo:

```
Log(Cursor.GetLong2(0))
```

GetString (ColumnName As String) As String

Devuelve el valor de tipo String almacenado en la columna con el nombre indicado. El valor se convertirá en String si es de otro tipo. Ejemplo:

```
Log(Cursor.GetString("col2"))
```

GetString2 (Index As Int) As String

Devuelve el valor de tipo String almacenado en la columna indicada por el parámetro Index. El valor se convertirá en String si es de otro tipo. Ejemplo:

```
Log(Cursor.GetString2(0))
```

IsInitialized As Boolean

Si se ha inicializado este objeto.

Position As Int

Obtiene o establece la posición actual (fila). Tenga en cuenta que la posición inicial de un cursor devuelto por una consulta es `-1`. La primera posición válida es 0. Ejemplo:

```
Dim SQL1 As SQL
Dim Cursor1 As Cursor
Cursor1 = SQL1.ExecQuery("SELECT col1, col2 FROM table1")
For i = 0 To Cursor1.RowCount - 1
  Cursor1.Position = i
  Log(Cursor1.GetString("col1"))
  Log(Cursor1.GetInt("col2"))
Next
Cursor1.Close
```

RowCount As Int [read only]

Obtiene el número de filas disponibles en el ResultSet.

ResultSet

Este tipo es una extensión del tipo Cursor.

Miembros:

Close

Cierra el cursor y libera recursos.

ColumnCount As Int [read only]

Obtiene el número de campos disponibles en el ResultSet.

GetBlob (ColumnName As String) As Byte()

Recupera el valor del nombre de la columna indicada. Ejemplo:

```
Dim Buffer() As Byte
Buffer = Cursor.GetBlob("col1")
```

GetBlob2 (Index As Int) As Byte()

Recupera el valor de la columna indicada por el parámetro Index. Ejemplo:

```
Dim Buffer() As Byte
Buffer = Cursor.GetBlob2(0)
```

GetColumnName (Index As Int) As String

Devuelve el nombre de la columna especificada por el parámetro Index. El índice de la primera columna es 0.

GetDouble (ColumnName As String) As Double

Devuelve el valor de tipo Double almacenado en la columna con el nombre indicado. El valor se convertirá en Double si es de otro tipo. Ejemplo:

```
Log(Cursor.GetDouble("col2"))
```

GetDouble2 (Index As Int) As Double

Devuelve el valor de tipo Double almacenado en la columna indicada por el parámetro Index. El valor se convertirá en Double si es de otro tipo. Ejemplo:

```
Log(Cursor.GetDouble2(0))
```

GetInt (ColumnName As String) As Int

Devuelve el valor de tipo Int almacenado en la columna con el nombre indicado. El valor se convertirá en Int si es de otro tipo. Ejemplo:

```
Log(Cursor.GetInt("col2"))
```

GetInt2 (Index As Int) As Int

Devuelve el valor de tipo Int almacenado en la columna indicada por el parámetro Index. El valor se convertirá en Int si es de otro tipo. Ejemplo:

```
Log(Cursor.GetInt2(0))
```

GetLong (ColumnName As String) As Long

Devuelve el valor de tipo Long almacenado en la columna con el nombre indicado. El valor se convertirá en Long si es de otro tipo. Ejemplo:

```
Log(Cursor.GetLong("col2"))
```

GetLong2 (Index As Int) As Long

Devuelve el valor de tipo Long almacenado en la columna indicada por el parámetro Index. El valor se convertirá en Long si es de otro tipo. Ejemplo:

```
Log(Cursor.GetLong2(0))
```

GetString (ColumnName As String) As String

Devuelve el valor de tipo String almacenado en la columna con el nombre indicado. El valor se convertirá en String si es de otro tipo. Ejemplo:

```
Log(Cursor.GetString("col2"))
```

GetString2 (Index As Int) As String

Devuelve el valor de tipo String almacenado en la columna indicada por el parámetro Index. El valor se convertirá en String si es de otro tipo. Ejemplo:

```
Log(Cursor.GetString2(0))
```

IsInitialized As Boolean
Si se ha inicializado este objeto.

NextRow As Boolean
Mueve el cursor al siguiente resultado. Devuelve **FALSE** cuando el cursor alcanza el final. Ejemplo:

```
Do While ResultSet1.Next
  'Trabajar con Filas
Loop
```

Position As Int
Obtiene o establece la posición actual (fila). Tenga en cuenta que la posición inicial de un cursor devuelto por una consulta es `-1`. La primera posición válida es 0. Ejemplo:

```
Dim SQL1 As SQL
Dim Cursor1 As Cursor
Cursor1 = SQL1.ExecQuery("SELECT col1, col2 FROM table1")
For i = 0 To Cursor1.RowCount - 1
  Cursor1.Position = i
  Log(Cursor1.GetString("col1"))
  Log(Cursor1.GetInt("col2"))
Next
Cursor1.Close
```

RowCount As Int [read only]
Obtiene el número de filas disponibles en el ResultSet.

SQL
Es el objeto principal que accede a la base de datos SQLite integrada en Android. Consulte el Capítulo Base de Datos (p.228) para obtener más información.

Eventos:
QueryComplete (Success As Boolean, Crsr As Cursor)
NonQueryComplete (Success As Boolean)
Miembros:
AddNonQueryToBatch (Statement As String, Args As List)
Añade una sentencia sin consulta al lote de sentencias. Las sentencias se ejecutan (asincrónicamente) cuando se llama **ExecNonQueryBatch**. **Args** puede ser **Null** si no son necesarios. Ejemplo:

```
For i = 1 To 1000
     SQL1.AddNonQueryToBatch("INSERT INTO table1 VALUES (?)",
Array(Rnd(0, 100000)))
Next
Dim SenderFilter As Object = SQL1.ExecNonQueryBatch("SQL")
Wait For (SenderFilter) SQL_NonQueryComplete (Success As Boolean)
Log("NonQuery: " & Success)
```

BeginTransaction

Inicia una transacción (p.239), que es un conjunto de sentencias SQL de "escritura" para las que se guardarán todos o ninguno de los cambios realizados en la base de datos. Los cambios se realizan de forma temporal y, si se produce un error, se revierten todos los cambios para que la base de datos vuelva a su estado original. **Es muy importante** manejar las transacciones cuidadosamente y cerrarlas. Se considera realizada con exito sólo si se llama `TransactionSuccessful`, de lo contrario no se guardará ningún cambio.

Close

Cierra la base de datos. No hace nada si la base de datos no se abrió nunca o ya se ha cerrado.

EndTransaction

Finaliza la transacción.

ExecNonQuery (Statement As String)

Ejecuta una sola instrucción SQL sin consulta. Ejemplo:

```
SQL1.ExecNonQuery("CREATE TABLE table1 (col1 TEXT, col2 INTEGER, col3
INTEGER)")
```

Para la ejecución de una gran cantidad de sentencias SQL de escritura, será significativamente más rápido el uso de `BeginTransaction` y `EndTransaction.`

ExecNonQuery2 (Statement As String, Args As List)

Ejecuta una sola instrucción SQL sin consulta que puede incluir signos de interrogación que serán reemplazados por los elementos de la lista *Args*. Tenga en cuenta que B4A convierte implícitamente los arrays a listas. Los valores de la lista deben ser cadenas de caracteres, números o byte-arrays. Ejemplo:

```
SQL1.ExecNonQuery2("INSERT INTO table1 VALUES (?, ?, 0)", Array As
Object("algún texto", 2))
```

ExecNonQueryBatch (EventName As String) As Object

Ejecuta asincrónicamente un lote de sentencias que no son de consulta (como INSERT).
Se produce el evento `NonQueryComplete` cuando se completan las sentencias.
Debería llamar `AddNonQueryToBatch` una o más veces antes de llamar a este método para añadir sentencias al lote. **Observe** que este método comienza y termina internamente una transacción.
Devuelve un objeto que se puede utilizar como filtro de remitente para las llamadas `Wait For`. Ejemplo:

```
For i = 1 To 1000
    SQL.AddNonQueryToBatch("INSERT INTO table1 VALUES (?)",
Array(Rnd(0, 100000)))
Next
Dim SenderFilter As Object = SQL.ExecNonQueryBatch("SQL")
Wait For (SenderFilter) SQL_NonQueryComplete (Success As Boolean)
Log("NonQuery: " & Success)
```

ExecQuery (Query As String) As Cursor

Ejecuta la consulta y devuelve un cursor que se utiliza para recorrer las filas del resultado. Ejemplo:

```
Dim SQL1 As SQL
Dim Cursor1 As Cursor
Cursor1 = SQL1.ExecQuery("SELECT col1, col2 FROM table1")
For i = 0 To Cursor1.RowCount - 1
  Cursor1.Position = i
  Log(Cursor1.GetString("col1"))
  Log(Cursor1.GetInt("col2"))
Next
```

ExecQuery2 (Query As String, StringArgs() As String) As Cursor

Ejecuta la consulta y devuelve un cursor que se utiliza para recorrer los resultados. La consulta puede incluir signos de interrogación que serán reemplazados por los valores del array.
Ejemplo:

```
Dim SQL1 As SQL
Dim Cursor1 As Cursor
Cursor1 = SQL1.ExecQuery2("SELECT col1 FROM table1 WHERE col3 = ?",
Array As String(22))
```

SQLite intentará convertir los valores de las cadenas basándose en los tipos de columna.

ExecQueryAsync (EventName As String, Query As String, Args As List) As Object

Ejecuta asincrónicamente la consulta dada en *Query*. Se producirá el evento `QueryComplete` cuando los resultados estén listos. Devuelve un objeto que se puede utilizar como filtro de remitente para las llamadas `Wait For`. Ejemplo:

```
Dim SenderFilter As Object = SQL1.ExecQueryAsync("SQL", "SELECT * FROM
table1", Null)
Wait For (SenderFilter) SQL_QueryComplete (Success As Boolean, rs As
ResultSet)
If Success Then
 Do While rs.NextRow Log(rs.GetInt2(0))
  Loop
  rs.Close
 Else
  Log(LastException)
End If
```

Tenga en cuenta que ResultSet extiende el cursor. Puede usar Cursor si lo prefiere.

ExecQuerySingleResult (Query As String) As String

Ejecuta la consulta y devuelve el valor en la primera columna y en la primera línea (en el conjunto de resultados). Devuelve `Null` si no se ha encontrado ningún resultado. Ejemplo:

```
Dim NumberOfMatches As Int
NumberOfMatches = SQL1.ExecQuerySingleResult("SELECT count(*) FROM
table1 WHERE col2 > 300")
```

ExecQuerySingleResult2 (Query As String, StringArgs() As String) As String

Ejecuta la consulta y devuelve el valor en la primera columna y en la primera línea (en el ResultSet). Devuelve `Null` si no se ha encontrado ningún resultado. Ejemplo:

```
Dim NumberOfMatches As Int
NumberOfMatches = SQL1.ExecQuerySingleResult2("SELECT count(*) FROM
table1 WHERE col2 > ?", Array As String(300))
```

Initialize (Dir As String, FileName As String, CreateIfNecessary As Boolean)

Abre el archivo de la base de datos. Se creará una nueva base de datos si no existe y CreateIfNecessary es `True`. Ejemplo:

```
Sub Process_Globals
 Dim SQL1 As SQL
End Sub
```

```
Sub Activity_Create(FirstTime As Boolean)
 If FirstTime Then
   SQL1.Initialize(File.DirRootExternal, "1.db", True)
 End If
End Sub
```

***IsInitialized** As Boolean*

Devuelve `TRUE` si la base de datos está inicializada y abierta.

TransactionSuccessful

Indica que la transacción ha sido correcta. No se deben ejecutar más sentencias hasta que se llame a EndTransaction.

Librería StringUtils

Librería versión 1.12
Esta librería está incluida en el paquete de instalación del IDE. El ejemplo de tabla utiliza LoadCSV para mostrar datos en una tabla

StringUtils

Colección de funciones relacionadas con las cadenas de caracteres.

DecodeBase64 (Data** As String**) As** Byte**()

Decodifica datos de notación Base64.

***DecodeUrl (Url** As String**, CharSet** As String**) As** String*

Decodifica una cadena de caracteres *application/x-www-form-urlencoded.* Consulte Codificación de Texto (p.391) para obtener más detalles sobre los conjuntos de caracteres.

***EncodeBase64 (Data()** As Byte**) As** String*

Codifica el byte-array dado en notación Base64. Ejemplo:

```
Dim su As StringUtils
Dim encoded As String
encoded = su.EncodeBase64(data) 'los datos son un byte-array
```

***EncodeUrl (Url** As String**, CharSet** As String**) As** String*

Codifica una cadena en formato *application/x-www-form-urlencoded.*
Url - Cadena para codificar.
CharSet - El nombre de la codificación de los caracteres. Ver Codificación de Texto (p.391) para detalles de los juegos de caracteres. Ejemplo:

```
Dim su As StringUtils
Dim url, encodedUrl As String
encodedUrl = su.EncodeUrl(url, "UTF8")
```

***LoadCSV (Dir** As String**, FileName** As String**, SeparatorChar** As Char**) As** List*

Carga un archivo CSV y lo almacena en un objeto List de arrays de cadenas.
Dir – La carpeta del archivo CSV.
FileName – Nombre del archivo CSV.
SeparatorChar - El carácter utilizado en el archivo original para separar los campos. Para el carácter de tabulación, utilice `Chr(9)`.

Ejemplo:
```
Dim lvTest As ListView
Dim lstCSV As List
Dim StrUtil As StringUtils
Dim strRow(), strOneLine As String
Dim iRowCount As Int

' Preparar ListView para mostrar datos
lvTest.Initialize("")
Activity.AddView(lvTest, 0,0,100%x, 100%y)

' Leer el archivo csv
lstCSV.Initialize
lstCSV = StrUtil.LoadCSV(File.DirAssets, "book2.csv", ",")

For iRowCount = 0 To lstCSV.Size - 1
 strRow = lstCSV.Get(iRowCount)
 strOneLine = ""
 For i = 0 To strRow.Length - 1
  strOneLine = strOneLine & strRow(i)
  If i < strRow.Length - 1 Then
   strOneLine = strOneLine & ", "
  End If
 Next
 lvTest.AddSingleLine(strOneLine)
Next
```

LoadCSV2 (Dir As String, FileName As String, SeparatorChar As Char, Headers As List) As List

Si la primera fila en el archivo son los nombres de las columnas, entonces debe usar LoadCSV2.

MeasureMultilineTextHeight (TextView1 As TextView, Text As String) As Int

Devuelve la altura requerida para mostrar el texto dado en una etiqueta. Esto se puede utilizar para mostrar texto dinámico en una etiqueta. Tenga en cuenta que la etiqueta debe añadirse primero a su objeto padre y entonces ya se puede ajustar su altura.
Ejemplo:

```
Dim Label1 As Label
Label1.Initialize("")
Label1.Text = " esta es una frase larga, y necesitamos " _
  & "saber la altura requerida para poder mostrarla completamente."
Label1.TextSize = 20
Activity.AddView(Label1, 10dip, 10dip, 200dip, 30dip)
Dim su As StringUtils
Label1.Height = su.MeasureMultilineTextHeight(Label1, Label1.Text)
```

SaveCSV (Dir As String, FileName As String, SeparatorChar As Char, Table As List)

Guarda el parámetro *Table* de tipo List como un archivo CSV.
Dir – Carpeta del archivo de salida.
FileName – Nombre del archivo de salida.
SeparatorChar - Carácter separador. El carácter que separará los campos en el archivo de salida.
Table - Una lista con arrays de cadenas como elementos. Cada array representa una fila. Todas los arrays deben tener la misma longitud.
Ejemplo para crear un archivo CSV:

```
Dim lstCSV As List
Dim StrUtil As StringUtils
Dim iRowCount As Int = 10
Dim iColCount As Int = 5

lstCSV.Initialize

' crear una lista de arrays de cadenas que contenga los datos
For iRowCount = 0 To 9
 Dim strRow(iColCount) As String
 For iColCount = 0 To 4
  strRow(iColCount) = "Row " & iRowCount & ", Col " & iColCount
 Next
 lstCSV.Add(strRow)
Next

StrUtil.SaveCSV(File.DirDefaultExternal,"book2_output.csv", ",",
lstCSV)
```

SaveCSV2 (Dir As String, FileName As String, SeparatorChar As Char, Table As List, Headers As List)

Similar a SaveCSV, excepto que la primera fila será la lista de nombres de las columnas (encabezados), que debe ser una lista (o array) de cadenas.

Librería TTS

Librería versión 1.00
Esta librería (incluida en el paquete de instalación del IDE) permite la conversión de texto a voz (TTS).
Para ver un ejemplo de un programa que realiza tanto TTS como reconocimiento de voz, consulte esta página web (http://bit.ly/14kXKG4).

TTS

Sintetiza texto a voz y lo reproduce. Después de inicializar el objeto, debe esperar al evento Ready. A continuación le damos un ejemplo de cómo hacerlo utilizando un temporizador.

Ejemplo:

```
Sub Globals
 Dim tmr As Timer
End Sub

Sub Globals
 Dim tts1 As TTS
 Dim ttsOK As Boolean
 Dim strTextToSpeak As String
 Private btnSpeak As Button
End Sub

Sub Activity_Create(FirstTime As Boolean)
 btnSpeak.Initialize("btnSpeak")
 Activity.AddView(btnSpeak, 20dip, 20dip, 100dip, 60dip)
 btnSpeak.Text = "Speak"
 tmr.Initialize("tmr", 1000)
End Sub

Sub Activity_Resume
 tmr.Initialize("tmr", 1000)
 If tts1.IsInitialized = False Then
  ttsOK = False
  tts1.Initialize("TTS1")
  ' configurar el texto para que hable una vez que el motor esté listo
  strTextToSpeak = "¡Listos para trabajar!"
  ' temporizador de arranque para esperar hasta que TTS esté listo
  ProgressDialogShow2("Esperando el texto para el motor de voz",
False)
  tmr.Enabled = True
End Sub

Sub Activity_Pause (UserClosed As Boolean)
 tts1.Stop
 tts1.Release
 tmr.Enabled = False
End Sub

Sub TTS1_Ready (Success As Boolean)
 ' cuando tts1 esté listo para hablar
 If Success Then
  Log("TTS1_Ready listo")
  ttsOK = True
 Else
  ttsOK = False
  Log("TTS1_Ready fallo")
  Msgbox("Error al inicializar el motor TTS.", "")
 End If
End Sub
```

```
Sub tmr_Tick
 If ttsOK = True Then
  tts1.speak(strTextToSpeak, False)
  tmr.Enabled = False
  ProgressDialogHide
 Else
  ' esperar a que el temporizador termine la próxima vez
 End If
End Sub

Sub btnSpeak_Click
 If ttsOK = True Then
  tts1.speak("Button Speak funciona", False)
 End If
End Sub
```

Para otro ejemplo de uso de TTS, vea este ejemplo (http://bit.ly/11lo8KN).

Evento:

Ready (Success As Boolean)

Miembros:

Initialize (EventName As String)

Inicializa el objeto. El evento `Ready` se producirá cuando el motor de texto a voz esté listo.
EventName - El sub que manejará el evento Ready.

IsInitialized As Boolean

Si este objeto se ha inicializado llamando `Initialize`.

Pitch As Float [write only]

Establece el valor del tono. Por defecto es 1. Ejemplo:

```
TTS1.Pitch = 1.5
```

Release

Libera cualquier recurso relacionado con este objeto. Después, deberá inicializar el objeto de nuevo antes de utilizarlo. **Tenga en cuenta** que es seguro llamar a este método con un objeto no inicializado.

SetLanguage (Language As String, Country As String) As Boolean

Establece el idioma en el que se habla.
Language - Código de idioma. Dos letras minúsculas.
Country - Código de país. Dos letras mayúsculas. Pase una cadena vacía si no es necesario.
Devuelve `True` si hay un idioma que coincida. El valor del país se ignorará si el código de idioma coincide y el código de país no coincidiera.

Speak (Text As String, ClearQueue As Boolean)

Habla el texto dado.
ClearQueue Si es `True`, entonces todos los textos en espera son descartados y el nuevo texto es pronunciado. De lo contrario, el nuevo texto se añade a la cola.

SpeechRate As Float [write only]

Establece la velocidad del habla. Por defecto es 1. Ejemplo:

```
TTS1.SpeechRate = 0.5
```

Stop
Detiene el habla de cualquier texto que se esté reproduciendo en ese momento (y descarta los textos de la cola).

Librería USB
Librería versión 0.98
Esta librería está incluida en el paquete de instalación del IDE.
Universal Serial Bus (USB) es un estándar que define tanto el hardware como el software que intervienen en la conexión de los ordenadores a los periféricos. Para más detalles ver aquí (`http://bit.ly/1DyKpcf`).
Obsérvese que la explicación detallada de esta librería está fuera del alcance de este libro. Un ejemplo de trabajo completo con un tutorial está disponible aquí (`http://bit.ly/1deHpbH`).

Lista de tipos:
MtpDevice
UsbAccessory
UsbDevice
UsbDeviceConnection
UsbEndpoint (p.643)
UsbInterface (p.643)
UsbManager (p.644)
UsbRequest (p.645)

MtpDevice
Miembros:
Close
Initialize (EventName As String, UsbDevice1 As UsbDevice)
IsInitialized As Boolean
Si este objeto se ha inicializado llamando `Initialize`.
Open (Connection As UsbDeviceConnection)

UsbAccessory
Representa un dispositivo USB.
Miembros:
Close
Cierra el dispositivo. Los flujos de entrada y salida de los dispositivos deben cerrarse primero de forma individual.
Description As String [read only]
Obtenemos la descripción del dispositivo.
InputStream As InputStreamWrapper [read only]
Obtiene el flujo de entrada para el dispositivo. Cuando lea datos de un dispositivo, asegúrese de que el búfer que utilice sea lo suficientemente grande para almacenar los datos del paquete USB. El protocolo para dispositivos Android admite búferes de paquetes de hasta 16384 bytes, por lo que para más simplicidad puede optar por declarar siempre que su búfer es de este tamaño.

Manufacturer As String [read only]
Obtenemos el fabricante del dispositivo.

Model As String [read only]
Obtenemos el nombre del modelo del dispositivo.

OutputStream As OutputStreamWrapper [read only]
Obtenemos el flujo de salida para el dispositivo.

Serial As String [read only]
Obtenemos el número de serie único del dispositivo.

URI As String [read only]
Obtenemos la URI (dirección de Internet) de la página web del dispositivo.

Version As String [read only]
Obtiene la versión del dispositivo.

UsbDevice

Corresponde a un dispositivo USB.

Miembros:

DeviceClass As Int [read only]
Obtenemos la clase de dispositivo.

DeviceId As Int [read only]
Obtenemos el id o identificación del dispositivo.

DeviceName As String [read only]
Obtenemos el nombre del dispositivo.

DeviceSubclass As Int [read only]
Obtenemos la subclase de dispositivo.

GetInterface (Index As Int) As UsbInterface
Obtenemos la interfaz en el índice dado.

InterfaceCount As Int [read only]
Obtenemos el número de interfaces.

IsInitialized As Boolean
Si se ha inicializado este objeto.

ProductId As Int [read only]
Obtenemos el id o identificación del producto.

VendorId As Int [read only]
Obtenemos el Id. de proveedor.

UsbDeviceConnection

Representa una conexión entre el servidor y un cliente. UsbDeviceConnection se crea al llamar a `UsbManager.OpenDevice`. Una vez conectado, debe llamar a `StartListening` para empezar a escuchar las solicitudes completadas. El envío de solicitudes se realiza con `UsbRequest.Queue`. Debe llamar a `ContinueListening` para permitir que el que escucha atienda la siguiente solicitud completada (después de que se envíe otra solicitud IN).

Llamando a **`StopListening`** se cerrará la conexión. El método **`ControlTransfer`** envía solicitudes al *endpoint*[49] cero, que es el punto final del control. **`ControlTransfer`** es un método de bloqueo (espera a que la transacción termine, a diferencia de **`UsbRequest.Queue`** que es asincrónico).

Evento: NewData (Request As UsbRequest, InDirection As Boolean)

El evento NewData se genera cuando se completa una solicitud. La solicitud se pasa como un parámetro.

Miembros:

BulkTransfer (Endpoint As UsbEndpoint, Buffer() As Byte, Length As Int, Timeout As Int) As Int

Envía una solicitud sincrónica.
Endpoint - El *endpoint* para esta transacción. La dirección de transferencia viene determinada por este *endpoint*.
Buffer - Buffer para datos a enviar o recibir.
Length - La longitud de los datos.
Timeout – El timeout o tiempo de espera máximo de la solicitud (en milisegundos).

CloseSynchronous

De la misma manera que **`StopListening`**, **`CloseSynchronous`** cierra la conexión.
Note: este método sólo debe utilizarse cuando no se ha iniciado un receptor asíncrono.

ContinueListening

Notifica al que escucha que continúe esperando solicitudes completadas.

ControlTransfer (RequestType As Int, Request As Int, Value As Int, Index As Int, Buffer() As Byte, Length As Int, Timeout As Int) As Int

Realiza una transacción de control en el *endpoint* de origen. Devuelve el número de bytes transferidos.
RequestType - El tipo de solicitud. Debe ser UsbManager.USB_DIR_IN o UsbManager.USB_DIR_OUT para establecer la dirección de la solicitud.
Request – El id de la solicitud.
Value - El campo de valor.
Index – El campo de índice.
Buffer - Buffer para la parte de datos. Pase **`Null`** si no es necesario
Length - La longitud de los datos a enviar o recibir.
Timeout - Timeout (en milisegundos).

GetRawDescriptors As Byte()

Devuelve los descriptores sin formato como un array de bytes.
Este método sólo está disponible en Android 3.2 o superior. Devolverá un array vacío en Android 3.1 y versiones anteriores.

IsInitialized As Boolean

Devuelve **`TRUE`** si el objeto fue inicializado.

Serial As String [read only]

Devuelve el número de serie del dispositivo conectado.

---

[49] NT: básicamente un *endpoint* es el buffer de un dispositivo USB. Se pueden clasificar en *endpoint* de datos y de control. Se refiere al propio hardware, independientemente del S.O.

StartListening (EventName As String)

Comienza a escuchar las solicitudes completadas. Se producirá el evento **NewData** cuando estén disponibles.

EventName - El nombre del Sub que gestionará los eventos.

StopListening

Detiene la escucha de las solicitudes y cierra la conexión.

UsbEndpoint

Representa un *endpoint* en una interfaz específica.

Miembros:

Address As Int [read only]

Obtenemos la dirección del *endpoint*.

Attributes As Int [read only]

Obtenemos los atributos del *endpoint*.

Direction As Int [read only]

Obtenemos la dirección del endpoint. Puede ser UsbManager.USB_DIR_IN o UsbManager.USB_DIR_OUT.

EndpointNumber As Int [read only]

Obtenemos el número de *endpoint*.

Interval As Int [read only]

Obtenemos el campo de interval.

IsInitialized As Boolean

Si se ha inicializado este objeto.

MaxPacketSize As Int [read only]

Obtenemos el tamaño máximo de los paquetes.

Type As Int [read only]

Obtenemos el tipo de *endpoint*.

UsbInterface

Representa una interfaz USB en un dispositivo específico.

Miembros:

EndpointCount As Int [read only]

Obtenemos el número de *endpoints* disponibles en esta interfaz.

GetEndpoint (Index As Int) As UsbEndpoint

Obtenemos el *endpoint* en el índice dado.

InterfaceClass As Int [read only]

Obtenemos la clase de interfaz.

InterfaceProtocol As Int [read only]

Obtenemos el protocolo de interfaz.

InterfaceSubclass As Int [read only]

Obtenemos la subclase de la interfaz.

IsInitialized As Boolean
Si se ha inicializado este objeto.

UsbManager
El UsbManager da acceso a los dispositivos USB conectados. También tiene las constantes relacionadas. Esta librería requiere Android SDK 12 o superior (Android 3.1 o superior). Debe configurar B4A para usar android.jar a partir de android-12 o superior.

Miembros:

GetAccessories As UsbAccessory()
Devuelve una serie de dispositivos UsbAccessories con todos los componentes USB conectados.

GetDevices As UsbDevice()
Devuelve un array de UsbDevices con todos los dispositivos USB conectados.

HasAccessoryPermission (Accessory As UsbAccessory) As Boolean
Devuelve `TRUE` si su aplicación tiene permiso (p.144) para acceder a este elemento. Llame a `RequestAccessoryPermission` para recibir este permiso.

HasPermission (Device As UsbDevice) As Boolean
Devuelve `TRUE` si su aplicación tiene permiso (p.144) para acceder a este dispositivo. Llame a `RequestPermission` para recibir este permiso.

Initialize
Inicializa el objeto.

OpenAccessory (Accessory As UsbAccessory)
Se conecta al componente proporcionado.

OpenDevice (Device As UsbDevice, Interface As UsbInterface, ForceClaim As Boolean) As UsbDeviceConnection
Se conecta al dispositivo dado y demanda acceso exclusivo a la interfaz dada.
ForceClaim - Si el sistema debe desconectar los controladores del kernel en caso necesario.

RequestAccessoryPermission (Accessory As UsbAccessory)
Muestra un cuadro de diálogo que le pide al usuario que permita a su aplicación acceder al accesorio USB.

RequestPermission (Device As UsbDevice)
Muestra un cuadro de diálogo que le pide al usuario que permita a su aplicación acceder al dispositivo USB.

USB_CLASS_APP_SPEC As Int

USB_CLASS_AUDIO As Int

USB_CLASS_CDC_DATA As Int

USB_CLASS_COMM As Int

USB_CLASS_CONTENT_SEC As Int

USB_CLASS_CSCID As Int

USB_CLASS_HID As Int

USB_CLASS_HUB As Int

***USB_CLASS_MASS_STORAGE** As Int*

***USB_CLASS_MISC** As Int*

***USB_CLASS_PER_INTERFACE** As Int*

***USB_CLASS_PHYSICA** As Int*

***USB_CLASS_PRINTER** As Int*

***USB_CLASS_STILL_IMAGE** As Int*

***USB_CLASS_VENDOR_SPEC** As Int*

***USB_CLASS_VIDEO** As Int*

***USB_CLASS_WIRELESS_CONTROLLER** As Int*

***USB_DIR_IN** As Int*

***USB_DIR_OUT** As Int*

***USB_ENDPOINT_DIR_MASK** As Int*

***USB_ENDPOINT_NUMBER_MASK** As Int*

***USB_ENDPOINT_XFER_BULK** As Int*

***USB_ENDPOINT_XFER_CONTROL** As Int*

***USB_ENDPOINT_XFER_INT** As Int*

***USB_ENDPOINT_XFER_ISOC** As Int*

***USB_ENDPOINT_XFERTYPE_MASK** As Int*

***USB_INTERFACE_SUBCLASS_BOOT** As Int*

***USB_SUBCLASS_VENDOR_SPEC** As Int*

***USB_TYPE_CLASS** As Int*

***USB_TYPE_MASK** As Int*

***USB_TYPE_RESERVED** As Int*

***USB_TYPE_STANDARD** As Int*

***USB_TYPE_VENDOR** As Int*

UsbRequest

Este objeto representa un paquete de solicitud USB. El método `Queue` envía la solicitud.

Miembros:

Buffer()** As Byte **[read only]

Devuelve el búfer asociado a la solicitud.

Initialize (Connection As UsbDeviceConnection, Endpoint As UsbEndpoint)

Inicializa la solicitud. La solicitud estará vinculada a la conexión y al *endpoint* proporcionados. **Tenga en cuenta** que para las transacciones de control debe utilizar: `UsbDeviceConnection.ControlTransfer`.

IsInitialized As Boolean

Si este objeto se ha inicializado llamando `Initialize`.

Name As String

Obtiene o establece una cadena arbitraria que se puede utilizar para identificar la solicitud.

Queue (Buffer() As Byte, Length As Int)

Pone en cola la solicitud de envío. Se producirá el evento `UsbDeviceConnection_NewData` cuando se complete la transacción.

UsbEndpoint As UsbEndpoint [solo lectura]

Librería ViewsEx

Librería versión 1.30
Esta librería (incluida en el paquete de instalación del IDE) contiene varios objetos de ejemplo implementados como custom view (p.441)s. Para utilizarlos, incluya la librería ViewsEx en el proyecto y, a continuación, añádalos al Diseñador visual tal y como se describe en la sección Custom View (p.441).
No documentamos los detalles aquí, ya que pueden ser fácilmente revisados por el desarrollador.
Contiene los siguientes tipos:

FloatLabeledEditText

FloatLabeledEditText es un EditText mejorado donde la sugerencia se sitúa por encima del campo de entrada en lugar de desaparecer cuando hay texto en el campo. Por lo tanto, ya no es necesario añadir una etiqueta para describir el campo. La implementación se basa en este proyecto de código abierto: https://github.com/wrapp/floatlabelededittext. Técnicamente `FloatLabeledEditText` envuelve un `EditText`. Puede obtener este EditText con la propiedad EditText. Esto es útil si desea configurar el EditText interno.

Eventos:

TextChanged (Old As String, New As String)

EnterPressed

FocusChanged (HasFocus As Boolean)

Miembros:

Background As Drawable

BringToFront

Color As Int

DesignerCreateView (base As Panel, lw As Label, props As Map)

EditText As Edit Text [Read only]

Devuelve el EditText interno.

***Enabled* As Boolean**

***Height* As Int**

***Hint* As String**

Obtiene o establece el texto de la sugerencia.

Initialize (arg1* As String *)

Invalidate

Invalidate2 (arg0* As Android.graphics.rect *)

Invalidate3 (arg0* As Int, *arg1* As Int, *arg2* As Int, *arg3* As Int *)

***IsInitialized* As Boolean**

***Left* As IntInt**

***Padding()* As Int**

Parent* As Object *[read only]

RemoveView

***RequestFocus* As Boolean**

SendToBack

SetBackgroundImage (arg0* As Bitmap *)

SetColorAnimated (arg0* As Int, *arg1* As Int, *arg2* As Int *)

SetLayout (arg0* As Int, *arg1* As Int, *arg2* As Int, *arg3* As Int *)

SetLayoutAnimated (arg0* As Int, *arg1* As Int, *arg2* As Int, *arg3* As Int, *arg4* As Int *)

SetVisibleAnimated (arg0* As Int, *arg1* As Boolean *)

***Tag* As ObjectObject**

***Text* As StringObject**

Obtiene o establece el texto.

***Top* As IntInt**

***Visible* As BooleanBoolean**

***Width* As IntInt**

RatingBar

Una barra que muestra una clasificación con estrellas:

Evento:

ValueChanged (Value As Float, UserChanged As Boolean)

Miembros:

Background As android.graphics.Drawable

BringToFront

Color As

DesignerCreateView (base As Panel, lw As Label, props As Map)

Enabled As Boolean

Height As Int

Initialize (arg1 As String)

Invalidate

Invalidate2 (arg0 As android.graphics.Rect)

Invalidate3 (arg0 As Int, arg1 As Int, arg2 As Int, arg3 As Int)

IsInitialized As Boolean

Left As Int

Padding() As Int

Parent As Object

Rating As Float

Determina o establece la clasificación.

RemoveView

RequestFocus As Boolean

SendToBack

SetBackgroundImage (arg0 As android.graphics.Bitmap)

SetColorAnimated (arg0 As Int, arg1 As Int, arg2 As Int)

SetLayout (arg0 As Int, arg1 As Int, arg2 As Int, arg3 As Int)

SetLayoutAnimated (arg0 As Int, arg1 As Int, arg2 As Int, arg3 As Int, arg4 As Int)

SetVisibleAnimated (arg0 As Int, arg1 As Boolean)

Tag As Object

Top As Int

Visible As Boolean

Width As Int

Switch

Un conmutador visual:

Evento:

CheckedChange(Checked** As Boolean**)

Miembros:

***Background** As android.graphics.Drawable*

BringToFront

***Checked** As Boolean*

***Color** As*

DesignerCreateView (base** As Panel, **lw** As Label, **props** As Map **)

***Enabled** As Boolean*

***Height** As Int*

Initialize (arg1** As String **)

Invalidate

Invalidate2 (arg0** As android.graphics.Rect **)

Invalidate3 (arg0** As Int, **arg1** As Int, **arg2** As Int, **arg3** As Int **)

***IsInitialized** As Boolean*

***Left** As Int*

***Padding()** As Int*

***Parent** As Object*

RemoveView

***RequestFocus** As Boolean*

SendToBack

SetBackgroundImage (arg0** As android.graphics.Bitmap **)

SetColorAnimated (arg0** As Int, **arg1** As Int, **arg2** As Int **)

SetLayout (arg0** As Int, **arg1** As Int, **arg2** As Int, **arg3** As Int **)

SetLayoutAnimated (arg0** As Int, **arg1** As Int, **arg2** As Int, **arg3** As Int, **arg4** As Int **)

SetVisibleAnimated (arg0** As Int, **arg1** As Boolean **)

***Tag** As Object*

***Top** As Int*

***Visible** As Boolean*

***Width** As Int*

TouchPanelCreator

Eventos:

***OnInterceptTouchEvent (Action** As Int, **X** As Float, **Y** As Float, **MotionEvent** As Object) As Boolean*
***OnTouchEvent (Action** As Int, **X** As Float, **Y** As Float, **MotionEvent** As Object) As Boolean*

Miembros:

***CreateTouchPanel (EventName** As String) As Panel*

Librería xCustomListView

Librería versión 1.67
Esta librería está incluida en el paquete de instalación del IDE.
El ListView (p.455) nativo está optimizado para listas muy grandes. Cuando se puede, reutiliza las mismas vistas en lugar de crear las vistas para cada posición. Esta optimización hace que sea muy difícil personalizar los elementos.
xCustomListView es una implementación de la clase anterior CustomListView basada en la librería XUI. Proporciona todas las características de la CustomListView original y es compatible con B4A, B4J y B4i. Vea aquí (http://bit.ly/2HM8CEq) un tutorial sobre su uso.

CLVItem

Este es un elemento en una vista de CustomListView. Recupere el elemento usando código como

```
Dim item As CLVItem = clv1.GetItem(Index)
```

Miembros:

***Color** As Int*

Initialize

Inicializa los campos a su valor por defecto.

***IsInitialized** As Boolean*

Comprueba si el objeto se ha inicializado.

***Offset** As Int*

***Panel** As B4XView*

***Size** As Int*

***TextItem** As Boolean*

***Value** As Object*

CustomListView

CustomListView es una implementación de una lista basada en un B4XView con scrolling. Es apropiado para listas de hasta 1000 ó 2000 artículos.
Ventajas de CustomListView:

- Cada elemento está formado por un Panel que puede contener cualquier vista.
- Los elementos pueden ser modificados en cualquier momento.
- Es posible insertar o quitar elementos desde cualquier posición.
- Cada elemento puede tener una altura diferente.
- La altura del elemento se puede establecer automáticamente en función del texto (mediante AddTextItem).

Usar CustomListView es sencillo:

- Primero debe inicializar la lista y agregarla a un panel o actividad.
- A continuación, debe añadir elementos.

Cada elemento está formado por un panel que contiene otras vistas.
AddTextItem es una función muy útil para añadir elementos hechos de una sola etiqueta.

Eventos:

ItemClick (Index As Int, Value As Object)

ReachEnd

ScrollChanged (Offset As Int)

VisibleRangeChanged (FirstIndex As Int, LastIndex As Int)

Miembros:

Add (Pnl As B4XView, Value As Object) As String

Añade un elemento personalizado.

AddTextItem (Text As Object, Value As Object) As String

Añade un elemento de texto. La altura del elemento se ajustará en función del texto.

AnimationDuration As Int

Asview As B4XView

Base_Resize (Width As double, Height As double) As String

Class_Globals As String

Clear As String

Borra todos los elementos.

DefaultTextBackgroundColor As Int

DefaultTextColor As Int

DesignerCreateView (Base As Object, Lbl As LabelWrapper, Props As collections.Map) As String

DividerSize As float

FindIndexFromOffset (Offset As Int) As Int

Encuentra el índice del elemento (+ divisor) basado en el desplazamiento.

***FirstVisibleIndex** As Int*

Obtiene el índice del primer elemento visible.

***Getbase** As B4XView*

***GetDividerSize** As Float*

***GetFirstVisibleIndex** As Int*

Devuelve el índice del primer elemento visible.

***GetItemFromView (v** As B4XView **)** As Int*

Devuelve el índice del elemento que contiene la vista dada.

***GetLastVisibleIndex** As Int*

Devuelve el índice del último elemento visible.

***GetPanel (Index** As Int **)** As B4XView*

Devuelve el Panel almacenado en el índice especificado.

***GetRawListItem (Index** As Int **)** As CLVItem*

Devuelve el CLVItem. No debe utilizarse la mayor parte de las veces.

***GetSize** As Int*

Devuelve el número de elementos.

***GetValue (Index** As Int **)** As Object*

Devuelve el valor almacenado en el índice especificado.

***Initialize (vCallBack** As Object, **vEventName** As String **)** As String*

***InsertAt (Index** As Int, **pnl** As B4XView, **Value** As Object **)** As String*

Añade un elemento personalizado en el índice especificado.

***InsertAtTextItem (Index** As Int, **Text** As Object, **Value** As Object **)** As String*

Inserta una posición de texto en el índice especificado.

***JumpToItem (Index** As Int **)** As String*

Desplaza la lista hasta el elemento especificado (sin animar el desplazamiento).

***LastVisibleIndex** As Int*

Obtiene el índice del último elemento visible.

***Refresh** As String*

Causa que se produzca el evento VisibleRangeChanged.

***RemoveAt (Index** As Int **)** As String*

Elimina el elemento en el índice especificado.

***ReplaceAt (Index** As Int, **pnl** As B4XView, **ItemHeight** As Int, **Value** As Object **)** As String*

Reemplaza el elemento en el índice especificado con un nuevo elemento.

***ResizeItem (Index** As Int, **ItemHeight** As Int **)** As String*

Modifica la altura de un elemento existente.

ScrollToItem (Index As Int) As String
Desplaza suavemente la lista hasta el elemento especificado.

IsInitialized As boolean
Comprueba si el objeto se ha inicializado.

Size As Int
Devuelve el número de elementos.

sv As B4XView
El B4XView que sustenta el CustomListView.

Librería XmlSax

Librería versión 1.11
Esta librería (incluida en el paquete de instalación del IDE) proporciona Sax un analizador XML.

XML
XML (Extensible Markup Language) es una forma de codificar datos en un documento que puede ser leído tanto por humanos como por ordenadores. Es muy utilizado para enviar datos estructurados a través de Internet. Más información aquí (`http://bit.ly/1OwjqVb`).

Sax
SAX (Simple API for XML) es un método estándar para analizar (procesar los elementos de) un documento XML. Está basado en eventos (p.316). Vea un ejemplo práctico en este tutorial (`http://bit.ly/143HXuY`).

Atributos
Este objeto se pasa en el evento `StartElement`.

Miembros:

GetName (Index As Int) As String
Devuelve el nombre del atributo en el índice especificado. **Tenga en cuenta** que el orden de los elementos puede cambiar.

GetValue (Index As Int) As String
Devuelve el valor del atributo en el índice especificado. **Tenga en cuenta** que el orden de los elementos puede cambiar.

GetValue2 (URI As String, Name As String) As String
Devuelve el valor del atributo en el espacio de nombres especificado por la **URI** dada (una cadena vacía si no se utiliza ningún espacio de nombres) y **Nombre**. Devuelve una cadena vacía si no se ha encontrado ningún atributo de este tipo.

IsInitialized As Boolean
Si se ha inicializado este objeto.

Size As Int [read only]
Devuelve el número de atributos de este elemento.

SaxParser
Un analizador que lee un flujo secuencialmente y genera eventos al principio y al final de cada elemento.

Eventos:

StartElement (URI As String, Name As String, Attributes As Attributes)

URI - Uniform Resource Identifier (dirección) del espacio de nombres, o una cadena vacía si no hay espacio de nombres.
Name - El nombre del elemento.
Attributes - Un objeto Attributes que contiene los atributos del elemento.

EndElement (URI As String, Name As String, Text As StringBuilder)

URI - Uniform Resource Identifier (dirección) del espacio de nombres, o una cadena vacía si no hay espacio de nombres.
Name - El nombre del elemento.
Text - El texto del elemento (si existe).

Miembros:

Initialize

Inicializa el objeto. Normalmente este objeto debería ser un objeto `Sub Process_Globals`.

Parents As List

Una lista que contiene los nombres de los elementos de nivel superior. Durante el análisis se puede utilizar esta lista para reconocer el elemento actual.

Parse (InputStream As java.io.InputStream, EventName As String)

Analiza el InputStream dado.
EventName - El prefijo de los subs de eventos.

Parse2 (TextReader As java.io.Reader, EventName As String)

Analiza el TextReader dado.
EventName - El prefijo de los subs de eventos.

Librería XUI

Librería versión 1.90
Esta librería está incluida en el paquete de instalación del IDE.
El propósito de la librería XUI es hacer más fácil compartir código entre proyectos B4A, B4J y B4i. Se prevé que todos los desarrolladores de B4X que tengan como objetivo más de una plataforma la usarán en algún momento. La API de las librerías XUI es la misma entre las tres librerías y es fácil cambiar entre los objetos XUI y los objetos nativos cuando se necesite. Para una descripción de su uso con B4A mire aquí (http://bit.ly/2JL8ytE).
Observe que los tipos XUI proporcionan una "vista" o envoltura diferente sobre los mismos objetos nativos. No sustituyen a los tipos nativos.
La librería incluye algunas funciones que incluso se pueden utilizar si se trata de una única plataforma.
XUI también contiene una plantilla de clase a medida (p.674) o personalizada llamada *Custom View*. Si añade XUI a su proyecto verá la opción [Proyecto > Añadir nuevo módulo > Módulo de clase > Custom View (XUI)].

Lista de tipos:

El principal tipo en XUI es B4XView. Cualquier vista o nodo puede ser asignado a una variable B4XView. El tipo B4XView incluye todos los métodos comunes, incluyendo métodos que no están disponibles en todos los tipos.
B4XBitmap
B4XCanvas

B4XFont
B4XPath
B4XRect (p.658)
B4XView (p.658)
XUI (p.663)

B4XBitmap

Representa una imagen cargada. Similar a B4A Bitmap, B4i Bitmap y B4J Image.

Miembros:

Crop (Left As Int, Top As Int, Width As Int, Height As Int) As B4XBitmap

Devuelve un **nuevo** mapa de bits recortado.

Height As Double [read only]

Devuelve la altura del mapa de bits.

IsInitialized As Boolean

Resize (Width As Int, Height As Int, KeepAspectRatio As Boolean) As B4XBitmap

Devuelve un **nuevo** mapa de bits con la anchura y la altura indicadas.

Rotate (Degrees As Int) As B4XBitmap

Devuelve un **nuevo** mapa de bits girado. El mapa de bits se rotará en el sentido de las agujas del reloj. Los siguientes valores son admitidos en las tres plataformas: 0, 90, 180, 270.

Scale As Float

Devuelve la escala del mapa de bits. Siempre será 1 en B4J y B4i.

Width As Double [read only]

Devuelve el ancho del mapa de bits.

WriteToStream (Out As java.io.OutputStream, Quality As Int, Format As android.graphics.Bitmap.CompressFormat)

Escribe el mapa de bits en el flujo de salida.
Quality - Valor entre 0 (tamaño más pequeño, calidad más baja) y 100 (tamaño más grande, calidad más alta), lo que constituye una indicación para el compresor de la calidad requerida.
Format - JPEG o PNG.
Ejemplo:

```
Dim Out As OutputStream
Out = File.OpenOutput(XUI.DefaultFolder, "Test.png", False)
Bitmap1.WriteToStream(out, 100, "PNG")
Out.Close
```

B4XCanvas

Un lienzo multiplataforma.

Miembros:

ClearRect (Rect As B4XRect)

Borra el rectángulo indicado. No funcionará en B4J con trazados recortados.

ClipPath (Path As B4XPath)

Recorta los dibujos a una trazada cerrada.

CreateBitmap As B4XBitmap

Devuelve una copia del mapa de bits del lienzo. En B4A devuelve el propio bitmap del lienzo (no una copia).

DrawBitmap (Bitmap As android.graphics.Bitmap, Destination As B4XRect)

Dibuja un mapa de bits en el destino indicado. Use B4XBitmap.Crop para dibujar parte de un mapa de bits.

DrawBitmapRotated (Bitmap As android.graphics.Bitmap, Destination As B4XRect, Degrees As Float)

Similar a DrawBitmap. Dibuja un mapa de bits girado.

DrawCircle (x As Float, y As Float, Radius As Float, Color As Int, Filled As Boolean, StrokeWidth As Float)

Dibuja un círculo.

DrawLine (x1 As Float, y1 As Float, x2 As Float, y2 As Float, Color As Int, StrokeWidth As Float)

Dibuja una línea de x1,y1 a x2,y2.

DrawPath (Path As B4XPath , Color As Int , Filled As Boolean , StrokeWidth As Float)

Dibuja la trayectoria indicada.
Path – Forma de la trayectoria o ruta. **Color** – Color del dibujo. **Filled** – Si la forma se rellena o no.
StrokeWidth – Ancho del trazo. Solo es relevante cuando *Filled* es False.
Observe que hay una sutil diferencia en la forma en que el ancho de trazo afecta el dibujo en B4J respecto las otras plataformas.
En B4J la trayectoria define el borde del trazo. En B4A y B4i define el centro del trazo.

DrawPathRotated (Path As B4XPath , Color As Int , Filled As Boolean , StrokeWidth As Float , Degrees As Float , CenterX As Float , CenterY As Float)

Similar a DrawPath. Gira la trayectoria en función de los parámetros Degrees y centro (CenterX,CenterY).

DrawRect (Rect As B4XRect, Color As Int, Filled As Boolean, StrokeWidth As Float)

Dibuja un rectángulo.

DrawText (Text As String, x As Float, y As Float, Font As B4XFont, Color As Int, Alignment As android.graphics.Paint.Align)

Dibuja el texto.
Text - El texto que se dibujará.
x - La coordenada X del origen.
y - La coordenada Y del origen.
Font - La fuente de texto.
Color - Color del dibujado.
Alignment - Establece la alineación relativa al origen. Uno de los siguientes valores: LEFT, CENTER, RIGHT (IZQUIERDA, CENTRO, DERECHA).

DrawTextRotated (Text As String, x As Float, y As Float, Font As B4XFont, Color As Int, Alignment As android.graphics.Paint.Align, Degree As Float)
Similar a DrawText. Gira el texto antes de dibujarlo.

Initialize (View As B4XView)
Inicializa el lienzo.
En B4A y B4i el lienzo se dibujará en la vista que se haya pasado como parámetro.
En B4J el lienzo, que es una vista por sí mismo, se añade al panel pasado como primer elemento.

Invalidate
Confirma los gráficos. Se debe llamar para que se actualicen los gráficos.

MeasureText (Text As java.lang.String, Font As B4XFont) As B4XRect
Mide textos de una sola línea y devuelve su anchura, altura y la altura por encima de la línea de base.
Rect.top devuelve la altura por encima de la línea de base. Código para dibujar texto alineado en el centro:

```
Dim r As B4XRect = cvs1.MeasureText(text, fnt)
Dim BaseLine As Int = CenterY - r.Height / 2 - r.Top
cvs1.DrawText(text, CenterX, BaseLine, fnt, Clr, "CENTER")
```

Release
Libera recursos nativos relacionados con el lienzo. No hace nada en B4A y B4J.

RemoveClip
Elimina un área de clip previamente ajustada.

Resize (Width As Float, Height As Float)
Redimensiona el lienzo.

TargetRect As B4XRect [read only]
Devuelve un B4XRect con las mismas dimensiones que la vista de destino.

TargetView As B4XView [read only]
Devuelve la vista de destino.

B4XFont

Un objeto que contiene un tipo de letra y un tamaño.

Miembros:

IsInitialized As Boolean [read only]

Size As Float [read only]

ToNativeFont As TypefaceWrapper
Devuelve un objeto de fuente nativa que representa la misma fuente.

B4XPath

Miembros:

Descripción Miembros:

Initialize (x As Float, y As Float) As B4XPath
Inicializa la trayectoria y define el valor del primer punto.

InitializeArc (x As Float, y As Float, Radius As Float, StartingAngle As Float, SweepAngle As Float) As B4XPath
Inicializa la trayectoria y establece la forma de la trazada en un arco.
x / y – Centro del arco.
Radius – Radio del arco.
StartingAngle - El ángulo inicial. 0 es igual a la hora 3.
SweepAngle - Ángulo de giro. Positivo = en el sentido de las agujas del reloj.

InitializeOval (Rect As B4XRect) As B4XPath
Inicializa la trayectoria y establece la forma de la trazada en un óvalo.
Rect - El rectángulo de enmarcado ovalado.

InitializeRoundedRect (Rect As B4XRect, CornersRadius As Float) As B4XPath
Inicializa la trayectoria y establece la forma de la trazada en un rectángulo con esquinas redondeadas.
Rect - Rectángulo.
CornersRadius - Radio de las esquinas.

IsInitialized As Boolean

LineTo (x As Float, y As Float) As B4XPath
Añade una línea desde el último punto hasta el punto que se especifica.

B4XRect

Miembros:

Bottom As Float

CenterX As Float [read only]
Devuelve el centro horizontal.

CenterY As Float [read only]
Devuelve el centro vertical.

Height As Float
Obtiene o ajusta la altura del rectángulo.

Initialize (Left As Float, Top As Float, Right As Float, Bottom As Float)

Left As Float

Right As Float

Top As Float

Width As Float
Obtiene o ajusta el ancho del rectángulo.

B4XView

Un objeto View generic (vista generic). Cualquier vista puede ser tratada como una B4XView.
Este es un 'Objeto de Actividad', no puede ser declarado en Sub Process_Globals.

Miembros:

AddView (View As android.view.View, Left As Int, Top As Int, Width As Int, Height As Int)
Añade una vista.
Tipos soportados:
B4A - Actividad, Panel
B4i - Panel
B4J - Pane

BringToFront
Cambia el orden Z de esta vista y la trae al frente.

Checked As Boolean
Obtiene o establece el estado de comprobación (también llamado seleccionado o valor).
Tipos soportados:
B4A - CheckBox, RadioButton, ToggleButton, Switch
B4i - Switch
B4J: CheckBox, RadioButton, ToggleButton.

Color As Int
Obtiene o establece el color de fondo. Devuelve 0 si el color no está disponible.

EditTextHint As String
Obtiene o establece el texto de sugerencia o aviso.
Tipos soportados: B4A – EditText; B4i – TextField; B4J - TextArea, TextField

Enabled As Boolean
Obtiene o establece si la vista está habilitada. No hace nada si la vista no soporta esta propiedad.

Font As B4XFont
Obtiene o establece la fuente (tipo de letra y tamaño de texto).
Tipos soportados:
B4A - EditText, Label, Button, CheckBox, RadioButton, ToggleButton
B4i - TextField, TextView, Button, Label
B4J - Establece la propiedad Font si está disponible. De lo contrario, establece el atributo CSS.

GetAllViewsRecursive As IterableList
Devuelve un iterador que itera todas las vistas hijas, incluidas las vistas que se añadieron a otras vistas hijas.
Asegúrese de comprobar el tipo de vista, ya que también puede devolver sub-vistas.
Ejemplo:

```
For Each v As B4XView In Panel1.GetAllViewsRecursive
   ...
Next
```

Tipos soportados:
B4A - Activity, Panel
B4i - Panel
B4J - Pane

GetView (Index As Int) As B4XView
Devuelve la vista en el índice dado.
Tipos soportados:
B4A - Activity, Panel
B4i - Panel
B4J - Pane

Height As Int
Obtiene o establece la altura de la vista.

IsInitialized As Boolean

Left As Int
Obtiene o establece la posición izquierda.

LoadLayout (LayoutFile As String)
Carga el archivo de diseño.
Tipos soportados:
B4A - Panel
B4i - Panel
B4J - Pane

NumberOfViews As Int [read only]
Devuelve el número de vistas hijas directas.
Tipos soportados:
B4A - Activity, Panel
B4i - Panel
B4J - Pane

Parent As B4XView [read only]
Devuelve al objeto padre. El objeto devuelto no se inicializará si no hay ningún padre.

Progress As Int
Obtiene o establece el valor de progreso. El valor de progreso se escala entre 0 y 100 (esto es diferente del rango de vistas nativas en B4J y B4i).
Tipos soportados:
B4A - ProgressBar
B4J - ProgressView, ProgressIndicator
B4i - ProgressView
El valor debe estar entre 0 y 100.

RemoveAllViews
Se eliminan todas las vistas.
Tipos soportados:
B4A - Activity, Panel
B4i - Panel
B4J - Pane

RemoveViewFromParent
Elimina la vista de su padre.

RequestFocus As Boolean
Pide que el foco se establezca en esta vista. Devuelve True si el enfoque ha cambiado.
Siempre devuelve True en B4J.

***Rotation* As Float**
Obtiene o establece la transformación de la rotación de la vista (en grados).

***ScrollViewContentHeight* As Int**
Obtiene o ajusta el alto del panel interior de la vista de desplazamiento (un ScrollView).
Tipos soportados:
B4A - HorizontalScrollView, ScrollView
B4i - ScrollView
B4J - ScrollPane

***ScrollViewContentWidth* As Int**
Obtiene o ajusta el ancho del panel interior de la vista de desplazamiento.
Tipos soportados:
B4A - HorizontalScrollView, ScrollView
B4i - ScrollView
B4J - ScrollPane

ScrollViewInnerPanel* As B4XView *[read only]
Obtiene o configura el panel interior de la vista de desplazamiento.
Tipos soportados:
B4A - HorizontalScrollView, ScrollView
B4i - ScrollView
B4J - ScrollPane

***ScrollViewOffsetX* As Int**
Obtiene o ajusta la posición de desplazamiento horizontal.
Tipos soportados:
B4A - HorizontalScrollView (devuelve 0 para ScrollView).
B4i - ScrollView
B4J - ScrollPane

***ScrollViewOffsetY* As Int**
Obtiene o establece la posición de desplazamiento vertical.
Tipos soportados:
B4A - ScrollView (devuelve 0 para HorizontalScrollView).
B4i - ScrollView
B4J - ScrollPane

SendToBack
Cambia el orden Z de esta vista y la envía al fondo.

SetBitmap (Bitmap* As android.graphics.Bitmap*)
Establece el mapa de bits de la vista.
Tipos soportados:
B4A - Todas las vistas. El Dibujable de la vista se establecerá en un BitmapDrawable con la propiedad Gravity establecida en CENTER.
B4i - ImageView. ContentMode configurado para Ajustar.
B4J - ImageView. PreserveRatio ajustado a True.

SetColorAndBorder (BackgroundColor* As Int*, BorderWidth* As Int*, BorderColor* As Int*, BorderCornerRadius* As Int*)
Establece el color de fondo y el borde.
B4A - El dibujo de la vista se establecerá en ColorDrawable.

SetColorAnimated (Duration As Int, FromColor As Int, ToColor As Int)
Cambia el color de fondo con una transición animada entre los colores `FromColor` y `ToColor`.
La transición se basa en el espacio de color de saturación y tono HSV (http://bit.ly/1Owhw6Y). Esta animación sólo funcionará cuando se ejecute en dispositivos Android 3+.
Duration - Duración de la animación medida en milisegundos.

SetLayoutAnimated (Duration As Int, Left As Int, Top As Int, Width As Int, Height As Int)
Similar a SetLayout, cambia la posición y el tamaño de la vista de su posición actual a la especificada por los parámetros `Left, Top, Width` y `Height` (Izquierda, Superior, Anchura y Altura), animada durante un período especificado en el parámetro `Duration` en milisegundos.
Nota: la animación sólo funcionará en dispositivos que ejecuten Android 3 o posterior. En los dispositivos anteriores, la vista se mueve repentinamente.

SetRotationAnimated (Duration As Int, Degree As Float)
Gira la vista con la animación.
Duration - Duración de la animación expresada en milisegundos.
Degree - Grados de rotación

SetTextAlignment (Vertical As String, Horizontal As String)
Establece la alineación del texto.
Vertical - TOP, CENTER o BOTTOM.
Horizontal - LEFT, CENTER o RIGHT.
En B4i la alineación vertical no tiene efecto.
Tipos soportados:
B4A - EditText, Label, Button, CheckBox, RadioButton, ToggleButton
B4J - Label, Button, Checkbox, RadioButton, ToggleButton

SetTextSizeAnimated (Duration As Int , TextSize As Float)
Establece el tamaño del texto con animación. Tipos soportados:
B4A - EditText, Label, Button, CheckBox, RadioButton, ToggleButton
B4i - TextField, TextView, Button, Label. **Sólo se animan las etiquetas**.
B4J - Establece la propiedad TextSize si está disponible y el atributo CSS para otros tipos..

SetVisibleAnimated (Duration As Int, Visible As Boolean)
Cambia la visibilidad de la vista con una animación de fundido de entrada o salida a la especificada por `Visible` durante un período de `Duration` milisegundos.
Duration - Duración de la animación en milisegundos.
Visible - Nuevo estado de visibilidad.
Nota: la animación sólo funcionará en dispositivos que ejecuten Android 3 o posterior. En los dispositivos anteriores, la visualización cambia repentinamente.

Snapshot As B4XBitmap
Captura la visualización de las vistas.

Tag As Object
Obtiene o establece la propiedad Tag del objeto vista.

***Text** As String*
Obtiene o establece el texto.
Tipos soportados:
B4A - EditText, Label, Button, CheckBox, RadioButton, ToggleButton
B4i - TextField, TextView, Button, Label
B4J - TextField, TextArea, Label, Button, CheckBox, RadioButton, ToggleButton

***TextColor** As Int*
Obtiene o establece el color del texto.
Tipos soportados:
B4A - EditText, Label, Button, CheckBox, RadioButton, ToggleButton
B4i - TextField, TextView, Label
B4J - Todos los tipos. Basado en la propiedad nativa TextColor si está disponible o el atributo CSS -fx-text-fill.

***TextSize** As Float*
Obtiene o establece el tamaño del texto.
Tipos soportados:
B4A - EditText, Label, Button, CheckBox, RadioButton, ToggleButton
B4i - TextField, TextView, Button, Label
B4J - Devuelve la propiedad TextSize si está disponible y el atributo CSS para otros tipos. Devuelve 0 si el atributo no está disponible.

***Top** As Int*
Obtiene o establece la posición de arriba.

***TOUCH_ACTION_DOWN** As Int*

***TOUCH_ACTION_MOVE** As Int*
Equivalente a MouseDragged en B4J.

***TOUCH_ACTION_MOVE_NOTOUCH** As Int*
Equivalente a MouseMoved en B4J (nunca se generará en B4A o B4i).

***TOUCH_ACTION_UP** As Int*

***Visible** As Boolean*
Determina si la vista es visible o no.

***Width** As Int*
Obtiene o establece el ancho de la vista.

XUI

El objeto XUI contiene algunos métodos para ayudar a escribir código multi plataforma. Por ejemplo, SubExists en B4i espera otro parámetro (el número de argumentos). XUI SubExists añade este parámetro. El parámetro no se utiliza en B4J y B4A. Incluye una propiedad DefaultFolder así como otros métodos de interés.

Miembros:

***Color_ARGB (Alpha** As Int, **R** As Int, **G** As Int, **B** As Int**)** As Int*
Devuelve el valor de color de los componentes. Los valores deben estar entre 0 y 255.

Color_Black As Int

Color_Blue As Int

Color_Cyan As Int

Color_DarkGray As Int

Color_Gray As Int

Color_Green As Int

Color_LightGray As Int

Color_Magenta As Int

Color_Red As Int

Color_RGB (R As Int, G As Int, B As Int) As Int
Devuelve el valor de color de los componentes. Los valores deben estar entre 0 y 255.

Color_Transparent As Int

Color_White As Int

Color_Yellow As Int

CreateDefaultBoldFont (Size As Float) As B4XFont
Crea un B4XFont nuevo con el tipo de letra en negrita por defecto.
NO utilice unidades DIP con los tamaños de fuente.

CreateDefaultFont (Size As Float) As B4XFont
Crea un B4XFont nuevo con el tipo de letra por defecto.
NO utilice unidades DIP con los tamaños de fuente.

CreateFont (Typeface As android.graphics.Typeface, Size As Float) As B4XFont
Crea un B4XFont nuevo partiendo de la fuente y tamaño indicados.
NO utilice unidades DIP con los tamaños de fuente.

CreateFont2 (B4XFont As B4XFont, Size As Float) As B4XFont
Crea un B4XFont nuevo partiendo del B4XFont y tamaño indicados
NO utilice unidades DIP con los tamaños de fuente.

CreateFontAwesome (Size As Float) As B4XFont
Crea un B4XFont nuevo basado en la fuente FontAwesome.

CreateMaterialIcons (Size As Float) As B4XFont
Crea un B4XFont nuevo basado en la fuente Material Icons.

CreatePanel (EventName As String) As B4XView
Crea un Panel (o Pane en B4J).
Tenga en cuenta que el panel creado recortará sus vistas hijas.
En B4A, este método sólo se puede llamar desde una actividad.

DefaultFolder As String [read only]
B4A - Igual que File.DirInternal.
B4i - Igual que File.DirDocuments.

B4J - Igual que File.DirData. Primero debe llamar a SetDataFolder antes de poder usar esta carpeta.

DrawPath (Path As B4XPath, Color As int, Filled As boolean, StrokeWidth As float) As void

Dibuja la trayectoria indicada.
Path – Forma del trazado.
Color - Color del dibujo.
Filled - Si se rellena la forma o no.
StrokeWidth - Ancho de trazo. Sólo es aplicable cuando Filled es False. Observe que hay una ligera diferencia en la forma en que el ancho de trazo afecta el dibujo entre B4J y las otras plataformas. En B4J la trazada define el borde del trazo. En B4A y B4i define el centro del trazo.

DrawPathRotated (Path As B4XPath, Color As int, Filled As boolean, StrokeWidth As float, Degrees As float, CenterX As float, CenterY As float) As void

Similar a DrawPath. Gira la trayectoria en función de los parámetros Degrees y centro (CenterX,CenterY).

DialogResponse_Cancel As Int

DialogResponse_Negative As Int

DialogResponse_Positive As Int

FileUri (Dir As String, FileName As String) As String

Devuelve un archivo uri. Esto se puede utilizar con WebView para acceder a los recursos locales.
El parámetro FileName será codificado por url.
Ejemplo:

```
WebView1.LoadHtml($"<img src="${xui.FileUri(File.DirAssets,
"smiley.png")}" />"$)
'o:
WebView1.LoadUrl($"${xui.FileUri(File.DirAssets, "smiley.png")}"$)
```

IsB4A As Boolean [read only]

Devuelve True en B4A.

IsB4i As Boolean [read only]

Devuelve True en B4i.

IsB4J As Boolean [read only]

Devuelve True en B4J.

LoadBitmap (Dir As String, FileName As String) As B4XBitmap

Carga un mapa de bits. En la mayoría de los casos debería usar LoadBitmapResize como alternativa.

LoadBitmapResize (Dir As String, FileName As String, Width As Int, Height As Int, KeepAspectRatio As Boolean) As B4XBitmap

Carga y redimensiona un mapa de bits.

Msgbox2Async (Message As CharSequence, Title As CharSequence, Positive As String, Cancel As String, Negative As String, Icon As BitmapWrapper) As Object

Muestra un Msgbox no modal.
Devuelve un objeto que puede utilizarse como parámetro de filtro emisor para el evento Msgbox_Result.
Message - Mensaje de diálogo.
Title - Título de diálogo.
Positive - Texto del botón positivo. Pase una cadena vacía para eliminar el botón.
Cancel - Texto del botón cancelar. Pase una cadena vacía para eliminar el botón.
Negative - Texto del botón negativo. Pase una cadena vacía para eliminar el botón.
Icon – Icono del diálogo. Pase Null para que no aparezca. No hace nada en B4i.
Ejemplo:

```
Dim sf As Object = xui.Msgbox2Async("¿Borrar archivo?", "Título",
"Si", "Cancelar", "No", Null)
Wait For (sf) Msgbox_Result (Result As Int)
If Result = xui.DialogResponse_Positive Then
  Log("¡Borrado!")
End If
```

MsgboxAsync (Message As CharSequence, Title As CharSequence) As Object

Muestra un Msgbox no modal.
Devuelve un objeto que se puede utilizar como parámetro de filtro de emisor para el evento opcional Msgbox_Result.
Ejemplo:

```
xui.MsgboxAsync("Hola", "Mundo")
```

PaintOrColorToColor (Color As Object) As Int

B4A, B4i - No hace nada.
B4J - Convierte un objeto Paint en un color Int. No hace nada si el color ya es un color Int.

Scale As Float

Devuelve la escala normalizada de la pantalla. Siempre devuelve 1 en B4J y B4i.
En B4A devuelve el mismo valor que utilizando 100dip / 100.

SetDataFolder (AppName As String)

B4A, B4i - No hace nada.
B4J - Establece el nombre de la subcarpeta en Windows. El path real será similar a la de: C:\Users\[user name]\AppData\Roaming\[AppName].
No hace nada en otras plataformas.

SubExists (Component As Object, Sub As String, NotUsed As Int) As Boolean

Igual que la palabra clave SubExists. Añade un parámetro adicional que se requiere en B4i (número de parámetros).

XUI2D Library

Librería versión 1.02
Esta librería está incluida en el paquete de instalación del IDE.

XUI2D es una envoltura del motor jbox2d: https://github.com/jbox2d/jbox2d
Licencia: https://github.com/jbox2d/jbox2d/blob/master/LICENSE
Junto con BitmapCreator, la librería XUI y la librería X2 te permite crear juegos multiplataforma.
Requiere B4J v7.0+, B4A v8.8+ y B4i (v5.5+).
Descargue la librería multiplataforma X2.b4xlib desde aquí (http://bit.ly/2CPq76g) y cópiela en la carpeta de librerías adicionales.
Puede descargar varios ejemplos de código para su uso ver aquí (http://bit.ly/2CWeQBk).

4.3 Módulos y Librerías Adicionales

Introducción

Las librerías adicionales son librerías que usted mismo crea o descarga del sitio web de B4A o recibe de otra persona. Es necesario utilizar una carpeta específica para las librerías adicionales, cuya ubicación debe especificase en [Herramientas > Configurar rutas]. A continuación, dividimos las librerías en:
- Librerías Oficiales Adicionales: librerías creadas por Anywhere Software (los creadores de B4A).
- Librerías de usuarios adicionales (p.673): librerías que los usuarios han creado y publicado en la web de B4A.

Nota: algunas de las siguientes no son realmente librerías sino módulos de código (clases o servicios) que puede incluir directamente en su proyecto.

Encontrar Librerías Adicionales

Todas las Librerías Adicionales están documentadas en las Librerías Adicionales, clases y actualizaciones oficiales del Foro de la Comunidad (http://bit.ly/29RB77E). Para buscar una librería específica, utilice la URL:
www.b4x.com/android/forum/pages/results/?query=additional library XXXXX
donde XXXXX es el nombre de la librería que desea encontrar.

Carpeta de Librerías Adicionales

Necesita configurar una carpeta especial para guardar las librerías adicionales, Por ejemplo: C:\B4A\AddLibraries. Al instalar una nueva versión de B4A, todas las librerías estándar se actualizan automáticamente, pero las librerías adicionales no están incluidas. La ventaja de la carpeta especial es que esta carpeta no se ve afectada cuando se instala la nueva versión de B4A. Tenga en cuenta que las librerías adicionales no se actualizan sistemáticamente con cada nueva versión de B4A. Es posible que desee comprobar periódicamente si hay actualizaciones utilizando la URL
www.b4x.com/android/forum/pages/results/?query=additional library updates XXXXX
donde XXXXX es el nombre de la librería de la que quiere encontrar actualizaciones.

Indicar al IDE dónde encontrar librerías adicionales

Cuando el IDE se inicia, busca primero las librerías disponibles en la carpeta *Libraries* de B4A y luego en la carpeta de las librerías adicionales. Debe especificar la carpeta de librerías adicionales en el menú IDE [Herramientas > Configurar rutas], cuyo cuadro de diálogo le permite especificar la carpeta.

Librerías y Clases Oficiales Adicionales

Estas librerías y clases fueron creadas por Anywhere Software, los creadores de B4A. A continuación damos algunos ejemplos. No tenemos espacio para describirlas todas. Los siguientes enlaces le llevarán al sitio web de B4A, donde podrá obtener más información sobre cada una de las librerías y poder descargarlas.

Adiquity

(For more information see http://bit.ly/19UgZbZ)
Esta librería añade soporte para la publicidad de AdiQuity (http://adiquity.com/).

AdMob

(For more information see http://bit.ly/11PfPuO)
Esta librería le permite mostrar anuncios de Google en sus aplicaciones.

AnotherDatePicker class

(For more information see http://bit.ly/GMbTE6)
Un módulo de clase que proporciona un selector de fechas "estilo web".

AsyncStreamsText

(For more information see http://bit.ly/16FcRfw)
Un módulo de clase que le permite leer un flujo de texto a través de una red.

Analytics

(For more information see http://bit.ly/16FcTUT)
Una librería que añade la potencia de Google Analytics V2 a su App y hace un seguimiento sobre su uso.

Audio

(For more information see http://bit.ly/1DyG7BH)
Una librería que incluye objetos que le permiten grabar audio y vídeo, reproducir vídeo, reproducir pitidos y elegir sonidos cortos de un conjunto, utilizar el JetPlayer (http://bit.ly/1HQyRTs) y retransmitir audio a través de Internet. Descripción técnica aquí (http://bit.ly/1HQzEUq).

Bluetooth Low Energy

(For more information see http://bit.ly/1DyEaoZ)
En Android 4.3 se ha añadido soporte para Bluetooth Low Energy (BLE), aunque de una forma menos robusta que Apple, pero se puede hacer que funcione con un poco de esfuerzo y utilizando esta librería. Además, hay una librería generada por el usuario que contiene algunas extensiones útiles de esta librería, disponible aquí (http://bit.ly/1DyGQ5O). La librería Toggle (http://bit.ly/1DyHyQC) generada por el usuario, dispone de métodos útiles para activar y desactivar Bluetooth.

Camera

(For more information see http://bit.ly/15ymkoe)
Una librería compatible con Android 1.6+, que permite el acceso a la(s) cámara(s) del dispositivo y permite al usuario tomar y previsualizar fotografías. Siempre que sea posible, se recomienda trabajar con la clase CameraEx que envuelve este objeto y añade muchas características. Descripción técnica aquí (http://bit.ly/1HQzKeZ).

CameraEx

(For more information see http://bit.ly/16XWdKt)
Esta librería incrementa la funcionalidad de la librería Camera. La clase CameraEx requiere Android 2.3+. Le permite abrir la cámara trasera o frontal de forma sencilla, previsualizar y guardar imágenes, e incluye métodos para convertir imágenes de previsualización a JPEG, para guardar las imágenes tomadas, etc.

DBUtils

(For more information see http://bit.ly/1eihJc5)
Un módulo de código que proporciona utilidades de base de datos SQLite en su programa y le ayudan a integrarlas . Lo analizamos en la sección DBUtils (p.232) de este libro.

DropBox Sync

(For more information see http://bit.ly/11PhQap)
Esta librería envuelve la API de sincronización de Dropbox, y usándola es muy sencillo almacenar (y recuperar) datos en una carpeta dentro de la cuenta del usuario en Dropbox.
Pero tenga en cuenta: Esta librería ha dejado de funcionar en 2016 y Dropbox ha desaprobado (http://bit.ly/1LCOcf7) la API de Sync que está siendo reemplazado por API v2

(http://bit.ly/1LCObIf). En el momento de redactar el presente informe, no se había creado ninguna librería alternativa. Vea aquí (http://bit.ly/1LCO4fz) una explicación del futuro de esta librería.

Excel

(For more information see http://bit.ly/1cK2gDC)
Esta librería envuelve el proyecto jexcel (http://bit.ly/1LCI46P) de código abierto y le permite leer o escribir libros de trabajo de Excel. Esta librería sólo admite archivos XLS y no es compatible con el nuevo formato XSLX. Descripción técnica aquí (http://bit.ly/1HQzQ6d).

Facebook User Authentication

(For more information see http://bit.ly/2aFop96)
La Librería Adicional B4A Facebook funciona junto con FirebaseAuth y permite a los usuarios acceder a su aplicación con una cuenta de Facebook o Google. Más detalles a continuación (p.691).

Firebase RemoteConfig

La librería adicional FirebaseRemoteConfig le permite usar el servicio Firebase RemoteConfig para cambiar el comportamiento y la apariencia de su aplicación sin publicar una actualización de la misma.

GamePad

(For more information see http://bit.ly/GXt2ud)
Este módulo de clase implementa un gamepad multitáctil compuesto por dos "joysticks".

Google Maps v2

(For more information see http://bit.ly/2aFF6B7)
Follow the link above for a tutorial showing the method of using this library.

Google Play Services

(For more information see http://bit.ly/1FyM2ss)
Esta librería se instala utilizando el SDK Manager (p.48) y se encuentra en la carpeta Extras. Varias librerías dependen de él, como AdMob, GoogleMap, Google Play Game Services, Google Analytics y algunas otras más. Una vez descargado en su librería android sdk, debe copiar *google-play-services.jar* desde <android sdk>\extras\google\google_google_play_services\libproject\google-play-services_lib\libs a su carpeta de Librerias Adicionales. Repita siempre este paso cada vez que actualice los Servicios de Google Play.
Desde B4A 6.00 es recomendable añadir cada servicio necesario de forma individual utilizando #AdditionalJar, por ejemplo:

```
#AdditionalJar:com.google.android.gms:play-services-maps
```

HttpServer

(For more information see http://bit.ly/16XWCg2)
Una librería que le permite integrar fácilmente un servidor HTTP en su aplicación. Descripción técnica aquí (http://bit.ly/1HQzVa9).

InAppBilling

(For more information see http://bit.ly/19UidUJ)
Esta librería se describe en otro apartado de este libro (p.281).

JSch

(For more information see http://bit.ly/17ndfMr)

Una librería que soporta SFTP (SSH File Transfer Protocol, también llamado Secured File Transfer Protocol). Descripción técnica aquí (http://bit.ly/1HQzXPd).

JTidy

(For more information see http://bit.ly/16FdINo)
Una librería que permite convertir una página HTML a XHTML. Esto puede luego ser analizado con un analizador XML, que es más eficiente que analizar el HTML usando expresiones regulares (p.303). Descripción técnica aquí (http://bit.ly/1HQA4u5)

Licensing

Esta librería se describe en otro apartado de este libro (p.281).

NB6

(For more information see http://bit.ly/2Hw2BM5)
Esta clase le permite crear notificaciones simples y complejas. Funciona con todas las versiones de Android, pero se centra en los dispositivos Android 6+. En los dispositivos más antiguos (Android 5-) se mostrará una notificación básica similar a la creada con el objeto principal Notification (p.415). Vea aquí (http://bit.ly/2Hw2BM5) una introducción a su uso.

Net

(For more information see http://bit.ly/123LkwZ)
Esta librería soporta los protocolos FTP, SMTP y POP3. Se admiten tanto las conexiones normales como las conexiones SSL. Descripción técnica aquí (http://bit.ly/1HQA9On).

Librería NotificationListener

(For more information see http://bit.ly/2sODjlf)
NotificationListener le permite acceder a las notificaciones del dispositivo.
Sólo es com patible con Android 4.3+ (api 18+).
Necesita añadir un módulo de Servicio llamado NotificationService (el nombre debe ser exactamente ese) y añadir el siguiente código al editor de manifest:

```
AddApplicationText(
<service
 android:name =
  "anywheresoftware.b4a.objects.NotificationListenerWrapper"
 android:label = "Notification Listener"
 android:permission =
  "android.permission.BIND_NOTIFICATION_LISTENER_SERVICE"
>
 <intent-filter>
  <action
   android:name =
    "android.service.notification.NotificationListenerService"
  />
 </intent-filter>
</service>)
```

Puede cambiar el valor de android:label
Para obtener más información sobre cómo utilizar esta librería, consulte este tutorial (http://bit.ly/1g5aMkZ).

OAuth

(For more information see http://bit.ly/ZRSPuG)
Una librería que implementa el protocolo OAuth para permitirle firmar peticiones HTTP (comolo requieren algunos servidores). Descripción técnica aquí (http://bit.ly/1LCG7Hw).

PayPal

(For more information see http://bit.ly/11PgPPN)
Esta librería es un encapsulado para el SDK de Librerías de PayPal para pagos de móviles (MPL). Permite a los usuarios pagar utilizando su cuenta PayPal. Tenga en cuenta que, mientras se imprime este libro, PayPal está migrando a un nuevo SDK denominado Mobile SDK (http://bit.ly/GXuDAq).

SearchView

(For more information see http://bit.ly/ZRU0Kz)
Una clase que proporciona una alternativa más potente a AutoCompleteEditText (p.430). SearchView es más rápido que AutoCompleteEditText y muestra los elementos que contienen el texto introducido en cualquier lugar, no sólo al principio del elemento.

SMB

(For more information see http://bit.ly/165Yoqn)
Esta librería proporciona acceso a una red de Microsoft Windows. Hay un tutorial aquí (http://bit.ly/165YEWk) sobre cómo usarlo. Descripción técnica aquí (http://bit.ly/1LCGa65).

Speak Button

(For more information see http://bit.ly/11Pf1X2)
Esta clase hace que sea fácil añadir un botón que permite a los usuarios introducir datos en un campo EditText hablando.

SQLCipher

(For more information see http://bit.ly/165Z6Uq)
Esta librería le permite encriptar una base de datos SQLite.

StateManager

(For more information see http://bit.ly/10mRVZv)
Un módulo de código que se encarga de manejar el estado y la configuración de la interfaz de usuario de la aplicación, incluyendo su almacenamiento en un archivo. Se puede encontrar un ejemplo y documentación de StateManager. Ejemplo aquí (http://bit.ly/10mRVZv).

Librería StdActionBar

(For more information see http://bit.ly/1McS4DG)
Esta librería fue introducida para soportar pestañas y listas desplegables en la barra de acción de Android 4. Vea la descripción de Action Bar (p.134).
Normalmente, puede utilizar StdActionBar (barra de acción estándar) para proporcionar al usuario pestañas o iconos en los que hacer clic, y un StdViewPager para desplazarse a través de las páginas disponibles en su aplicación, deslizando las páginas hacia la izquierda y hacia la derecha. Puede utilizar el objeto StdTab para modificar las pestañas durante la ejecución de su aplicación.
Nota: en Android 5, el evento `ButtonClicked` ya no se produce cuando el usuario hace clic en el action bar icon (p.136) (icono de la barra de acciones). En su lugar, debería utilizar el evento `activity_ActionBarHomeClick (p.355).`
Nótese también que deberá actualizar la librería a la versión 1.52 si está utilizando la librería StdActionBar (http://bit.ly/1McS4DG) y gestionando el evento `ButtonClicked` (cuando el usuario hace clic en el

Up Button (p.135)), de lo contrario la aplicación se bloqueará. Tenga en cuenta que el evento `ButtonClicked` no se producirá en los dispositivos Android 5. En lugar de eso, necesita manejar el Activity.ActionBarHomeClick.

TableView

(For more information see http://bit.ly/165ZUIM)
Esta clase hace que sea sencillo añadir al proyecto e instanciar cualquier número de tablas en un diseño. es mucho más fácil que implementar una tabla usando un ScrollView (p.470) y las tablas pueden contener 500.000 celdas.

Tap for Tap

Tap for Tap ofrece una forma de promocionar tu App y de generar algunos ingresos publicitarios, o de ambas cosas. Se describe en otro apartado de este libro (p.280).

USB Host

(For more information see http://bit.ly/11Pjzwu)
Esta librería le permite conectar su dispositivo (Android 3.1 y superior) para soportar el modo host USB. Con esta característica puede conectarse a dispositivos usb clientes convencionales. Dispone de un tutorial aquí (http://bit.ly/11Pj3hZ). Descripción técnica aquí (http://bit.ly/1LCGf9K)

USBSerial

(For more information see http://bit.ly/11PiqoA)
Esta librería soporta varios chips populares que soportan la emulación de comunicación serie a través de una conexión USB y proporciona un API común para comunicarse con ellos. Descripción técnica aquí (http://bit.ly/1LCGhi1).

XMLBuilder

(For more information see http://bit.ly/1663zXh)
Esta librería le permite crear documentos XML simples de forma rápida y sencilla. Descripción técnica aquí (http://bit.ly/1LCGnGo).

YouTube

(For more information see http://bit.ly/16648QF)
Esta librería le permite reproducir videos de YouTube dentro de su App. Descripción técnica aquí (http://bit.ly/1LCGth7).

Librerías de Usuario Adicionales

Introducción

Hay un montón de magníficas librerías creadas por los usuarios gracias a que la comunidad B4A es muy afortunada por contar con grandes desarrolladores de librerías a los que les encanta B4A y que comparten su trabajo libremente con los demás.
Hay demasiadas librerías para que las describamos todas, y se añaden nuevas continuamente. Facilitamos enlaces a listas de ellas y damos detalles a continuación de algunas de ellas para dar una idea de los tipos que hay disponibles.

Para obtener o actualizar una librería de usuario

- Siga los siguientes enlaces
- Descargue el archivo zip de la librería.
- Descomprimalo.

- Copie los archivos xxx.jar y xxx.xml en la carpeta de librerías adicionales
    - Carpeta de librería B4A para una librería B4A estándar o
    - Carpeta de librerías adicionales para una librería adicional.
- En el IDE, haga clic con el botón derecho del ratón en la ventana Administrador de Librerías y seleccione Actualizar.

¿Cuáles son las que necesita un proyecto?

Para descubrir qué librerías adicionales necesita un proyecto, puede abrir el archivo B4A (.b4a) con un editor de texto. Las librerías se listan en el encabezado de los archivos.
Al añadir librerías, no es necesario reiniciar el IDE. Sólo tiene que hacer clic con el botón derecho en la lista de librerías en el Administrador de Librerías y seleccionar Actualizar.

Como usar una librería

La mayoría de las librerías generadas por los usuarios incluyen un archivo.b4a de ejemplo que demuestra cómo usar los componentes de la librería.

Lista de librerías

Librerías de Usuario Adicionales

A continuación presentamos algunos ejemplos de librerías creadas por el usuario. Para obtener una lista de otras librerías de usuario con enlaces a su documentación, consulte aquí (http://bit.ly/1LCI9ay).

Descarga de Librerías de Usuarios

Para una lista ordenada por el usuario que creó la librería con enlaces a la página de descarga, vea aquí (http://bit.ly/16H9C7s). Tenga en cuenta que esta lista no se está actualizando. Necesita buscar en el foro para encontrar librerías, por ejemplo http://www.basic4ppc.com/search?query=Dialogs Library

Plantillas de Clase a medida

A partir de B4A v8.0 es posible incluir plantillas de clase a medida o personalizadas dentro de las librerías. Vea aquí (http://bit.ly/2sCbuOr) cómo incluir estas plantillas. Consulte aquí (p.498) para obtener más información sobre cómo crear su propia librería.
Si una librería contiene una plantilla de clase personalizada, una vez que la librería se añade al proyecto, añadirá un elemento adicional a la lista que verá cuando seleccione [Proyecto > Añadir nuevo módulo > Módulo de clase]. Las librerías pueden incluir múltiples plantillas y cualquier librería puede incluir plantillas. Por ejemplo, la librería estándar XUI contiene una.

Como crear una librería

Para más detalles sobre cómo crear su propia librería, vea aquí (p.499).

Como compartir tu librería

Licencia

A no ser que se indique lo contrario, las librerías creadas por el usuario (archivos jar) que se cargan en el sitio web de B4A están licenciadas con la licencia (http://bit.ly/1LCISbG) Creative Commons CC BY 3.0. Sólo los usuarios con licencia B4A pueden utilizar los archivos JAR y los archivos XML para crear aplicaciones y distribuir aplicaciones que tengan estas librerías incluidas, pero los archivos jar y XML individuales no deben distribuirse por separado.

Librería de Diálogos

Esta librería (escrita por Andrew Graham) contiene varios diálogos modales, es decir, de bloqueo, mediante los cuales el usuario puede introducir datos. Actualmente, son un InputDialog para texto, un TimeDialog para horas, un DateDialog para fechas, un ColorDialog y un ColorPickerDialog para colores, un NumberDialog para números, un FileDialog para carpetas y nombres de archivos, y un CustomDialog.

Fuente

Descargue la librería aquí (http://bit.ly/168SKTs).

Notas

Android no proporciona diálogos modales, pero B4A tiene un mecanismo especial que los permite. El sistema de ciclo de vida de las Actividades en Android complica este soporte porque las Actividades se pueden crear y destruir a voluntad por parte de Android. Para evitar que la pila se desborde en el hilo GUI (interface gráfica de usuario) cuando se destruye una Actividad, la pila debe eliminar todos los objetos metidos en la pila.

El mecanismo modal B4A lo hace al cerrar cualquier diálogo modal que se muestre y salir del Sub que llamó al diálogo, además de salir de cualquier Sub que llamó a ese Sub, y así sucesivamente, para retornar el hilo principal al bucle de mensajes. Esto significa que la aplicación no recibe necesariamente un valor de retorno del diálogo y tiene interrumpido su flujo previsto de ejecución. Esto es probable que ocurra con más frecuencia si el dispositivo se gira mientras se muestra un cuadro de diálogo modal, por lo que la Actividad se destruye y se reconstruye con una nueva distribución.

Debido a que esto puede suceder en cualquier momento, las aplicaciones (dependiendo de su estructura lógica) pueden necesitar código en los Subs de **Pause** y **Resume** para resolver el hecho de que el cierre de los diálogos modales no siempre se pueda detectar. Por ejemplo, cuando se muestra un diálogo modal, se puede establecer un booleano a **True**. Esta variable tendría que ser declarada dentro de **Sub Process_Globals**. Cuando regrese el diálogo modal, podrá borrar el booleano con algún código de comprobación en el Sub **Resume**.

La descripción anterior también es aplicable a los diálogos modales B4A **InputList**, **InputMultiList**, **Msgbox** y **Msgbox2**.

Códigos de respuesta

El valor devuelto de los diálogos, llamado "valor de retorno del diálogo" es:
-1 si el usuario hace clic en el botón de la derecha (llamado "Positivo" en la documentación siguiente).
-2 si el usuario hace clic en el botón de la izquierda (llamado "Negativo" en la documentación siguiente).
-3 si el usuario hace clic en el botón del centro (llamado "Cancelar" en la documentación de abajo).
Por lo tanto, las líneas de código:

```
Dim nd As NumberDialog
...
ret = nd.Show("Button Sequence", "Positivo", "Cancelar", "Negativo",
Bmp)
```

Produciría el diálogo

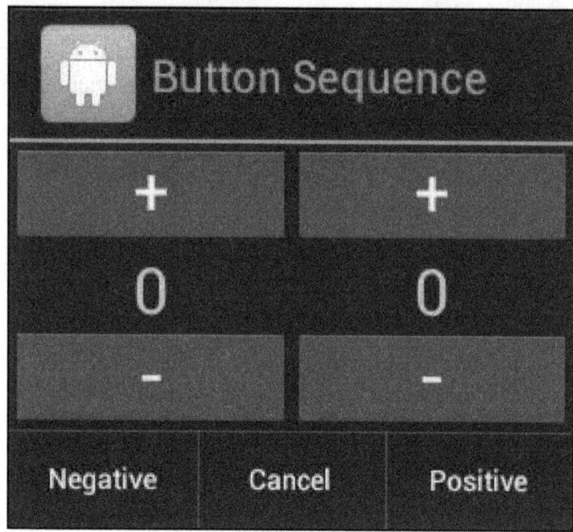

Lista de tipos:

ColorDialog

Este diálogo modal permite al usuario definir un color por sus componentes Rojo, Verde y Azul. Este es un objeto `Activity`; no puede declararse en `Sub Process_Globals`.

Miembros:

ARGB (Alpha As Int) As Int

Devuelve un valor entero que representa el color obtenido de los tres componentes y con el valor alfa especificado.

Alpha - Un valor de 0 a 255, donde 0 es totalmente transparente y 255 es totalmente opaco.

Blue As Int

Establece el valor del componente azul del cuadro de diálogo cuando se muestra al principio. Devuelve el valor del componente azul del cuadro de diálogo cuando se cerró.

Green As Int

Establece el valor del componente verde del cuadro de diálogo cuando se muestra al principio. Devuelve el valor del componente verde del cuadro de diálogo cuando se cerró.

Red As Int

Establece el valor del componente rojo del cuadro de diálogo cuando se muestra al principio. Devuelve el valor del componente rojo del cuadro de diálogo cuando se cerró.

Response As Int [read only]
Devuelve el código de respuesta que el diálogo devolvió la última vez que se cerró.

RGB As Int
Establece el valor de los componentes rojo, verde y azul del cuadro de diálogo cuando se muestra inicialmente. Devuelve el color de los componentes rojo, verde y azul del cuadro de diálogo cuando se cerró. Se ignora el alfa del color proporcionado; el alfa del cuadro de diálogo se establece en 255 (opaco).

Show (title As String, Positive As String, Cancel As String, Negative As String, icon As Bitmap) As Int
Muestra un diálogo de color modal con el título que se ha especificado.
Title – El título del diálogo.
Positive - El texto a mostrar para el botón "positivo". Utilice "" si no quiere mostrar el botón.
Cancel - El texto a mostrar para el botón "cancelar". Utilice "" si no quiere mostrar el botón.
Negative - El texto a mostrar para el botón "negativo". Utilice "" si no quiere mostrar el botón.
Icon - Un mapa de bits que se dibujará cerca del título. Pase `Null` si no desea mostrar un icono.
Devuelve uno de los valores de DialogResponse

Version As Double [read only]
Devuelve la versión de la librería.

ColorDialogHSV
Este diálogo modal permite al usuario definir un color por sus componentes Tono, Saturación y Valor (luminosidad). Este es un objeto `Activity`; no puede declararse en `Sub Process_Globals`.

Miembros:

ARGB (Alpha As Int) As Int
Devuelve un valor entero que representa el color obtenido de los tres componentes y con el valor alfa que se especifica.
Alpha - Un valor de 0 a 255, donde 0 es totalmente transparente y 255 es totalmente opaco.

Hue As Float
Establece el valor del componente de tono del cuadro de diálogo cuando se muestra inicialmente. Devuelve el valor del componente de tono del cuadro de diálogo cuando se cerró. El rango de números válidos para el tono es de 0,0 a 360,0.

Response As Int [read only]
Devuelve el código de respuesta que el diálogo devolvió la última vez que se cerró.

RGB As Int
Establece el valor de los componentes rojo, verde y azul del cuadro de diálogo cuando se muestra inicialmente. Devuelve el color de los componentes rojo, verde y azul del cuadro de diálogo cuando se cerró. El alfa del color proporcionado se ignora y el alfa del cuadro de diálogo se establece en 255 (opaco).

Saturation As Float
Establece el valor del componente de saturación del diálogo cuando se muestra inicialmente. Devuelve el valor del componente de saturación del cuadro de diálogo cuando se cerró. El rango de números válidos para la saturación es de 0,0 a 1,0.

Show (title As String, Positive As String, Cancel As String, Negative As String, icon As Bitmap) As Int
Muestra un diálogo de color modal con el título que se especifica.

Title – El título del diálogo.
Positive - El texto a mostrar para el botón "positivo". Utilice "" si no quiere mostrar el botón.
Cancel - El texto a mostrar para el botón "cancelar". Utilice "" si no quiere mostrar el botón.
Negative - El texto a mostrar para el botón "negativo". Utilice "" si no quiere mostrar el botón.
Icon - Un mapa de bits que se dibujará cerca del título. Pase `Null` si no desea mostrar un icono.
Devuelve uno de los valores de DialogResponse

Value As Float

Establece el componente de luminosidad en el cuadro de diálogo cuando se muestra inicialmente. Devuelve el valor de la luminosidad indicada en el diálogo cuando se cerró. El rango de números válidos para el valor es de 0.0 a 1.0.

Version As Double [read only]

Devuelve la versión de la librería.

ColorPickerDialog

Este diálogo modal permite al usuario seleccionar un color de una paleta de colores. El color puede ser de una paleta estándar en el diálogo o de una paleta programada a medida. Este es un objeto `Activity`; no puede declararse en `Sub Process_Globals`.

Miembros:

ARGB (Alpha As Int) As Int

Devuelve un valor entero que representa el color construido a partir del color elegido y con el valor alfa que se especifica.
Alpha - Un valor de 0 a 255, donde 0 es totalmente transparente y 255 es totalmente opaco.

GetPaletteAt (index As Int) As Int

Obtiene el valor del color en el índice especificado en la paleta actual.

Palette() As Int

Copia los colores del array proporcionado a la paleta de colores del cuadro de diálogo. El array proporcionado debe contener 15 colores. Devuelve un array de enteros que es una copia de la paleta actual.

ResetPalette

Reiniciar la paleta de colores a la paleta estándar del diálogo.

Response As Int [read only]

Devuelve el código de respuesta que el diálogo devolvió la última vez que se cerró.

RGB As Int

Establece el valor del color elegido del diálogo cuando se muestra inicialmente. Devuelve el valor del color elegido del diálogo cuando se cerró.

SetPaletteAt (index As Int, color As Int)

Establece el valor del color en el índice especificado en la paleta actual. Esto permite reemplazar sólo uno o dos colores sin definir una paleta completa.

Show (title As String, Positive As String, Cancel As String, Negative As String, icon As Bitmap) As Int

Muestra un diálogo de selección de color modal con el título especificado.
Title – El título del diálogo.
Positive - El texto a mostrar para el botón "positivo". Utilice "" si no quiere mostrar el botón.
Cancel - El texto a mostrar para el botón "cancelar". Utilice "" si no quiere mostrar el botón.

Negative - El texto a mostrar para el botón "negativo". Utilice "" si no quiere mostrar el botón.
Icon - Un mapa de bits que se dibujará cerca del título. Pase `Null` si no desea mostrar un icono.
Devuelve uno de los valores de DialogResponse

Version As Double [read only]
Devuelve la versión de la librería.

CustomDialog
Este diálogo modal presenta un conjunto personalizado de controles desplegados en un panel B4A. El Panel se muestra en una posición y tamaño determinado dentro del cuadro de diálogo. Este es un objeto `Activity`; no puede declararse en `Sub Process_Globals`.

Miembros:

AddView (view1 As View, left As Int, top As Int, width As Int, height As Int)
Añade la vista de diseño personalizado, seguramente un Panel, al diálogo personalizado. Aunque se llama AddView para que coincida con la sintaxis B4A, sólo se puede añadir una vista. Agregar una vista reemplaza cualquier vista existente que se haya agregado previamente al cuadro de diálogo.

Response As Int [read only]
Devuelve el código de respuesta que el diálogo devolvió la última vez que se cerró.

Show (Title As String, Positive As String, Cancel As String, Negative As String, icon As Bitmap) As Int
Muestra un diálogo personalizado modal con el título que se haya especificado.
Title – El título del diálogo.
Positive - El texto a mostrar para el botón "positivo". Utilice "" si no quiere mostrar el botón.
Cancel - El texto a mostrar para el botón "cancelar". Utilice "" si no quiere mostrar el botón.
Negative - El texto a mostrar para el botón "negativo". Utilice "" si no quiere mostrar el botón.
Icon - Un mapa de bits que se dibujará cerca del título. Pase `Null` si no desea mostrar un icono.
Devuelve uno de los valores de DialogResponse

Version As Double [read only]
Devuelve la versión de la librería.

CustomDialog2
Este diálogo modal presenta un conjunto personalizado de controles desplegados en un panel B4A. El Panel se muestra centrrado en el cuadro de diálogo. Este es un objeto `Activity`; no puede declararse en `Sub Process_Globals`.

Miembros:

AddView (view1 As View, width As Int, height As Int)
Añade la vista de diseño personalizado, seguramente un Panel, al diálogo personalizado. Aunque se llama AddView para que coincida con la sintaxis B4A, sólo se puede añadir una vista. Agregar una vista reemplaza cualquier vista existente que se haya agregado previamente al cuadro de diálogo.

Response As Int [read only]
Devuelve el código de respuesta que el diálogo devolvió la última vez que se cerró.

Show (Title As String, Positive As String, Cancel As String, Negative As String, icon As Bitmap) As Int

Muestra un diálogo personalizado modal con el título que se haya especificado.
Title – El título del diálogo.
Positive - El texto a mostrar para el botón "positivo". Utilice "" si no quiere mostrar el botón.
Cancel - El texto a mostrar para el botón "cancelar". Utilice "" si no quiere mostrar el botón.
Negative - El texto a mostrar para el botón "negativo". Utilice "" si no quiere mostrar el botón.
Icon - Un mapa de bits que se dibujará cerca del título. Pase `Null` si no desea mostrar un icono.
Devuelve uno de los valores de DialogResponse

Version As Double [read only]

Devuelve la versión de la librería.

DateDialog

Este diálogo modal permite la recogida de datos introducidos por el usuario en forma de fecha. Este es un objeto `Activity`; no puede declararse en `Sub Process_Globals`.

Miembros:

DateTicks As Long

Especifica el valor de fecha en el diálogo cuando se muestra inicialmente. Devuelve el valor de fecha en tics del diálogo cuando este se cierra.

DayOfMonth As Int

Especifica el valor del día del mes en el diálogo cuando se muestra inicialmente. Devuelve el valor del día del mes del diálogo cuando este se cierra.

Month As Int

Especifica el valor del mes en el diálogo cuando se muestra inicialmente. Devuelve el valor del mes del diálogo cuando este se cierra.

Response As Int [read only]

Devuelve el código de respuesta que el diálogo devolvió la última vez que se cerró.

SetDate (dayofmonth As Int, month As Int, year As Int)

Determina los valores de fecha del diálogo cuando se muestra inicialmente.

Show (Message As String, Title As String, Positive As String, Cancel As String, Negative As String, icon As Bitmap) As Int

Muestra un diálogo de entrada de fecha modal con el mensaje y el título que se especifica.
Message - El mensaje del diálogo.
Title – El título del diálogo.
Positive - El texto a mostrar para el botón "positivo". Utilice "" si no quiere mostrar el botón.
Cancel - El texto a mostrar para el botón "cancelar". Utilice "" si no quiere mostrar el botón.
Negative - El texto a mostrar para el botón "negativo". Utilice "" si no quiere mostrar el botón.
Icon - Un mapa de bits que se dibujará cerca del título. Pase `Null` si no desea mostrar un icono.
Devuelve uno de los valores de DialogResponse

ShowCalendar As Boolean

Obtiene o establece un indicador que señala si se debe mostrar la parte Calendario del DateDialog. Esto sólo funciona en dispositivos que soportan API 11 (Honeycomb 3.0.x) o posterior.

Version As Double [read only]
Devuelve la versión de la librería.

Year As Int
Determina el valor del año en el diálogo cuando se muestra inicialmente. Devuelve el valor del año del diálogo cuando este se cierra.

FileDialog
Este diálogo modal permite al usuario elegir una carpeta y elegir o introducir un nombre de archivo. Este es un objeto `Activity`; no puede declararse en `Sub Process_Globals`.

Miembros:

ChosenName As String
Determina el nombre de archivo que se muestra inicialmente al usuario. Devuelve el nombre de archivo introducido o elegido por el usuario.

FastScroll As Boolean
Determina si el cuadro de diálogo muestra el cursor de desplazamiento rápido (un indicador que se puede arrastrar para desplazarse rápidamente por la lista).

FileFilter As String
Obtiene o establece los valores del filtro del cuadro de diálogo, que puede ser de un solo valor como por ejemplo ".txt" o también puede ser una lista de valores separados por comas ".jpg,.png". Importante observer que los espacios en los valores de los filtros son relevantes y no se ignoran. Si un nombre de archivo contiene el texto de un valor de filtro, se mostrará el archivo. Con el valor predeterminado, de una cadena vacía, se mostrarán todos los archivos.

FilePath As String
Establece la ruta del archivo del diálogo cuando se visualiza inicialmente. Devuelve la ruta del archivo cuando se cierra. Fíjese que al establecer la ruta del archivo también se establece ChosenName como una cadena vacía.

KeyboardPopUp As Boolean
Devuelve o configura si el teclado sólo aparece cuando se hace clic en EditText.

Response As Int [read only]
Devuelve el código de respuesta que el diálogo devolvió la última vez que se cerró.

ScrollingBackgroundColor As Int
Devuelve o establece el color de fondo que se utilizará mientras se desplaza por la lista y se trata de una optimización hecha para hacer el desplazamiento más suave. Transparente si el fondo detrás de la lista no es de un color sólido. Se tomará como valor predeterminado el que lo sea para el dispositivo en particular.

Show (Title As String, Positive As String, Cancel As String, Negative As String, icon As Bitmap) As Int
Muestra un diálogo de archivo modal con el título que se ha especificado.
Title – El título del diálogo.
Positive - El texto a mostrar para el botón "positivo". Utilice "" si no quiere mostrar el botón.
Cancel - El texto a mostrar para el botón "cancelar". Utilice "" si no quiere mostrar el botón.
Negative - El texto a mostrar para el botón "negativo". Utilice "" si no quiere mostrar el botón.
Icon - Un mapa de bits que se dibujará cerca del título. Pase `Null` si no desea mostrar un icono.
Devuelve uno de los valores de DialogResponse

ShowOnlyFolders As Boolean
Obtiene o establece si mostrar sólo carpetas y no archivos en el cuadro de diálogo.

Version As Double [read only]
Devuelve la versión de la librería.

InputDialog
Este diálogo modal permite la recopilación de datos introducidos por el usuario en forma de texto. El valor predeterminado es texto libre, pero la entrada puede restringirse a caracteres numéricos únicamente o a números con signo de interrogación, incluido un punto decimal. Este es un objeto `Activity`; no puede declararse en `Sub Process_Globals`.

Miembros:

Hint As String
Obtiene o establece el texto que aparecerá cuando el diálogo esté vacío.

HintColor As Int
Obtiene o establece el color del texto de la sugerencia.

Input As String
Establece el texto inicial cuando se muestra el diálogo y devuelve el texto introducido por el usuario.

INPUT_TYPE_DECIMAL_NUMBERS As Int

INPUT_TYPE_NONE As Int
Esto puede ser útil, por ejemplo, si utiliza un `InputDialog` de sólo lectura para el que no desea que se muestre un teclado.

INPUT_TYPE_NUMBERS As Int

INPUT_TYPE_PHONE As Int

INPUT_TYPE_TEXT As Int

InputType As Int
Establece o devuelve el tipo de entrada aceptado por el cuadro de entrada. Los valores posibles son:
- ThisDialogName.INPUT_TYPE_NUMBERS para números enteros.
- ThisDialogName.INPUT_TYPE_DECIMAL_NUMBER para números decimales con signo.
- ThisDialogName.INPUT_TYPE_TEXT para texto libre.
- ThisDialogName.INPUT_TYPE_PHONE para números de teléfono.

PasswordMode As Boolean
Establece o devuelve si este cuadro de diálogo oculta los caracteres reales introducidos por el usuario.

Response As Int [read only]
Devuelve el código de respuesta que el diálogo devolvió la última vez que se cerró.

Show (message As String, title As String, Positive As String, Cancel As String, Negative As String, icon As Bitmap) As Int
Muestra un diálogo de entrada de texto modal con el mensaje y el título especificados.
Message - El mensaje del diálogo.
Title – El título del diálogo.
Positive - El texto a mostrar para el botón "positivo". Utilice "" si no quiere mostrar el botón.
Cancel - El texto a mostrar para el botón "cancelar". Utilice "" si no quiere mostrar el botón.

Negative - El texto a mostrar para el botón "negativo". Utilice "" si no quiere mostrar el botón.
Icon - Un mapa de bits que se dibujará cerca del título. Pase `Null` si no desea mostrar un icono.
Devuelve uno de los valores de DialogResponse

Version As Double [read only]
Devuelve la versión de la librería.

NumberDialog
Este diálogo modal permite al usuario introducir un número. El cuadro de diálogo es configurable para mostrar cualquier número de dígitos entre un mínimo de uno y un máximo de nueve. La visualización de un punto decimal es opcional y el carácter que se muestra como indicador decimal puede configurarse. Tenga en cuenta que el número aceptado y devuelto por el cuadro de diálogo es un valor entero, por lo que es posible que deba ser ajustado apropiadamente. Este es un objeto `Activity`; no puede declararse en `Sub Process_Globals`.

Miembros:

Decimal As Int
Obtiene o establece la posición de un punto decimal que se visualiza en el cuadro de diálogo. Cero (por defecto) no muestra ningún decimal, uno indica un solo decimal, y así sucesivamente.

DecimalChar As Char
Obtiene o establece el carácter decimal mostrado en el cuadro de diálogo. El valor predeterminado es ".".

Digits As Int
Obtiene o establece el número de dígitos que se muestran en el cuadro de diálogo cuando está abierto, donde uno es el mínimo, nueve es el máximo. y el valor predeterminado es cinco. Si ShowSign es `True`, entonces el dígito de la izquierda mostrará un "+" o "-" y sólo se mostrarán ocho dígitos como máximo.

Number As Int
Establece el número que se mostrará inicialmente en el cuadro de diálogo. Si el número es negativo y ShowSign es `False`, entonces se muestra el valor absoluto. Obtiene el número introducido por el usuario después de cerrar el diálogo. Si ShowSign es `True`, el signo del número corresponde al signo introducido por el usuario.

Response As Int [read only]
Devuelve el código de respuesta que el diálogo devolvió la última vez que se cerró.

Show (title As String, Positive As String, Cancel As String, Negative As String, icon As Bitmap) As Int
Muestra un diálogo de selección de números modales con el título que se ha especificado.
Title – El título del diálogo.
Positive - El texto a mostrar para el botón "positivo". Utilice "" si no quiere mostrar el botón.
Cancel - El texto a mostrar para el botón "cancelar". Utilice "" si no quiere mostrar el botón.
Negative - El texto a mostrar para el botón "negativo". Utilice "" si no quiere mostrar el botón.
Icon - Un mapa de bits que se dibujará cerca del título. Pase `Null` si no desea mostrar un icono.
Devuelve uno de los valores de DialogResponse

ShowSign As Boolean
Determina si el número visualizado incluye un carácter de signo. El valor por defecto es `False`, por lo que no se muestra ningún signo menos si el número es negativo.

Version As Double [read only]
Devuelve la versión de la librería.

TimeDialog
Este diálogo modal permite la recogida de datos que el usuario introduce en forma de hora. La hora se puede introducir en formato de 12 o 24 horas, según lo determine el desarrollador. Este es un objeto `Activity`; no puede declararse en `Sub Process_Globals`.

Miembros:

Hour As Int
Establece el valor de la hora cuando se muestra inicialmente. Devuelve el valor de la hora del diálogo cuando se cerró.

Is24Hours As Boolean
Establece o devuelve si el cuadro de diálogo muestra la hora en formato de 24 horas.

Minute As Int
Establece el valor de los minutos cuando se muestra inicialmente. Devuelve el valor de los minutos del diálogo cuando se cerró.

Response As Int [read only]
Devuelve el código de respuesta que el diálogo devolvió la última vez que se cerró.

SetTime (hour As Int, minutes As Int, hours24 As Boolean)
Establece los valores de la hora del diálogo cuando se muestra inicialmente.

Show (Message As String, Title As String, Positive As String, Cancel As String, Negative As String, icon As Bitmap) As Int
Muestra un cuadro de diálogo de entrada de tiempo modal con el mensaje y el título que se ha especificado.
Message – El mensaje del diálogo.
Title – El título del diálogo.
Positive - El texto a mostrar para el botón "positivo". Utilice "" si no quiere mostrar el botón.
Cancel - El texto a mostrar para el botón "cancelar". Utilice "" si no quiere mostrar el botón.
Negative - El texto a mostrar para el botón "negativo". Utilice "" si no quiere mostrar el botón.
Icon - Un mapa de bits que se dibujará cerca del título. Pase `Null` si no desea mostrar un icono.
Devuelve uno de los valores de DialogResponse

TimeTicks As Long
Establece el valor en tics de la hora del diálogo cuando se muestra inicialmente.
Devuelve el valor de la hora en tics del diálogo cuando está cerrado.

Version As Double [read only]
Devuelve la versión de la librería.

Librería TabHostExtras
Es una librería creada por WarWound que añade funcionalidad a la vista TabHost (p.479).
Para la librería y un proyecto de muestra, ver aquí (`http://bit.ly/16Bb09a`).

getTabContentViewPadding (tabHost1 As TabHost) As RectWrapper

Obtiene el relleno de la vista tabHost1 TabContentView (distancia entre el borde y el contenido) en el diseño. Devuelve un objeto Rect que contiene valores de píxeles.

getTabEnabled (tabHost1 As TabHost, index As Int) As Boolean

Obtener el estado Enabled ("Activado") de TabIndicator #index en tabHost1.

getTabHeight (tabHost1 As TabHost) As Int

Obtenga la altura (en píxeles) de los TabIndicators en tabHost1.

getTabHostPadding (tabHost1 As TabHost) As RectWrapper

Obtenga el relleno en el diseño de la vista dee contenedor de tabHost1. Devuelve un objeto Rect que contiene valores de píxeles.

getTabTextSize (tabHost1 As TabHost) As Float

Obtenga el tamaño de texto (p.178) (en píxeles) de todos los TabIndicators.

getTabVisibility (tabHost1 As TabHost, index As Int) As Boolean

Obtenga la visibilidad de TabIndicators de #index en tabHost1.

setTabContentViewPadding (tabHost1 As TabHost, left As Int, top As Int, right As Int, bottom As Int)

Configure el relleno para el diseño (en dip) de tabHost1 TabContentView.

setTabEnabled (tabHost1 As TabHost, enabled As Boolean)

Habilitar o deshabilitar todos los TabIndicators en tabHost1.

setTabEnabled2 (tabHost1 As TabHost, enabled As Boolean, index As Int)

Habilitar o deshabilitar TabIndicator #index en tabHost1.

setTabGradientDrawable (tabHost1 As TabHost, orientation As String, color1 As Int, color2 As Int, cornerRadius As Float)

Establecer un `GradientDrawable` como fondo en todos los TabIndicators en tabHost1. Los cuatro radios de esquina del `GradientDrawable` se ajustan al valor de cornerRadius (en píxeles).

setTabGradientDrawable2 (tabHost1 As TabHost, orientation As String, color1 As Int, color2 As Int, cornerRadius As Float())

Establecer un `GradientDrawable` como fondo en todos los TabIndicators en tabHost1. Los radios de las esquinas del `GradientDrawable` se establecen individualmente (en píxeles) en función del número de elementos del array cornerRadius:
1 elemento define todos los radios de las esquinas
2 elementos definen los radios de las esquinas en orden superior izquierdo y derecho, inferior izquierdo y derecho

4 elementos definen los radios de las esquinas en orden de arriba a la izquierda, arriba a la derecha, abajo a la derecha y abajo a la izquierda.

setTabHeight (tabHost1 As TabHost, tabHeight As Int)

Establece la altura (en píxeles) de todos los TabIndicators en tabHost1.

setTabHostPadding (tabHost1 As TabHost, left As Int, top As Int, right As Int, bottom As Int)

Configura el relleno del diseño (en dip) de la vista de contenedor tabHost1.

setTabTextColor (tabHost1 As TabHost, Color As Int)

Define el color que se utilizará para el texto de los indicadores de pestaña.
Este color se utilizará para todos los indicadores de pestaña independientemente del estado seleccionado.

setTabTextColorStateList (tabHost1 As TabHost, ColorStateListName As String)

Defina una ColorStateList que se utilizará para el color del texto de todos los indicadores de pestañas.
La ColorStateList se debe definir en XML en su carpeta de aplicación Objects/res/drawable. Se puede definir el color para los estados de pestañas seleccionados y no seleccionados.

setTabTextSize (tabHost1 As TabHost, TextSize As Float)

Establece el tamaño de texto de todos los TabIndicators. Se supone que TextSize está en unidades DIP.

setTabTitle (tabHost1 As TabHost, Title As String, TabIndex As Int)

Establece el texto de Título de TabIndicator #TabIndex en tabHost1.

setTabVisibility (tabHost1 As TabHost, visible As Boolean)

Configura la visibilidad de todos los TabIndicators en tabHost1.

setTabVisibility2 (tabHost1 As TabHost, visible As Boolean, index As Int)

Configura la visibilidad de TabIndicator #index en tabHost1.

Librería Toggle

Esta librería creada por el usuario XverhelstX le permite hacer muchas cosas útiles:
- Bluetooth: Toggle, Enable, Disable, Check.
- Airplane Mode: Toggle, Enable, Disable, Check.
- WiFi: Toggle, Enable, Disable, Check.
- GPS: Toggle, Enable, Disable, Check.
- DataConnection** (GPRS,...): Toggle, Enable, Disable, Check.
- RingerMode: Toggle, Enable, Disable. (Vibración, Silencio o Normal)
- Cambiar Brillo
- Cambiar volumen de multimedia.
- Reboot, GotoSleep, UserActivity, isScreenOn

Para descargar la librería, ver aquí (http://bit.ly/1DyHyQC).

4.4 Librerías B4X

B4X is the version of Visual Basic used by B4A and all the other IDEs developed by AnywhereSoftware.
B4X es la versión de Visual Basic utilizada por B4A y todos los otros IDEs desarrollados por AnywhereSoftware. Las librerías B4X generalmente contienen componentes reutilizables para su empleo en distintas plataformas. Tienen otras ventajas sobre las librerías estándar compiladas. Es más simple implementar la lógica de programación en B4X, sobre todo cuando se utilizan las Librerías XUI (p.654)
Una librería B4X es un archivozip con la extension b4xlib que contiene:
- Módulos de código B4X como por ejemplo un archive B4A.
  Se soportan todos los tipos, incluyendo actividades y servicios;
- Una carpeta que opcionalmente contiene archivos incluyendo archivos de diseño;
- Opcionalmente, un archivo de manifiesto con los siguientes campos:
  - Versión;
  - DependsOn (Dependencias. lista de librerías requeridas);
  - Plataformas Soportadas.

Los módulos de código, archivos y campos de manifiesto pueden ser compartidos entre plataformas o ser específicos de una plataforma.
Se utiliza la siguiente manera, para indicar como los campos de manifiesto se hacen específicos de la plataforma:

```
Version=2.00
B4J.DependsOn=jXUI, jDateUtils
B4A.DependsOn=XUI, DateUtils
B4i.DependsOn=iXUI, iDateUtils
```

Para crear una librería B4X, hay que comprimir en zip los recursos en un archive con extension b4xlib.
Para usar la librería, hay que colocarla en la carpeta especificada en [Herramientas > Configurar rutas > Librerías Adicionales].

Librería de vistas XUI

Librería versión 2.0
Se puede descargar esta librería de aquí (http://bit.ly/2CQs7eo). Vea un tutorial de como utilizarla aquí (http://bit.ly/2CQs7eo).
Las Vistas XUI son una librería B4X compatible con B4A (v8.8+), B4J (v7.0+) y B4i (v5.50+).
Es una colección de vistas y diálogos personalizados, escritas en B4X y cuyo código fuente se incluye dentro del archivo b4xlib, que es un archivo zip.
Se añadirán más vistas y plantillas en futuras versiones.

Vistas XUI:

- B4XComboBox - ComboBox multiplataforma / Spinner / ActionSheet.
- ScrollingLabel - Una etiqueta que desplaza el texto cuando es más ancho que la etiqueta.
- AnotherProgressBar - Barra de progreso animada vertical u horizontal.
- B4XLoadingIndicator - 6 diferentes indicadores de carga animados.
- RoundSlider – Control deslizante redondo.
- SwiftButton – Botón 3D
- AnimatedCounter
- B4XFloatTextField - Un TextField / EditText con una sugerencia flotante.
- B4XSwitch - Atractivo control de dos estados.

Diálogos XUI:

- B4XDialog - Una clase que proporciona las características necesarias para mostrar un diálogo. Hay tres métodos para mostrar diálogos:
Show - Muestra un diálogo sencillo con texto,
ShowCustom - Le permite pasar un diseño propio y mostrarlo en forma de diálogo.,
ShowTemplate - Muestra un diálogo basado en una clase de plantilla. Véase el código fuente para la estructura de la plantilla.

Plantillas XUI:

- B4XDateTemplate – Basada en AnotherDatePicker.
- B4XColorTemplate – Atractivo selector de color.
- B4XLongTextTemplate – Texto con desplazamiento.
- B4XListTemplate – Una lista de elementos. El usuario puede elegir uno de los elementos.
- B4XSignatureTemplate - Captura la firma de usuario y añade una marca de tiempo al mapa de bits.
- B4XInputTemplate - Plantilla para entradas de texto y numéricas.
- B4XSearchTemplate - Una lista con un campo de búsqueda. Una evolución de SearchView.
- B4XTimedTemplate - Una plantilla que es una envoltura a otras plantillas y crea un diálogo que se cierra automáticamente después del tiempo establecido con una agradable barra de progreso animada..

Es sencillo añadir más plantillas.

Librería X2

Esta es una librería B4X X2 que le permite crear juegos multiplataforma.
XUI2D es una envoltura para el motor jbox2d: https://github.com/jbox2d/jbox2d
Licencia: https://github.com/jbox2d/jbox2d/blob/master/LICENSE
Funciona con las librerías estándar BitmapCreator (p.517), XUI (p.654) y XUI2D (p.667).
Requiere B4J v7.0+, B4A v8.8+ y B4i (v5.5+).
Descargue la librería B4X multiplataforma X2.b4xlib desde aquí (http://bit.ly/2CPq76g) y cópiela en la carpeta de librerías adicionales.
Un paquete de ejemplos los puede descargar de aquí (http://bit.ly/2CWeQBk).
For more about game development using B4A, see the Game Development Forum (http://bit.ly/2CXcNwv).
Para obtener más información sobre el desarrollo de juegos con B4A, consulte el Foro de Desarrollo de Juegos (http://bit.ly/2CXcNwv).

Parte 5: Herramientas y Servicios Externos

B4A ofrece integración con un número creciente de herramientas y servicios externos que pueden ayudarle de muchas maneras y expandir el potencial de sus aplicaciones.

5.1 Servicios Firebase

¿Qué es Firebase?

Firebase es una plataforma para desarrollo móvil propiedad de Google diseñada para ayudarle a implementar aplicaciones rápidamente, aumentar su base de usuarios y ganar más dinero. Incluye muchos servicios de back-end, tales como:
Firebase Analytics para monitorizar el comportamiento y la atributos de los usuarios.
Firebase Cloud Messaging es una nueva alternativa a Google Cloud Messaging que le permite notificar a una aplicación cliente que hay nuevo correo electrónico u otros datos disponibles para sincronizar.
Firebase Realtime Database Firebase Realtime Database almacena y sincroniza los datos con base de datos NoSQL en la nube. Los datos se sincronizan entre todos los clientes en tiempo real y permanecen disponibles cuando la aplicación se desconecta.
Firebase Storage proporciona subida y descarga segura de archivos para las apps de Firebase. Almacena imágenes, audio, vídeo o cualquier otro contenido generado por el usuario. Firebase Storage se implementa en Google Cloud Storage.
Documentación sobre todos los servicios de Firebase en
https://firebase.google.com/docs/android/setup
Más información sobre Firebase en https://firebase.google.com/
Obtendrá muchos servicios usando la cuenta gratuita Spark diseñada para aficionados y que incluye 100 conexiones simultáneas, 5 Gb de almacenamiento de archivos, etc. Los desarrolladores de Apps pueden que necesiten abrir una cuenta de pago mensual o de pago por uso con conexiones simultáneas ilimitadas y más almacenamiento, etc. Detalles de precios en https://firebase.google.com/pricing/
Las librerías Firebase se incluyen con B4A.

Integración de servicios Firebase en B4A

Pasos para integrar los servicios:

1. Abra Android SDK Manager e instale las últimas versiones de:
   - Android Support Repository
   - Google Repository
2. Crear y/o acceder a una cuenta de Google
3. Si lo desea, puede crear primero un proyecto de API de Google visitando el Administrador de API (https://console.developers.google.com/apis/library) y utilizando el menú desplegable "Seleccionar un proyecto" para Crear un proyecto. Entonces puede importar este proyecto a un proyecto Firebase en el paso 4, cuyo efecto será añadir Firebase a ese proyecto.
4. En la Consola de Firebase https://console.firebase.google.com crear un nuevo proyecto Firebase o importar el proyecto API que creó en el paso 3.
   Compruebe que el nombre del paquete coincide con el nombre del paquete de su App.
   Su nombre debe tener al menos 4 caracteres.
   El mismo proyecto Firebase puede admitir aplicaciones que se ejecutan en Android, iOS y la Web.
5. Verá un formulario que pregunta por Paquete.name
   Introduzca el mismo nombre de paquete que puso en el campo [Proyecto > Configuratición del Compilar > Paquete].
   Aunque es opcional, también puede introducir un certificado de firma de depuración SHA-1.
6. Haga clic en AGREGAR APLICACIÓN. Esto descargará un archivo google-services.json.
   Puede ignorar el resto de las instrucciones en pantalla, ya que se aplican a las aplicaciones desarrolladas con Android Studio. En su lugar, siga los siguientes pasos.

7. Mueve el archivo google-services.json que acabas de descargar a la carpeta del proyecto actual.
   Más información en: https://developers.google.com/android/guides/google-services-plugin
8. Visite la página siguiente y encuentre el fragmento correspondiente:
   https://www.b4x.com/android/forum/threads/integrating-firebase-services.67692/
   Copie cada uno de los fragmentos necesarios, en función de los servicios que necesite, y añádalos al Manifest en B4A utilizando [Proyecto > Editor Manifest].
9. Siga las instrucciones de las librerías específicas.
10. La versión mínima para la mayoría de las funciones es Android 2.3 (API 9 = Gingerbread).
11. El dispositivo debe tener instalados Google Play Services 9.2.0 o superior.
    Puede comprobar si los Servicios de Google Play están disponibles con FirebaseAnalytics.IsGooglePlayServicesAvailable.

Más información sobre las API de Google para Android

https://developers.google.com/android/guides/api-client

Servicios de Firebase soportados en B4A

En el momento de la publicación de este libro están disponibles los siguientes servicios. Es posible que se hayan agregado más para el momento en que lea esto.

FirebaseAnalytics: Analytics & crash reports

Esto automáticamente atrapará y mostrará informes sobre todo tipo de errores en su App.
Para más información vea aquí (http://bit.ly/2aFtX3k).

Notifications / Push messages

Firebase Cloud Messaging service is a layer above Google Cloud Messaging service.
El servicio FCM (Cloud Messaging service. Servicio de mensajería en la nube de Firebase) es una capa superior al servicio GCM (Google Cloud Messaging service. Servicio de mensajería en la nube de Google).
Es muy sencillo añadir soporte para los mensajes push. Aunque no está claro en su documentación, no necesita ningún servidor adicional.
El envío de mensajes se realiza con una simple petición HTTP. También es posible enviar mensajes desde la consola Firebase, aunque no es muy útil y en realidad es más complicado que usar la api REST.
Más información aquí (http://bit.ly/2aFubY6).

Publicidad de AdMob

La integración de este servicio con Firebase le permite hacer un seguimiento y analizar los resultados de los anuncios de AdMob (p.280) publicados en sus Apps.
Para más información vea aquí (http://bit.ly/2aFuxhw).

Autenticación con cuentas de Facebook o Google

La librería adicional "Facebook" de B4A trabaja con FirebaseAuth para permitir a los usuarios acceder a su aplicación con una cuenta de Facebook o Google.
Se puede encontrar una descripción de cómo utilizar esta librería aquí (http://bit.ly/2aFop96).
El ejemplo consiste en configurar FirebaseAuth, descargar el SDK de Facebook, extraer un archivo aar y renombrarlo a facebook-android-sdk.aar, que luego se copia en la carpeta de librerías adicionales. También necesitas crear una aplicación de facebook usando una plataforma Android en el Android-sdk.

Firebase RemoteConfig

La librería adicional FirebaseRemoteConfig le permite usar el servicio Firebase RemoteConfig para cambiar el comportamiento y la apariencia de su aplicación sin publicar una actualización de la misma. Para más información sobre el servicio consulte aquí (http://bit.ly/2aFvx5f) y para más detalles sobre la librería B4A para su uso mire aquí (http://bit.ly/2aFvKpi).

Más Información

Para más información, preguntas y respuestas sobre la integración con Firebase, visite:
https://www.b4x.com/android/forum/pages/results/?query=firebase
Nota: Es necesario que el manifest utilice el comando CreateResourceFromFile (p.128).

Proyecto Google API

Esto se crea dentro del Google API Manager[50]
Crear una cuenta de Analytics. No es necesario, pero podría ser conveniente:
https://analytics.google.com/analytics/web/provision/
Cree un proyecto API de Google para cada App en
https://console.developers.google.com/projectselector/apis/api/analytics/overview
Utilice el Administrador de API en
https://console.developers.google.com/apis/api/analytics/overview/

Agregar los fragmentos de Firebase

La incorporación de fragmentos de Firebase directamente en el Manifest puede añadir confusión al editor de Manifest. En lugar de eso, se recomienda utilizar las Macros del editor de Manifest (p.129).

---

[50] NT: Normalmente no se traduce en textos técnicos, pero puede considerarse como: El administrador de la API de Google

5.2 Repositorios Maven

B4A 6.00 soporta la compilación de artifacts desde los repositorios maven de Android SDK.

Proyecto Apache Maven

Apache Maven es una herramienta para la gestión de un proyecto software, que ayuda a comprender su estructura, y se usa para construir y gestionar cualquier proyecto basado en Java. El objetivo principal de Maven es permitir que un desarrollador complete su desarrollo en el menor tiempo posible.
Maven se base en el concepto de "Project object Model (POM)", que significa "Modelo de objeto de proyecto". Maven (que significa "acumulador de conocimiento") puede gestionar la construcción de proyectos, informes y documentación desde una pieza central de información, que es el pom.xml
Más información en https://maven.apache.org/index.html y https://maven.apache.org/what-is-maven.html.

Repositorios Maven

Un repositorio Maven contiene *artifacts* (artefactos[51]) de construcción y dependencias de varios tipos.
Su repositorio puede ser una caché local de las descargas que también contiene los *artifacts* de construcción temporales que aún no ha liberado. O puede ser un "repositorio remoto" al que se accede mediante protocolos como file:// y http://, aunque de hecho los repositorios remotos puede que sean internos de su organización y utilizarse para compartir *artifacts* privados entre equipos de desarrollo. Más información en:
https://maven.apache.org/guides/introduction/introduction-to-repositories.html

Maven artifacts

Un Maven *artifact* es un archivo, generalmente un JAR o WAR, que es la salida de una construcción de Maven. Las dependencias de un proyecto se especifican como *artifact*. Normalmente un proyecto de software construido con Maven consiste en varios proyectos de Maven que construyen *artifacts* (por ejemplo, jars) que constituyen el producto.
Los Maven *artifact* pueden consistir en documentación, página web del proyecto, archivos comprimidos, librerías nativas o cualquier otro recurso que se necesite. Cada *artifact* tiene un ID de grupo (normalmente un nombre de dominio invertido, por ejemplo, uk.co.pennypress.myproject), un ID de *artifact* (sólo un nombre) y una cadena de versión. Los tres juntos identifican el *artifact* de forma única y Maven los utiliza para identificar dependencias (normalmente otros archivos jar) necesarias para construir y ejecutar el código.
Más informacióin en http://stackoverflow.com/questions/2487485/what-is-a-maven-artifact

Repositorios de Android SDK y maven

https://mvnrepository.com/artifact/com.google.android

Herramientas

GitHub proporciona una herramienta para instalar componentes del SDK de Android en un repositorio o administrador de repositorios de Maven para utilizar con el plugin de Android Maven, Gradle y otras herramientas.
https://github.com/simpligility/maven-android-sdk-deployer

---

[51] NT: Una vez más, dejaremos el término en inglés por ser de amplio uso en desarrollo en Java, en lugar de su traducción literal "artefacto" en castellano que también se usa en algunos textos técnicos.

Beneficios

Esto permite al compilador incluir las clases y recursos requeridos por la "característica" referenciada.

5.3 Soporte de Librería AAR

Introducción

Las librerías AAR son archivos con una extensión aar. Normalmente se crean como salida de un proyecto de librería de Android Studio. Un archivo AAR es simplemente un archivo zip con un conjunto estándar de elementos según lo especificado por:
https://androidbycode.wordpress.com/2015/02/23/building-an-aar-library-in-android-studio/
Esta página también contiene información sobre cómo utilizar Android Studio para crear librerías AAR.

Un AAR se puede utilizar en otro proyecto B4A publicándolo primero en un repositorio Maven, aunque el archivo también se puede incluir directamente en un proyecto B4A. El archivo debe tener un tipo Maven de aar.

B4A puede soportar librerías (p.495) (incluyendo librerías compiladas (p.499)) que hacen referencia a las librerías de AAR.

Añadir referencia a AAR

Puede añadir una referencia a un paquete AAR con el atributo de módulo (p.245) #AdditionalJar:

```
#AdditionalJar: path/myAAR.aar
```

Incluyendo librerías AAR en Apps de B4A

Ejemplo 1

Por ejemplo, puede incluir una librería AAR en su aplicación B4A.
Un usuario (DonManfred) ha escrito una extensa descripción de cómo lo hizo, incluyendo la creación del AAR en Android Studio:
https://www.b4x.com/android/forum/threads/create-an-aar-archive-from-a-third-party-library.68357/

Ejemplo 2

Otro ejemplo de un proyecto que utiliza un archivo aar es la autenticación de usuario de Facebook (p.691), esta vez extraído del SDK de Facebook.

Índice

Los números de página del índice corresponden a las versiones impresa y en PDF de este libro. Los lectores de las versiones Kindle y EPUB deben utilizar su herramienta de búsqueda para encontrar el texto concreto.

www.ingramcontent.com/pod-product-compliance
Lightning Source LLC
Chambersburg PA
CBHW061925190326
41458CB00009B/2656

* 9 7 8 1 8 7 1 2 8 1 6 9 9 *